S'ENGAGER DANS LA VIE RELIGIEUSE

Psychologie et Spiritualité

Collection dirigée par Pierre-Yves Brandt

La collection « Psychologie et Spiritualité » s'intéresse à l'expérience religieuse du point de vue de l'individu plutôt qu'à l'étude de phénomènes de groupes. Elle porte une attention toute particulière à la manière dont des croyances et pratiques religieuses participent à la construction psychologique de l'identité individuelle. Il y sera donc plus question de spiritualité et de religiosité que de religion. Cette collection ne se limite pas au contexte occidental moderne, mais présente des travaux et études portant sur des terrains variés (diversité d'époques et de cultures).

Zhargalma Dandarova et Darima Boudaraevna, *Entretien avec une chamane sibérienne*
Pierre-Yves Brandt et Claude-Alexandre Fournier (éd.), *La conversion religieuse*
Claude-Alexandre Fournier, *S'engager dans la vie religieuse*

CLAUDE-ALEXANDRE FOURNIER

S'ENGAGER DANS LA VIE RELIGIEUSE

Etude psychologique de 16 vocations monastiques

Psychologie et Spiritualité

LABOR ET FIDES

La publication de cet ouvrage a bénéficié
du soutien du Fonds des subsides
pour l'impression des thèses de l'Université de Lausanne,
ainsi que de la Société académique vaudoise

*Les Editions Labor et Fides sont au bénéfice d'une bourse d'aide
à une maison d'édition du Département des affaires culturelles
de la Ville de Genève pour les années 2009 et 2010*

ISBN 978-2-8309-1391-0

1, rue Beauregard, CH – 1204 Genève
Tél. +41 (0)22 311 32 69
Fax +41 (0)22 781 30 51
e-mail : contact@laboretfides.com
Site internet : www.laboretfides.com

Diffusion en Suisse : OLF, Fribourg
Diffusion en France et en Belgique : Editions du Cerf, Paris
Diffusion au Canada : FIDES, Montréal

SOMMAIRE

SIXIÈME PARTIE

Remerciements

Ma profonde gratitude et reconnaissance vont aux frères et aux sœurs qui ont accepté de parler de leur vie, de dévoiler leur intimité.

Je remercie mon directeur de thèse, Pierre-Yves Brandt, pour la liberté qu'il m'a donnée, pour les nombreuses discussions qui ont accompagné le travail et qui l'ont nourri, pour m'avoir ouvert les portes des monastères permettant ainsi des rencontres précieuses et touchantes. De plus, je relève, avec reconnaissance, que le lien directeur-doctorant a participé grandement à ma propre formation.

De même, je remercie Christiane Gilliéron Paléologue pour avoir accompagné le travail depuis le début, et investi beaucoup de son temps pour m'aider à cheminer dans une méthodologie à construire, en ayant su rester sereine face aux incessants caprices de l'informatique. Ses conseils, toujours avisés, m'ont continuellement interrogés et contribués à la qualité du travail.

Un merci particulier à Paul Brutsche qui a accepté d'être le garant du point de vue jungien de ce travail et d'apporter un regard de clinicien sur les parcours de vie analysés. Je garderai un excellent souvenir de nos rencontres chaleureuses, à deux ou à trois, à Zürich. Rencontres toujours stimulantes dont le travail a bénéficié.

Un grand merci à Nicolas Duruz qui a accepté de porter non seulement un regard clinique, mais aussi celui d'un spécialiste de l'anthropologie clinique, sur un travail qui propose un modèle de construction identitaire (fruit d'une réflexion entre différentes anthropologies psychanalytiques). J'ai eu un interlocuteur de choix très apprécié, aussi grâce à l'intérêt qu'il porte à l'entrelacement du psychologique et du religieux.

Enfin une pluie de remerciements à ma famille et aux amis, sans qui ce travail n'aurait sans doute pas pu voir le jour. Merci Stéphanie. Je remercie particulièrement Sacha pour son optimisme porteur et pour les moyens qu'il m'a mis à disposition pour que je puisse terminer dans de bonnes conditions ce travail. Merci Sophie pour le travail de relecture, de mise en page, et pour les multiples conseils et encouragements prodigués avec bienveillance par-delà la barrière des Alpes.

INTRODUCTION

> « Pis tout d'un coup, j'ai dit, mais la vie religieuse… cette idée m'est un peu tombée dessus et je sais pas où j'ai été la chercher »[1]

La question de l'identité a pris de plus en plus d'importance depuis le début du XXIe siècle dans nos sociétés dites modernes et sécularisées[2]. Ce phénomène va de pair avec l'individualisation de la société. Le sociologue Jean-Claude Kaufmann relève que « l'individu intégré dans une communauté traditionnelle, tout en se vivant concrètement comme un individu particulier, ne se posait pas de problèmes identitaires tels que nous les entendons aujourd'hui » (2004, p. 17). Dans le cadre d'une société traditionnelle, la communauté, subordonnée à la tradition, définit les individus en les construisant socialement. Les transformations de nos sociétés ont d'un côté donné une plus grande liberté à l'individu pour se définir, mais d'un autre côté, ces transformations ont fluidifié les repères pour la construction identitaire que les sociétés traditionnelles fournissaient. Il y a ainsi une demande de la société à ce que l'individu se définisse par lui-même, tout en le privant de mécanismes sociaux permettant l'accession et la reconnaissance d'une nouvelle identité (nous pensons par exemple aux rites d'initiation[3]). Dans ce contexte, il devient de plus en plus difficile de prévoir les trajectoires individuelles. La rupture, ou l'écart d'avec la tradition oblige l'individu à expliquer et justifier les changements radicaux survenus dans sa vie.

Un moyen privilégié pour accéder à sa propre temporalité, pour s'inscrire dans un contexte historique, dans une histoire sociale, c'est de se raconter face à l'autre (individuel ou collectif), car l'individu se retrouve de plus en plus seul face à sa propre construction identitaire. Les parcours de vie sont marqués par une plus grande solitude, par le manque de soutien social. Les demandes de soutien, plus ou moins explicites, de clarification et/ou de confirmation identitaire, se multiplient et s'adressent à tous les systèmes susceptibles d'y répondre, y compris les systèmes religieux. Pour Françoise Champion, l'une des ressources majeures qu'offrent aujourd'hui les grandes traditions religieuses, c'est « justement la "ressource identitaire" attachée à leur pérennité » (2003, p. 177).

---

[1] Passage tiré de l'un des récits du corpus. Il s'agit du récit de sœur Clotilde. Pour préserver au maximum l'anonymat, nous avons modifié, en concertation avec les personnes concernées, l'ensemble des noms, des lieux,…

[2] Avec leurs « bricolages » (Champion, 2004) et une crise de la transmission (Hervieu-Léger, 2003, p. 61-88).

[3] Cf. la demande plus ou moins explicite de ritualité exprimée par les adolescents (Le Breton, 2002).

Dans ce contexte social et culturel, le psychologue de la religion peut contribuer à une réflexion sur la construction identitaire et sur la place de la dimension religieuse dans celle-ci.

Nous proposons de comprendre la construction identitaire au niveau des mécanismes psychologiques en jeu. Nous n'oublions pas pour autant, loin s'en faut, l'importance primordiale du collectif. L'identité individuelle, de notre point de vue, est le fruit de la rencontre entre un potentiel inné et un environnement externe. Il se définit en regard d'un collectif externe et interne avec lesquels il est en relation et dont les modes de relations vont être progressivement intériorisés. Cette manière d'appréhender le rôle du collectif n'atténue pas, comme ceci est souvent le cas dans les travaux sociologiques, la part active de l'individu dans son lien au collectif ainsi que le travail psychique d'intériorisation. L'objectif de notre recherche est ainsi de mieux définir le rôle de la dimension religieuse dans une construction identitaire et de proposer, en toute fin de travail, une esquisse d'un modèle de construction identitaire dynamique qui intègre cette dimension.

Nous l'avons dit, le récit est un moyen privilégié pour avoir accès à sa propre identité et pour s'inscrire dans un groupe d'appartenance. Partant de ce constat, nous avons choisi d'utiliser le récit de vie pour comprendre une construction identitaire. Mais, pour saisir au mieux la place et le rôle de la dimension religieuse dans une construction identitaire, et nous assurer d'avoir des interlocuteurs pour qui la dimension religieuse a joué un rôle important, nous avons choisi d'interroger des moines et des moniales appartenant pour la plupart à des communautés qui suivent la règle de saint Benoît (bénédictin, cistercien) en francophonie. L'accès à cette population étant extrêmement difficile, les seize récits récoltés sont ainsi autant de témoignages précieux et touchants. Nous avons d'abord interrogé les moniales et les moines sur leur parcours de vie à l'aide de la question « des changements importants dans la vie ». Nous nous sommes ensuite intéressés à la place de Dieu dans ces changements et finalement, nous leur avons demandé de caractériser les changements identifiés, en termes d'expérience spirituelle, de conversion et de vocation.

Fruit d'une recherche doctorale, le livre que voici est construit en six parties. La première pose le cadre théorique nécessaire pour comprendre le rôle de la narrativité dans la construction identitaire. Elle présente trois approches classiques en sciences humaines pour aborder l'usage du récit de soi, puis passe en revue quelques travaux importants en psychologie de la religion sur la conversion et son récit. Il s'agit, de fait, du changement religieux qui a été le plus étudié dans cette discipline. Les « lacunes » que nous découvrirons, tant dans les approches qui utilisent le récit de vie que dans les recherches sur la conversion, nous pousserons à mieux définir, à l'aide des travaux de Paul Ricœur, ce qu'est un récit et le lien intime qui lie l'identité et le récit. En effet, pour Ricœur, l'homme a accès par le récit de soi à la dimension temporelle de son existence. Il ne possède pas seulement une histoire, il « est cette histoire ».

La représentation de soi que donne le sujet lorsqu'il se raconte face à quelqu'un qui l'interroge nécessite, d'une part d'avoir une théorie de la construction identitaire à même de montrer les mécanismes psychologiques en jeu et, d'autre part, de comprendre comment l'expérience de faire récit construit cette représentation. Nous avons choisi, pour comprendre une construction identitaire telle qu'elle apparaît dans le récit[4], de nous appuyer sur plusieurs approches psychanalytiques. Ce sont les travaux qui voient la naissance de l'identité dans la relation à l'autre[5]. L'exposé de ces travaux constitue l'essentiel de la matière de la deuxième partie de ce livre. Nous présenterons successivement, la théorie de l'attachement[6], puis les travaux de Donald Winnicott et de Daniel Stern sur la petite enfance[7]. De Winnicott, nous retiendrons la construction de la personnalité en termes de vrai *self*, faux *self* et des modes de communications qui en découlent. Quant à Stern, ses travaux nous seront utiles non seulement pour voir comment le nourrisson vit et coconstruit des « sens d'un soi »[8], mais aussi pour envisager une construction prénarrative de l'identité et le rôle crucial du récit pour saisir l'expérience subjective. Finalement nous parlerons du parcours d'individuation tel que présenté par C. G. Jung. Il propose, de notre point de vue, un déplacement d'accent. En effet, le collectif intérieur (sous forme d'archétypes) devient déterminant dans un parcours de vie. Nous proposerons, à la fin de cette partie théorique, un modèle de construction identitaire qui articule les travaux qui y sont présentés.

Comme évoqué précédemment, la représentation de soi se construit et se transmet au travers d'une relation. Paul Ricœur et Daniel Stern nous permettent d'observer comment se raconter se déploie dans une relation marquée par l'affectivité. Le rappel d'événements de la vie du sujet qui se raconte mobilise l'affectivité et remet en jeu des affects dans la relation lors de l'entretien. La prise en compte de la représentation telle que transmise, mais aussi de la manière dont elle s'est construite, nécessite de créer une méthodologie qui puisse rendre compte de ces deux aspects (construction/transmission). La création d'une telle méthodologie, présentée dans la troisième partie, nous conduira à parler de « projet narratif » (ce que le sujet voulait raconter), et de « dévoilement » (ce que le sujet n'avait pas prévu de dire) lors de la mise en récit.

---

[4] Nous soulignons que nous travaillons sur des mécanismes psychologiques mis en scène *dans* un récit, nous travaillons sur une représentation.

[5] L'autre présent dans l'environnement externe et qui accompagne la naissance du sujet, mais aussi l'autre de l'environnement intérieur, fruit de l'intériorisation (Winnicott, Stern) ou là depuis toujours (Jung).

[6] Avec les travaux de John Bowlby et des travaux contemporains pour observer le lien entre attachement et identité.

[7] Nous suivrons le postulat de ses approches sur la prégnance de la relation primaire sur la construction identitaire. C'est sur ce socle que se construisent les futures identifications.

[8] Le nourrisson vit, en même temps qu'il construit, l'émergence de différentes organisations psychiques que Daniel Stern appelle « sens d'un soi ».

L'analyse des entretiens récoltés auprès de moines et moniales se fera à l'aide de notre proposition de modèle de construction identitaire. Elle portera dans une première étape sur quatre récits. Il s'agit des récits de deux hommes et de deux femmes qui seront analysés chacun pour lui-même[9]. Ainsi, nous montrerons en détail, dans la quatrième partie, quatre processus de subjectivation[10].

En nous appuyant sur ces quatre analyses, nous passerons ensuite dans la cinquième partie à l'analyse du reste du corpus. Elle comprendra trois chapitres. Le premier partie s'intéresse à la conversion en tant que processus et changement identitaire. Nous verrons comment les sujets définissent et identifient le, ou les moments de conversion. Le deuxième chapitre prend en compte les étapes de vie telles qu'envisagées par notre proposition de modèle de la construction identitaire, soit la relation primaire, l'adolescence et le mitan de la vie. Le troisième chapitre se consacre à la question du « dévoilement ». Nous observerons comment le « dévoilement » peut permettre de donner accès, plus rapidement, à une organisation plus profonde de l'identité que celle exposée par le projet narratif. De plus, les liens entre « dévoilement », intimité et construction centrale/périphérique de l'identité seront discutés.

Nous proposerons, dans la sixième et dernière partie, une esquisse d'un modèle identitaire dynamique qui prend en compte la dimension religieuse.

---

[9] Nous porterons attention successivement à chaque changement mentionné dans les parcours de vie.

[10] Nous ne ferons pas de différence dans la suite de ce travail entre les expressions telles que « processus de subjectivation », « construction identitaire » et « parcours d'individuation », car toutes ces expressions renvoient à la naissance d'un sujet, naissance jamais terminée, toujours à reprendre.

Première partie

HISTOIRES DE VIE, RÉCIT DE CONVERSION ET IDENTITÉ NARRATIVE

Le récit de soi occupe une place privilégiée dans les moyens qu'a une personne de construire son identité. Socialement, il permet à l'individu de négocier sa place dans une communauté, de faire reconnaître sa singularité (singularité d'un parcours de vie, de son histoire). Raconter son histoire permet non seulement de donner accès au vécu mais aussi d'offrir aux autres les conditions de validation du vécu en question.

La question du récit de soi dans la construction identitaire sera abordée en trois étapes. La première fait référence en sciences humaines au courant des histoires de vie. Trois approches seront abordées : l'ethnosociologie[1], l'histoire de vie en « formation-recherche »[2] et les parcours de vie[3].
La deuxième étape évoquera les travaux en psychologie de la religion sur le changement identitaire le plus étudié dans cette discipline : la conversion (et son récit). La dernière étape permettra de préciser l'intimité du lien entre récit de soi et identité grâce à la notion d'identité narrative développée par le philosophe Paul Ricœur. La théorie de l'identité narrative offre un cadre théorique particulièrement adapté aux données traitées. En effet, nous avons récoltés des récits dans lesquels la tâche est de construire son identité au moyen d'un discours.

---

[1] Les sociologues utilisent la méthode du récit de vie pour avoir accès aux mécanismes sociaux qui orientent des trajectoires personnelles.

[2] La pratique de l'histoire de vie est utilisée, entre autres, en formation d'adulte lors de réorientation professionnelle.

[3] Les chercheurs des parcours de vie prennent en compte l'ensemble du temps de vie pour interpréter des événements.

Chapitre premier

LES HISTOIRES DE VIE, TROIS APPROCHES

« L'histoire de vie est définie ici comme recherche et construction de sens à partir de faits temporels personnels, elle engage un processus d'expression de l'expérience » (Pineau & Le Grand, 2002, p. 3). Telle est la définition donnée par Gaston Pineau et Jean-Louis Le Grand. Ce processus d'expression couvre ce que ces auteurs appellent les « écritures du moi »[1]. Les « écritures du moi » se déploient non seulement dans le domaine de la graphie (autobiographie, biographie, journal, mémoire) mais aussi dans la communication orale de la vie par la parole et dans l'ensemble des nouveaux moyens de communication. Parmi les différentes formes évoquées des « écritures du moi », nous nous intéresserons au récit de vie de recherche[2], le plus souvent oral et suscité à la demande d'un chercheur à des fins de connaissances disciplinaires. Le récit de vie de recherche trouve ses origines principales dans deux disciplines des sciences humaines : l'ethnologie ou l'anthropologie culturelle d'une part et la sociologie d'autre part. La méthode du récit de vie a eu son apogée, tant en anthropologie qu'en sociologie, dans les années 1920 à 1940. Par la suite, ces deux disciplines ont manifesté un désintérêt progressif pour cette méthode. Pour la sociologie et selon Michel Legrand, l'interprétation généralement admise de ce désintérêt fait référence, à partir de la Seconde Guerre mondiale, au « triomphe au sein de l'université et du monde académique, des normes épistémologiques privilégiant une posture scientiste d'objectivisme et, corrélativement, autorisant le seul

---

[1] C'est Philippe Lejeune dans *Le Pacte autobiographique* publié en 1975 qui a peut-être le plus clairement défini les règles du genre. Nous nous contenterons de rappeler brièvement le contenu de ce pacte que l'auteur fait avec le lecteur : le récit est en prose, traite de la vie individuelle et de l'histoire d'une personnalité, le narrateur et l'auteur sont une seule et même personne, le narrateur est également le personnage principal du récit, récit qui est écrit selon une perspective rétrospective. Philippe Lejeune résume plus simplement ce pacte grâce à une définition de l'autobiographie : « récit rétrospectif en prose qu'une personne réelle fait de sa propre existence, lorsqu'elle met l'accent sur sa vie individuelle, en particulier sur l'histoire de sa personnalité » (p. 14).

[2] Selon les termes de Gaston Pineau et Jean-Louis Le Grand.

recours aux méthodes quantitatives et aux enquêtes par questionnaire » (1993, p. 183). La renaissance de la méthode du récit de vie dans le monde francophone, à la fin des années 1970, revient à Daniel Bertaux et à son rapport de 1976 : *Histoire de vie – ou récits de pratiques* ? (1976). Il est intéressant, pour le psychologue, de relever qu'il n'est fait nulle mention de psychologie dans l'historique de cette méthode. Le recours au récit de vie ne s'est pas imposé comme méthode majeure en psychologie jusqu'à présent. En 1993, Michel Legrand explique cet état de fait par un clivage « entre deux traditions dominantes en psychologie : une tradition expérimentale dure – pour laquelle le récit de vie ne peut apparaître que comme un matériau empirique flou et inapproprié – et une tradition clinique dure elle aussi, dominée par la psychanalyse, qui dispose de son "récit de vie" à elle et ne voit guère d'intérêt à en solliciter un autre » (1993, p. 184). On ne peut plus, il est vrai, parler aujourd'hui de clivage. Car des psychanalystes[3] commencent à tenir compte du récit du développement de l'enfant fait par les psychologues développementaux[4]. Par contre, le récit comme moyen d'accès à l'intériorité de la personne risque toujours d'être discrédité dans la recherche et l'enseignement académique. Michel Legrand, en 1993, invite les psychologues à reconnaître le récit de vie comme une méthode appropriée tant pour aborder l'histoire de vie singulière que pour aborder d'innombrables phénomènes individuels qui gagneraient à être mis en lumière par ce moyen. Nous reprenons aujourd'hui à notre compte cette invitation en mettant, au cœur de notre recherche, le récit de vie. Nous indiquerons, par la suite, les arguments qui plaident en faveur de cette démarche.

Pour voir quel usage a été fait du récit de vie dans les sciences humaines, nous présenterons trois approches qui ont donné au récit de vie une place centrale. La première est l'approche ethnosociologique, telle que proposée (et en grande partie développée) par Daniel Bertaux. La deuxième est celle de la formation-recherche telle que pensée et pratiquée par l'équipe autour de Pierre Dominicé et Marie-Christine Josso à l'Université de Genève. Enfin, la troisième approche est celle des parcours de vie. Dans ce courant, qui se développe actuellement, s'inscrivent des chercheurs des universités de Lausanne et de Genève.

Dans cette revue de littérature, nous serons plus particulièrement attentif au récit de vie comme un outil pour accéder à la construction identitaire, mais aussi au lien entre récit et identité. Ainsi, notre intérêt sera tout autant théorique, épistémologique que méthodologique.

---

[3] La psychanalyse a perdu, dans le monde académique, de son influence au profit d'autres approches, notamment cognitivo-comportementale ou neuropsychologique. Cette perte d'influence n'améliore pas, selon nous, le sort réservé au récit.

[4] A l'exemple de Daniel Stern qui propose une interaction entre le récit du nourrisson de la clinique (reconstruit à partir d'une clinique adulte) et le nourrisson de l'observation.

L'approche ethnosociologique

Pour décrire l'approche ethnosociologique, nous nous appuierons sur une des références francophones dans ce domaine, Daniel Bertaux. A la fin des années 1970, cet auteur a sorti les pratiques du récit de vie des oubliettes où elles étaient tombées depuis plus de trente ans. C'est principalement sous son impulsion que le récit comme mode de savoir est redevenu un outil disponible pour les chercheurs en sciences humaines. Comme son nom l'indique, la perspective ethnosociologique est fille de deux disciplines : l'ethnologie et la sociologie. A l'instar de l'ethnologie, elle conserve un type de recherche basé sur l'enquête de terrain et construit des objets en référence à des problématiques sociologiques. Daniel Bertaux définit ainsi ce type d'approche :

> Cette perspective est résolument objectiviste, au sens où mon but n'est pas de saisir de l'intérieur les schèmes de représentations ou le système de valeurs d'une personne isolée, ni même d'un groupe social mais d'étudier un fragment particulier de réalité sociale-historique, un objet *social* ; de comprendre comment il fonctionne et comment il se transforme, en mettant l'accent sur les configurations de rapports sociaux, les mécanismes, les processus, les logiques d'action qui le caractérisent (1997, p. 7).

La visée sociologique de cette approche, qui s'éloigne fortement d'une visée psychologique, utilise le récit de soi et c'est en cela qu'elle nous intéresse. Quel est le statut du récit dans cette approche ? Quelles sont les conditions de production de ce récit de soi ? Quelles sont les méthodes d'analyses ?

Malgré la visée sociologique de cette approche, j'en présenterai ici quelques points qui permettent de comprendre le statut, l'usage et la fonction du récit de soi dans celle-ci.

Objets d'études, techniques de l'enquête et statut des données

Daniel Bertaux nomme trois objets d'étude de l'enquête ethnosociologique. Le premier objet d'étude regroupe ce qu'il appelle « les mondes sociaux ». Les mondes sociaux se construisent autour d'une activité spécifique, par exemple une profession. Le deuxième objet d'étude regroupe « les catégories de situation ». Derrière « situation », il faut entendre le partage de caractéristiques spécifiques. Par exemple, les chômeurs en fin de droit se trouvent dans une situation qui induit des caractéristiques communes. Le dernier objet d'étude est celui des « trajectoires sociales ». Ce dernier objet a particulièrement été étudié dans les approches récemment développées autour des parcours de vie (sur lesquelles nous reviendrons).

Les techniques de l'enquête ethnosociologique mettent l'accent « non pas sur l'intériorité des sujets, mais sur ce qui est extérieur : les contacts sociaux dont ils ont acquis par l'expérience une connaissance pratique » (Bertaux,

1997, p. 17). Dans cette technique, le récit de vie, comme témoin de l'expérience vécue, permet la prise en compte d'une diachronie[5]. Quant au statut des données et de leur fonction, le récit permet,

> de remonter du particulier au général grâce à la mise en rapport des cas particuliers, de ce qu'ils contiennent de données factuelles replacées dans leur ordre diachronique, d'indices descriptifs ou explicatifs proposés par les sujets, grâce à la découverte de récurrences d'un parcours de vie à l'autre et à la *mise en concepts et en hypothèses* de ces récurrences (Bertaux, 1997, p. 21).

Le récit de vie

Pour parler de récit de vie, il faut qu'un sujet raconte à une ou plusieurs personnes un ou des épisodes de son expérience vécue. Le verbe raconter témoigne que la production discursive a pris une forme narrative. De plus, vu qu'il raconte une histoire de vie, le récit se structure autour d'une succession temporelle d'événements et de situations. C'est cette suite qui constitue la colonne vertébrale du récit. Elle est appelée par Daniel Bertaux, la ligne d'une vie. Pour lui, « la plupart des lignes de vie sont donc "brisées" au sens géométrique du terme : elles sont continues, mais leur "dérivée" ne l'est pas » (1997, p. 33). Cette image montre, de notre point de vue, à quel point le récit est important pour construire une continuité dans les divers embranchements qui sont autant de possibles, de voies sur lesquelles le sujet ne s'est pas aventuré. L'approche ethnosociologique lit ces lignes de vie, ces parcours personnels, dans l'articulation de l'individu et du collectif dans divers domaines de l'existence : les relations familiales et interpersonnelles, l'expérience de l'école et de la formation d'adulte, et finalement l'emploi. Tout comme pour Franco Ferrarotti, c'est la famille qui joue un rôle primordial dans cette articulation entre l'individu et le social : « Chaque individu se construit psychologiquement comme un moi en partant de la lecture du groupe dont il fait partie. Ce groupe primaire se révèle être aussi le moment fondamental de la médiation entre le social et l'individuel » (Ferraroti, 1983, p. 63). Quant à lui, Daniel Bertaux lie famille et temporalité :

> Les familles *contiennent* le temps plus et mieux que les existences individuelles ; mieux, elles génèrent à travers la production de nouvelles vies de nouvelles *temporalités*, ce qui, à travers le phénomène des transmissions intergénérationnelles, introduit la temporalité cyclique des générations (1997, p. 44).

De notre point de vue, un pas supplémentaire peut être franchi concernant le lien possible entre temporalité et récit. Contenir le temps, c'est contenir l'histoire et générer de nouvelles temporalités, de nouvelles histoires.

[5] Il s'agit psychologiquement d'une diachronie reconstruite.

Reste que ce récit se construit d'une manière dialogique. Le sujet, de par la demande qui lui a été faite, oriente son récit en fonction de celle-ci. Que restitue-t-il de son parcours ? Est-ce une simple représentation sans lien avec l'histoire ? Daniel Bertaux, au travers de cette difficile question du rapport entre récit historique et récit de fiction, prône une conception « réaliste » des récits de vie. Pour lui, les sujets s'efforcent de raconter leur propre parcours, non celui d'un autre. La structure diachronique des événements n'est pas touchée par les médiations possibles, notamment les significations attribuées de manière rétroactive, mais aussi entre ce que la personne a vécu et totalisé et ce qu'elle est d'accord de raconter au moment de l'entretien. De plus, en disposant d'une série de témoignages, il est possible d'exclure des colorations personnalisées pour s'intéresser au noyau d'expérience qui est ainsi de l'ordre du fait et des pratiques plutôt que de l'ordre des représentations. En conclusion, si la démarche ethnosociologique a recours aux récits de vie,

> ce n'est pas pour comprendre telle ou telle personne en profondeur, mais pour extraire, des expériences de ceux qui ont vécu une partie de leur vie au sein de cet objet social, des informations et descriptions qui, une fois analysées et assemblées, aident à en comprendre le fonctionnement et les dynamiques internes (Bertaux, 1997, p. 45).

Les fonctions du récit et l'analyse des récits

Daniel Bertaux propose dans l'activité de recherche trois fonctions du récit : une fonction exploratoire, une fonction analytique et une fonction expressive. C'est particulièrement la fonction analytique qui nous intéresse. Nous laisserons de côté la fonction exploratoire qui vise une initiation aux particularités du terrain ainsi que la fonction expressive qui renvoie à l'envie de publier un entretien. Revenons à la fonction analytique : Daniel Bertaux encourage les chercheurs à analyser très tôt les récits récoltés. Réécouter, transcrire, lire et relire, analyser participe grandement à la formation du chercheur. C'est principalement,

> par l'analyse des transcriptions que les récits de vie dévoileront progressivement leurs richesses. Leur fonction est alors de livrer une multitude d'indices permettant d'échafauder hypothèse après hypothèse, de tester ces dernières par la comparaison et de ne garder que les plus pertinentes pour la construction du modèle. Telle est la fonction analytique des récits (1997, p. 48).

L'analyse des récits se focalise dans un premier temps sur la reconstitution de la structure diachronique. Sur quoi porte cette reconstitution. Daniel Bertaux propose de considérer trois ordres de réalité : la réalité historico-empirique de l'histoire réellement vécue qu'il appelle parcours biographique, la réalité psychique et sémantique constituée par ce que le sujet pense de son parcours biographique et, finalement, la réalité discursive propre à l'entretien qui correspond à ce que le sujet veut bien dire de ce qu'il sait et pense de son parcours. Ces trois ordres de réalité entretiennent des relations qui peuvent être, de manière très schématique, rapprochées des liens que Ferdinand de Saussure a fait entre référent, signifié et signifiant. La réalité historico-empirique joue le rôle du référent, la réalité psychique et sémantique joue le rôle du signifié et la réalité discursive celle du signifiant. La question que se pose l'approche ethnosociologique est : dans quelle mesure peut-on faire confiance au récit de vie pour décrire un parcours biographique ? Daniel Bertaux rejette les deux extrêmes, celle du tout objectif et celle du tout subjectif. Pour lui, un récit est,

> une improvisation sans notes (sans recours aux archives écrites), se fondant sur la remémoration des principaux événements tels qu'ils ont été vécus, mémorisés et totalisés, et s'efforçant d'en discerner les enchaînements. Qu'il y entre une part de sélection et d'interprétation, sans laquelle il n'y aurait que succession de faits, *curriculum vitae* sans articulations, cela est indéniable, et inévitable : sinon, il n'y aurait pas de récit. Mais il serait parfaitement arbitraire d'en déduire que *tout* le récit n'est que reconstruction, voire pure fiction (1997, p. 70).

Comme dit précédemment, la première étape de l'analyse, c'est la reconstitution de la structure diachronique qui est évoquée dans le récit. En effet, le récit spontané vagabonde, saute en avant, revient en arrière. Inférer à partir du récit spontané la structure diachronique des événements, c'est permettre de mettre à jour de possibles enchaînements de causalité. Quelque chose est arrivé avant autre chose, etc. Daniel Bertaux montre l'importance dans le récit spontané des *background constructions* qui sont des descriptions de contexte ou d'arrière-plan qui coupent souvent le cours de la narration.

> Si le phénomène de *background construction* est si fréquent, c'est notamment parce qu'il constitue la forme discursive à travers laquelle on peut rendre compte d'un phénomène très courant, celui par lequel une chaîne indépendante d'événements vient toucher, comme un météore aveugle, le parcours d'un sujet et modifier sa trajectoire (1997, p. 75).

A la suite de cette reconstitution, l'analyse est dite compréhensive. Basée sur la structure diachronique, cette analyse porte sur les chemins de causalité séquentielle, sur les processus d'enchaînements susceptibles d'être retrouvés dans d'autres récits de vie. Deux qualités sont nécessaires selon Daniel Bertaux pour cette analyse compréhensive : l'imagination et la rigueur. L'imagination fait référence à l'aptitude du chercheur à se représenter des rapports et des processus qui ont engendré les phénomènes dont parlent les témoignages. Il s'agit de repérer des indices qui renvoient à des mécanismes sociaux qui ont marqué l'expérience de vie[6].

Daniel Bertaux propose un autre type d'analyse des récits, l'analyse thématique. Il s'agit de repérer dans chaque récit les passages qui concernent

[6] La rigueur ne nécessite pas, nous semble-t-il, d'être définie.

l'un ou l'autre thème. Cette pratique a comme inconvénient de sortir les passages de leur contexte discursif avec le risque d'en appauvrir le sens.

La dernière étape de l'analyse, après la reconstitution de la structure diachronique des récits, du repérage des enchaînements de causalité qui fait appel à l'imaginaire du chercheur ainsi que le repérage d'indices de mécanismes sociaux, est le temps de l'analyse comparative. Daniel Bertaux considère que « le "moment" de l'analyse comparative constitue le véritable cœur d'une enquête ethnosociologique » (1997, p. 95). Cette comparaison est de deux types. Le premier est une comparaison entre les différentes sources d'information et la deuxième est une comparaison entre les récits qui porte sur la recherche de récurrences. Nous ne présenterons brièvement que le deuxième type de comparaison, le premier n'entrant pas dans le cadre de la présente recherche. Le chercheur dans ce moment de l'analyse repère des traits communs entre les récits. A partir de ces traits communs, il définit des types. Ensuite, c'est par une réflexion sur ce qui fait la cohérence d'un type qu'il découvre les mécanismes sociaux propres au type. Le chercheur peut ainsi construire la logique d'un parcours biographique. Il cherchera ensuite des cas négatifs pour contredire son modèle jusqu'à saturation de celui-ci. En fait, le modèle tel que présenté par Daniel Bertaux consiste en une logique de parcours de vie sous-tendue par un ou plusieurs mécanismes sociaux. Reste à connaître la valeur des hypothèses que l'on peut faire à l'aide de cette méthode. Pour Daniel Bertaux :

> La valeur de ce type d'hypothèses se mesure non seulement à ce qu'elles rendent compte des récurrences observées, mais à ce qu'elles en rendent compte sociologiquement. Telle est la vertu de la découverte d'un mécanisme social – comme, dans un tout autre registre, celle d'un mécanisme économique ou d'un « mécanisme » psychanalytique – : une fois qu'il a été perçu, identifié, théorisé sur un petit nombre de cas, voire à la limite (Freud) sur un cas singulier, il se détache de ce cas et prend valeur d'universalité (1997, p. 100).

Conclusion

Comme nous l'avons vu, la démarche ethnosociologique n'a pas recours au récit de vie pour comprendre une personne en profondeur, pour accéder à son intériorité. En ce sens, dans ses visées, l'approche ethnosociologique s'éloigne d'une perspective clinique de type analytique qui est la nôtre. En revanche, du point de vue méthodologique, elle nous paraît intéressante à plus d'un titre. Tout d'abord, nous partageons l'avis de Daniel Bertaux sur la fonction du récit. Il permet, comme dit précédemment, de « remonter du particulier au général grâce à la mise en rapport des cas particuliers, de ce qu'ils contiennent de données factuelles replacées dans leur ordre diachronique, d'indices descriptifs ou explicatifs proposés par les sujets, grâce à la découverte de récurrences d'un parcours de vie à l'autre et à la *mise en concepts et en hypothèses* de ces récurrences » (1997, p. 21). Tout comme Daniel Bertaux, nous pensons que la colonne vertébrale sous-jacente au récit est la structure diachronique de son contenu et cela, même si la discursivité ne suit pas cette temporalité sous-jacente. Pour parler d'un parcours biographique, reconstituer cette structure est une étape obligée. Cette structure ne change pas que l'on soit dans un récit historique ou un récit de fiction ; elle résiste aux médiations du sujet. Par contre, au travers des récurrences et dans la cohérence d'un type, ce ne sont pas des mécanismes sociologiques que nous visons mais des mécanismes psychologiques. En ce qui concerne la fonction analytique du récit, nous pensons qu'effectivement, il y a un dévoilement des richesses d'un récit de vie par l'analyse des transcriptions. Le récit livre une multitude d'indices « permettant d'échafauder hypothèse après hypothèse, de tester ces dernières par la comparaison et de ne garder que les plus pertinentes pour la construction du modèle » (1997, p. 48). Il faut par contre noter que ce dévoilement nécessite du temps. C'est par de multiples écoutes et lectures que les richesses du récit de vie se dévoilent. Ce temps participe grandement à la formation du chercheur.

Nous souscrivons à cette approche quant aux pas successifs menant à la construction d'un modèle de même qu'à la fonction du récit de vie dans la construction du modèle. Par contre, au vu de la visée de notre recherche, l'approche ethnosociologique présente certaines lacunes[7].

En premier lieu, le récit n'est appréhendé que comme un instrument pour accéder au sujet. Or un récit constitue un objet régi par des règles narratives et discursives[8]. En deuxième lieu, l'approche ethnosociologique ne permet pas de penser le lien entre récit et identité. En dernier lieu, et bien qu'évoquée comme un ordre de réalité, la réalité discursive n'est pas prise en compte dans l'analyse des récits[9]. Passons à la deuxième approche proposée dans ce survol des travaux sur les récits de vie.

L'approche formation-recherche

Introduction

Le contexte de naissance de cette approche est celui de la formation professionnelle. Cette dernière s'est vue, depuis quelques décennies et dans

[7] Celles-ci ne sont pas uniquement dues à une différence de visées.

[8] Bien que très brièvement évoquée, la perspective ricœurienne sur le récit est très peu intégrée par Daniel Bertaux. Il ne semble pas avoir développé, ou repris explicitement, une théorie du récit.

[9] Il y a un lien fort, pour nous, entre psychisme et langage. De plus, l'influence du cadre de l'entretien, de la situation d'interlocution pour la production des données, n'est pas prise en compte.

les pays industrialisés, radicalement transformée par l'allongement de la durée de la vie professionnelle et par les contraintes inhérentes au modèle économique dominant. La formation professionnelle ne touche plus uniquement le jeune en formation mais aussi l'adulte. La précarité de l'emploi est de plus en plus la règle, obligeant les adultes soit à changer de voie professionnelle, soit à maintenir et/ou développer des acquis. Deux expressions qui appartiennent au langage courant portent la marque de ce changement dans le monde de la formation : « la formation d'adulte » et la « formation continue ». Ainsi, on ne se forme pas une seule fois, pour la vie. Nous ne sommes pas porteur, dans la plupart des cas, d'une seule identité professionnelle tout au long de notre vie. Chaque réorientation oblige la personne à se repenser, à intégrer ce que nous appelons, avec Michel Legrand (1993), « un accident biographique ». Le monde académique, en réponse à cette demande sociale, a développé une réflexion sur la formation et la recherche. Dans ce cadre (de formation-recherche), le récit de soi a pris une importance centrale et il a été intégré à la formation d'adulte.

Nous nous intéresserons, dans ce contexte, aux chercheurs-formateurs qui mettent le récit de vie au cœur de leurs préoccupations épistémologiques et formatrices. Pour cela, nous nous appuyons sur les travaux des personnes affiliées à l'association internationale des histoires de vie en formation (ASIHVIF). C'est avec quelques travaux de ses membres qu'il nous sera possible de voir comment le récit de vie aide à créer une continuité (en intégrant une discontinuité) dans un parcours de vie professionnel pour (co)construire une nouvelle identité. La présentation de ces travaux fera apparaître un glissement progressif du questionnement de ces chercheurs-formateurs. Ce glissement a son origine dans les modifications identitaires des personnes en réorientation (identité en évolution propre à tout dispositif éducatif) pour finalement toucher l'identité du formateur et par là-même la manière d'accompagner les changements identitaires.

L'expérience formatrice

C'est le contexte universitaire genevois[10] qui sera pris pour exemple autour des travaux de Pierre Dominicé et de Marie-Christine Josso. Marie-Christine Josso fait remarquer que la valorisation des méthodologies propres à l'ethnosociologie opère un glissement dans le statut du chercheur. Il passe de l'observateur extérieur à un partenariat avec les informateurs. Au centre de ce partenariat se trouvent l'explicitation et la valorisation des expériences de formation. C'est comprendre, par l'intermédiaire d'une approche biographique, comment les apprenants adultes élaborent de nouveaux référentiels pour se penser ou penser leur action en termes de savoir-faire, de

[10] Nous nous pencherons en particulier sur les travaux menés autour de l'équipe de Pierre Dominicé à la Faculté de psychologie et des sciences de l'éducation de Genève.

nouvelles méthodes de travail et d'identité professionnelle personnelle. Marie-Christine Josso prend beaucoup de soin à distinguer les expériences existentielles et l'apprentissage par l'expérience :

> Il me semble nécessaire de faire une distinction entre des expériences existentielles qui bouleversent les cohérences d'une vie, voire les critères mêmes de ces cohérence, et l'apprentissage par l'expérience qui transforme des complexes comportementaux, affectifs ou psychiques sans remise en question des valorisations qui orientent les engagements de vie (Josso, 2000, p. 234).

Ailleurs :

> Pour moi, en effet, l'expérience existentielle concerne le tout de la personne, elle concerne son identité profonde, la façon dont elle se vit comme être-en-relation-au-monde, tandis que l'apprentissage à partir de l'expérience, ou par l'expérience, ne concerne que des transformations mineures. Même si acquérir une compétence ou un savoir-faire instrumental ou pragmatique peut changer un certain nombre d'aspects d'une existence, il n'y a pas véritablement de métamorphose de l'être ; il y a un apport qui s'ajoute, accompagné parfois d'une perte, mais il n'y a pas à proprement parler de métamorphose (Josso, 2000, p. 236).

Ainsi, l'expérience existentielle touche le tout de la personne, son identité profonde sur le mode de la métamorphose, du bouleversement. Tandis que l'expérience par l'apprentissage ou la formation expérientielle est du côté de l'ajout, de la perte, de la transformation mineure. Cette démarche vise donc à exclure les expériences existentielles pour ne viser que les expériences formatrices. Expérience formatrice sous-entend apprentissage. L'apprentissage, c'est avant tout découvrir des nouveaux moyens de se penser et de faire autrement. En ce sens, apprendre mobilise la créativité, les habiletés, les capacités d'attention et d'évaluation ainsi que la présence consciente. Apprendre touche aussi l'identité, car faire ou penser autrement modifie son rapport aux autres, à l'environnement et finalement à soi. Les expériences formatrices sont donc des lieux possibles pour une modification identitaire.

Nous proposons maintenant de présenter la manière dont cette technique des histoires de vie a été mise en œuvre à ses débuts dans le cadre d'un séminaire à la Faculté de psychologie et des sciences de l'éducation à l'Université de Genève. Puis nous parlerons du rôle du récit dans ce processus et finalement, nous reviendrons sur l'analyse des récits.

L'histoire de vie : un processus en quatre temps

Le développement d'une méthodologie axée sur le récit de soi a été pensé, créé dans un contexte académique. Ce contexte fait que la population qui prend part à l'exercice est exclusivement composée d'étudiants que l'on invite, lors d'un séminaire, à prendre des rôles différents lors de quatre temps :

– dans le premier temps, le professeur demande aux étudiants d'expliciter leurs intérêts à participer à ce séminaire. Ce dévoilement des intérêts fait passer l'individu de son rôle d'étudiant à celui d'acteur de formation.

– Le deuxième temps est celui de la phase de partage du premier récit de vie qui suit ce positionnement. Il permet une prise de parole de soi sur soi face à des tiers. De même, en tant qu'auditeur, ce temps est celui de l'identification-différenciation de son histoire. L'acteur de formation devient conteur.

– Le troisième temps est celui du passage du récit oral au récit écrit. Le conteur devient alors écrivain. « L'acteur du présent est convoqué à mettre en évidence des filiations entre les différents acteurs présentés dans ses expériences et celui qui, ici et maintenant, construit son récit en vue d'une production de connaissance » (Josso, 2000, p. 255). Le temps entre le récit oral et le récit écrit permet un approfondissement de la réflexion. Le récit écrit correspond au niveau de réflexion atteint. Pour Pierre Dominicé (1994), la mise en forme écrite de l'histoire de vie confronte les individus au problème de la distance entre intériorité et extériorité. Ce troisième temps impose l'émergence du quatrième.

– Le quatrième temps est le passage de l'écrivain au lecteur de sa propre histoire en comparaison avec celles qu'il a entendues. Dans le quatrième temps, les récits font l'objet d'une analyse intersubjective de ce qui caractérise les acteurs-auteurs des récits.

Le processus place l'étudiant dans différents rôles (donc différentes identités) et cela, toujours à l'intérieur d'un groupe. Cette méthode tout d'abord développée dans un contexte académique a été généralisée à la formation pour adulte. Précisons maintenant ce que l'usage du récit permet en termes de conscientisation et de connaissance de soi.

Le récit, la conscientisation et la connaissance de soi

L'adulte est amené à repérer les expériences formatrices dont il a été le sujet pour en comprendre les processus, pour mettre en lumière un capital d'expériences formatrices et les difficultés d'intégration de certaines d'entre elles. Le repérage est fait à l'aide du récit de soi orienté par le vecteur formation. C'est un travail de conscientisation, de connaissance de soi au travers de ces expériences formatrices. Raconter son histoire de vie devient, sous certaines conditions, le lieu d'un autre regard sur soi. Quelles sont ces conditions ? Pour Marie-Christine Josso, deux apprentissages créent les conditions d'une production d'une connaissance de soi qui permet la réévaluation d'expériences passées et présentes. Il s'agit de l'apprentissage simultané de l'implication et de la distanciation. L'implication doit permettre au sujet d'être acteur dans le processus de formation. La distanciation, propre à la mise en récit qui par les mots médiatise l'expérience, est plutôt travaillée, dans l'approche genevoise, par la présence et les interventions du groupe. C'est le collectif qui permet les jeux d'identification et de différenciation. En partageant le processus de formation, le sujet a un vécu commun dans les dynamiques de prise de conscience, d'émotions, de sentiments de valorisations de représentations. La diversité est le fruit des contenus qui sont en lien avec les héritages culturels différents. Ainsi, Marie-Christine Josso voit un facteur d'identification conséquent au processus et un facteur de différenciation conséquent aux différents contenus. Il me semble pourtant qu'il faut relativiser ce point de vue. D'une part, il est difficile de dire quelle est l'influence de l'effet du groupe sur le processus d'identification (ce n'est pas parce que les personnes s'inscrivent dans un même processus que les vécus sont similaires) et, d'autre part, une identification sur les contenus paraît probable. La diversité des expériences de formation permet que le sujet se reconnaisse dans l'une ou l'autre des expériences présentes dans l'histoire de vie de l'autre. De notre point de vue, le processus vécu en commun et le partage des histoires de vie sont à la fois, et en même temps, facteur d'identification et de différenciation. Par contre, nous sommes d'avis que l'intersubjectivité est une condition pour la production d'une connaissance de soi[11].

Revenons maintenant à l'analyse des récits, conçue comme une travail de subjectivation.

L'analyse, un travail de subjectivation

Cette analyse porte sur trois niveaux qui doivent rendre compte de ce que Marie-Christine Josso appelle « cheminer vers soi ». Elle choisit cette image car elle condense un ensemble d'idées au cœur du questionnement sur la formation. Car, pour elle, cheminer c'est « transformer sa vie socioculturellement programmée en une œuvre inédite à construire, en étant guidé par un surcroît de lucidité, tel est l'objectif central de transformation que la démarche histoires de vie offre » (2000, p. 262). Le travail d'analyse peut ainsi être vu comme un travail de subjectivation concomitant à une entreprise de conscientisation. Passons en revue ces trois niveaux :

– le premier niveau est la mise en évidence des processus de formation ; il s'agit de les présenter, de les revisiter et de les réinterroger. C'est l'explication des expériences de formation par la construction d'un récit de son histoire de vie, sa mise en sens pour soi et le travail d'intercompréhension du processus de formation.

[11] Dans l'intersubjectivité, une autre condition à une bonne connaissance de soi apparaît. C'est celle, inhérente à l'acte de narrer, de la responsabilité de ce qui est dit. En effet, cette responsabilité pousse le sujet à être conscient du pourquoi il met en avant telle ou telle expérience de référence, du contexte d'émergence de son discours et du discours des autres.

– Dans le deuxième niveau, c'est la mise en évidence des processus de connaissance qui est visée par le repérage d'indices des prises de conscience sur soi. Notamment dans la prise de conscience des référentiels utilisés, des situations, événements ou rencontres qui ont remis en question ces référentiels.

– Le troisième niveau est celui de la mise en évidence des processus d'apprentissage. Ce sont les prises de conscience des stratégies d'apprentissage, des postures d'apprenant, des ressources (affectives, motivationnelles et cognitives) engagées dans les apprentissages, des choix de niveaux de maîtrise visés et des étapes correspondantes.

Il est intéressant de relever quelques remarques formulées par Marie-Christine Josso sur cette pratique de l'histoire de vie. Premièrement, penser sa formation dans la multiréférentialité (propre au groupe) « implique (…) de prendre conscience de la possibilité de se penser comme totalité vivante en devenir orientée » (2000, p. 258). Deuxièmement, considérer le sujet comme une totalité vivante orientée sous entend que le sujet est « en quête ». Marie-Christine Josso relève quatre quêtes qui orientent des itinéraires et des choix de vie : une quête de soi et de nous, une quête du bonheur, une quête du sens et une quête du savoir. La manière de travailler avec les histoires de vie permet de travailler la question du sens. Comment, dans son parcours de formation, l'individu en est arrivé là ? Comment se projette-t-il dans une future formation, dans une nouvelle identité professionnelle ? Comment lire le passé avec ce futur, avec les points de vue sur sa vie que donnent les autres ? Cette question du sens est une question transpersonnelle. L'ensemble de ces quatre quêtes peuvent être intégrées dans la quête d'une sagesse de vie :

> La quête d'une sagesse de vie consiste donc à tenter l'intégration des quatre quêtes en les subordonnant à une présence empathique à soi et au monde, et une présence consciente de la complexité des causes et conditions qui fondent un art de vivre en « reliance » avec un sentiment d'intégrité et d'authenticité permettant de ressentir la vie comme un défi ayant une valeur, autrement dit, qui vaut la peine d'être vécu (2000, p. 271).

Marie-Christine Josso remarque que ses travaux avec les récits de vie et leurs auteur(e)s débouchent sur la quête d'un savoir-vivre en sagesse comme enjeu fondamental de la formation des personnes, « cet aboutissement est le fruit d'un long processus d'autorisation que j'ai fini par me donner. Autorisation d'introduire dans le discours sur l'éducation et la formation la question des visions du monde et de la spiritualité dont découlent bon nombre de nos choix théoriques et de vie » (p. 272).

Les remarques formulées montrent que la pratique des histoires de vie permet, non seulement, une réorientation professionnelle dans les meilleures conditions (objectif avoué), mais ouvre sur une quête, de par l'espace de construction de sens par le récit de soi qu'elle propose.

Le parcours de réflexion esquissé ci-dessus, qui va d'une réflexion sur la pratique des histoires de vie à un accompagnement du « cheminer vers soi », ne se trouve pas uniquement dans les travaux de Marie-Christine Josso qui nous ont servi de guide, mais dans ceux de l'ensemble des travaux des praticiens de l'association internationale des histoires de vie en formation (ASIHVIF). En effet, Gaston Pineau relève que : « Dix ans après la première rencontre à Tours sur les histoires de vie (...), un consensus s'est rapidement établi dans l'Association Internationale des histoires de vie en formation (ASIHVIF) pour centrer la seconde sur la fonction d'accompagnement » (1998, p. 5). Ce glissement du centre (assurer la pratique) à la périphérie (le cadre, l'identité du formateur) d'une nouvelle pratique caractérise bien, de notre point de vue, la naissance de toute discipline. Le positionnement identitaire du praticien ne peut être que dans « l'après-coup »[12].

Gaston Pineau place cette question de l'accompagnement dans un double contexte. Tout d'abord, il la place dans la démocratisation de la pratique des histoires de vie. Il n'y a plus besoin d'être un notable éclairé, une personnalité célèbre pour se raconter (et se faire publier). Cette révolution « introduit des sujets parlants... en contrebande des discours savants » (1998, p. 11). Les scientifiques des sciences humaines doivent apprendre à accompagner cette prise de parole par la recherche d'une construction de sens pour produire une vie moins insensée. Là se situe l'enjeu du deuxième contexte : « Au fur et à mesure de leur institutionnalisation, les utilisations à visées formatives des histoires de vie se heurtent aux problèmes des rapports entre les acteurs cherchant à construire leur histoire et les interlocuteurs pour le faire » (1998, p. 9). Les praticiens des histoires de vie après avoir vu, et sans doute vécu, la nécessité de se penser comme professionnel accompagnant cette parole, réfléchissent leur pratique à l'aune de l'accompagnement. Cette figure de l'accompagnateur est au croisement de deux axes. Le premier axe est celui du statut social des personnes en relation. Ce statut peut être semblable ou différent, fonctionnellement ou hiérarchiquement. Le deuxième axe est baptisé, par Gaston Pineau, « axe de l'apport bio-cognitif de la relation ». Il est constitué par un continuum « connaissance – savoirs (vivre, dire, faire) – information ». Ces deux axes représentent, de manière résumée, le rapport entre les personnes en relation et ce qui est transmis (appris). La figure de l'accompagnateur se trouve sur l'axe du statut social dans la disparité fonctionnelle proche de la parité mais loin de la disparité hiérarchique. Sur l'axe de l'apport bio-cognitif, l'accompagnateur occupe la frontière entre le savoir-faire et le savoir-dire. Le formateur assimilé à cette place se trouve dans une différenciation de fonction mais non hiérarchique avec l'apprenant, et ce qui est transmis est de

---

[12] Comment Freud fait naître la pratique psychanalytique en est un bon exemple (Ellenberger, 1994).

l'ordre du savoir-faire et du savoir-dire. Pour l'axe du statut social, Gaston Pineau précise que « la fonction d'accompagnement semble se déployer le plus naturellement dans la construction d'un nouvel espace socio-professionnel, intermédiaire entre les espaces hiérarchiques hérités et les espaces de socialité paritaire » (Pineau, 1998, p. 18). Placer le formateur à cet endroit sur l'axe du statut social c'est, comme le montre Marie Santiago Delfosse (1998), le rapprocher de la figure du frère (et non du père).

Cette fonction d'accompagnement renvoie à une tradition bien établie dans plusieurs courants religieux. Gaston Pineau pense qu'il ne faut pas ignorer ces pratiques : « Ce serait faire preuve d'aveuglement bien juvénile et bien court que de vouloir construire ces pratiques spécifiques apparues récemment, en ignorant les plus anciennes. » (1998, p. 13). Pourtant, cette tradition bien établie montre une disparité de mode de relation et de transmission du savoir dont il est difficile de sortir « une figure d'accompagnateur ». Marie-Christine Josso, quant à elle, fait appel à quatre figures anthropologiques qui incarnent les différents rôles que le formateur est appelé à vivre dans l'accompagnement de cette parole de soi sur soi. La première figure est celle de l'*Amateur*. Elle n'est pas à comprendre dans le sens de néophyte mais dans le sens d'une personne qui aime non seulement les histoires de vie mais plus encore les personnes qui les racontent. La deuxième figure est celle de l'*Ancien*. Il est l'initiateur de la démarche et possède une expérience de celle-ci, de ces processus (étapes), de ses questionnements méthodologiques, épistémologiques et théoriques ainsi que les résistances à l'intersubjectivité et au partage de problématiques existentielles. La troisième figure est celle du *Passeur* qui se met à disposition pour aider à la transition. La dernière figure est propre au groupe, elle est celle de l'*Animateur*. C'est une figure commune au groupe en formation qui se traduit par une facilitation du processus, pour le rendre fécond. Le formateur, dans ces différents rôles, est amené à assurer un certain nombre d'activités mais l'ensemble de ses rôles est subordonné au projet de soi et à un « art de la convivance » (Josso, 1998).

Ainsi, chaque praticien réfléchit son identité dans les termes de l'accompagnement qui conjugue la solitude personnelle et la solidarité sociale.

L'histoire de vie en formation-recherche et la construction de l'identité par le récit

Le premier constat est, comme le relève Marie-Christine Josso, que les expériences formatrices sont des expériences de vie. En effet, si l'on considère la formation au travers des expériences qui ont été formatrices, on s'ouvre à l'ensemble des expériences fortes de l'individu. La formation envisagée de cette manière ne peut que déboucher sur des étapes biographiques importantes de l'individu. Il devient de ce fait de plus en plus difficile, nous semble-t-il, de distinguer les expériences existentielles des expériences formatrices. Car il nous paraît évident que ce sont des expériences existentielles dont on peut apprendre le plus. Cette manière d'envisager la formation fait que la pratique de l'histoire de vie ouvre un horizon bien plus vaste que ce qui avait été prévu initialement par les chercheurs-formateurs. La pratique de l'histoire de vie donne un accès privilégié à l'intimité de la personne, dans ce qu'elle n'avait pas forcément prévu de dire, de dévoiler. Elle s'expose au groupe avec tous les dangers que ce dévoilement peut provoquer[13]. Le risque qui accompagne cette exposition est contrebalancé par un gain, la possibilité de se penser, de se dire et de s'écrire autrement et d'être en cela écouté et lu par d'autres. En d'autres termes, il y a une reconnaissance de son récit, donc de son identité par le groupe. Cette possibilité, telle que présentée, est principalement le fruit d'un mécanisme psychologique : la conscientisation. La conscientisation, qui se veut porter sur les expériences formatrices[14], se fait en grande partie à l'aide du groupe. C'est par le jeu des identifications-distanciations des récits de l'autre que la personne se pense autrement. Le jeu est favorisé par les différents rôles que la personne est invitée à prendre lors de la production d'une histoire de vie (acteur, conteur, écrivain, lecteur) et par la coanalyse des récits. Dans la production des récits, et cela n'est pas pris en compte, la première histoire de vie racontée dans le groupe a toutes les chances de devenir un modèle narratif pour les autres. Ainsi, l'identification-différenciation se fera à partir d'un modèle. De plus, la distance identificatoire par rapport au récit est laissée à la charge de l'auditeur[15].

Le travail de conscientisation par le groupe pose la question de la place de l'autre dans le récit de la personne. Les membres du groupe proposent des lectures de son parcours. Dans le meilleur des cas, la créativité de la personne est prolongée, aidée par l'autre. Mais, dans d'autres cas, la personne peut avoir l'impression que ce sont les autres qui écrivent son histoire. Ce n'est pas la personne qui crée l'histoire, elle la trouve. Le sujet peut aussi être bousculé dans ses fondements quand les lectures touchent l'intimité, entraînant le risque que son histoire devienne étrangère à lui-même. De plus, ce travail de conscientisation est fortement lié à la question du sens et donc à celui de l'accès à notre propre temporalité : « apprendre enfin à devenir de plus en plus consciemment l'auteur du sens de notre vie ; c'est à ce prix que la temporalité de notre existence commence à se transformer en une véritable histoire… de vie. » (Josso, 2000, p. 272). Ce qui transforme l'existence en

[13] Quand l'autre met l'intimité d'un autre en histoire, cela peut-être vécu par ce dernier comme une prise de pouvoir sur lui qui le définit.

[14] Mais qui, de fait, dépasse ces simples expériences.

[15] Pourquoi un récit marque-t-il la personne ? Pourquoi s'identifie-t-elle à un autre ? Pourquoi voit-elle une parenté plus ou moins grande avec sa propre histoire? Comment le récit de l'autre joue-t-il un rôle de médiation en la personne et son histoire ? Il est clair que contrairement à un cadre psychothérapeutique, la distance identificatoire à un récit n'est pas travaillée dans cette pratique.

histoire c'est, de notre point de vue, d'une part que le sujet devienne actif dans le processus proposé par le cadre et d'autre part par l'acte même de narrer (par une appropriation de sa propre temporalité).

Le groupe tout au long du processus est « accompagné » par le formateur. Comme nous l'avons dit ci-dessus, la réflexion qui portait à ses débuts sur la *pratique* des histoires de vie s'est déplacée sur la figure du formateur. D'un questionnement identitaire sur l'apprenant dans une pratique d'histoire de vie, on a glissé à un questionnement sur l'identité du formateur. Avec ce qui a été dit, ce glissement ne surprend pas[16]. Dans les contextes d'émergence de ce questionnement sur l'identité du formateur que donne Gaston Pineau, il nous semble qu'une troisième raison d'ordre sociologique doit être donnée. Cette raison tient au type de population en présence : des adultes en réorientation professionnelle. Le formateur n'a pas en face de lui des jeunes dans une première formation mais un adulte qui a déjà une ou plusieurs identités professionnelles. Le type de relation entre l'apprenant et le formateur s'en trouve changé. Le rapport hiérarchique est plus difficile et, l'apprenant et le formateur sont en miroir. Le formateur est face à une histoire possible, à une fragilité possible. Il peut paraître surprenant que l'ensemble des praticiens en histoires de vie en formation se soient tournés vers la figure de l'accompagnateur pour se définir identitairement. A voir le glissement qui s'est opéré et ce que les praticiens disent, cette figure s'est imposée comme étant la plus proche de leur pratique. C'est dans un regard rétrospectif que cette parenté se révèle. Gaston Pineau dit à juste titre que les grandes traditions religieuses ont des pratiques d'accompagnement millénaires[17].

Malgré la diversité d'accompagnements proposés par les pratiques en histoire de vie, l'apprenant passe bien par certaines grandes étapes qui sont premièrement un retour sur soi, deuxièmement une phase d'apprentissage, et troisièmement une phase d'autonomisation. Ces grandes étapes se retrouvent dans l'accompagnement en histoires de vie. A y regarder de plus près pourtant, la figure de l'accompagnateur spirituel et la figure de l'accompagnateur en pratique d'histoire de vie diffèrent sur un point important : la différence de statut entre l'apprenant et l'accompagnateur, entre le maître et le disciple. En effet, lors de la phase d'apprentissage, les repères internes du disciple s'estompent puis progressivement changent. A un certain moment, quand les repères n'existent plus, le disciple passe par une période de dépendance totale envers le maître. Tout disciple doit accepter ce passage par la dépendance pour apprendre. C'est le lot, comme nous l'avons montré ailleurs (Brandt & Fournier, 2006), de tout apprentissage. Dans cette acceptation de la dépendance qui mène à l'autonomie, il y a une acceptation d'un certain type de rapport hiérarchique. Dans ce sens, le maître n'est pas le

[16] Dans le sens qu'une réflexion plus poussée sur le cadre, et particulièrement sur l'identité du formateur, devient nécessaire. C'est dans l'« après-coup » que cette réflexion se mène.

[17] Dont nous avons dit qu'il est impossible de tirer une figure unique d'accompagnateur.

frère. De même, et tout comme dans la pratique des histoires de vie en formation, il y a d'un côté un « professionnel » qui a une expertise dans le domaine et qui est chargé de tenir le cadre, et de l'autre un apprenant qui s'inscrit dans un processus qui induit des phases de dépendance dont le « gardien du cadre » est garant. De plus, le maître est un ancien accompagné, en est-il de même pour l'*Amateur*, l'*Ancien*, le *Passeur*, et l'*Animateur* ? Au bout de cette comparaison, je suis étonné que les professionnels des sciences humaines qui ont développé la pratique des histoires de vie ne se sont pas appuyés sur l'expertise de leurs collègues psychothérapeutes et psychanalystes qui sont aussi des figures possibles du « cheminer avec vers le soi ». La psychanalyse, si décriée qu'elle soit, a développé plus que toutes autres disciplines en sciences humaines une profonde réflexion sur le cadre et sur le rôle du praticien dans celui-ci[18]. Il est indéniable, à lire les praticiens en histoires de vie en formation, que bien de leurs soucis sont liés non seulement à la formation des praticiens[19] mais aussi finalement à la différence entre les buts visés par la formation et ce que la pratique, par le récit de vie, génère. Raconter sa vie au travers des expériences formatrices vécues est un exercice de nature fortement émotionnelle et un dévoilement fort de l'intimité. Accueillir ce dévoilement et faciliter un processus de symbolisation par le récit nécessitent des compétences propres au domaine psychothérapeutique. On pourrait rétorquer que la pratique des histoires de vie ne se trouve pas sur le terrain de la psychothérapie. Au vu des difficultés exprimées, de la pratique telle que présentée, il paraît illusoire de penser que cette entreprise de recherche de sens, qui est propre à la psychothérapie comme l'a très bien montré Nicolas Duruz[20], échappe à un effet thérapeutique[21].

En conclusion, nous sommes face à une pratique du récit de soi qui a été développée dans un cadre particulier, celui de la formation d'adulte, sur une demande de la société. L'outil au cœur de cette pratique montre des potentialités qui dépassent le cadre de la seule formation. Employé comme un outil pour produire de la connaissance de soi, le récit de vie dans l'approche par l'histoire de vie ne propose pas une théorie du récit ni une réflexion sur le cadre de production des données.

Passons maintenant à la dernière approche proposée, celle des parcours de vie.

---

[18] Voir par exemple l'ouvrage *Logiques et archéologiques du cadre psychanalytique* de René Roussillon (2007).

[19] Pierre Dominicé propose trois qualifications nécessaires au praticien : une bonne connaissance de soi, une solide culture intellectuelle et une expérience sociale diversiforme (cité par Pineau, 1998, p. 8).

[20] Entrecroisement psycho-religieux : du patient au psychothérapeute. Conférence donnée à l'Université de Lausanne le 29 janvier 2005 lors d'un cours de troisième cycle romand (CUSO) intitulé : *La construction psychologique de l'identité religieuse. Approches croisées, modèles et méthodes*.

[21] Même si l'effet thérapeutique n'est pas visé. Nous nous demandons d'ailleurs comment cela est possible quand la pratique repose sur une vaste entreprise de conscientisation.

Les parcours de vie

Historique

L'approche des parcours de vie se rattache par ses méthodes et ses visées à la sociologie et à la psychologie. Cette approche a vu le jour dans les années 1960 quand de nombreux chercheurs se sont posés la question d'une analyse des faits sur la durée d'une vie. C'est la dimension temporelle de la vie qui est au cœur de la réflexion.

Au début du XXe siècle, tant Sigmund Freud (1905/2001) pour le développement psychoaffectif que Jean Piaget (1936) pour le développement cognitif créent des théories du développement de l'enfant[22]. Ces théories ont en commun de présenter le développement par stades qualitativement différents, cumulatifs et se succédant dans un ordre invariant. Le dernier stade décrit par Freud, le stade génital, suit la période de latence et se situe à l'adolescence. Piaget termine sa description du développement cognitif au stade des opérations formelles, quand l'enfant est capable de réfléchir sous hypothèses, soit aux environs de douze ans. Ainsi, ces deux modèles développementaux s'arrêtent au seuil de l'adolescence et restent muets sur le reste de la vie.

Les tâches développementales : le cycle de vie

Contrairement à ce que disent Marlène Sapin, Dario Spini et Eric Widmer (2007), il ne faut pas attendre la fin des années 1950 pour voir apparaître les premières théories sur le développement de l'adulte. C. G. Jung développa bien plus tôt des étapes au-delà de l'adolescence et particulièrement ce qu'il appela la crise du milieu de la vie qui, dans son modèle (nous y reviendrons), marque un retournement de l'énergie psychique vers l'intériorité qui se traduit au niveau de la personnalité par une plus grande introversion.

Par contre, un modèle s'imposa rapidement dès la sortie de l'ouvrage qui le présente (Erikson, 1968). Ce modèle, proposé par Erik Erikson, a marqué et marque encore aujourd'hui la réflexion sur le développement de l'adulte et en particulier sur la construction de l'identité. Aucune étude sur l'identité ne peut faire l'économie d'une référence au modèle d'Erikson. Arrêtons-nous sur ce modèle.

Erikson lit les crises qui jalonnent la croissance d'un individu en parallèle avec celles qui marquent le développement des sociétés. Il met l'accent sur le sujet qui s'historicise, sur l'articulation entre un temps individuel et un temps historique. La genèse de la personnalité tente d'éviter le double écueil du psychologisme et du sociologisme. Ces deux écueils représentent une

---

[22] Pour ne prendre que ces deux auteurs.

tendance propre à chaque discipline de rendre compte d'un phénomène uniquement avec ses modèles interprétatifs[23]. Le projet d'Erikson s'articule autour d'une notion clé, celle d'identité[24]. S'inscrivant dans le courant de l'*ego psychology*[25], il va s'intéresser à la relation du moi avec la construction et le maintien de l'identité. Le moi est considéré comme « un synthétiseur interne qui organise en silence les expériences et guide les actions » (Bourgeois, 1998, p. 65). Il est le médiateur entre les événements extérieurs et les réponses internes. « La force du moi rend compte du sentiment d'être entier (ou fragmenté) et "du sentiment d'être un seul être en accord avec soi-même" au cours du développement personnel » (Bourgeois, 1998, p. 64).

La genèse de la personnalité est lue dans une perspective psychanalytique. Elle élargit les vues freudiennes sur les stades psychosexuels de l'enfance non seulement en y ajoutant des stades, notamment dans l'âge adulte, mais aussi en y incluant des connaissances sur la croissance physique et sociale d'un individu.

Erikson présente la croissance humaine,

> du point de vue des conflits, tant internes qu'externes, auxquels la personnalité vitale doit faire face en réémergeant de chaque crise avec un sentiment renforcé de l'unité interne, un accroissement de la capacité de juger et de la faculté de « bien faire » conformément à ses propres normes et à celles de personnes qui signifient quelque chose pour elle (Erikson, 1972, p. 87-88).

Ces crises sont vues, par Erikson, comme une métaphore de ce qui se passe lors de l'embryogenèse. En effet, le développement du fœtus ne se fait pas de manière linéaire et continue mais passe par des périodes cruciales de potentialité et de vulnérabilité accrue. Ces moments génèrent une force créatrice et, potentiellement, du déséquilibre. Il y a ainsi, nous semble-t-il, un double ancrage fort de ce modèle dans le biologique et dans le social. Erikson a résumé dans le tableau ci-dessous les différents stades évolutifs de la personnalité[26] :

[23] Le « tout psychologique » ou le « tout sociologique ».

[24] Son parcours biographique est marqué par cette question. Il a lui-même choisi son nom, Erik fils d'Erik marque d'une sorte d'auto-engendrement.

[25] L'*ego psychology*, ou la psychologie du moi, est un concept qui a été introduit pour la première fois par Heinz Hartmann en 1937, dans un exposé à la Société psychanalytique de Vienne. L'auteur veut élargir la psychanalyse freudienne à l'ensemble du champ de la conscience. Il insiste sur les fonctions aconflictuelles du moi et sa fonction d'adaptation à la réalité.

[26] On remarquera que ces différents stades se construisent autour d'oppositions, par exemple pour l'adolescence, identité opposé à confusion d'identité.

							INTÉGRITÉ opp. à DÉSESPOIR
						GÉNÉRATIVITÉ opp. à STAGNATION	
					INTIMITÉ opp. à ISOLEMENT		
Perspective temporelle opp. à confusion du temps	Certitude de soi opp. à conscience de soi	Expérimentation des rôles opp. à fixation des rôles	Apprentissage opp. à inhibition du travail	IDENTITÉ opp. à CONFUSION D'IDENTITÉ	Polarisation sexuelle opp. à confusion bisexuelle	Direction et compagnonnage opp. à confusion d'autorité	Engagement idéologique opp. à confusion des valeurs
			INDUSTRIE opp. à INFÉRIORITÉ	Identification à la tâche opp. à sentiment de futilité			
		INITIATIVE opp. à CULPABILITÉ		Anticipation des rôles opp. à inhibition des rôles			
	AUTONOMIE opp. à HONTE-DOUTE			Volonté d'être soi opp. à doute de soi			
CONFIANCE opp. à MÉFIANCE				Acceptation réciproque opp. à isolement autistique			

Figure 1 : ERIKSON Erik H. (1972). *Adolescence et crise : la quête de l'identité.* Paris : Flammarion, p. 91.

Pour Erikson, la question de l'identité se joue principalement au moment de l'adolescence[27]. La principale tâche de l'adolescent est la constitution d'une identité d'adulte sexuée stable. L'adolescence, selon cet auteur, marque le temps de plus en plus long en Occident, entre le début de la scolarisation et l'accès à une profession. C'est l'incapacité de s'établir dans une identité professionnelle qui perturbe l'adolescent. De plus, la puberté génitale submerge son corps et son imagination. L'intimité de la rencontre avec l'autre sexe se rapproche. L'avenir confronte ainsi l'adolescent à de nombreux choix conflictuels. Pour Erikson, on peut « concevoir la crise d'identité comme l'aspect psychosocial de l'adolescence » (Cosnier, 1990, p. 87). Tout comme Freud, Erikson voit dans l'adolescence une récapitulation des stades antérieurs de croissance.

A partir de l'adolescence, Erikson propose trois stades qui mènent à la constitution d'un moi qui a eu les capacités d'intégrer les différentes tâches résultant de l'interaction entre des besoins individuels et la société. De plus, Erikson montre que des changements biologiques (naturels ou accidentels) dans la seconde partie de la vie sont vécus comme des manques qui sont comme autant de crises pour l'individu. Ces crises ont de grandes influences sur le psychisme d'un sujet. « L'énergie psychique » est, selon lui, en expansion jusqu'à la fin de la vie. Cette idée se retrouve également chez Jung ainsi que chez des psychanalystes qui ont suivi des patients en fin de vie tel Michel de M'Uzan (2005, p. 41-63).

Les modèles de développement construits sur les tâches développementales proposent, comme le disent très bien Marlène Sapin,

[27] Le titre de son ouvrage est explicite sur ce fait : *Adolescence et crise : la quête de l'identité.*

Dario Spini et Eric Widmer, « une conception linéaire du développement [qui] ne permet pas de rendre compte de la complexité et de la diversité des trajectoires de vie qui sont les caractéristiques des sociétés contemporaines » (2007, p. 21). De plus, ces conceptions sont fortement marquées par le contexte socio-historique de leurs émergences. Les besoins sociaux, les contraintes sociales, les interactions sociales telles que relayées par les médias dans notre société, ne ressemblent en rien aux besoins, demandes et styles interactionnels des sociétés qui ont vu naître ces modèles développementaux. L'ancrage du modèle dans la société évite le piège du « tout psychologique » mais ne peut éviter l'écueil des changements propres à une société. Les différentes tâches développementales devraient être réévaluées en fonction de nouvelles données sociologiques[28]. De même, plus l'emprise de la société est présente et plus on s'éloigne de la naissance et des processus de maturation, moins le modèle est valide. Ainsi, un tel modèle basé sur le cycle de vie ne donne pas satisfaction. De plus, le récit de soi trouve sa place uniquement dans l'anamnèse quand le patient se raconte ou comme l'illustration de la théorie qui sous-tend une pratique (présentation de cas).

La psychologie du développement *lifespan*

Cette vision homogène et linéaire du développement a poussé des psychologues, dont notamment Paul Baltes (1998), à présenter des théories du développement *lifespan*. Le développement, dans cette approche, est considéré comme un processus se déroulant tout au long de la vie. « La psychologie *lifespan* considère le développement comme un ensemble de trajectoires (essentiellement cognitives et affectives) qui peuvent prendre des *directions* différentes. Elle souligne le fait que le développement signifie à la fois *des gains et des pertes* » (Sapin, Spini & Widmer, 2007, p. 22). Cette psychologie s'oppose aux modèles du cycle de vie, car elle insiste sur la continuité du développement qui s'applique à la maturation psychologique, au développement cognitif et à l'investissement de rôles sociaux. Le développement optimal serait la capacité de maintenir un degré de continuité dans l'exercice des rôles sociaux ainsi qu'à l'intérieur de soi, dans le sentiment d'identité. L'idée intéressante de cette approche, de notre point de vue, c'est de considérer le développement en termes de gains et de pertes. Tout le développement est marqué par des gains et des pertes. Le développement précoce de l'enfant est marqué par la perte autant que par le gain. Quand l'enfant apprend à parler, il perd une perception complète des expériences qu'il vit au profit d'une insertion dans un groupe humain (sa famille, sa culture) par le partage de ses expériences par le langage. Il y ainsi de nombreuses pertes qui ponctuent l'avancée en âge.

[28] Au vu des sociétés multiformes dans lesquelles non vivons, la « tâche » s'avère difficile.

De même, le grand âge pourrait être vu uniquement sous l'angle de la perte. A y regarder de plus près, la personne âgée met en place des stratégies pour compenser les pertes. Par exemple, Paul Baltes et Margaret Baltes (1990) ont construit un modèle qui reflète l'interaction dynamique entre les gains et les pertes chez la personne âgée. Ce modèle comporte trois éléments. Le premier est celui de la sélection. La personne âgée concentre son énergie dans les domaines qui sont prioritaires à ses yeux tout en désinvestissant d'autres domaines. La sélection maximise les ressources et les chances d'atteindre les buts fixés (ce peut être d'ailleurs de nouveaux buts). Le deuxième élément de ce modèle, c'est l'optimisation. L'optimisation fait référence aux moyens et stratégies que les individus utilisent pour augmenter le potentiel de fonctionnement dans les domaines prioritaires. Ces moyens et stratégies peuvent être, par exemple, l'investissement en temps et en effort. Le troisième élément du modèle, la compensation, peut se faire de deux façons : soit par un investissement de ressources extérieures (aides fournies par des tiers ou des aides technologiques par exemple), soit par des mécanismes psychologiques qui relativisent l'importance des pertes en vue de protéger le soi et l'identité personnelle.

La psychologie *lifespan* permet d'observer les interactions entre gain et perte tout au long de la vie dans leur lien à l'identité (et la préservation de celle-ci).

Le paradigme des parcours de vie et ses cinq principes

Le paradigme des parcours de vie suit cinq principes fondamentaux selon Edler, Kirkpatrick et Crosnoe (2003).

Le premier principe est, pour une compréhension des processus de développement, de considérer le développement tout au long de la vie. Les gains et les pertes ne peuvent être envisagés qu'à cette échelle.

Le deuxième principe est la prise en compte de l'insertion spatio-temporelle d'une personne. Cette personne s'inscrit dans une histoire, dans un lieu déterminé.

Le troisième principe est celui de la temporalité des événements de vie. Cette temporalité propre aux événements de vie induit des antécédents et des conséquences, des transitions, des modèles de comportement qui varient en fonction de l'âge.

Le quatrième principe est celui des « vies liées ». Ce principe prend en compte la place et le rôle des autres, plus particulièrement des autres significatifs, dans les trajectoires individuelles. Avec les mots de Daniel Bertaux, il s'agit du niveau des « relations intersubjectives fortes » (1997, p. 87). De notre point de vue, les « vies liées » sont bien évidemment aussi des « temporalités liées », en ce sens que ces relations intersubjectives fortes s'inscrivent dans une histoire collective qui marque l'histoire individuelle.

Le cinquième principe est celui de la capacité d'agir ou de l'intentionnalité de la personne. Ce principe exprime la capacité de la personne à être acteur de sa vie. Pour Marlène Sapin, Dario Spini et Eric Widmer, « cette capacité peut être considérée comme le secret de tout être humain, une boîte noire dans laquelle on ne peut entrer, ou au contraire, comme un mécanisme psychosocial de régulation individuelle, qu'il s'agit à ce titre de mieux comprendre. Cette deuxième approche sera privilégiée » (2007, p. 33).

Le paradigme des parcours de vie s'intéresse au développement de la personne de sa conception à sa mort :

> Il [le paradigme] cherche à saisir les logiques qui structurent des trajectoires diverses mais il permet aussi d'appréhender les interactions qui les lient les unes aux autres, tout en les ancrant dans des contextes sociaux particuliers. Les trajectoires sur lesquelles se penchent les chercheurs sont aussi bien sociales (familiales, professionnelles, de santé), que psychologiques (identitaires et cognitives). [...] Aujourd'hui, le paradigme du parcours de vie dépasse les limites traditionnelles des disciplines et des champs d'études pour explorer empiriquement différentes trajectoires en interaction (Sapin, Spini & Widmer, 2007, p. 34).

Comment cette approche des parcours de vie parle-t-elle des « trajectoires identitaires » ?

Identité et parcours de vie

Marlène Sapin, Dario Spini et Eric Widmer présentent trois approches en psychologie pour penser la stabilité de l'identité dans le temps.

Le modèle des *Big Five*

La première approche est classique en psychologie de la personnalité. Elle postule que l'identité se structure autour d'un certain nombre de traits de personnalité relativement stables, déterminés en bonne partie par le bagage biologique. Ainsi, ces traits de personnalité influeraient, au travers de certains types de comportements, sur les trajectoires de vie d'une personne. Cette approche a développé un modèle de l'identité et un test de la personnalité. Ce modèle est celui des *Big Five* (McCrae & Costa, 2003) qui propose de prendre en compte cinq dimensions de base, universelles :

– le premier trait c'est l'ouverture. Il correspond à l'acceptation de nouvelles pensées, sentiments, valeurs ou expériences. Les personnes dont ce trait est dominant sont peu enclines à l'expérimentation et préfèrent le familier, le concret, le pratique.

– Le deuxième trait c'est le fait d'être plus ou moins consciencieux. Une personne consciencieuse pense de manière organisée. Elle est disciplinée, ambitieuse et travailleuse.

– Le troisième trait est celui de l'extraversion[29]. L'extraverti recherche et est à l'aise dans les interactions sociales. Ce trait peut être divisé en deux sous-dimensions : la vitalité sociale qui comprend la sociabilité, l'instinct grégaire et les affects positifs, et la dominance sociale qui comprend l'indépendance et la confiance en soi.

– L'amabilité est le quatrième trait. Une personne agréable est peu centrée sur elle-même, elle est confiante et généreuse dans ses sentiments.

– Le cinquième et dernier trait est la stabilité émotionnelle. C'est le facteur commun qui se trouve derrière une variété de phénomènes tels que l'anxiété, la vulnérabilité émotionnelle et la dépression. Sapin, Spini et Widmer parlent de « névrosé » pour ce trait ce qui, à notre sens, fait appel à une structure de personnalité[30], la névrose engendrant ainsi une confusion entre trait et structure.

Les tenants de cette approche affirment, selon Sapin, Spini et Widmer,

> que les déterminants génétiques cristallisent la personnalité de l'individu dès la prime enfance. Selon eux les traits de personnalité sont stables et déterminent le tempérament de la personne. Ils sont ainsi imperméables aux influences de l'environnement. Finalement, ils se développent au cours de l'enfance et, selon cette théorie, ne varient plus de manière significative après l'adolescence (2007, p. 84).

Des études récentes (Roberts, Walton & Viechtbauer, 2006) tendent à infléchir ces vues. Il semblerait que ces traits se distribuent différemment en fonction des étapes de vie. Les changements de traits de personnalité seraient fortement influencés par les demandes familiales et professionnelles. « Ces travaux récents suggèrent que la similarité des profils de personnalité au cours de la vie pourrait être due aux expériences communes aux personnes s'inscrivant dans la même étape du parcours de vie » (Sapin, Spini & Widmer, 2007, p. 85). Ainsi, un engagement dans la vie professionnelle ou familiale peut être facteur de modification de traits de personnalité. Sapin, Spini et Widmer proposent, au travers de leurs critiques du modèle des *Big Five*, de penser des modifications identitaires en fonction non seulement de déterminants biologiques mais aussi en fonction des étapes du parcours de vie et des expériences à vivre propres à ces étapes. Relevons que d'autres recherches en psychologie de la religion (comme nous le verrons) montrent au contraire que ce « socle » n'est pas modifié lors d'une conversion.

---

[29] Ce trait correspond à un type psychologique chez C. G. Jung.

[30] En ce sens, il peut paraître étrange de parler de trait de personnalité pour une structure psychologique, à moins qu'une structure ne s'exprime que par un trait, ce qui n'est manifestement pas le cas. Par exemple un névrosé partagera peut-être le caractère organisé du travail avec une personne dite consciencieuse, etc.

Les événements de vie

La deuxième approche en psychologie évoque les impacts des événements de vie sur l'identité. « Lorsqu'un individu est confronté à une transition normative (ou socialement attendue), comme un mariage, ou non normative, comme une maladie, il subit un stress qui l'oblige à développer des stratégies visant à maintenir un certain niveau de bien-être et une identité continue et positive » (Sapin, Spini & Widmer, 2007, p. 86). Sapin, Spini et Widmer parlent de mécanismes de résilience qui sont mis en œuvre pour que les individus s'adaptent aux transitions, aux événements stressants et aux pertes tout au long de leur vie. Trois exemples de mécanismes sont donnés : développer des visions exagérément positives de soi, avoir des illusions de contrôle et développer un optimisme exagéré. Ces stratégies de régulation permettent aux individus face à l'adversité de préserver une identité positive et continue. Ces mécanismes propres à l'individu ne nous semblent pas suffisants pour prendre en compte les stratégies de préservation de l'identité dans les moments stressants. En effet, ils ne tiennent pas compte des stratégies collectives, d'une mobilisation des ressources proposées par un environnement. Les auteurs des parcours de vie négligent tous les travaux qui ont été menés, surtout depuis la fin de la Seconde Guerre mondiale, sur la résilience. Passons maintenant à la troisième approche en psychologie, celle qui se rapproche le plus de notre propos, les narrations identitaires.

Les narrations identitaires

La troisième approche de l'identité à travers le parcours de vie « privilégie le développement des narrations identitaires » (Sapin, Spini & Widmer, 2007, p. 88). Cette approche narrative de l'identité s'est principalement développée au Etats-Unis, au début des années 1980, autour du psychologue Dan McAdams[31]. Pour lui, l'histoire a un statut privilégié car elle donne cohérence, unité et but à l'existence. Dan McAdams a développé un modèle d'histoire de vie de l'identité adulte. Selon ce modèle, les personnes dans nos sociétés occidentales commencent à organiser leurs vies en termes narratifs à la fin de l'adolescence. Elles créent des histoires de vie internalisées et évolutives qui servent à reconstruire le passé et à anticiper le futur avec un certain degré d'unité et de but. Dan McAdams pense que ce qu'Erik Erikson a appelé *ego identity* est largement une narration personnelle qui situe la personne dans un environnement psychosocial particulier. Comme tout autre construction littéraire, les histoires de vie peuvent être

---

[31] Dan McAdams a proposé un modèle de la personnalité qui comprend trois niveaux indépendants de connaissance de la personne : les récits de vie, les traits de personnalité et les régulations psychosociales (McAdams, 1996, p. 295-321). Nous nous situons avec les narrations identitaires dans le premier niveau, nous reviendrons sur les deux autres lorsque nous aborderons les études sur la conversion.

analysées en termes de scènes, de personnages, et de thèmes. Les données sont typiquement obtenues par des interviews d'histoire de vie ou par sa version autonome : l'autobiographie guidée.

Pour mieux comprendre les visées et la méthodologie propre à cette approche, suivons la version autonome telle que présentée par Dan McAdams[32].

L'autobiographie guidée commence par une page d'indications sur les buts de l'exercice. Les sujets sont avertis que, ce qui intéresse les chercheurs, c'est l'histoire de vie de ceux-ci et comment ils la comprennent. Les chercheurs veulent collecter un maximum d'histoires différentes pour comprendre comment des individus donnent du sens à leur vie. Ils précisent bien qu'ils ne sont pas intéressés par la pathologie, l'anormalité psychologique, les névroses et les psychoses. De plus, ils ne sont pas là pour juger de la dimension éthique de la vie des sujets. Ils s'intéressent principalement à collecter des autobiographies de personnes « normales ». Il est demandé aux personnes de considérer dix épisodes de leur histoire de vie et de les décrire avec un maximum de détails. Cet exercice est organisé autour de l'idée d'épisode ou d'événement critique. Les épisodes ou événements critiques sont des émergences spécifiques qui arrivent à un moment et une place particulière. Les dix épisodes sont autant de sortes ou de types d'événements différents. Les sujets doivent choisir un événement biographique dans chaque sorte d'événement. Parcourons-les :

– le premier type d'événement concerne les expériences les plus positives vécues par le sujet. Cette catégorie fait référence aux *peak experiences* de la psychologie de l'Etre d'Abraham Maslow (1972). Les expériences paroxystiques[33] peuvent être vécues dans l'amour de l'autre, l'expérience parentale, l'expérience mystique et cosmique, la perception artistique, la vie créatrice, la recherche intellectuelle, la pratique thérapeutique, l'expérience orgastique et certaines formes de plénitude physique.

– Le deuxième type correspond à l'opposé du premier type, soit *the nadir experience*. Il s'agit des expériences où les personnes ont ressenti des émotions extrêmement négatives comme le désespoir, la désillusion, la terreur, une profonde culpabilité, de la honte. L'épisode que le sujet est invité à mettre par écrit est considéré comme l'un des *low points* de leur histoire de vie.

– Le troisième type d'événement correspond aux tournants dans la vie, aux *turning points*. Ce sont des épisodes qui engendrent des changements importants pour la personne. Dan McAdams précise que ce qui l'intéresse prioritairement est un tournant (parmi tous les tournants vécus) qui a modifié la perception que les personnes avaient d'eux-mêmes.

---

[32] Les instruments sont disponibles en ligne à cette adresse : www.sesp.northwestern.edu (date de consultation : le 7.04.2007).

[33] Traduction donnée aux *peak experiences*.

– Le quatrième type d'événement est opposé au type précédent qui met en valeur les tournants de la vie. Ici, le sujet est invité à mettre en mot une expérience de continuité. Une expérience où la personne s'est sentie la même pendant tout le temps de l'épisode. En d'autres mots, le chercheur veut considérer un moment de l'histoire de vie dans lequel la personne démontre *the sameness* (« la mêmeté ») ou la continuité de sa vie, que ce moment soit positif ou négatif.

– Le cinquième type concerne les tout premiers souvenirs d'enfance, les débuts de l'histoire de vie. Le sujet est invité à retrouver le premier souvenir qu'il est capable d'identifier.

– Le sixième type d'événement est toujours lié à l'enfance mais il ne s'agit pas du plus ancien souvenir, si nous osons nous exprimer ainsi, mais du plus prégnant de l'enfance (avant 13 ans), celui qui vient spontanément, qu'il soit positif ou négatif ; un événement dont la personne se rappelle clairement et qui semble avoir une certaine prédominance ou place particulière.

– Le septième type d'événement ne concerne plus la période de l'enfance mais celle de l'adolescence (entre 13 et 19 ans). Il est demandé au sujet de choisir un événement de l'adolescence dont il se rappelle clairement comme étant une expérience personnelle, marquante et signifiante, que cet événement soit positif ou négatif.

– Le huitième type d'événement touche le thème de la moralité. A travers les leçons de vie, la personne apprend ce qui est juste ou faux, bien ou mal. Elle est touchée par ces questions depuis l'enfance, dans différents environnements : à la maison, à l'école, à l'église, etc. La personne vit une expérience de culpabilité ou de honte quand elle fait quelque chose qui transgresse ses propres standards. Ici, le sujet est invité à considérer un épisode particulier de sa vie dans lequel il a été face à un problème moral. Cela peut être un épisode de la vie qui engage la personne dans un acte immoral, dans un dilemme, etc.

– Le neuvième type d'événement est celui des décisions importantes. La vie est jalonnée d'événements dans lesquels la personne doit faire un choix important ou prendre une décision importante. Les décisions ou choix importants affectent le cours de la vie : la décision de se marier avec telle ou telle personne, la profession que l'on vise, etc. Il est demandé au sujet de considérer la décision ou le choix le plus important qu'il ait fait dans sa vie.

– Le dixième et dernier type d'événement concerne des événements en lien avec les buts que le sujet s'est fixés dans la vie. Le sujet est invité à considérer ses buts actuels et décrire un événement récent (dans les deux dernières années) qui concourt à atteindre ce but.

Ainsi, les quatre premiers types d'événement correspondent à deux couples d'opposés : *hight/low experiences*, *turning/continuity events*. Ces quatre premiers types mettent en lumière quatre types d'expériences susceptibles de transformer l'identité. Les trois types suivants examinent des événements en lien avec des étapes particulières de la vie dont on sait qu'elles sont le lieu de profondes modifications identitaires. C'est l'enfance avec la question du premier souvenir et du souvenir le plus prégnant et l'adolescence qui sont investiguées. Les trois derniers types d'événements touchent, nous semble-t-il, plus la dimension éthique du soi en considérant le système de valeurs, les buts et la part active du sujet dans l'obtention de ceux-ci.

Le modèle d'expérimentation tel que proposé par Dan McAdams essaie de prendre en compte l'ensemble des éléments susceptibles d'induire des modifications identitaires, ce qui influe fortement sur la manière de mener cette expérimentation. Le chercheur oblige la personne à se penser dans certaines catégories d'événements ou d'expériences. De plus, le sujet ne peut se penser qu'au travers d'un seul événement par catégorie. Cette méthode tente de débusquer les modifications identitaires là où elles ont le plus de chances d'être dévoilées.

De plus, dans l'analyse des histoires de vie, les chercheurs se focalisent sur des événements clés, estimés comme marquants et importants par les sujets. Très souvent, le rappel de ces scènes est émotionnellement prenant, ces scènes étant décrites comme ayant eu un impact important sur le développement de leur sens du soi[34].

Les chercheurs sur les parcours de vie observent des différences dans la narration, dans la manière de se raconter au cours de la vie. Pour Marlène Sapin, Dario Spini et Eric Widmer, durant les deux premières années de la vie, les nourrissons esquissent sur la base de leurs expériences « une tonalité narrative que l'on retrouvera plus tard dans la manière dont ils racontent leur vie » (Sapin, Spini & Widmer, 2007, p. 88). Pour ces auteurs, un attachement *secure* dès l'enfance sera associé à un ton narratif optimiste. Par contre, « un ton pessimiste impliquera que le monde est capricieux et imprédictible, les narrations prendront des tournures inattendues souvent associées à des conclusions malheureuses. Selon la tonalité développée dans la petite enfance, les individus réagiront de manière différente » (2007, p. 89). Il est, de notre point de vue, assez paradoxal de défendre en même temps des changements de modes d'attachement possibles tout au long de la vie et une tonalité à jamais gravée dans le marbre des relations précoces. Nous pensons, au contraire, que c'est principalement la tonalité émotive des événements rappelés lors du récit de soi et la remise en jeu de cette émotivité dans le cadre de l'entretien qui donnent des tonalités à la narration[35].

L'enfant de l'étape préscolaire est plongé dans un monde d'images qu'il s'approprie. Pour Sapin, Spini et Widmer, les enfants de cette étape (4-5 ans) s'approprient bien les images mais pas les histoires. « Une des tâches majeures de l'étape préscolaire est ainsi d'emmagasiner un stock d'images que l'enfant pourra adapter plus tard dans la construction de son identité »

[34] Ce qui a poussé McAdams et ses collaborateurs à développer une psychothérapie dite « narrative ».

[35] De plus, la référence à l'optimisme et au pessimisme renvoie à une taxonomie ancienne dont William James fait mention notamment dans *L'expérience religieuse : essai de psychologie descriptive*, 1906.

(Sapin, Spini & Widmer, 2007, p. 89). Le monde de l'enfant est effectivement peuplé d'images. Mais, selon nous, le plus souvent ces images sont racontées, font partie d'une trame narrative. L'enfant comprend, dès cet âge, des protohistoires. L'enfant s'identifie ainsi par les livres aux personnages de récits (non pas à des images)[36]. Nous nous inscrivons en faux avec cette idée que l'enfant s'approprie des images et ne s'approprie pas des histoires. Finalement Sapin, Spini et Widmer affirment que c'est la tonalité narrative et l'imagerie qui sont les deux apports essentiels de la prime enfance à l'identité.

A l'adolescence, l'imagerie s'enrichit pour devenir une histoire à thème. Dan McAdams définit les thèmes narratifs « comme des motivations centrales des narrations identitaires. Le pouvoir et l'amour sont les deux grands sujets autour desquels s'organisent les histoires et les motivations principales de la vie » (Sapin, Spini & Widmer, 2007, p. 89). David Bakan (1966), quant à lui, propose une opposition entre deux motivations fondamentales qui sont la capacité d'agir et la communion. Cette opposition fondamentale recoupe deux tâches psychologiques fondamentales de l'individu, se différencier et se relier. Les deux motivations seraient déjà présentes, selon cet auteur, dans les narrations de l'adolescence. C'est aussi le moment d'une prise de conscience d'une différence entre comment les adolescents se perçoivent et comment les autres les perçoivent. Une autre dimension importante pour l'identité à l'adolescence est l'idéologie, à laquelle Erik Erikson a donné la fonction d'institution gardienne de l'identité[37]. Sapin, Spini et Widmer parlent de l'idéologie en ces termes : « [elle] peut être définie comme un ensemble de croyances organisées, fonctionne comme un cadre pour l'identité » (2007, p. 90). A l'adolescence, et comme l'a très bien montré Erik Erikson, l'élaboration d'une identité est la tâche psychosociale de cette période. A l'âge adulte, il faut considérer, nous semble-t-il, deux périodes : la première qui correspond à une prolongation de l'adolescence chez le jeune adulte, et une deuxième qui rime avec engagement. Dans la première période, le jeune adulte a une certaine liberté pour tester différents rôles et identités. Ainsi, il peut explorer activement d'autres manières de vivre, de nouveaux styles d'être au monde. L'exploration des possibles permet au jeune adulte de se positionner tant par rapport à un système de valeurs, que par rapport à une religion ou un parti politique. Il est donc prêt à prendre sa place dans le monde adulte, à

---

[36] L'enfant s'identifie au petit cochon (dans le conte des trois petits cochons) grâce à l'intrigue. L'identité du petit cochon est liée à l'histoire, ce que semblent oublier ces auteurs. De plus, comme nous le verrons, le nourrisson, dès trois mois, appréhende, se représente le monde de façon prénarrative.

[37] « Pour ne pas sombrer dans le cynisme et l'apathie, les jeunes doivent pouvoir se convaincre… que ceux qui réussissent dans le monde adulte qu'ils envisagent endossent par le fait même l'obligation de se classer parmi les meilleurs. Car c'est à travers leur idéologie que les systèmes sociaux pénètrent les fibres de la prochaine génération et essayent d'absorber dans leur sang la puissance rajeunie de la jeunesse » (Erikson, 1972, p. 130).

s'engager dans la vie professionnelle et à s'investir dans des relations intimes. Commence alors la deuxième période qui est pour l'identité, comme nous l'avons mentionné, synonyme d'engagements. Dans ces engagements qu'ils soient professionnels, amoureux, politiques, associatifs, etc., l'adulte doit négocier sa place et jouer pour cela entre sa rébellion et sa conformité. Pour autant, cette période d'engagement ne conclut pas l'exploration du soi. En effet, ces multiples engagements peuvent être vécus parfois dans la continuité, mais aussi, parfois dans la rupture[38]. Comme le disent très bien Sapin, Spini et Widmer, « le "travail identitaire" de réinterprétation et d'intégration des éléments biographiques dans une narration cohérente constitue un processus adaptatif qui accompagne les individus tout au long de leur vie » (2007, p. 92). Le mitan de la vie est aussi un moment propice aux redéfinitions identitaires. Durant cette période, de 40 à 60 ans, l'individu commence à vivre certaines pertes qui le confrontent à toutes une série de questions : sa place dans le monde, son rôle par rapport aux générations futures, le sens ultime de la vie et de la mort. Finalement, pour la vieillesse, l'identité est surtout fondée sur le passé.

Les auteurs des parcours de vie proposent d'observer les différentes manières de se raconter tout au long de la vie. Leur manière d'appréhender ces différentes manières est marquée par la théorie de l'attachement. Comme nous l'avons dit, il nous semble difficile de défendre en même temps une modification possible d'un style d'attachement durant la vie et une tonalité de la narration inscrite dans le marbre de la relation primaire. Dans la question de l'importance des images pour les enfants préscolaires, une réflexion sur le lien entre identité et récit manque pour comprendre que l'enfant ne s'identifie pas à une image mais à l'histoire du personnage du récit. La capacité de saisir le monde en histoire apparaît, du reste, très tôt chez l'enfant (nous y reviendrons).

Conclusion sur les parcours de vie

L'étude des parcours de vie suit une tendance, dans nos sociétés occidentales, de comprendre le développement de l'individu de la naissance à sa mort. La psychologie, et en particulier la psychologie développementale, s'est prioritairement occupée de la naissance de l'individu tant au niveau cognitif qu'au niveau psychoaffectif. Les modèles développés dans la première moitié du XXe siècle arrêtent le récit du développement après la période de l'adolescence. C'est surtout l'enfance et l'adolescence qui sont vues comme des moments privilégiés de la construction identitaire. Dans ce sens, des approches comme les *Big Five* ont mis en avant des traits de personnalité, déterminés en bonne partie par le bagage biologique, qui

[38] Par exemple, dans le monde professionnel un licenciement ou, dans le domaine familial, l'arrivée d'un enfant.

resteraient relativement stables durant la vie. Les critiques de ce modèle, nous semble-t-il, proposent de penser des modifications identitaires en fonction non seulement de déterminants biologiques mais aussi en fonction des étapes du parcours de vie et des expériences à vivre propres à ces étapes. Les événements de vie, qu'ils fassent partie de transitions normatives ou pas, jouent un grand rôle dans les transformations de l'identité. Il faut cependant remarquer que ces événements, et leurs conséquences sur les individus, ont surtout été appréhendés du côté de la mise en péril de l'identité, du côté du traumatisme. De plus, la capacité de faire face à des traumatismes, à des ruptures de continuité, à des pertes a été envisagée, par les auteurs des parcours de vie, uniquement du côté de l'individu, gommant ainsi toutes les stratégies collectives qui s'appuient sur l'environnement extérieur. Ces auteurs « oublient »[39] tous les travaux sur la résilience. Pourtant, les travaux sur la résilience donnent des clefs importantes pour la compréhension de la construction identitaire. Nous y reviendrons.

Le nom donné à la dernière approche présentée par Sapin, Spini et Widmer, les *narrations identitaires*, nous laisse songeurs. En effet, cette formulation laisse entendre que le récit de soi peut être autre chose qu'identitaire[40]. Nous aurons l'occasion de revenir sur cette question. Ces auteurs proposent d'appréhender l'identité par la narration principalement avec un auteur, Dan McAdams. La construction de l'identité est recherchée dans des expériences particulières, dans des moments particuliers. La construction identitaire se dévoile dans un entretien « serré et ciblé ». « Serré » dans le sens que l'expérimentateur ne laisse pas le sujet discourir librement sur son histoire de vie. Il lui est demandé de choisir un épisode dans chaque rubrique et cela en omettant le fait qu'un individu puisse se construire avec différentes expériences du même type[41]. De plus, en prédéfinissant les rubriques, ou types d'événements, le chercheur court le risque de passer à côté des moments qui n'entrent pas dans les rubriques et qui sont centraux pour la construction identitaire d'un sujet. En effet, un individu peut se construire autour de « pas grand chose » vu de l'extérieur[42]. Avec cette méthode, l'expérimentateur risque de passer à côté de son objectif de comprendre une construction identitaire. C'est dans ce sens que nous parlons de « ciblé », le sujet ne fait pas un récit de soi, l'histoire de sa vie, mais il est invité à saucissonner son histoire en fonction des demandes de

[39] Il y a, nous semble-t-il, une volonté claire de ne pas prendre en considération certains travaux de la psychologie clinique, particulièrement psychanalytique. Mais, même en « oubliant » ces travaux, ils négligent les travaux des praticiens d'approche cognitivo-comportementaliste autour de la notion de *coping*, par exemple, Pargament, 1997.

[40] Même si par cette expression, ils veulent distinguer ce type de narration d'autres types possibles.

[41] Par exemple, un sujet peut raconter son histoire au travers de plusieurs expériences émotionnelles très positives (expériences paroxystiques).

[42] Beaucoup de personnes, et plus particulièrement avec le type de population de notre recherche (des contemplatifs), hésitent à raconter ces moments, car ils savent que ces moments centraux peuvent être considérés de l'extérieur comme insignifiants.

l'expérimentateur. Enfin, Sapin, Spini et Widmer font l'impasse sur toute une approche narrative de l'identité qui fait référence aux travaux de Paul Ricœur et plus particulièrement à sa notion d'identité narrative (nous y reviendrons). Les narrations identitaires ne parlent pas d'identité narrative mais du récit d'une construction identitaire à partir d'épisodes sélectionnés et cadrés par l'expérimentateur.

Notons finalement que les trois approches psychologiques de l'identité mentionnées sous « Identité et parcours de vie » sont trois approches que l'on retrouve en psychologie de la religion. En effet, l'approche des *Big Five* a été utilisée en psychologie de la religion pour étudier de possibles transformations de la personnalité dans des moments de conversion. L'approche qui s'intéresse aux événements de vie a aussi trouvé un écho en psychologie de la religion notamment avec les travaux de Lee Kirkpatrick, Pehr Granqvist sur le lien entre religion et attachement. La dernière approche sur les narrations identitaires est présente en psychologie de la religion, notamment dans les études sur la place des récits de conversion dont il sera question dans le prochain chapitre.

Approches des récits de vie, construction de l'identité

Que nous apportent ces trois approches par rapport à la problématique de la construction identitaire et de son rapport au récit ?

De la démarche d'ethnosociologie, nous retiendrons les aspects méthodologiques qui nous aident dans notre réflexion. Le premier aspect méthodologique est la fonction du récit dans la construction d'un modèle et des étapes pour y parvenir. Le deuxième aspect concerne la fonction analytique du récit. Effectivement, il y a un dévoilement des richesses d'un récit de vie par l'analyse des transcriptions. Le troisième aspect méthodologique est l'importance de reconstituer la structure diachronique d'un récit pour comprendre une trajectoire (ou une construction). Dans cette construction, Daniel Bertaux met en lumière la présence de *background constructions* dans la discursivité du sujet. Les *background constructions* sont nécessaires à la cohérence narrative du récit. Pour une approche psychologique de l'identité narrative, cette approche présente une série de lacunes[43]. La première lacune est l'inexistence d'une théorie du récit et, plus important pour nous, le lien entre identité et récit n'apparaît pas. La deuxième lacune a trait à la discursivité propre à l'entretien. Bien que considérée comme un ordre de réalité, la réalité discursive n'est pas prise en compte dans l'analyse des récits. De notre point de vue, elle est citée comme une limite au dévoilement[44]. La troisième lacune est le manque de réflexion sur la situation d'interlocution et particulièrement son influence sur les

---

[43] Lacunes qui ne sont pas uniquement dues à des visées différentes.
[44] Ce que la personne ne veut pas raconter.

données récoltées. La pluralité des récits et le recoupement des différentes sources d'informations semblent gommer la nécessité d'une pareille réflexion.

La deuxième approche, celle de recherche-formation, a mis le récit de soi au centre de sa réflexion. C'est par le récit de soi que l'apprenant fait un travail de conscientisation des expériences et processus d'apprentissage qu'il a vécus dans sa vie jusqu'au moment de la discontinuité, de l'accident biographique. Le récit de soi permet d'intégrer cette discontinuité (un changement d'ordre professionnel) dans son parcours de vie. Le travail de conscientisation s'appuie sur le groupe par le partage d'un processus commun (et par le partage des récits de soi). C'est par le jeu des identifications-différenciations que l'individu est amené à relire sa vie et à la raconter de manière différente. Nous avons montré combien cet exercice plonge l'individu dans ses fragilités tout en exposant son intimité au groupe. Se pose alors naturellement la question de la formation et de l'identité du formateur. Nous ne reviendrons pas sur cette question[45]. Notons aussi que les potentialités du récit de soi dépassent bien souvent le cadre et l'axe que les praticiens ont essayé d'imprimer, celui de la formation. Les lacunes exprimées à l'encontre de l'approche ethnosociologique se retrouvent dans cette approche de l'histoire de vie, soit l'inexistence d'une théorie du récit, un manque de réflexion sur le lien entre identité et récit ainsi que sur la situation d'interlocution (dont les données sont le fruit).

La dernière approche visitée dans cette revue, celle des parcours de vie, laisse une plus grande place à la question de la construction identitaire d'un point de vue psychologique et de son rapport au récit. Trois conceptions de l'identité ont été présentées dans cette approche. De la première, dite des *Big Five*, qui voudrait que les traits de la personnalité soient largement déterminés par le bagage biologique, nous retenons que les étapes du parcours de vie et les expériences à vivre propres à ces étapes peuvent modifier ces traits. De la deuxième conception de l'identité, nous retenons qu'elle est marquée par des stratégies individuelles pour faire face et « oublie » toutes les stratégies qui s'appuient sur l'environnement. Les narrations identitaires représentent la dernière conception de l'identité proposée. Comme nous l'avons dit, la méthode de Dan McAdams et de ces collègues laisse peu de place à la discursivité de l'individu. La construction identitaire est traquée dans un questionnaire qui saucissonne l'histoire de vie du sujet. Ainsi, les narrations identitaires ne parlent pas d'identité narrative (telle que définie par Paul Ricœur) mais du compte rendu d'une construction identitaire reconstitué à partir d'épisodes sélectionnés par l'expérimentateur.

---

[45] Je redis mon étonnement quant à cette amnésie par rapport aux réflexions menées par les psychothérapeutes et particulièrement les psychanalystes sur le cadre et l'identité.

Chapitre 2

LE RÉCIT DE CONVERSION ET SON ÉTUDE

Le récit de soi qui a été, depuis fort longtemps, étudié en psychologie de la religion est le récit de conversion. Le récit de conversion, comme nous le verrons, évoque habituellement un changement qui a bouleversé la vie de la personne et qui a modifié (à des degrés divers) l'identité religieuse de cette personne. Le lien entre ce type de récit et l'identité apparaît de manière plus flagrante que dans le récit de soi, car le récit de conversion peut avoir pour but d'affirmer une nouvelle identité. L'affirmation de cette identité est fortement liée au groupe d'appartenance. Ainsi, le contexte de production des données, particulièrement le rapport de l'individu au groupe, a été beaucoup étudié. Notons aussi que le récit de conversion répond à un genre littéraire propre à la tradition religieuse qui accueille le futur converti.

Dans notre recherche, qui s'intéresse au rôle de la dimension religieuse dans une construction identitaire, il est intéressant de faire référence aux recherches sur la conversion, étant entendu que nous considérons la conversion comme un changement identitaire qui intègre la dimension religieuse.

Nous nous intéresserons dans un premier temps aux précurseurs de ces études (William James et l'école de Clark) puis à des études contemporaines. Nous serons attentifs tant aux questions méthodologiques qu'épistémologiques.

Pour commencer, il est important de rappeler une évidence : pour le chercheur, il n'y a pas de conversion sans récit de conversion. L'étude psychologique du récit de conversion est née en même temps que la psychologie de la religion comme discipline. Cette étude est marquée d'emblée par la confrontation entre deux postures méthodologiques, celle proposée par William James (la méthode descriptive) et celles de l'école de Clark[1] (les méthodes naturalistes). Pour cette dernière, c'est Edwin Starbuck qui servira de guide d'autant que certains considèrent son ouvrage,

[1] C'est Hall qui fonde la « Clark school of religious psychology » (Clark University, Worcester).

Psychology of religion (1899), comme le premier ouvrage de la discipline. Dans celui-ci, Edwin Starbuck donne une large place à l'étude de la conversion.

Pourquoi choisissons-nous cette opposition qui date de la fin du XIXe siècle pour parler de la conversion aujourd'hui ? Pour deux raisons : la première est que l'opposition méthodologique perdure dans la discipline jusqu'à ce jour et que par ailleurs, James, et plus particulièrement Edwin Starbuck, ont posé, à leur époque, la presque totalité des domaines de recherches qui vont se développer en psychologie de la religion[2]. La deuxième raison provient de la distinction qu'ont posée les précurseurs entre une conversion soudaine et une conversion graduelle. Cette distinction va traverser toute l'histoire de la discipline et perdure (comme nous le verrons) dans les recherches les plus récentes.

Les travaux de ces précurseurs inaugurent une période prolifique pour la psychologie de la religion suivie dès les années 1930 par un rapide déclin[3]. Elle retrouve un élan à partir des années 1950 avec les travaux d'Allport (1950) sur la personnalité. Nous nous intéresserons ensuite aux travaux les plus récents sur la conversion, notamment les travaux de Raymond Paloutzian, de Lewis Rambo. Ces deux auteurs, associés à James Richardson, collaboreront à un article remarqué en psychologie de la religion (Paloutzian, Richardson & Rambo, 1999), sur le thème de la conversion. Les auteurs de l'article, après une très bonne revue de la question, s'interrogent sur de possibles modifications de la personnalité lors d'une conversion. Nous terminerons en mentionnant quelques travaux sur la conversion en lien avec la théorie de l'attachement et plus particulièrement les études de Pehr Granqvist et Lee Kirkpatrick.

Nous serons attentif, dans cette revue, tant aux questions méthodologiques qu'épistémologiques en lien avec le récit de conversion.

Les précurseurs

William James : conversion et retour à l'unité

William James naît le 11 janvier 1842 dans la ville de New York. Il est l'aîné d'une fratrie de quatre garçons et d'une fille. William est le frère aîné du célèbre romancier Henry James. La famille voyage en Europe de 1855 à 1858 à la recherche du meilleur cadre éducatif. Arrivé à Genève en 1860, James étudie les sciences et les mathématiques à l'Académie de Genève et fréquente la société d'étudiants de la *Zofingue*. De 1863 à 1869, il étudie la médecine à la Harvard Medical School (où il obtient le grade de docteur en

[2] Selon David Wulff (1997).
[3] Sur lequel nous reviendrons.

médecine en 1870). Suit une période de trois ans où James souffre de problèmes de santé mêlés à une profonde dépression. Durant cette période, il vit au domicile parental. En 1873, il est nommé instructeur en anatomie physiologie à Harvard. Sa santé se stabilise et il devient en 1880 assistant de philosophie. Les dix prochaines années seront consacrées à l'écriture des *Principles of Psychology* qui sera publié en 1890. Dix plus tard, il est invité à Edimbourg pour donner les *Gifford Lectures*[4]. De ces *lectures*, va naître une œuvre magistrale : *The Varieties of Religious Experience* (James, 1902). Ce livre deviendra un classique en psychologie de la religion. Nous l'évoquerons ci-dessous, car il fait grand cas de la conversion.

Notons, pour un public francophone, les liens d'amitiés tissés entre William James et Théodore Flournoy dès 1889 et dont la revue des *Archives de Psychologie* dirigée par Flournoy et Edouard Claparède porte la trace dès 1903[5] jusqu'à l'hommage rendu par Claparède à la mort de James en 1910[6]. De plus, une correspondance entre Flournoy et James a été conservée et éditée (Le Clair, 1966). Passons maintenant à l'étude de la conversion telle qu'elle est abordée dans les *Varieties*.

La conversion dans les *Varieties*

Pour William James, la vraie religion se situe dans l'expérience, dans le sentiment. Ce sentiment est la base de la personnalité, il fait partie du vécu d'une relation personnelle à la divinité. William James est un homme de son temps qui voit une marche vers la sécularisation du monde occidental accompagnée par un mouvement vers la religion personnelle. L'expérience individuelle est formulée avec un vocabulaire qui n'est jamais en propre celui d'un individu et, bien souvent, elle est partagée. Il est donc difficile pour William James de gommer le collectif et les institutions pour se centrer uniquement sur l'expérience subjective. Parmi la diversité d'expériences religieuses que William James étudie, la conversion joue un rôle central. Il y consacre deux chapitres de ses *Gifford Lectures* et il définit ainsi la conversion :

---

[4] Elles furent fondées au XVIIIe siècle pour défrayer chaque année des conférenciers dissertant sur ce que Abauzit (traducteur en français des *Varieties*) nomme « les attributs de Dieu » (cité par Claparède, 1911, ici p. 104).

[5] « Les recherches de psychologie religieuse proprement dites (…) sont assez peu nombreuses. Elles se réduisent à une vingtaine de travaux récents qui nous viennent presque tous d'Amérique » (Flournoy, 1903, ici p. 34).

[6] « Mais dans ces lignes hâtives – qui n'ont d'autre but que de rendre un pieux hommage à celui que ces *Archives* ont eu l'honneur de compter parmi leurs collaborateurs, et qui fut un des amis de la première heure –, nous ne pouvons que rappeler ce que la psychologie, et la pensée humaine, doivent à W. James », « leur maître [Flournoy] ami personnel de James, a toujours ressenti pour celui-ci, pour ses idées et sa méthode autant que pour sa personne, une sympathie toute particulière » (Claparède, 1911, ici p. 99 et p. 103).

> quand l'âme, après une lutte intérieure où dominait le sentiment de sa faiblesse et de son malheur, trouve le bonheur et l'harmonie dans l'intuition des réalités religieuses, nous appelons ce passage, lent ou rapide, une conversion (1906, p. 163).

Trouver l'unité ne se fait pas par la même voie selon le type de personnalité que l'on a, à savoir si l'on est *one born* ou *twice born.*

D'un côté, William James décrit les *one born*, les bien-portants ceux qui n'ont pas besoin de passer par une nouvelle naissance. De nature optimiste, leur tempérament les inclinant à la sérénité les empêche de s'attarder comme les pessimistes aux aspects les plus sombres de l'univers. Le type de conversion correspondant à ces personnalités est davantage conscient et guidé par la volonté propre de l'individu. Il suffit à ces personnalités de se détourner du mal (du péché) par un effort volontaire. Il est à noter, comme le dit très bien Stéphane Laurens, que « la conversion trouve une partie de sa force dans la volonté de certains individus de se rapprocher de l'un des états idéaux proposé par leur société » (2002, p. 45). Ces modèles, ces types idéaux, que chaque individu a intériorisés, peuvent servir de base de comparaison. Il y a donc un effort pour sortir du péché. Cet effort s'appuie non seulement sur des types idéaux mais aussi sur des techniques de *training* (qui mobilisent le mental) empruntées à des systèmes philosophiques ou religieux qui amènent la personne à progressivement changer, à atteindre (en tout cas en surface) une personnalité plus unifiée. Ce n'est pas là le type de personnalité et de conversion qui intéressent le plus William James : « Les conversions où l'effort domine sont moins intéressantes pour nous que celles où l'on s'abandonne. J'ai hâte d'en venir à ces dernières » (1906, p. 177), « ce sont [les conversions soudaines] les cas les plus frappants, les plus mémorables » (p. 183).

A l'opposé de ces *one born* se trouvent les *twice born*, les âmes malades. C'est à ces dernières que William James s'identifie[7]. Il considère ces âmes tourmentées comme plus profondes, plus clairvoyantes. Elles souffrent de trois sortes de maux : la mélancolie religieuse qui équivaut à une perte de sens du monde, la mélancolie qui équivaut à une peur d'un monde menaçant et, finalement, un sentiment aigu du péché. Pour ces personnalités, les exercices mentaux sont inutiles, la volonté n'y peut rien. Le retour à l'unité ne peut ainsi se faire que d'une manière non soumise à la volonté consciente de l'individu.

A cette division du *self*, William James ne voit qu'une seule issue, une solution religieuse[8], une conversion instantanée vécue comme une nouvelle naissance d'où le terme *twice born* par opposition à *one born.* Elle se produit sur le mode de l'automatisme, tel que décrit par Pierre Janet, ce qui suppose

---

[7] Un passage des *Varieties*, qui est attribué à un correspondant anonyme, semble donner le récit de ce que James vit pendant sa profonde dépression (p. 134-135 de l'édition française).

[8] N'oublions pas que pour William James, la vraie religion c'est la religion personnelle, non la forme institutionnalisée qui propose ce genre de *training*.

la présence d'une région subliminale qui est, pour James, « le rendez-vous d'une foule d'impressions, soit clairement conscientes soit subconscientes, qui petit à petit s'accumulent, s'élaborent d'après des lois ordinaires de la psychologie et de la logique, et peuvent atteindre une tension assez forte pour faire explosion dans la conscience ordinaire » (1906, p. 200). Ainsi se dessine, pour James, une fonction du religieux. Cette fonction, comme l'a montré Pierre-Yves Brandt, serait de sauver de l'erreur : « il y a quelque chose qui est faux (*something wrong*) et nous sommes sauvés de ce faux (*saved from the wrongness*) en établissant des connexions appropriées avec les pouvoirs supérieurs » (Brandt & Fournier, 2007, p. 13).

La place du récit

Ces deux types de personnalité et de conversion sont étudiés, comme l'ensemble des expériences subjectives des *Lectures*, à partir de récits. Quoique William James se réfère aux découvertes d'Edwin Starbuck sur la conversion à l'adolescence, il préfère collecter et étudier des récits de conversions soudaines d'adultes qui lui semblent plus intéressants et plus profonds que les histoires d'adolescents. Un choix guide la création de son corpus : il choisit les études d'expériences religieuses à partir de documents de personnes les plus avancées dans la vie religieuse. Ces documents sont tirés de la littérature religieuse, notamment de textes autobiographiques. Parmi eux, on peut citer saint Augustin, sainte Thérèse d'Avila mais aussi, John Wesley, fondateur du méthodisme, Jonathan Edwards, prédicateur célèbre du « grand réveil »[9], et encore bien d'autres. William James montre avec habileté, en travaillant sur des récits, comment des mécanismes psychologiques sont à l'œuvre dans la conversion soudaine. L'interprétation psychologique se base sur l'analyse du récit. Ce type de démarche court toujours le risque de réduire le récit à une fonction illustrative d'un modèle psychologique. Notons finalement que « James a été critiqué pour avoir trop orienté la psychologie de la religion vers l'étude de l'individu/des aspects individuels et pas assez vers les processus sociaux en jeu »[10] (Loewenthal, 2004, p. 32).

Face à cette méthode par le récit et cet intérêt marqué pour les expériences subjectives de personnes exceptionnelles, se développe autour de

[9] Mouvement qui toucha les Eglises protestantes américaines de 1720 à 1770. Les prédicateurs du *Great Awakening* réaffirment le message libérateur du salut par la grâce et délivrent les fidèles de leur condition de pêcheurs en réaffirmant le salut par la Grâce seule. Seule la foi compte pour être sauvé, accompagnée du désir d'essayer d'accomplir désormais de « bons » actes. Les prédicateurs insistent ainsi à nouveau sur la conversion, la foi et la vie religieuse personnelle. La conversion doit être synonyme de nouvelle vie, d'une nouvelle naissance. Le *Great Awakening* place l'individu au centre, responsable de ses choix.

[10] Notre traduction.

Stanley Hall une école de psychologie religieuse qui va adopter d'autres méthodes en questionnant d'autres populations.

Arrêtons-nous quelques instants sur cette école en présentant, dans un premier temps, son fondateur.

L'école de Clark : Stanley Hall, James Leuba et Edwin Starbuck

Stanley G. Hall

Stanley G. Hall est né à Ashfield dans le Massachusetts en 1844. Il est le fils d'un fermier pasteur. Florent Houssier (2006) nous décrit son père comme quelqu'un d'austère, d'exigeant et de moral. Sa mère est décrite comme douce, attentionnée et qui soutient les intérêts artistiques et intellectuels du jeune Stanley. Toute la famille baigne dans une ambiance où règne le puritanisme et où toute manifestation de tendresse est proscrite. Son adolescence est marquée par une révolte contre l'autorité paternelle mais aussi par les attentes de sa mère sur son avenir professionnel. Elle attend de son fils qu'il devienne théologien et pasteur. Il quitte le domicile familial à 17 ans. Il obtient le *Graduate* et veut devenir un homme d'Eglise. Cependant, il est intéressé par la médecine et la philosophie. C'est pour cette dernière qu'il ambitionne d'enseigner. Hall se forme pour cela en Allemagne de 1868 à 1871. A son retour, il trouve une place d'enseignant au collège religieux d'Antioch à Yellow Springs dans l'Ohio. De 1876 à 1879, il travaille avec William James à l'Université d'Harvard. Il devient, en 1878, le premier doctorant en psychologie d'Harvard sous la direction de James. Hall repart ensuite en Europe où il séjournera trois ans. Il travaille deux ans à Leipzig avec Wilhelm Wundt au moment où celui-ci crée son laboratoire de psychologie expérimentale. Stanley G. Hall est l'un des premiers doctorants de Wundt et participe aux premières expériences sur les associations de mots basées sur la méthode de Galton qui sera adaptée quelques années plus tard par C. G. Jung (1904-1906) pour confirmer de manière expérimentale la théorie des névroses de Sigmund Freud. Hall, intéressé par l'hypnose, se formera en France auprès de Jean Martin Charcot et d'Hippolyte Bernheim.

Dès 1880, Hall dans son activité de pédagogue et de psychologue se consacre à l'étude du développement de l'enfant et de l'adolescent. Il est nommé, en 1888, à la tête de la Clark University et y restera jusqu'en 1920. Il fut l'un des leaders des études sur l'enfant ce qui lui permit de contribuer au développement des recherches basées sur la psychologie « éducationnelle ». C'est grâce à son poste, plutôt qu'à un intérêt marqué pour la question religieuse[11], que Stanley Hall va favoriser l'éclosion et le développement de

[11] En 1881, Stanley Hall donne à Harvard une série de conférences publiques sur la religiosité des jeunes. Il conclut que la conversion est plus fréquente près de la puberté, cette thèse sera

la psychologie de la religion en Amérique du Nord. De l'Europe, et particulièrement de son travail avec Wundt, il adoptera l'étude par questionnaire. Il est considéré comme le premier, sur sol américain, à proposer cette méthode. C'est dans ce contexte que des doctorants de Stanley Hall, Edwin Starbuck et James Leuba en particulier, vont étudier la conversion religieuse.

Passons à l'étude qui a véritablement lancé la recherche en psychologie de la religion sur la thématique de la conversion, avec des méthodes naturalistes, à savoir l'étude qu'a menée Starbuck en 1897.

Edwin Diller Starbuck

Edwin D. Starbuck a été l'élève de William James et de Stanley Hall. Dans son essai autobiographique, il se présente comme quelqu'un de religieusement engagé, fidèle à ses origines *Quaker*. Il dit aussi avoir été conscient tout au long de sa vie de cette interférence. Grâce à son affiliation religieuse, Starbuck ne pense pas la conversion seulement sur un mode soudain (forme favorisée par les puritains et les piétistes) et ses recherches ont des buts autant pédagogiques que scientifiques. Il a conduit la plus grande étude statistique sur les expériences de conversion du XIXe siècle. Ce travail a été publié en deux parties dans l'*American Journal of Psychology* en 1897 et il est repris dans son livre *Psychology of Religion* de 1899. C'est William James qui lui en écrit la préface. David Hay pense que Starbuck a tenté plus que tout autre (y compris Stanley Hall et James Leuba) « Pour prendre le phénomène au sérieux et pour utiliser des méthodes empiriques pour ses investigations. Ce qui signifie qu'il s'est détourné de l'analyse des contenus de la littérature religieuse du passé, pour préférer questionner ses contemporains / en faveur d'un questionnement de ses contemporains. »[12] (1999, p. 58). Edwin D. Starbuck va insérer dans son livre beaucoup de récits de conversion dont certains seront repris par William James dans ses *Gifford Lectures*.

Comme nous l'avons vu, Starbuck est réservé quant à l'opposition entre une conversion soudaine et une forme plus graduelle de développement de croyances religieuses. De par l'importance de la recherche que Starbuck a menée, nous présenterons brièvement la méthodologie de recherche et d'analyse ainsi que les principaux résultats (communément admis à cette époque). Nous la citerons également car elle est représentative des travaux menés par l'école de Clark.

---

développée dans deux volumes sur l'Adolescence. Il constata aussi davantage de conversion graduelle que de conversion soudaine. Ce travail de Stanley Hall fut approfondi et vérifié par Edwin Starbuck en 1897. Même s'il fut, tout comme James Leuba, peu encouragé sur cette voie par Stanley Hall lui-même. Dans ce sens, Hall fut, comme le dit très bien David Wulff, « an ambivalent sponsor » (Wulff, 1997, p. 57).

[12] Notre traduction.

Pour cette recherche sur la conversion, Starbuck constitua un échantillon représentatif de protestants américains. La grande majorité des sujets de cet échantillon étaient méthodistes, baptistes, presbytériens, quakers. La plupart sont nés en Amérique et se distribuent sur l'ensemble des professions, les étudiants étaient légèrement en excès. L'ensemble des sujets dit avoir vécu une expérience de conversion. Les questions posées à ceux-ci touchaient leur histoire et sentiment personnels avant la conversion, la nature de l'expérience, le contexte de celle-ci (lieu, motivations), leur sentiment après et les effets subséquents sur leur vie personnelle. D'autres questions investiguaient l'âge de la conversion en relation avec la puberté, des facteurs physiques, leur état de santé durant la période de conversion. Pour le traitement de ces données, Starbuck utilisa une procédure de codage. Après ce codage en catégorie, il présenta de nombreux tableaux croisés qui permirent des analyses statistiques. Il était très conscient des limitations de ses données et il se concentra sur les résultats qui étaient clairement sous contrôle.

Dans une première recherche, Edwin D. Starbuck va donc questionner 254 femmes et 235 hommes.

Voilà ci-dessous les principaux résultats de cette recherche, à commencer par l'âge de la conversion :

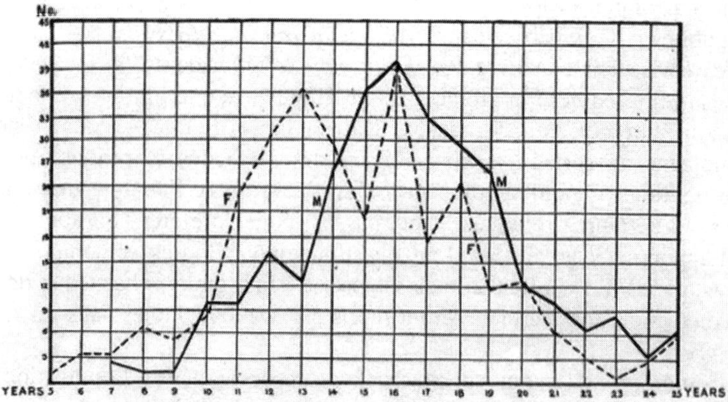

FIGURE 1.—*Curves showing the frequency of conversions in different years.*
—— = Males. - - - = Females.

Figure 2 : STARBUCK E. D. (1899). *Psychology of Religion*. London : Walter Scott, p. 29.

D'une manière globale, les sujets disent s'être convertis entre 9 et 20 ans. Starbuck met en évidence une différence entre les sexes. Le phénomène est plus précoce chez les femmes avec un pic à 13 ans que chez les hommes où il apparaît autour de 16 ans. Les deux courbes comportent trois pics, selon Edwin D. Starbuck : 13, 16 et 18 pour les femmes et 12, 16 et 19 pour les hommes. Cela dit, l'interprétation proposée par Starbuck des courbes de cette figure ne nous convainc pas. En effet, plutôt que les trois pics pour les hommes, la courbe présente un comportement assez homogène de part et d'autre du pic de 16 ans. Pour les femmes, le pic à 16 ans est tout aussi important que celui à 13 ans. Pour analyser ces distributions, Starbuck propose deux interprétations, l'un psychologique et l'autre physiologique.

D'un point de vue psychologique, il constate que la conversion commence à apparaître vers l'âge de 9 ans et se fait de plus en plus rare à partir de 20 ans. Pour développer son argumentation psychologique, il va se baser sur les recherches sur le développement cognitif. L'enfant ne peut développer une idée ou une représentation religieuse qu'en adéquation avec le niveau de maturation de ses capacités cognitives. En se basant sur des études contemporaines, Starbuck montre qu'à 9 ans, l'enfant acquiert une meilleure aptitude au raisonnement. C'est donc une borne naturelle pour qu'apparaisse la conversion. Quant à la limite supérieure, Starbuck pense qu'à 20 ans, la jeunesse est passée et que les points de vue, les habitudes et les activités sont fortement ancrés, et ainsi plus difficilement modifiables. Pour lui, « il existe une période normale, située quelque part entre l'innocence de l'enfance et les habitudes figées de la maturité, alors que la personne est encore impressionnable mais dispose déjà d'une vision/d'un *insight* spirituelle, durant laquelle les conversions sont les plus fréquentes »[13] (1899, p. 36). La différence entre les hommes et les femmes sur le premier pic d'occurrence du phénomène est expliquée par Starbuck par une maturité généralement reconnue comme plus précoce chez les femmes. Ce premier pic correspondrait d'un point de vue psychologique à la diminution de l'importance des éléments perceptifs au profit de la naissance de la raison.

L'interprétation physiologique s'appuie sur deux types de recoupement. Le premier recoupe l'âge du sujet et l'importance des transformations corporelles. Deux variables sont ainsi mesurées : le changement de poids et le changement de taille. Le présupposé est que l'adolescence est la période où les changements de taille et de poids sont les plus rapides que dans toutes les autres périodes de la vie[14].

Les résultats de cette comparaison apparaissent dans la figure ci-après :

[13] Notre traduction.

[14] Sans tenir compte de la première enfance.

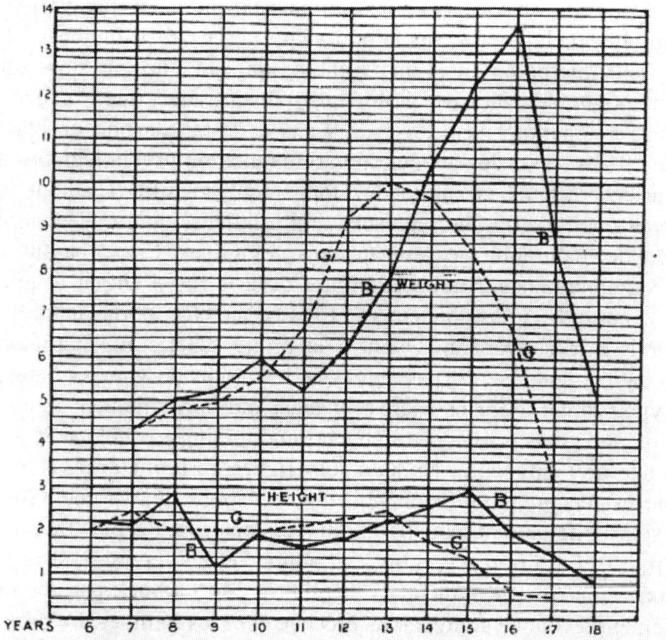

FIGURE 3.— *Curves for height and weight of average American boys and girls.* B = Boys, G = Girls. *The column of figures on the left represents either pounds or inches of absolute yearly increase according as it is applied to the upper or lower pair of curves.*

Figure 3 : STARBUCK E. D. (1899). *Psychology of Religion*. London : Walter Scott, p. 39.

Edwin Starbuck constate une bonne convergence entre les pics d'âge de conversion et ceux des plus grandes modifications corporelles. Chez les filles, le poids augmente brusquement de 10 à 13 ans pour ensuite rapidement diminuer. L'accélération et le déclin de la courbe de la taille interviennent dans le même laps de temps. L'augmentation rapide de poids entre 13 et 16 ans chez les garçons et son déclin se calque à la courbe du nombre de conversion qui suit cette évolution. Ce qui fait dire à Starbuck : « La période de croissance rapide du corps semble être le moment où la conversion semble avoir le plus de chance d'apparaître »[15] (1899, p. 38). Cependant, il ne voit pas une causalité directe entre ces deux phénomènes.

Le deuxième recoupement, mis en évidence lors d'une deuxième recherche, concerne l'âge de conversion avec celui de la puberté. L'objectif de Starbuck est de comprendre la ou les relations entre conversion, puberté et transformations corporelles rapides. Il questionnera ainsi 119 hommes et 96

[15] Notre traduction.

femmes sur l'âge de leur conversion et sur celui de leur puberté. Les résultats sont reportés ci-après :

	AGE—	9	10	11	12	13	14	15	16	17	18	19	20	21	22
Female	Conversions .	3	3	6	8	16	9	12	15	8	10	7	9	1	2
	Puberty .	1	1	7	9	27	39	22	6	5	2	0	0	0	0
Male.	Conversions .	0	3	4	6	5	6	11	12	16	13	5	6	4	4
	Puberty .	0	0	0	3	11	23	17	9	11	15	1	3	3	0

TABLE II.—*Showing the relation between the years of greatest frequency of conversion and puberty in both sexes. (A few scattered conversions are omitted before 9 and after 22.)*

[1] S. S. Herrick, *Reference Handbook of Medical Science*, Vol. VI., p. 70. 'Physical Maturity of Women,' *Lancet*, London, July 25, 1885.

Figure 4 : STARBUCK E. D. (1899). *Psychology of Religion*. London : Walter Scott, p. 40.

On remarque que les conversions interviennent soit juste avant, soit juste après l'âge de la puberté. Ce qui fait dire à Starbuck : « La conversion et la puberté ont tendance à se compléter mutuellement dans le temps, plutôt que de coïncider ; mais elles peuvent néanmoins être conditionnées l'une par l'autre »[16] (1899, p. 45).

En conclusion, Starbuck constate que le nombre le plus important de conversions apparaît dans la même période que la transformation rapide du corps. Il est possible, selon lui, qu'après un développement physiologique rapide apparaisse une accalmie qui favorise la production d'activités psychiques.

En ce qui concerne le contexte de l'expérience de conversion, six fois plus de femmes que d'hommes disent s'être converties à l'église dans un service religieux ou dans une réunion de prière pendant que deux fois plus d'hommes disent s'être convertis à la maison. De plus, les femmes font davantage référence à des pressions sociales comme facteur de conversion. Les hommes, dans leur majorité, identifient comme facteur leur conviction interne sur le péché.

Phénoménologiquement, le moment de conversion est décrit, dans la plupart des cas, comme un moment fort émotionnellement. Starbuck note que le moment de conversion est traditionnellement décrit comme une bataille entre les forces des ténèbres et les forces de la lumière avec l'individu comme spectateur. Il ne retrouve pas ce type de description dans les réponses de ses sujets. Presque toutes les descriptions interprètent cette expérience comme un événement psychique, bien que toujours formulé dans un langage théologique. La plupart des sujets sont peu explicites sur le contenu de leur expérience de conversion. Starbuck y voit un signe que le processus de changement prend place dans le subconscient. Dans le huitième chapitre de

[16] Notre traduction.

Psychology of Religion, Starbuck propose une interprétation neurologique du phénomène. Cette interprétation est dans la ligne de son mentor, William James, et renvoie à l'idée de « cérébration inconsciente » proposée par William B. Carpenter dans son livre *Principles of Mental Physiology* (Carpenter, 1874). William Carpenter a tenté d'expliquer le phénomène de résolution de problème spontané après des efforts prolongés, quand la personne cesse consciemment de s'occuper du problème. Pour William Carpenter, de nouvelles connexions nerveuses se créent au travers des efforts faits par l'individu. Ainsi, les efforts de la personne en recherche de conversion ont des effets inconscients qui, à un moment donné, « à maturation subliminale », explosent dans la conscience quand le « nouveau circuit » est achevé. Finalement, « Malheur et mécontentement, symptomatiques des liens incomplets entre les régions du cerveau, sont remplacés par une nouvelle unification et joie ; les aspects conscients de cet ajustement final de l'inervation cérébrale s'organisent autour d'un nouveau centre dans le cortex »[17] (Hay, 1999, p. 71). Starbuck, malgré son étude détaillée sur la conversion, est sceptique quant à la nécessité de la conversion soudaine en comparaison à un développement graduel de la conscience religieuse. Il se méfie des manipulations de sentiments combinées à une pression sociale visant à la conformité (ce dont n'était pas conscient Jonathan Edwards 150 ans plus tôt).

Dans sa contribution sur l'étude de la conversion, Starbuck conclut que c'est un phénomène propre à l'adolescence[18]. Il situe, au niveau temporel, ce phénomène entre une certaine maturation cognitive et la fin d'une « malléabilité » psychique. Ainsi, Starbuck délimite une période, concomitante à des changements physiologiques touchant la représentation de soi et l'identité, période propice à un ancrage du religieux.

Quoi qu'il en soit, cette recherche pose principalement la question d'un âge propice à la conversion. Elle montre qu'un certain développement cognitif est nécessaire pour que le phénomène advienne. Le deuxième point à relever est la parfaite superposition entre les âges du maximum de conversion et ceux des plus grandes transformations corporelles. Enfin, la proximité temporelle entre la puberté et la conversion est très marquée. Nous pouvons émettre une hypothèse quant à cette proximité. En effet, les changements corporels vécus par les adolescents doivent être élaborés ensuite à un niveau psychique pour permettre une représentation de soi en lien avec ce corps qui change et avec ce que les autres renvoient en miroir de ces changements. Nous retenons de cette étude, où Starbuck a cherché à comprendre la conversion dans le développement de l'enfant en général[19], que

---

[17] Notre traduction.

[18] La quête qui conduit à la conversion a été regardée, par les premiers psychologues de la religion tel Starbuck, Hall et James, comme le modèle de la crise identitaire de l'adolescent ainsi que sa résolution, « religious conversion has been rightly considered an adolescent phenomenon, or even an essential part of adolescence » (Argyle & Beit-Hallahmi, 1997, p. 115).

[19] Et non la conversion de personnes extraordinaires.

l'adolescence, grâce aux transformations profondes tant physiques que psychiques, demeure un moment privilégié de conversion. La conversion peut être une réponse identitaire à une quête adolescente.

Il est difficile de parler de récit de vie dans la recherche menée par Starbuck, car la biographie du sujet est disséquée en fonction des hypothèses de l'expérimentateur (Hall avait déjà pointé auparavant l'importance du moment de l'adolescence pour le phénomène de conversion). De plus, Starbuck se focalise sur un moment particulier de la vie du sujet, à savoir principalement le moment même de conversion et ses alentours. Ainsi, un moment biographique particulier est questionné laissant dans l'ombre l'ensemble du parcours de la personne. Par une batterie de questionnaires, un codage des réponses et un traitement statistique des données, il met en lumière le phénomène de conversion chez l'individu « normal ». Au travers de cette démarche empirique, il n'y a pas ou peu de place pour la discursivité du sujet, pour son histoire de vie.

James Leuba

James Leuba est né à Neuchâtel en 1868 où il passa son enfance et son adolescence. Il émigra ensuite aux Etats-Unis et devint un étudiant de Stanley Hall à Clark. Là, il achève son Ph.D. et fait des recherches en psychologie. Leuba est considéré par Benjamin Beit-Hallahmi comme « the most active among Hall's students » (1974, p. 85) et il fut, par ses nombreuses publications entre 1896 et 1934, un des leaders du mouvement créé par l'école de Clark. Ensuite, il est nommé en 1897 professeur de psychologie au Bryn Mawr College en Pennsylvanie qu'il ne quittera plus jusqu'à la fin de sa carrière.

Il consacra son doctorat en philosophie (Ph.D.) au thème de la conversion et fut publié dans l'*American Journal of Psychology* (Leuba, 1896). Ses interprétations sont basées sur 13 questionnaires complétés par 8 récits tirés de la littérature. Le panel de questions est beaucoup moins important que celui d'Edwin Starbuck (comme nous le verrons) et le questionnaire fut envoyé à des pasteurs, à des leaders de mission, etc. James Leuba tente de faire une analyse séquentielle du processus de conversion soudaine. Pour lui, ce processus commence par le sens du péché, fruit, selon lui, des effets de la doctrine calviniste, qui mène à des peurs irrationnelles et à des désordres physiques. Les étapes décrites par James Leuba suivent celles qui sont décrites par saint Augustin et Jonathan Edwards : renoncer à soi-même, foi, justification, joie et apparition d'un nouvel état. La dernière partie de son étude examine le rôle de la volonté, la doctrine de la foi, le déterminisme et la doctrine de la grâce divine.

Comparativement à Edwin Starbuck, l'analyse de James Leuba est plus théologique et philosophique ; elle s'appuie moins sur des données empiriques. Comme Edwin Starbuck, il voulait apparaître comme un naturaliste, mais il observa que le phénomène associé à la conversion religieuse pouvait être expliqué de manière plus exhaustive sans les paramètres des sciences naturelles. Il diffère ainsi d'Edwin Starbuck qui privilégie une explication en termes scientifiques plutôt qu'une interprétation religieuse ou théologique. Leuba fut également intéressé par les analogies entre les conversions religieuses et les conversions soudaines dans l'alcoolisme. Dans son désir d'expliquer les phénomènes religieux d'une manière naturaliste, James Leuba s'intéressa de moins en moins aux investigations empiriques de ses contemporains. Il penchera progressivement en faveur d'une étude historique sur les récits de mystiques. Son ouvrage le plus intéressant, *The Psychology of Religious Mysticism* est publié en 1925. Ce livre contient deux articles publiés vingt ans plus tôt dans la *Revue Philosophique*, à savoir en 1902, année de parution des *Varieties* de William James. Leuba développa le point de vue selon lequel les expériences mystiques[20] sont associées à des états mentaux pathologiques ou à de mauvaises attributions. Ainsi, il nota que les extases spontanées du type de celles rapportées par les personnes religieuses sont similaires (dans le contenu) aux auras des épileptiques juste avant leurs crises. L'aura est causée par un trouble physiologique. Elle apparaît à l'improviste et sur un sujet passif. L'extase est souvent vécue comme une illumination, une révélation. De telles caractéristiques peuvent suggérer une intervention suprahumaine mais ce n'est pas l'interprétation qu'en fait le monde médical (interprétation qui renvoie au symptôme d'une maladie). L'extase de saint Paul peut probablement être expliquée de cette façon selon Leuba.

Les précurseurs : conclusion

Les travaux des précurseurs mettent en lumière l'opposition entre deux postures méthodologiques. D'une part, la méthode descriptive de William James qui se base sur des récits de personnes exceptionnelles pour montrer un processus psychologique (subconscient) à l'œuvre dans les conversions (soudaines). D'autre part, la méthode expérimentale, importée d'Europe par Stanley Hall (héritage de son travail avec Wundt) qui fait grand usage des questionnaires et de leur traitement statistique. Cette méthode a été utilisée par les chercheurs de l'école de Clark pour comprendre le phénomène de conversion des gens « normaux » et pour comprendre comment il s'insère dans le développement de l'enfant (en rapport à des capacités principalement cognitives). Comme nous l'avons évoqué, les questionnaires interrogent un moment biographique particulier (le moment de conversion) sous différents angles et ne tiennent pas compte des autres événements de la vie du sujet.

Les deux types d'approches arrivent à une même conclusion : la conversion est un phénomène propre à l'adolescence. Dans la compréhension

[20] Les mystiques catholiques tels que Suso, Catherine de Gènes, Thérèse d'Avila, etc.

qu'ont les précurseurs de la conversion, la quête et la crise jouent un rôle important. Le processus de conversion est en même temps une quête et sa résolution. La crise est vue comme le déclencheur de la quête. Cette manière de voir la conversion sera reprise par bon nombre de chercheurs contemporains (notamment Rambo dont nous reparlerons).

L'étude sur la conversion est marquée, dès ses débuts, par une opposition qui va, comme nous l'avons dit, perdurer jusqu'à nos jours entre une conversion soudaine (centre d'intérêt de James[21]) et une conversion graduelle (centre d'intérêt de Leuba et Starbuck). Dans ce paradigme, la conversion soudaine est vue, par James, comme une deuxième naissance qui vient en réponse à une division du *self*, à une personnalité morcelée. Nous retenons cette fonction du religieux qui est d'établir des bonnes connexions avec les pouvoirs supérieurs pour permettre l'intégration du *self* (autrement dit une solution religieuse à la division du *self*). Cette deuxième naissance n'est pas nécessaire à des *one born* qui peuvent revenir à l'unité grâce à la volonté personnelle, à un *training* (qui peut être d'ordre philosophique). De plus, tant Starbuck que James font référence au subconscient dans l'explication des conversions soudaines, bien que la compréhension du rôle de ce subconscient diffère chez ces deux auteurs. Starbuck, reprenant le concept de cérébration inconsciente de Carpenter, relève les modifications physiologiques par la création de nouveaux circuits neuronaux qui, quand ils sont achevés, produisent des modifications de la conscience. James, dans cette même cérébration inconsciente, n'insiste pas sur l'aspect physiologique, mais y voit plus un modèle énergétique (comme Pierre Janet). Dans ce type de modèle, des parties du *self* peuvent, dans la vie subconsciente, devenir autonomes[22]. Le subconscient n'est pas uniquement le lieu de la cérébration mais aussi, pour James, un « organe de réception » des impressions spirituelles[23].

Finalement, la conversion est vue comme un changement identitaire important (James va jusqu'à parler de deuxième naissance) qui s'appuie sur un processus psychologique (en partie hors du champ de la conscience). Ce changement identitaire se produit le plus souvent à l'adolescence.

---

[21] Cette fascination peut s'expliquer par l'histoire personnelle de William James.

[22] C'est comme cela que Janet, puis Jung, décriront les phénomènes de possession.

[23] « Mais on peut concevoir que la région subconsciente ait un double rôle. S'il existe au-dessus du monde matériel, un monde spirituel qui le domine, on peut admettre que la conscience subliminale constitue un champ plus propice aux impressions spirituelles que la conscience ordinaire, tout absorbée, à l'état de veille, par des impressions matérielles vives et abondantes qui lui viennent des sens. Pour que la voix divine ne fût pas étouffée, il faudrait qu'elle retentît dans une région de notre âme où s'apaise le tumulte grossier du monde sensible. Le sentiment qu'une puissance divine vous domine et vous fait agir, qui tient une si grande place dans l'expérience de la conversion, pourrait, dans cette hypothèse, être regardé comme légitime. Une force transcendante pourrait s'exercer directement sur l'individu, à condition qu'il possède un organe récepteur approprié, c'est-à-dire une conscience subliminale. Mais, cette transcendance fût-elle prouvée, nous n'en resterions pas moins fidèle à notre critère empiriste ; les fruits seuls d'une telle influence nous permettraient de juger si elle est bonne ou mauvaise, divine ou diabolique » (James, 1906, p.163 [éd. originale 1902, p. 205-206]).

Passons brièvement aux raisons du déclin de la psychologie de la religion dans les années 1930 (et donc des recherches sur la conversion).

Un déclin

Benjamin Beit-Hallahmi base son analyse du déclin de la psychologie de la religion sur le nombre de parutions (sur ce thème) dans le *Psychological Bulletin*[24]. Depuis 1933, le terme « psychologie de la religion » n'apparaît qu'à de rares occasions pour mentionner des travaux allemands et français. Beit-Hallahmi comptabilise aussi le nombre d'enseignements proposés de cette discipline dans des collèges postgradués durant la décennie 1920-1930 et lors de la décennie 1930-1940. Sur 154 collèges qui proposaient cette discipline dans la première décennie, uniquement 24 la proposent encore durant les années 1930. Pour Beit-Hallahmi, « le mouvement de psychologie [de la religion] était mort »[25] (1974, p. 87). Pour expliquer ce déclin, il donne une série d'arguments. Nous retiendrons ceux qui semblent le mieux expliquer le déclin de la discipline aux Etats-Unis :

– le premier argument, et le plus important et cause du déclin pour Beit-Hallahmi, est que la psychologie de la religion en tant que discipline n'a pas réussi à se séparer de la tradition philosophique (dont elle est, *en partie*[26], issue). De plus, dans son effort de devenir scientifique, l'accent a été mis sur une collection de faits non intégrés dans une théorie d'ensemble.

– Le deuxième argument est l'impact du behaviorisme et de la psychanalyse. La psychanalyse a provoqué de l'intérêt et des controverses, mais elle n'a jamais généré des études systématiques et elle n'a pas réussi à s'imposer dans les facultés de psychologie. Pour Beit-Hallahmi, « La psychanalyse n'a pas contribué à l'acceptation de la religion comme un sujet dans la psychologie universitaire américaine, et elle a même contribué à un état de stagnation »[27] (1974, p. 88). Quant au behaviorisme, il a déplacé le centre d'intérêt sur les comportements et dans la psychologie « académique » des années 1920 et 1930, l'intérêt pour les comportements religieux commence à être perçu comme l'évidence d'une orientation non scientifique.

– Le troisième, et dernier argument que nous évoquerons, est la conflictualité qui est perçue entre le chercheur et son objet quand le chercheur se trouve engagé religieusement. Comme nous l'avons vu, la plupart des précurseurs avaient un engagement religieux ce qui, du point de vue extérieur et intérieur, a joué en défaveur de la discipline.

---

[24] Le bulletin, porte-parole de la discipline [psychologie], accueille depuis 1904 une revue des publications en psychologie de la religion.

[25] Notre traduction.

[26] Nous soulignons car la psychologie est, de notre point de vue, fille de deux disciplines : la philosophie et la médecine. Elle oscille, à travers l'histoire, entre ces deux pôles.

[27] Notre traduction.

Beit-Hallahmi conclut que le mouvement a disparu non seulement à cause de pressions internes, notamment par le manque d'une théorie d'ensemble non religieuse et non philosophique (qui a dominé le mouvement à ses débuts et causé sa mort prématurée), mais aussi à cause des pressions externes qu'elles soient internes à la psychologie (académique) ou externes à celle-ci. Selon Beit-Hallahmi, le mouvement fut visiblement une proie facile et sa disparition fut rapide et totale.

Dans les années 1950, aux Etats-Unis, la psychologie de la religion va renaître grâce aux travaux de Gordon Allport[28].

Les études contemporaines de la conversion

Dans cette revue des travaux, nous nous focaliserons sur quelques travaux marquants dans l'étude de la conversion. Nous présenterons tout d'abord le modèle de conversion en sept stades proposé par Lewis Rambo. Celui-ci nous permettra de montrer que le processus central de la conversion est la reconstruction, dans l'interaction, de la biographie du futur converti. Rambo base son modèle sur l'une des analyses les plus complètes de la littérature. Nous aborderons ensuite le degré de transformation de la personnalité atteint lors d'une conversion avec Raymond Paloutzian, Lewis Rambo et James Richardson. Nous conclurons avec les études sur l'attachement et la conversion. Au travers des études sur l'attachement, nous serons attentif au rôle donné à la narration du sujet et nous évoquerons un conflit actuel en psychologie de la religion entre les tenants de l'approche de la théorie de l'attachement, notamment Pehr Granqvist et Lee Kirkpatrick et les tenants d'une approche psychanalytique telle que Ana-Maria Rizzuto, Patrick Luyten et Jozef Corveleyn.

Un modèle de la conversion : Lewis Rambo

Lewis Rambo (1993), au début des années 1990, propose un modèle holistique, par stades, du processus de conversion. Il s'agit de l'un des premiers modèles qui tente de rendre compte du processus de conversion dans toute sa complexité en se basant sur ce qui est sans doute l'une des analyses la plus complète de la littérature dans ce domaine. Rambo propose aussi une typologie de la conversion qui permet de classer la conversion en cinq types. Après avoir présenté les types de conversion et le modèle en sept étapes, nous nous pencherons sur la place que Rambo accorde, dans son

[28] Il rend hommage à James et particulièrement à son ouvrage des *Varieties* (« he wrote his incomparable *Varieties of Religious Experience* »). Selon Allport, l'évolution des théories de la personnalité s'accommode bien des découvertes et des intuitions de James (« It is a tribute to his genius that in most respects these theories readily accommodate his earlier findings and interpretations ») (Allport, 1950, p. XII pour les deux citations).

modèle, au récit de conversion. Ceci nous permettra d'évoquer (sans les décrire) les travaux de nature plus sociologique sur l'influence de la rhétorique du groupe sur la reconstruction biographique du futur converti.

Les types de conversion

La typologie de Rambo prend en compte cinq types de changements[29] :

– *la défection* : il s'agit de la répudiation de sa tradition religieuse. Ce changement n'aboutit pas à l'adoption d'une nouvelle perspective religieuse, mais plutôt à l'adoption d'un système de valeur non rattaché spécifiquement à une tradition religieuse.

– *L'intensification* : c'est la revitalisation d'un engagement d'un individu dans une affiliation antérieure formelle ou informelle. Elle apparaît quand un individu donne une place centrale dans sa vie à son engagement dans une institution religieuse. Cet approfondissement de son engagement dans la communauté peut être la conséquence d'une expérience religieuse marquante ou de la prise en charge, par la communauté, d'un moment de transition (mariage, naissance, mort, etc.).

– *L'affiliation* : c'est la conversion ou le recrutement par un nouveau mouvement religieux d'un individu non impliqué de manière individuelle ou groupale dans une tradition religieuse.

– *La transition institutionnelle* : c'est le passage d'une communauté religieuse à une autre dans une même tradition.

– *La transition de tradition* : c'est le changement d'une tradition majeure à une autre (par exemple : de l'islam au christianisme).

Les cinq types de changements représentent cinq types de relation entre l'individu et le groupe : quitter un groupe, intensifier sa place dans un groupe, entrer dans un groupe et changer de groupe (dans la même tradition/d'une tradition à l'autre). D'un point de vue psychologique, ces différentes relations n'engendrent pas les mêmes processus.

De plus, tous ces types de conversion montrent une succession temporelle entre deux moments et une forme de rupture entre ceux-ci. Toutefois, ils ne rendent pas bien compte de la place du sujet dans ces changements.

Le modèle en sept étapes

Lewis Rambo se place dans une approche descriptive qui essaie de délimiter les contours du phénomène de la conversion sans trop s'inquiéter de l'idéologie propre au groupe concerné. Le modèle qu'il propose est une base de travail fondée sur une vaste revue de la littérature, sur de nombreux entretiens avec des convertis et sur des observations participatives. Aucun

---

[29] Pour Rambo, le sens principal que l'on peut donner à la conversion est le changement.

modèle ne peut rendre compte de l'ensemble de la réalité, mais Rambo suggère que l'étude de la conversion doit inclure au moins quatre composantes : culturelle, sociale, personnelle et un système religieux. De plus, pour comprendre la conversion (dans toute sa complexité), il faut prendre en compte l'ensemble de ces disciplines : l'anthropologie, la sociologie, la psychologie et les études religieuses.

Le modèle de Rambo a l'avantage de présenter la conversion, non en terme d'événement unique, mais en terme de processus. En cela, il s'éloigne d'une représentation stéréotypée de la conversion, de sa description commune. Cette description se retrouve, comme l'a montré Pierre-Yves Brandt (2005), dans bon nombre de récits de conversions provenant de différents milieux : « évangélistes », « de réveil » et certains courants chrétiens.

Ces récits se caractérisent par la présence de cinq traits :
– la rupture par rapport au passé ;
– l'événement instantané ;
– l'événement unique ;
– l'événement inattendu ;
– le rôle passif du converti.

La tradition chrétienne a associé à cette description commune un récit paradigmatique, celui de la conversion de saint Paul tel que l'évangéliste Luc l'a rapportée dans le livre des Actes des Apôtres (Actes des Apôtres 22,1-9 ; 22,6-11 ; 26,12-18).

Les cinq traits de cette description commune laissent peu de place à l'idée de processus. Or, l'un de nos principaux objectifs est de montrer, d'un point de vue psychologique, en quoi il y a bien processus. Présentons maintenant les différents stades du modèle de Rambo.

1. *Le contexte*. Le converti est non seulement influencé par toutes ses relations et son background (éducation, formation) mais aussi par les structures institutionnelles. C'est contre ces influences que l'individu s'engage dans un parcours de conversion.

2. *La crise*. Elle fournit une opportunité de changement. Souvent, ce sont des expériences de vie qui causent l'apparition de ce stade. Pour Rambo, la crise est la principale force du changement.

3. *La quête*. La plupart des futurs convertis s'engagent alors activement dans une recherche d'accomplissement, de réalisation. La quête sera influencée, à des degrés divers, par les disponibilités intellectuelles, affectives et religieuses de l'individu.

4. *La rencontre*. Elle permet aux personnes en crise et en recherche de solutions d'être en contact avec des gens qui fournissent de nouvelles orientations face à la quête. La rencontre peut être le départ d'une interaction qui permet aux partenaires d'établir ainsi un intérêt mutuel suffisant.

5. *L'interaction*. Pour Rambo, il s'agit de la matrice du changement. Après l'établissement de cet intérêt mutuel, les personnes approfondissent leur relation. Les relations sont le meilleur chemin pour connecter la

personne avec une nouvelle option. De même, la rhétorique propre au groupe va fournir un système d'interprétation non seulement pour la sphère religieuse mais aussi, dans certain cas, pour la totalité de la vie du futur converti. Ce stade lui permet de jouer un rôle qui correspond aux attentes des deux parties et qui correspond à une nouvelle façon de vivre. C'est aussi, par l'intériorisation du rôle, l'acquisition d'une nouvelle identité.

6. *L'engagement*. C'est l'aboutissement du processus de conversion. La décision de s'engager est souvent escomptée. Certains groupes proposent au futur converti un rituel d'initiation. Rambo emploie, pour qualifier ce rite, la classification d'Arnold van Gennep : « les rites de passage concernent tous les rites où les participants sont soumis à une séquence cérémonielle d'actes en trois temps : séparation, liminarité, agrégation » (Goguel d'Allondas, 2002, p. 38).

La première étape aide le futur converti à se couper de son passé. La période de liminarité lui permet d'étudier plus intensément comment il pense, agit et se sent dans sa « nouvelle peau ». La place du récit de soi a, selon Rambo, une place centrale dans le processus de conversion. Le futur converti a l'occasion de formuler un nouveau discours sur sa vie et ainsi présenter une biographie reconstruite. Elle donne une indication à la communauté et au futur converti sur le « degré de transformation » de celui-ci. Ainsi, le groupe peut mesurer le degré d'intériorisation du nouveau système par le récit de vie. Rambo note encore que toute la vie d'un individu peut être vue comme un subtil processus de réorganisation de sa propre biographie, mais, dans le cas de conversion religieuse, cette réinterprétation de sa propre vie est une exigence plus ou moins explicite. La dernière étape, l'agrégation, souvent ritualisée, permet au converti de devenir un membre à part entière de la communauté. Il endosse ainsi une nouvelle identité par cette appartenance légitimée au groupe.

7. *Les conséquences*. Pour une bonne partie des personnes converties, leur vie a complètement été transformée. Certaines ont obtenu un sens à leur vie, une mission, un but, une sécurité, une paix intérieure. Dans d'autres cas, le processus de conversion peut avoir des effets destructeurs. Le converti se rend compte qu'il a été manipulé pour favoriser les buts propres du groupe. Dans tous les cas, la conversion est précaire, elle doit être défendue, nourrie, supportée, affirmée.

Rappelons pour commencer que le modèle proposé par Rambo est un modèle théorique et qu'il n'a pas proposé de méthode d'expérimentation. Le modèle donne une place importante à la crise[30], négligeant de ce fait un possible processus de conversion sans cette dimension. Nous pensons au type de conversion que Rambo a appelé *intensification* et qui induit, et cela peut-

[30] En cela, il suit les précurseurs, mais notons que dans cette catégorie Rambo range : des expériences mystiques, des *near-death experiences*, la maladie, le désir de transcendance, la pathologie, etc. La crise, telle qu'il la définit, couvre toute une série d'événements que nous ne rangerions pas forcément dans cette catégorie.

être sans crise, un mouvement de réappropriation, mouvement très différent, psychiquement parlant, de celui présent dans une *affiliation* ou une *défection*.

Identitairement, le modèle proposé par Rambo travaille une crise (qui s'inscrit dans un contexte) et sa résolution par la rencontre d'un groupe. Il y a de ce fait un « accident biographique » qui est au centre du focus d'observation car il est considéré, par Rambo, comme le moteur de la conversion. Cette manière de regarder le processus de conversion risque de masquer d'autres changements identitaires précédents préparant celui-ci[31].

Ainsi, non seulement nous ne voyons pas les tentatives d'élaboration de cette crise qui ont déjà été tentées avec d'autres options, mais aussi la réponse spécifique apportée par un cadre religieux à une crise.

Rambo, avec son modèle, considère l'environnement social dans lequel la conversion s'inscrit (contrairement à James). Dans cet environnement, il donne au groupe une place importante. C'est le groupe qui mène à bien le processus de conversion. C'est lui, souvent par la médiation de ses membres, qui contient et qui donne forme à cette transformation. Il joue de ce fait un rôle important au niveau de l'identité.

Place et rôle du récit dans le processus de conversion

Nous relèverons que, pour Rambo, le processus central de la conversion est la reconstruction, par le récit, de la biographie du futur converti[32]. La reconstruction est rendue possible par les étapes de *rencontre* et d'*interaction*. Le futur converti doit d'abord être en contact avec des personnes qui ont un certain potentiel identificatoire pour qu'un intérêt puisse apparaître (du côté du futur converti). Puis, sur cette base identificatoire, le groupe fournit (le plus souvent dans des relations interpersonnelles[33]) un nouveau langage pour revisiter sa vie[34]. Ainsi, le futur converti va relire et modifier la représentation qu'il se faisait de son parcours de vie (donc de lui-même) en fonction du nouveau « point de vue ». André Godin relève, tout comme Rambo, que toute autobiographie comporte une sélection, « elle est un écrit construit à partir d'une intention » (1986, p. 98). Il s'agit d'un passé reconstruit. La tendance parfois inconsciente à souligner la coupure qui sépare un avant d'un après est toujours sensible dans ce genre de littérature. La reformulation biographique du futur converti nécessite la présence de

---

[31] Notre contribution tentera plutôt de mettre en lumière un dévoilement progressif de l'identité.

[32] « Central to the converting process is the convert's reconstruction of his or her biographical memory and deployement of new system of attribution in various spheres of live » (Rambo, 1993, p.169).

[33] Mais aussi par des récits et des vécus en groupe (cérémonies, temps de paroles, rites, etc.).

[34] Le récit de conversion s'élabore au travers du langage d'un système idéologique. D'une certaine manière, il s'agit d'un genre littéraire. Ce qui est transmis est non seulement un nouveau langage pour se penser mais aussi des récits mythiques, des biographies de personnages importants pour le groupe.

l'autre, du groupe. Nous relevons la nécessité du « passage par l'autre » pour repenser sa vie avec les catégories propres à l'autre. De plus, cette étape d'apprentissage permet de jouer un rôle et progressivement de l'intérioriser (acquisition d'une nouvelle identité). L'*interaction*, et prioritairement dans celle-ci les relations interpersonnelles, est vue par Rambo comme le contenant de la transformation.

L'étape d'*engagement* représente, d'un point de vue identitaire, l'intégration (ritualisée ou non) du futur converti au groupe, la reconnaissance de sa nouvelle identité. Rambo, qui voit dans cette étape l'aboutissement du processus de conversion, considère l'individu comme converti (il n'évoque plus l'expression « futur converti »). C'est donc l'intégration au groupe qui marque le passage. Il nous paraît évident que le critère que se donne Rambo pour déterminer le moment de conversion ne correspondra pas forcément au moment identifié par les sujets. Nous pouvons très bien imaginer que l'ensemble des convertis puisse choisir comme moment de conversion d'autres étapes du processus que celui de l'*engagement*. De plus, cette étape permet au groupe d'observer, par le récit de vie du converti, le degré d'intégration du nouveau point de vue. Beaucoup d'études en sociologie de la religion se sont intéressées au lien entre une rhétorique propre à un groupe et la reformulation du récit de vie d'un futur converti[35]. Nous ne développerons pas ces études car, d'un point de vue psychologique, il nous semble bien plus intéressant de regarder comment l'individu s'approprie les catégories de l'autre pour resignifier des changements dans sa vie que de considérer le degré d'intériorisation d'un rôle (comme catégorie pour penser l'identité en sociologie) et les relations de pouvoir qui se jouent entre l'individu et le groupe[36].

Le changement identitaire de la personne convertie est clairement affirmé par le récit de soi et le rôle joué dans le groupe (et peut-être à l'extérieur de celui-ci). Peut-on penser que cette transformation identitaire touche plus en profondeur la personnalité du converti ? Les travaux que nous allons présenter à présent apportent une réponse à cette question.

Changements de personnalité et conversion

La conversion : une transformation du *self*

Paloutzian, Richardson et Rambo (1999) insèrent leur réflexion sur la conversion dans un champ plus large, celui des changements dans la personnalité humaine. Les changements de type religieux occupent une place

---

[35] Voir : Stromberg (1990, p. 42-56 ; 1987, p. 167-181) et Popp-Baier (2001).

[36] Tout en relevant que c'est le groupe qui définit la marge de jeu laissée au converti pour se raconter, pour « dévier » ou s'approprier de manière plus personnelle une trame narrative.

importante car ils répondent à des besoins de sens, d'appartenance et d'identité. Encore faut-il définir ce qu'est un changement religieux. Paloutzian, Richardson et Rambo reprennent les définitions de William James et les types de Lewis Rambo. Ces deux définitions, celle de James qui distingue deux types de conversions en fonction de la rapidité avec laquelle elles apparaissent (soudain *versus* graduel)[37] et celle de Rambo qui distingue des types de changement en fonction du groupe ne sont pas, selon eux, les plus appropriées pour des recherches sur la personnalité. Il en est de même pour la définition donnée par James Richardson (1985) qui voit la conversion comme un processus graduel, continu et rationnel qui amène le sujet à négocier son appartenance à un nouveau groupe social (le futur converti est un agent actif, un individu en quête). Pour avoir une définition utile, Paloutzian, Richardson et Rambo se tournent vers une série d'auteurs[38] qui ont proposé des définitions de la conversion qui convergent vers le concept de « transformation du *self* empreint de sens religieux »[39] (1999, p. 1053). Dans ce sens, nous ne comprenons pas pourquoi James ne ferait pas partie de ces auteurs. Ils retiennent par exemple la définition donnée par Kenneth Pargament : « l'ingrédient psychologique central de la conversion religieuse peut être caractérisé comme un changement dans le système du soi grâce à l'engagement vers ce que la personne croit être »[40]. Paloutzian, Richardson et Rambo parlent ainsi de la conversion comme d'une transformation du *self* de nature religieuse[41].

Conversion et changement dans la personnalité

Concernant la personnalité, les changements peuvent être de plusieurs ordres :

– cognitif, par une restructuration cognitive dans la façon de traiter l'information ;

– affectif, par une « modification de soi et des dynamiques de l'ego »[42] (Paloutzian, Richardson & Rambo, 1999, p. 1054) ;

– comportemental, par des changements de comportements.

---

[37] Précisons qu'à cette distinction soudain/graduel, on peut ajouter la distinction centre/périphérie, « nous dirons que la conversion d'un homme est le passage de la périphérie au centre d'un groupe d'idées et d'impulsions religieuses qui devient dorénavant son foyer habituel d'énergie personnelle » (James, 1906, p. 193 [éd. originale 1902, p. 166]). Cette définition pourrait être utile, selon nous, pour une psychologie de la personnalité.

[38] Parmi eux Chana Ullman (1989) et Kenneth Pargament (1997).

[39] Notre traduction.

[40] Pargament (1997, cité par Paloutzian, Richardson & Rambo, 1999, p. 1053) ; notre traduction.

[41] Paloutzian considérera ailleurs la conversion comme un type de transformation spirituelle « a religious conversion can be properly understood as one type of a larger category of phenomena called "spiritual transformations" » (2005, ici p. 333).

[42] Notre traduction.

Un rapide passage en revue de la littérature[43] sur le lien entre conversion et changement de la personnalité permet de dégager quelques points intéressants. Le premier est qu'il y aurait une prédisposition à la conversion. Les individus qui ont rencontré d'importantes difficultés dans l'enfance ou l'adolescence, ainsi que les individus qui ont souffert d'un sentiment d'inadéquation sociale, sont particulièrement prédisposés à la conversion. De même, le converti potentiel se dirige vers un groupe « attractif », attractif dans le sens de ce que les psychanalystes appellent un « transfert sur le cadre ». En d'autres termes, on ne choisit pas un thérapeute, pas plus qu'un groupe au hasard. L'individu pense que tel ou tel groupe est le plus à même de lui procurer un sens à sa vie, une identité, un lieu d'expression de sa personnalité et un environnement social structurant.

Les changements de comportements sont souvent associés à l'adoption d'un nouveau système de croyances qui justifie et explique la nouvelle éthique personnelle développée par l'individu.

La conversion : des modifications de la personnalité à quel niveau ?

Paloutzian, Richardson et Rambo proposent, pour analyser quel niveau de la personnalité est touché par une conversion, de reprendre une modélisation de Dan McAdams (1994) qui intègre trois niveaux d'analyse[44] :

– le premier niveau est celui des dimensions qui constituent la personnalité. Le modèle employé pour mesurer les modifications à ce niveau est celui des *Big Five* (John & Srivastava, 1999). Il s'agit du modèle à cinq facteurs que nous avons déjà présenté et qui a été largement utilisé ces quinze dernières années en psychologie de la personnalité. Ces cinq facteurs semblent avoir des bases biologiques et s'avèrent être relativement constant tout au long du développement individuel. Il semble aussi que nous pouvons les retrouver dans d'autres cultures et qu'ils correspondent à la façon dont les gens se décrivent et décrivent les autres. Pour rappel, ces cinq facteurs sont : l'extraversion, l'amabilité, l'esprit consciencieux, la stabilité émotionnelle et l'ouverture à l'expérience.

– Le deuxième niveau mis en évidence par McAdams est la manière individuelle qu'a l'individu d'exprimer ses traits, sa façon de s'adapter aux différentes situations dans le monde réel. Chaque individu a des buts différents, se situe dans un environnement social spécifique avec des opportunités plus ou moins grandes de rencontrer des groupes. La conversion provoque des changements observables à l'aide de ce niveau d'analyse. L'importance de ceux-ci dépendra d'une part du degré de nouveauté de la religion et, d'autre part, de la manière dont l'individu va s'y adapter.

---

[43] Proposé par Paloutzian, Richardson & Rambo (1999, p. 1054).

[44] Pour rappel, nous avons présenté, dans l'approche des parcours de vie, deux de ces niveaux, le premier niveau celui des *Big Five* et le troisième, celui des narrations identitaires.

– Le troisième niveau est celui de la narration, de l'identité et de la définition de soi à la lumière des nouveaux buts. L'individu exprimera des changements d'identité, des façons d'envisager sa propre vie, ainsi que des nouvelles représentations du monde. Pour Paloutzian, Richardson et Rambo, à ce niveau, la structure de base peut ne pas être touchée. Ils excluent, de fait, une modification importante de la personnalité par le récit.

Que peut-on dire sur les modifications apportées au niveau de la personnalité ? Les recherches sur les conversions à de nouveaux groupes religieux (Kilbourne & Richardson, 1995) montrent que la conversion religieuse ne change pas la structure de base de la personnalité. Les résultats de plusieurs études confirment cette idée que des individus qui veulent changer leur façon de vivre et leur perception de soi trouvent, comme nous l'avons dit précédemment, un groupe qui permettra ces changements sans modifier fondamentalement leur personnalité. Nous pourrions parler de choix « économique » au niveau psychique. Une précision importante est à relever. Toutes ces études sur les conversions à de nouveaux groupes religieux portent sur des échantillons dont la moyenne d'âge se situe entre 25 et 30 ans. Nous pouvons légitimement penser que la personnalité de base est bien constituée pour la plupart des individus ce qui expliquerait une stabilité de la personnalité, ainsi que le choix du groupe d'appartenance. Ainsi, l'âge de conversion n'est plus aussi proche de l'adolescence et des changements de l'enveloppe corporelle. Cette dimension disparaît dans les conversions contemporaines, ce qui explique peut-être, et en partie, l'absence de modification de la structure de base.

Nous ne ferons pas écho aux disputes entre les perspectives qui montrent comment des sectes exploitent les nouveaux convertis et d'autres perspectives qui mettent en valeur comment l'individu utilise le groupe pour changer. Nous pensons qu'il est plus important de mettre l'accent sur la négociation entre les besoins et les attentes de l'individu et ce que le groupe lui propose.

Finalement, les résultats les plus assurés qui se dégagent de ce bref parcours de la littérature sont les changements dans la perception de soi et dans l'affirmation de son identité. Ainsi les convertis se trouvent changés et revendiquent une nouvelle identité.

Conversion, changement de personnalité et récit

Comme nous l'avons dit ci-dessus, Paloutzian, Richardson et Rambo montrent que les personnes qui se convertissent changent au niveau de la perception d'elles-mêmes et au niveau de la nouvelle identité qu'elles revendiquent. De fait, les personnes changent peu en se convertissant et elles trouvent un groupe qui sera le plus adapté à leurs besoins et à leur personnalité. Ainsi, la reformulation biographique du converti participe, selon Paloutzian, Richardson et Rambo à un changement des couches les plus évoluées ne modifiant rien au niveau de la structure de base. Elle n'atteint pas le niveau élémentaire.

Terminons cette question du récit de conversion avec les travaux sur l'attachement. Ces travaux entretiennent un lien étroit avec la narrativité et montrent comment une conversion est liée à la recherche d'une figure d'attachement.

Conversion et attachement

La théorie de l'attachement en psychologie de la religion

Il faut, dans un premier temps, replacer ces études sur la conversion dans leur contexte. Trois éléments, nous semble-t-il, sont à prendre pour restituer ce contexte. Le premier est le développement de tests d'attachement permettant de déterminer un style d'attachement à l'âge adulte[45]. Le deuxième élément est le désir de ces auteurs, nous pensons particulièrement à Lee Kirkpatrick et à Pehr Granqvist, de donner à la théorie de l'attachement une place en psychologie de la religion. Le dernier élément, en lien avec le deuxième, est la volonté affichée par Granqvist que la théorie de l'attachement devienne *la* théorie des relations parents-enfants dans leurs liens à la religiosité supplantant ainsi les approches psychanalytiques classiques. Le premier élément sera élaboré ultérieurement quand nous aborderons la construction identitaire et la place des figures d'attachement dans celle-ci. Pour les deux autres points, nous faisons rapidement écho à la dispute qui a opposé très récemment un tenant de la théorie de l'attachement, Pehr Granqvist, à une représentante des approches psychodynamiques classiques, Ana-Maria Rizzuto, dispute dont l'*International Journal for the Psychology of Religion* a été le terrain. La dispute se déploie dans cinq parutions et fait intervenir, outre les deux principaux protagonistes, trois autres contributeurs soit David Wulff, puis, plus tardivement, Patrick Luyten et Jozef Corveleyn.

---

[45] A titre d'exemple, voilà le type de questionnaire utilisé par Pehr Granqvist et Kirkpatrick (2004, p. 232) pour évaluer le type d'attachement chez l'adulte en regard de la figure maternelle (notre traduction) :

1. elle était généralement aimante et compréhensive. Elle était bonne pour savoir quand être aidante et quand me laisser faire les choses par moi-même (*secure*).
2. Elle était généralement bonne (bonne personne) mais pas très affectueuse. Elle m'enseigna très tôt à être indépendant et autonome (*insecure*/évitant).
3. Elle était généralement aimante mais pas très compréhensive à mes besoins. Elle m'aimait, mais elle ne me le montrait pas toujours dans le bon sens (*insecure*/ambivalent).
4. Elle était généralement imprévisible et quelques fois même blessante. Elle avait ses propres problèmes et ils allaient quelques fois à l'encontre de son aptitude à s'occuper de moi (*insecure*/désorganisé).

Le premier round a occupé presque la totalité du numéro 16(1) de l'*International Journal for the Psychology of Religion* de 2006. Dans celui-ci, Pehr Granqvist (2006), critique l'influence prédominante des approches psychanalytiques sur l'étude des liens entre les relations parents-enfants et les relations humains-Dieu. Dans cette critique, il reprend l'ensemble des critiques classiques contre les théories psychanalytiques : (d'un point de vue méthodologique) pas d'opérationnalisation possible, l'utilisation de l'étude de cas, reconstruction dans l'après-coup ; (d'un point de vue théorique) le lien au biologique, le lien à la théorie de l'évolution, la notion de stades. La théorie de l'attachement est proposée, suite à cette critique, comme une alternative possible aux approches psychanalytiques classiques.

Ana-Maria Rizzuto (2006), dans sa réponse, défend l'importance de la prise en compte de l'intrapsychique pour comprendre le fait religieux. Elle fait remarquer à Granqvist qu'il est difficile de séparer la théorie de l'attachement des approches classiques (qui sont toujours en évolution). Elle comprend tout l'intérêt de la théorie de l'attachement pour la discipline mais :

> La difficulté surgit lorsque la théorie de l'attachement est proposée comme point de départ de la psychologie de la religion. (...) L'attachement n'est qu'une composante de l'organisation de la psychologie humaine. La vie psychique, les pratiques et expériences religieuses ont besoin de plus que de l'attachement pour déterminer la posture d'une personne en relation avec les mystères transcendants auxquels l'humain est confronté[46] (Rizzuto, 2006, p. 26).

David Wulff (2006) ainsi que Jozef Corveleyn et Patrick Luyten (2007) appuient ce point de vue. Par exemple, Pour Wulff, « Yet this theory [attachment] and its allied methodology cannot serve as a replacement for other depth approches » (2006, p. 32). La psychologie de la religion, à de rares exceptions, privilégie aujourd'hui des méthodes par questionnaire. L'attachement dans ce mouvement peut effectivement trouver sa place. Nous en avons assez dit du contexte d'émergence de la théorie de l'attachement dans la psychologie de la religion. Passons maintenant aux principales hypothèses proposées par cette théorie sur la question de la conversion.

Théorie de l'attachement et conversion

Tout d'abord, deux hypothèses concernant le lien entre attachement et religiosité ont été tirées de la théorie de l'attachement :

– l'*hypothèse de compensation* présume que les individus qui ont fait l'expérience d'un attachement *insecure* avec leur première figure d'attachement ont un grand besoin d'établir un attachement compensatoire pour réguler leur détresse et obtenir un sentiment de sécurité. Dans le

[46] Notre traduction.

contexte de la religion, Dieu peut fonctionner comme une figure substitut d'attachement.

– L'*hypothèse de correspondance* présume que les individus qui ont fait l'expérience d'un attachement *secure* ont, d'une part établi les fondations sur lesquelles une relation correspondante avec Dieu peut être construit et, grâce à leur socialisation réussie, peuvent adopter des figures, qu'elles soient religieuses ou non, proposées par la norme (de la société dans laquelle ils vivent).

Pour Pehr Granqvist et Lee Kirkpatrick (2004), dès le début des recherches sur la conversion, les spécialistes ont relevé la présence d'expériences intenses et fortement émotionnelles qui précèdent (caractérisent) et accompagnent des expériences de conversion. Ces expériences sont définies, dans ce contexte, comme une profonde intensification de l'importance des croyances religieuses conjointement à une expérience de rencontre de la divinité. La phase qui précède l'expérience, et l'expérience elle-même, sont souvent émotionnellement intenses et l'expérience de conversion peut être vue comme représentant la solution à la phase précaire précédente (William James). L'expérience de conversion semble plutôt provenir de besoins relationnels et émotionnels de base et elle se manifeste, d'un point de vue phénoménologique, comme une expérience de « tomber amoureux ». De plus, les conversions religieuses sont disproportionnellement prévalentes à l'adolescence qui est une période où apparaissent des transitions entre des figures d'attachement.

Ainsi, pour la conversion, Pehr Granqvist et Lee Kirkpatrick proposent une hypothèse. L'hypothèse de compensation prédit que les individus avec les caractéristiques d'un attachement *insecure* sont plus susceptibles d'expérimenter une conversion soudaine que les individus qui présentent les caractéristiques d'un attachement *secure*. Dans ce contexte, la nouvelle relation avec Dieu pourrait fonctionner comme une relation d'attachement substitut qui aide l'individu dans la régulation de ses états de détresse et, de ce fait, promeut le sentiment de sécurité.

Lee Kirkpatrick et Pehr Granqvist commentent ainsi les résultats :

> Le résultat de cette méta-analyse, qui suggère que les convertis de manière soudaine ont une religiosité caractérisée, par la régulation de la détresse, adressée à Dieu comme figure d'attachement subsitut, est également en conformité avec les constatations de James et de Ullman concernant l'importance des besoins relationnels et affectifs des convertis de manière soudaine. A noter cependant que la même explication n'est probablement pas exacte pour les changements religieux qui ont été plus graduels[47] (2004, p. 242).

[47] Notre traduction.

Ce que nous retenons de la théorie de l'attachement en psychologie de la religion

Tout d'abord, nous retenons les deux principales hypothèses posées par la théorie de l'attachement, soit celle de *compensation* et celle de *correspondance*. Les sujets avec un type d'attachement *insecure* investissent Dieu comme une figure d'attachement substitut pour aider à la régulation émotionnelle et pour obtenir un sentiment de sécurité. Les sujets avec un type d'attachement *secure* transposent leur mode d'attachement de la figure d'attachement principale à la figure religieuse proposée par le collectif (meilleure acceptation des normes sociales).

Pour la conversion, nous retenons l'hypothèse d'une propension, pour les sujets présentant les caractéristiques d'un type d'attachement *insecure*, à expérimenter une conversion soudaine. Notons que cette hypothèse reprend l'opposition paradigmatique proposée par James (mode soudain ou graduel) et que les résultats rejoignent, dans une certaine mesure, les vues de James et de Ullman (pour ne citer qu'eux).

Finalement, et nous reviendrons sur cette question, grâce aux tests d'attachement pour adulte, la représentation que se fait un adulte de l'attachement qu'il pense avoir vécu dans l'enfance peut être évaluée. Ce type de questionnaire nous place dans l'après-coup tout comme le récit de soi. Dans ce sens, tant le test d'attachement que le récit de soi placent le chercheur devant des données qui sont, de ce point de vue, de même nature.

Conclusion

Dans notre étude sur la construction identitaire et la place de la dimension religieuse dans celle-ci, nous avons jugé utile de passer en revue une série de travaux sur un type de changement religieux : la conversion. Pour rappel, nous considérons la conversion comme un type de changement identitaire. Que ressort-il de cette revue choisie sur cette question, tant d'un point de vue méthodologique, qu'épistémologique ?

D'un point de vue méthodologique, l'opposition entre les deux postures méthodologiques des précurseurs perdure. Nous avons montré, par le conflit entre la théorie de l'attachement et les approches psychanalytiques classiques, que la psychologie de la religion (en tant que discipline) favorise actuellement des approches quantitatives[48] qui donnent une large place à l'enquête par questionnaires et à l'analyse statistique.

De ce fait, le récit de conversion, comme donnée empirique, trouve difficilement sa place. Relevons qu'une place lui est donnée en sociologie de la religion. Là, le récit de soi est utile pour mettre en lumière l'influence de la

[48] Les parutions dans *The International Journal for the Psychology of Religion*, qui est l'organe de diffusion principal de la discipline, montrent clairement cette tendance.

rhétorique du groupe, pour voir le degré d'adhésion du sujet à un système idéologique (Stromberg, 1997) et par là même, son degré d'intégration au groupe. Ce type de travaux sur le récit ne tient compte ni du travail d'appropriation du langage de l'autre (dans l'interaction et en fonction de la marge de jeu laissée par le groupe) par le futur converti, ni du processus de symbolisation permis par le récit, par cette opportunité de repenser sa vie (et donc de la reformuler) avec un nouveau point de vue[49]. En psychologie de la religion (à de rares exceptions[50]), la référence à l'histoire du sujet ne se fait pas par le récit, mais par des questionnaires qui dissèquent la biographie du converti (McAdams). Relevons finalement que, tant avec les questionnaires d'attachement pour adulte qu'avec les récits de conversion, le chercheur travaille sur une représentation que le sujet se fait de lui-même. Dans ce sens, le chercheur n'a accès ni au style d'attachement vécu dans l'enfance, ni à l'expérience telle que vécue lors d'une conversion. Nous ne pouvons être que surpris du manque de place qui est donnée au récit de conversion dans l'étude du phénomène (pour avoir accès à la modification identitaire qu'une personne vit), étant donné la place centrale qui lui est donnée dans le processus de conversion.

Nous retiendrons que la conversion est considérée comme une transformation du *self* et qu'elle toucherait les couches les plus élaborées de la personnalité. La conversion interviendrait plus fréquemment chez le jeune adulte que chez l'adolescent[51] et il n'y a pas d'expérience prototypique. Le futur converti est vu comme un agent actif dans sa transformation.

En résumé, avec ces études, il est difficile de se rendre compte de ce qui se passe au niveau psychologique quand une personne raconte son expérience (qu'elle qualifiera de spirituelle, et cela, en s'appuyant parfois sur le langage du groupe). Finalement, « ça fait quoi de faire récit » au niveau psychologique ? Est-ce uniquement affirmer une identité ou est-ce également construire une identité, ce que nous défendons ? De plus, si le chercheur travaille sur cette représentation, c'est en la disséquant, en l'interrogant de manière partielle, sans tenir compte ni de la discursivité, ni de l'ensemble des changements (donc des modifications identitaires) qui ont amené, voir favorisé le processus de conversion.

Arrivé au terme de cette revue (sélective), nous présentons, pour pallier une partie des lacunes énoncées tant par rapport aux approches des histoires de vie que par rapport aux études sur la conversion, une théorie du récit qui ancre profondément l'identité du sujet dans le récit de soi. Nous nous sommes appuyé sur l'œuvre de Paul Ricœur et en particulier sur sa notion d'identité narrative. Avant de justifier ce choix, précisons que les lacunes, de notre point de vue, viennent en grande partie d'une volonté non explicitée des

---

[49] On ne voit pas le travail intégratif (au niveau psychique) qui est fait par l'usage du récit.

[50] Nous pensons à Ana-Maria Rizzuto. Par exemple son analyse d'une expérience faite par Sarah Edwards (Rizzuto, 2007).

[51] Dans nos sociétés occidentales.

chercheurs de ces deux disciplines d'éviter le plus possible toute référence à une approche clinique (donc non scientifique selon eux). Ce faisant, ces chercheurs négligent toute une série de travaux importants concernant la construction identitaire.

Paul Ricœur s'est imposé à nous grâce à sa notion d'identité narrative qui a vivement intéressé les psychothérapeutes (plutôt d'orientation analytique) tout d'abord en toute fin des années 1990 puis, très récemment, avec les travaux de Daniel Stern sur le développement de l'enfant qui base sa compréhension de la petite enfance sur des notions philosophiques proposées par Ricœur. Ainsi, cette identité par le récit fut âprement discutée par le monde clinique. De plus, l'approche ricœurienne a permis à certains psychanalystes, notamment Bernard Golse, de proposer une réconciliation entre la théorie de l'attachement et la théorie des pulsions. Avant de revenir sur l'ensemble de ces points, présentons l'approche ricœurienne du récit et son concept d'identité narrative.

Chapitre 3

PAUL RICŒUR ET L'IDENTITÉ NARRATIVE

Cette présentation a pour objectif, comme nous l'avons mentionné, de nous doter d'une théorie du récit et de comprendre le lien étroit qui noue l'identité au récit, et plus particulièrement au récit de soi. Nous aborderons donc la théorie ricœurienne de la subjectivation (la naissance du sujet parlant) ce qui nécessitera d'exposer sa théorie du récit. Dans cette théorie, nous serons sensible à une notion, celle de mise en intrigue. Puis, nous évoquerons les trois paradoxes de l'identité mis en évidence par Ricœur. Ensuite, nous accorderons une place à la remise en question de la notion d'identité narrative par le monde clinique, à la fin des années 1990. Nous n'exposerons pas ici les discussions récentes sur une clinique de la narrativité qui s'appuie sur les concepts ricœuriens car nous y reviendrons quand nous présenterons la construction identitaire dans la petite enfance[1]. Nous terminerons par l'identification aux personnages des récits telle que proposée par Ricœur.

Avant de commencer cette présentation, précisons que l'accès aux textes de Paul Ricœur est ardu[2]. Son honnêteté intellectuelle, sa rigueur et son érudition rendent ses textes difficilement compréhensibles pour qui n'est pas philosophe. L'accès nous a été facilité par des cliniciens qui ont, avant nous, emprunté ce chemin[3]. Certains cliniciens ont en effet été interloqués par le questionnement du philosophe, mais sentant dans sa notion d'identité narrative une intuition heureuse et utile pour la compréhension de la souffrance humaine, ils ont noué un dialogue franchissant le clivage des disciplines. Passons donc maintenant à la réflexion de Ricœur sur l'identité.

---

[1] Avec les travaux de Daniel Stern.

[2] « L'on ne saurait que souligner l'aridité conceptuelle de la pensée de ce philosophe contemporain. Le degré d'abstraction déployé par l'enquête que mène Ricœur dans *Soi-même comme un autre* aura sans doute découragé plus d'un lecteur » (Gilbert, 2001, p. 21).

[3] Par exemple Gilbert (2001).

La question de l'identité

Réfléchir sur l'identité, c'est réfléchir sur la permanence dans le temps. Paul Ricœur s'y attelle dans le courant des années 1980 dans sa trilogie sur le temps et le récit (1983). Il y mène une double réflexion : l'une sur le récit à partir de *La Poétique* d'Aristote et l'autre sur le temps à partir des *Confessions* de saint Augustin.

Du récit, il retiendra principalement sa faculté d'intégrer des discontinuités dans une continuité. En effet, chaque événement dans l'histoire introduit un effet de rupture, donc une discordance. Mais, dans une lecture *a posteriori*, ce même événement a un effet concordant car il permet le déploiement de l'intrigue, le déroulement de l'histoire et concourt, à la fin de cette intrigue, au dénouement de l'histoire. Pour Ricœur, ce ne sont pas uniquement les épisodes qui sont agencés, sélectionnés selon la mise en intrigue (caractérisée par cette structure discordance-concordance) mais aussi le personnage du récit et finalement la personne en tant que lecteur[4].

Ce double passage du monde de l'action au personnage du récit puis à la personne vient du lien étroit qu'établit Paul Ricœur entre la narrativité et la temporalité. Il n'y a pas, selon le philosophe, de temps pensé qui n'est pas raconté. L'homme a accès par le récit de soi à la dimension temporelle de son existence. Je ne possède pas seulement une histoire, je suis cette histoire. Il est effectivement impossible de parler de l'identité de quelqu'un sans raconter, fusse de manière sommaire, son histoire. Cette mise en intrigue, ou mise en récit de soi, construit dans l'acte configurant, l'identité du personnage, l'identité de la personne. Ainsi, je construis mon identité en me racontant. Cette conception narrative de l'identité se veut une médiation entre ce que Paul Ricœur appelle « deux pôles » de l'identité. A ces pôles, il a donné le nom d'identité-*idem* pour l'un et d'identité-*ipsé* pour l'autre ; chacun correspondant à une approche de l'identité personnelle en philosophie. Nous présenterons tout d'abord les deux pôles de l'identité avant d'évoquer le rôle de médiation (entre ces deux pôles) que fait jouer Ricœur à sa notion d'identité narrative.

*Les deux pôles de l'identité : l'identité-*idem *et l'identité-*ipsé

L'identité-*idem*

Comme son nom laisse à supposer, l'identité-*idem*, c'est le pôle « mêmeté ». Il regroupe toutes les marques distinctives qui permettent d'identifier et de réidentifier une personne dans diverses occurrences. Aux

---

[4] Précisons qu'il s'agit toujours d'un lecteur ou d'un auditeur. Nous parlerons uniquement dans la suite de notre propos de lecteur.

critères classiques mis en avant par la philosophie analytique anglo-saxone, tels que l'identité numérique, l'identité qualitative et la continuité ininterrompue, Paul Ricœur ajoute le modèle de permanence dans le temps qui est celui du caractère. Il résume ainsi ce qu'il entend par mêmeté de la personne :

> L'ensemble des marques distinctives qui permettent de réidentifier un individu humain comme étant le même. Par les traits descriptifs que l'on va dire, il cumule l'identité numérique et qualitative, la continuité ininterrompue et la permanence dans le temps. C'est par là qu'il désigne de façon emblématique la mêmeté de la personne (1990, p. 144).

Ainsi, l'identité-*idem* désigne ce qui ne subit pas les altérations du temps. Dans les traits descriptifs, nous trouvons le code génétique ou les empreintes digitales. Au plan psychique, c'est le caractère qui occupe la place du même (les traits de personnalité que l'individu conserve tout au long de sa vie[5]). Le caractère est compris par Ricœur comme l'ensemble des dispositions acquises, soit en termes d'habitudes, soit en termes d'*identification-à*. L'identité, définie en ces termes, est statique, immuable. Précisons ce qu'entend Ricœur par habitude et par identification acquise.

L'habitude, de par sa plus ou moins longue « sédimentation », donne une histoire au caractère. Une habitude contractée devient une disposition durable, un trait de caractère, un signe distinctif à quoi l'on reconnaît la personne, qui nous permet de réidentifier la personne comme étant la même. Le caractère, comme l'ensemble des signes distinctifs, se présente donc comme le recouvrement de l'*ipsé* par l'*idem* par un effacement de l'histoire de la constitution de ces traits. C'est comme si elle avait toujours été ainsi.

Pour Paul Ricœur, c'est par les identifications acquises que l'autre entre dans la composition du même. Selon lui, « pour une grande part, en effet, l'identité d'une personne, d'une communauté, est faite de ces *identifications-à* des valeurs, des normes, des idéaux, des modèles, des héros dans lesquels la personne, la communauté se reconnaissent » (1990, p. 146). Ainsi, nous sommes en même temps « du même et de l'autre »[6]. Le caractère comme identifications acquises pose le problème, dans une visée psychanalytique, du caractère inconscient du processus d'identification. En effet, de notre point de vue, « se reconnaître dans » montre une volonté consciente de s'identifier.

En excluant le temps et le récit, ce pôle de l'identité ne supporte pas le changement, il suppose une identité « malgré le temps, substantielle et structurale » (1996, p. 202). Il se rapproche de l'identité de la chose, de l'homme privé de parole ne pouvant s'autodésigner, ne pouvant faire récit, histoire. De ce fait, il est difficile de parler de sentiment d'identité avec ce pôle de l'identité. Passons à l'autre pôle de l'identité, l'identité-*ipsé*.

---

[5] Traduit dans la théorie de la personnalité, le caractère serait ce qu'est sensé mesurer les *Big Five*.

[6] C'est le deuxième paradoxe de l'identité que nous évoquerons et que Ricœur résume ainsi : « penser pour soi-même, ou domination ou règne de l'autre » (Ricœur, 1996, p. 204).

L'identité-*ipsé*

Quant à elle, l'identité-*ipsé* désigne la continuité du rapport à soi malgré les discontinuités du parcours de vie. Pour assurer cette continuité, Ricœur propose un nouveau type de permanence dans le temps, celui de la parole tenue. L'acte illocutoire[7] sur lequel repose la promesse ne permet plus de ramener la question de l'identité à celle de la chose, à celle d'un « quoi ? » (ce n'est pas un quoi qui parle mais uniquement un « qui ? » sujet de l'énoncé). Par l'acte illocutoire, la personne se reconnaît comme une unité permanente et singulière. De ce fait, elle se reconnaît comme étant la même hier, aujourd'hui et demain. Cette manière de concevoir l'identité est porteuse d'une dimension éthique. En effet, l'homme se reconnaissant comme le même est un homme responsable, donc soumis à l'imputation. Il peut être non seulement jugé sur une action mais, si l'on pense à l'échelle d'une vie, et comme le dit Muriel Gilbert :

> Le maintien de soi renvoie donc finalement à la capacité d'une personne à rester fidèle à elle-même, non seulement à travers une action particulière, mais bien à travers l'ensemble des actions dont elle se reconnaît soit comme l'auteur, soit comme le patient (2001, p. 135).

Il est à noter que, pour Paul Ricœur, la visée éthique du soi c'est « la vie bonne »[8]. Il distingue la morale, ce qui s'impose comme une obligation à l'individu, de l'éthique, ce qui est estimé bon par un sujet ou une communauté. Ainsi, c'est en termes de visée que l'éthique est abordée et non pas en termes normatif et universaliste. C'est sur l'ensemble des actions d'une vie que porte cette visée. En effet, pour que notre vie soit sensée et cohérente, on suppose que notre action soit orientée par un certain nombre de valeurs fondamentales constitutives de nos idéaux.

La deuxième manière d'aborder la question de l'identité personnelle met en lumière une autre dimension paradoxale de l'identité, celle de la responsabilité et de la fragilité[9]. De plus, elle entretient un rapport différent au changement, ce maintien de soi par la promesse paraît bien constituer un défi au temps, un déni du changement. Cette définition de l'identité est dynamique, elle tient compte du devenir de l'individu.

Le sujet d'affirmation, donc d'imputation, se reconnaît comme étant le même à diverses occurrences. Ce pôle de l'identité nécessite la réflexivité (dans son rapport à la mémoire), dans ce sens, elle touche l'identité d'un soi-même et non plus d'un même. Le soi de « soi-même » marque ce rapport

---

[7] Une parole est un acte illocutoire lorsqu'elle a pour fonction première et immédiate de modifier la situation des interlocuteurs. En promettant, je m'ajoute à moi-même une obligation, et ceci n'est pas une conséquence seconde (perlocutoire) de ma parole, puisque l'on ne peut pas donner à la parole en question un sens antérieur à cette création d'obligation.

[8] Pour une discussion sur l'implication de cette visée dans le champ psychiatrique, voir Bouretz (1996, p. 207-210).

[9] C'est le troisième paradoxe de l'identité mis en évidence par Ricœur que nous évoquerons par la suite.

réflexif. Il est fondateur du sentiment d'identité. L'identité-*ipsé* se définit ainsi comme une « identité-*ipsé*, à travers le temps, mémorielle et promissive » (Ricœur, 1996, p. 202).

L'identité narrative : la médiation entre les deux pôles

Les deux facettes de l'identité personnelle, ou les deux modèles de permanence dans le temps, s'articulent pour Paul Ricœur autour d'une conception narrative de l'identité. Parler d'une conception narrative de l'identité (et du récit de soi) suppose de comprendre le lien étroit qu'établit Paul Ricœur entre narration et temporalité. La narration, et plus particulièrement le récit, sont pensés à partir de *La Poétique* d'Aristote. Il est nécessaire de visiter la théorie du récit de Ricœur et de caractériser, à l'intérieur de celle-ci, l'activité de mise en récit.

A propos du récit : ses principales caractéristiques

Quand décrire n'est pas raconter : deux genres littéraires différents

Décrire n'est pas raconter. En effet, on raconte des actions et on décrit des situations ou des états. L'objet d'un récit est donc un « faire ». Et la description et l'histoire présupposent le temps, mais elles ne lui confèrent pas le même statut. Au « temps-durée » de la description s'oppose le « temps-événementiel » qui permet de situer une action dans le temps. Une autre caractéristique, qui distingue ces deux genres de discours, est une forme d'anonymat de la description (même décrit, un personnage reste confiné à une certaine neutralité, « il fait partie du paysage ») et un personnage de l'histoire racontée, agent, celui qui fait l'action dans le récit. L'emploi de temps verbaux différents marque les deux genres littéraires, on décrit le plus souvent à l'imparfait et c'est en revanche le passé simple qui constitue le temps de référence, l'ancrage temporel du récit dans cette même langue. Charles-Ferdinand Ramuz aimait alterner ces deux genres littéraires, ainsi les descriptions pouvaient prendre tout un chapitre, voici un exemple de description tiré de *Derborence* :

> Ah ! Derborence, tu étais belle, en ce temps-là, belle et plaisante et accueillante, te tenant prête dès le commencement de juin pour les hommes qui allaient venir. Ils n'attendaient que ce signe de toi. Un après-midi, le bruit diffus et monotone du torrent dans sa gorge laissait entendre, en s'entrouvrant, le tintement d'une sonnaille ; il était percé et fendu. On voyait paraître une première bête, puis dix, puis quinze, jusqu'à cent.
>
> Le petit berger des chèvres soufflait dans sa corne. Ils allumaient le feu dans les chalets ; partout en haut des cheminées ou par les trous des portes, un joli

> petit plumet bleu avançait doucement dans l'absence de tout courant d'air (Ramuz, 2005, p. 962).

Dans ce court extrait, les personnages font partie du paysage, de cette scène d'inalpe[10]. Un second extrait de *Derborence* nous permet d'illustrer le second genre littéraire :

> Antoine n'avait donc rien dit. Les deux hommes sont rentrés dans le chalet dont ils ont tiré la porte derrière eux.
>
> Ils couchaient sur des paillasses elles-mêmes posées sur des planches fixées au mur, et qui faisaient deux étages, de sorte qu'ils dormaient l'un au-dessus de l'autre, comme dans les navires.
>
> Antoine couchait à l'étage d'en haut.
>
> Ils ont pendu leurs souliers par les cordons à une cheville à cause des rats.
>
> Antoine était monté à l'étage.
>
> – Bonne nuit, lui avait dit Séraphin.
>
> Il avait répondu :
>
> – Bonne nuit (Ramuz, 2005, p. 957).

La scène évoque le dernier soir avant la catastrophe et voit les deux protagonistes entrer dans le chalet et se mettre au lit. Relevons que Ramuz, qui aime donner une place aux ambiances, alterne dans cet extrait les deux genres littéraires. Quelque part, la description pose la scène (l'intérieur du chalet) de l'action (entrer et se coucher).

Le récit doit être une totalité

Aristote, dans *La poétique*, définit la totalité comme ce qui a un commencement, un milieu et une fin[11].

Le commencement ne peut être défini par l'absence d'antécédent. Ce n'est pas parce qu'il y a un événement qui précède tous les autres qu'on peut le considérer comme le point de départ du récit. En effet, de nombreux récits commencent par une scène de fin et expliquent comment les protagonistes en sont arrivés là. Pour Paul Ricœur, le commencement c'est « l'absence de nécessité dans la succession » (1983, p. 81). En d'autres termes l'événement qui commence le récit ne doit être déterminé par aucun événement antérieur.

Le milieu est vu par Aristote comme le moment où l'intrigue se noue. C'est le moment où un renversement s'opère, où l'histoire bascule. Le renversement est, pour Aristote, le phénomène central de l'action tragique. Le « coup de théâtre » est le moment de la plus forte discordance.

Quant à la fin du récit, elle doit avoir un caractère nécessaire, vraisemblable et acceptable. En effet, par une relecture depuis sa clôture,

---

[10] La montagne pourrait être considérée comme actrice, mais elle n'agit pas (encore), elle est le cadre de la description.

[11] Tout comme dans le rite.

chaque événement s'enchaîne de manière nécessaire et cet enchaînement ne pouvait mener qu'à cette fin. Paul Ricœur parle de nécessité rétroactive. Cette fin doit aussi être vraisemblable en fonction de l'enchaînement des épisodes sans quoi l'histoire peut sembler grotesque. Finalement cette fin doit être acceptable en vertu de la congruence des épisodes rapportés.

Le récit doit être complet

Paul Ricœur considère qu'un récit est complet quand l'action est menée à son terme et quand il ne manque pas d'épisodes. Le lecteur auditeur ne doit pas perdre le fil de l'histoire qui doit le mener à son terme.

Le récit doit avoir une étendue appropriée

La mise en intrigue des événements nécessite une certaine étendue qui permet une mise en scène d'un cours d'actions, un renversement et un dénouement. Il semble possible de trouver une étendue optimale entre une dissolution de l'intrigue (on ne voit plus où l'on va, perdu dans les multiples épisodes) et un trop grand resserrement de celle-ci (quand l'intrigue est trop ramassée pour être comprise).

Après avoir donné les principales caractéristiques du récit, il s'agit maintenant de définir l'activité du « faire récit ». L'activité de « faire récit » est très importante dans la notion d'identité narrative, car par cette activité, ce sont non seulement les épisodes et les personnages du récit qui sont mis en intrigue mais aussi la personne en tant que lecteur.

Qu'est-ce que faire récit ?

Une histoire est constituée, à la base, d'épisodes successifs, ce que Ricœur appelle la dimension épisodique du récit. Cette juxtaposition d'épisodes est fondée sur une vision linéaire du temps, contrairement à la mise en récit qui inaugure un temps particulier, celui de l'histoire. Qu'entend Ricœur par une mise en récit, une mise en intrigue ?

Premièrement, lorsqu'on énumère une série d'événements, celle-ci reste ouverte (et puis, et puis, etc.). La mise en récit d'événements, quant à elle, exige un point final, une nécessaire clôture du récit. Le récit se définit ainsi comme une totalité fermée et non pas comme une série ouverte. Cette mise en récit a, comme nous l'avons vu, un début et une fin. Toute la mise en récit du début à la fin est régie par l'intrigue. C'est cette mise en intrigue, expression que l'on peut substituer à la mise en récit chez Ricœur, qui dicte l'arrangement des épisodes pour qu'ils concourent d'une manière ou d'une autre à faire avancer l'histoire jusqu'à sa fin.

Deuxièmement, la forme de la mise en intrigue doit être la structure discordance-concordance. Dans l'agencement et la sélection des événements, la mise en intrigue exploite l'effet discordant de l'événement. En effet, chaque événement crée un effet de rupture, une discontinuité dans l'histoire. Cet effet est nécessaire pour que l'on puisse parler d'histoire. En même temps, et dans une reprise unitaire du récit (dans une relecture *a posteriori*), cet événement doit être facteur de concordance et cela par le fait qu'il participe à faire progresser l'histoire. Le récit doit donner une impression de converger vers un but, de sorte que chaque événement concourt à la fin prévue.

Après avoir vu les principales caractéristiques du récit ainsi que l'activité de « faire récit », nous abordons le rapport entre temporalité et récit pour comprendre ce que Paul Ricœur suggère au travers de son idée de médiation narrative entre les deux pôles de l'identité.

A propos du temps : le récit de soi comme accès à l'ipséité

La narration, par la mise en intrigue, permet l'inscription temporelle de la personne. C'est à travers le récit que la personne fait de sa propre vie qu'elle a un accès réflexif à son existence comprise comme une totalité temporelle. La narration autorise aussi, de ce fait, le maintien de soi dans la parole donnée : sans cette capacité réflexive qui consiste à pouvoir se reconnaître comme étant le même hier, aujourd'hui et demain, et cela malgré les changements qui peuvent nous affecter, cet acte de parole que représente la promesse n'a aucune valeur. Tenir parole suppose que la personne soit capable d'unifier l'expérience temporelle qui est la sienne, de façon à pouvoir s'appréhender comme une unité permanente et singulière. De ce point de vue, le récit de soi est constitutif de l'ipséité, comme le dit Ricœur :

> Seul un être capable de rassembler sa vie sous la forme d'un récit et donc de se reconnaître une identité narrative, est susceptible d'accéder à cette autre identité, supérieure – qui est l'identité par la promesse tenue. [...] C'est dans la mesure où je peux me rassembler narrativement que je m'avère capable de me tenir, et de me maintenir éthiquement (cité par Gilbert, 2007, p. 74).

Cette citation de Paul Ricœur nous renseigne à plus d'un titre sur le rapport entre ces deux pôles. Ils ne sont pas simplement dans un rapport de polarisation simple mais aussi dans un rapport hiérarchique. Il y a une identité supérieure, l'identité-*ipsé*, qui s'appuie sur la mêmeté. Paul Ricœur qualifie ce pôle de la mêmeté de la personne comme un socle (un donné de base). Le sujet accède à l'identité-*ipsé* par le récit de soi. La personne doit ainsi être capable de se mettre en intrigue, de rassembler sa vie sous la forme d'un récit. C'est bien là que l'on peut parler de médiation narrative grâce à cet accès, rendu possible par le récit de soi, à une identité supérieure. Cette capacité de se mettre en récit a ainsi des conséquences sur le plan éthique : quand le sujet a accès à l'ipséité, il devient « être de promesses ». On comprend dès lors l'importance du récit de soi chez Paul Ricœur, mais aussi pourquoi il considère que la première forme de fragilité chez la personne est l'incapacité du dire. Cette fragilité qui s'oppose à l'affirmation d'identité représente un autre paradoxe de l'identité.

Le lien qui est fait par Ricœur entre temporalité et récit permet de penser l'identité-*idem* dans ses dimensions temporelles. En effet, dans l'habitude comme disposition acquise, le récit peut redéployer ce que la sédimentation a contracté. L'habitude a une histoire. De même pour les *identifications-à*, car le processus d'identification est lui-même porteur de la dimension temporelle qui fait passer l'altérité du dehors au-dedans, qui la fait devenir sienne, même. Ainsi, le qualificatif d'« acquis » ne peut être donné qu'au terme d'un processus qui fait passer l'autre du dehors au-dedans et qui fait sien l'autre en soi.

Le pôle stable du caractère revêt une dimension narrative. La personne quitte la mêmeté par le récit qui fait histoire.

Nous voilà, à ce stade, muni d'une théorie du récit et d'une compréhension du lien intime entre récit et identité. Dans la suite de notre propos, nous développerons, bien qu'ils aient déjà été évoqués, les trois paradoxes que Ricœur voit dans l'identité. Ensuite, nous donnerons un aperçu de la réception de cette notion chez les psychanalystes. Nous terminerons par parler de l'identification aux personnages des récits, telle que proposée par Ricœur.

Les paradoxes de l'identité dans leurs rapports au récit de soi

Cette identité narrative se trouve prise dans trois paradoxes. Bien que présents en filigrane ci-dessus, ces paradoxes doivent être davantage mis en lumière dans leurs relations au récit de soi.

Le premier paradoxe est celui que Ricœur a largement thématisé, tout d'abord dans les trois tomes de *Temps et récit* puis dans *Soi-même comme un autre*, c'est la structure temporelle de l'identité. Paul Ricœur montre comment une recherche d'immuabilité tant substantielle que structurale est vouée à l'échec. A un niveau psychologique, si l'on cherche un moi non affecté par le temps, nous ne le trouvons pas. A ce type de permanence, il oppose celui de la parole tenue. Nous attendons d'autrui qu'il réponde de ses actes passés, présents et qu'il tienne parole dans le futur et cela malgré les changements. Paul Ricœur résume ainsi ce premier paradoxe : « d'un côté, l'identité-*idem*, malgré le temps, substantielle ou structurale, de l'autre l'identité-*ipsé*, à travers le temps, mémorielle et promissive » (1996, p. 202). Le paradoxe vient du fait que nous nous trouvons des deux côtés de cette césure conceptuelle. En effet à la question « qui sommes-nous ? », notre réponse est double, d'un côté elle appelle une réponse qui fait appel au caractère qui marque la permanence de l'idem et, de l'autre côté, elle appelle la promesse qui marque le maintien de l'ipséité. Comme le dit le philosophe, « nous sommes caractères et êtres de promesse » (1996, p. 202).

C'est l'intégration du temps, donc de l'histoire dans les processus d'identification que permet le récit par son procédé de mise en intrigue. Cette mise en intrigue permet d'intégrer des discontinuités dans une continuité selon un mode d'intelligibilité narrative. Cette médiation narrative ne résout pas pour autant le paradoxe, mais elle permet de développer des dialectiques intéressantes. Il n'y a en effet pas qu'un récit possible pour une histoire. Tel récit ou tel autre peut traumatiser, guérir, pacifier, etc., suivant l'intrigue, la réception de celle-ci et son acceptation. La mise en récit permet de quitter une définition statique de l'identité, de sortir de la répétition (de se réinscrire dans une temporalité).

Le deuxième paradoxe a trait à la place de l'autre dans la construction identitaire. C'est l'autre qui opère une césure dans la relation réflexive de soi à soi-même. Pour Paul Ricœur, cela se justifie, non seulement d'un point de vue moral, mais aussi d'un point de vue psychologique par l'instauration de la structuration personnelle. Dès le niveau pulsionnel, la vie n'est vie humaine que par la médiation du langage et de la communication. Nous avons été parlé avant de prendre la parole et notre mémoire en grandissant s'appuie sur ce qu'on dit de nous, incorpore les récits fait par les autres. De plus, l'enfant en grandissant donnera une place importante à ce que Paul Ricœur appelle les *identifications-à* des héros, des figures emblématiques, des modèles et des maîtres, mais aussi à des normes. Ces *identifications-à* modèlent notre imaginaire privé. Freud, quand il met en place sa deuxième topique, pense le surmoi par l'intériorisation de règles et d'interdits incarnés par des figures, qui ont une valeur tant structurante que répressive, et cela tant au niveau individuel qu'au niveau social. Paul Ricœur résume ainsi ce paradoxe : « penser pour soi-même, ou domination ou règne de l'autre. L'identité de chacun se construit entre ces deux pôles » (1996, p. 204). Quel peut être alors la médiation possible entre ces deux pôles ? Paul Ricœur relève tout d'abord le caractère conflictuel des structures intersubjectives et cela en accord avec Freud (le ça, le moi et le surmoi entretiennent des rapports conflictuels).

Ensuite, les crises d'identité qui ponctuent l'avancée en âge affectent la perception de soi-même et du lien social. Les voies d'individuation et de socialisation se trouvent ainsi tantôt en compétition, tantôt en synergie. C'est, pour Ricœur, l'éducation (de la pédagogie à la politique) qui, de façon pragmatique, doit enseigner une juste distance entre les hommes, à mi-chemin entre une identification fusionnelle et une séparation instigatrice de haine. L'éducation, dans le sens donné par Paul Ricœur, joue donc ce rôle de médiation entre soi et l'autre[12]. Notons finalement que la place de l'autre en

[12] Il est remarquable de noter que Paul Ricœur pense l'inconscient uniquement dans sa dimension surmoïque. Cette dimension surmoïque est le fruit des *identifications-à*, donc d'une intériorisation de l'autre (norme, père,...). L'autre, dans ce sens, ne peut venir que de l'extérieur.

soi varie en fonction des périodes de vie. Elle est très importante au début de la vie et tend ensuite à diminuer.

Le troisième et dernier paradoxe de l'identité vient de son affirmation. L'identité se revendique, s'affirme et s'atteste comme puissance d'exister. Cette puissance se décline selon deux registres, la capacité de faire et l'imputabilité. La capacité de faire fait de l'homme un homme capable. L'imputabilité est le fait de pouvoir mettre au compte d'un agent une action et d'ainsi ouvrir le champ de la responsabilité. Donc, à cette attestation de puissance qui constitue le premier pôle de paradoxe, s'adjoint la responsabilité de l'agent, de l'homme capable. Face à cette affirmation de puissance, Paul Ricœur oppose la non-puissance en aveu de notre fragilité. Cette non-puissance, ou puissance moindre, s'illustre dans toute une série d'incapacités. La première, et la plus fondamentale, est l'impuissance à dire. C'est face à elle que se trouve le psychanalyste qui aurait pour tâche dans cette optique de faire parler l'inconscient. Pour Paul Ricœur, « l'inconscient peut ainsi être désigné – partiellement il est vrai – comme parole interdite » (1996, p. 205).

Cette incapacité à dire sous toutes ses formes est la première marque de fragilité. Quant à l'incapacité de raconter, elle cumule plusieurs effets d'incapacité à dire et à agir. Comme médiation à ce paradoxe, Paul Ricœur propose une pratique tant institutionnelle qu'individuelle éclairée par les dimensions et les enjeux du problème. La fragilité et la responsabilité sont intimement liées. En effet, être responsable c'est pouvoir, donc, par exemple, s'engager à tenir parole. La responsabilité est comme une sorte d'*a priori* existentiel sans lequel on ne peut pas parler de puissance mienne et d'autodésignation, donc d'imputabilité. La fragilité s'insinue, attaque ce statut d'*a priori* existentiel et fait de la responsabilité une tâche, un état à conquérir et à préserver. C'est donc sur ce fil qui lie responsabilité et fragilité qu'une pratique psychothérapeutique tant individuelle qu'institutionnelle doit être pensée.

Le récit de soi dans ce troisième paradoxe ne rend pas compte de la place de l'autre (2e paradoxe), mais de la possibilité même du dire, du faire récit. La mise en récit, prise dans la polarité de la fragilité, se révèle impossible selon Paul Ricœur, comme une parole interdite. C'est au psychanalyste d'amener le sujet à faire récit. Mais, comme nous allons le voir dans la réception qui a été faite dans le monde clinique de cette notion d'identité narrative, le récit pris dans cette polarité pose problème.

Les trois paradoxes dans leurs rapports au récit de soi mettent l'accent sur, premièrement l'accès par le récit de soi à une identité supérieure (en sortant de la répétition du même), deuxièmement sur la place de la parole de

---

Le retour du refoulé, en terminologie freudienne, ou la prise de possession du moi par un complexe, en terminologie jungienne, ne trouvent pas de place dans cette conception. Le récit peut pourtant être vu, de notre point de vue, comme le lieu d'un double investissement, d'un risque d'une double domination ; l'une intérieure de l'inconscient et l'autre extérieure de l'acteur social.

l'autre (social) dans son propre récit et, troisièmement sur la capacité de faire récit. L'ensemble de ses paradoxes qui renvoient tous au concept d'identité narrative a été discuté par des praticiens d'orientation analytique. Donnons maintenant une place à la lecture que font ces thérapeutes d'une construction identitaire par le récit.

Réception de la notion d'identité narrative par le monde clinique francophone

Une conception narrative de l'identité, telle que Ricœur la présente, a fortement intéressé les cliniciens de tous bords mais, particulièrement, les praticiens de la « cure par la parole », les psychanalystes. La question du narratif occupa, par exemple, un numéro complet de la *Revue française de psychanalyse*[13]. Comment l'anthropologie philosophique du sujet telle qu'élaborée par Paul Ricœur interroge-t-elle des pratiques psychothérapeutiques de type analytique ? Telle est la question qui sera développée ci-dessous. Elle permettra de montrer les limites de la transposition d'une anthropologie à l'autre. Nous présenterons les réactions de quelques praticiens (Michèle Bertrand, Laurent Danon-Boileau, Jean Laplanche) qui évoquent le statut du récit en séance psychothérapeutique. A ceux-ci, nous ajouterons l'interrogation de Muriel Gilbert quant à la notion d'identité narrative selon Freud.

Tout d'abord, Michèle Bertrand (1998) montre qu'il y a deux pôles de la parole en analyse, l'un tendant vers la régression qui conduit au silence et l'autre tendant vers une narration bien construite ne proposant de ce fait aucune ouverture à l'inconscient. A ces deux pôles correspondent des processus psychiques très hétérogènes. Ils découlent de l'anthropologie psychanalytique freudienne qui assigne à différentes parties de l'appareil psychique des modes de fonctionnement différents. Freud parle de processus primaires rattachés au ça et de processus secondaires rattachés au moi. La narration dans cette anthropologie fait partie des processus secondaires et est, de ce fait, une construction narcissique qui a pour but de protéger le sujet. L'expression des processus primaires se fait préférentiellement par des affects (et des représentations de chose). Le patient, qui entre dans un processus analytique, est porteur de la question identitaire. Comment suis-je devenu ce que je suis ? Comment puis-je changer ? Il est donc enclin, *a priori*, à se mettre en récit. Mais, et comme le dit Bertrand, le dispositif analytique met en échec ces tentatives de mise en récit. En effet, tout le travail analytique tend à désorganiser cette mise en récit. Par exemple, interpréter le récit d'un rêve revient à déconstruire les éléments en retrouvant les éléments accrochés à la chaîne associative. De même, l'usage de la règle

[13] Revue française de psychanalyse n°3 (1998).

fondamentale[14] met à mal les constructions du patient. Ainsi, selon Bertrand, « analyser, c'est donc, littéralement, délier, déconstruire » (1998, p. 715).

Ce travail d'analyse est contrebalancé par un travail de construction qui n'a pas pour but de pallier aux déficiences mémorielles, mais plutôt remédier à un manque de symbolisation de l'expérience vécue. Bertrand voit ainsi plusieurs avantages dans la mise en récit comme construction en analyse : un moyen de symbolisation et le basculement d'une attitude passive à une attitude active de la part du patient[15]. Le processus thérapeutique balance ainsi entre des temps « analytiques » et des temps de « construction ». De plus, les moments dits analytiques entretiennent avec le passé historique un rapport particulier. Le rêve, le lapsus, le mot d'esprit, et autres, interprétés à l'aide des chaînes associatives mettent en lien le patient avec des traces mnésiques. Freud comparait ce travail à un travail archéologique. Bertrand met en garde ceux, à l'instar de Donald Spence (1998), qui ont mis le travail de construction, donc de mise en récit, au cœur de leur activité psychothérapeutique (et de leur compréhension d'un travail analytique). Le travail psychothérapeutique consisterait, pour Spence, à produire un récit plein de sens auquel le patient adhère. Pour Bertrand, il s'agit là de constructions défensives soumises à la suggestion du thérapeute. La psychanalyse deviendrait, de la sorte, simplement un art de bien raconter sa vie. Le but de la psychanalyse n'est pas la construction d'un bon récit mais la subjectivation par la mise en récit de la part manquante qui fait souffrance.

Laurent Danon-Boileau (1998), linguiste et psychanalyste, s'interroge à propos de cette survenue de la narrativité dans la réflexion analytique. Il reprend la distinction établie ci-dessus entre narration et association. Il y apporte pourtant un bémol important concernant l'articulation entre le processus primaire et la narrativité qui l'accueille. Pour Danon-Boileau : « La narrativité psychique ne se lit pas dans le discours du patient. C'est le sentiment produit chez l'analyste qui en constitue l'indice. La narrativité est une propriété mesurée dans l'écoute de l'autre » (p. 724). Elle dépend donc de la capacité de mise en récit de l'analyste de ses propres pensées en séance. Le vecteur de la narrativité c'est le transfert, osons-nous dire. Danon-Boileau qualifie ainsi des séances tantôt d'associatives sur un mode peu narratif et tantôt d'associatives narratives. Dans la diversité des narrativités présentes en séance, il y a manifestement celles qui découlent des processus secondaires, mais Laurent Danon-Boileau en voit d'autres qui savent s'articuler aux processus primaires. En conclusion, dans un processus analytique, « la narrativité manifeste une forme particulière de processus psychique, à la pliure des processus primaires et secondaires » (p. 729).

[14] « Règle qui structure la situation analytique : l'analysé est invité à dire ce qu'il pense et ressent sans rien choisir et sans rien omettre de ce qui lui vient à l'esprit, même si cela lui paraît désagréable à communiquer, ridicule, dénué d'intérêt ou hors propos » (Laplanche & Pontalis, 2002, p. 399 [entrée « Règle fondamentale »]).

[15] Avec les conséquences que l'on peut imaginer par rapport à la responsabilité, à la capacité de dire, etc.

Jean Laplanche voit dans la mise en roman le retour de « vieille mais toujours vivante herméneutique » (1998, p. 874). Il propose de voir deux méthodes en psychanalyse avec deux champs d'application différents : la méthode associative qui porte sur l'individu et la méthode symbolique qui porte sur le champ culturel. Cette méthode symbolique est un chantier qui s'ouvre historiquement vers 1906-1910 avec des disciples de Freud tels que Rank et Jung. Elle naît d'une réflexion sur l'analyse des rêves. A mesure que l'expérience clinique de Freud et de ses disciples croît, des rêves sont dits typiques de tel ou tel complexe (et comportent une certaine symbolique). La typicité ferait ressortir des scénarios fixes et la symbolique serait du côté de la correspondance terme à terme entre symbole et symbolisé. Après le symbolisme, la typicité et le complexe vient le mythe. Le mythe deviendra chez Freud non seulement le lieu de la confirmation, mais aussi le lieu du test de vérité de la symbolique : « Les symboles oniriques qui ne s'appuient pas sur les mythes, des contes de fées, des usages populaires, etc., doivent être considérés comme douteux » (Jones, 1969, p. 467). Dans l'ouvrage commun avec Oppenheim (Freud, 1984), Freud fait un commentaire interprétatif de rêves présents dans des récits folkloriques. Il n'y a ainsi pas de rêveur mis à part le personnage mis en scène par le récit. De sorte que, selon Jean Laplanche, la méthode d'interprétation est entièrement symbolique donc, par définition, non associative. Le commentaire interprétatif de Freud sur les rêves folkloriques ou typiques se voit ainsi renvoyé du côté de l'explication, propre à l'herméneutique, de la lecture d'un sens caché. Cette explication vise à restituer une séquence latente. A cette méthode, Laplanche oppose la méthode associative-dissociative qui, selon lui, ne cherche pas à révéler un second sens, mais à cerner des éléments inconscients qui pourraient être intégrés dans le discours conscient pour faire apparaître un sens plus complet. Comment penser la relation entre les deux méthodes ? Jean Laplanche nous parle d'une drôle de complémentarité : « Là où la symbolique parle, c'est quand l'association libre se tait » (1998, p. 881). Freud a apporté une réponse théorique à cette difficulté en cantonnant le mytho-symbolique à une couche plus profonde que le refoulé individuel, à une couche plus archaïque, un inconscient originel que Laplanche qualifie de structural et de structurant.

Cette réponse théorique de Freud se trouve toute proche des notions développées par Jung après la rupture d'avec Freud. Il est remarquable que la collaboration entre les deux hommes ait pu à ce point coïncider sur cette question du mytho-symbolique. La rupture permettra à Jung de développer cet inconscient originel sous la forme d'un inconscient collectif, couche plus profonde que le simple refoulé individuel (idée de deux couches reprise par C. G. Jung, plus l'aspect structurant de l'inconscient collectif par les archétypes et la place de l'instinct).

Jean Laplanche se distancie logiquement de ce Freud trop proche de Jung. Il propose une autre articulation. Pour lui, la pensée mythico-symbolique, et les scénarios qu'elle met en scène, proposent à l'humain dès sa naissance des codes pour traiter les messages énigmatiques de l'adulte. L'humain est ainsi herméneute dès sa naissance. Cette pensée mythico-symbolique est donc là pour encadrer et pour lier (pour refouler le sexuel). Le mythe est renvoyé du côté de la censure et ainsi :

> L'inconscient n'est pas un sens caché qui serait à déchiffrer, avec plus ou moins de peine et de méthode, derrière le « texte » préconscient-conscient de nos paroles et de nos actes. L'inconscient, au sens du refoulé, consiste en signifiants (pas primordialement verbaux) qui ont été exclus, isolés, désignifiés lors du refoulement-traduction (Laplanche, 1998, p. 887).

L'inconscient refoulé est donc ce qui a échappé à l'encodage proposé à l'individu par la culture. Laplanche insiste dans sa critique sur la dimension de déliaison propre au travail analytique. Il convient cependant que la cure oscille entre cette déliaison et des moments de synthèse qu'il considère comme proprement psychothérapeutiques.

Ainsi, la mise en récit ne relèverait pas du travail analytique en lui-même régi par la méthode associative-dissociative, mais de l'intégration dans un nouveau discours d'éléments inconscients mis à jour dans le moment à proprement parler analytique. Il n'y a donc pas de « discours inconscient », mais des éléments inconscients. C'est le système préconscient-conscient qui « contient » le symbolique qui ne se retrouve plus dans une couche profonde de l'inconscient. Le système préconscient-conscient agit comme un metteur en scène soumis à la censure du refoulé, dans la direction de l'intrapsychique vers la culture, et comme un encodeur dans le sens de la culture vers l'intrapsychique. Le mythe est ainsi compris dans sa fonction de symbolisation.

Muriel Gilbert, dans sa *reprise à partir de Freud de la pensée de Paul Ricœur* (2001), donne accès, à un public de cliniciens, à une anthropologie philosophique du sujet telle que proposée par Paul Ricœur. En cela, elle défriche pour nous l'œuvre d'un philosophe érudit avec deux objectifs, d'un côté, mettre à disposition des cliniciens de nouveaux concepts aptes à penser l'identité personnelle et, d'un autre côté, montrer les limites de cette conception du sujet au regard d'une anthropologie psychanalytique freudienne.

L'identité narrative telle que définie par Ricœur exige la possibilité d'un rassemblement unitaire de la vie sous la forme d'un récit. Quant à elle, l'hypothèse de l'inconscient avec comme corollaire le mécanisme de refoulement oblige à penser l'identité personnelle en termes de manque et de perte. C'est sur le terreau de l'absence qu'une bonne partie des réflexions psychanalytiques sont nées, et cela contrairement aux théories de l'attachement qui ont valorisé la présence (nous y reviendrons quand nous aborderons la question de la construction identitaire). Dans ce sens, le récit de soi ne peut être que fragmentaire. Le refoulement (tant primaire que secondaire) rend difficile, voire impossible, l'accès à la remémoration complète de son récit de vie. Comme le dit Muriel Gilbert, pour une part, notre histoire nous échappe. Cette part, qui est la dimension inconsciente de l'expérience, se déploie dans un discours plus associatif que narratif dans une relation de transfert. A la question du rassemblement unitaire de la vie, Muriel Gilbert répond du côté de Ricœur que c'est plus l'unité signifiante du discours que l'exhaustivité qui est en jeu et, du côté de Freud, elle montre que celui-ci n'a jamais abandonné son positivisme, à savoir d'arriver à rendre conscient l'ensemble des souvenirs refoulés, la totalité de l'inconscient.

Psychanalyse et identité narrative : une rencontre impossible ?

Le choc de ces deux anthropologies nous met en présence, à première vue, de deux postures du sujet, deux manières de se raconter[16]. D'un côté, le sujet ricœurien[17], sujet d'énonciation, sujet responsable, qui rassemble sa vie de manière unitaire dans un récit respectant les lois de la mise en intrigue. De l'autre côté, le sujet freudien, sujet en mal d'histoire, qui produit un discours marqué par le manque et la perte.

Les différents auteurs mettent en lumière une oscillation, lors d'une thérapie de type psychanalytique, entre deux types de discours, entre deux temps. Un temps pour l'acte analytique proprement dit qui tente de laisser émerger les processus primaires à l'œuvre dans un rêve, un acte manqué, un lapsus, un mot d'esprit, etc. mais aussi un temps que Jean Laplanche considère comme proprement psychothérapeutique qui est la construction d'un discours qui intègre les éléments inconscients mis à jour dans le « temps analytique ». Il y a donc bien un temps pour l'identité narrative dans un discours coconstruit. Est-ce que pour autant la narrativité se trouve absente du « temps analytique » ? Pour répondre à cette question, il faut aller au bout de l'intuition de Laurent Danon-Boileau selon laquelle la narrativité se mesure dans la capacité d'écoute. Si c'est la capacité de mise en récit de l'autre qui devient critère de narrativité alors l'autre peut être porteur de ma narrativité, de mon identité pourrait dire Paul Ricœur (ce qu'il ne mentionne pas à ma connaissance). A certains moments de notre vie, nous ne pouvons pas être sujet au sens ricœurien du terme : l'enfance, les moments de grands désarrois psychiques, les moments de transitions, parfois le grand âge et évidemment la mort. Dans ces moments, notre histoire est construite et portée par l'autre. Notre identité dépendra à la fois de la capacité de l'autre de mettre en mots notre histoire et de nous la transmettre dans une relation (qu'elle soit thérapeutique, familiale, de filiation, etc.) mais aussi dans la façon dont nous la faisons nôtre (faire sien la parole de l'autre). Cette

[16] Le même être humain conjugue les deux anthropologies.

[17] « Permettez-moi de dire en conclusion que ce que nous appelons le sujet n'est jamais donné au départ. Ou, s'il l'est, il risque de se réduire au moi narcissique, égoïste et avare, dont précisément la littérature peut nous délivrer. Alors, ce que nous perdons du côté du narcissisme, nous le gagnons du côté de l'identité narrative. A la place d'un moi épris de lui-même naît un soi instruit par les symboles culturels, au premier rang desquels sont les récits reçus de la tradition littéraire. Ce sont eux qui nous confèrent une unité non substantielle mais narrative » (Ricœur, 2008, p. 275-276).

confiance en la capacité de l'autre de mettre en récit sous-tend, selon nous, toute démarche, voire demande, psychothérapeutique[18].

De plus, ce rapport du langage aux processus primaires met en lumière la présence des processus primaires dans la narrativité et plus particulièrement dans la mise en récit, typique du « temps de construction », qui intègre des éléments nouvellement conscientisés. Dans ce sens, le récit porte des traces de processus primaires médiatisés par la mise en récit et par la présence du thérapeute. Il est de ce fait intéressant de reprendre à notre compte la métaphore du pli de Laurent Danon-Boileau. Le récit est donc le produit d'un tissage entre les processus primaires et secondaires. Les traces sont visibles à deux niveaux, tant au niveau du contenant que du contenu. Le contenant du récit de soi tout comme son support, c'est la voix dans ses caractéristiques d'intonation et de rythme. Les contenus font non seulement références au choix du lexique mais aussi aux formes grammaticales[19].

En résumé, et de notre point de vue, la narrativité (donc l'identité) est toujours présente en séance, mais c'est le thérapeute qui la porte dans le temps où le patient[20] ne peut porter son histoire. De plus, la narrativité entretient bien des liens étroits (pliure) avec l'inconscient.

Avant de conclure, présentons brièvement la manière dont Ricœur pense le rapport au récit, l'identification aux personnages de récit.

L'identification aux personnages de récit : la triple *mimésis*

Ricœur, par sa théorie de la triple *mimésis,* montre comment le lien au récit nous transforme identitairement. Cette transformation se déploie dans une boucle que Paul Ricœur a appelé la triple *mimésis* qui fait passer respectivement du monde du lecteur[21] au monde du texte puis du monde du texte au monde du lecteur. La mise en récit doit être comprise[22], en référence à Aristote, comme une *activité mimétique.* Elle est représentation d'action, ou, devrions-nous dire une triple représentation. Passons en revue ce triple mouvement.

---

[18] La confiance en l'autre se retrouve, dans la littérature contemporaine, dans la confiance faite par certains auteurs, notamment Samuel Beckett et Antonin Artaud, à la capacité du lecteur de mettre en intrigue, de faire le travail inverse de la défiguration chère à ces auteurs (Grossman, 2004).

[19] Comme l'a très bien montré Laurent Danon-Boileau dans son ouvrage *La Parole est un jeu d'enfant fragile* (2007, particulièrement aux pages 15-21).

[20] Non seulement celui qui subit l'action mais aussi celui qui ne peut mettre en mots son histoire.

[21] Précisons qu'il s'agit toujours d'un lecteur ou d'un auditeur.

[22] Au regard de la thèse principale de Ricœur à savoir que c'est par l'acte de faire récit que l'homme aurait accès au temps.

Mimésis I : du monde du lecteur au monde du texte (la figuration)

Pour Ricœur, « la composition de l'intrigue est enracinée dans une précompréhension du monde de l'action : de ses structures intelligibles, de ses ressources symboliques et de son caractère temporel » (1983, p. 108). En d'autres termes, il faut maîtriser un ensemble de compétences pratiques pour comprendre un texte.

En premier vient la maîtrise d'un ensemble de concepts nécessaires à comprendre une action : les notions d'agent, de but, de motifs, de circonstance, d'interaction et d'issue[23]. Deuxièmement, il est nécessaire de maîtriser les règles de composition d'un récit qui le distingue d'une suite d'événements sans lien. Troisièmement, il faut être capable de reconnaître les symboles comme des interprétants fournissant des règles de description et d'interprétation (comment interpréter quelqu'un qui lève le bras dans la rue ? Appelle-t-il un taxi ? Salue-t-il quelqu'un ?). En dernier lieu, il faut reconnaître dans l'action des structures temporelles qui appellent la narration. L'action se déploie dans le temps.

Ainsi, la *mimésis I* présuppose une familiarité avec les notions propres à une sémantique de l'action. Familiarité qui permet de comprendre un récit, d'« entrer dans une histoire »[24].

Mimésis II : transformation à l'intérieur du monde du texte (la configuration)

Une fois que la personne a la maîtrise des compétences pratiques, elle peut « être mise en intrigue » par l'histoire. Elle vit, par l'intermédiaire de la mise en intrigue des personnages, des transformations.

La mise en intrigue combine deux dimensions temporelles. Une dimension chronologique qui a trait à la dimension épisodique du récit (une histoire est faite d'événements) et une dimension non chronologique inhérente à la dimension configurante de la mise en intrigue (elle transforme les événements en histoire). Ainsi, à la dimension chronologique qui propose une représentation linéaire du temps s'oppose la *dimension non chronologique*. Le développement d'une histoire bouscule la dimension chronologique[25].

La personne, dans la mise en intrigue, coordonne deux activités : celle de « prendre ensemble » des actions pour en tirer l'unité d'une totalité temporelle et celle d'« extraire une figure d'une succession », ce qui permet au lecteur ou à l'auditeur de suivre une histoire. Suivre une histoire peut être

---

[23] Tous ces termes forment un ensemble dont tous les membres sont dans une relation d'intersignification.

[24] C'est par cette précompréhension du monde de l'action qu'est rendue possible la mise en intrigue et avec elle la mimétique textuelle et littéraire.

[25] Nous aurons l'occasion de revenir sur cette double temporalité, celle du temps de vie et celle propre à la mise en intrigue.

vu comme avancer au milieu des épisodes sous la conduite de l'attente qui trouve son accomplissement dans la conclusion.

Ainsi, par la mise en intrigue[26], la personne vit quelque chose qui peut potentiellement être « rapatrié » dans le monde du lecteur (le monde « hors récit »). Un très bel exemple de ce deuxième mouvement de la *mimésis* se trouve dans *Adam et Eve* de Charles Ferdinand Ramuz au chapitre V quand le personnage principal du roman lit le chapitre trois de la Genèse :

> Bolomey s'était mis à lire dans le Livre pendant qu'il neigeait sur le monde, et Adam est seul, page 3. Il avait allumé du feu parce qu'il faisait froid, ce jour-là ; et, pendant que le feu brûlait derrière lui, secouant l'assemblage de feuilles de tôle du fourneau, page 3, Adam est d'abord couché tout seul, puis une femme est près de lui. « Ah ! c'est comme moi », pense Bolomey (Ramuz, 2005, p. 864).

Ce qu'il vit par l'intermédiaire du récit va bouleverser sa vie comme nous le verrons ci-dessous.

Mimésis III : du monde du texte au monde du lecteur (la refiguration)

Pour Aristote, c'est bien dans le lecteur ou l'auditeur que s'achève le parcours de la *mimésis*. *Mimésis III* marque l'intersection entre deux mondes, celui du texte et celui du lecteur. Ce troisième temps de la *mimésis* est le temps de la refiguration. Cette refiguration est la transposition dans le monde « hors récit » des transformations vécues dans le récit par l'acte configurant, par la mise en intrigue.

Voilà, en reprenant le chapitre V d'*Adam et Eve*, comment le personnage principal transpose son vécu dans la lecture du récit à sa vie :

> Oh ! Il voit, et il comprend tout. C'est Bolomey. Il a lu dans le Livre. Il vient de lire le chapitre III. Il neige, il y a du feu dans le fourneau. Il ferme les yeux ; il est seul dans sa cuisine, seul dans sa vie ; il se dit : « C'est à cause d'eux. » Il se dit : « C'est ça la condamnation. » Il fait le compte. Ils étaient maintenant un et un, elle et lui. Un et un ça fait deux. Mais c'est ça la condamnation, parce qu'un et un à présent ça fait deux et qu'*avant* ça ne faisait qu'un, – et on cherche à comprendre et on ne peut pas comprendre. Il voit qu'ils sont séparés, et nous sommes séparés. Il voit qu'ils sont désunis et nous sommes désunis (Ramuz, 2005, p. 865).

Après cet épisode, Bolomey, pour vaincre la condamnation, va aménager autour de sa maison un jardin, le Jardin.

---

[26] « Ce qu'Aristote dénomme intrigue, ce n'est pas une structure statique, mais une opération, un processus intégrateur, dont j'espère montrer tout à l'heure qu'il ne s'achève que dans le lecteur ou le spectateur, c'est-à-dire le récepteur vivant de l'histoire racontée. Par processus intégrateur, j'entends le travail de composition qui confère à l'histoire racontée une identité qu'on peut dire dynamique : ce qui est raconté, c'est telle ou telle histoire, une et complète » (Ricœur, 2008, p. 258).

On comprend ainsi bien dans ce mouvement des trois *mimésis* qu'il faut tout d'abord avoir des compétences pour comprendre un récit, que ce récit par l'acte de configuration fait vivre, transforme le personnage (sujet de l'action) et de fait, le lecteur. De plus, dans le dernier temps du mouvement, la transformation vécue peut, par retour sur le lecteur, modifier son action dans le monde. Paul Ricœur montre ainsi comment le récit peut-être une source de modification identitaire.

Notons que Ricœur ne parle pas de la dimension affective présente dans le triple mouvement de la *mimésis*. Sans s'intéresser à cette dimension, il est difficile de comprendre pourquoi Bolomey, dans notre exemple, est touché par le chapitre trois de la Genèse et plus particulièrement par la figure d'Adam. Dans cet exemple, nous avons l'impression que Bolomey transforme son monde autant qu'il a été transformé lors de la lecture. Est-ce toujours le cas ? Les pratiques psychothérapeutiques qui utilisent le conte y répondent de manière négative. Avec Ricœur, le rapport affectif à l'identification n'est pas thématisé[27].

L'identité narrative : une mise en intrigue sans affectivité ?

Ricœur propose une conception narrative de l'identité. La personne qui se raconte à un autre construit son identité, en même temps qu'elle la communique. Il y a donc simultanément émergence et communication. Le

---

[27] Nossrat Peseschkian, psychothérapeute d'origine iranienne et installé en Allemagne, fournit un bon exemple de ce travail avec le conte (en dehors du monde jungien). Dans sa pratique psychothérapeutique, il raconte, lorsqu'il est face à un blocage dans le processus thérapeutique, des contes populaires. Il part du constat que dans la tradition populaire qui l'a vu naître, raconter des histoires à une fonction thérapeutique. Nossrat Peseschkian donne deux fonctions de base aux histoires, celles de stabiliser des normes existantes et celles de les relativiser. Il relève quatre fonctions des histoires :
La première est la fonction de *médiation*, dans le contexte thérapeutique et lors de blocage, le conte est utilisé comme un tiers. Ce tiers n'appartient pas au thérapeute ni au patient mais à une tradition. De plus, ni le thérapeute, ni le patient détiennent l'interprétation de ce conte. Il joue ainsi bien son rôle d'objet neutre, donc non soumis d'emblée à des investissements affectifs.
La deuxième fonction est celle de *miroir*. Elle est clairement reliée aux processus intrapsychiques d'identification et à ce que Paul Ricœur a nommé refiguration. La fonction de *miroir* pose la question des objets d'investissement dans l'histoire : à qui je m'identifie ? Ces choix sont dictés par les besoins et les désirs inconscients des patients, par un processus psychique qui cherche à se réaliser. La fonction de *miroir* met aussi une distance entre le lecteur et le personnage du récit. Le personnage n'est pas lui et lui n'est pas le personnage. Ce rôle de tiers que joue le récit et l'attitude du psychothérapeute permettent au patient de gérer affectivement l'identification au personnage et d'ainsi préserver son narcissisme.
La troisième fonction est celle de *modèle*, elle offre une trame narrative, une intrigue avec une solution.
La dernière fonction est celle de *dépôt*. Elle rend disponible un ensemble de postures, d'attitudes mobilisables dans des situations en écho avec l'histoire. La personne peut s'appuyer sur l'histoire pour interpréter une situation et pour adopter une nouvelle attitude. Cette fonction donne, de fait, des ressources pour faire face à l'aide d'une relation imaginaire (identificatoire) au personnage (par une attitude) du récit (Peseschkian, 1999).

récit de soi qui tout à la fois émerge et est transmis obéit aux règles de la mise en intrigue et plus généralement à la théorie du récit avancée par Ricœur. Relevons le fait que la mise en intrigue combine deux temporalités. Une dimension chronologique qui propose une représentation linéaire du temps (le temps de vie) et une dimension non chronologique propre à la mise en intrigue (les événements ne sont pas forcément racontés suivant le temps de vie). De ce fait, le récit de soi raconté face à l'autre comporte ces deux temporalités. L'une fait référence au temps de vie, et l'autre à la manière dont les événements ponctuant un parcours de vie sont évoqués (la discursivité). La représentation de soi qui est transmise combine ainsi ces deux temporalités : les événements de vie sont évoqués selon une mise en intrigue. Malheureusement, le rôle de l'affectivité dans la mise en intrigue n'apparaît pas chez Ricœur. Or, en situation d'interlocution, ce rôle est crucial : quand deux personnes se font face, celle qui se met en récit court toujours le risque de dévoiler quelque chose de l'ordre de l'intimité. L'affectivité en jeu dans la mise en intrigue façonnera non seulement ce qui est transmis (une représentation de soi) mais aussi la manière dont cela est transmis (la discursivité).

Il nous semble dès lors important de pouvoir tenir compte des deux temporalités, de ce qui est transmis et de comment cela est transmis, pour pouvoir dire quelque chose de la construction identitaire d'un individu en situation d'interlocution. Deux tâches s'annoncent :

la première, d'ordre plutôt théorique, consiste à mieux comprendre, au moyen des théories psychologiques de l'identité, le processus de subjectivation tel qu'il est représenté par le sujet dans le récit de soi ;

la deuxième, d'ordre plutôt méthodologique, est de tenir compte de la discursivité propre à l'entretien.

Passons donc, dans un premier temps, à la compréhension d'un processus de subjectivation, à la compréhension d'une construction identitaire telle que développée par les approches psychanalytiques.

Deuxième partie

LA CONSTRUCTION IDENTITAIRE ENTRE ATTACHEMENT, RELATION D'OBJET ET ARCHÉTYPE

Travailler sur l'identité en tant que psychologue est une vraie gageure tant la notion d'identité se lit en creux, au travers du manque et du trouble. Pourtant, dans nos sociétés industrialisées où la fluidification et la perte des repères ont rendu les identités plus mouvantes et plus floues, la question de l'identité est présente en filigrane d'un bon nombre de problématiques psychiques.

La souffrance ainsi générée amène une demande, formulée alors comme une quête de repères, une attente d'être rassuré ou même confirmé dans son identité véritable (sur les plans de l'orientation sexuelle, des rapports intergénérationnels, des choix professionnels ou vocationnels entre autres). Cette attente s'adresse à tous les systèmes pourvoyeurs de sens, parmi lesquels les systèmes religieux qui y occupent une place de choix.

Dans les modèles psychologiques proposés pour comprendre la naissance du sujet (et ainsi répondre à cette demande de soins) nous avons décidé de nous appuyer sur ceux construits par la psychologie dynamique. Plusieurs raisons nous ont poussés à faire ce choix et à parler ainsi de construction identitaire en termes de subjectivation[1]. Une des raisons de ce choix, dans le contexte socio-culturel actuel sus-mentionné (marqué par une pathologie du lien), est l'urgence de travailler sur la relation à l'autre en interrogeant les conditions de possibilités intrapsychiques de celle-ci. En effet, parler de subjectivation, c'est penser la place de l'autre. Il s'agit ainsi de reconnaître la dépendance originelle vis-à-vis de la psyché de l'autre dans cette construction puis de permettre, grâce à cet espace intérieur contenant, un tissage identificatoire propre à chaque sujet. « Les figures de l'autre en soi concernent à la fois les représentations de l'autre, les identifications et les liens identifiants, les limites de la psyché (au sens des capacités comme au sens des frontières) » (Fognini & Chiantaretto, 2008, p. 8). S'intéresser à l'intrapsychique permet de discuter la construction identitaire au niveau des mécanismes psychologiques mis en jeu dans celle-ci. De plus, et en lien avec une construction narrative de l'identité, ce lieu de l'intériorité (à l'œuvre dans tout lien) est toujours à construire et à reconstruire avec la parole. C'est donc à partir de ce lieu de rencontre de paroles que l'identité va s'affirmer, se dévoiler. Ce lieu, « l'intrapsychique », « l'intériorité », est le lieu d'où le sujet parle (ou est parlé) et où il se parle.

Il est intéressant de remarquer, comme le fait Bernard Golse (2006), comment les différents accents donnés au modèle dynamique sont interdépendants des modifications sociales qui les voient naître. En effet, la fin du XIXe siècle s'était vue préoccupée par l'énigme du dedans de l'objet et du lien entre le dedans et le dehors. La psychanalyse de cette époque peut être qualifiée d'« orificielle », visant des problématiques de contenus par le biais des traumatismes par excès ou par intrusion. Dès la fin de la Seconde Guerre mondiale et comme conséquence à celle-ci, la préoccupation est plus

[1] Qui est toujours de l'ordre du processus.

dans le lien à l'environnement (quel qu'il soit). La psychanalyse devient « cutanée », s'intéresse aux enveloppes, aux problématiques des contenants par le biais de traumatismes en creux liés à une défaillance des enveloppes. De plus, l'accent n'est plus mis sur le sujet isolé mais sur l'interaction avec son entourage[2]. Ce déplacement d'accent, du contenu au contenant et de l'isolement au lien avec l'environnement, modifie la représentation que nous pouvons nous faire d'un processus de subjectivation. Des contenus importants en terme d'*imago* (représentations parentales), on passe, au creux des enveloppes, à une coconstruction identitaire à laquelle le nourrisson prend une part de plus en plus active. Au travers de ce changement d'accent, une constante par rapport à la construction identitaire subsiste : c'est l'importance des relations précoces. Ainsi, les relations précoces sont « fondées sur la réciprocité et la mutualité, mais aussi sur la dissymétrie entre l'adulte et le bébé, et formant le socle des liens primitifs et des relations à venir » (Golse, 2006, p. 4). Le socle de la subjectivation est constitué par les liens primitifs. Il sera donc beaucoup question, dans la suite de ce développement, de la relation primaire pour prendre en compte l'importance de celle-ci dans la construction identitaire. Dans cette optique, nous exposerons, dans un premier temps, la théorie de l'attachement à l'aide des travaux de John Bowlby et d'auteurs contemporains. Dans un deuxième temps, nous présenterons la théorie des pulsions avec son prolongement, la théorie de la relation d'objet. C'est principalement la théorie de la relation d'objet, à l'aide de Donald Winnicott et de Daniel Stern, qui sera développée (et cela en vertu du changement d'accent). Finalement, nous nous arrêterons au concept d'individuation tel que proposé par C. G. Jung.

Dans la conclusion, nous présenterons une réflexion sur les liens et les parentés entre les modèles, en traitant, autant que possible, les différentes étapes de la vie de manière distincte. C'est à partir de cette réflexion que pourra s'élaborer un modèle de construction identitaire[3]. Commençons notre périple par la théorie de l'attachement.

---

[2] « Comme l'a souvent souligné D. Lagache, cette évolution s'inscrit dans un mouvement des idées qui n'est pas propre à la psychanalyse et qui conduit à ne plus considérer l'organisme à l'état isolé, mais dans une interaction avec l'entourage » (Laplanche & Pontalis, 2002, p. 404 [entrée « Relation d'objet »]).

[3] Qui fera suite aux réponses à ces questions : comment l'identité est dépendante du lien d'attachement ? Comment l'identité s'appuie sur les représentations parentales ? Comment l'identité se définit par et dans le lien interpersonnel ? Comment l'identité se définit entre deux collectifs (l'un conscient et l'autre inconscient) ?

Chapitre 4

LA THÉORIE DE L'ATTACHEMENT ET LA CONSTRUCTION IDENTITAIRE

La théorie de l'attachement sera présentée en premier, bien qu'elle soit née après la théorie objectale. Ce choix est motivé par une vision développementale qui donne à la théorie de l'attachement une primauté ontogénétique sur la seconde. C'est principalement les travaux de John Bowlby qui serviront à présenter la théorie de l'attachement. Nous évoquerons ensuite les travaux contemporains. Nous conclurons sur la mise en lumière de quelques éléments de la théorie de l'attachement qui aident à une compréhension d'une construction identitaire.

La théorie de l'attachement et l'identité selon John Bowlby

Les prémisses de la théorie de l'attachement : l'Ecole de Budapest

Pour comprendre le contexte d'apparition de la théorie de l'attachement, il faut dire toute la dette de John Bowlby par rapport au groupe qui a été appelé rétrospectivement l'Ecole de Budapest. Il est constitué d'élèves de Sandor Ferenczi qui, depuis la mort de celui-ci en 1933 et jusqu'en 1938, ont continué à développer ses idées, chacun à sa façon. Dès 1938, avec la montée du fascisme, les analystes n'ont pu se réunir que sous surveillance policière. Certains comme Alice et Michael Balint, Geza Roheim ont préféré l'exil contrairement à Imre Hermann qui est resté à Budapest. Parmi les élèves de Sandor Ferenczi, John Bowlby reconnaît explicitement sa dette envers les Balint : « Parce que la théorie présentée dans cet ouvrage[1] découle de la théorie objectale, elle doit beaucoup à ces quatre analystes britanniques [Melanie Klein, Michael Balint, Donald Winnicott et William Fairbairn] »

---

[1] Bowlby parle de son ouvrage *Attachement et perte* (1978, [éd. originale 1969]).

(Bowlby, 1978, vol. 1, p. 37). John Bowlby s'inscrit ainsi dans la filiation de Sandor Ferenczi et de Michael Balint[2]. Deux citations de John Bowlby aident à comprendre cette filiation :

> Michael et Alice Balint reconnaissent ce qu'ils doivent à Hermann, mais vont plus loin que lui. Partant du concept de Ferenczi sur l'amour passif de l'objet, ils rejettent la théorie du narcissisme primaire et soutiennent qu'il y a dès le début une relation objectale primaire. Toutefois, influencés par les travaux d'Hermann et tenant compte de leurs propres observations, ils en viennent à concevoir que, dans la relation, l'enfant est actif (Bowlby, 1978, vol. 1, p. 486).

Décrivant cette relation objectale primaire mais active, les Balint font ressortir deux points. Le premier est l'égoïsme de la relation. Après avoir rejeté d'autres notions, Alice Balint conclut :

> C'est le concept d'égoïsme qui s'en rapproche le plus. Il s'agit en fait d'une façon d'aimer *archaïque, égoïste*, centrée à l'origine exclusivement sur la mère ; sa principale caractéristique est « l'absence totale de sens de réalité en ce qui concerne les intérêts [...] de l'objet d'amour ». Selon le second point, davantage sujet de controverse, mais aussi plus près de la thèse que nous défendons, la relation est totalement indépendante des zones érogènes (Bowlby, 1978, vol. 1, p. 487).

Les Balint, avec l'aide des travaux d'Imre Hermann, revisitent la théorie freudienne et plus particulièrement la théorie des pulsions. L'accent est mis sur la relation et plus particulièrement sur la relation objectale primaire. La mère est d'emblée investie libidinalement. Pour les Balint, le besoin fondamental de l'homme serait de vivre au sein d'une relation d'objet et c'est cette relation d'objet qui est au centre du développement de la personnalité.

Ce besoin fondamental est d'ordre psychologique. John Bowlby s'inscrit dans ce courant marqué par une prise de distance de la théorie freudienne rendue possible par l'observation directe du nourrisson et par l'apport d'autres disciplines en particulier l'éthologie. L'observation du nourrisson a remis en question la théorie du développement telle que construite à partir d'une clinique de l'adulte. La part active du nourrisson dans la relation a en effet profondément modifié la représentation que les cliniciens se faisaient du développement de l'enfant. Cette représentation se modifie encore de nos jours car elle se trouve dépendante des dispositifs expérimentaux que le chercheur met en place pour observer comment le nourrisson réagit à des modifications de stimuli. Il est possible de ce fait de montrer comment de ces premiers travaux (nous pensons à ceux de Imre Hermann entre autres, mais aussi de Melanie Klein) l'accent s'est déplacé de la mère au nourrisson. Par exemple, Donald Winnicott explique le passage chez le nourrisson d'une relation de dépendance totale à une capacité à être seul. Plus près de nous, avec de nouveaux paradigmes expérimentaux, Daniel Stern met en lumière les capacités extrêmement précoces du nourrisson à être en relation, à avoir

[2] Cette filiation part évidemment de Freud et John Bowlby l'a toujours revendiquée.

d'emblée des compétences sociales. D'autre part, et cela découle du premier élément, c'est la relation qui est le creuset de l'identité.

Un deuxième élève de Sandor Ferenczi, Imre Hermann, doit être pris en compte pour expliquer les prémisses de la théorie de l'attachement, et cela bien que John Bowlby le cite peu. Imre Hermann est médecin, psychanalyste et professeur de psychologie. Formé aux techniques d'observation (des sciences naturelles), il a montré comment le nourrisson est actif dans la relation. Mais, en s'appuyant sur des travaux d'éthologues, il développe l'idée que le besoin de relation n'est pas purement d'ordre psychique, mais également biologique. Il place ainsi la relation mère-enfant sur des bases biologiques phylogénétiquement fondées. Etre en relation devient donc un besoin biologique inné qu'Imre Hermann a appelé l'instinct d'agrippement. Cet instinct est d'emblée frustré du fait de la perte de pilosité chez l'homme. La frustration condamne l'homme à chercher et former perpétuellement des relations. Dans la lecture qu'en fait Serge Tisseron :

> Imre Hermann a montré que toutes les activités humaines constituent différents moyens pour tenter d'élaborer sa souffrance de séparation. Nous sommes écartelés à tout moment entre le désir de fusionner avec nos objets sans pour autant nous y perdre et celui de nous en séparer sans pour autant les perdre (Tisseron, 2007, p. 20).

L'approche d'Imre Hermann a ainsi permis d'inclure dans la compréhension du développement de l'enfant, et particulièrement de la relation primaire mère-enfant, les travaux des éthologues et les observations du nourrisson. Cependant, selon Anna Halasz, « il manque à cette théorie la prise en compte de l'activité mentale du nourrisson et la dynamique de la relation elle-même » (2007, p. 45). Il faut relever, avant de passer aux travaux de John Bowlby, que l'approche d'Imre Hermann a influencé quatre psychanalystes d'origine hongroise : Boszormenyi-Nagy aux Etats-Unis, Nicolas Abraham et Maria Torok en France, et Leopold Szondi.

John Bowlby et la théorie de l'attachement

Différentes théories des instincts ?

Pour commencer, il est utile de reprendre une citation de John Bowlby mentionnée en partie ci-dessus :

> Parce que la théorie présentée dans cet ouvrage découle de la théorie objectale, elle doit beaucoup à ces quatre analystes britanniques [Melanie Klein, Balint, Winnicott et Fairbairn]. Néanmoins, elle n'adhère totalement à aucune de ces positions, et s'écarte beaucoup de chacune sur certains points. Elle diffère en outre de toutes les quatre sur un point principal : elle fait appel à un nouveau type de théorie des instincts. L'absence de toute théorie des instincts pouvant servir de contre-proposition à celle de Freud constitue, à

> mon avis, le plus grand défaut de chacune des théories de relations objectales courantes (Bowlby, 1978, vol. 1, p. 37).

Cette citation met en lumière le fait que John Bowlby estime ne pas avoir trouvé dans la théorie de la relation d'objet une contre-proposition à la théorie freudienne. Il veut construire un modèle de développement basé sur un nouveau type de théorie des instincts. Pour Jean Laplanche et Jean-Bertrand Pontalis, il semble inopportun de considérer la théorie freudienne comme une théorie de l'instinct (ou des instincts). La pulsion ne peut être réduite à l'instinct :

> Dans la littérature psychanalytique, l'opposition ne s'est pas toujours maintenue, bien au contraire. Le choix du terme *instinct*, comme équivalent anglais et français de *Trieb*, n'est pas seulement une inexactitude de traduction ; il risque d'introduire une confusion entre la théorie freudienne des pulsions et les conceptions psychologiques de l'instinct animal, et d'estomper l'originalité de la conception freudienne, notamment la thèse du caractère relativement indéterminé de la poussée motivante, les notions de contingence de l'objet et de variabilité des buts (Laplanche & Pontalis, 2002, p. 203).

De plus, Sigmund Freud a combattu avec force une compréhension par une théorie de l'instinct de la structuration de l'appareil psychique notamment l'idée d'archétype basée en partie sur l'instinct et défendue par C. G. Jung.

L'instinct se manifeste ainsi par des comportements dits instinctifs qui possèdent quatre caractéristiques : ils se conforment à un schème, ils ne sont pas une simple réponse à un seul stimulus, leurs conséquences sont d'une utilité évidente en termes de préservation et de continuité et, finalement, ils apparaissent même quand les conditions d'apprentissage sont restreintes ou absentes. Le comportement instinctif n'est pas, selon Bowlby, hérité. Ce qui est hérité, « c'est le potentiel qui permet de développer certaines sortes de systèmes, appelés ici systèmes de comportement, dont la nature et la forme diffèrent dans une certaine mesure suivant l'environnement particulier dans lequel se situe le développement » (Bowlby, 1978, vol. 1, p. 73). Les systèmes comportementaux se développent chez l'enfant comme conséquence à son environnement, mais particulièrement avec la figure principale de cet environnement : sa mère. Pour John Bowlby, la nourriture et le fait de manger jouent un rôle mineur dans le développement. En disant cela, il se coupe de la théorie de l'étayage chère aux psychanalystes. Ce n'est pas sur des fonctions corporelles telles que celles-ci que les pulsions sexuelles apparaissent. Elles ne sont pas secondairement libidinalisées. John Bowlby s'appuie sur les expériences d'Harry Harlow (1965) avec des singes rhésus pour infirmer la théorie de l'étayage. Les expériences d'Harry Harlow permettent d'évaluer séparément les effets de la nourriture et ceux d'une mère artificielle réconfortante à laquelle le petit singe rhésus pouvait s'agripper. Harry Harlow joue avec deux modalités : la mère qui nourrit *versus* la mère qui ne nourrit pas et la mère en tissu moelleux *versus* la mère en fil de fer. Le résultat marquant de ces expériences est que le singe privé de sa mère préfère la mère en tissu moelleux contre laquelle il peut se blottir (même si elle ne le nourrit pas) à la mère en fil de fer qui le nourrit sans lui procurer de contacts sensoriels. Ce résultat amène Harry Harlow à cette conclusion :

> Ces données rendent évident que le réconfort du contact est une variable d'importance critique dans le développement de la réactivité affective à la mère substitut et que l'allaitement paraît jouer un rôle négligeable. En avançant en âge et en ayant ainsi davantage l'occasion d'apprendre, un enfant nourri à partir d'une mère en fil de fer ne réagit pas plus à son égard, comme le prédirait la théorie tirée de la pulsion, mais au contraire il réagit de plus en plus au mannequin de tissu qui ne l'allaite pas. Ces découvertes divergent complètement de la théorie de la réduction à la pulsion du développement affectif (Bowlby, 1978, vol. 1, p. 291).

Nous prendrons position sur cette opposition dans une partie ultérieure de ce travail, celle qui pense une intégration de la théorie de l'attachement et de la théorie des pulsions.

Pourquoi John Bowlby a recours à une théorie des instincts ? Le concept d'attachement qu'il propose implique l'existence d'un programme inné qui n'est de nature ni sexuelle ni agressive mais qui joue un rôle primordial dans la recherche de sécurité de l'enfant. En effet, le besoin de relation, donc le comportement social, a des bases biologiques qui façonnent la relation mère-enfant. Le nourrisson possède des moyens actifs pour éveiller l'intérêt et l'attention de sa mère. Pour Anna Halasz, « Dans la théorie de Bowlby, ce n'est plus l'objet mais le processus de la relation qui est au centre de la recherche » (2007, p. 47). De plus, le comportement est une donnée observable.

Ainsi, et au vu de ce qui a été dit, il semble trompeur de parler de théorie des instincts chez Sigmund Freud ; tout l'enjeu est de comprendre comment les comportements instinctuels façonnent la relation et permettent à l'enfant d'acquérir un sentiment de sécurité et de construire une identité positive stable[3].

John Bowlby, sa manière de travailler

Nous comprenons, avec ce qui a été dit précédemment, que Bowlby se place (par rapport à la théorie des pulsions) dans un autre champ conceptuel, et qu'il travaille avec un autre matériel. La manière de travailler de Bowlby peut être décrite par quatre caractéristiques : l'observation du jeune enfant, une approche prospective, une focalisation sur un agent pathogène (et ses séquelles) et l'utilisation de données provenant de l'observation des espèces animales.

---

[3] Renvoie au sentiment propre du sujet.

Pour la première caractéristique, et dans la lignée des travaux d'Imre Hermann et des psychologues développementaux, John Bowlby propose de ne plus prendre comme données primaires les études menées dans le cadre analytique d'une personnalité plus ou moins développée fonctionnant plus ou moins bien, mais les observations concernant la façon dont les nourrissons se comportent dans des situations définies (méthode expérimentale qui propose un *setting* d'observation). Partir de ce type de données permet de décrire certains stades primitifs du fonctionnement de la personnalité et, à partir de là, d'extrapoler pour l'avenir. C'est la deuxième caractéristique qui permet, grâce aux données recueillies par l'observation du bébé, d'anticiper, de prévenir des risques par un réajustement de la dyade mère-enfant[4]. La troisième caractéristique est la prise en compte d'un seul agent pathogène qui est la perte de la figure maternelle au cours de la période qui s'étend de six mois à environ six ans. Période que John Bowlby considère comme sensible pour le développement de l'attachement. La dernière caractéristique est la prise en compte des données provenant de l'éthologie[5]. John Bowlby justifie ainsi l'emploi de ces données :

> Dans les domaines du nourrissage des petits, de la reproduction, et de l'excrétion, nous partageons les caractéristiques anatomiques et physiologiques avec des espèces inférieures et il serait bizarre que nous ne partagions aucun des traits de comportement qui y sont associés. De plus, c'est dans la petite enfance – particulièrement dans la période préverbale – que nous pourrions nous attendre à trouver ces caractères sous la forme la moins modifiée (Bowlby, 1978, vol. 1, p. 25).

La manière de répondre des espèces inférieures à une situation de présence ou d'absence de la mère aide à penser cette même situation chez le petit homme. Dans la suite de notre propos, nous répondrons aux questions suivantes : comment le comportement d'attachement se manifeste-t-il, quelles réactions entraînent un tel comportement et comment celui-ci se développe-t-il ?

Le comportement d'attachement durant la vie

Dans les années 1960, Mary Ainsworth observe, dans une tribu ougandaise, l'apparition du comportement d'attachement lors de visites de vingt-cinq mères ayant vingt-sept nourrissons et cela à intervalles de quinze jours pendant sept mois. Elle note que le comportement d'attachement est

---

[4] En aidant la mère à reconnaître les comportements d'attachement et à y répondre adéquatement.

[5] Notons que Bowlby participe de 1953 à 1956 à un séminaire sur l'approche éthologique dans la recherche sur le développement de l'enfant, à Genève. Y participent les éthologues K. Lorenz et R. Hinde, mais aussi les psychologues du développement J. Piaget et R. Zazzo, l'anthropologue M. Mead, et L. von Bertalanffy théoricien des systèmes et de l'information (Guedeney & Guedeney, 2002).

manifestement présent à six mois. L'enfant pleure quand la mère quitte la pièce, il lui fait la fête quand elle revient en lui souriant, en lui tendant les bras et en poussant des cris de joie[6]. Entre six et neuf mois, ces comportements se manifestent avec plus de vigueur et plus régulièrement comme si l'attachement à la mère devient plus fort, plus solide. John Bowlby l'appelle la figure d'attachement principale. De plus, après neuf mois, l'agrippement à la mère est devenu particulièrement évident. Mary Ainsworth remarque que ce comportement d'attachement se manifeste envers d'autres adultes familiers mais qu'il se manifeste plus tôt et avec une plus grande force et régularité envers la mère. Mary Ainsworth insiste sur la part active de l'enfant dans sa recherche d'interaction. Non seulement il suscite des réponses des figures d'attachement, mais il maintient, ou modèle, ses réponses en renforçant certaines et pas d'autres. Un schème d'interaction se développe progressivement entre l'enfant et sa mère. Ce schème résulte des contributions (part active réciproque) des deux protagonistes, de comment ils s'influencent mutuellement dans leurs comportements.

Ce comportement d'attachement, qui est bien rapporté dans la première année comme nous l'avons vu avec les travaux de Mary Ainsworth, se manifeste avec autant de force et de régularité jusqu'à la fin de la troisième année. Dès la troisième année, l'enfant est de plus en plus capable de se sentir en sécurité dans un lieu étranger avec des figures d'attachement auxiliaires. Le comportement d'attachement va ensuite en s'atténuant. A l'adolescence, l'attachement aux parents diminue au profit d'autres adultes et/ou de contemporains. Ainsi, l'attirance sexuelle fait que l'on s'attache à des individus de la même génération. John Bowlby relève avec justesse :

> Au cours de l'adolescence et de la vie adulte, une certaine quantité de comportements d'attachement est couramment dirigée non seulement vers des personnes extérieures à la famille mais aussi vers des groupes et des institutions autres que la famille. Une école ou un collège, un groupe de travail, un groupe religieux ou un groupe politique peut constituer pour beaucoup une « figure » d'attachement principale. Dans ces cas-là, il semble probable que le développement de l'attachement à un groupe soit médiatisé, tout au moins initialement, par l'attachement à une personne qui occupe une position prédominante au sein du groupe (Bowlby, vol. 1, 1978, p. 283).

Donc, dès l'adolescence, l'attachement peut se faire à une entité collective, mais il doit être médiatisé par une personne. Le médiateur permet l'attachement au groupe qui lui-même médiatise le lien au collectif.

Par ailleurs, au cours de la vieillesse, les comportements d'attachement ne peuvent plus être dirigés vers la génération plus âgée ou même parfois vers la génération propre. A la place, ils peuvent être dirigés vers les générations plus jeunes.

---

[6] John Bowlby note cinq réactions conduisant au comportement d'attachement : les pleurs, le sourire, le comportement de suivre, l'agrippement et l'appel. La succion pose par contre plus de difficulté à John Bowlby, cf. la partie sur « Différentes théories des instincts ».

Ce rapide parcours de l'évolution du comportement d'attachement durant la vie a révélé quelques éléments importants et soulève quelques questions.

Parmi les éléments importants, il faut noter la part active de l'enfant dès l'apparition du comportement et la coconstruction d'un schème interactionnel entre la mère et l'enfant. Par ailleurs, il faut relever également le mouvement de différenciation des figures d'attachement avec le temps. Quand le comportement d'attachement se met en place, la personne qui s'occupe de manière privilégiée de l'enfant (la personne pourvoyeuse de soins) devient sa figure principale d'attachement ; le plus souvent il s'agit de la mère biologique. Puis, cette figure principale peut être un autre adulte, un contemporain et, finalement, pour la personne âgée, quelqu'un d'une génération plus jeune. De plus, cette figure principale peut être, dès l'adolescence, un collectif. Il y a donc une diversification des individus, groupes ou institutions susceptibles de devenir des figures d'attachement. La diversification va de pair, dès le début, avec la présence de figures auxiliaires qui peuvent pallier progressivement aux « manques » de la figure d'attachement principale. De même, il faut relever que dès l'adolescence, la figure d'attachement peut être du même âge et non plus nécessairement une personne d'une génération antérieure.

Le modèle ne répond toutefois pas à la question de la différence sexuelle quant au choix de la figure principale d'attachement. Il semble que, selon John Bowlby, le comportement d'attachement apparaisse avec la figure qui occupe la fonction maternelle en dehors de toute différenciation sexuelle :

> Bien qu'il soit courant que la principale figure d'attachement soit la mère naturelle, le rôle peut être effectivement assumé par d'autres. Selon nos constatations, si le substitut de la mère se comporte d'une façon maternelle vis-à-vis de l'enfant, celui-ci le traitera comme un autre enfant traiterait sa mère naturelle (Bowlby, 1978, vol. 1, p. 407).

Pour la suite, le modèle ne dit rien. Une autre lacune du modèle, sur laquelle nous reviendrons, est la non- (ou partielle) prise en compte de possibles comportements d'attachement envers des figures non humaines (religieuses, animales, végétales, un lieu, une période de temps comme « les *seventies* », etc.)[7]. Avant de traiter cette question du rôle des « objets inanimés », comme les appelle John Bowlby, revenons au schème interactionnel qui se construit entre la mère et l'enfant et la sécurité ou l'insécurité qui s'y construit et comment celle-ci est « évaluée ».

Schème interactionnel

Cette partie évoque comment Bowlby, à son époque, se représentait la mise en place d'un schème interactionnel entre la mère et l'enfant.

---

[7] Pourtant, l'attachement à des objets inanimés a été démontré par les travaux (presque contemporains) de Donald Winnicott sur les objets transitionnels.

Du côté de l'enfant, John Bowlby envisageait quatre phases successives. Dans la première phase, qui va de la naissance à douze semaines, l'enfant se comporte de manière caractéristique vis-à-vis des personnes, mais son aptitude à faire une discrimination entre les personnes est soit totalement absente, soit limitée[8]. Dans la deuxième phase, de douze semaines à six mois, des réponses différentielles apparaissent[9], la figure maternelle étant différenciée de manière plus nette. Dans la troisième phase, de sept mois au milieu de la troisième année, la discrimination s'intensifie et le répertoire de réponses que l'enfant produit s'étend en fonction des nouvelles compétences acquises, en particulier la locomotion. L'enfant peut maintenant suivre sa mère, il peut aussi se servir d'elle comme d'une base pour l'exploration. De plus, d'autres personnes peuvent être choisies comme figures d'attachement auxiliaires. John Bowlby relève une variabilité dans l'apparition de cette phase : « La phase 3 commence habituellement entre six et sept mois, mais peut être retardée jusqu'après le premier anniversaire, surtout chez les bébés qui ont eu peu de contact avec une figure principale » (1978, vol. 1, p. 358). Ainsi, selon John Bowlby, le contact régulier avec une figure d'attachement permet plus rapidement que dans le cas contraire, la diversification et l'exploration. Dans la dernière phase, qui débute vers la troisième année, l'enfant commence à concevoir sa mère comme un objet indépendant qui persiste dans le temps et l'espace et qui se déplace de façon plus ou moins prévisible[10]. L'enfant est en train d'acquérir une compréhension intuitive des sentiments et des motivations de sa mère. Pour John Bowlby, « Quand il en est arrivé là, on peut dire que sont édifiées les fondations nécessaires pour que le couple [mère-enfant] développe une relation plus complexe réciproque, relation que j'appelle une association » (1978, vol. 1, p. 359). Plus le schème interactionnel développé entre les partenaires donne satisfaction aux deux, plus il sera stable.

Du côté de la mère, et en reprenant les conclusions des travaux de Mary Ainsworth, John Bowlby parle de deux variables rattachées au développement du comportement d'attachement. La première est la sensibilité de la mère lorsqu'elle répond aux signaux du nourrisson et la deuxième est la quantité et la nature de l'interaction entre la mère et le nourrisson. Par exemple, les mères dont les nourrissons sont attachés à elles avec un sentiment de sécurité sont des mères qui répondent rapidement et de manière adéquate. Les interactions sont nombreuses et sont marquées par un plaisir réciproque. Il faut aussi noter le fort sentiment qui accompagne le comportement d'attachement. Les figures vers lesquelles ce comportement est dirigé sont aimées et accueillies avec joie.

---

[8] Nous verrons plus tard avec les études de Daniel Stern qu'il n'en est rien.

[9] En réalité, la différenciation de la mère se base sur des expériences intra-utérines. Ce qui fait que dès la naissance, le nourrisson est capable de différencier l'odeur de sa mère d'autres odeurs, la voix de sa mère d'autres voix, etc.

[10] John Bowlby parle de « carte mentale ».

Dans cette interaction mère-enfant, il est important de relever le degré de différenciation entre les modèles opératoires des figures d'attachement et de soi-même. Marqué par la théorie des systèmes, John Bowlby définit ainsi les modèles opératoires : « Il semble plausible d'admettre que tout individu construit des modèles expérimentaux du monde et de la place qu'il y occupe, au moyen desquels il enregistre les événements, prévoit le futur et dresse ses plans » (Bowlby, 1978, vol. 2, p. 269) et aussi, « La formulation adoptée n'est rien d'autre qu'un moyen de décrire, en termes compatibles avec la théorie des systèmes, des idées habituellement décrites dans des termes tels que "introjection d'un objet" (bon ou mauvais) et "image de soi" » (Bowlby, 1978, vol. 2, p. 270). L'idée de John Bowlby est de montrer que bien souvent, et bien que ces variables soient indépendantes, le modèle de la figure d'attachement et le modèle de soi-même se développent de manières complémentaires en se confirmant l'un l'autre. Par exemple, et c'est John Bowlby qui donne cet exemple, un enfant non désiré par ses parents a toutes les chances non seulement de se sentir non désiré par ses parents, mais de penser qu'il est indésirable par essence, indésiré de tous. John Bowlby reconnaît le caractère abusif de ces généralisations, mais il montre qu'une fois adoptées, elles tendent par la suite à ne plus être remises en question. Donc, la représentation du monde et la représentation de soi dépendent beaucoup de la figure d'attachement. John Bowlby inclut les états d'esprit qui nous occupent dans ces modèles opératoires. Transposée dans un cadre psychothérapeutique, cette réflexion se traduit, dans le travail du psychothérapeute, par le repérage de modèles influents dont le patient peut être partiellement ou totalement inconscient. Le psychothérapeute, en analysant le transfert, attire l'attention du patient sur la nature et l'influence de ses (ces) modèles.

Ainsi, du point de vue de la construction identitaire, la figure d'attachement influence de manière importante l'image de soi. Dans cette relation primaire, il y a, selon une terminologie freudienne, une identification primaire ou selon une terminologie kleinienne, l'introjection du bon objet. De l'identification primaire ou de l'introjection du bon objet dépendra non seulement la représentation de soi, mais aussi la représentation du monde. John Bowlby défend quant à lui une complémentarité, une confirmation entre les deux modèles (figure d'attachement/soi-même), les deux systèmes. Ce n'est pas par le jeu de l'identification ou de la projection que les modèles tendent à être similaires, mais par l'interaction entre les deux modèles dans le système mère-enfant.

En guise de conclusion, on ne peut que relever le rôle actif du nourrisson dans l'interaction et les qualités de la « mère suffisamment bonne » en utilisant une terminologie winnicottienne. De plus, l'interaction entre la mère et le nourrisson tend à « transmettre », à agréer le modèle de la figure d'attachement au modèle de soi.

« La dimension qui, d'après Ainsworth, présente une utilité particulière est celle de la *sécurité* de l'attachement de l'enfant » (Bowlby, 1978, vol. 1, p. 448). C'est principalement, voire exclusivement ce trait, celui de la qualité de l'attachement, qui a été l'objet des études des élèves de John Bowlby. L'étude de ce trait est relativement aisée et cela pour plusieurs raisons. En effet, d'un point de vue méthodologique, la qualité du lien peut être catégorisée en fonction d'observations dans un *setting* éprouvé (ce qui facilite la tâche). De même, et vu que le modèle est prospectif, autant le clinicien que le psychologue développemental peuvent partager les mêmes observables concernant le développement de l'enfant.

D'un point de vue clinique, sa pertinence est évidente. Le modèle de développement tel que décrit par la théorie de l'attachement montre comment cette qualité du lien favorise ou entrave l'exploration du monde, le contact avec les autres, etc.

Autre avantage au niveau clinique : « Telle que cette dimension se présente, on peut en attendre l'évaluation d'un aspect de la personnalité en rapport immédiat avec la santé mentale » (Bowlby, 1978, vol. 1, p. 449). Ce lien permet une évaluation de la santé mentale et donc d'intervenir très tôt, presque d'une manière préventive. Ainsi, un psychothérapeute peut intervenir quand le lien d'attachement se fait, soit en travaillant avec la dyade mère-enfant (guidance infantile), soit en se proposant comme figure d'attachement. Travailler sur ce trait revient, selon d'autres terminologies, à se référer à « l'introjection du bon objet » de Melanie Klein, ou à « la confiance de base »[11] d'Erik Erikson. Pour notre problématique de la construction identitaire, nous pouvons dire que si de la qualité du lien d'attachement dépend la vie sociale de l'enfant, la construction identitaire sera marquée par ce lien.

Comme nous l'avons dit, les élèves de Bowlby se sont centrés sur un seul facteur, la qualité de l'attachement. Mary Ainsworth, au moyen d'une situation expérimentale désignée sous le nom de « situation étrange », a démontré le caractère universel des modes d'attachement *secure* et *insecure* et elle a établi un lien précis entre les relations précoces mère-enfant et la sécurité de l'attachement.

> Son dispositif consiste à observer et noter les réactions d'un enfant au cours de séparations et de retrouvailles entre sa mère et lui, ainsi qu'au moment de l'introduction entre eux d'un inconnu. L'étude se déroule en huit épisodes successifs de trois minutes chacun. Passée une brève introduction, on laisse le bébé seul avec sa mère. Puis, dans un troisième temps, une personne inconnue de l'enfant entre dans la pièce, commence à parler avec la mère et tente d'interagir avec l'enfant. En quatrième lieu, la mère quitte la pièce et laisse

[11] Ce sentiment provient des premières expériences du nouveau-né et consiste en une capacité à se fier à la fois aux autres ainsi que le sentiment d'être soi-même digne de la confiance des autres. Erikson place ce sentiment comme pierre angulaire de la construction de la personnalité.

l'enfant seul avec la personne étrangère. Ensuite la mère revient, tandis que la personne étrangère sort de la pièce à son tour. La mère part alors de nouveau, tandis que la personne étrangère revient seule (c'est la septième séquence). Enfin, la mère revient et la personne étrangère s'en va (Tisseron, 2007, p. 46-47).

Cette situation expérimentale lui permet de classer les enfants dans quatre catégories : l'attachement *secure* autonome, l'attachement insécurisé-détaché, l'attachement insécurisé ambivalent et l'attachement insécurisé-désorganisé[12].

Ce test permet de faire l'hypothèse que la capacité de l'adulte à résister à un traumatisme va dépendre du type d'attachement dont il a bénéficié.

Avant d'arriver à la conclusion sur les travaux de John Bowlby et de passer aux développements contemporains de cette approche, arrêtons-nous sur l'attachement à des « objets inanimés ».

Le rôle des objets inanimés

John Bowlby reconnaît que le comportement d'attachement peut être dirigé vers des objets inanimés (voir l'agrippement au substitut réconfortant dans les expériences d'Harry Harlow cité précédemment) et que ce comportement d'attachement, à la suite des travaux de Donald Winnicott sur la première possession chérie de l'enfant, n'est pas de mauvaise augure pour un enfant mais, au contraire, qu'il est associé à des relations satisfaisantes avec des personnes. Ce comportement d'attachement à des objets inanimés, bien que bénéfique, ne doit pas, pour John Bowlby, durer, au risque d'être défavorable à la santé mentale. Pour lui :

> Une façon bien plus rigoureuse [que celle de Winnicott] de voir le rôle de ces objets inanimés est de les considérer simplement comme des objets vers lesquels certaines composantes du comportement d'attachement viennent à être dirigées ou redirigées parce que l'objet « naturel » n'est pas disponible [...] il n'y a pas de raison de supposer que les objets dits transitionnels jouent un rôle spécial dans le développement de l'enfant – qu'ils soit cognitifs ou autres – ; il serait plus approprié de les désigner simplement par l'expression de « substituts objectaux » (1978, vol. 1, p. 415).

John Bowlby considère donc l'objet transitionnel comme un substitut de l'objet.

Il oublie, de notre point de vue, que l'objet transitionnel est provisoirement porteur de qualités avec lesquelles l'enfant a besoin de rester en contact pour se familiariser progressivement avec l'éloignement d'avec la mère. En ce sens, John Bowlby néglige le « provisoirement », le « progressivement », donc le transitionnel dans le développement de l'enfant.

---

[12] Pour la définition des types d'attachement, voir Ainsworth, Blehar, Waters & Wall (1978).

Serge Tisseron montre l'importance du transitionnel dans la relation à cet objet :

> L'important, dans cet « objet », n'est pas l'objet en lui-même, mais le mode de relation que l'enfant entretient avec lui. Le fondement du travail psychique organisé par l'objet transitionnel, ce n'est pas l'objet en tant que tel, c'est le transitionnel. L'enfant confie à cet objet, certaines parties de son monde intérieur encore peu ou mal élaborées. Et la relation qu'il noue avec cet objet lui permet d'assurer ses acquisitions psychiques de façon plus solide. Par exemple, l'enfant installe en lui des représentations de son parent le plus disponible ou le plus tolérant à sa propre agressivité. La tentation de fétichiser l'objet est également au cœur de l'espace transitionnel. Cela survient lorsque ce n'est plus le transitionnel qui l'emporte mais l'objet lui-même[13] (Tisseron, 1998, p. 30).

On voit le caractère transitionnel de l'objet dans le développement de l'enfant et sa grande valeur pour sa structuration psychique. Du point de vue de la construction identitaire, il permet, dans la durée, l'intériorisation progressive de la relation à l'autre significatif (ou introjection du bon objet), la mise en place de l'*imago* parentale. Le processus d'intériorisation, d'introjection voir d'incorporation (en parlant de l'identification primaire chez Freud) se fait dans la durée et l'objet transitionnel peut participer à ce processus[14]. Même dans les termes de John Bowlby, il faut du temps pour que le modèle opérant se construise en interaction avec la figure principale d'attachement. L'objet transitionnel n'est ainsi, de notre point de vue, pas uniquement un substitut, il participe à la structuration psychique de l'enfant (d'ailleurs, souvent la mère et l'objet transitionnel sont présents en même temps et là, il paraît difficile de parler en terme de substitut).

Conclusion

Comme nous l'avons vu, John Bowlby construit sa théorie à partir d'une théorie des instincts et il est fortement influencé par la théorie des systèmes[15] (tout en tentant de se maintenir dans la filiation de Freud). La construction identitaire se trouve ainsi marquée par un comportement biologique inné qui pousse le bébé à être en relation avec son environnement (pour une question

[13] Cependant, et contrairement à ce que dit Serge Tisseron, il y a du transitionnel qui subsiste et qui n'est pas du fétichisme, par exemple des comportements transitionnels. Pensons par exemple simplement à une personne qui fredonne dans un moment angoissant pour l'aider à se confronter à une situation.

[14] Nous avons vu avec Ricœur la temporalité propre au processus d'identification.

[15] La systémique, ou théorie des systèmes, a été introduite sous sa forme contemporaine par le biologiste Ludwig von Bertalanffy (1901-1972). Ses premières recherches, de la fin des années 1920 à la fin des années 1940, jettent les bases (1945) de sa théorie générale des systèmes qu'il fera connaître plus largement en 1968. On peut signaler les thèmes et concepts fondamentaux de sa théorie : le système est vu comme un ensemble d'éléments en interaction, concept d'équifinalité, importance du point de vue global, rôle des systèmes ouverts, perspectivisme (Bertalanffy, 1973).

de survie). Dans cet environnement, c'est de la mère à laquelle le petit homme a été « arraché » (et qui lui donne des soins) que dépend sa survie. Il va très tôt influencer celle-ci par des réactions tels les sourires, les pleurs, les cris qui provoquent des comportements d'attachement. L'interaction mère-nourrisson est marquée par la théorie des systèmes qui prend en compte comment le petit homme influence son environnement[16] et comment l'environnement répond aux demandes du petit homme. L'interaction évolue en fonction de la maturation de l'enfant et de l'acquisition de nouvelles compétences. Elle est de l'ordre du comportement et sa traduction dans l'intrapsychique se fait en termes cognitifs. John Bowlby parle de « carte mentale », « modèles internes opérants ». De cette relation à la figure d'attachement principale dépend une qualité du lien à celle-ci. La qualité du lien (exprimée en termes affectifs) dépend du schème interactionnel (autre terme pour dire relation), donc de la part active de chacun d'eux et de leur dialectique mais aussi du propre lien d'attachement qu'a eu la figure d'attachement principale et qui tend à se reproduire (dimension intergénérationnelle).

La qualité du lien qui s'instaure avec la figure principale définit un rapport à l'environnement social (ou non) et donc à soi. Ce rapport sera plus ou moins teinté d'anxiété (avec ses conséquences, évitement (conséquences extérieures), désorganisation (conséquences intérieures). L'identité porte donc le sceau de cette interaction avec la figure d'attachement principale qui n'est pas sexuée mais qui remplit une fonction maternelle. Le statut de cette relation va nous occuper tout au long de notre réflexion sur la construction identitaire. De plus, le modèle de la représentation de soi (et du monde) et le modèle de la figure d'attachement sont peu différenciés l'un par rapport à l'autre. Il y a une tendance à reproduire le modèle appris. La triangulation, le tiers, ne semble pas être importante dans la théorie de Bowlby tout comme la place de la transitionnalité (le passage du subjectif à l'objectif, l'aire intermédiaire d'expérience) mis à part le rôle de l'égocentrisme. Il faut noter que des figures auxiliaires d'attachement sont d'emblée présentes et qu'elles peuvent devenir collectives dès l'adolescence. Le rapport au collectif reste cependant médiatisé par un individu. Etant entendu que l'attachement ne peut se faire que par l'intermédiaire d'un individu.

En conclusion, et avant d'en venir aux critiques de ce modèle au travers de quelques travaux contemporains, nous citerons John Bowlby : « Selon le point de vue adopté ici, la personnalité de l'adulte est vue comme le produit des interactions de l'individu avec des personnages clefs, notamment ses figures d'attachement, au cours de toutes ses années d'enfance » (Bowlby, 1978, vol. 2, p. 275).

---

[16] Orientation de plus en plus spécifique des signaux, modulation des réponses, etc.

Développement contemporain de la théorie de l'attachement

Ce sont principalement les travaux autour du concept de résilience qui ont enrichi la théorie de l'attachement développée par John Bowlby. Avant de montrer deux directions prises par ces travaux, à savoir les modifications des liens d'attachement durant toute la vie, et l'aide qu'apportent les figures d'attachement pour donner du sens aux événements de vie, revenons un bref moment sur le terme de résilience.

Pour avoir une définition opérante du terme résilience, il faut partir de la racine latine du mot *resilire*. Cette racine se constitue du verbe *salire* qui veut dire sauter et du préfixe *re* qui indique un mouvement vers l'arrière. C'est ce qui va donner le terme de résiliation en français, se délier, se libérer d'obligations préalablement contractées. Parallèlement à cet usage en français, la langue anglaise va retenir du participe présent de *resilire* l'idée de la réaction après un choc : un rebond. La résilience peut ainsi être vue non seulement comme une capacité à résister à un traumatisme, mais aussi comme la capacité de se reconstruire après lui en se déliant des effets traumatiques sur soi. Le terme de résilience est polysémique et peut être compris comme une faculté, comme un processus, comme un résultat ou comme les trois en même temps. Il est donc important de garder ces différents sens en tête lors de l'emploi de ce terme.

Passons maintenant à la première direction prise par des travaux contemporains sur la théorie de l'attachement.

L'attachement durant la vie

Cette première piste questionne l'hypothèse d'un attachement marqué dans le marbre de la première année de vie et qui ne se modifierait plus. Le modèle d'attachement marquant est, selon John Bowlby, celui élaboré avec la mère, avec la figure principale d'attachement. Bien que John Bowlby ne néglige pas la présence de figures auxiliaires d'attachement, elles semblent s'effacer dans la prime enfance derrière le modèle de la mère. Dans une perspective contemporaine, l'enfant développe un modèle spécifique avec chaque relation (mère, père, etc.). Pour Marlène Sapin, Dario Spini et Eric Widmer, « ces modèles opérants fusionnent pour donner un modèle général d'attachement » (2007, p. 67). Nous pensons au contraire que l'enfant peut vivre différents modes d'attachement, qu'il n'est pas possible de créer un modèle commun entre les représentations d'attachement du père et de la mère[17]. Par contre, nous relevons avec ces auteurs non seulement une assez grande stabilité du type d'attachement durant la vie[18], mais aussi une

[17] Elles ne sont pas coordonnables dans un modèle commun.

[18] Une étude longitudinale aux Etats-Unis montre que 71 % des jeunes adultes de 21 ans ont le même type d'attachement qu'à l'âge d'un an (Pierrehumbert, 2003).

importante transmission des types d'attachement d'une génération à l'autre. Dans une perspective des parcours de vie, Sapin, Spini et Widmer montrent que si les premiers liens sont importants, les relations affectives qui suivent le sont aussi (à l'adolescence par exemple) et que l'individu participe activement à la création de ses modèles d'attachement.

La prégnance d'un mode d'attachement précoce a été depuis quelques années remise en question, ce qui a poussé des psychologues à construire un test d'attachement pour adulte. Mary Main a imaginé un questionnaire qu'elle a appelé *Adult Attachment Interview*. Ce questionnaire permet d'évaluer rétrospectivement la manière dont l'adulte se représente la nature de ses propres liens d'attachement précoces. Ainsi, l'*Adult Attachment Interview* ne donne pas accès aux schémas d'attachements précoces de l'adulte, mais seulement à l'idée qu'il s'en fait de nombreuses années plus tard, au travers de multiples remaniements et reconstructions. Ce questionnaire a comme particularité de débusquer l'inconscient en surprenant son interlocuteur :

> Il s'agit en pratique d'objectiver pour chacun ce que Bowlby appelait les « modèles intériorisés de ses expériences », et que les psychanalystes désignent plutôt comme des imagos de soi et des deux parents que chacun a intériorisées, imagos dont nous restons porteur notre vie entière, mais qui sont susceptibles d'évoluer sous l'effet d'expériences nouvelles (Tisseron, 2007, p. 49-50).

L'objectif de l'entretien est d'examiner à quel point la personne a réussi à intégrer les différents aspects de son histoire et particulièrement les aspects difficiles. Pour Blaise Pierrehumbert, Raphaële Miljkovitch et Ayala Borghini, « La capacité de la personne à relater ses expériences d'enfance de façon cohérente reflète le degré d'assimilation de celles-ci dans son système de représentations » (2005, p. 93). Le type d'attachement se reflète dans la manière dont le sujet répond aux questions de l'interview. Ainsi, la manière de parler, avec du recul et des émotions adaptées, sera un indice du caractère *secure* de l'attachement. L'indice d'un attachement *insecure* et évitant sera la tendance qu'a le sujet à minimiser les expériences précoces et leur impact sur le fonctionnement habituel. Les adultes avec un attachement *insecure* et ambivalent font des réponses confuses (marque de l'ambivalence). Finalement, les adultes ayant un attachement *insecure* et désorganisé peuvent facilement replonger dans leur passé en se mettant à en parler au présent[19]. Le discours porte ainsi la trace des différents types d'attachement.

Ce test a montré les fortes corrélations qui semblent exister entre la cotation de la mère à l'*Adult Attachment Interview* (AAI) et les résultats de son bébé au test de la situation étrange. Ainsi, la manière dont la mère se représente les liens d'attachement à l'âge adulte l'amène à nouer le même type de lien avec son bébé. Il y a donc un effet de transmission très lourd.

---

[19] Narration et désorganisation chez l'adulte, vous pouvez vous reporter à l'article de Pierrehumbert, Miljkovitch & Borghini (2005, p. 87-102, particulièrement aux pages 94-96).

Cependant, « les choses ne sont pas entièrement figées, l'enfant comme l'adulte pouvant, fort heureusement, changer de catégorie à l'AAI comme à la *strange situation* – contrairement à ce que l'on avait d'abord pensé » (Golse, 2006, p. 34).

Donner du sens aux événements de vie

Les études contemporaines marquent un changement d'accent dans les visées de l'attachement qui portent moins sur l'établissement d'un lien *secure* (sur la sécurité donnée par des figures d'attachement) que sur l'aide que peuvent offrir des figures d'attachement pour donner du sens aux événements de vie. Par exemple, Peter Fonagy (Fonagy, Gergely, Jurist & Target, 2004) tente de faire une synthèse entre les sciences cognitives, la théorie de l'attachement, la psychanalyse et la génétique. Il montre par ses travaux que les généticiens ont donné trop d'importance à l'environnement physique dans l'expression des gènes. Pour Fonagy, la capacité de donner sens aux événements (qui est au cœur de l'interaction entre un capital génétique de l'individu et son expression), c'est le travail de mentalisation. Le terme de mentalisation ne restitue pas bien, selon Serge Tisseron, le processus en jeu, il lui préfère donc le terme de symbolisation[20]. Ainsi, la qualité des expériences d'attachement améliore non seulement la régulation physiologique et le développement de structures neurologiques mais aussi, elles augmentent la capacité d'interpréter ses propres émotions et celles des autres. De ce fait, il en résulte une plus grande capacité à résister à des traumatismes physiques et psychiques. « En outre, ce processus est en remaniement permanent sous l'effet des expériences nouvelles d'attachement et/ou de mentalisation réussie » (Tisseron, 2007, p. 22). C'est la qualité du lien d'attachement (de la relation) qui permet, par exemple, une harmonisation émotionnelle entre la mère et l'enfant[21]. De plus, il faut que l'enfant, à travers les diverses situations difficiles qu'il doit traverser, puisse bénéficier d'au moins un lien d'attachement sûr, d'un repère stable qui le soutient. C'est principalement Boris Cyrulnik qui, en France, a promu l'idée de « tuteurs de développement » ou « tuteurs de résilience » (1999). Les « tuteurs de résilience », qui ne sont pas des professionnels du soin, sont susceptibles d'assurer un attachement *secure*, de renforcer l'estime de soi d'une personne en situation de fragilité et de l'aider à donner du sens aux événements de vie. Pour Serge Tisseron :

> Il s'agit de permettre à des personnes fragiles de se créer des représentations d'elles-mêmes et des autres comme capables de penser et sentir, et qu'elles puissent identifier les représentations et les émotions partagées de celles qui sont personnelles. A terme, ces personnes doivent parvenir à une

---

[20] Le terme de symbolisation a aussi notre préférence.

[21] Ou, en psychothérapie, l'établissement d'une alliance thérapeutique.

> représentation d'elles-mêmes comme capables de créer des liens et de les interrompre, aussi bien dans un dialogue de soi à soi – dans leur for intérieur – que dans les échanges avec autrui (2007, p. 24).

Ainsi, en période de grande fragilité, ils portent l'histoire donc l'identité de l'enfant. Les « tuteurs de résilience » sont coauteurs de l'histoire de l'enfant en permettant à celui-ci de se créer des représentations de lui-même et des autres.

Travaux contemporains et construction de l'identité

La citation de Serge Tisseron selon laquelle « ce processus est en remaniement permanent sous l'effet des expériences nouvelles d'attachement et/ou de mentalisation réussie » (2007, p. 22), explicite la convergence de ces deux directions prises par les théoriciens de l'attachement. D'une part, la qualité du lien d'attachement peut changer au cours de la vie. Elle peut passer de *secure* à *insecure* comme de *insecure* à *secure*. D'autre part, le changement de qualité intervient lors de nouvelles expériences d'attachement et/ou de symbolisation réussie. La double conjonction (et/ou) nous laisse quelque peu songeurs. En effet, elle laisse la place à une symbolisation réussie en dehors d'un lien d'attachement. En d'autres termes peut-on penser à une symbolisation sans un lien d'attachement ? Quelle est la nature de l'objet (au sens psychanalytique) susceptible de devenir des « tuteurs de résilience » ?[22] Si c'est le cas, quel est le lien entre le « tuteur de résilience » et la personne en difficulté ? Finalement, quelle est la nature du changement possible ? Se joue-t-il toujours dans le creuset des relations intersubjectives ? Y a-t-il une autre voie possible pour le changement, par exemple un changement par l'intermédiaire d'un récit (comme nous l'avons vu avec le personnage de Bolomey dans *Adam et Eve*[23] de Ramuz) ?

De plus, pour notre propos, il est intéressant de remarquer que, pour évaluer le mode d'attachement au cours de la vie, ce ne sont plus des expériences vécues par l'enfant dans ses séparations et ses retrouvailles avec sa mère qui sont évaluées mais la manière dont le sujet adulte s'exprime. Les tests d'attachement pour adulte focalisent ainsi leur attention sur l'expression du sujet. Il y a en effet un lien entre un type d'attachement et une manière de se raconter[24]. La narrativité devient, de ce fait, un outil d'évaluation.

De notre point de vue, le lien entre qualité de l'attachement et narrativité n'est pas surprenant. En effet, et comme nous l'avons vu, les élèves de Bowlby ont porté leur attention sur la qualité de l'attachement[25] tandis que les

---

[22] Je pense notamment aux figures religieuses qui peuvent jouer ce rôle mais aussi à des objets du monde végétal ou animal comme l'a montré, sur un mode littéraire, Christian Bobin quand il met en scène une enfant qui s'attache à un cerisier pour aider à se construire (Bobin, 1992).

[23] Bolomey, dans notre exemple, est dans un rapport identificatoire avec Adam.

[24] Même si cela se fait au travers de questionnaires.

[25] La figure d'attachement principale se trouve être une base pour l'exploration du monde.

travaux contemporains portent sur la faculté de symbolisation dans le lien d'attachement[26]. Etant donné que la narrativité fait partie des processus de symbolisation, un lien *insecure* amènera un individu à avoir plus de peine à symboliser, donc à se raconter. Il y a donc dans ces travaux contemporains une remise en question de la stabilité de la qualité de l'attachement durant la vie. Des expériences nouvelles peuvent modifier la qualité de ce lien et ainsi un nouveau rapport à l'environnement, donc à soi, est possible.

En résumé, la qualité du lien qui s'instaure avec la figure principale définit un rapport à l'environnement social (ou non) et donc à soi. Ce rapport sera plus ou moins teinté d'anxiété. L'identité porte donc le sceau de l'interaction d'avec la figure d'attachement principale, qui n'est pas sexuée, mais qui remplit une fonction maternelle[27]. De plus, le modèle de la représentation de soi (et du monde) et le modèle de la figure d'attachement sont peu différenciés l'un par rapport à l'autre[28]. La triangulation, le tiers, ne semble pas être importante dans la théorie de Bowlby, pas plus que la place de la transitionnalité. Il faut noter que des figures auxiliaires d'attachement sont d'emblée présentes et qu'elles peuvent devenir collectives dès l'adolescence. Le rapport au collectif reste cependant médiatisé par un individu[29].

Des études contemporaines, nous retenons l'importance prise par la question de la symbolisation (donner sens aux événements de la vie) et des « tuteurs de résiliences ». Comme nous l'avons vu, le lien d'attachement donc le rapport à soi[30] peut être modifié par de nouvelles expériences d'attachement et/ou par des expériences de symbolisation. Ainsi, si nous répondons par l'affirmative à la question posée ci-dessus sur une potentielle symbolisation réussie hors d'un lien d'attachement, une autre voie d'une modification du rapport à soi semble possible hors de l'interaction. Cette voie ouvre la possibilité d'un changement du rapport à l'environnement et à soi par toutes les formes de symbolisation possibles, nous pensons en particulier au récit. Paul Ricœur fait une remarque intéressante sur la place du récit en lien avec l'identité :

> Permettez-moi de dire en conclusion que ce que nous appelons le sujet n'est jamais donné au départ. Ou, s'il l'est, il risque de se réduire au moi narcissique, égoïste et avare, dont précisément la littérature peut nous délivrer. Alors, ce que nous perdons du côté du narcissisme, nous le gagnons du côté de l'identité narrative. A la place d'un *moi* épris de lui-même naît un *soi* instruit par les symboles culturels, au premier rang desquels sont les récits

---

[26] La figure d'attachement aide à mettre du sens aux événements de vie.

[27] La théorie de l'attachement ne répond pas à la question de la différence sexuelle quant au choix de la figure principale d'attachement.

[28] Il y a une tendance à reproduire le modèle appris. De plus, comme nous l'avons dit, ce n'est pas par le jeu de l'identification (ou de la projection) que les modèles de la figure d'attachement et de soi-même tendent à être similaires, mais par l'interaction entre les deux modèles dans le système mère-enfant.

[29] Etant entendu que l'attachement ne peut se faire que par l'intermédiaire d'un individu.

[30] Donner du sens (avec l'aide des « tuteurs de résilience ») change le rapport à soi.

> reçus de la tradition littéraire. Ce sont eux qui nous confèrent une unité non substantielle mais narrative (Ricœur, 2008, p. 275-276).

Nous voilà au terme de la revue sur la question de l'attachement et de la construction identitaire. Comme évoqué précédemment, Bowlby et ses élèves ont thématisé le lien (et son intériorisation) en termes de systèmes et de modèles opérants internes[31] sur la base d'une théorie des instincts. Si la place accordée à l'affectivité dans cette théorie est déjà importante, elle reste toutefois insuffisante lorsqu'on cherche à rendre compte des processus de subjectivation. De plus, la théorie de l'attachement ne saurait à elle seule donner un regard, aussi complet que possible, de la construction identitaire[32].

Tournons-nous maintenant vers les approches qui ont thématisé, d'une autre manière, le lien à l'environnement, à l'autre et à soi [33] : les théories de la relation d'objet au travers des travaux de Donald Winnicott et de Daniel Stern.

---

[31] Ils s'appuient sur la théories des systèmes (qui contribuera à l'émergence de la pensée systémique), ainsi que sur des théories cognitives.

[32] A part l'affectivité, bien d'autres variables ne sont pas prises en compte par la théorie de l'attachement : la différenciation sexuelle, la place du fantasme, la place du tiers, etc.

[33] Bien que toutes les approches que nous citons se réclament de la continuité d'avec Freud.

Chapitre 5

DÉVELOPPEMENT DU MOI ET DÉVELOPPEMENT DU SOI : LES TRAVAUX DE DONALD WINNICOTT

La théorie de la relation d'objet peut être vue comme un déplacement d'équilibre dans la théorie freudienne, déplacement qui n'est pas propre à la psychanalyse mais qui s'inscrit dans un mouvement des idées « qui conduit à ne plus considérer l'organisme à l'état isolé, mais dans une interaction avec l'entourage » (Laplanche & Pontalis, 2002, p. 404). Il serait d'ailleurs plus judicieux de parler d'interrelation, c'est-à-dire ici la manière dont le sujet constitue les objets et la manière dont ceux-ci modèlent son activité[1].

Les critiques freudiennes à l'égard de la théorie de la relation d'objet, à ce changement d'équilibre dans la théorie des pulsions portent sur plusieurs points : premier point (autour de la notion de pulsion), la source, comme substrat organique passe au second plan ; la notion de but s'efface par rapport à celle de relation et l'objet devient typique d'une relation[2]. Deuxième point, la relation d'objet spécifierait les mécanismes de défenses et le degré de développement de la structure du moi[3]. Troisièmement, en mettant l'accent sur la vie relationnelle du sujet, la théorie de la relation d'objet risque de conduire certains cliniciens à considérer les relations réelles avec l'entourage comme déterminantes et cela au détriment du vécu fantasmatique. On remarque ici le changement d'accent, mis en lumière par Bernard Golse, d'une plus grande préoccupation sur le rapport de l'individu avec son environnement extérieur. Se faisant, et comme tout changement d'accent, une partie de la compréhension de la subjectivation passe dans l'ombre. C'est moins l'homme seul au prise avec lui-même qui est à l'œuvre mais l'homme dans son environnement pris dans de multiples interrelations aux autres.

---

[1] « Dans une conception comme celle de Melanie Klein, cette idée voit sa signification renforcée : les objets – projetés, introjectés – exercent littéralement une action (persécutrice, rassurante, etc.) sur le sujet » (Laplanche & Pontalis, 2002, p. 405 [entrée « Relation d'objet »]).

[2] On parle d'objet oral, anal, etc.

[3] La relation à l'objet oral est, par exemple marquée, par l'introjection, cette relation donnerait des indications du degré de développement, des mécanismes de défense correspondants.

De ce courant qui s'est développé de manière de plus en plus marquée dès les années 1930, nous nous intéresserons à deux auteurs. Dans cette partie vous évoquerons les travaux de Donald Winnicott et dans la suivante nous évoquerons ceux de Daniel Stern.

Nous avons choisi ces deux auteurs pour plusieurs raisons. Tout d'abord, les deux présentent une parenté de formation : ils sont à la fois médecins spécialistes de l'enfance (Winnicott est pédiatre et Stern, pédopsychiatre) et psychanalystes. Les deux ont apporté une contribution originale à la compréhension du développement du bébé dans la petite enfance (0-2 ans). Ils se sont intéressés au bébé en tant que personne. Grâce à leur double formation, ils parlent chacun du processus de subjectivation en combinant deux lectures, deux récits (du développement). Le premier récit est le fruit de l'observation du nourrisson, et le deuxième provient de leur pratique psychothérapeutique auprès de patients adulte régressés[4]. Les deux récits entretiennent des liens différents avec la temporalité. Le premier naît en même temps que le sujet, le deuxième est dans l'après-coup. Prendre ces deux auteurs permet aussi de combiner deux lectures. Une lecture du développement « classique » avec Winnicott où il y a un objet de l'observation, le bébé, et un observateur externe, ici Winnicott. Et une lecture plus « phénoménologique » avec Stern qui tente de rendre compte de l'expérience subjective du nourrisson. De plus, Winnicott et Stern s'appuient sur le concept de soi pour rendre compte de la naissance du sujet[5]. De plus, la constitution en vrai *self* / faux *self* de la personnalité que propose Winnicott est non seulement aidante pour comprendre le rapport de l'individu au collectif mais aussi, cette constitution est discutée par Stern à la lumière de nouvelles observations. Finalement, tant les travaux de Stern que ceux de Winnicott trouvent (ou retrouvent) une place dans les réflexions cliniques les plus récentes en France. André Green a permis une redécouverte de l'originalité de la pensée de Donald Winnicott[6]. Quant à Stern, ses vues sur le développement du nourrisson ont été prises comme bases pour penser une clinique de la narrativité (en France[7]). La clinique de la narrativité cherche à comprendre et développer la place de la narrativité (et donc du récit) dans le développement de l'enfant. Daniel Stern, comme nous le verrons, fait reposer

---

[4] Comme nous le verrons, l'influence d'un récit sur l'autre varie chez ces deux auteurs. Winnicott s'appuyant de fait plus sur le récit du développement qui lui vient de la clinique des patients adultes régressés.

[5] « Pour Winnicott, c'est la nécessité de construire un *self*, de s'affronter à la réalité externe, d'essayer d'accomplir l'individuation, l'autonomie, la conscience de soi, et l'intégration qui sont au commencement » (Green, 2005, p. 10).

[6] Vu la place occupée par André Green dans le courant psychanalytique français, la réflexion a touché l'ensemble des psychanalystes d'orientation freudienne. Réflexion favorisée par la *Revue française de psychanalyse* qui consacra un numéro entier sur la question d'une troisième topique (explicitement en lien avec Winnicott) : *Revue française de psychanalyse* n°70 (5), 2006.

[7] Autour de l'WAIMH-Francophone (World Association of Infant Mental Health).

sa réflexion sur celle de Paul Ricœur qui revient, par cet intermédiaire, nourrir la réflexion clinique[8].

Nous présenterons tout d'abord le processus de subjectivation chez Winnicott puis chez Stern. Cet ordre de présentation permettra de faire sentir l'évolution de la théorie sur le développement pendant la petite enfance en grande partie due, comme nous le verrons, aux progrès des méthodes d'observation du nourrisson[9].

Le développement de l'enfant et l'espace transitionnel

Donald Winnicott est un personnage atypique dans le courant psychanalytique eu égard à sa double formation : « Il n'y avait alors [en 1923] aucun analyste qui fût également pédiatre et, pendant vingt ou trente ans, je fus un phénomène isolé » (Winnicott, 1980, p. 140). Sa pratique pédiatrique lui permit d'observer le développement du nourrisson. Dès l'arrivée de Melanie Klein en Angleterre, dont il fut le disciple un certain temps, il travailla l'articulation entre ses observations sur le bébé et les théories psychanalytiques. Tout comme John Bowlby, il se trouva confronté aux évacuations d'enfants de Londres à la campagne pendant le *Blitz*. Il découvrit que « des problèmes d'évacuation survenaient la plupart du temps chez les enfants qui, au départ, étaient issus de familles instables, ou chez des enfants qui n'avaient jamais connu dans leur famille un exemple de bon environnement » (Davis & Wallbridge, 2005, p. 26). Donald Winnicott a donné une place centrale à l'environnement dans le soutien et l'accompagnement de la maturation tant physique qu'affective du petit homme. L'environnement n'était pas, pour lui, uniquement constitué de la vie et des attitudes des personnes qui s'occupent des enfants, mais aussi de l'ensemble des soins courants donnés aux enfants dans cette société : le bain, le biberon, le berceau, etc. De plus il considérait, contrairement à Freud, que les hommes ne naissent pas en portant en eux les germes de leur propre destruction[10]. Pour Winnicott, les impulsions auxquelles ces germes donnent naissance sont la source de la créativité et c'est seulement grâce à celles-ci que la vie vaut la peine d'être vécue pour l'individu et qu'elle devient à son tour productrice pour la société. Ainsi, « L'adulte qui est mature (...) est capable de s'identifier à l'environnement et de prendre part à l'établissement et au changement de l'environnement, et de développer cette identification sans sacrifier sérieusement ses impulsions personnelles » (Davis & Wallbridge, 2005, p. 14).

---

[8] Et cela dix ans après la discussion de sa notion d'identité narrative.

[9] L'observation montre, de plus en plus, la part active que prend le nourrisson dans sa propre subjectivation.

[10] Il était par exemple opposé à l'explication freudienne de l'agressivité en termes d'instinct de mort.

Nous décrirons, dans un premier temps, le développement du moi dans ces trois tendances (intégration, personnalisation et relation d'objet). En effet, et comme nous le verrons, Winnicott trouve inopportun de parler du soi au tout début du développement. Dans celui-ci, nous mettrons en lumière le rôle de la transitionnalité (sa mise en place et son évolution).

Dans un deuxième temps, nous nous occuperons de la constitution du soi au travers des concepts de vrai *self* et de faux *self* et de leurs expressions au travers de différents modes de communication.

Du développement du moi au soi : la relation primaire

Moi, *self* : définitions

En préambule à la description du développement du moi, il faut clarifier la notion de moi et de *self* chez Donald Winnicott. Pour ce dernier, « On peut utiliser ce terme, le moi, pour décrire la partie de la personnalité humaine en cours de développement qui, dans des conditions favorables, tend à s'intégrer pour devenir une unité » (Winnicott, 1987, p. 9). Contrairement à Sigmund Freud, Donald Winnicott affirme que « le ça n'existe pas avant le moi » (1987, p. 9). En effet, les aspects du ça doivent devenir des expériences du moi. Il faut une personne[11] pour vivre, cataloguer et éventuellement interpréter ces aspects, autrement utiliser le terme « ça » n'a pas de sens pour lui. De plus, c'est avec l'avènement de la conscience de soi que l'usage du terme soi devient pertinent :

> Le moi s'offre à l'étude bien avant que le mot *self* puisse s'appliquer. Le mot *self* apparaît après que l'enfant a commencé à se servir de l'entendement pour observer ce que les autres voient, éprouvent ou entendent, et ce qu'ils se représentent lorsqu'ils sont en présence de son petit corps (Winnicott, 1987, p. 9-10).

Pour Winnicott, le terme soi, bien qu'appartenant au langage courant, est nécessaire dans l'évaluation complète de ce que signifie la santé chez l'être humain. Il renvoie dans ce langage à une identité personnelle indispensable pour se sentir réel et influer sur le cours des événements. Des auteurs contemporains tels qu'André Green et Jean-Bertrand Pontalis situent le soi à l'interface. Pour Jean-Bertrand Pontalis, « Le soi n'est pas le centre ; il n'est pas non plus l'inaccessible, enfoui quelque part dans les replis de l'être. Il se trouve dans l'entre-deux du dehors et du dedans, du moi et du non-moi, de l'enfant et de sa mère, du corps et du langage » (1995, p. XIV). Et pour André Green, qui cite Winnicott :

---

[11] « Il est nécessaire de considérer que le fonctionnement du moi est un concept inséparable de celui de l'existence du nourrisson en tant que personne » (Winnicott, 1987, article de 1962, p. 9).

> *Je situerai le* self *entre le corps et le monde externe.* [...] C'est moins une question d'opposition entre « l'intérieur profond » et « l'extérieur plus éloigné » qu'une définition du *self* comme une expérience immédiate limitée par *deux extérieurs*, l'un dans la profondeur du corps, le second au-delà de ses limites dans le monde[12].

En effet, et en cela nous rejoignons la position de ces deux auteurs, la construction identitaire, d'un point de vue dynamique oserons-nous dire, ne peut se faire que dans cette interface. Mais, d'un point de vue plus « topique »[13] et en désaccord avec Green et Pontalis, nous relevons que Winnicott parle du soi comme d'« un noyau de la personnalité » (1980, p. 161) silencieux, « d'un *self* central » (1971, p. 247) mais aussi, et selon Madeleine Davis et David Wallbridge, que le soi, grâce la réalité interne « acquiert quelque chose de semblable à la chair autour du noyau d'une pomme et que la personne peut être reconnue comme unique » (2005, p. 40). De ce point de vue, le *self* winnicottien se rapproche du soi jungien comme noyau central de la personnalité et comme totalité de la personnalité.

Le développement du moi

Après ces clarifications au niveau des définitions, nous nous attacherons au développement du moi en trois phases. Ces trois phases correspondent à trois processus (intégration, personnalisation et mode de présentation de l'objet) eux-mêmes liés aux soins du nourrisson (*holding*, *handling*) et à trois états de celui-ci en termes de dépendance (dépendance absolue, dépendance relative et sur la voie de l'indépendance).

L'intégration[14] du moi porte sur des éléments sensori-moteurs ou plus précisément des expériences motrices, sensorielles et fonctionnelles du nourrisson. A ce stade primitif[15], le moi faible et fragmentaire de l'enfant doit être maintenu par l'environnement. « Un bébé ça n'existe pas », il ne peut pas exister tout seul, il fait essentiellement partie d'une relation. Le bébé est dans une phase de dépendance absolue par rapport à son environnement, et plus particulièrement à la personne pourvoyeuse de soins, généralement sa mère. Le nourrisson, ce moi faible, a un potentiel inné qui comporte une tendance à la croissance et au développement. La « mère suffisamment bonne » grâce à sa fonction de maintien (*holding*) favorise la croissance. Le maintien fait référence non seulement à la manière de porter l'enfant, mais aussi la routine des soins et « tout ce que l'environnement lui fournit antérieurement au concept de *vie commune* » (Winnicott, 1971, p. 244). Il a fondamentalement un rôle de protection contre les expériences qui pourraient être angoissantes

---

[12] Dans une double distinction, somatique/psychique et *self*/environnement (Green, 2005, p. 7).

[13] Au sens freudien.

[14] « cette partie obscure du processus de maturation » (Winnicott, 1987, article de 1962, p. 14).

[15] « C'est à ce stade que le processus primaire, l'identification primaire, l'auto-érotisme, le narcissisme primaire sont des réalités vivantes » (Winnicott, 1971, article de 1960, p. 245).

ou traumatisantes[16] et qui menacent l'organisation du moi. Donald Winnicott n'emploie pas le terme de traumatisme mais d'empiètement. Il peut s'agir d'un manque de support au moi ou d'un manque de protection qui conduit l'enfant à se défendre. Les empiètements trop intenses et trop fréquents entraînent l'annihilation du sujet.

Ce soutien stable du moi immature de l'enfant est possible grâce à un état d'esprit particulier de la mère au cours des semaines précédents la naissance et après celle-ci, Winnicott a appelé cet état d'esprit « la préoccupation maternelle primaire ». Dans cet état, que Donald Winnicott qualifie de « maladie normale », la mère parvient à s'identifier à son enfant et ainsi à s'adapter à ses besoins. La mère déplace momentanément ses investissements narcissiques et objectaux sur l'enfant. Que permet la mère par ce soutien et cette adaptation aux besoins ? Elle assure que le moi immature de l'enfant éprouve une continuité d'être par l'intégration d'éléments sensoriels et moteurs, dans le temps et l'espace, au lieu même de l'unité psychosomatique, qui s'élabore peu à peu (phase suivante de la personnalisation). Ainsi, la mère facilite, soutient la tendance naturelle de l'enfant « à devenir une unité intégrée, capable de continuer à avoir un *self* avec un passé, un présent et un avenir » (Winnicott, 1987, p. 47).

Si le support du moi de la mère est fiable, « l'enfant devient capable de le prendre pour acquis et d'être, pour certaines périodes, non intégré, et ce sans danger pour sa continuité personnelle » (Davis & Wallbridge, 2005, p. 43). On comprend dès lors que « la capacité d'être seul » dépend, selon Winnicott, du vécu de l'enfant dans cette période de non-intégration. En effet, suivant la qualité du support fourni par la mère, il sera agréable et possible de retrouver, en tant qu'adulte, un état de non-intégration psychique. La capacité d'être seul est possible si la mère, en tant qu'objet externe, a été introjectée. Cette phase est précédée dans le développement de l'expérience d'être seul en présence de la mère.

Prenons encore en compte un aspect de la construction identitaire à ce stade primitif, le visage de la mère. Donald Winnicott avoue explicitement sa dette à Jacques Lacan et son « stade du miroir »[17]. Pour Donald Winnicott, ce que la mère exprime par son visage est en relation avec ce qu'elle voit de son bébé et donc, pour celui-ci, « le visage de sa mère est un miroir grâce auquel il peut se sentir exister » (Dessain, 2007, p. 70). L'enfant pourra ensuite étudier son propre visage dans le miroir et cette expérience sera d'autant plus rassurante dans la mesure où elle sera sous-tendue par l'image de la mère que l'enfant ressent en rapport avec lui. Il y a évidemment des situations où le visage de la mère n'est pas un miroir. Dans ces situations, l'enfant scrute le visage de la mère pour déceler des signes avant-coureurs de variation

---

16 Les angoisses qui naissent dans cette phase de non-intégration sont des angoisses d'annihilation. « C'est un effondrement du *Self* unitaire » (Winnicott, 2000, article non daté, p. 207).

17 « L'article de Jacques Lacan sur "Le stade du miroir" m'a certainement influencé » (Winnicott, 1995, p. 153).

émotionnelle pour protéger sa propre spontanéité des sursauts possibles survenant dans l'humeur de sa mère. Les besoins personnels de l'enfant devront s'effacer devant ceux de sa mère sans quoi son propre moi risquerait d'être touché. L'enfant, au terme de cette phase, pourrait dire : « Je suis ici. Ce qui est au-dedans de moi est moi, ce qui est au-dehors de moi n'est pas moi » (Winnicott, 1995, p. 179-180).

La deuxième phase est la phase de personnalisation. Elle peut être considérée, de notre point de vue, comme le résultat de la phase d'intégration. Elle correspond à la collusion psychosomatique, à l'installation de la psyché dans le soma. La collusion psychosomatique est considérée par la plupart des gens comme une chose assurée ; pour Winnicott, « c'est seulement lorsque tout se passe bien que la personne du nourrisson commence à se rattacher au corps et aux fonctions corporelles, la peau étant la membrane frontière » (1987, p. 13). La personnalisation n'est pas seulement le fait que la psyché se trouve dans le corps mais aussi que tout le corps devient le lieu de résidence du *self*. Ainsi, le nourrisson en vient à avoir un intérieur, un extérieur et un schéma corporel. Comme pour la phase d'intégration, la personnalisation n'est possible qu'avec un support de l'environnement. Winicott parle de maniement (*handling*) de l'enfant. Contrairement au maintien (*holding*) qui est plus de l'ordre de la contenance, le maniement (*handling*) consiste principalement à ce que la personne pourvoyeuse de soin soit capable de s'occuper du bébé (de la personne) et du corps du bébé comme si les deux formaient une unité. L'enfant, dans cette phase, vit dans une dépendance relative. Il commence, d'une certaine manière, à être « *conscient de la dépendance* (...) *il commence à* savoir intellectuellement *que la mère est nécessaire* » (Winnicott, 1987, p. 50). C'est grâce à sa capacité d'identification à la mère, de la capacité de prendre sa place, que l'état de dépendance s'allège, permettant de reléguer au second plan une partie de l'agressivité envers ce qui s'oppose à sa toute puissance.

La peau devient, dans de bonnes circonstances, la frontière entre le moi et le non-moi. La création de cette frontière crée un lieu où il est possible d'emmagasiner des choses. Ces choses consistent, au début du développement, en une simple élaboration imaginaire de parties, de sensations ou de fonctions somatiques. Le monde interne apparaît sur cette base. Une autre conséquence de cette délimitation moi/non-moi qui va de pair avec la délimitation du *self* unitaire dans le corps, c'est la répudiation du non-moi. Pour Winnicott, le rassemblement du *self* constitue un acte d'hostilité envers le non-moi. « Notre unité est basée sur une tendance paranoïaque » (Green, 2005, p. 7). La distinction moi/non-moi va amener progressivement à la distinction entre des objets subjectifs et des objets perçus objectivement.

Au cours du développement de l'enfant, le moi instaure, dès la phase d'intégration, la relation d'objet. Mais dans son état de non-intégration, le moi n'est pas encore séparé du non-moi. L'enfant ne peut ainsi distinguer l'objet de lui-même. Winnicott appelle ce type d'objet un objet subjectif. La mère, en tant qu'environnement facilitant, joue à nouveau un rôle important. Ce n'est plus l'adaptation en termes de maintien (*holding*) ou de maniement (*handling*) mais l'adaptation en termes de bonne présentation des objets. Lorsque les besoins de l'enfant, tels qu'ils sont ressentis, coïncident avec le comportement adapté de la mère, « une expérience du type "c'est exactement ce dont j'avais besoin" se transforme, en raison de la répétition, en expérience du type "j'ai créé ceci" » (Davis & Wallbridge, 2005, p. 48). Il n'y a pas à ce stade de différence entre le fantasme et la réalité, l'enfant devient non seulement un créateur potentiel du monde mais il devient également capable de peupler le monde d'échantillons de sa vie intérieure (projection). Ce monde, constitué d'objets subjectifs, est ressenti par l'enfant comme étant sous son contrôle. Ainsi, la mère permet à l'enfant de vivre « une brève période au cours de laquelle l'omnipotence est un sujet d'expérience »[18] (Winnicott, 1987, p. 17). Il faut noter que pour Winnicott, l'omnipotence est plus qu'un contrôle magique : ce terme englobe l'aspect créatif de l'expérience. L'enfant est ainsi capable d'entrer en relation avec des objets subjectifs.

Le passage de ce mode de relation à l'utilisation de l'objet se fait par une adaptation moins constante de la mère aux besoins de l'enfant, par une dose « acceptable » de frustration. C'est la résistance, la non-satisfaction par l'objet qui font passer du subjectif au perçu objectivement. A cette étape, et si l'enfant a pu vivre l'expérience d'omnipotence, les carences de l'environnement peuvent jouer un rôle positif dans une certaine mesure. Pourtant, la reconnaissance d'un objet comme étant hors de la zone d'omnipotence de l'enfant, n'en assure pas par la même son utilisation. L'objet doit encore être capable de survivre à l'agressivité et la destructivité (fantasmatique). C'est dans la mesure où l'objet survit à la destruction qu'il acquiert une qualité de permanence et devient donc utilisable[19]. L'objet est maintenant perçu comme ayant une existence propre, séparée et permanente. Il peut donc être aimé ou haï sans pour autant changer, de manière magique, de qualité.

La capacité d'utiliser les objets entraîne une aptitude croissante à établir des relations d'objets basées sur l'identification croisée, c'est-à-dire des relations impliquant l'aptitude à se mettre dans la peau de l'autre, « du différent de moi ».

[18] Donald Winnicott a aussi parlé de la capacité de la mère à donner l'illusion à l'enfant qu'il crée le monde.

[19] Cette destruction est contrebalancée par la possibilité de réparation.

Identification croisée (masculin/féminin)

Donald Winnicott fait l'hypothèse, largement répandue chez les psychanalystes[20], d'une prédisposition à la bisexualité chez les hommes et chez les femmes. La bisexualité est pour lui « une qualité du soi total » (1995, p. 106). Il distingue des composantes masculines et féminines pures (distillées). Un certain mode de relation est associé à ces composantes. L'étude de la relation d'objet, définie en fonction de l'élément purement féminin, place Winnicott hors du champ favori des psychanalystes, celui du masculin (comme séparateur) et du pulsionnel, et en deçà des études sur l'identification qui repose sur l'introjection ou l'incorporation. Le hors champ est assez évident car, en effet, « Les psychanalystes ont voué une attention particulière à l'élément masculin ou à l'aspect pulsionnel du mode de relation à l'objet, en même temps qu'ils négligeaient l'identité sujet-objet sur laquelle j'attire ici l'attention » (Winnicott, 1995, p. 113). Le « en deçà » est aussi une évidence[21] car il faut d'abord « être », seule base de la découverte du soi et du sentiment d'exister[22], condition pour développer un intérieur, d'être un contenant pour ensuite établir des relations avec le monde basées sur des mécanismes de projection et d'introjection. Ainsi, le mode de relation objectale de l'élément purement féminin établit l'expérience d'être. Etre, à ce stade primitif, c'est être le sein ou la mère. Cet état de fusion sujet-objet entraîne une relation qui « n'a rien avoir avec la pulsion » (Winnicott, 1995, p. 115), une expérience d'être identique.

A l'opposé du mode de relation objectale de l'élément purement féminin, la relation de l'élément masculin à l'objet présuppose la séparation, la séparation moi/non-moi. Elle met aussi en jeu la vie pulsionnelle dans le fait de se relier activement à ou être relié passivement[23]. Ainsi, la relation de l'élément masculin à l'objet engage la vie pulsionnelle, présuppose la séparation et est dans le registre du faire. Comme le dit Donald Winnicott, « L'élément masculin *fait* [*does*] alors que l'élément féminin (chez les hommes comme chez les femmes) *est* [*is*] » (1995, p. 113).

En conclusion, il faut relever que pour Winnicott le fondement de la capacité d'être est antérieure à toute problématique pulsionnelle et est reliée à l'élément féminin. Cette capacité d'être est la base de la construction identitaire[24]. La question qui se pose, selon nous, c'est le lien entre les composantes masculine et féminine (comme prédisposition psychique à la

[20] Notamment chez les jungiens avec le couple *animus-anima*.

[21] Dans une perspective winnicottienne.

[22] « Aucun sentiment de soi ne peut s'édifier sans s'appuyer sur le sentiment d'être (*sense of* being) » (Winnicott, 1995, p. 112).

[23] Deux attitudes qui rendent compte de l'aspect énergétique de la motion pulsionnelle.

[24] Vu que pour ses patients, la capacité d'être dépend de l'environnement, donc de lui, Winnicott réaménagea le cadre psychothérapeutique en fonction de cette donnée. Il assouplit le cadre au niveau temporel en proposant, suivant les besoins, des séances plus ou moins longues et il se rendit très disponible pour ses patients.

bisexualité) et les fonctions (maternelle et paternelle). En d'autre termes, est-ce qu'un homme peut, par exemple, donner la capacité d'être grâce à la fonction maternelle qu'il pourrait occuper ?[25]

Après avoir vu la construction du moi et avoir mis en valeur l'élément féminin dans celui-ci, présentons ce qui demeure, selon nous, l'une des conceptions les plus originales de Winnicott, la constitution de la personnalité en faux et vrai *self*.

Construction de l'identité : faux self – *vrai* self

C'est dans la relation primaire que naît l'identité. La croissance de l'enfant et le développement de son identité est à la jonction entre la part active de l'enfant et l'apport (en termes de maintien, maniement et présentation de l'objet) de l'environnement. Si la fonction de protection et de pare-excitation n'est pas assurée par l'environnement, l'enfant ne pourra pas simplement être mais il va devoir agir, réagir aux empiètements[26]. Pour se préserver, pour préserver son potentiel inné, son noyau de la personnalité « qui est sacré et dont la sauvegarde est précieuse » (Winnicott, 1980, p. 161), l'enfant va développer une défense, un faux *self*. Le faux *self* peut être vu comme une enveloppe qui protège le vrai *self*.

Nous présenterons successivement les bases pulsionnelles du vrai et du faux *self*, l'étiologie du faux *self* et ses organisations et, finalement, les modes de communications qui découlent de cette structuration en vrai et faux *self* de la personnalité.

Base pulsionnelle du vrai *self* et du faux *self*

Donald Winnicott rattache ses notions de vrai *self* et de faux *self* à la première théorie des pulsions de Freud. Selon cette dernière, Freud répartit les pulsions en deux catégories, les pulsions d'autoconservation (ou du moi) et les pulsions sexuelles (ou libido). Les pulsions d'autoconservation sont en lien avec les besoins physiologiques tels que s'alimenter. La satisfaction de ces pulsions est subordonnée aux exigences de la vie sociale et, par conséquent, elles sont soumises au principe de réalité. A celles-ci, s'opposent les pulsions sexuelles soumises au principe de plaisir. Winnicott voit ainsi dans les pulsions d'autoconservation quelque chose du faux *self* par cette subordination de la vie pulsionnelle aux exigences sociales (en particulier à la

---

[25] Comme nous l'avons vu, la théorie de l'attachement parle plutôt en terme de fonction maternelle. Pour un jungien, est-il possible de dire que le lien à l'*anima*, pour un homme, permet d'exercer cette fonction (sachant que la continuité d'être chez Jung, se trouve dans l'inconscient) ?

[26] Pour rappel, Winnicott parle d'empiètement qui peut être traduit, comme nous l'avons dit, par traumatisme.

mère). Le vrai *self* est quant à lui du côté de la libido, de la part désirante. Cette manière de catégoriser met automatiquement le faux *self* du côté du social (des identifications). Tandis que tout ce qui est de la libido, de la vie pulsionnelle, du désir est du côté du vrai *self*. On peut voir dans cette dichotomie une autre dichotomie sous-jacente, celle entre l'inné et l'acquis mettant l'inné du côté du vrai (accent rousseauiste).

Ainsi, le faux *self*, comme enveloppe qui protège le vrai *self*, se développe au contact de la mère qui médiatise le lien au collectif.

La constitution, et l'intégration du faux *self* au reste de la personnalité seront très dépendantes de la mère « suffisamment bonne ». Abordons donc la question de l'étiologie du faux *self* et de la place de la mère dans celui-ci. Nous décrirons ensuite cinq organisations du faux *self*, du moins intégré au plus intégré à la personnalité. Ensuite, nous évoquerons le lien entre vrai *self*, faux *self* et communication.

Etiologie du faux *self* et ses différentes organisations

L'étiologie du faux *self* ne peut être comprise que dans « l'observation de la vie du nourrisson par rapport à la mère (du patient régressé par rapport à l'analyste), et non de la théorie des premiers mécanismes de défense du moi organisés contre la pulsion du ça, bien que naturellement, ces deux sujets puissent se recouvrir » (Winnicott, 1987, p. 121). Deux remarques doivent être formulées pour mieux comprendre cette étiologie du point de vue de Winnicott.

La première remarque concerne le statut qu'il accorde, dans sa compréhension de la petite enfance, au récit que l'on peut faire de l'observation, comparé au récit de la petite enfance reconstruit à partir d'une clinique de l'adulte. Dans la citation mentionnée ci-dessus, Winnicott a l'air de donner le même statut au nourrisson de l'observation qu'au patient régressé. Mais, il dira dans ce même article sur la *Distorsion du moi en fonction du vrai et du faux self* que son expérience l'a conduit « à reconnaître que des patients dépendants ou profondément régressés peuvent en apprendre plus à l'analyste sur la première enfance que ce qu'il peut tirer de l'observation directe des nourrissons et du contact avec des mères qui s'occupent de leur nourrisson » (Winnicott, 1987, p. 116). Il ne faut donc pas oublier la prépondérance du récit du développement de l'enfant reconstruit dans une clinique de l'adulte avec des patients fortement régressés.

La deuxième remarque qui peut être formulée est que cette étiologie du faux *self* ne peut pas s'expliquer uniquement du point de vue du nourrisson, de sa psychogenèse. En effet, dans les premiers temps de la petite enfance, le moi est la plus grande partie du temps non intégré et quand il l'est, il ne l'est que de manière incomplète. « La cohésion des différents éléments sensori-moteurs provient du fait que la mère porte le nourrisson, quelquefois physiquement et, au figuré, sans cesse » (Winnicott, 1987, p. 121). Il est donc difficile de parler de défenses du moi car celui-ci est trop peu construit. Par ailleurs, c'est la mère qui « porte » physiquement et psychiquement le nourrisson. Le rôle de la mère dans ses fonctions de maintien (*holding*) et de maniement (*handling*) pousse Donald Winnicott à voir dans ce type de relation une indifférenciation mère-nourrisson (ce qui le rend peu enclin à parler de défenses du moi).

Entre parenthèses, Daniel Stern observe cette même réalité de l'interaction mère-nourrisson. Il partage le point de vue de Donald Winnicott quant à concevoir la mère comme un support à ce qu'il appelle l'émergence du soi noyau donc un facteur d'intégration et de cohésion. Mais, à la grande différence de Donald Winnicott, Daniel Stern voit dans cette interaction un formidable moteur de différenciation. Cette parenthèse fermée, quoique très importante dans une compréhension de la construction prélinguistique de l'identité, arrêtons-nous sur le rôle de la mère dans l'étiologie du faux *self*.

Winnicott parle de deux figures de la mère placées chacune d'elle aux extrémités d'un continuum. Ce continuum est celui de l'aptitude de la mère à réaliser deux tâches interactionnelles importantes pour le développement de l'enfant. Avant de développer ces tâches, mentionnons que les extrémités du continuum sont occupées par la « mère suffisamment bonne » et par celle qui ne l'est pas et qu'à ce continuum correspond, en écho à l'aptitude de la mère, non seulement des degrés de dépendance du nourrisson mais aussi des degrés d'organisations du faux *self* (que nous développerons par la suite).

Il est intéressant de relever que Winnicott place les deux mères aux extrémités d'un continuum. Il nous semble plus juste de penser la « mère suffisamment bonne » sur un continuum borné d'un côté par la mère « manquante », et de l'autre par la mère « totalement comblante ». La « mère suffisamment bonne » se situerait plus du côté de l'idéal au tout début du développement pour ensuite aller du côté du manque. Cette manière de concevoir la « mère suffisamment bonne » donne une idée plus dynamique de son rôle dans la construction identitaire.

Quelles sont les deux tâches si importantes remplies par la mère ?

– La première des tâches renvoie à ce qui a été dit sur les bases pulsionnelles des notions de faux et de vrai *self*. La mère joue un rôle primordial dans l'intégration des tendances instinctuelles (et des processus primaires de manière générale). Elle aide à la « domestication » de la vie pulsionnelle par une plus ou moins grande compromission (au)/du vrai *self*.

– La deuxième tâche de la mère est d'aider le nourrisson dans la mise en place puis dans le renoncement à l'omnipotence. Le mouvement peut être compris comme allant dans le sens d'une plus grande acceptation du principe de réalité tout en conservant la capacité de croire à l'existence de celle-ci. En effet pour Winnicott, le nourrisson doit, dans sa période de dépendance totale, s'illusionner qu'il crée l'objet qui lui est présenté quand il en ressent le besoin. Par exemple dans la conduite d'allaitement, la mère place le sein réel juste là où l'enfant est prêt à le créer, et au bon moment. Ce qui fait dire à Winnicott que, « dès sa naissance, l'être humain est confronté au problème de la relation entre ce qui est objectivement perçu et ce qui est subjectivement conçu » (Winnicott, 1995, p. 21). Ainsi, l'adaptation de la mère aux besoins du nourrisson donne l'illusion à celui-ci qu'une réalité extérieure existe et que celle-ci correspond à sa capacité de créer. Il y a donc un chevauchement entre l'apport de la mère et ce que l'enfant peut concevoir. Le chevauchement correspond à une aire d'expérience intermédiaire qui, si l'adaptation de la mère est bonne, met en adéquation la réalité du dedans avec la réalité du dehors. Il faut, selon Winnicott, vivre l'adéquation pour pouvoir supporter l'inadéquation « ontologique » entre ces deux réalités et pour croire en la réalité du dehors. Winnicott conçoit une aire de détente entre ces deux réalités dont le statut ne peut être discuté. C'est comme s'il y avait un accord tacite entre la mère et le nourrisson pour ne pas poser la question de la délimitation entre les deux ordres de réalité. A cette aptitude de la mère à présenter l'objet dans la période de dépendance totale suit, grâce aux acquisitions et maturations propres au nourrisson, une progressive indépendance.

L'indépendance est marquée du côté de la mère par une adaptation moins « serrée » aux besoins de l'enfant et, du côté de celui-ci, par l'émergence d'expériences de frustration. Si tout se passe bien dans la gestion interactionnelle (en termes de fréquences et de « dose » de frustration) entre l'enfant et la mère, l'enfant bénéficiera de ces expériences de frustration. En effet, à ce stade d'indépendance relative, une adaptation incomplète rend les objets réels, donc susceptibles d'être aimés aussi bien que haïs. On comprend dès lors que c'est dans cette aire intermédiaire que se construit le symbole, les significations et l'identité (où se rencontre le soi et le non-soi). Il faut cependant ajouter que cette tension entre la réalité du dedans et la réalité du dehors est présente tout au long de la vie de l'homme. L'acceptation de la réalité est une tâche sans fin.

A partir de ces deux tâches, il est aisé de décrire deux voies d'évolution possibles rattachées soit à la mère suffisamment bonne, soit à celle qui ne l'est pas. Au vu de notre présentation des deux tâches (qui présupposait une mère suffisamment bonne) et de l'objectif visé dans cette partie, soit de présenter l'étiologie du faux *self*, nous nous attacherons dans ce qui suit au développement du nourrisson avec/(face à) une mère qui n'est pas suffisamment bonne. L'origine du faux *self* se situe dans le développement précoce du nourrisson quand le moi est la plupart du temps non intégré et que le nourrisson ne différencie pas encore le moi du non-moi. A cette période, ce que présente le nourrisson à sa mère est avant tout une vie sensori-motrice. Pour Winnicott, « le vrai *self* apparaît dès qu'il existe une quelconque organisation mentale de l'individu et il n'est pas beaucoup plus que la somme de la vie sensori-motrice » (1987, p. 126). Ainsi, le geste spontané, la vie dans ces premières manifestations sont les révélateurs d'un vrai *self* (ces manifestations peuvent être rangées sous le vrai *self*). La mère qui n'est pas suffisamment bonne est incapable de ressentir les besoins de celui-ci et elle s'adapte de façon déficiente aux pulsions spontanées du nourrisson (si la mère est incapable de répondre à cette manifestation, elle substitue au geste spontané du bébé le sien, auquel ce dernier est alors contraint de se soumettre. La situation maintes fois répétée participe à ce qu'un faux *self* se développe). La déficience dans l'adaptation prive le nourrisson de l'aire intermédiaire d'expériences. Cela a pour conséquences que l'enfant peine à croire à la réalité extérieure, qu'il perd sa capacité de contrôle, sa capacité de création et sa capacité d'utiliser les symboles. Ainsi, l'investissement du monde (de manière affective) s'avère difficile car le monde ne prend pas consistance, sens.

La réalité de la mère prime. L'accès au monde ne peut se faire que par elle, c'est pourquoi :

> il y a séduction du nourrisson qui en vient à se soumettre et un faux *self* soumis réagit aux exigences de l'environnement que le nourrisson semble accepter. Par l'intermédiaire de ce faux *self*, il élabore un ensemble de relations artificielles et, au moyen d'introjections, en arrive même à faire semblant d'être réel [...] La soumission est alors la caractéristique principale et l'imitation une spécialité (Winnicott, 1987, p. 123-124).

Pour Winnicott, la fonction première de ce faux *self* est « une défense contre ce qui est impensable : l'exploitation du vrai *self* qui aboutirait à son anéantissement » (1987, p. 124).

Ainsi, l'adaptation de la mère est déficiente, mais cela à des degrés divers. Winnicott décrit sur l'ensemble de ce continuum cinq organisations du faux *self* qui s'approchent de plus en plus d'un état qu'il qualifie de santé. Les différentes organisations du faux *self* présentent, nous semble-t-il, des étapes vers une identité plus intégrée.

Dans la première organisation c'est le faux *self* qui est établi comme réel. Le faux *self* se confond, pour des observateurs extérieurs, à la personne réelle. « Dans des situations où l'on s'attend à trouver une personne totale, il manque au faux *self* quelque chose d'essentiel. A cet extrême, le vrai *self* est dissimulé » (Winnicott, 1987, p. 119).

Winnicott, dans cette première organisation, fait référence à la qualité du ressenti social, marqué par le manque de quelque chose d'essentiel, face à une telle organisation. Dans l'interaction, l'observateur peut confondre le faux *self* avec la personne totale. La soumission à la mère, rendue nécessaire pour la survie du bébé, annihile l'aire d'expérience, il n'y a plus de jeu possible. D'une manière un peu abrupte, nous dirions : le faux *self*, c'est la mère. De ce point de vue, l'organisation psychique de cette structure est « dans la mère », c'est elle qui la porte.

La deuxième organisation du faux *self* permet au bébé de défendre le vrai *self* qui a une vie secrète mais qui est perçu comme virtuel. Cette deuxième organisation vise la préservation de l'individu en dépit des conditions anormales de son environnement. Elle a donc une fonction défensive en préservant l'identité liée au vrai *self*. De ce fait, elle joue clairement le rôle d'une enveloppe psychique.

A un degré plus proche de la santé, la troisième organisation a pour but principal de fournir les conditions qui permettent au vrai *self* de retrouver son « bien ». Le faux *self* est surtout actif pour permettre au vrai *self* de reprendre sa place, et de retrouver une identité plus en lien avec une conception plus interne, avec le vrai *self*.

La quatrième organisation du faux *self* s'établit sur les identifications. Dans ce cas, l'investissement d'objet prend une grande place. Cette organisation fait la part belle aux identifications. Le faux *self*, c'est les identifications. Ces identifications, du point de vue du psychisme, ne sont pas encore soi, ne sont pas encore intégrées. C'est encore clairement l'autre qui parle en soi.

Dans la dernière organisation :

> Le faux *self* est représenté par toute l'organisation que constitue une attitude sociale polie, de bonnes manières et une certaine réserve. Une grande partie du faux *self* est passée dans l'aptitude individuelle à renoncer à l'omnipotence et au processus primaire en général, avec pour bénéfice la place dans la société, que le vrai *self* ne peut jamais atteindre et maintenir seul (Winnicott, 1987, p. 119).

Winnicott dit ailleurs : « Dans une existence saine, dans le vrai *self* il y a une certaine qualité d'obéissance qui correspond à une aptitude du nourrisson à se soumettre et à ne pas s'exposer » (1987, p. 127). Ainsi, le faux *self*, dans cette dernière organisation, se présente comme une certaine qualité du vrai *self*, montrant ainsi une harmonieuse intégration qui laisse la plus grande place au vrai *self*.

Il y a donc un mouvement très clair vers l'intégration. De plus, au vu de cette progression, il y a une idée, comme chez Jacques Lacan, que l'identité (la vraie) est au-delà des identifications.

Le vrai *self* et le faux *self* produisent des modes de communication différents, passons en revue ces différents modes.

Dans son article de 1963 sur la communication (Winnicott, 1980), Donald Winnicott distingue trois types de communication : le premier renvoie à la communication de soi à soi, le second à la communication de soi aux autres et le dernier type de communication est une forme intermédiaire qui permet d'être en contact avec soi et avec l'autre. La distinction de ces trois modes repose sur le statut de l'objet, qu'il soit subjectif, objectif ou que l'on ne porte sur lui aucun jugement quant à son appartenance à l'un ou l'autre ordre de réalité (objet transitionnel). Winnicott ne s'attarde pas sur la communication de soi aux autres qu'il considère dans une certaine mesure comme explicite (ou muette), indirecte et volontaire. Ce qui l'intéresse, c'est la communication de soi à soi.

Pour Winnicott, dans la mesure où l'objet est subjectif, il n'est pas nécessaire d'être explicite pour communiquer avec lui. Il parle de communication directe, silencieuse. Elle découle de l'état de fusion avec la mère quand l'enfant est capable de communiquer silencieusement avec elle. Ce type de communication, qui s'établit entre la mère (comme objet subjectif) et le bébé, repose essentiellement sur la mutualité de l'expérience[27]. Celle-ci est rendue possible par la préoccupation maternelle primaire mais aussi, dans cette mutualité, par le reflet en retour du *self* naissant de l'enfant (le bébé en regardant sa mère se voit lui-même et se sent exister). Cette communication perdure au-delà de cet état de fusion. « Elle est [en] *cul-de-sac* au sens où elle implique que le soi communique uniquement avec les objets subjectifs, c'est-à-dire avec des aspects du soi. Elle donne lieu à l'*isolement* » (Davis & Wallbridge, 2005, p. 111). Winnicott évoque un lien possible entre cette communication silencieuse et la partie de l'inconscient qui ne deviendra jamais consciente chez Freud. A partir de ce mode de communication silencieuse, il reconsidère la position du mystique en discussion avec des objets introjectés :

> On a l'habitude de chercher à comprendre le repli du mystique dans un monde personnel intérieur d'introjects élaborés. On n'a peut-être pas accordé assez d'attention à la retraite du mystique vers une position d'où il peut communiquer secrètement avec des objets et des phénomènes subjectifs, la perte du contact avec le monde de la réalité partagée étant compensée par un bénéfice du fait qu'on se sent réel (Winnicott, 1980, p. 159-160).

C'est dans le contact avec le soi central (potentiel inné qui vit une continuité d'exister), noyau de la personnalité qui demeure isolé, que prendrait naissance la position du mystique. Le silence et la solitude prennent une place importante dans cette expérience :

> Je mets en avant l'idée d'un *isolement permanent de l'individu* et j'insiste sur son importance. Je soutiens que, dans le noyau de l'individu, il n'y a pas de communication avec le monde non-moi d'une façon ou d'une autre. Là, la quiétude est liée au silence. [...] Soit dit en passant, j'aimerais mentionner l'exposé très intéressant que fait Michel Fordham du concept du « Self » tel qu'il apparaît dans les écrits de Jung. Fordham écrit : « Le fait demeure que l'expérience primordiale se produit dans la solitude » (Winnicott, 1980, p. 164).

Winnicott considère qu'au cœur de chaque personne se trouve un élément de non-communication « qui est sacré et dont la sauvegarde est précieuse » (1980, p. 161). Pourquoi cette sauvegarde est-elle si précieuse ? Parce que c'est uniquement dans la communication de l'individu avec des objets (ou phénomènes) subjectifs qu'il se sent réel. C'est ce mode de communication-là qui donne le sentiment du réel. Ce mode est donc très lié au sentiment d'identité par la continuité d'être permis initialement par le soutien de la mère. On voit dans cette conception winnicottienne toute la place de

[27] Cette mutualité de l'expérience où la mère est une création du bébé évolue quand le bébé commence à avoir une relation avec une mère qui est non-moi. Il commence ainsi à réaliser que les expériences de mutualité sont des expériences partagées. Pour Winnicott, c'est le début de l'empathie. Lorsque la mère atteint son plein statut de personne avec un intérieur, un extérieur et une permanence dans le monde de la réalité partagée, l'enfant est capable de passer de l'état d'être le même à celui d'être ensemble.

l'environnement (principalement de la mère) pour instaurer et maintenir une identité positive.

Passons maintenant au troisième mode de communication, le mode intermédiaire à l'œuvre dans le cadre thérapeutique[28].

Winnicott pense que la communication peut s'établir soit à partir du faux *self* soit du vrai *self*. Pour lui, une communication qui s'établit à partir du faux *self* n'est pas authentique : « La communication avec le monde qui s'établit à partir d'un faux *self* n'est pas éprouvée comme réelle. Ce n'est pas une communication véritable parce qu'elle n'implique pas le noyau du *self*, ce qu'on pourrait appeler le vrai *self* » (Winnicott, 1980, p. 157). Mais, en cas de pathologie, les parties morcelées de la psyché communiquent silencieusement avec des objets subjectifs. Dans une psychothérapie, Winnicott constate que des moments de non-communication (de silence) sont nécessaires pour maintenir l'équilibre :

> On doit s'attendre à une non-communication active (repli clinique) du fait que la communication est si facilement associée à un certain degré de relations objectales fausses ou fondées sur l'obéissance. Il faut qu'une communication silencieuse ou secrète avec des objets subjectifs, qui portent en eux un sentiment du réel, prenne périodiquement le dessus pour rétablir l'équilibre (1980, p. 158).

La possibilité de communiquer directement ou indirectement, donc de découvrir le vrai *self* (y compris le potentiel inné et tout le sentiment d'être réel) et d'être en contact avec l'autre, se trouve dans l'espace potentiel (dans l'espace du jeu). Chez l'adulte, en dehors du cadre psychothérapeutique, cette suspension du jugement sur l'ordre de la réalité se trouve dans l'ensemble de sa vie culturelle.

La question de la communication nous intéresse au premier plan dans cette recherche car, dans un entretien, nous pouvons toujours nous demander qui parle : est-ce l'autre en soi ? Sommes-nous dans l'authenticité ? Dans ce sens, la communication en fonction du vrai et du faux *self* peut, selon nous, être déclinée en fonction des cinq organisations du faux *self* précédemment évoquées[29].

Avant de conclure, évoquons avec Winnicott, et en vue de proposer un modèle de construction identitaire sur l'ensemble d'un parcours de vie, les modifications identitaires propres à l'adolescence.

---

[28] Sauf dans les cas graves de psychoses ou le patient ne peut sortir de sa communication silencieuse ou dans les cas fréquents dans sa pratique de « cas limites » ou le contact avec la partie morcelée est difficile à établir pour le patient.

[29] Le récit pourrait être ainsi marqué par la mère, par la fonction défensive, par un travail de retrouver le vrai, par l'autre en soi et finalement par la politesse et la réserve.

L'adolescence

Pour Donald Winnicott, l'adolescent, garçon ou fille, est engagé dans une expérience, celle de vivre et dans un problème, celui d'exister. Il traverse un « pot au noir » (1971, p. 264) suite à la difficulté de composer avec la puissance sexuelle et physique nouvellement acquise. Winnicott, comme toute la tradition psychanalytique, pense que l'enfant arrive à la puberté « avec des schèmes prédéterminés en raison de ses expériences de nourrisson et de l'enfant » (1971, p. 258) (tant de la relation primaire que de la triangulation œdipienne). L'adolescent est un être isolé[30]. Et de ce fait, il retrouve à l'adolescence une phase essentielle de la petite enfance. L'adolescent recherche une forme d'identification qui ne le déçoive pas dans sa lutte pour se sentir réel[31], afin d'établir une identité personnelle et non assignée par l'adulte (soumission). Il y a une confrontation chez l'adolescent avec les identifications parentales qui peut aller jusqu'à une lutte « pour recommencer de rien, comme s'ils [les adolescents] ne pouvaient rien reprendre de personne » (1971, p. 263). Grandir, c'est prendre la place du parent et, à un niveau fantasmatique, c'est bien la question du meurtre qui est posée. « Si l'on considère l'ensemble du monde fantasmatique inconscient de la puberté et de l'adolescence, on y trouve la *mort de quelqu'un* » (1995, p. 200). Grandir c'est aussi, physiquement, acquérir une force réelle et devoir ainsi gérer les conséquences de cette force (la question de la violence). Comme dans la petite enfance, l'agressivité est inhérente à l'affirmation du « je suis » et au fait de grandir et c'est l'acte agressif qui permet, à l'adolescent, de se réunifier, psyché et soma ensemble. Cette réunification est d'autant plus nécessaire que « l'habitat » du soi, le corps, change rapidement (l'enfant ne se reconnaît plus dans ce corps qui change)[32].

Le rôle des parents, comme environnement facilitateur, est pour Winnicott, une capacité de survivre dans une fidélité à soi (à ne pas renoncer à des principes importants). Ce n'est pas tant un mouvement compréhensif de la part des parents qui est en jeu mais une confrontation à, dans le sens d'une capacité à contenir (sans vengeance) et à faire valoir son point de vue personnel. Dans la relation aux autres, il faut encore dire que, grâce au flottement identitaire (cette découverte partielle du soi), les relations basées sur l'empathie, sur la capacité de se mettre à la place de l'autre sont dangereuses. En effet, l'adolescent ne veut pas être compris et ne veut pas être trouvé (avant d'y être).

---

[30] Un groupe d'adolescent est ainsi considéré comme un agrégat d'« isolés rassemblés » (Winnicott ,1971, article de 1962, p. 259).

[31] Les travaux contemporains de David Le Breton sur les conduites à risques vont dans ce sens.

[32] On ne peut que rappeler l'importance du corps dans l'élaboration imaginative et les conséquences de modifications de celui-ci. « Le vrai "self" apparaît dès qu'il existe une quelconque organisation mentale de l'individu et il n'est pas beaucoup plus que la somme de la vie sensori-motrice » (Winnicott, 1987, article de 1960, p. 126).

Pour Winnicott, « des années sont nécessaires pour que se développe chez un individu la capacité de découvrir dans son soi l'équilibre entre le bien et le mal, la haine et la destruction qui vont de pair avec l'amour, à l'intérieur de soi » (1995, p. 205).

Winnicott et la construction identitaire en regard de la théorie de l'attachement

Tout comme dans la théorie de l'attachement, le rôle de l'environnement externe est primordial pour la structuration psychique de l'enfant. C'est la mère qui, dans les deux cas, médiatise le rapport à l'environnement, qu'il soit collectif ou non. Tant la théorie winnicottienne que la théorie de l'attachement se retrouvent sur la question de la fonction maternelle qui permet en premier lieu la capacité d'être, la survie du bébé. Aussi, la phase d'intégration du moi de Winnicott qui permet, par le *holding*, la constitution d'une unité entre bien dans une lecture de la théorie de l'attachement du tout début de la vie[33].

En revanche[34], il nous semble que la théorie de l'attachement a beaucoup théorisé la relation (en termes cybernétiques et de qualités de lien) et a moins bien théorisé les conséquences psychiques de la relation (uniquement traitées en termes cognitivistes de modèles internes opérants), son influence sur la structuration psychique de la personnalité. Winnicott permet de comprendre comment l'individu prend psychiquement en charge le rapport au collectif par l'intermédiaire d'une structuration psychique : le faux *self*. Cette structuration psychique, le bébé l'hérite du collectif par la médiation de la mère. Elle joue un rôle décisif et dynamique dans le processus de subjectivation. Comme nous l'avons vu, la « mère suffisamment bonne » se déplace sur un continuum entre une mère « manquante » et une mère « totalement comblante »[35]. La « mère suffisamment bonne » va permettre la constitution d'un faux *self* plus ou moins bien intégré à une conception plus interne, le vrai *self*. D'une certaine manière, le faux *self* c'est la mère. Nous avons ainsi émis l'hypothèse que c'est la mère qui porte l'organisation psychique et ainsi tout ou une partie (suivant l'organisation du faux *self*) de

---

[33] Je me référerai ici aux travaux de Bowlby à propos de la réaction de l'enfant de deux ans à la perte (même temporaire) de la personne de la mère, si cette perte va au-delà de la capacité qu'a le bébé de conserver vivante dans le temps l'image maternelle. Cette réaction a généralement été admise, bien qu'on n'en ait pas encore tiré pleinement parti. En approfondissant, on retrouve derrière cette idée le thème de la continuité des soins qui remonte au tout début de la vie personnelle du bébé, c'est-à-dire avant que celui-ci ne perçoive objectivement la totalité de la mère en tant que personne.

[34] Il nous semble que plus on s'éloigne de la naissance, moins les lectures se superposent. De même, il faudrait mieux spécifier ce que l'on entend par relation au tout début de la vie quand il n'y a pas d'intersubjectivité.

[35] Parler de mère « totalement comblante », c'est dire autre chose que la présence, que la réponse à des comportements d'attachement.

l'identité. De plus, l'enveloppe du faux *self* est principalement vue par Winnicott dans une fonction défensive, de protection du vrai *self.* Notons encore que « le vrai *self* apparaît dès qu'il existe une quelconque organisation mentale de l'individu et il n'est pas beaucoup plus que la somme de la vie sensori-motrice » (Winnicott, 1987, p. 126). Winnicott relie « l'idée d'un vrai *self* au geste spontané » (p. 121), pour lui, « le geste spontané est le vrai *self* en action » (p. 125). Nous comprenons ainsi l'usage de ce que Winnicott a appelé le *squiggle*[36]. Le *squiggle* met en lien avec le vrai *self* et, dans la manière de le faire à deux, est favorisé par l'environnement externe (le thérapeute).

Il faut relever que cette structuration de la personnalité telle que proposée par Winnicott est marquée par le type de patients que Winnicott recevaient. Il s'est beaucoup occupé de patients que l'on peut qualifier, dans une approche structurale[37], de « cas limites ». La structuration des « cas limites » peut être définie, d'une manière simplifiée, comme un noyau psychotique avec des défenses névrotiques. Nous comprenons dès lors mieux la communication en lien avec le vrai et le faux *self.* Les types de communication évoqués par Winnicott nous ont permis, d'un point de vue théorique, de voir dans le vrai *self* un noyau d'authenticité sacré. En cela, le *self* de Winnicott ressemble fortement au concept de Soi chez Jung comme totalité et centre. Tout comme chez Jung, le silence et la solitude occupent une place importante dans la découverte de soi (ou du Soi). De plus, d'un point de vue méthodologique, Winnicott a lié des types de communication à des organisations psychiques, ce qui permettrait d'entendre dans un entretien qui parle, mais aussi de donner une place aux silences (comme indice d'une discussion plus intense de soi à soi).

Quittons Winnicott pour nous rapprocher d'études plus récentes avec Daniel Stern et regardons comment le processus de subjectivation proposé par Winnicott se voit ainsi modifié.

---

[36] Gribouillis à deux qui se rapprochent, de notre point de vue, du mouvement qui anime l'artiste dans l'art brut.

[37] Bergeret (1999).

Chapitre 6

UNE IDENTITÉ PRÉNARRATIVE : LES TRAVAUX DE DANIEL STERN

L'émergence des sens du soi

Daniel Stern, psychanalyste et spécialiste de la dyade mère-nourrisson, propose un basculement de perspective. De manière encore bien plus marquée que Winnicott, il ne centre plus ses observations sur la dyade pour la considérer en fonction de tâches adaptatives, mais sur ce que le nourrisson vit, sur son expérience subjective. L'expérience subjective du nourrisson, telle qu'il est possible de se la représenter, n'est plus racontée à partir d'une clinique psychanalytique de l'adulte (du patient régressé), mais elle est racontée grâce à la capacité qu'a le chercheur à se mettre à la place du nourrisson (empathie) avec les aptitudes propres à chaque étape du développement, aptitudes mises à jour par l'observation scientifique du nourrisson[1]. Daniel Stern, pour rendre compte de l'expérience subjective du nourrisson, utilise le concept de soi (tout comme Donald Winnicott). Il faut un soi, une personne qui vive sa propre émergence. Dès que le nourrisson se perçoit comme une unité spatiale et temporelle, le terme de soi est plus adéquat pour décrire le vécu de la personne.

Un tel changement de perspective, tenter de raconter de l'intérieur le développement de l'enfant, a été rendu possible par des progrès importants dans l'observation scientifique du nourrisson. Daniel Stern relève avec justesse que « cette révolution s'est en partie produite lorsqu'on a appris à poser au bébé des questions auxquelles il était vraiment capable de répondre » (Stern, 1992, p. 16). Poser les bonnes questions et surtout les

---

[1] Il est intéressant de relever l'importance de la rencontre de Daniel Stern avec l'éthologie et ses moyens d'observer le développement prélangagier : « Lorsque finalement j'ai découvert les éthologues à mi-parcours de mon résidanat, ce fut très passionnant. Ils offraient une approche scientifique de l'étude du langage non verbal, qui apparaissait naturellement au cours de la première enfance. Il m'apparut de façon frappante que cette approche devait être le complément indispensable à l'analyse du discours fait par les psychologies dynamiques. Il est nécessaire d'être « bilingue » pour commencer à résoudre la contradiction » (Stern, 2006, [éd. originale 1985], p. 9).

questions auxquelles l'enfant peut répondre est sans doute une clef (expérimentale) pour beaucoup de découvertes dans le domaine du développement de l'enfant.

Jean Piaget, pour le développement cognitif de l'enfant, en est un exemple. Poser les questions auxquelles l'enfant est capable de répondre a mis à jour de manière plus marquée la part active du nourrisson dans son développement, dans son influence sur l'environnement (et en particulier sur sa mère). Le nourrisson de la petite enfance (co)construit et vit l'émergence d'une organisation psychique, de différents sens d'un soi. Tout comme Winnicott, mais avec le bagage de connaissances nouvelles sur le développement, Daniel Stern met en récit, oserions-nous dire en termes philosophiques, une phénoménologie du sujet ancrée dans une phénoménologie du temps.

La théorie de la relation d'objet a pensé la naissance de l'identité, de la personne, dans et par la relation avec la mère. Dans ce sens, Daniel Stern est proche des cliniciens de ce courant tout en changeant la perspective. Il le dit d'ailleurs très bien dans la partie introductive de son livre *Le monde interpersonnel du nourrisson* :

> L'exposé du développement qui est proposé dans ce livre, dans lequel de nouveaux sens de soi servent de principes organisateurs du développement, est plus proche de ceux de Margaret Mahler et de Melanie Klein car, comme pour ces derniers, l'expérience que fait le nourrisson de soi et de l'autre en occupe la position centrale. La nature de l'expérience, l'ordre des étapes du développement et l'attention que je porte au développement du sens de soi, sans m'embarrasser ou me compliquer les choses avec les questions du développement du moi ou du ça, en constituent les différences (Stern, 2006, p. 33).

Nous décrirons ainsi, l'émergence, dans la petite enfance, des différents sens d'un soi (émergent, noyau, subjectif, verbal).

Dans l'émergence de ces organisations psychiques, Stern montre comment l'enfant se présente et se représente le monde (l'autre, et finalement soi-même)[2]. Il décrit dans l'émergence du sens d'un soi noyau ce qu'il appelle des « représentation d'actions généralisées (RIG) ». L'enfant, à force de répéter des séquences interactionnelles, va construire des représentations « prototypiques » d'événements interpersonnels. Comme nous le verrons, les RIG se rapprochent de ce que Bowlby a décrit en termes de modèles opérants internes. Avec l'émergence du sens d'un soi subjectif (intersubjectivité) apparaît un mode de relation structurant (psychiquement parlant) entre la mère et le nourrisson : « l'accordage affectif ». Pour Stern, le nourrisson se représente alors les événements sous une forme « protonarrative » (enveloppe « protonarrative ») (1997). Ensuite, nous montrerons comment Stern passe de l'enveloppe « protonarrative » à l'enveloppe « prénarrative » (2005) pour se

[2] Même s'il ne fait pas, comme nous le verrons, cette distinction entre se présenter et se représenter.

représenter l'expérience subjective du nourrisson. Stern s'appuie, dans la représentation qu'il se fait de l'expérience subjective du nourrisson, sur Paul Ricœur. Nous verrons ainsi comment la narrativité chez l'adulte (les narrations autobiographiques) prend naissance chez le nourrisson. Nous terminerons par la construction identitaire telle qu'envisagée dans cette perspective et évoquerons une discussion proposée par Stern entre ses travaux et ceux de Winnicott.

Aussi, Stern nous permettra de comprendre une construction identitaire prélangagière, préréflexive. De même, le récit trouvera dans le processus de subjectivation une place prépondérante, car Stern voit dans le récit une qualité émergente de la pensée qui permet au nourrisson de se représenter très tôt (à partir de 3 mois) le monde (sous forme d'événements interpersonnels). De plus, le mode de relation particulier entre la mère et l'enfant dans le sens d'un soi subjectif, « l'accordage affectif », répondra à une « lacune » chez Paul Ricœur en montrant la part de l'affectivité dans la mise en intrigue. Commençons par présenter l'émergence des différents sens d'un soi.

Emergence des différents sens d'un soi

Daniel Stern propose de penser l'émergence du sens d'un soi avant l'apparition du langage et de la conscience réflexive. Il va montrer l'émergence successive de quatre sens du soi dans la petite enfance, soit de zéro à deux ans. Il parle du sens d'un soi-émergent de (0-2 mois), du sens d'un soi noyau (2-6 mois), du sens d'un soi subjectif (7-15 mois) et du sens d'un soi verbal (15-24 mois). L'émergence de chacun d'eux correspond à d'importantes modifications non seulement sur le plan des comportements et aptitudes de l'enfant mais aussi sur la qualité du ressenti social. Les nourrissons donnent l'impression d'une plus grande présence et que l'expérience de soi et de l'autre s'est profondément transformée. Les différents sens d'un soi continuent à se développer et à coexister durant l'ensemble de la vie, ce qui rend caduque l'idée de tâches développementales propres à certaines périodes de la vie[3]. Des problématiques telles que l'autonomie, l'attachement sont présentes toute la vie[4].

Daniel Stern définit ainsi « sens de soi » :

> Par « sens », je veux dire conscience élémentaire (non réflexive[5]). En employant ces termes nous nous situons au niveau de l'expérience directe et non du concept. Par l'expression « de soi », j'entends un modèle invariant de

---

[3] Comme nous l'avons vu quand nous avons présenté le modèle d'Erik Erikson.

[4] Cette manière d'envisager le développement fait qu'un changement dans la vie de l'individu peut réactiver ce qui a été préalablement acquis (un lien d'attachement par exemple).

[5] Pour Stern, cette expérience subjective est l'équivalent préverbal, existentiel du soi exprimable, objectivable et réflexif.

> conscience qui ne surgit qu'à l'occasion des actions ou des processus mentaux du nourrisson. Un modèle invariant de conscience est une forme d'organisation. C'est l'expérience subjective et organisatrice de tout ce qui sera ultérieurement nommé le « soi »[6] (Stern, 2006, p. 18).

Les quatre sens du soi incluent une série de sens, choisis par Daniel Stern pour leur importance dans les interactions sociales : le sens de l'activité propre, le sens de la cohésion physique, le sens de la continuité, le sens de l'affectivité, le sens d'un soi subjectif qui permet d'atteindre l'intersubjectivité, le sens de la création d'une organisation et le sens de la transmission des significations. Chacun de ces sens participe au quatre sens de soi qui sont vécus dans l'expérience subjective.

Cette manière de penser une identité préverbale et non réflexive est rendue possible par la mise en œuvre de nouveaux moyens d'observation du nourrisson, notamment par la mesure des « trains de succion » et des déplacements oculaires. Les moyens qui permettent de différencier (dès les premiers jours de vie pour certains d'entre eux) les réponses des nourrissons exposés à certain stimulus modifient profondément les représentations que se sont fait les psychologues sur le développement du nourrisson (Siqueland & Delucia, 1969). Le « nourrisson de l'observation » tel que décrit par la psychologie développementale s'accommode de moins en moins bien au « nourrisson de la clinique » tel que reconstruit à partir d'une clinique psychanalytique de l'adulte. Daniel Stern plaide pour un rapprochement, un enrichissement mutuel de ces deux approches qui construisent deux récits à propos du nourrisson[7]. L'opposition entre ces deux types de récit pose toute la question d'une validation réciproque : est-ce que ces deux discours se rapportent au même objet ? Stern, dans cette opposition, s'appuie sur la position de Paul Ricœur. Il rejette, tout comme le philosophe, l'idée avancée notamment par Roy Schafer (1976) ou Donald Spence (1998) selon laquelle le récit, qui se déploie en séance analytique, serait une pure fiction qui ne traduit rien de ce qui est réellement arrivé[8]. Pour Daniel Stern :

> Paul Ricœur suggère qu'il y a certaines hypothèses générales sur la façon dont l'esprit fonctionne et se développe, indépendantes des différents récits qui peuvent être construits […]. Ces hypothèses générales peuvent être contrôlées ou soutenues solidement par l'observation directe ou par des témoignages existants en dehors de n'importe quel récit individuel et hors de la psychanalyse. Un avantage de la position de Ricœur est d'offrir au nourrisson de la clinique de nombreuses sources d'information indépendantes qui aident à analyser les hypothèses générales implicites, et qui permettent la construction de l'histoire de sa vie […]. Je suis complètement d'accord avec Ricœur dont la position me fournit l'essentiel de la logique interne de ce livre (Stern, 2006, p. 29-30).

[6] Daniel Stern parle aussi de système d'interprétation de soi et de l'autre.

[7] Le premier, descriptif, est le fruit de l'observation. Le deuxième est une reconstruction par l'adulte, dans l'après-coup.

[8] L'important dans cette perspective, c'est le récit coproduit en analyse et son appropriation par le patient.

L'accord de Daniel Stern va bien au-delà d'une réconciliation entre les deux approches. En effet, le psychologue développemental, rompu à l'observation, rencontre le philosophe phénoménologue. Chacun, dans son champ respectif, a mis l'expérience subjective au centre de ses préoccupations.

Passons en revue les différents sens d'un soi.

Le sens d'un soi émergent (0-2 mois)

Daniel Stern observe que, dès la naissance, les principales activités du nourrisson telles l'endormissement, l'alimentation, où le maintien de l'homéostasie générale sont accompagnées par des conduites sociales : bercer, parler, chanter, etc. Ces conduites viennent en réponse à des conduites sociales du nourrisson tels que le cri, le regard, l'agitation, etc. Une bonne partie de ces conduites sociales sont au service de régulations physiologiques. Elles sont très répétitives, il suffit de penser à une conduite d'allaitement qui peut se répéter, suivant les cas, chaque deux à trois heures dans les premières semaines de vie. La répétition d'expériences sensorielles est le lieu, pour le nourrisson, d'un processus d'apprentissage qui a pour base le corps propre et porte sur les relations entre ces expériences. Pour Daniel Stern, « le sens de soi émergent comprend deux composantes, le processus de la construction de relations entre des expériences isolées et ses résultats » (Stern, 2006, p. 69). C'est donc l'émergence d'une organisation qui est ici visée avec une attention toute particulière aux capacités dont dispose le nourrisson pour créer un réseau de relations et expérimenter par là même une telle organisation[9]. Daniel Stern postule que le nourrisson construit des relations et les perçoit directement. Il dispose selon lui de deux processus : la perception amodale et les efforts constructivistes.

La perception amodale et les affects de vitalité

La perception amodale est une aptitude présente dès les premières semaines de vie. Elle est définie par Daniel Stern comme une aptitude innée qui conduit l'enfant « à traiter des informations reçues dans une modalité sensorielle donnée, et à les traduire dans une autre modalité sensorielle. » (Stern, 2006, p. 74). Le nourrisson est par exemple capable de reconnaître une tétine à picots parmi d'autres qu'il n'a pas vues, mais qu'il a eue en bouche. Il est donc d'une certaine manière « précablé » pour réaliser

[9] Il nous est difficile de considérer l'émergence comme un premier sens d'un soi. Nous sommes plutôt d'avis de lier l'apparition du sens d'un soi avec l'apparition d'une organisation psychique. Le sens d'un soi émergent n'est pas une organisation psychique mais permet d'accéder au sens d'un soi noyau. Ainsi, de notre point de vue, il n'y a que trois sens du soi.

certaines intégrations sans besoin de répétitions donc d'apprentissage[10]. Découvrir une correspondance transmodale doit donner au nourrisson un air de déjà vu qui lie l'expérience actuelle à quelque chose d'antérieur. Cette aptitude a été démontrée sur bien des propriétés des personnes et des choses rencontrées par le nourrisson, par exemple le rythme, le niveau, l'intensité, la forme (cf. exemple de la tétine). Le nourrisson appréhende le monde physique de manière amodale. Qu'en est-il du monde social ?

C'est, selon Daniel Stern, l'affect qui (est)/permet une perception amodale du monde social, car l'affect n'est pas lié à une modalité perceptive particulière. Il distingue dans ces états affectifs les affects catégoriels (étudiés par la psychologie des émotions, appelés aussi émotions de bases telles que la joie, la colère, la tristesse, etc.[11]) de ce qu'il appelle des affects de vitalité. Ces derniers ne sont pas pris en compte dans la taxinomie des affects catégoriels et ils sont importants pour décrire de manière dynamique les émotions proches de l'expérience. Les affects de vitalité sont provoqués par des changements d'états de motivation, d'appétit ou de tension. Ils peuvent être rendus par des termes dynamiques tels que « explosif », « crescendo », « surgir », « s'évanouir ». Le nourrisson fait l'expérience de ces caractéristiques à partir de lui-même ou des comportements des autres. Par exemple, la manière dont la mère va se saisir du biberon ou va porter son enfant est difficilement qualifiable par des affects catégoriels (même s'ils sont présents). Les affects de vitalité font référence à la qualité du ressenti du nourrisson, au plus près de l'expérience qu'il fait du monde social, lors de toutes sortes de changements dans celui-ci.

Les efforts constructivistes

Daniel Stern rappelle que toute la perspective constructiviste est sous-tendue par le processus d'apprentissage. Tout ce qui peut être appris et le sera est déterminé par des prédilections innées communes à l'espèce. Pour lui, « l'assimilation, l'accommodation, l'identification des invariants et l'apprentissage associationniste sont les processus de base de la perspective constructiviste » (Stern, 2006, p. 87). Daniel Stern ne réfute pas les efforts constructivistes de l'enfant pour appréhender le monde, pour relier différentes expériences. Il met par contre l'accent sur l'importance du contexte social de ces apprentissages (cela ne revient pas au même pour l'enfant de scruter le visage d'un être aimé ou de scruter une forme géométrique quelconque) et aussi sur le fait que des perceptions (pour ne prendre qu'elles) n'existent pas en tant que telles. Le nourrisson a des perceptions dont il fait l'expérience directement en fonction des

[10] C'est une différence notable entre les deux types de processus permettant de faire l'expérience de l'organisation.
[11] Ekman (1982 ; 2003).

caractéristiques du monde physique (intensité, forme, etc.) et du monde social (affects catégoriels, de vitalité, dimension hédonique).

L'expérience subjective du nourrisson est plus unifiée et globale que le découpage proposé par les différentes perspectives. Dans son effort de compréhension de l'émergence des différents sens d'un soi, Daniel Stern va donner un rôle central aux affects et particulièrement aux affects de vitalité. Pour lui, le nourrisson est baigné dans ceux-ci dès la naissance et à de nombreuses reprises. Les efforts constructivistes sont englobés dans l'expérience subjective que fait le nourrisson dans le monde social. Par exemple, lors de l'allaitement (dont nous rappelons le caractère répétitif) le nourrisson devra non seulement apprendre à coordonner des schèmes sensori-moteurs mais cet apprentissage se fait avec cette mère particulière en fonction d'affects de vitalités (comment elle le porte, lui parle, le berce, etc.). Il vit l'émergence d'une organisation dans le domaine du lien interpersonnel. C'est une forme d'apprentissage. Chaque émergence (ou nouvelle organisation qui se construit et se perçoit) sera concomitante avec l'accès à un nouveau domaine du lien intersubjectif. C'est pour cela qu'il est pour nous difficile de parler du sens d'un soi émergent, vu qu'il n'est pas une organisation psychique.

Présentons ce que nous considérons comme le premier sens d'un soi, le sens d'un soi noyau.

Le sens d'un soi noyau (2-6 mois)

Daniel Stern présente l'émergence du sens d'un soi noyau de deux manières : l'une dans la différenciation avec l'autre (le soi opposé à l'autre) et l'autre dans le lien avec l'autre. Il est cependant évident que cette façon de présenter est avant tout pédagogique et que l'expérience subjective du nourrisson englobe le lien et la différenciation de manière concomitante.

Aux environs de deux à trois mois, le nourrisson donne l'impression d'une plus grande présence, d'être une personne bien différente. Il peut mettre en jeu pendant un certain temps et dans une situation interpersonnelle tant ses projets que ses actions, affects et connaissances. Cette période de deux à six mois peut être vue comme une « fenêtre sociale », propice au lien intersubjectif où l'enfant développe une sociabilité intense. En effet, les préoccupations liées aux besoins physiologiques prennent moins de temps et la maturation nécessaire à la coordination vision préhension, rendant le monde des objets très attractif, n'est pas encore en place.

Daniel Stern donne une liste (qu'il qualifie de provisoire) d'expériences nécessaires à la formation du sens d'un soi noyau : l'expérience de l'activité propre, l'expérience de la cohérence de soi, l'expérience de l'affectivité de soi et l'expérience de la permanence de soi. Chaque expérience comporte une série d'invariants.

Il nous semble qu'il est possible de rendre compte de ce qui est central dans ces expériences à l'aide de trois concepts : le temps, l'affect et la mémoire.

En premier lieu, le temps fournit une structure organisatrice qui aide à identifier des entités distinctes. Les stimuli qui émanent de soi ont une structure temporelle différente de ceux qui émanent de l'autre.

En deuxième lieu, l'affect est un excellent invariant de soi à cause de sa relative fixité. En effet, l'organisation et la manifestation de chaque émotion sont définies par des programmes innés qui bougent peu pendant le développement. De plus, les émotions, telles que la joie, sont vécues par le nourrisson dans beaucoup de contextes différents. Les affects appartiennent au soi et non à la personne qui les a provoqués.

En dernier lieu, la mémoire qui permet la continuité ou la permanence dans le temps distingue une interaction d'une relation, car une relation nécessite la mémoire[12]. Trois types de mémoires assurent la permanence dans le temps d'un soi noyau : une mémoire motrice, une mémoire perceptive et une mémoire affective. Daniel Stern donne un rôle important à la mémoire pour l'intégration des différents invariants de soi. En effet, comment l'activité propre, la cohérence, l'affectivité et la continuité s'intègrent-elles dans un seul système d'interprétation ? C'est, selon lui, à la mémoire épisodique que revient ce rôle. La mémoire épisodique va jouer un rôle central dans la construction de soi et la narrativité, c'est pourquoi il vaut la peine de s'y arrêter.

De la mémoire épisodique aux représentations d'interactions généralisées (RIG)

Daniel Stern, dans sa réflexion sur l'expérience subjective du nourrisson, choisit tout naturellement comme intégrateur des invariants de soi la mémoire épisodique. Comme son nom l'indique, l'unité de base de cette mémoire est l'épisode. C'est un fragment cohérent, plus ou moins grand, d'expériences vécues. Les caractéristiques de l'épisode sont les sensations, perceptions, actions, pensées, affects et les buts. Elles entretiennent entre eux des liens de causalité, des liens physiques et des liens temporels qui en font un épisode cohérent. Daniel Stern pense que le nourrisson construit, à partir d'épisodes présentant d'importantes similarités, un épisode généralisé. Il tire un prototype des expériences (par exemple du nourrissage au sein). Pour Daniel Stern, le type d'épisode important dans l'expérience subjective du nourrisson est l'expérience interactive. Il postule « que pour ces épisodes aussi, une moyenne est établie et qu'ils sont représentés préverbalement. Ce sont des représentations d'interactions qui ont été généralisées

[12] Donald Winnicott parle de « continuité à être ».

(RIG) »[13](Stern, 2006, p. 131). Ainsi, les RIG constituent une unité de base pour la *représentation*[14] d'un soi noyau (de soi-même et de l'autre). Les expériences interactives avec l'autre forment progressivement des RIG. Lorsqu'un attribut de l'expérience vécue devient un indice d'évocation, les RIG sont rappelées par l'intermédiaire de ce que Daniel Stern appelle « un compagnon évoqué » qui sera ensuite comparé à l'expérience vécue. Les RIG sont donc des modèles (de vécus et d'interprétations, d'évaluations) mobilisables en présence et en l'absence de l'autre régulateur de soi. Il faut rappeler, avant de passer au prochain sens d'un soi, que l'autre, au niveau d'un sens d'un soi noyau, est avant tout un autre régulateur de soi, tant au niveau de l'homéostasie générale (régulation des besoins physiologiques) qu'au niveau de l'excitation.

Le sens d'un soi subjectif (7-15 mois)

Entre le septième et le neuvième mois, le nourrisson fait une découverte essentielle : les expériences subjectives peuvent être partagées. Elles le peuvent, grâce à un cadre commun de significations et des moyens de communication préverbaux (gestes, postures, expressions faciales). Par rapport au sens d'un soi noyau, le sens d'un soi subjectif inclut des états internes ou subjectifs de l'expérience. Tout le domaine de l'intimité tant psychique que physique est maintenant possible. Comme le dit Daniel Stern,

> ce qui est, finalement, en jeu, n'est rien moins que la découverte de ce qui peut être partagé de l'expérience intérieure du monde privé et de ce qui tombe en dehors des limites des expériences communément reconnues comme humaines. A une extrémité, c'est l'appartenance au monde psychique humain, à l'autre, c'est l'isolement psychique (Stern, 2006, p. 166).

Le lien interpersonnel intersubjectif se construit et se perçoit au travers de différents partages : le partage du centre d'attention, le partage des intentions et le partage des états affectifs. Daniel Stern, à l'instar de beaucoup de psychanalystes, pense que l'affect est à la fois le premier véhicule et le premier objet de la communication dans cette période prélinguistique. Ainsi, l'affect est au premier plan d'une compréhension et d'une conception du nourrisson entre 7 et 15 mois. Le partage des expériences subjectives est aussi un besoin, voire une nécessité, pour être inclus dans un groupe humain.

Pour parler de ce lien interpersonnel subjectif, Stern donne une attention particulière au partage de l'affect entre la mère et le nourrisson. Il nomme « accordage affectif » le type de relation qui s'instaure dans ce partage.

---

[13] Selon nous, il ne faut pas parler de moyenne mais de prototype.

[14] C'est nous qui soulignons. Les représentations prototypiques d'événements interpersonnels sont à la base de la représentation d'un soi noyau.

L'accordage affectif

Daniel Stern porte une grande attention à distinguer l'imitation de l'accordage affectif. Ce dernier, par ses caractéristiques, est parfait, pour réaliser un partage intersubjectif de l'affect. Quelles sont ces caractéristiques et en quoi distinguent-elles l'accordage affectif de l'imitation ?

La question est légitime, car l'accordage peut donner l'impression, à première vue, qu'il n'est qu'un genre d'imitation. De fait, à y regarder de plus près, il apparaît que le comportement manifeste du nourrisson n'est pas une traduction fidèle. Une certaine correspondance se fait. En d'autres termes c'est comme s'il y avait une imitation mais pas tout à fait.

En deuxième lieu, et cela découle de la manière dont le nourrisson vit une expérience subjective interpersonnelle, cette correspondance est largement transmodale. Finalement, ce qui est rendu par certains aspects du comportement reflète quelque chose de l'état émotionnel du nourrisson (donc de l'état interne, ce que ne peut pas faire l'imitation).

L'appariement sans imitation réelle que représente l'accordage affectif comporte trois caractéristiques : l'intensité, le rythme et la forme. Pour ne citer qu'un exemple, nous prendrons la question de l'intensité. Il est facile de remarquer une équivalence d'intensité entre la vocalisation de la mère et le geste vif d'un nourrisson. Comme c'est le cas dans cet exemple, l'affect de vitalité est manifeste et il est la matière de l'accordage. Daniel Stern pense que les affects de vitalité sont manifestes dans l'ensemble des comportements. Le problème est dès lors dans sa possible transmission.

Si nous reprenons l'exemple du geste vif du nourrisson, la mère ne ressentira pas le geste selon ses caractéristiques perceptives (accélération, vitesse, amplitude mais aussi rythme, intensité et forme) mais directement comme « énergétique », c'est-à-dire en termes d'affect de vitalité. Il est évident que le comportement manifeste, « son rendu », est marqué par un haut degré de conventionalité fruit d'une culture dans laquelle sont baignés, tant la mère que le nourrisson.

En s'appuyant sur le domaine de l'art, Daniel Stern pense à la transmission en ces termes : « La traduction [...] de la perception du comportement d'une autre personne en sensations implique la transmutation de la perception du rythme, de l'intensité et de la forme, à travers le frayage transmodal, en affects de vitalité ressentis en nous-mêmes » (Stern, 2006, p. 206). Le ressenti, l'état subjectif devient le référent de l'accordage affectif. Celui-ci est un réaménagement, une reformulation d'un état subjectif. L'accordage réaménage donc les comportements par l'intermédiaire de « métaphores et d'analogons non verbaux » (Stern, 2006, p. 208). Il serait donc un pas essentiel sur le chemin du langage entre l'imitation et l'utilisation des symboles. L'accordage affectif a, dans cette perspective, un rôle essentiel dans l'acquisition du langage, dans le développement de la narrativité, du récit de soi ainsi que dans la construction de soi.

Le sens d'un soi verbal (15-24 mois)

Vers 15-18 mois, l'apparition du langage instaure une nouvelle forme du lien interpersonnel. Il est, comme le relève Daniel Stern, à double tranchant. D'un côté, il permet une nouvelle manière d'être en lien (avec soi-même et avec l'autre) et, de l'autre côté, il est à l'origine d'un clivage de l'expérience de soi. Avant d'approfondir ces deux aspects, passons en revue les nouvelles aptitudes de l'enfant à cette période. Elles s'ancrent dans la possibilité qu'a maintenant l'enfant de coordonner des schémas présents dans la psyché avec des opérations existant à l'extérieur sous forme de mots et d'actions. Trois aptitudes sont à relever.

La première est l'aptitude à faire de soi un objet de réflexion. C'est le soi objectif, conceptuel opposé au soi subjectif ou au soi de l'expérience des niveaux précédents du lien interpersonnel. L'enfant commence à utiliser des prénoms mais aussi parfois des noms propres pour désigner le soi[15]. De plus, c'est à ce moment que l'identité de genre commence à se fixer. La deuxième aptitude est l'aptitude au jeu symbolique. Elle ouvre la possibilité à l'enfant de nourrir et soutenir un désir élaboré sur la différence entre la réalité perçue et la réalité telle qu'il aimerait qu'elle soit. Cela devient possible par la capacité de l'enfant de mettre en jeu des souvenirs, des réalités actuelles et des attentes futures basées sur des parties sélectives du passé. La troisième aptitude est l'acquisition du langage. Les mots ne sont pas une simple correspondance avec les choses, ils ont une existence, une vie propre qui permet au langage de dépasser l'expérience vécue. Qu'est-ce que l'acquisition du langage rend possible entre le soi et les autres ? Daniel Stern a, logiquement de par l'importance qu'il accorde aux relations intersubjectives, une vision « dialogique » de l'acquisition du langage (et donc des significations). Cette perspective « dialogique » est à mettre en regard avec des nouvelles façons d'être-avec (soi et les autres).

Les nouvelles façons d'être-avec : le langage dans la transitionnalité

Dans une perspective « dialogique », la signification résulte de négociations interpersonnelles. L'apprentissage du langage est un processus de formation d'expériences partagées. La mère et l'enfant créent une nouvelle façon d'être-avec en recourant à des symboles verbaux. C'est un partage de significations à partir de l'expérience personnelle. Dans ce sens, l'acquisition du langage n'est pas uniquement vue comme un accès à l'individuation, mais aussi comme un puissant moyen au service de l'union :

> En fait, chaque mot appris est le sous-produit de l'unification de deux psychismes en un système symbolique commun, une signification partagée

---

[15] Pour cette question, vous pouvez vous reporter à l'article de Pierre-Yves Brandt (1997, particulièrement les pages 195-196).

> qui a été forgée. Par chaque mot appris, les enfants renforcent leur communauté psychique avec un parent, et plus tard, avec les autres membres de la culture de cette langue, quand ils découvrent que leur propre connaissance de l'expérience fait partie d'une expérience plus large de la connaissance, qu'ils sont unis aux autres par un fond culturel commun (Stern, 2006, p. 221).

Du mot, fruit de l'unification de deux psychismes, au mot comme objet transitionnel, il n'y a qu'un pas que Daniel Stern franchit, bien qu'il trouve l'idée un peu folle, à l'aide des études de J. Dore (1985) et de Kathrine Nelson (1978). Ainsi, le mot n'appartient ni au soi ni à l'autre. Il est, nous semble-t-il, aussi indéterminé quant à son statut par rapport à la réalité, à cheval entre l'expérience subjective du nourrisson et l'objectivité de la mère. La mère, en tant que porteuse de la norme et responsable de la transmission, « propose » un mot qui est par nature un objet tiers n'appartenant en propre ni au nourrisson, ni à la mère. Le mot, dans une terminologie winnicottienne, est « découvert », « créé » par le nourrisson car la pensée est prête à être liée au mot. L'acquisition du langage devient ainsi une expérience d'union, un fondement du lien social. L'étude des monologues (que l'on observe chez les enfants de cet âge) montre que ceux-ci servent non seulement à l'entraînement de l'usage des mots mais aussi à s'approcher de plus en plus près par essais successifs d'une formulation plus satisfaisante de la pensée de l'enfant.

Le langage fournit à l'enfant une nouvelle manière d'être en lien avec les autres en partageant ses connaissances personnelles sur le monde :

> L'avènement du langage donne finalement la capacité de raconter l'histoire de sa propre vie avec toutes les possibilités qui permettent de modifier la façon avec laquelle nous nous voyons nous-mêmes. L'élaboration d'un récit ne ressemble pas à n'importe quelle autre élaboration telle que celle de la pensée ou de la parole. […] Cela conduit à penser dans les termes de quelqu'un qui agit avec des intentions et des buts et le dévoile sous la forme d'une certaine séquence causale avec un début, un milieu, une fin. (La construction de récit paraît être un phénomène humain universel, traduisant la structure innée de l'esprit humain) (Stern, 2006, p. 223).

Pour Daniel Stern, cette question d'une coconstruction entre parent et enfant de récits qui participent à l'élaboration d'une histoire autobiographique est un domaine d'étude nouveau et passionnant. De plus, il propose de scinder le sens du soi verbal entre un sens du soi qui objective et étiquette et un sens du soi raconté qui tisse une histoire à partir des éléments fournis par les autres sens du soi.

Cette magnifique possibilité d'union grâce au langage a son revers, celui de ne traduire (restituer, prendre en charge) qu'une partie de l'expérience subjective.

Les émotions, les sensations, les perceptions, les aspects cognitifs de l'expérience globale non verbale du nourrisson ne peuvent être que partiellement saisis par le langage. La partie dont le bébé se saisit est transformée par le langage et devient une expérience séparée de l'expérience globale. Il y a donc, dans ce cas de figure, la coexistence de deux versions qui cohabitent plus ou moins bien.

Dans d'autres cas, le langage n'arrive pas à s'approcher suffisamment de l'expérience globale pour en disjoindre une partie qui serait l'objet d'une transformation linguistique. Dans de tels cas, ces expériences continuent de vivre une existence souterraine. Dans l'apprentissage du langage, l'adulte, quand il lie un mot à l'expérience du nourrisson, l'isole, l'extirpe du flux amodal dans lequel elle était éprouvée. Le langage morcelle l'expérience globale et introduit une discontinuité dans l'expérience. A cet effet de morcellement s'ajoute le fait que les mots sont assemblés non pas au niveau des expériences telles que vécues mais au niveau généralisé de l'épisode prototypique. Les épisodes spécifiques ne sont pas retenus par le tamis linguistique. Ainsi, le langage, « parce qu'il spécifie la modalité sensorielle utilisée et parce qu'il qualifie l'épisode généralisé au lieu de l'exemple particulier, garantit l'existence de points de clivage » (Stern, 2006, p. 229). De plus, ce clivage est accentué par la difficulté de mettre en mots l'affect qui est, comme dit précédemment, le premier véhicule et le premier objet de la communication (de la période prélinguistique). Avec le langage, deux modes de communication sont à l'œuvre simultanément, l'analogique et le digital. L'information importante peut être véhiculée soit par l'un, soit par l'autre canal, d'une manière plus ou moins congruente (qui peut aller jusqu'à l'opposition). Daniel Stern relève que c'est sur le dire, le message verbal, que l'on a plus tendance à faire porter notre responsabilité. Comme nous l'avons évoqué, la question de la responsabilité fait partie, pour Paul Ricœur, d'un des pôles des paradoxes de l'identité[16]. Tout comme lui, Daniel Stern lie l'affirmation à l'imputation, mais ce dernier met l'accent sur le contexte interactionnel dans lequel la parole se déploie. Il est intéressant de remarquer que la visée éthique du soi apparaît chez Daniel Stern avec l'émergence d'un sens du soi verbal. C'est, tout comme pour le philosophe, avec le dire que commence la responsabilité (et la question de la parole tenue).

A la fin de ce parcours sur l'émergence du sens du soi verbal, Daniel Stern laisse ouverte la question du possible reflet ou de la modification des expériences vécues (qui deviennent notre histoire) par la mise en récit.

---

[16] Paul Ricœur discute de la question de la responsabilité dans le troisième paradoxe, celui de l'affirmation (puissance d'affirmer) opposé à la fragilité. Une personne qui affirme est un sujet d'imputation (Ricœur, 1996, p. 201-206).

Conclusion sur l'émergence des sens d'un soi

Daniel Stern montre que la distinction entre soi et autrui s'inscrit dès la naissance dans le lien interpersonnel. Le lien interpersonnel, qui s'enrichit progressivement à chaque émergence (grâce aux possibilités offertes par chaque nouvelle organisation), est le creuset de la construction identitaire. L'émergence du sens du soi noyau, puis du sens du soi subjectif et enfin du sens du soi verbal, sont autant d'étapes marquantes dans la construction identitaire (dans ce qui différencie et dans ce qui lie le nourrisson et la mère)[17]. Rappelons quelques éléments de chacune de ces étapes.

L'émergence du sens d'un soi noyau correspond à ce que Winnicott a décrit par intégration du moi. C'est la création d'une enveloppe qui sépare l'extérieur de l'intérieur. Stern parle du sens d'un soi noyau en ces termes : « unité physique séparée, cohésive, limitée, avec le sens d'une activité, d'une affectivité et d'une continuité temporelle qui [lui] sont propres » (Stern, 2006, p. 21). Le nourrisson se vit ainsi comme une unité qui agit et qui dure dans le temps. La représentation du sens d'un soi noyau se construit sur des représentations prototypiques de relations interpersonnelles (RIG), déjà évoquées en introduction. Les RIG sont comparables à ce que nous avons dit des modèles opérants internes de John Bowlby : « un compagnon évoqué ou une représentation interne ou un modèle opérant ou le fantasme d'une union avec la mère ne sont ni plus, ni moins, que l'histoire de types spécifiques de relations (dans les termes de Bowlby) » (Stern, 2006, p. 157). Le nourrisson s'appuie sur des représentations prototypiques de relations pour se représenter (et se vivre) en tant qu'unité.

Une fois que l'enveloppe délimitant un intérieur d'un extérieur est constituée, des relations interpersonnelles intersubjectives peuvent apparaître. Il s'agit d'une manière « d'être-avec ». L'accordage affectif marque l'accès à l'intersubjectivité, à l'émergence du sens d'un soi subjectif. Ce qui va être structurant pour l'enfant, c'est la rencontre entre les capacités d'accordage affectif transmodal de l'adulte (la capacité de l'adulte de traduire d'une modalité à une autre le vécu émotionnel du nourrisson) et sa propre perception amodale.

L'interaction prend alors en quelque sorte la forme d'un jeu où chacun essaie de modifier l'autre tout en acceptant de modifier l'autre en soi. Le nourrisson va progressivement intérioriser des représentations intersubjectives qui portent la marque de son partenaire de jeu privilégié, la mère.

L'apparition du langage a deux conséquences majeures sur le processus de subjectivation. La première est l'acquisition d'un formidable moyen d'intégration au groupe culturel (avant tout linguistique). Grâce au langage, l'enfant peut communiquer ses expériences subjectives, les partager. La

[17] Comme nous l'avons dit, nous ne considérerons pas l'émergence du sens d'un soi émergent car il ne correspond pas à une organisation psychique.

deuxième est le clivage que le langage fait apparaître dans l'expérience du nourrisson. En effet, le langage spécifie la modalité sensorielle utilisée. Le langage ne rend ainsi compte que d'une partie de l'expérience. Deux versions de l'expérience cohabitent plus ou moins harmonieusement[18].

Notons encore la place de tiers qu'occupe le langage dans la relation mère-nourrisson. Le langage est mis à disposition par la mère (figure de transmission affectivement investie) et il est prêt à être lié à la pensée de l'enfant. Pour Stern, « l'avènement du langage donne finalement la capacité de raconter l'histoire de sa propre vie avec toutes les possibilités qui permettent de modifier la façon avec laquelle nous nous voyons nous-mêmes » (Stern, 2006, p. 223). Mais, le récit ne ressemble pas à n'importe quelle élaboration, car il oblige à penser dans les termes d'un agent/patient qui se dévoile lors d'une intrigue. Ce qui amène Stern à proposer, entre parenthèses, une hypothèse : « (La construction de récit paraît être un phénomène humain universel, traduisant la structure innée de l'esprit humain.) » (Stern, 2006, p. 223).

Cette hypothèse va être retravaillée par Stern dans deux élaborations successives. La première élaboration apparaît dans *La constellation maternelle* (1997). Là, Stern évoque l'enveloppe protonarrative comme un moyen de se représenter l'expérience subjective. Il montre aussi le lien entre l'affectivité et la mise en intrigue, qui est, nous le rappelons, une des « lacunes »[19] relevée chez Ricœur.

La deuxième formulation se trouve dans *L'enveloppe prénarrative : Vers une unité fondamentale d'expérience permettant d'explorer la réalité psychique du bébé* (2005). L'enveloppe protonarrative devient une enveloppe prénarrative. Ce changement de dénomination révèle la prédominance de l'enveloppe prénarrative comme moyen de représentation de l'expérience. De plus, dans cette nouvelle formulation, l'enveloppe prénarrative est définie de manière plus marquée avec des critères purement narratologiques[20]. Précisons maintenant ces deux étapes.

L'enveloppe protonarrative

Dans son livre, *La constellation maternelle*, Daniel Stern donne deux arguments au développement du concept de RIG (rebaptisé par Stern

---

[18] Relevons que chez Winnicott, c'est le changement de statut de l'objet (d'objet subjectif à « perçu objectivement ») qui demande l'acquisition d'un type de communication explicite (opposé à la communication silencieuse avec les objets subjectifs). Au contraire, chez Stern, c'est l'acquisition progressive d'une nouvelle aptitude qui morcelle l'expérience mais qui permet l'intégration à la communauté linguistique.

[19] Nous parlons de lacune dans le sens que le rôle de l'affectivité dans la mise en intrigue n'est pas explicitement thématisée par Ricœur.

[20] Tout ce qui relève de la mise en intrigue.

« schéma d'être-avec ») développé dans *Le monde interpersonnel du nourrisson.*

Le premier est qu'il est insatisfait de sa précédente tentative de s'imaginer le monde représentationnel du nourrisson[21].

Le deuxième argument se base sur un changement de point de vue :

> La différence entre les deux [une RIG et un schéma d'être-avec] est que le schéma d'être-avec est conceptualisé à partir du point de vue subjectif présumé de l'enfant dans l'interaction, tandis que la RIG est identifiée essentiellement du point de vue objectif de l'adulte observant l'interaction de l'extérieur (Stern, 1997, p. 127).

Le schéma d'être-avec est constitué des quatre moyens classiques de représenter l'expérience : les schémas perceptuels, les schémas conceptuels, les schèmes sensori-moteurs et les séquences d'événements. Stern ajoute à ceux-ci deux nouveaux schémas pour rendre mieux compte de l'expérience subjective du nourrisson : un schéma de base pour représenter les affects et un schéma pour présenter la totalité de l'expérience comme un événement plein de sens, l'enveloppe protonarrative.

Bien que Stern présente séparément les deux schémas supplémentaires, nous allons les considérer ensemble tant ils nous paraissent liés.

L'enveloppe protonarrative

L'enveloppe protonarrative, une propriété émergente de la pensée

La première caractéristique de l'enveloppe protonarrative mise en avant par Stern est sa fonction de porteuse de sens.

En effet, les quatre moyens classiques de représenter l'expérience existent de manière séparée et mobilisent des réseaux neuronaux différents. De plus, ils sont traités de façon parallèle grâce à des opérations mentales localisées et inconscientes. C'est de l'intégration de ces processus de bas niveau qu'émerge un événement mental plus global : « une propriété émergente de l'esprit qui a une cohérence et un sens dans le contexte où elle apparaît. En d'autres mots, les divers événements et "éprouver" sont réunis comme les éléments nécessaires d'un unique événement unifié qui, à l'un de ses niveaux supérieurs, se charge d'une signification » (Stern, 1997, p. 121-122). En s'appuyant sur les travaux de Jérôme Bruner (1990), et plus particulièrement sur les actes de pensées, Daniel Stern part de l'idée que certains événements interactifs interpersonnels[22] sont directement perçus et appréhendés en termes de signification. Pour lui, le schéma qui prend en charge cette signification,

---

[21] Daniel Stern fait ici explicitement référence à son livre, *Le journal d'un bébé* (1992, éd. originale 1990) mais, la réflexion sous-jacente à ce livre s'appuie sur la notion de RIG développée dans *Le monde interpersonnel du nourrisson* (2006, [éd. originale 1985]).

[22] Stern pense ici aux événements unifiés chargés de signification.

qui fournit du sens à l'enfant, c'est l'enveloppe protonarrative : « Il s'agit du mode quasi narratif de la pensée qui concerne le comportement motivé et orienté vers un but. »[23] Le développement d'un motif, une préintrigue orientée vers un but immédiat est requalifiée, ou spécifiée en termes de comportement motivé orienté vers un but. Cette manière de voir l'enveloppe protonarrative est intéressante, car elle permet à Daniel Stern de faire dialoguer le « nourrisson de l'observation » et le « nourrisson de la clinique »[24]. Le désir mis en acte est appréhendé au niveau de la pensée (subjectivement) par une structure quasi narrative, l'enveloppe protonarrative. Elle devient une unité observable essentielle pour la compréhension du comportement humain.

Quelle est la place de l'affectivité dans l'enveloppe protonarrative ? Il faut, pour répondre à cette question, revenir sur ce l'un des deux schémas complémentaires proposés par Stern pour rendre compte de l'expérience subjective du bébé : les schémas d'affect sous la forme de *trames temporelles d'éprouver*[25] (1997, p. 115).

L'enveloppe protonarrative : l'affectivité dans la mise en intrigue

Quand Daniel Stern parle de schémas d'affect sous la forme de « trames temporelles d'éprouver », il vise la qualité et la quantité (subjectives) de l'éprouver qui accompagne l'expérience. Il préfère le terme éprouver au terme affect pour qualifier le ressenti d'une expérience (et particulièrement d'une expérience d'être-avec). Par exemple quand une motivation est mise en acte, il s'ensuit des changements dans l'émotion, la motivation, etc. Les changements ont une certaine temporalité (durée et contour) et structurent ainsi l'expérience subjective du temps. Les contours temporels de ceux-ci agissent de concert et sont vécus comme une combinaison, Daniel Stern parle de *trame (temporelle) d'éprouver*, pour parler d'un éprouver unique et complexe. C'est donc une combinaison de contours temporels vécus comme un éprouver complexe (qualité de l'éprouver). Suivons l'exemple donné par Daniel Stern,

> un bébé affamé pleurant le matin pour que sa mère vienne le nourrir. Nous commencerons la première période (et la trame d'éprouver) au moment où la

[23] Stern (1997, [éd. originale 1995], p. 122).

[24] « Lorsque l'intention ou le désir sont mis en acte dans une situation interpersonnelle, une structure quasi narrative est créée subjectivement. Alors que l'événement motivant avance avec le temps vers son but, il génère une trajectoire dramatisée de la tension qui représente un aspect temporel essentiel de la structure quasi narrative, autant qu'un mode de perception quasi narratif. » Ainsi, le désir mis en acte est du narratif qui s'inscrit dans ce que Paul Ricœur a nommé mise en intrigue. La mise en acte d'un comportement orienté vers un but ne peut que suivre une trajectoire dramatique qui comporte une phase d'action, une crise et une phase de résolution (Stern, 1997, [éd. originale 1995], p. 123).

[25] En italique dans le texte ; Daniel Stern parle aussi de *propriété émergente* de manière identique à l'émergence des différents sens du soi.

mère entre dans la chambre du bébé ; elle s'achèvera quand le bébé, mis au sein, suce et boit du lait, et que sa faim diminue. La deuxième période (et la trame d'éprouver) commence quand le bébé repu continue de sucer jusqu'à ce que, satisfait, il s'arrête enfin (1997, p. 117).

Pour parler non plus de deux périodes mais de deux enveloppes protonarratives, Daniel Stern ajoute (surajoute) aux trames temporelles d'éprouver le déroulement d'un motif. L'enveloppe protonarrative est donc une préintrigue (mise en acte d'un motif localisé avec des affects attenants). L'éprouver, ainsi que le développement du motif, structurent le temps. A ses dires, ces deux temporalités se superposent parfaitement et délimitent à elles deux la taille de l'enveloppe protonarrative (synchronisme entre la trame temporelle d'éprouver et la trajectoire dramatique de l'enveloppe protonarrative).

La superposition de la trame temporelle d'éprouver et de la trajectoire dramatique de l'enveloppe protonarrative ne doit pas masquer le dialogue entre l'intrigue et l'affectivité tout au long du déroulement de l'intrigue. L'enveloppe protonarrative se coconstruit entre la mère et le nourrisson. La coconstruction comporte une part d'incertitude, incertitude quant au bon déroulement du motif. Il peut toujours apparaître de l'incertain, de l'accidentel. Nous aurons l'occasion de revenir sur cet aspect de coconstruction dans la partie méthodologique de cette recherche.

Finalement, bien que Daniel Stern reconnaisse l'aspect globalisant de l'enveloppe protonarrative, il la considère encore comme l'un des moyens de représenter l'expérience subjective au même titre que les quatre autres[26]. C'est ce que nous évoquons ci-dessous.

Un schéma d'être-avec

L'ensemble des schémas représente les différents aspects d'une expérience interpersonnelle répétée. De même que la RIG, le schéma d'être-avec renvoie, par la répétition, à un prototype. Il ne sait que faire de la représentation de l'expérience singulière et de sa possible mise en récit. Le schéma d'être-avec joue un rôle central entre l'expérience telle que vécue et ses représentations évoquées et/ou agies (cf. figure ci-dessous). Daniel Stern suppose que ce schéma est « l'unique référence pour élaborer les fantasmes, les souvenirs, les narrations et les "moments émergents" » (1997, p. 128). Comment ce système fonctionne-t-il ? « Empruntant le terme à Ricœur (...), j'appelle ce processus "refiguration" pour désigner le passage de l'histoire à la narration, d'un ordre sériel fixe à des réaménagements, d'un pattern à un nouveau pattern, d'un événement objectif en temps réel à des événements imaginaires en temps virtuel » (Stern, 1997, p. 128). Concrètement, c'est

[26] Ce ne sera plus le cas dans la deuxième formulation, où l'enveloppe prénarrative occupera une place privilégiée dans ces schémas représentationnels.

l'attention qui fait la navette au sein des différents schémas. Le schéma d'être-avec agit non seulement comme modèle dans l'expérience actuelle mais il sert aussi de référence aux narrations de cette expérience (voire de narrations autobiographiques, cf. figure ci-dessous). Ainsi, il permet de rendre compte de l'expérience actuelle de mise en récit et sert de référence à une narration autobiographique (creuset). Par le vécu simultané de ces deux expériences, le schéma d'être-avec concilie deux temporalités, celle de l'expérience actuelle et celle de l'expérience imaginaire. Le schéma d'être-avec représente un moment émergent. Ce moment émergent est un morceau d'expérience subjective que la pensée construit au moment même où elle le vit. Ce moment doit avoir une extension suffisante et une cohérence temporelle pour être représenté. Quelle est la durée de ce moment émergent ? Daniel Stern parle d'« horizon du présent » (Stern, 1997, p. 131) dont les limites sont le passé immédiat (mémoire à court terme) et le futur immédiatement prévisible (l'entretien correspond bien à cette définition, l'entretien est un moment émergent dans ce sens).

Voici la modélisation des représentations de l'enfant que propose Daniel Stern dans *La constellation maternelle* (1997, p. 132) :

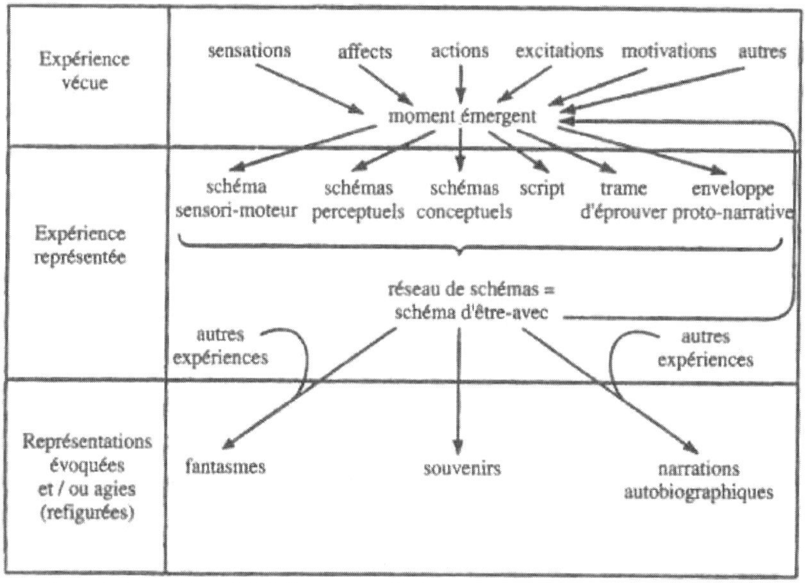

Figure 5 : STERN Daniel (1997). *La constellation maternelle*, Paris : Calmann-Lévy, p. 132.

L'enveloppe protonarrative par ses caractéristiques (aspect globalisant, fonction de donner du sens) s'avère être l'un des éléments constitutifs du schéma d'être-avec sur lequel va reposer les narrations autobiographiques. Ainsi, c'est sur la représentation d'un type de relation (un schéma d'être-avec) que se construit une narration identitaire[27]. Ce lien entre la représentation d'une relation et la capacité de symboliser (la mise en récit est une manière de symboliser) est très importante, car c'est dans ce lien qu'a été pensé une tentative de rapprochement entre la théorie des pulsions et de la théorie de l'attachement. Pour faire court, tout en sachant que nous allons y revenir, suivant la qualité du lien vécu (*secure*, *insecure*, etc.), l'enfant va intérioriser des figures parentales plus ou moins stables, plus ou moins structurantes. De ces figures dépendra la capacité de symbolisation, donc de mise en récit.

Passons à la deuxième formulation de l'enveloppe protonarrative qui devient dans cette dernière formulation, une enveloppe prénarrative.

L'enveloppe prénarrative

Les travaux de Daniel Stern et plus particulièrement sa notion d'enveloppe prénarrative telle que proposée dans sa dernière formulation (2005) a eu un écho important dans le monde clinique francophone et a donné des bases tant théoriques que cliniques pour une clinique de la narrativité. Comme esquissé ci-dessus, il semble possible de voir un mouvement de la pensée qui met avant tout l'accent sur l'affect[28] puis, dans la dernière formulation l'accent est mis sur les caractéristiques narratives ou quasi narratives de l'enveloppe. Bien que présents dans la réflexion de Daniel Stern avant cela, les renvois à la narrativité sont nombreux et explicites. Il est intéressant de reprendre à ce titre quelques caractéristiques générales de l'enveloppe prénarrative.

Tout d'abord, Daniel Stern ancre le noyau de celle-ci dans l'activité pulsionnelle de l'enfant et plus particulièrement dans l'unité désir/motivation (orientée vers un but). L'unité désir/motivation est mise en scène au sein d'une structure quasi narrative. Cette structure, qui donne une cohérence et une signification à l'enveloppe, comprend les éléments de base d'une préintrigue tels qu'un agent, une action, un but, un contexte, etc. C'est cette nature quasi narrative de l'enveloppe qui détermine sa taille et son degré de complexité. L'enveloppe prénarrative est une expérience subjective qui se déroule dans le temps avec une temporalité inhérente à l'action (en termes ricœuriens) qui lui confère une partie de sa cohérence et de sa signification. C'est donc une construction mentale qui émerge de l'expérience subjective du nourrisson. Elle est l'unité à partir de laquelle la narration, transposée, va émerger. De plus, l'enveloppe prénarrative est :

---

[27] Nous sommes cependant en désaccord avec Stern sur un point. A notre avis, l'expérience *se présente* au nourrisson sous forme d'enveloppe proto-narrative. Ce n'est que dans les narrations autobiographiques que l'expérience est *re*présentée (avec l'avènement du langage).

[28] Premier véhicule et matière de la communication, affect de vitalité, etc. dans les RIG.

> Une « propriété émergente » de la pensée qui présente une cohérence et une signification propres dans le contexte où elle a émergé. Cela revient à dire que les différents événements et émotions sont réunis comme autant d'éléments nécessaires à un événement unique et unifié, qui adopte une structure proche de la narration. L'enveloppe prénarrative est justement une telle propriété de la pensée qui accomplit cette intégration de l'expérience (Stern, 2005, p. 32).

Parler de « propriété émergente » de la pensée pour qualifier l'enveloppe prénarrative, c'est d'une part, lui conférer un mouvement vers la cohérence (ce qui n'empêche pas plusieurs « fragments narratifs » d'être en compétition) et, d'autre part, de donner une signification et une cohérence subjective à l'événement, donc aux pulsions qui elles ne le peuvent pas. « Le moyen le plus universel que la pensée s'octroie pour donner un sens à ce qui se passe est d'utiliser l'unité désir/motivation/but pour créer des propriétés émergentes, telles les récits ou les enveloppes prénarratives, afin de donner une cohérence à l'expérience » (Stern, 2005, p. 41).

Ainsi, ces différentes caractéristiques renvoient aux deux éléments structurels de l'enveloppe (ou d'un récit) : une intrigue et une trajectoire de tension dramatique. Daniel Stern donne une place prépondérante à la narrativité dans sa compréhension et dans son observation de l'expérience subjective du nourrisson.

Du point de vue de la construction identitaire, on observe à quel point l'identité se construit dans la relation interpersonnelle et comment l'expérience d'être en relation est saisie par le nourrisson (au niveau de la pensée), de manière innée, par le récit.

Le récit donne un accès privilégié à la question du sens et de la cohérence de l'expérience subjective. Il n'est de ce fait pas étonnant que le récit soit au cœur de pratiques psychothérapeutiques (grâce à ses caractéristiques, et grâce à de possibles refigurations dans sa remise en jeu dans le cadre d'une relation). De plus, avec ce qui a été dit, on relève l'importance d'un point de vue plus méthodologique de l'activité de faire récit. L'activité de faire récit est toujours incertaine, en dialogue avec l'affectivité générée par ce qui est évoqué[29] et par sa remise en jeu dans la relation interviewer-interviewé. Nous voyons à quel point elle génère du sens[30] et pourquoi elle est, pour le sujet et le chercheur, une porte d'entrée à l'intériorité.

Une dimension particulière de l'expérience relie Paul Ricœur et Daniel Stern, c'est la dimension temporelle. Nous allons brièvement l'évoquer, avant de passer à la manière dont Stern envisage la construction identitaire en discussion avec Winnicott.

[29] Dans notre recherche, les changements importants que les sujets ont vécus dans leur vie.

[30] En comprenant les liens entre expérience subjective et narrativité, la surprise devant les potentialités du récit dans les pratiques des histoires de vie n'est plus si surprenante.

La caractéristique de l'événement c'est sa temporalité. Il se déroule dans le temps et ne peut être saisi que dans une structure narrative. En effet, l'expérience telle que vécue est appréhendée par le nourrisson en termes d'agent, d'action, de but, de contexte (etc.), donc dans les termes d'une préintrigue. Tout comme Paul Ricœur, Daniel Stern considère qu'habiter subjectivement le temps est l'expérience humaine fondatrice. Pour relever la fonction centrale du temps dans l'enveloppe prénarrative, Daniel Stern pense que cette unité de base (qu'est l'enveloppe prénarrative) a comme caractéristique majeure sa structure temporelle. Selon Sylvain Missonnier, « c'est à partir de ce point d'ancrage que la fonction narrative devient la signature humaine de l'investissement subjectif et intersubjectif du temps » (2005, p. 64).

Stern montre comment les narrations autobiographiques s'appuient sur des représentations de relations interpersonnelles qui, elles-mêmes, proviennent (tout ou partie) de représentations d'événements interpersonnels saisis sur un mode « quasi narratif »[31]. Nous voyons ainsi dans quoi la narrativité de l'adulte s'inscrit dans quelque chose d'inné, un propriété innée de la pensée ainsi capable de saisir une expérience subjective interpersonnelle sur un mode quasi narratif.

Observons maintenant comment l'expérience subjective interpersonnelle se trouve à la base d'une structuration de la personnalité en faux et vrai *self*.

Construction de l'identité en vrai et faux *self*

Accordage affectif, vrai self – faux self

L'émergence de ces différents sens du soi s'effectue dans et par la relation interpersonnelle, particulièrement avec la mère[32]. La relation, constitutive de l'identité, est avant tout de l'ordre de l'affect. Daniel Stern l'a ainsi nommée : « accordage affectif ». L'accordage peut être vu comme la réponse de la mère à l'activité spontanée de l'enfant, à ce qui lui appartient en propre. La réponse est une validation autant qu'un soutien à son activité. Il y a évidemment différentes qualités d'accordage qui vont du refus pur et simple à une bonne adéquation (la « mère suffisamment bonne » selon la formule de Winnicott)[33]. Le nourrisson va intérioriser des « schémas d'être-avec » qui lui serviront de modèle pour de futures interactions. Ainsi, le jeu de « la petite bête qui monte » s'apprend avec la mère mais est reconnu

[31] Pour aider à la compréhension, cf. la figure qui présente le schéma d'être-avec.

[32] Ou de toute autre personne qui s'occupe de manière privilégiée du maternage.

[33] Notons que Daniel Stern parle d'accordage affectif uniquement à partir de l'émergence du sens d'un soi subjectif. L'accordage des affects nécessite l'intersubjectivité.

quand il est joué avec d'autres personnes. Le nourrisson reconnaît non seulement le jeu mais est capable de distinguer des styles interactifs différents, donc des personnes différentes. Il peut ainsi faire une double identification : celle d'une trame narrative (déroulement du jeu) et d'un style interactif.

La mère, par la gamme d'accordages affectifs qu'elle propose, va valoriser ou refuser certaines expériences[34]. Ainsi, conjointement à la constitution du sens d'un soi noyau, s'amorce la distinction entre le soi social et le soi désavoué. Le *soi social* est constitué par les expériences de soi qui sont sélectionnées et mises en valeur parce qu'elles satisfont aux besoins et aux désirs de quelqu'un d'autre. Comme le dit Stern :

> On voit bien comment un faux *self* peut commencer à se construire : en se fondant sur la part d'expérience interne du nourrisson, approuvée dans le domaine intersubjectif par l'expérience interne de l'autre, alors que les parties restantes de l'expérience interne du bébé, tout aussi valables, n'acquièrent pas l'approbation de l'autre. [...] Nous avons décrit la première étape de ce processus : l'exclusion de certaines expériences du domaine intersubjectif partageable (Stern, 2006, p. 267).

Le *soi désavoué* consiste en un conglomérat d'expériences désavouées de soi qui n'accèderont que difficilement à l'expression langagière[35]. Au cours du développement, le soi social, justement parce qu'il satisfait d'abord aux désirs des autres plutôt qu'aux désirs propres, sera plus ou moins fortement éprouvé comme un faux *self* en regard des expériences de soi davantage déterminées par la « conception interne » à laquelle sera attribuée la qualité d'être le vrai *self*.

Avec l'émergence du sens d'un soi subjectif, et de l'aptitude nouvellement acquise du nourrisson à reconnaître à l'autre un état mental semblable au sien, le domaine du privé, de l'intime, devient possible. Un troisième domaine du soi se met en place, le *soi privé* constitué par les expériences que l'on ne partage pas mais qui ne sont pas pour autant désavouées. Il faut relever (tout comme pour Winnicott) qu'« au niveau du lien interpersonnel intersubjectif, l'authenticité des conduites parentales apparaît comme un problème de très haute importance » (Stern, 2006, p. 272).

L'émergence du sens d'un soi verbal, crée quant à lui une nouvelle façon d'être-avec entre la mère et l'enfant en recourant à des symboles verbaux dans un partage des significations. Dans ce sens, l'acquisition du langage n'est pas uniquement vue comme un accès à l'individuation mais aussi

---

[34] « En étant eux-mêmes, les parents inévitablement exercent un certain degré de distorsion sélective dans leurs comportements d'accordage ; ils créent ainsi un modèle de monde interpersonnel partageable par le nourrisson. Cela s'applique à tous les états internes, l'enthousiasme et l'exthousiasme n'en étant que des exemples. » (Stern, 2006, [éd. originale 1985], p. 266).

[35] Le chemin allant de la représentation langagière de ces événements à leur expérience vécue et ressentie est barré.

comme un puissant moyen au service de l'union. En effet, l'apprentissage du langage renforce la communauté psychique avec un parent puis avec d'autres membres de la culture de cette langue.

D'un autre côté, et comme nous l'avons vu :

> Le langage peut imposer une séparation entre l'expérience de soi interpersonnelle telle qu'elle est vécue, et telle qu'elle est représentée verbalement. Le faux *self*, les « expériences de non-moi », l'étendue du désaveu et du clivage de l'expérience directe, et ces expériences qui sont simplement toujours gardées privées, seront tous marqués par l'apparition du langage. Ils sont tous ultérieurement déterminés par la façon dont les séparations entre l'expérience vécue et l'expérience représentée par le langage sont créées et recréées. C'est pour cette raison que beaucoup de ce qui est cliniquement important quand le langage apparaît est invisible et silencieux (Stern, 2006, p. 287).

Ainsi, au niveau du lien interpersonnel verbal, le langage devient disponible pour conférer un statut privilégié de représentation verbale au faux *self*. Le faux *self* s'établit, par la coopération entre le parent et l'enfant, en tant que construction sémantique faite de propositions linguistiques (à propos de qui est qui, qui fait quoi, qui est qui, etc.). Le désaveu, qui barre le chemin allant de la représentation langagière à l'expérience vécue, peut être activé pour maintenir une séparation entre le vrai *self* et le faux *self*[36].

Pour Stern, « c'est seulement dans le domaine du faux soi que le nourrisson peut faire l'expérience de la communion du partage subjectif et de voir sa connaissance personnelle validée par un consensus. La mère n'est pas ouverte au vrai soi, et agit en fait comme s'il n'existait pas » (2006, p. 289). Nous sommes en désaccord avec cette idée de renvoyer tout le soi social du côté du faux *self*. En effet, dire que la mère n'est pas ouverte au vrai *self* pose problème. Il est vrai, du point de vue de la mère, que c'est elle qui détermine ce qui est susceptible d'accordage (en ce sens on se trouve que dans le faux *self*), mais, du point de vue du nourrisson, une partie de son potentiel inné (vrai *self*) sera valorisée. Le vrai *self* participera au faux *self* et plus le vrai *self* sera intégré au faux *self*, plus l'individu s'approchera de l'état de santé (en référence aux cinq organisations du faux *self*).

De plus, « puisque le langage fournit le véhicule essentiel pour rapporter le savoir de soi au soi, les expériences désavouées sont moins susceptibles que les autres d'arriver à la connaissance du soi, et restent moins bien intégrées parce qu'elles sont coupées du pouvoir d'organisation du langage » (2006, p. 289). De même, les expériences de non-moi, quand l'expérience ne peut être assimilée ou intégrée dans le reste de l'expérience du soi, n'ont pas le même devenir suivant la structuration du sujet. Au niveau du lien interpersonnel noyau, la désintégration (ou la non-intégration originelle), « l'expérience "non-moi" ne sont ni incluses, ni délogées du sens d'un soi noyau. Quand cette situation se joue au niveau du lien interpersonnel verbal,

[36] C'est le besoin d'expérience d'être-avec qui motive cette activation.

une partie de soi est réellement réprimée, non désavouée. Elle n'a pas accès au langage et ne peut donc entrer en contact avec le soi privé ou social, ni même avec le soi désavoué » (Stern, 2006, p. 291). Dans ce sens, les expériences de non-moi ne peuvent être que silencieuses (en référence à Winnicott).

Il devient évident, après avoir parcouru quelques travaux de Daniel Stern, que le nourrisson et ses parents (en particulier sa mère) « se racontent » bien avant l'apparition du langage chez le bébé. Ainsi, c'est avec cette mère, dans cette culture, que l'enfant se construit une identité (pré)narrative ou, pour reprendre les mots de Sylvain Missonnier, « l'enveloppe prénarrative du bébé se coconstruit dans une interaction constante avec l'identité narrative individuelle des parents et pourvoyeurs de soin, et l'identité narrative collective de leur communauté culturelle d'appartenance » (Missonier, 2005, p. 65). C'est sur cette enveloppe prénarrative que prendra naissance une narration autobiographique.

De plus, l'accordage affectif se trouve être le lieu de la construction identitaire. Les expériences subjectives sont des éléments qui se rangeront dans une organisation psychique que sont les différents soi évoqués par Stern. Il propose d'adopter une terminologie différente de celle de Winnicott :

> Peut-être devrions-nous adopter une terminologie différente et diviser les expériences de soi qui se développent en trois catégories : le « soi social », le « soi privé » et le « soi désavoué ». La question est de savoir dans quelle mesure les soi sont « vrais » ou « faux », dans quelle mesure l'un ou l'autre d'entre eux fait mal est une question de clinique, et non du développement *en soi*. Et le degré de proximité atteint par chacun de ces soi par rapport au cap visé par le « dessein interne » est une question qu'on ne peut discuter avant de voir la direction d'ensemble prise par une vie. Peut-être ne peut-on jamais le savoir (Stern, 2006, p. 290).

Il est très intéressant que tant Winnicott que Stern doivent faire appel à « un potentiel inné qui comporte une tendance à la croissance et au développement » ou à « un dessein interne ». Il y a bien pour ces deux auteurs quelque chose qui pousse, de l'intérieur, à la réalisation, sans qu'il soit possible de la réduire à la vie pulsionnelle, au désir. C. G. Jung a, contrairement à ces deux auteurs, proposé de mettre au centre le « dessein interne », « le potentiel inné qui cherche à se développer ». Il en a parlé en terme de processus d'individuation. Ce processus est soutenu par une organisation psychique interne : l'archétype du Soi. L'individu chez Jung doit se construire en trouvant un chemin, un point d'équilibre entre deux collectifs, un collectif externe (présent dans l'environnement externe) et un collectif interne (présent dans l'inconscient collectif). Avant de passer à la présentation de quelques concepts de la théorie jungienne qui nous aideront dans la construction de notre modèle de l'identité, nous revenons brièvement, et comme annoncé, sur une proposition de conciliation entre la théorie de l'attachement et la théorie des pulsions.

Chapitre 7

LA THÉORIE DES PULSIONS ET LA THÉORIE DE L'ATTACHEMENT

Très récemment, on a vu en France des tentatives de conciliation, de discussion voire d'intégration entre la théorie des pulsions et la théorie de l'attachement. Le conflit entre ces deux théories résulte « d'un rendez-vous manqué dans les années 1960 entre l'école anglaise et l'école hongroise » (Golse, 2006, p. 71). Il n'est pas surprenant que ce soit en France qu'ait lieu cette rencontre faisant converger les travaux de deux domaines de la psychologie clinique : les travaux sur la résilience et les travaux sur le développement de l'enfant. Du côté des travaux sur le développement de l'enfant, les progrès dans l'observation des nourrissons ont permis de reconsidérer le lien à l'environnement soit dans la perspective de la théorie de l'attachement, soit dans celle de relation d'objet. Nous pensons ici principalement aux travaux de Bernard Golse, Sylvain Missonnier et du groupe francophone du *World Association of Infant Mental Health (WAIMH)*[1]. Du côté des travaux sur la résilience, c'est Serge Tisseron, fortement inspiré par les travaux de Nicolas Abraham et Maria Torok[2] (mais aussi ceux de Didier Anzieu) qui propose une conciliation sur le terrain de la symbolisation.

Nous présenterons dans un premier temps la « pulsion d'attachement », un concept évoqué par Didier Anzieu et développé par Bernard Golse, comme un pont possible entre la théorie de l'attachement et la théorie des pulsions. Dans un deuxième temps, c'est tout le thème de la symbolisation qui sera abordé, problème essentiel dans une réflexion sur la construction identitaire.

---

[1] Daniel Stern a apporté une contribution importante à ce groupe.
[2] Deux psychanalystes hongrois marqués par l'Ecole de Budapest.

La pulsion d'attachement

Au vu de l'intitulé du concept proposé par Bernard Golse, « pulsion d'attachement », il faut parler plutôt d'intégration de la théorie de l'attachement dans la théorie des pulsions que d'une rencontre de ces deux théories. Comment Bernard Golse conçoit-il cette intégration ?

Premièrement, il situe l'attachement comme un besoin primaire. Ce besoin primaire ne peut être conceptualisé uniquement en termes cognitifs. La figure d'attachement se trouve être dans le même temps un objet à découvrir et à investir affectivement. Deuxièmement, ce besoin primaire s'actualise par « une pulsion d'attachement mais au sens, alors, d'une pulsion globale d'autoconservation *secondairement libidinalisée*[3] au sein d'un système interactif précoce, ce qui permet alors de continuer de se référer à la théorie de l'étayage » (Golse, 2007, p. 20). Cette définition proposée par Bernard Golse appelle quelques commentaires. Le premier commentaire est qu'il s'agit d'une pulsion globale, donc sans lien avec une zone érogène. Deuxième commentaire, cette pulsion se trouve profondément ancrée dans le registre de l'autoconservation, donc dans les besoins liés aux fonctions corporelles nécessaires à la conservation de la vie de l'individu. Troisièmement, ce besoin primaire, au même titre que tous les autres besoins de l'autoconservation, peut être libidinalisé. Ainsi, sur ce besoin primaire, des pulsions sexuelles peuvent apparaître. C'est comme si elles se greffent sur le plaisir généré dans la relation (dans les comportements d'attachement). Pour finir, et en adoptant la terminologie de la troisième et dernière théorie des pulsions de Freud[4], la pulsion d'attachement représente la pulsion de vie non encore sexualisée par l'étayage[5].

La figure ou l'objet d'attachement peuvent être vus « comme objet particulier qui pourvoit à la survie de l'enfant et dont l'enfant doit apprendre, à certains moments à se passer, mais aussi comme objet disposant déjà de sa propre pulsionnalité et que l'enfant doit aimer » (Golse, 2007, p. 21). La figure et l'objet se confondent suite à la libidinalisation de la figure d'attachement qui devient une identification primaire d'arrière-plan, une base de sécurité pour l'exploration. Quel rôle joue la figure d'attachement dans l'établissement et la préservation de l'identité ? Pour répondre à cette question, nous présentons quelques travaux sur l'attachement et son lien au processus de symbolisation.

---

[3] Nous soulignons.

[4] « Le dualisme pulsionnel introduit par *Au-delà du principe de plaisir* (1920) oppose pulsions de vie et pulsions de mort et modifie la fonction et la situation des pulsions dans le conflit » (Laplanche & Pontalis, 2002, p. 362 [entrée « Pulsion »]).

[5] Le passage du registre du besoin à celui du désir.

Pulsion d'attachement et symbolisation

L'approche développementale

La question de la présence ou de l'absence de l'objet pour la symbolisation a marqué le débat entre théorie de l'attachement et théorie des pulsions. Il est né d'une apparente contradiction chez Sigmund Freud entre « l'objet naît dans l'absence » et « toute représentation suppose qu'il y a d'abord eu rencontre avec l'objet ». Ainsi, Freud prend en compte à la fois la nécessaire présence de l'objet et son absence, facteur de représentation, c'est-à-dire d'une nouvelle présentation à l'esprit de l'objet manquant. Mais il est à noter, nous semble-t-il, que la théorie des pulsions s'est plus attachée à penser la symbolisation en absence de l'objet et que la théorie de l'attachement invite à penser la symbolisation en présence de l'objet[6]. Les progrès dans les connaissances sur le développement du nourrisson ont mis à jour que pour les tout premiers temps de la vie, la question n'est pas tant celle de la présence ou de l'absence mais celle des écarts ou des différences. Avant de se demander si sa mère est là ou n'est pas là, l'enfant se demande si elle est comme d'habitude ou pas.

Dès le premier semestre de la vie, ce travail d'évaluation du nourrisson commence par l'observation des réponses de sa mère à ses comportements d'attachement. Le bébé inscrit dans la psyché un prototype des réponses maternelles en termes d'attachement et à chaque nouvelle rencontre interactive avec elle, il mesure l'écart d'avec un prototype. Il construit ainsi ce que John Bowlby a nommé des modèles internes opérants. Pour Bernard Golse, « le système d'attachement permet donc au bébé de se représenter et d'inscrire psychiquement les variations de réponses maternelles, ce qui correspond à une forme de représentation de manifestations de l'objet présent » (Golse, 2007, p. 24). Le bébé évalue par l'écart, entre la manière habituelle de répondre à ses comportements et la réponse actuelle, la fiabilité et la disponibilité de la figure d'attachement. Il est encore à noter que si la mère n'est pas comme d'habitude, le nourrisson se trouve introduit à la tiercéité : « l'écart [...] fait en quelque sorte le lit du tiers » (Golse, 2006, p. 67).

Dès le deuxième semestre de la vie, le travail d'évaluation des différences par rapport à l'habitude se fera par le biais du style interactif de la mère, soit de la qualité de son accordage affectif.

Pour Bernard Golse, les mécanismes d'attachement et ceux de l'accordage affectif entretiennent des liens différents avec l'intersubjectivité. L'accordage affectif viendrait, dans le deuxième semestre de la vie, signer l'accès plus ou moins stable à l'intersubjectivité alors que l'attachement qui

[6] Tout comme la théorie de la relation d'objet qui, centrée sur la relation, pense la symbolisation en termes psychanalytiques en présence de l'objet.

se joue surtout dans le premier semestre de la vie s'organise dans un en deçà de l'intersubjectivité (quand l'objet est encore en grande partie indifférencié).

Golse propose deux voies de symbolisation :

> On peut donc dire que la symbolisation en présence de l'objet concerne une proto-symbolisation des manifestations de l'objet et de ses variations – mais aussi des vécus subjectifs qui s'attachent à cette présence – et notamment par le biais du système d'attachement, alors que la symbolisation en l'absence de l'objet ouvre sur la symbolisation, non seulement de l'objet mais aussi du travail psychique de l'objet que le bébé va devoir progressivement intégrer et intérioriser (2007, p. 26).

Selon cette manière d'envisager la symbolisation, la figuration présymbolique de vécus subjectifs liés à la présence de l'autre et la mise en jeu des liens primitifs s'appuient sur les premières figurations corporelles (premières élaborations imaginatives du sensori-moteur pour Winnicott) tandis que le passage aux représentations mentales de l'objet en son absence nécessite fondamentalement le travail psychique de l'objet lui-même, en termes de transformation. Comme le remarque très bien Golse, cette manière de présenter deux voies de symbolisation en présence et en absence renvoie aux césures entre interpersonnel et intrapersonnel, entre intersubjectif et intra-psychique :

> La proto-symbolisation en présence de l'objet serait ici davantage inscrite dans le registre interpersonnel et intersubjectif, tandis que la symbolisation en l'absence de l'objet serait davantage inscrite dans le registre intra-personnel et intra-psychique, ce qui renvoie *mutatis mutandis*, à la dialectique classique entre psychanalyse et théorie de l'attachement, et ce que le concept de pulsion d'attachement vise, précisément, à transcender et à dépasser (Golse, 2007, p. 26).

Nous reviendrons sur cette intégration dans la partie conclusive de la construction identitaire où nous proposerons une synthèse qui permettra de prendre position.

Le trauma et la résilience

Une complémentarité entre la théorie des pulsions et la théorie de l'attachement apparaît quand on étudie le rapport entre qualité de lien d'attachement et capacité de symbolisation. Ainsi, c'est la relation, telle que définie par Daniel Stern dans l'accordage affectif ou par John Bowlby dans des modèles internes opérants, qui contribue à l'intériorisation de figures parentales. Ces figures parentales seront stables et structurantes lors d'un attachement *secure* qui fait intervenir le plaisir relationnel ; elles seront peu structurantes quand les formes d'attachement sont *insecure* et se développent sur un mode anxieux. Des figures d'attachement stables et structurantes favoriseront la capacité d'introjection. De ce fait, elles soutiennent l'enfant ou l'adulte, dans les processus de symbolisation, de liaison (selon les termes de la métapsychologie[7]). Pour Serge Tisseron, « la capacité d'introjection […] fait partie d'un processus intersubjectif entre l'enfant – ou l'adulte – et un tiers qui remplit pour lui les fonctions maternelles » (Tisseron, 2007, p. 116). Des figures d'attachement peu structurantes favoriseront ce que Nicolas Abraham et Maria Torok appellent des « inclusions psychiques », sortes de poches qui enferment des éléments psychiques qui peuvent produire des manifestations étranges dans lesquelles le sujet ne se reconnaît pas.

En résumé, la relation d'attachement est une base, un vecteur, pour l'intériorisation de figures parentales. Elle répond à un besoin primaire. C'est sur la base de cette fonction maternelle, ensuite relayée par d'autres, que s'élaborent les identifications secondaires et partielles qui donnent accès aux processus de symbolisation (codes de communication, accès au langage). Ainsi, de l'attachement dépend l'intériorisation de la relation à des figures parentales stables et structurantes donc des capacités de symbolisation du sujet et parmi elles, la mise en récit, l'apprentissage de pratiques rituelles, la construction de rôles sociaux.

Passons maintenant à la dernière approche, l'approche jungienne. Comme nous l'avons dit dans la conclusion des travaux de Stern, Jung propose le concept d'individuation pour parler du processus de subjectivation. Pour lui, l'individu doit se construire en trouvant un chemin, un point d'équilibre entre deux collectifs, un collectif externe (présent dans l'environnement externe) et un collectif interne (présent dans l'inconscient collectif).

[7] Green (1992).

Chapitre 8

C. G. JUNG ET L'INDIVIDUATION

L'œuvre de C. G. Jung est foisonnante : il l'a toujours voulue vivante, résistante aux formalisations. Il a toujours refusé d'écrire un ouvrage systématisant son œuvre (il accepta[1], à la fin de sa vie, d'écrire un ouvrage destiné à un plus large public, *L'homme et ses symboles*). De ce fait, restituer de manière développementale la construction identitaire dans une perspective jungienne s'avère une tâche difficile. Nous avons été aidés dans cette tâche par des écrits d'auteurs jungiens contemporains[2] mais aussi par le travail remarquable d'Henri Ellenberger (1994) qui restitue avec beaucoup de finesse la genèse des découvertes de Jung. Nous nous sommes aussi appuyés sur l'autobiographie de Jung (1998) qui demeure une source d'informations essentielle bien qu'elle soit, comme le montre très bien David Wulff (1997), une reconstruction hautement sélective.

Ainsi, nous aborderons successivement les étapes du parcours de Jung qui ont marqué des évolutions dans sa théorie. Ce parcours de la genèse de l'œuvre n'a pas pour vocation de restituer les liens entre les événements de vie de Jung (son parcours biographique) et ses découvertes (bien que nous ne négligions pas cet aspect), mais de montrer comment les concepts de Jung se mettent progressivement en place. Suite à ce parcours, nous présenterons la structuration de la psyché par des couples d'opposés ce qui nous amènera, dans un premier temps, à définir quelques éléments de la psychologie jungienne notamment l'inconscient individuel, l'inconscient collectif et les archétypes et, dans un deuxième temps, de décrire au fur et à mesure qu'ils se révèlent les complexes et les archétypes principaux qui organisent la vie psychique. Cela nous conduira à parler d'un concept[3] central de la psychologie jungienne : le Soi. Et en dernier lieu nous aborderons la question de l'individuation ou « du processus qui crée un "individu" psychologique »

[1] John Freeman indique en introduction du livre, *L'homme et ses symboles*, dans quelles circonstances Jung est amené à accepter la tâche de réaliser un tel ouvrage avec l'aide de ses plus proches collaborateurs (Jung, 1964, p. 9-15).

[2] Particulièrement les différents contributeurs du *Handbook of Jungian Psychology* (2006) édité par Renos K. Papadopoulos.

[3] C'est tout autant, et même avant tout, une expérience.

(Jung, 1953, p. 255). Nous conclurons avec quelques pistes de réflexion sur la construction identitaire.

La structuration de la psyché et la question du Soi

L'évolution de la théorie

Henri Ellenberger considère plusieurs périodes importantes dans l'œuvre de Jung. Pour lui, « la cellule germinale de la psychologie analytique de Jung peut se reconnaître dans ses discussions à l'association d'étudiants de *Zofinga*, et dans ses expériences avec sa jeune cousine médium, Hélène Preiswerk » (1994, p. 706). Vient ensuite la période du Burghölzli[4] où il se trouve en contact, dès son arrivée en novembre 1900, avec la psychanalyse (et notamment avec le livre *L'interprétation des rêves* de Freud paru la même année). La période suivante court de son départ du Burghölzli à la rupture d'avec Freud (1909-1913). S'en suit une période d'introversion (1914-1920) et finalement, dès 1922, le déploiement de son propre système, la psychologie analytique.

Les années d'études et la thèse

Jung est membre, durant ses études de médecine, de la section bâloise de la *Zofingue*. Durant les réunions hebdomadaires de cette association d'étudiants, Jung a l'occasion de présenter une série d'exposés et mettre ainsi à l'épreuve ses idées dans des joutes intellectuelles avec des partenaires d'autres disciplines (notamment des étudiants en théologie). Le compte rendu qu'en fait l'un des participants, Gustav Steiner (1965), montre l'intérêt de Jung pour la métaphysique et pour son étude selon des méthodes des sciences exactes. La « réalité » de l'âme ne fait aucun doute pour lui[5] et il voit dans l'étude du somnambulisme, dans l'hypnose et dans les phénomènes du spiritisme des possibilités d'étudier l'âme. Pour Jung, le spiritisme se rattache à un processus psychique inconnu[6] qui peut être mis à jour par une étude scientifique. Il est intéressant de relever que la dernière intervention de Jung dans cette association fait suite à la présentation d'un étudiant en théologie

[4] Le Burghölzli est la clinique psychiatrique universitaire de Zürich. L'ouverture de la clinique eut lieu en 1870 et son premier directeur fut Bernhard von Gudden qui tout comme ses successeurs lia la direction de la clinique à une chaire d'enseignement à l'université de Zurich. N'ayant conservé ce poste que deux ans, son influence fut relativement modeste en comparaison de celle de ses successeurs parmi lesquels les plus importants furent Auguste Forel (directeur de 1879 à 1898) et Eugen Bleuler (directeur de 1898 à 1927).

[5] Beaucoup de ses camarades sont frappés de voir la conviction avec laquelle il parle de l'âme comme une réalité immatérielle, transcendante mais susceptible d'être étudiée scientifiquement.

[6] Et non pas à l'occultisme.

sur le thème « théologie et religion ». Dans cette intervention, Jung « critiqua l'idée qu'une expérience de Dieu fût possible. Pour sa part, dit-il, il n'avait jamais fait une telle expérience »[7] (Ellenberger, 1994, p. 707). Bien que non athée, Jung s'attaqua à plusieurs formes de religiosité, notamment à la foi religieuse traditionnelle, au rationalisme et à l'intérêt porté aux expériences religieuses (à la façon de William James).

Vers la fin de ses années d'études, et avant d'entrer au Burghölzli, Jung mène une série d'observations sur une jeune médium, sa cousine Hélène Preiswerk. C'est sur ces observations que portera sa thèse terminée en 1902. Hélène Preiswerk, selon Jung, après avoir participé à des séances de tables tournantes en juillet 1899 présenta, début août, les premières manifestations de somnambulisme médiumnique[8]. Un mois plus tard, elle commença à connaître des états semi-somnambuliques où tout en gardant le contact avec la réalité, elle entrait en communication étroite avec les esprits. Dans cet état, elle disait s'appeler Ivenes. Deux particularités frappèrent Jung dans cette histoire : premièrement les prouesses dont elle était capable dans son état médiumnique et dont elle était absolument incapable à l'état conscient et, deuxièmement, le contraste entre la personnalité peu équilibrée de sa cousine et celle posée, réfléchie, d'Ivenes. Jung conclut qu'Ivenes manifestait un second moi, qu'elle était une future personnalité adulte en train de s'élaborer. Ainsi, la carrière médiumnique était la voie qu'avait choisie son inconscient pour surmonter les obstacles d'ordre psychologique et social qui entravaient le développement de sa personnalité. Pour Henri Ellenberger, « nous trouvons déjà ici en germe ce qui allait devenir la théorie jungienne de l'individuation » (Ellenberger, 1994, p. 709). Notons que la thèse de Jung fut l'objet d'une recension enthousiaste de Théodore Flournoy dans les *Archives de psychologie*[9].

Le Burghölzli : l'étude des complexes

C. G. Jung passa neuf années au Burghölzli[10], soit de 1900 à 1909. De cette période, nous retiendrons les recherches effectuées à l'aide du test d'associations verbales. Le test, dont l'invention remonte à Galton et que Wundt reprit pour établir expérimentalement les lois de l'association des idées, fut introduit par Eugen Bleuler au Burghölzli pour compléter les

[7] Freud fera une réponse du même type à Romain Rolland sur la question du sentiment océanique dans *Le malaise dans la culture* (2002, [éd. originale 1929] ; voir aussi Rolland, *Lettre à Sigmund Freud* 1967, p. 264-266).

[8] Elle incarnait différents esprits, notamment son grand-père Samuel Preiswerk.

[9] Archives de psychologie II (1903), p. 85-86.

[10] Nous relevons l'importance de Zürich et du Burghölzli à cette époque. Freud lui-même reconnaît la dette envers l'école de Zürich notamment l'exigence d'une analyse didactique, les tests d'associations de mots de Jung, l'emploi de la psychanalyse dans le traitement des psychoses et, non des moindres, d'avoir fourni un bon nombre d'adeptes qui sont venus à Freud par Zürich (citons Abraham, Ferenczi, Jones, Brill et bien d'autres).

examens cliniques. Jung, à l'aide de ce test (basé sur la mesure du temps de réaction), détecte et analyse les complexes vus comme « un ensemble organisé de représentations et de souvenirs à forte valeur affective, partiellement ou totalement inconscients »[11]. Dans l'hystérie, Jung constata que les associations étaient submergées par un complexe, lié à une ancienne blessure secrète. La mise à jour et la confrontation avec le complexe permettent de l'intégrer et, conséquemment, de guérir le patient. Pour Jung, « il n'y a *aucune différence* entre une *personnalité parcellaire et un complexe* » (1987, p. 199). Le complexe, à ce stade, ne se trouve pas encore très éloigné des « idées fixes subconscientes » de Pierre Janet[12]. Dans la démence précoce[13], Jung trouva des complexes fixés, devenus impossibles à surmonter. Il est intéressant d'observer le différent entre Bleuler et Jung sur la difficulté de venir à bout des complexes dans la démence précoce. Bleuler pensait que la cause de la maladie était l'apparition d'une toxine dans le cerveau et les complexes donnaient la forme aux symptômes. Quant à lui, Jung pensait que c'étaient les complexes qui déterminaient l'apparition d'une toxine rendant la maladie irréversible. Cette divergence d'opinion montre à quel point Jung donnait de l'importance à la réalité interne qui ne structure pas seulement le psychisme mais aussi le somatique (divergence toujours actuelle chez les postjungiens entre les essentialistes et les constructivistes[14]).

Le test d'associations verbales permit de faire encore une découverte par un collaborateur de Jung qui constata statistiquement une similitude plus grande dans les tests de personnes appartenant à la même famille, en particulier entre le père et le fils, la mère et la fille. Les résultats auront une grande influence sur la non-acceptation par Jung de la notion de complexe d'Œdipe[15]. Il quitte le Burghölzli en 1909 pour s'occuper de sa clientèle privée.

La période psychanalytique : l'étude des mythes

La période psychanalytique couvre, pour Ellenberger, la période de 1909 à 1913. Elle correspond, de notre point de vue, au moment où les points de

---

[11] De plus, « un complexe se constitue à partir de relations interpersonnelles de l'histoire infantile ; il peut structurer tous les niveaux psychologiques : émotions, attitudes, conduites adaptées » (Laplanche & Pontalis, 2002, p. 72 [entrée « Complexe »]).

[12] Jung est très influencé, à cette époque, par les travaux de Janet (mais aussi de Flournoy). « C'est aux travaux de psychopathologie française, en particulier aux mérites de Pierre Janet, que nous devons de connaître aujourd'hui les possibilités étendues qu'a la conscience de se scinder » (Jung, 1987, [éd. originale 1933], p. 199).

[13] Terme pour désigner ce qui sera appelé plus tard schizophrénie.

[14] Les postures essentialiste et constructiviste seront présentées quand nous parlerons du développement de l'enfant dans une perspective jungienne.

[15] Les garçons et les filles se conforment inconsciemment aux attitudes familiales. Une fois fixées, ces attitudes persistent tout au long de la vie. Jung attribuait, à cette assimilation précoce des attitudes familiales, tous les effets que Freud imputait à la résolution du complexe d'Œdipe.

vue entre Freud et Jung se sont le plus rapprochés notamment sur la question d'un inconscient originel. Avant de venir à cette question, rappelons que Jung, bien que très enthousiaste par rapport à l'œuvre de Sigmund Freud, est d'emblée sceptique sur l'importance à donner à la sexualité et rejette dès 1909 le complexe d'Œdipe. Avec les réponses au test d'associations verbales pratiqué au Burghölzli, Jung pense que garçons et filles se conforment aux attitudes familiales qui se fixent et qui perdurent tout au long de la vie. C'est à cette période que Freud encourage plusieurs psychanalystes (Abraham, Rank, Sielber et Jung) à entreprendre des études sur les mythes[16]. Nous rappelons la découverte des rêves typiques de tel ou tel complexe et ce fond commun, du mythe dont Freud relève l'importance dans les formations oniriques : « Les symboles oniriques qui ne s'appuient pas sur les mythes, des contes de fées, des usages populaires, etc., doivent être considérés comme douteux » (Jones, 1969, p. 467). De plus, Freud parlera même d'une couche plus profonde que le refoulé individuel, une couche plus archaïque, un inconscient originel. On sait ce qu'il adviendra de ce rapprochement après la rupture. S'appuyant sur cette connaissance des mythes, Jung interpréta quelques rêves éveillés et fantasmes d'une personne (présentés par Flournoy dans les *Archives de psychologie*[17]) dans son livre *Métamorphoses de l'âme et ses symboles* (1967). Cette interprétation, à l'aide des mythes et de l'histoire des religions, suscita un vif intérêt. Dans cet ouvrage Jung apporte trois points de vue nouveaux : premièrement, la libido est identifiée à l'énergie psychique[18] ; deuxièmement, la libido ne s'exprime que par l'intermédiaire des symboles (son langage « naturel ») ; et troisièmement, l'importance, dans tous les mythes étudiés, du mythe du héros. C'est principalement ce nouveau point de vue sur la libido qui provoquera la rupture d'avec Freud en 1913[19].

---

[16] Nous avons déjà évoqué cette période lors de la critique, par Jean Laplanche, du concept d'identité narrative de Paul Ricœur.

[17] Flournoy (1906, p. 36-51). On notera la fidélité de Flournoy à la métapsychologie de Janet.

[18] Jung distingue trois stades : le premier de 0 à 3/5 ans est présexuel, c'est le stade où l'énergie psychique est au service de la croissance, le deuxième de 3/5 ans à la puberté voit apparaître les germes de l'instinct sexuel qui se développent et atteignent la maturité dans le troisième stade. Il faut encore relever que la mère est vue comme un personnage protecteur et nourricier et non pas comme l'objet de désirs incestueux.

[19] Jung raconte que c'est lors du voyage aux Etats-Unis en 1909 où Jung et Freud étaient invités par Stanley Hall pour la commémoration du 20e anniversaire de la Clark University que Freud a perdu son autorité sur lui, lorsque Jung demandant à Freud (pendant leur traversée en bateau) des détails sur sa vie personnelle pour interpréter un rêve de celui-ci, reçut cette réponse : « Je ne puis pourtant pas risquer mon autorité ! A ce moment même, il l'avait perdue » (Jung, 1998, [1re éd. française 1966], p. 185).

La période d'introversion

La rupture d'avec Freud en 1913 est un événement dramatique pour Jung qui le plonge dans une dépression. Il parle, longtemps plus tard, « d'une période d'incertitude intérieure, plus que cela encore, de désorientation » (Jung, 1998, p. 198). Pour Ellenberger, durant cette période, Jung mena à bien « trois grandes tâches intimement liées les unes aux autres : l'exploration de l'inconscient, l'étude des types psychologiques et l'étude du gnosticisme » (1994, p. 718). C'est en 1913 que Jung entreprit sa confrontation avec l'inconscient. Il appliqua à ses propres fantasmes la même méthode d'élucidation des symboles que celle appliquée à Miss Frank Miller dans *Métamorphoses de l'âme et ses symboles*. Jung fit ainsi personnellement l'expérience de réalités psychiques telles que l'*anima*, le Soi, la fonction transcendante, le processus d'individuation. De plus, une série de rêves précédant de peu le déclenchement de la Première Guerre mondiale vont le pousser à comprendre l'articulation entre l'individuel et le collectif : « Ma tâche me parut désormais clairement établie : je devais tenter de comprendre ce qui se passait et dans quelle mesure ma propre expérience vivante était liée à celle de la collectivité » (Jung, 1998, p. 205). Dès 1916, il rend compte de son expérience en proposant d'une part une esquisse de sa nouvelle conception de l'inconscient (Jung, 1916) et, d'autre part, sous un pseudonyme (Basilide), il exprime son vécu intérieur dans un texte difficile d'accès, *Les sept sermons aux morts*[20].

La deuxième tâche de Jung dans cette période est l'élaboration de sa théorie sur les types psychologiques. Partant de l'opposition entre les symptomatologies de l'hystérie et de la schizophrénie, Jung retrouve une forme extrême de deux visions différentes du monde, de deux fonctions psychologiques complémentaires : l'introversion et l'extraversion. A ces deux notions, Jung ajoute quatre fonctions fondamentales de la psyché consciente réparties en deux couples d'opposés : les deux fonctions rationnelles de la pensée et du sentiment et les deux fonctions irrationnelles de la sensation et de l'intuition. De ces fonctions, il y en a toujours une qui domine chez un individu mettant l'autre en position d'infériorité. Il y a donc huit types dont quatre introvertis et quatre extravertis.

Nous ne parlerons pas de sa rencontre avec des textes gnostiques, si ce n'est qu'il voyait en eux les précurseurs de la psychologie de l'inconscient et qu'il pensait que ces textes gnostiques puisaient à la même source que lui (dans sa connaissance de l'inconscient). Cette période se termine par la rédaction de son livre *Les types psychologiques* (Jung, 1950) où il présente un système de psychologie dynamique nouveau et complet.

---

[20] « Je fus pour ainsi dire obligé, de l'intérieur de formuler et d'exprimer ce qui aurait pu être dit en quelque sorte par Philémon [une personnification de l'archétype de l'*esprit* de Jung] » (Jung, 1998, [1re éd. française 1966], p. 221).

Après une brève conclusion, nous présenterons les principaux éléments de ce système.

Conclusion

Il y a beaucoup à dire sur l'évolution de la pensée de Jung. Nous aimerions émettre quelques commentaires. Premièrement, et contrairement à l'évolution de la pensée freudienne, l'évolution se fait par intégration ou approfondissement. Il n'y a pas un abandon d'une théorie pour une autre[21]. Deuxièmement, ce qui frappe, et cela bien avant la période d'introversion, c'est la prédominance pour Jung du monde intérieur. Autant ses partenaires de *Zofingue* que le lecteur contemporain peuvent être intrigués par le statut de réalité donné aux personnifications du monde intérieur. Freud tenait au primat de la réalité extérieure, Jung (sans renier la réalité extérieure) à celui de la réalité intérieure. Troisièmement c'est la « statique du modèle » qui intrigue, car elle repose entièrement sur des systèmes d'opposition avec un centre de gravité qui se déplace progressivement vers le Soi. En dernier lieu, et pour un public francophone, nous relevons les liens étroits tissés entre Théodore Flournoy et Jung (et donc avec les *Archives de psychologie*). Jung qui dit avoir « trouvé en Théodore Flournoy un ami paternel » (1998, p. 428) dont l'influence contrebalança celle de Freud.

Des systèmes d'opposition

La structuration de la psyché chez C. G. Jung se construit autour de systèmes d'opposition, de couples d'opposés. Dans son développement, la vie psychique organise la structuration de ces oppositions et vise à leur intégration. Pour Jung, l'individu n'est pas seulement aux prises avec son environnement externe (la réalité extérieure) mais aussi avec son monde interne. Dans une version de 1916 de la *Dialectique du moi et de l'inconscient*[22], Jung emploie le terme « individu » à la place de ce qu'il appellera plus tard le Soi. Dans ce premier modèle, Jung oppose l'individu au collectif, le collectif de la réalité externe et le collectif dans l'inconscient. Des enveloppes séparent l'individu de ces deux collectifs : la *persona* orientée vers le monde externe et l'*anima* vers le monde interne. Deux couples d'opposés sont d'ores et déjà proposés : conscient collectif/inconscient collectif, *persona*/*anima*.

Warren Colman (2006, p. 154) donne un aperçu de ce premier modèle :

[21] On peut faire une lecture « systématique » ou « développementale » de l'œuvre de Jung, mais comme le dit très justement Harley Chapman, même si la pensée évolue, elle comporte aussi des éléments qui perdurent de façon inchangée (Chapman, 1988, surtout p. 5-8).

[22] Le livre paraîtra finalement en 1933.

Collective consciousness/external reality

↓ ↑

persona

↓ ↑

Individual

↓ ↑

anima

↓ ↑

Collective unconscious

L'individu, dans le modèle de 1916, se trouve dans la nécessité de se définir entre deux collectifs, un collectif intérieur inconscient et une conscience collective extérieure.

Dans la version de 1933 de la *Dialectique du moi et de l'inconscient*, Jung parlera du centre de la personnalité en ces termes :

> Imaginons-nous le conscient, avec son centre qui est le Moi, dans sa confrontation avec l'inconscient ; cette confrontation entraîne un processus d'assimilation de l'inconscient ; nous pouvons nous représenter cette assimilation comme une manière de rapprochement entre le conscient et l'inconscient, rapprochement à la suite duquel le centre de la personnalité globale ne coïncidera plus avec le Moi, mais sera figuré par un point qui se trouvera à mi-chemin entre le conscient et l'inconscient. Ce point sera le centre de gravité du nouvel équilibre et correspondra à un recentrage de la personnalité globale ; il constitue un centre qui, pour être probablement virtuel, n'en confère pas moins à la personnalité, grâce à sa position centrale et privilégiée entre le conscient et l'inconscient, un fondement nouveau, un soubassement plus sûr (Jung, 2005, p. 221-222).

Jung propose un positionnement de la personnalité à l'équilibre, comme un centre de gravité entre deux ordres de réalité, entre deux collectifs.

L'individu est actif dans ce positionnement en adoptant une attitude critique tant envers la réalité extérieure (du collectif externe) que de la réalité intérieure (du collectif interne). Sans ce positionnement, le développement de la vie psychique peut basculer dans des « *aliénations de soi-même*, à savoir de *dépersonnalisations partielles*, tantôt au profit d'un rôle extérieur, tantôt au bénéfice d'une importance imaginée ou imaginaire. Dans le premier cas, le Soi est refoulé à l'arrière-plan au profit de l'adaptation et de la mise en valeur de l'individu dans le cadre social ; dans le second cas, cela a lieu sous l'action de l'influence autosuggestive d'une image primordiale. Dans un cas comme dans l'autre, c'est le collectif qui prédomine et qui l'emporte » (Jung, 2005, p. 115-116). Autrement dit, devenir un individu, c'est « libérer le Soi, d'une part des fausses enveloppes de la persona, et d'autre part de la force suggestive des images inconscientes » (p. 117).

Jung distinguera encore, mis à part les couples d'opposés conscient/inconscient et *persona/anima*, une série de couples qui interviennent à des moments différents de la structuration psychique notamment le couple *persona/ombre* et le couple *anima/animus*. Avant de décrire cette structuration « par couches », nous préciserons quelques notions de la psychologie de Jung.

Structure de la psyché

Avant de présenter une vue de la psyché par strates, nous définirons quelques notions du système de psychologie dynamique de Jung, soit l'énergétique psychique, l'inconscient individuel, l'inconscient collectif et les archétypes.

L'énergétique psychique

Comme nous l'avons déjà mentionné, Jung élargit la notion de libido à l'ensemble de l'énergie psychique, terme qu'il préférera à celui de libido. Pour Jung, l'énergie psychique a sa source dans les instincts. Suivant les principes régissant l'énergie physique, l'énergie psychique est soumise aux principes de conservation, de dégradation et de transformation. La quantité d'énergie est constante dans les transformations et une partie de l'énergie peut être mise en réserve dans l'inconscient. Jung trouve appui sur ses expériences avec le test d'associations verbales au Burghölzli pour montrer des différences quantitatives d'énergie : « Nous disposons d'indicateurs qui nous permettent une estimation approximative de la quantité d'énergie dont est chargé un complexe. Parmi ces indicateurs, figurent le nombre de mots qui s'organisent en une constellation et la puissance des éléments perturbateurs dans le test des associations verbales »[23] (Ellenberger, 1994, p. 724). Jung pense que l'énergie psychique s'oriente soit dans le sens d'une

[23] C'est Ellenberger qui parle.

progression (un processus continu d'adaptation au monde externe), soit dans le sens d'une régression (échec dans l'adaptation qui réactive des contenus inconscients et des anciens conflits intérieurs). Point important, ce sont les symboles qui jouent le rôle de transformateurs d'énergie. Quand un symbole est assimilé, il libère une certaine quantité d'énergie qui vient dorénavant disponible pour le conscient.

L'inconscient individuel

Jung, quand il parle de la notion d'inconscient individuel, fait référence à la théorie freudienne de l'inconscient. L'inconscient freudien, dans la lecture qu'en fait Jung[24], est constitué principalement d'éléments refoulés et de traces mnésiques de situations vécues (dans la réalité extérieure). Pour Jung, l'inconscient individuel est une couche dans laquelle les éléments psychologiques et les matériaux qui y figurent doivent être considérés comme de nature personnelle. Ces matériaux peuvent tout aussi bien être, par nature, conscients. Jung parle non seulement de couche, mais aussi de limon :

> Plus on prend conscience de soi-même, grâce à la connaissance que l'on acquiert petit à petit, et grâce aux rectifications de comportement qui en découlent, plus s'amincit et disparaît la couche de l'inconscient personnel déposée, tel un limon, sur l'inconscient *collectif* (Jung, 2005, p. 123).

La prise de conscience de soi-même fait disparaître cette couche considérée comme un limon. La vie individuelle dépose des matériaux sur un fond. Dans un sens, l'inconscient individuel se construit sur l'inconscient collectif qui est là dès la conception. Avant de décrire l'inconscient collectif, il faut préciser qu'il est juste, pour les textes de Freud antérieurs à 1920, d'assimiler l'inconscient au refoulé. Puis Freud laisse, dans plus d'un texte[25], « une place à des contenus non acquis par l'individu, phylogénétiques, qui constitueraient le "noyau de l'inconscient" » (Laplanche & Pontalis, 2002, p. 198). Malgré cela, l'inconscient jungien diffère de l'inconscient freudien sur trois points : il évolue selon un processus autonome, il est dans une relation de complémentarité au conscient et il est le siège d'images universelles primordiales, les archétypes.

L'inconscient collectif et les archétypes

Dans le parcours de Jung tel que nous l'avons présenté, nous avons vu tout d'abord le psychanalyste aux prises avec l'inconscient individuel. Il

---

[24] « L'inconscient d'abord était compris de façon personnaliste, c'est-à-dire que ses contenus étaient réputés ne provenir que de la conscience du moi et de sa sphère et n'être devenus inconscients que secondairement par refoulement » (Jung, 1953 [recueil d'articles parus entre 1913 et 1945], p. 25).

[25] Par exemple dans *Le moi et le ça* (1991), œuvres complètes vol. XVI (1921-1923).

rencontre chez ses patients, à l'aide du test des associations verbales, des petits groupes de représentations, mais aussi des personnalités secondes. Jung est marqué par le développement autonome des complexes et leur tendance à prendre la forme d'une personnalité. Puis, dans le prolongement des travaux de Freud, Jung propose la notion d'*imago*. L'*imago*, dans cette acception, est la représentation subjective que l'enfant se fait de ses parents (non tels qu'ils sont, mais tels que l'enfant se les représente). Jung est alors intrigué par la différence entre la mère réelle et l'*imago* de la mère. Cette différence l'amène à « admettre que la donnée essentielle était la préexistence en l'homme d'une image inconsciente de la femme » (Ellenberger, 1994, p. 725). Ellenberger pense, à juste titre, que la notion d'*imago* fait la transition entre la notion de complexe et la notion d'archétype. La notion d'archétype est très étroitement liée à celle d'inconscient collectif.

> La forme et la nature du monde dans lequel l'être naît et grandit sont innées et préfigurées en lui sous forme d'*images virtuelles*. Ainsi les parents, la femme, les enfants, la naissance et la mort sont innés en lui sous forme de disponibilités psychiques préexistantes, sous forme d'images virtuelles. Ces catégories, évidemment de nature collective, sont les images des parents, de la femme et des enfants en général, par-delà la prédestination individuelle et préalable à celle-ci. Tant que ces images, de virtuelles qu'elles étaient, ne sont pas meublées de contenus déterminés par le vécu, il faut les penser comme des cadres vides ; à cause de cela elles demeurent invisibles et inconscientes. Elles n'acquièrent teneur et par conséquent influence sur le sujet, et finalement conscience, qu'en tombant en concordance avec une donnée vécue ; alors se produit en un lieu quasi géométrique, point de recoupement de la disponibilité intérieure et du concret extérieur, comme un point d'impact : sous ce choc révélateur, la disponibilité inconsciente se trouve éveillée à la vie (Jung, 2005, p. 149).

La notion d'archétype, telle que proposée par Jung dans cette citation, appelle quelques commentaires.

Premièrement, Jung distingue les images archétypiques, qui se manifestent au niveau de la conscience (sous formes de complexes qui puisent leur énergie dans l'archétype), des archétypes qui restent normalement inconscients (ou à jamais complètement saisissables). Les archétypes ne sont pas le fruit de l'expérience individuelle, mais sont universels[26]. L'universalité peut s'expliquer soit par la constante édification de notre anatomie cérébrale et psychique (dont nous sommes les héritiers) soit par l'existence d'une sorte d'âme néoplatonicienne, une « pré-forme »[27].

---

[26] C'est de ce fond universel que proviennent les mythes, les contes. Le thérapeute fait appel, lors de la thérapie, à des récits montrant des voies d'évolution possibles et il montre ainsi que l'histoire du patient fait partie des histoires de la collectivité.

[27] Anthony Stevens relève très justement que « like all profound ideas, the archetypal hypothesis is not entirely new. Its origins go back at least as far as Plato and probably further. Jung himself recognised this when he described archetypes as 'active living dispositions, *ideas en the Platonic sense*, that pre-form and continually influence our thoughts and feelings and actions' » (2006, p. 79).

Kaj Noschis pense que la tentative de dissocier l'image d'un cadre préexistant s'explique par les critiques nombreuses dont a été l'objet la notion d'archétype et surtout l'idée d'innéité contenue dans celle-ci. Selon Noschis, en transposant cette distinction dans le champ de la linguistique, « la position de Jung ne doit pas être très éloignée de celle de Chomsky sur une faculté du langage héréditaire [...]. Mais nous savons que la position de Chomsky fait aussi l'objet d'une forte contestation, notamment de la part de la psycholinguistique d'inspiration piagétienne » (Noschis, 2002, p. 46). La « pré-forme », l'inné, reste une difficulté dans cette notion d'archétype et provoque une césure entre une vision essentialiste et une vision constructiviste.

Deuxièmement, ces « cadres vides » que sont les archétypes entrent en vibration uniquement quand il y a rencontre avec une donnée du vécu. La rencontre entre l'inné et ce qui va se construire dépend, dans ce sens, de l'environnement humain[28]. Jung dira ailleurs que « les instincts ne peuvent même pas être déclenchés quand les conditions régnantes ne correspondent point à l'image *a priori* de la situation nécessaire » (Jung, 1953, p. 27).

Troisièmement, le « langage » des archétypes est le symbole. Le symbole permet d'harmoniser des données conscientes et inconscientes. Cette unification des contrastes à l'aide du symbole, Jung l'a appelée « fonction transcendante ». Elle permet de réunir des éléments opposés à un niveau supérieur.

Quatrièmement, l'archétype a deux visages, il est affectivement polarisé avec un versant positif et un versant négatif[29].

Cinquièmement, l'archétype a un caractère numineux. Jung reprend la définition du numineux introduite par Otto :

> Le *numinosum*, c'est-à-dire *une existence ou un effet dynamique*, qui ne trouve pas sa cause dans un acte arbitraire de la volonté. Au contraire, l'effet saisit et domine le sujet humain, qui est toujours bien plus sa victime que son créateur. Le *numinosum* – quelle qu'en soit la cause – est un conditionnement du sujet qui est indépendant de sa volonté. En tout cas, l'enseignement religieux aussi bien que le *consensus gentium*, en tout lieux et en tout temps, explique cet état, où le sujet est plongé, doit être attribué à une cause extérieure à l'individu. Le *numinosum* est ou bien la qualité d'un objet visible, ou bien l'influence d'une présence invisible qui détermine une modification caractéristique de la conscience. Telle est du moins la règle générale (Jung, 1996, p. 17).

Dans la note 16 du deuxième chapitre du livre *Psychologie et religion*, Jung renvoie aux usages antiques de mot archétype : « C'est dans ta pensée que tu vois la forme archétype (celle qui n'a été copiée sur aucun modèle), ce qui est à l'origine de l'origine, ce qui est sans limites » (Jung, 1996, [éd. originale 1937], p. 124).

[28] Comme l'a bien montré par la suite Winnicott avec son concept de « mère suffisamment bonne ».

[29] L'archétype peut être vécu sur ses deux versants.

Dernière remarque, les archétypes sont actualisés par une voie : « L'archétype constellé est toujours l'image primordiale du besoin du moment »[30] (Stevens, 2006, p. 86).

Présentons maintenant les structures psychiques les plus importantes qui apparaissent dans des strates différentes de la psyché et à des moments différents du processus d'individuation.

Différentes couches (trois étapes de la psychothérapie)[31]

La structuration du psychisme telle que proposée par Jung est, comme nous l'avons vu, le résultat d'oppositions entre des structures psychiques. Dans sa pratique analytique, Jung est amené à rencontrer avec ses patients des structures psychiques[32] dans des couches de plus en plus profondes de la psyché.

Aux structures les plus accessibles (telles que rencontrées dans l'hystérie par exemple) et plus directement en lien avec l'environnement externe, Jung donne le nom de complexes. Trois complexes jouent un rôle important pour notre propos : le moi, la *persona* et l'*ombre*[33]. Le moi est un complexe particulier car il est le seul à posséder un centre de conscience ce qui lui donne une place particulière dans la structuration de la psyché. Pour Jung, « il faut entendre par "moi" l'élément complexe auquel se rapportent tous les contenus conscients » (Jung, 1983, p. 15). Les complexes sont en surface de la personnalité et peuvent, à l'aide d'un tiers, être mis à jour. Ils se situent dans le limon de l'inconscient individuel.

Aux structures les moins accessibles, les plus aux prises avec l'environnement intérieur (faisant partie de cet environnement), Jung donne le nom d'archétypes. Bien que potentiellement en nombre infini, Jung remarque l'importance de quelques archétypes à des niveaux de profondeur

---

[30] Notre traduction.

[31] Nous nous appuyons sur les étapes du processus analytique : « Pour résumer, j'aimerais souligner que l'intégration de l'ombre, c'est-à-dire le fait de rendre conscient l'inconscient personnel, représente la première étape du processus analytique, sans laquelle une connaissance de l'*anima* et de l'*animus* est impossible. L'ombre ne peut être réalisée que dans la relation avec un vis-à-vis, et l'*animus* et l'*anima* par la relation avec le sexe opposé, car c'est seulement là que les projections sont opérantes. De cette dernière connaissance naît chez l'homme une triade qui est transcendante dans la proportion d'un tiers : le sujet masculin, le sujet féminin qui lui fait face, et l'*anima* transcendante. Chez la femme, le processus est analogue, mais sur un mode inversé. Le quatrième qui manque à la triade pour réaliser une totalité est, chez l'homme, l'archétype du vieux sage que je n'ai pas fait entrer en ligne de compte, tandis que, chez la femme, c'est la mère chthonienne. Ceux-ci constituent une quaternité mi-immanente et mi-transcendante, à sa voir cet archétype que j'ai qualifié de *quaternion*. [...] Ce dernier constitue un schéma du Soi. [...] Le Soi est d'autre part une image de Dieu dont elle ne se laisse pas différencier » (Jung, 1983, [éd. originale 1949], p. 35-36).

[32] Nous rappelons que ces structures apparaissent de façon personnifiée. Elie Humbert parle de ces structures comme des figures de l'autre en soi (Humbert, 2004, p. 103-136).

[33] Comme nous le verrons, l'ombre peut être de nature archétypique (mais c'est habituellement rare que le patient fasse une expérience de mal absolu).

différents. Sous cette couche de limon, le patient entre en contact avec l'archétype de l'*âme* dans sa syzygie, l'*animus* pour la femme et l'*anima* pour l'homme (le retrait des projections nécessite un vis-à-vis de sexe opposé). Tout comme la *persona* est une enveloppe qui protège l'individu du monde externe (et lui donne accès), l'*âme* (*animus/anima*) joue ce rôle pour le monde de l'inconscient collectif. Dans la couche suivante se trouve l'archétype de l'*esprit* (la *mère chthonienne* et le *vieux sage*). Finalement, à la fin du processus analytique se trouve l'archétype du *Soi*, le plus central.

Avant de présenter ces différentes structures, précisons le lien entre archétypes et complexes. Il nous semble que la réalité intérieure, l'inconscient qu'il soit individuel ou collectif, se manifeste à la conscience de manière personnifiée. Dans ce sens, toute manifestation inconsciente devient une réalité vivante et appréhendable par le complexe. Jung a remarqué pendant son séjour au Burghölzli que des complexes n'étaient pas assimilables. De cette constatation, nous pouvons distinguer des complexes de nature archétypale, qui expriment un problème de nature individuelle par des images primordiales et des complexes de nature non archétypale liés à l'inconscient individuel. Cette distinction, bien que facilitante, gomme certaines difficultés, notamment avec le complexe de l'*ombre* qui peut être de nature archétypale. Présentons maintenant les différentes structures couche par couche.

La *persona* et l'ombre

La *persona* médiatise le rapport à l'environnement externe. Elle est, comme son nom l'indique, un masque. Pour Jung, « la *persona* n'est rien de "réel" : elle ne jouit d'aucune réalité propre ; elle n'est qu'une formation de compromis entre l'individu et la société, en réponse à la question de savoir sous quel jour le premier doit apparaître au sein de la seconde » (Jung, 2005, p. 84). Comparativement à l'individualité du sujet, la *persona* apparaît comme une réalité secondaire, un simple artifice, une apparence. En forçant le trait, nous pourrions dire que la *persona* n'est que le produit des normes collectives transmises (en particulier par les « autres » significatifs). Mais elle porte la marque du Soi inconscient qui, par effet compensatoire à cette compromission au monde externe, fait sentir sa présence. Le Soi inconscient contrebalance la situation consciente. Il n'en demeure pas moins que l'environnement externe prédomine sur la formation de cette structure psychique.

Pour Jung, ce sacrifice de soi-même contraint l'ego à s'identifier avec la *persona* et engendre un déplacement du centre de gravité de l'ego vers la *persona*. Dans ce nouveau positionnement, l'ego, en s'identifiant aux qualités et aux fonctions de l'individu, acquiert des identifications qui le protègent et qui le valorisent. Il se trouve soumis, d'un côté, à la séduction de la *persona* qui l'attire, et, de l'autre, il subit la pression des forces intérieures qui oblige l'individu à ne pas perdre le contact avec sa personnalité authentique.

La concession au monde externe par la constitution de la *persona* engendre la formation de l'*ombre*. L'*ombre* peut être considérée comme la partie négative ou inférieure de la personnalité. Elle regroupe l'ensemble des traits de la personnalité que l'individu cherche à dissimuler aux yeux des autres et à ses propres yeux. Comme tout ce qui est inconscient est projeté, le retrait de ces projections est le premier pas vers la connaissance de soi. Cela est d'autant plus possible que la nature de l'*ombre* « se laisse déduire dans une large mesure des contenus de l'inconscient personnel » (Jung, 1983 p. 20). Jung relève l'isolement du sujet face à l'environnement comme le résultat de ces projections. Les projections transforment le monde selon le visage propre de son auteur. « Plus les projections interposées entre le sujet et son environnement sont nombreuses, plus il devient difficile au moi de percer à jour ses illusions » (1983, p. 21). Pour que le monde retrouve son statut d'altérité (et d'objectivité), l'environnement externe doit être dépouillé des projections du sujet (le monde avec les projections du sujet représente une image inversée, négative et inconsciente du sujet). L'ombre, comme nous l'avons dit, représente en premier lieu l'inconscient personnel mais là où elle est en question comme archétype, on rencontre les mêmes difficultés qu'avec l'âme[34].

Après être entré en contact avec l'ombre, l'individu se trouve en contact avec l'*anima,* considéré par Jung comme « le pôle opposé à la *persona* » (Jung, 2005, p. 159), qui se trouve d'autant plus projetée que l'ego s'identifie à la *persona*.

---

[34] « [L'ombre] est constituée par les attributs et qualités inconnus ou peu connus du Moi, qui font partie des aspects personnels de la psyché, et pourraient aussi bien être conscients. Par certains côtés, l'ombre peut aussi contenir des facteurs collectifs provenant d'une source qui se situe en dehors de la vie personnelle de l'individu » (von Franz, 1964, p. 158-229, ici p. 168). Ce qui oblige l'analyste à se demander ce qui vient de l'individu et du collectif dans les rêves.

Archétypes de l'âme, l'*anima* et l'*animus*

« L'*anima* est la personnification de toutes les tendances psychologiques féminines de la psyché de l'homme, comme par exemple, les sentiments et les humeurs vagues, les intuitions prophétiques, la sensibilité à l'irrationnel, la capacité d'amour personnel, le sentiment de nature, enfin, et non des moindres, les relations à l'inconscient » (von Franz, 1964, p. 177).

L'*anima* et l'*animus* apparaissent comme une compensation[35] qui, suite à la formation de la *persona*, insiste sur un pôle négligé de la psyché : le féminin chez l'homme et le masculin chez la femme. Tout comme pour l'ombre, l'archétype de l'âme se révèle par des manifestations extérieures lorsqu'il est projeté. C'est dans les déformations de la représentation que l'homme se fait des femmes réelles de sa vie qu'il révèle l'existence de *l'anima*[36]. Pour Jung, le facteur de projection est, « ce qui enveloppe, ce qui enlace et engloutit fait sans aucun doute référence à la *mère*, c'est-à-dire à la relation du fils avec la mère réelle, avec l'imago de celle-ci en lui et avec la femme qui deviendra sa mère » (Jung, 1983, p. 24). Jung montre qu'il y a au début de la vie une superposition entre la mère réelle et l'*imago maternelle*. Le retrait de la projection n'est possible que si le fils (ou la fille) accepte de voir que dans sa sphère psychique il n'existe pas uniquement une imago de la mère mais aussi de la fille, de la sœur, de la mère chthonienne et que toutes les femmes rencontrées sont,

> les porteuses et les réalisatrices de ce miroitement dangereux qui fait partie de ce qu'il y a de plus profond dans l'essence de l'homme. Elle appartient à l'homme, elle est la fidélité dont il doit savoir s'écarter pour l'amour de la vie ; elle est la compensation indispensable et nécessaire des risques, des efforts et des sacrifices qui, tous, aboutissent à des déceptions ; elle est la consolation face à l'amertume de la vie et, outre cela, elle est encore la grande séductrice entraînant, par les illusions qu'elle suscite, vers cette vie même [dans tous ses aspects, raisonnables et paradoxaux] (Jung, 1983, p. 26).

L'*anima* apparaît dans cette citation de Jung avec sa polarité tant enveloppante que séductrice. Elle ressemble, de notre point de vue, et sous certains aspects (sans tenir compte de la dimension archétypique), à une figure d'identification primaire d'arrière-plan qu'il faut quitter pour se développer (quitter l'illusion) et qui reste mobilisable comme un refuge[37] face aux aléas de la vie. De plus, cette citation de Jung donne en germe le

---

[35] « Il existe une fonction compensatoire entre la *persona* et l'*anima* » (Jung, 2005, [éd. originale 1933], p. 153).

[36] L'archétype de l'âme est également personnifié dans les rêves, les fantasmes et dans de nombreux mythes.

[37] Comme nous le verrons, Winnicott pense que l'individu a toujours comme tâche de devenir de plus en plus indépendant tout en conservant un « refuge dans lequel se glisser à nouveau » (Winnicott, 2000, article de 1970, p. 327-334, ici p. 332).

processus de l'une des grandes étapes du processus d'individuation, la sortie de la psyché maternelle[38].

Ajoutons que, de notre point de vue, Jung fait bien sentir le rôle positif de l'*anima* pour la psychologie masculine. Par contre le rôle de l'*animus* sur la psychologie féminine est moins palpable[39].

Archétypes de l'*esprit* : le vieux sage ou la *magna mater*

Après l'archétype de l'âme, l'individu rencontre celui de l'*esprit.* Il apparaît lors de situation critique quand l'individu doit prendre des décisions importantes. Cet archétype a tendance à prendre les traits d'un vieux sage. Dans sa polarité positive, il apparaît sous la forme de *medicine men*, de prêtres et de moines, de personnes de bon conseil. Dans sa polarité négative, c'est sous la forme de personnages malfaisants qu'il apparaît comme, par exemple, un sorcier. Comme tout archétype, il peut être projeté sur une personne réelle. La personne réelle se vêtira ainsi, via la projection, des attributs d'un magicien tout-puissant et cela pour le meilleur, dans le cas du maître spirituel, et pour le pire dans le cas du gourou d'une secte. Jung a longtemps considéré l'archétype du vieux sage comme une caractéristique de la psyché masculine mais il le rencontra, plus tard, chez des femmes. De même, il croyait ne trouver l'archétype de la *magna mater* que chez des femmes mais il le rencontra aussi chez des hommes. Avec cet archétype de la *magna mater*, « Jung semble y voir une forme particulière de l'archétype de la mère » (Ellenberger, 1994, p. 731) qui peut prendre des formes négatives et positives. Dans les formes positives, il peut prendre les traits d'une sainte, de la Vierge, de la sagesse divine. Parmi les images négatives, on retrouve celles des sorcières et des dragons.

Archétype du Soi

C'est l'archétype le plus central de la personnalité mais aussi le plus difficile à comprendre, car le moi est dans un lien de partie au tout avec le Soi. Nous nous attacherons ici à le comprendre comme archétype, nous verrons dans la prochaine section l'évolution de ce concept dans ses différentes acceptions. Les images archétypiques du Soi qui apparaissent le plus souvent sont des symboles de *quaternité*, des *mandalas* et d'*enfant divin*. Toutes ces images archétypiques renvoient à l'unité et à la totalité. Par exemple, le symbole de l'*enfant divin* naît de l'unification de la syzygie

---

[38] Tout en intériorisant la fonction maternelle comme nous allons le voir.

[39] « Chez la femme, l'archétype de l'âme est l'*animus*. Jung et ses disciples l'ont moins longuement décrit que l'*anima* » (Ellenberger, 1970, p. 730).

animus anima[40]. Vu que peu de personnes peuvent réaliser complètement cet archétype, il est souvent représenté par des figures géométriques telles que le cercle (les *mandalas*, l'anneau, etc.) mais aussi le carré (une figure géométrique ayant quatre parties[41]). Quelques personnes éminentes en sont l'expression, notamment le Christ et Bouddha.

Pour Jung, « l'unité et la totalité se tiennent au plus haut degré de l'échelle de valeur objective, car leurs symboles ne peuvent plus être distingués de l'*imago Dei.* Toutes les formulations concernant l'image de Dieu s'appliquent donc bel et bien aux symboles empiriques de la totalité » (Jung, 1983, p. 46). Ainsi, empiriquement, l'image de Dieu ne peut être différenciée de l'image du Soi. Jung va même jusqu'à dire qu'« on pourrait aussi bien dire du Soi qu'il est "Dieu en nous" » (2005, p. 255).

La découverte du Soi est étroitement liée au processus d'individuation de Jung où il représente la finalité de la vie psychique. Pour lui, l'individuation c'est la réalisation de son Soi, ou, ce qui revient au même, la réalisation de soi-même.

L'évolution du concept du Soi

En parcourant les travaux de Jung, le Soi peut être compris, dans ses différentes acceptions, comme étant[42] :

– l'individualité ;
– un centre à mi-distance entre le conscient et l'inconscient ;
– un archétype ;
– l'union des opposés ;
– la totalité de la psyché ;
– le centre de la psyché ;
– un principe organisateur.

La définition du Soi comme une totalité se trouve dans les *Deux essais de psychologie analytique* de 1928 (Jung, 1931). Dans le même temps, Jung continue à penser le Soi comme individualité et réalisation de sa propre unification. Le processus d'individuation a avoir avec la réalisation du centre de la personnalité qui transcende les opposés, ce centre est alors défini comme le Soi.

---

[40] « Cette dernière [la syzygie] apparaît comme constituant au moins une pièce essentielle, si ce n'est même comme les deux moitiés de la totalité, à savoir le couple royal frère-sœur, et donc aussi comme une tension d'opposés d'où naît l'*enfant divin* comme symbole de l'unité » (Jung, 1983, [éd. originale 1949], p. 46).

[41] Jung revient souvent sur les symboles de la *quaternité* dans les rêves, notamment dans *psychologie et religion* (1996, [éd. originale 1937]).

[42] En se rappelant que le Soi n'étant identifiable qu'empiriquement « ce qui nous apparaît d'abord comme un concept abstrait représente en réalité une existence empirique qui annonce spontanément sa présence *a priori* » (Jung, 1983, [éd. originale 1949], p. 45).

La seule acception qui n'a pas encore été décrite (parmi la liste ci-dessus) est celle du Soi comme principe organisateur. Occasionnellement, et particulièrement dans ses travaux tardifs, Jung parle du Soi comme d'un organisateur de la personnalité. L'idée du principe organisateur est implicite dans ses expériences sur la fonction thérapeutique des *mandalas* (avec leur structure géométrique)[43]. L'idée du principe organisateur existe à la frontière de l'expérience et du concept puisqu'il est une abstraction, il se constitue sur la base d'expériences symboliques.

La distinction entre expérience et concept va induire, comme le relève Warren Colman[44], différents courants de pensée par rapport au Soi chez les postjungiens. Kaj Noschis (2002, p. 60) distingue trois courants dans la pensée jungienne :

– une orientation *classique* qui s'inscrit dans la continuité directe de Jung avec un accent sur le processus d'individuation (devenir ce qui est potentiellement en nous-même) ;

– un courant *archétypal* qui s'appuie sur le dialogue intérieur avec l'imaginaire et ses références mythologiques (importance du récit dans la construction identitaire) ;

– un courant *développemental* qui attribue une importance particulière aux premières relations lors de la structuration du psychisme de l'enfant (importance du lien à l'autre).

Il nous semble évident que de la définition que l'on se fait du Soi va dépendre la représentation que l'on se fait de l'individuation. Mais aussi, il n'est pas surprenant que des différentes visions que l'on puisse avoir sur le Soi découlent différentes formes d'expériences religieuses qui sont liées à l'expérience du Soi. Ainsi, l'expérience de Dieu peut être celle d'un contenu parmi d'autres de l'inconscient, mais aussi celle de l'inconscient collectif comme totalité et encore celle d'un archétype autonome, rebelle, non soumis au contrôle rationnel.

Le Soi couronne le développement de la vie psychique que Jung appelle individuation.

---

[43] Les patients avec les *mandalas* font l'expérience d'une organisation.

[44] « These distinctions will be important in considering the various strands of post-Jungian thinking on the self » (Colman, 2006, p. 159).

Le processus d'individuation

Définitions

Murray Stein (2006) présente l'individuation comme la principale idée psychologique et comme la colonne vertébrale de l'ensemble de l'œuvre de Jung.

Ce terme a été introduit par Jung dans son ouvrage parut de manière anonyme, *Les sept sermons aux morts* en 1916. Il développera cette idée dans deux ouvrages, *Deux essais de psychologie analytique* et *Les types psychologiques*. Cette notion sera encore enrichie par ses recherches sur les archétypes et sur l'alchimie. Nous retiendrons cette définition du processus d'individuation : « J'emploie l'expression "d'individuation" pour le processus qui crée un "individu" psychologique, c'est-à-dire une unité autonome et indivisible, une totalité » (1953, p. 255). Jung précise toujours dans une optique de l'équilibre :

> La conscience devrait protéger sa raison et ses possibilités d'autodéfense, et la vie chaotique de l'inconscient devrait aussi avoir la possibilité de suivre sa propre pente dans les limites où cela nous semble supportable. Cela signifierait simultanément la lutte loyale et la collaboration sincère. [...] Tel est à peu près ce que j'appelle le « processus d'individuation » (Jung, 1953, p. 271).

Cette notion joua rapidement un rôle important chez les élèves de C. G. Jung. Les contributions les plus marquantes proviennent de Michel Fordham (1969) qui étudia cette notion pour l'enfant et d'Erich Neumann (1973) qui propose une individuation se déroulant en trois étapes : contention/soin, adaptation/ajustement et centration/intégration. L'individuation, dans ses formulations successives, a créé des controverses notamment avec John Hillman (1977) qui voit dans ce concept la création d'un mythe moderne. De même, Donald Winnicott, dans une conférence en 1970, est réticent à parler du processus de subjectivation en termes d'individuation : « Je n'ai jamais aimé ce mot et je ne l'utilise jamais » et, « J'ai déjà traité tout cela avec mes mots à moi et je suis sûr que certains des mots que j'utilise dans mes écrits vous irritent autant que je le suis par celui qui nous occupe » (2000, p. 327). « Mes mots à moi » renvoient aux processus de maturation innés du nourrisson et de l'enfant qui, grâce à un environnement facilitant, le font progresser. Il pense toutefois que « Jung a fait œuvre utile en attirant notre attention sur le fait que les êtres humains continuent à croître à tous égards jusqu'au moment de leur mort, sauf dans la mesure où ils demeurent prisonniers de la rigidité de leurs défenses » (p. 327). En conclusion Winnicott pense que l'individu a toujours comme tâche de devenir de plus en plus indépendant tout en conservant un « refuge dans lequel se glisser à nouveau » (p. 332). Et par conséquent le mot d'individuation est valable toute la vie.

Nous nous en tiendrons aux trois étapes proposées par Neumann et lues dans une optique psychothérapeutique par Murray Stein (2006). Précisons que ces trois étapes ne sont pas pensées comme des pièces séparées inhabitées pendant un certain temps ou complètement abandonnées. Des traits de chacune perdurent mais d'une façon moins prédominante. Dans la première étape, celle qui fait référence à l'enfance et qui est fondamentale dans la construction identitaire, nous rendrons compte de deux visions du développement, entre une vision essentialiste et une vision constructiviste. La deuxième, celle du jeune adulte, s'occupera de la place du père et du héros. Dans cette dernière étape, celle qui va du milieu de la vie au vieil homme, c'est la figure du sage qui sera au premier plan. Passons en revue ces différentes étapes.

La construction de l'ego, la mère (ou du Soi au moi)

C. G. Jung a principalement parlé du développement du Soi dans la seconde partie de la vie et il a laissé le soin à ses continuateurs de développer la psychologie de l'ego (particulièrement dans la première partie de la vie dont il est le trait dominant) et le lien entre l'ego et le Soi. Ce relatif silence de Jung sur l'aube de la vie compliqua la tâche et donna lieu à des élaborations théoriques différentes. Parmi les continuateurs, deux auteurs sont largement cités dans le monde jungien, il s'agit d'Erich Neumann et de Michel Fordham qui ont tous deux développé leurs modèles dans les années 1940 et 1950 pour cette étape de construction de l'ego. Ces deux auteurs, bien que proposant deux modèles de développement différents, ont une vision que l'on peut qualifier d'« essentialiste ». En effet, ils présument d'un Soi *a priori* au début de la vie qui se déploie pendant le développement de l'enfant.

Présentons maintenant ces deux modèles avant de dire quelques mots quant à une vision « constructiviste » du Soi.

Le point de vue essentialiste

Erich Neumann

L'utérus maternel symbolise l'environnement psychologique nécessaire pour la première étape de la vie d'une personne. C'est un espace protégé dans lequel le fœtus grandit en étant relativement protégé des intrusions toxiques du monde environnant. Ce type d'environnement protecteur se prolonge bien après la naissance[45]. Pour Murray Stein, « la qualité de l'étape de contenance/nutrition est définie, symboliquement parlant, comme maternelle »[46] (2006, p. 200). L'environnement contenant est construit socialement et psychologiquement sur le modèle de l'utérus avec son double aspect, contenant et nourricier. Le degré de richesse de la matrice dans cette étape de contention dépend des attitudes de la première figure de soins, de sa maturité et de sa stabilité émotionnelle mais aussi des ressources qui peuvent être mises à sa disposition. L'absence d'un contenant adéquat provoque chez l'enfant menacé et effrayé le développement de défenses archaïques et massives du soi qui peuvent avoir la capacité de couper la personne d'importants développements et de relations plus tard dans sa vie.

La phase de contention/soins de l'individuation sert le but psychologique de supporter et protéger un ego naissant chez l'enfant. Le complexe de l'ego, qui est conçu comme le centre de la conscience avec certaines fonctions exécutives, apparaît graduellement lors de la petite enfance. La naissance de l'ego commence dans la vie utérine. A ce moment, l'ego est à peine un point de conscience et, en réaction aux stimuli, un tout petit bout de conscience séparé. Avec la naissance, le monde de l'ego s'agrandit de manière dramatique. Très rapidement, le bébé est capable de reconnaître la face de la mère et de lui répondre. A un niveau psychologique profond, cependant, l'enfant et la mère restent unis dans un état de fusion psychologique. La possibilité pour l'ego de se séparer est sévèrement limitée. Cette identification inconsciente est mutuelle. Jung donne le nom de *participation mystique* à ce type d'identification. Cette identification permet aux deux protagonistes de ressentir l'un pour l'autre des émotions. Cette *participation mystique* forme, pour l'enfant, la base d'une future empathie, d'un sens des responsabilités pour les autres et une conscience intérieure. La *participation mystique* crée ainsi une part de la fondation d'une future identité de l'ego.

Avec les développements moteurs et cognitifs, l'ego est capable de commencer à exercer ses fonctions exécutives et d'avoir un certain contrôle sensorimoteur. Rapidement, le monde entier devient un vaste théâtre pour jouer et apprendre. Si tout se passe bien, ce vaste théâtre sera perçu comme sûr et protecteur. Les limites de celui-ci sont testées à mesure que l'autonomie physique et émotionnelle de l'enfant grandissent. La désobéissance et l'agrandissement de la conscience vont de pair. De plus, l'enfant devient conscient des différences entre lui et les autres et exploite celles-ci. Cependant, durant cette étape, un petit niveau d'identification inconsciente reste entre l'enfant et son environnement nourricier. La *participation mystique* continue de régner. Il faut bien prendre en compte, de notre point de vue, le lien entre projection et conscience. Comme nous l'avons mentionné, tout ce qui n'est pas conscient est projeté. Dans ce sens,

---

[45] En effet, à cause des dimensions de sa tête, l'enfant est éjecté de l'utérus de la mère bien avant qu'il soit préparé à fonctionner indépendamment.
[46] Notre traduction.

la position de l'enfant est particulière car avec la conscience « crépusculaire » du début de la vie, il n'est que dans la projection. De là l'idée que la mère réelle se superpose parfaitement à l'*imago maternelle*. Ainsi, la vraie personnalité individuelle de l'enfant ne peut émerger que quand il quitte la psyché parentale par une sorte de seconde naissance ; une naissance psychologique de l'ego devient vraiment une entité séparée. Cette naissance psychologique de l'ego va de pair avec l'acquisition d'une nouvelle compétence : « A la fin de cette étape de l'individuation, les gens expérimentent seulement un minimum de contenance et de nutrition de l'environnement et ils sont capables de faire pour eux-mêmes ce que les autres ont fait pour eux plus tôt »[47] (Stein, 2006, p. 201).

Avant de conclure précisons, dans la perspective de Neumann (et pour comprendre son désaccord avec Fordham), le rapport mère/nourrisson par le lien entre l'ego et le soi.

Erich Neumann soutient que la conscience du moi émerge d'un stade originel, primitif d'unité, de non-différenciation. Il voit dans la relation entre la mère et l'enfant, à ce stade de contention, un parallèle avec la relation entre l'ego et le Soi. Pour lui, la mère représente le Soi et l'enfant l'ego. Neumann suggère que la mère, dans la relation primaire, ne joue pas simplement le rôle du Soi de l'enfant mais elle est ce Soi (organisation psychique dans la mère), bien qu'il distingue entre un « Soi-parental » (*self relatedness*) et un « Soi-corporel » (*child's own body self*) de l'enfant. A ce stade primitif, c'est la mère qui supporte l'enfant dans ses relations à son propre corps (régulateur de soi, Stern), à son Soi (comment est-ce possible si le Soi est dans la mère), à l'autre et au monde. Progressivement, l'enfant acquiert plus d'autonomie. Le Soi se retire ainsi de la mère pour gagner la personne de l'enfant. Pour Neumann, « c'est avec la fomation d'un soi unitaire que l'enfant est vraiment né »[48] (1973, p. 28). Pour qualifier la nature de la relation entre l'ego et le Soi, Neumann parle d'axe « ego-Soi ». Pour Warren Colman, cette expression porte à confusion et permet trois interprétations du Soi qui gomment l'idée de totalité et de transcendance :
– Premièrement, en opposant ego et Soi, le Soi peut être vu uniquement comme une simple entité de l'inconscient et non plus comme la totalité.
– Deuxièmement, il y a le risque de réduire le Soi à un quelque chose qui ressemble à une relation d'objet intériorisée.
– Troisièmement, le Soi peut être rendu équivalant au maternel (aux fonctions maternelles), au principe féminin d'être. Ainsi l'ego serait le principe masculin du faire[49].

---

[47] Notre traduction. Stein parle de la fonction maternelle intériorisée.
[48] Notre traduction.
[49] De notre point de vue, et avec ce qui a été dit sur Winnicott, il semble qu'effectivement la continuité d'être soit très en lien avec le maternel. C'est le féminin pur qui permet d'être pendant une période pour éviter de faire (de réagir aux empiètements).

Michel Fordham

Pour Fordham, comme pour Polly Young-Eisendrath qui s'appuiera sur lui, il y a une incompatibilité entre la définition du Soi comme totalité et la définition du Soi comme un archétype. Pour Fordham, toutes les expériences du Soi proviennent du Soi comme archétype. Il est impossible de faire l'expérience de la totalité puisque toute expérience d'une réalité archétypale ne peut dans le même temps inclure la part qui fait l'expérience, l'ego.

Contrairement à Neumann, Fordham considère le nourrisson comme une personne différente psychiquement de sa mère. Il conteste l'idée de Neumann de la bipartition du Soi selon laquelle la mère « porterait » une partie du Soi du nourrisson. Pour Fordham, la mère en aucun cas ne saurait se substituer à son enfant, fût-ce partiellement ; ce dernier, en aucun cas, n'est psychiquement une partie d'elle. Fordham parle d'un Soi primaire pour qualifier la condition initiale du Soi à la naissance. Comme Neumann, il prend comme point de départ la suggestion de Jung que le Soi a, d'une manière ou d'une autre, toujours été là même s'il arrive consciemment dans la conscience dans la seconde partie de la vie. Tant Fordham que Neumann postulent l'existence d'une totalité originelle du Soi à la naissance, mais leurs conceptions de celle-ci sont diamétralement opposées. La conception de Fordham retourne l'idée courante sur la relation primaire de l'enfant et de la mère qui forme la base de l'hypothèse de Neumann du Soi de l'enfant comme fonctions maternelles. Au contraire, Fordham postule que la condition initiale de l'enfant est une psychosomatique intégrée. C'est l'enfant, et non la mère, qui est le Soi.

Le Soi primaire de Fordham inclut :

> l'équipement corporel ; de l'énergie ; des prédispositions archétypiques. Ces dernières, reposant sur des montages neurophysiologiques complexes, ne sont pas encore actualisées et ne le seront que peu à peu grâce à la dynamique qui s'instaure entre les facteurs internes de l'individu (la maturation de son donné biopsychique) et les facteurs externes (la qualité des rapports mère-enfant). Parmi ces prédispositions archétypiques, on recense la prédisposition à téter, à sentir son corps, à rêver, à se remémorer ses rêves, à résoudre ses conflits, à comprendre son propre psychisme, à se relier aux autres, à se défendre, mais aussi, et au premier plan, *la prédisposition archétypique à déintégrer*[50] *et à intégrer* (Grivet-Shillito, 1993, p. 35).

La dynamique du Soi doit être comprise par la séquence déintégration-réintégration. La déintégration signifie que le soi s'ouvre suffisamment pour que certaines de ses prédispositions archétypiques se libèrent et se relient aux fragments de la réalité extérieure nécessaire au maintien de sa totalité. Marie-Laure Grivet-Shillito prend la succion comme exemple de déintégration :

> Exemple de prédisposition archétypique : le suçotement.
>
> Exemple de fragment de la réalité extérieure : le sein.

[50] Fordham parle bien de déintégration, comme d'un processus d'ouverture du soi.

> Exemple de déintégration : la rencontre du suçotement avec le sein et qui devient l'expérience de la succion (Grivet-Shillito, 1993, p. 36).

Ainsi la déintégration se traduit par l'acte de téter et la réintégration se traduit, quant à elle, par l'apaisement de la faim et par l'intériorisation de l'expérience. Ces séquences de déintégration-réintégration créent une représentation (d'action) et un fragment de conscience. Le Soi ne déintègre pas spontanément mais en fonction de tensions corporelles. La formation des premiers fragments de l'ego est centrée autour de certaines zones corporelles (érogènes). « Au fur et à mesure du développement de l'enfant, ces fragments de moi centrés autour des zones corporelles privilégiées vont, *sous l'action unifiante du soi*, se relier entre eux pour constituer peu à peu et parallèlement une image du corps et un complexe-moi » (Grivet-Shillito, 1993, p. 37). Quel est le rôle de la mère dans ce processus ? Pour Fordham, elle est l'écho externe du processus intégrateur qui se déroule sous l'égide du Soi (à l'intérieur de l'enfant). De plus, elle contribue à la formation de l'image corporelle et au complexe de l'ego. Si la mère ne facilite pas les séquences de déintégration-réintégration, le Soi de l'enfant érige des barrières en réponse aux intrusions de tout ce qui n'est pas le Soi (et cela avant d'avoir pu élaborer une fantasmatique). En d'autres termes, ce n'est pas pour protéger un objet interne que le Soi reste fermé mais pour protéger sa propre totalité et la maintenir en vie. Fordham parle de défenses du Soi car l'ego est encore trop immature et la nature des défenses schizo-paranoïde.

Neumann et Fordham

Les divergences entre ces deux auteurs « essentialistes » pourraient être posées, de notre point de vue, d'une autre manière. En effet, il ne fait pas de doute que l'enfant est le siège des processus psychiques, mais est-il pour autant porteur de l'organisation psychique ? Où se trouve l'organisation psychique au début de la vie ? Nous aurions tendance à répondre, avec Neumann, qu'elle se trouve dans la mère et qu'elle migre au fur et à mesure des acquisitions de l'enfant ; contrairement à Fordham qui voit la mère comme un écho d'une organisation interne qu'elle facilite.

Le point de vue constructiviste

D'un point de vue constructiviste, la réalité du monde et du Soi n'est pas donnée, mais elle se construit dans un contexte social et relationnel particulier. En psychologie jungienne, ce point de vue constructiviste a été développé dans le monde anglo-saxon, particulièrement par Louis Zinkin (2008) en Angleterre et par Polly Young-Eisendrath (1997) aux Etats-Unis. Les deux auteurs critiquent l'idée d'une substantialité, d'un Soi objectif et insistent sur le sens du *self* et de la manière dont il se présente dans l'expérience de vie. Tous deux s'accordent pour dire que le Soi entre dans la vie uniquement au travers des interactions avec les autres. Le Soi n'est donc pas un donné mais quelque chose qui doit être acquis dans un contexte qui inclut la culture, le langage et d'autres personnes. Ce point de vue va à l'encontre des points de vue de Fordham et de Neumann, car chacun d'eux suppose l'existence d'un Soi *a priori* au début de la vie qui se déploie lors du développement. Pour Zinkin, l'idée d'un Soi comme une entité innée est une réification. Il est donc plus intéressant de voir le Soi comme un but à réaliser au travers de l'individuation plutôt que comme une source grâce à laquelle la conscience du moi apparaît. Young-Eisendrath est moins radicale que Zinkin. Elle utilise le terme de Soi dans deux sens. Dans le sens d'un vécu, le Soi est interchangeable avec la subjectivité et dans le sens d'un postulat logique, le Soi est une prédisposition archétypale qui forme une image cohérente, l'image d'un sujet individuel unifié autour duquel un complexe de l'ego prend forme. Cette prédisposition peut être définie en termes de quatre invariants de la subjectivité : la cohérence, la continuité, un sens de l'agent et un pattern relationnel et affectif. Puisque ces traits existent dans toutes les cultures, ils peuvent être justement vus comme procédant de l'archétype. Cette vue n'est pas essentialiste parce que les principes qui sous-tendent l'organisation du Soi ne sont pas pensés comme ayant une existence substantielle. L'archétype du Soi est uniquement un principe de cohérence transcendante – il ne serait pas possible de l'expérimenter comme on expérimente notre ADN. Cela ne ferme pas la porte au numineux : Young-Eisendrath se réfère à la cohérence transcendante comme « l'unité de la vie qui n'est pas personnelle et peut être appelée Dieu, Tao, la nature du Bouddha, un principe central d'organisation (de l'univers) ou d'autres noms » (1997, p. 54).

Essentialiste et constructiviste : une conclusion

Finalement, la différence fondamentale entre les points de vue essentialiste et constructiviste sur la question du Soi est de savoir si le Soi est créé à travers la culture et le contexte ou si le Soi est découvert comme la réalisation d'un potentiel *a priori*. En outre, les deux points de vue permettent de penser que le Soi produit ses propres représentations.

Le jeune adulte et la place du père et du héros

Pendant que la mère occupe symboliquement le centre de la première étape de l'individuation, le père assume cette position dans la deuxième étape. Cette transformation se fait non par usurpation mais graduellement, par nécessité psychologique. Le père est nécessaire à la croissance de l'ego pour obtenir de l'autonomie par rapport au contenant nutritif offert par la mère et aussi pour inculquer la performance demandée pour l'adaptation au monde. Il faut comprendre le terme père et patriarche[51] symboliquement et métaphoriquement bien plus que littéralement ou sociologiquement. La première étape de l'individu est caractérisée par la contention/soins, la deuxième étape est gouvernée par la loi des conséquences des actions faites (le principe de réalité) et par la demande constante de performance et de réalisation dans le monde externe. Dans cette seconde étape de l'individuation, la personne est exposée au monde dans lequel les standards de performance sont très élevés et dans lequel les conséquences des comportements sont implacablement et énergiquement écrites. Ce n'est pas le monde idéal mais le monde tel qu'il est. L'ego requiert de devenir réaliste par rapport à lui-même et au monde.

En fait, le principe de réalité est introduit dans la vie de l'enfant longtemps avant qu'il ne quitte l'étape de contention/soins, mais il est introduit dans celle-ci à doses modérées et supportables pour l'ego encore immature. Une quantité modérée de tension et de frustration dosée au bon moment et dans de bonnes proportions permet une bonne croissance de l'ego[52]. Jung pense que l'ego se développe par collisions avec l'environnement et Fordham, comme nous l'avons vu, introduit l'idée que l'ego se développe au travers de séquences de déintégration-réintégration. Ces deux conceptions incluent l'idée d'une frustration optimale.

Typiquement, les demandes de performance commencent déjà dans les premières années de la vie avec la propreté et le sevrage. Cela peut être introduit subtilement et lentement, mais ces demandes coïncident avec les aptitudes de l'enfant à faire ces ajustements. Durant la scolarité, ces demandes augmentent. Le père devient une figure plus importante (symboliquement parlant) dès la fin de la petite enfance. Le passage décisif de la première étape de l'individuation à la seconde se situe typiquement, dans nos sociétés modernes, entre la puberté et le jeune adulte (12-21 ans). Cela peut être plus tôt dans des cas exceptionnels, et cela peut être plus tardif pour des personnes qui prolongent leur formation à des niveaux gradués ou postgradués. Les écoles sont partiellement un environnement maternel et porteur, mais elles sont aussi partiellement un environnement paternel adaptatif. Leur travail est de progressivement préparer la personne à la vie après l'école. Ces institutions jouent le rôle archétypal des parents pour une croissance de l'enfant, elles doivent aider l'enfant à quitter le contenant familial quand les années dévolues aux soins sont passées et les adapter aux demandes de la vie adulte.

Le passage de l'étape de contention (l'enfance) à cette étape d'adaptation/ajustement (jeune adulte) est naturellement pleine de crises et de tourments émotionnels. Le plus grand obstacle psychologique qui entrave ce

---

[51] Selon la terminologie de Michel Neumann.

[52] D'où l'importance de l'environnement et en premier lieu de la personne qui occupe la fonction maternelle.

passage est ce que Jung a appelé le désir d'inceste. En désaccord avec Sigmund Freud[53] pour qui le désir d'inceste était le désir d'avoir concrètement des relations sexuelles avec un membre de la famille proche, spécialement le père ou la mère, Jung l'interprète comme un désir de rester un enfant, de rester à l'étape de contention/soins. Le désir d'inceste est le désir de ne pas grandir. Ce qui est requis pour sortir de ce désir de rester un enfant est l'apparition du héros dont Jung, comme nous l'avons vu, a remarqué très tôt son importance dans son étude des mythes (1909-1912)[54]. Pour Stein :

> Le héros est l'énergie archétypale qui tue le dragon (le désir d'inceste) et libère la princesse (l'âme), dans le but d'avancer dans la vie. [...] Une identification intérieure à la figure de héro, libère l'égo de l'attraction vers la régression et vers la dépendance antérieure confortable à la « mère » et la dynamise afin de répondre aux tâches et défis de l'adaptation à la réalité[55] (Stein, 2006, p. 207).

Quand le jeune adulte arrive à la conclusion que la réalité offre de plus grandes et de plus belles récompenses que le fantasme (imaginaire), et que la réalité peut être en partie maîtrisée, il est passé de la première étape à la seconde. Cela veut dire aussi reconnaître que l'on vit et que l'on participe à un monde rempli d'incertitudes et de hasards et que sa propre aire de contrôle est sérieusement limitée. Le héros attaque le problème posé par la réalité avec confiance, pour lui, malgré les difficultés et les dangers, il y aura une voie pour les surmonter. On comprend dès lors, toute l'importance donnée par les analystes jungiens aux mythes qui sont, comme la mère dans la première phase, réceptacle de la projection tout en proposant des voies et des identifications possibles[56].

Le cas des *puer aeternus*, des enfants éternels, qui n'ont pas réussi à faire le passage. Pour une raison ou pour une autre, soit le héros n'est jamais arrivé sur la scène, soit l'ego ne s'est pas identifié à la figure du héros et son énergie et la dépendance, consciente ou inconsciente, à un environnement contenant et nutritif, réel ou imaginaire, est prolongée à l'âge adulte et également durant la vieillesse. Le désir d'inceste n'est pas défié à un degré assez sérieux et le père menaçant apparaît indistinctement trop grand (important) et redoutable. Comme résultat, la psyché stagne. L'ego reste dans la mère, symboliquement parlant, mais parfois aussi littéralement. Ces personnes tendent à rester enfantines tout au long de leurs vies. Leurs potentialités

---

[53] « Lors de mon travail sur les *Métamorphoses et symboles de la libido*, vers la fin, je savais par avance que le chapitre sur "Le sacrifice" me coûterait l'amitié de Freud. Je devais y exposer ma propre conception de l'inceste, de la métamorphose décisive du concept de libido et d'autres idées encore par lesquelles je me séparais de Freud » (Jung, 1998, [1re éd. française 1966], p. 195 ; 1967, [éd. originale 1911-1912]).

[54] L'importance de ce mythe est relevée par Joseph Henderson (1964, particulièrement p. 110-136).

[55] Notre traduction.

[56] De plus, ces identifications sont reconnues et mises à disposition de la culture dans laquelle le jeune adulte se trouve.

restent des potentialités, elles ne sont pas actualisées. Pour Stein, beaucoup de troubles décrits dans le DSM[57] correspondent à une faillite dans la séparation réussie du monde contenant de l'enfance. Notons finalement avec Elie Humbert, « que chaque fois que le psychisme passe d'une période à une autre, ce qu'on sacrifie est une mère qu'il faut quitter » (Humbert, 1994, p. 144).

Après cette étape d'adaptation/ajustement vient la dernière étape, celle de la centration/intégration.

Le mitan de la vie, la figure du sage (du moi au Soi)

Une des contributions la plus significative et intéressante de la psychologie jungienne concernant le développement psychologique est ce qu'elle dit de la partie de la vie qui suit la deuxième étape de l'individuation. Pour Stein, c'est là que la plupart des théories psychanalytiques s'arrêtent[58]. La tâche dans cette étape de vie, si tout est relativement bien allé dans les premières phases, ce n'est pas de devenir un membre responsable de la communauté et une personnalité indépendante et autosuffisante (ce qui est fait dans la deuxième étape) mais plutôt de devenir un individu centré et unifié qui est relié aussi bien à la transcendance qu'aux réalités concrètes de l'existence humaine.

La première séparation était d'avec la mère, initialement de son corps (la première naissance), puis de la psyché parentale nourricière (la deuxième naissance). Maintenant il y a un autre passage, la troisième naissance, à savoir quand l'ego met au loin l'importance première de l'accomplissement de l'adaptation qui appelle à la conformité aux standards et aux attentes de la collectivité pour s'embarquer sur le chemin de devenir un individu. La deuxième étape, l'étape de la conformité, est souvent engagée par des actes violents d'adolescent en rébellion, sous-tendus par l'énergie de l'archétype du héros. L'adolescent se sépare du contenant parental avec force. D'un autre côté, la troisième étape s'engage plutôt avec une attitude dépressive et de questionnement. Entrer dans cette étape de centration et d'intégration veut dire, pour l'individu, abandonner graduellement les définitions collectives antérieures de l'identité et de la *persona* et assumer une image de soi qui émerge de lui. Il ne s'agit pas de laisser derrière la réalité collective. La réalité sociale ne disparaît pas de l'horizon de préoccupations de l'ego, mais lui faire face et s'y adapter demande moins d'énergie. La grande part de l'identité établie lors de la deuxième étape de l'individuation était dérivée d'images collectives et de stéréotypes, mais également des modèles

[57] Manuel diagnostique et statistique des troubles mentaux, American Psychiatric Association (2003).

[58] Cela n'est qu'en partie vrai car les psychanalystes freudiens parlent actuellement « des pulsions au milieu de la vie ». Un numéro complet de la *Revue française de psychanalyse* (*n°69* [2005]) est entièrement consacré à cette question.

parentaux. La *persona* assumée par l'ego dans cette deuxième étape est une structure offerte par la société, un construit social composé d'éléments qui convient plus ou moins à l'individu. La personnalité de la deuxième étape de l'individuation est largement une construction sociale. Cette *persona* était grandement utile pour s'adapter aux impératifs et aux attentes culturels. En revanche lors de la troisième étape :

> Le moi qui est pris par sa *persona* et largement identifié à elle commence à s'éloigner et à créer une distinction entre le vrai soi intérieur et le soi social qui a été dominant. Alors que la lumière entre ces deux structures psychologiques s'élargit, un élément de choix apparaît en ce qui concerne le genre de personne que l'on est et celle que l'on va devenir. La nouvelle personne est plus unique et individuelle, moins une construction sociale[59] (Stein, 2006, p. 210).

C'est lors de cette troisième étape que l'influence de l'archétype du Soi se manifeste avec le plus de vigueur à la place de l'autorité externe (représentée par le père et par la *persona* sociale). L'ego commence maintenant à mieux prendre en compte les demandes internes. L'archétype du Soi émerge du monde intérieur de la psyché sous forme d'images de rêves, d'intuitions, d'inspirations, de fantaisies et d'une forte impulsion vers le sens de soi.

Pour la personne, l'importance est, premièrement, de se séparer de l'identification à la *persona* construite dans la deuxième étape de l'individuation, et puis de trouver un centre personnel, un point d'intégrité intérieur qui est libre des stéréotypes de la culture collective et qui est basé sur les indications (sur l'annonce) du Soi. C'est une phase d'intégration des opposés. Jung parle d'intégrer l'*ombre* puis de se lier, dans un nouveau chemin conscient, à l'*anima* ou à l'*animus*.

D'un point de vue psychothérapeutique, l'analyste n'est pas, consciemment ou inconsciemment, lié à une mère nourricière ou à un père qui guide. A la place, le thérapeute est typiquement vu par le patient comme une figure de sagesse, comme quelqu'un qui a achevé l'individualité et l'unicité et qui a relié la personnalité au soi. Cette projection du patient sur le thérapeute provient du besoin et de la nécessité de trouver un modèle de quelqu'un qui est arrivé à cette étape de vie. Les personnes recherchent et semblent trouver les modèles dont ils ont besoin pour leurs croissances futures dans leurs thérapeutes et dans une image d'unicité psychologique, c'est cela qui est requis actuellement par la psyché. Une figure de sagesse est quelqu'un qui semble être arrivé à un centre intérieur et qui vit avec les ressources trouvées dans celui-ci. Il ne s'agit pas nécessairement de quelqu'un qui a toutes les réponses aux problèmes concrets de la vie. C'est une personne qui contient les opposés, qui est capable de rester relativement intact dans la plupart des situations tendues, qui maintient une attitude de connexion avec les autres, mais détachée des préférences de l'ego. Il vit en relation avec la réalité intérieure plutôt que de demander l'approbation des

---

[59] Notre traduction.

autres ou d'être possédé par le désir et l'attachement d'objectifs égoïstes. De manière plus marquante, c'est une personne qui montre de la spontanéité, de la liberté et une personnalité distincte.

Cette image, c'est ce qui est trouvé dans la projection transférentielle. Bien sûr, il s'agit d'une projection qui s'appuie sur des patterns inconscients et qui émerge dans le champ entre patient et thérapeute.

Lors de cette étape d'intégration, un fort besoin apparaît : celui de joindre les opposés non seulement au niveau des structures telles que la *persona* (la « bonne personne ») et l'*ombre* (la « mauvaise personne »), l'*anima* et l'*animus,* mais aussi au niveau des fonctions fondamentales de la psyché consciente, la pensée et le sentiment, l'extraversion et l'introversion. Durant les deux premières étapes, on devient précisément un certain type psychologique, on s'identifie à un genre et à une préférence de genre, on adopte une certaine *persona* parmi celles offertes par la famille et la culture, avec laquelle on s'identifie. Dans l'étape de centration/intégration d'un autre côté, on récupère les pièces perdues ou déniées et on les tisse, les entrelace dans la fabrication de l'unité. A la fin, rien ou très peu de ce qui est humain n'est étranger au Soi. En quelque sorte, on devient plus acceptant de la complexité intérieure ou extérieure.

Conclusion : une identité entre deux collectifs

L'individu dans la perspective jungienne se définit (ou est défini) par deux collectifs, le collectif externe (dans l'environnement externe) et le collectif interne (dans l'inconscient collectif). Bien que ces deux collectifs se fassent toujours sentir, au début de la vie, la tâche principale de l'individu est la construction de l'ego et une adaptation au monde extérieur. C'est l'environnement externe, et en particulier la mère, qui aide à la structuration psychique. Nous pensons, tout comme Neumann, que la mère « porte » l'organisation psychique de l'enfant au tout début. Cette organisation va ensuite progressivement migrer en fonction des acquisitions de l'enfant. De plus, nous sommes aussi d'avis qu'il vaut mieux parler de fonction maternelle que de mère. Dans les premiers moments de la vie (extra-utérine), l'enfant se construit (schéma corporel et ego) par une rencontre entre un potentiel inné (archétypique pour Jung) et un environnement. L'individu naît de cette rencontre mais, de par son faible niveau de conscience, la psyché de l'enfant, à l'origine « c'est le monde »[60]. La mère est le réceptacle d'une projection archétypique et permet la réalisation de cette prédisposition. L'identité qui va se forger à partir de cette origine prendra la forme de la *persona* à laquelle le complexe de l'ego va (plus ou moins) s'identifier. La

[60] Au vu des projections massives du début de la vie sur le monde, le bébé se retrouve, comme chez Winnicott, dans un monde d'objets subjectifs (et avec le type de communication qui leur sont associés).

persona est une enveloppe, fruit des normes collectives transmises par la mère, qui permet d'être dans un collectif et de préserver l'être authentique. Elle ressemble beaucoup à ce que Winnicott a décrit quand il a parlé de la structuration de la personnalité en faux *self*.

De plus, nous prendrons une position médiane dans la querelle qui oppose les constructivistes aux essentialistes[61]. Stern a montré avec l'émergence des différents sens d'un soi que le nourrisson vit et construit tout en même temps une organisation psychique. Il a aussi évoqué comment les différentes formes d'expériences de soi qui organisent le lien interpersonnel du nourrisson à autrui impliquent à la fois une part innée et une part de construction personnelle ou biographique. Ainsi, nous sommes en accord avec Waren Colman pour qui, « tant au niveau collectif qu'au niveau individuel nous devons conclure que le soi est découvert au travers du processus de sa propre création »[62] (2006, p. 169).

La deuxième étape, après la construction de l'ego, consiste à se séparer de la psyché maternelle (période de l'adolescence). Pour Jung, l'inceste représente le fait de ne pas vouloir grandir, de rester prisonnier de la psyché maternelle. Le père a un rôle important à cette période, il est porteur d'une demande du collectif d'adaptation au monde. Il est une passerelle entre le monde de l'enfance et celui de l'adulte. L'adolescent est aussi aidé pour sortir de la phase contention/soin par l'identification à la figure du héros. L'identification à cette figure donne la force intérieure qui pousse l'ego au sacrifice de l'enveloppe maternelle (une base *secure*) et à se confronter au monde avec confiance. Il devra être capable, hors de cette identification, de devenir lui-même cette base *secure*, son propre contenant. Par la suite, pour grandir, il devra en quelque sorte se sacrifier lui-même (l'enveloppe contenante construite, qui rappelle toujours la mère) et cela dans un mouvement régressif. Comme le relève Humbert, la libido en régression se désexualise du fait qu'elle recule vers des stades présexuels de la petite enfance. La régression ne s'arrête pourtant pas là, elle passe de la sphère personnelle à la sphère collective. La libido arrive ainsi en quelque sorte « à un état primitif où [...] elle peut se fixer fortement. Mais elle peut aussi se libérer de l'embrassement maternel et rapporter à la surface une nouvelle possibilité de vie » (Humbert, 1994, p. 147). La régression peut donc favoriser une renaissance par le contact avec un collectif interne[63]. Avant de clore cette étape, relevons l'importance du récit lors de cette sortie de la psyché maternelle.

Le récit, en proposant des figures d'identification, est particulièrement structurant à cette période (il propose, par les personnages qu'il met en scène,

---

[61] A savoir si le Soi est créé à travers la culture et le contexte ou si le Soi est découvert comme la réalisation d'un potentiel *a priori*.

[62] Notre traduction.

[63] Il est nécessaire de passer par cette étape de différenciation qu'est l'adolescence pour bénéficier plus tard, à d'autres étapes de vie, de cette possibilité de renaissance par la régression.

des identifications possibles et le récit est lui-même une enveloppe qui contient les transformations vécues par les personnages).

Au mitan de la vie apparaît un basculement. Le collectif externe va perdre de son importance dans la détermination du sujet au profit du collectif interne. Comme dans l'étape précédente, il y a combinaison entre ce que l'environnement demande et un mouvement psychique intérieur. A l'adolescence, le collectif demande l'adaptation et la performance, entrer de plain-pied dans le monde (donc renoncer à quelque chose) en favorisant ainsi certaines identifications. En même temps, le moi est poussé (par l'archétype du Soi) à quitter la psyché maternelle. Au mitan de la vie, l'attente du collectif externe par rapport à l'individu n'est plus l'expansion car souvent, à cette période, la personne a atteint une bonne partie de ses réalisations (extérieures)[64]. En même temps, quelque chose (l'archétype du Soi) pousse à voir les figures de l'autre en soi, et cela par étapes. La première est de se séparer de la *persona* et de trouver un nouveau point d'équilibre de la personnalité. Il s'agit, pour l'individu, de trouver le fondement de son identité en lui-même, de sortir des définitions collectives. La deuxième étape est de prendre en considération, en vue d'une intégration, tout ce qui a été écarté ou non valorisé lors de la construction de l'ego. C'est tout d'abord l'*ombre*, puis la partie féminine (en l'homme) pour l'homme (l'*anima*) et la partie masculine (en la femme) pour la femme (l'*animus*). La période du mitan de la vie est donc une période de centration et d'intégration. Elle vise à ce que l'homme devienne « complet ». L'archétype du Soi est le grand architecte de tout le processus d'individuation, mais son influence se fait réellement sentir (habituellement) à partir du mitan de la vie.

Passons maintenant à une proposition de modèle de la construction identitaire que nous basons sur l'ensemble des auteurs qui ont été évoqués.

[64] Il occupe un emploi, il a une famille, il a atteint une certaine sécurité financière.

Chapitre 9

LA CONSTRUCTION IDENTITAIRE, NOTRE PROPOSITION

Dans cette partie conclusive sur la construction identitaire, nous proposons à partir de l'ensemble des auteurs que nous avons parcouru un modèle qui tente de rendre compte du processus de subjectivation (ou d'individuation[1]). La tâche que nous nous proposons est d'intégrer différentes approches avec des ancrages historiques et théoriques différents (même si toutes les approches peuvent être rangées dans la psychologie dynamique). Notre modèle tente de comprendre, dans la mesure du possible et sans atténuer les différences, les lignes de forces habillées par le vocabulaire spécifique de chaque auteur. De plus, parmi les auteurs que nous avons présentés, seul Jung parle de la période du mitan de la vie[2]. Nous avons jugé utile pour ne pas avoir un seul point de vue, tant pour l'adolescence que pour le mitan de la vie, de donner un aperçu d'une vision postfreudienne de ces étapes[3]. Nous dégagerons ainsi les « ingrédients » qui nous seront utiles pour comprendre la représentation donnée par le sujet de sa propre construction identitaire.

Nous présenterons tout d'abord notre perspective d'ensemble du processus de subjectivation pour ensuite visiter chaque étape.

Dans la perspective que nous adoptons, l'individu est le fruit de la rencontre entre un potentiel inné et un environnement externe. Il se définit en regard d'un collectif externe avec lequel il est en relation (dans un double mouvement « d'être-avec » et de différenciation) et dont les modes de relations vont être progressivement intériorisés. Il est aussi, dans une perspective jungienne, en lien avec un collectif interne qui n'est pas le fruit

[1] Nous réserverons le terme d'individuation quand nous parlerons de Jung bien qu'il s'agisse, dans les deux cas, du processus qui mène à la naissance d'un sujet.

[2] Mis à part Erik Erikson lorsque nous avons présenté son modèle des tâches développementales dans notre partie sur les parcours de vie.

[3] Point de vue qui ne peut être que partiel (vu l'abondante littérature sur la période de l'adolescence) mais aide à une meilleure compréhension du processus de subjectivation dans ces deux étapes.

de l'intériorisation[4]. Le collectif externe, médiatisé par la personne qui pourvoit aux soins du nourrisson, prend une place prépondérante dans le processus de subjectivation. L'enfant, à mesure de ses acquisitions, découvre et construit (dans un même temps) différentes organisations psychiques. Il pourra progressivement prendre de la distance avec son environnement externe et les définitions collectives de son identité pour ensuite remettre en question ce qui a été transmis pour se frayer son propre chemin (une identité plus personnelle).

Ainsi, le point d'équilibre de la personnalité se déplace durant la vie du pôle de l'environnement externe à celui de l'environnement intérieur. L'individu doit négocier, dans l'espace de jeu qui s'est construit et avec les médiateurs du collectif (interne et externe[5]), son identité.

Nous avons choisi de prendre, pour la petite enfance, les étapes qui marquent de nouvelles acquisitions du sujet. Ces nouvelles acquisitions modifient les rapports du sujet avec les autres et avec soi-même[6]. Ils sont donc le lieu de profondes transformations identitaires. Nous proposons de parcourir à nouveau ces étapes pour mettre en évidence les points qui nous semblent prioritaires.

Les étapes de vie

La relation primaire

Une identité prélangagière

L'enveloppe, le noyau (Stern : 0-7/9 mois)

La première étape de ce parcours est marquée par la constitution d'une enveloppe qui délimite chez le nourrisson un dedans d'un dehors. La constitution de cette enveloppe est rendue possible par des relations interpersonnelles, en particulier avec la personne qui pourvoit aux soins du bébé. Ce processus a été appelé de différentes façons, « l'intégration du

---

[4] La différence majeure entre ces deux perspectives (psychanalytique et analytique), c'est la nature de ce collectif. Pour l'une, il est le fruit d'intériorisations, pour l'autre, il est présent de manière innée (sous forme de « cadres vides », de prédispositions).

[5] Les figures de l'autre en soi, les personnifications de réalités internes.

[6] L'ensemble des auteurs sont d'accord sur ce point mais quand les étapes de vie s'éloignent de la petite enfance, il y a, nous semble-t-il et comme nous le verrons, des modifications identitaires qui restent fortement liées au corps, à l'enveloppe corporelle pour les postfreudiens (puissance à l'adolescence et pertes au mitan de la vie), contrairement aux jungiens où les transformations identitaires répondent plus à des demandes intérieures.

moi » chez Winnicott, « l'émergence du sens d'un soi noyau » chez Stern[7], la constitution d'un « complexe-ego » chez Jung. Le temps des débuts est marqué par les besoins liés aux fonctions corporelles nécessaires à la conservation de la vie de l'individu.

Sa survie va dépendre des liens qu'il entretiendra avec son environnement. Ainsi, dès la naissance, le nourrisson développe (présente) des comportements d'attachement et des manières « d'être-avec ». Par les multiples expériences qu'il est amené à vivre, le nourrisson crée des représentations de ses interactions en termes de « modèles internes opérants » pour Bowlby et en termes de « représentations d'interactions généralisées (RIG) » pour Stern[8]. Le partenaire d'interaction privilégié (objet ou figure d'attachement principale) est reconnu (et investit) grâce à l'écart et à la différence du vécu par rapport à un modèle interne. L'objet n'a donc pas son plein statut d'objet et il est, pour une grande part, indifférencié (objet subjectif de Winnicott)

Les relations interpersonnelles que vit le nourrisson sont marquées, aux débuts de la vie, par une profonde dissymétrie entre l'adulte et l'enfant particulièrement au niveau des organisations psychiques en présence. Cette dissymétrie fait que la « mère-environnement » (de Winnicott) jour un rôle crucial dans le processus de subjectivation et dans la constitution de cette enveloppe. La « mère-environnement » est aidée dans cette tâche par un état psychique particulier qui l'habite pendant la période périnatale. Winnicott parle de « préoccupation maternelle primaire », Stern d'« identification à l'enfant » et Jung de « participation mystique ». Tous ces auteurs mettent en lumière l'aptitude de la mère à être proche de son enfant grâce à sa capacité d'être en contact avec l'enfant qu'elle a elle-même été, ou avec des parties infantiles chez elle. Cet état psychique permet une adéquation, la meilleure possible, aux besoins de l'enfant. La « mère-environnement » pallie au manque d'organisation physique et psychique de son nourrisson. Elle exerce une fonction de contenance qui permet à l'enfant de construire son schéma corporel[9] et, psychiquement, de continuer d'exister. La mère exerce aussi une fonction de régulation tant émotionnelle que physiologique. Elle médiatise ainsi, le rapport du nourrisson à son propre corps et à son psychisme naissant. Dans ce sens, il est, de notre point de vue, juste de dire que l'organisation psychique se trouve dans la mère. En plus d'être reconnue par ses enveloppes (physique, sonore, rythmique, etc.), la mère propose à l'enfant une image spéculaire. Elle est le réceptacle d'une image, d'une projection pour Jung, grâce à laquelle le nourrisson se construit.

A la fin de cette première étape, le nourrisson se vit comme une « unité physique séparée, cohésive, limitée, avec le sens d'une activité, d'une

---

[7] Dans un basculement de perspective.

[8] Fordham parle de prises de conscience successives quand un fragment de réalité est au contact avec une prédisposition archétypique.

[9] Base de l'activité imaginaire, de la représentation. Il n'est dès lors pas surprenant que l'adolescence rappelle quelque chose de l'enfance.

affectivité et d'une continuité temporelle qui [lui] sont propres » (Stern, 2006, p. 21).

Le faux *self*, le soi social, la *persona* (7/9-15 mois)

Une fois que l'enveloppe délimitant un intérieur d'un extérieur est constituée, des relations interpersonnelles intersubjectives peuvent apparaître. Pour plusieurs auteurs (Stern, Golse entre autres), il s'agit d'une manière « d'être-avec », un accordage affectif qui marque l'accès à l'intersubjectivité. Ce qui va être structurant pour l'enfant, c'est la rencontre entre les capacités d'accordage affectif transmodal de l'adulte (la capacité de l'adulte de traduire d'une modalité à une autre le vécu émotionnel du nourrisson) et sa propre perception amodale. L'adulte apporte avec lui dans l'interaction, non seulement ses capacités d'accordage et d'harmonisation des affects, mais aussi toute son histoire, sa personnalité et l'impact qu'a eu cet enfant dans son monde représentationnel. L'enfant apporte aussi sa part à l'interaction. En plus de sa perception amodale, il introduit dans l'interaction son tempérament et « quelque chose ayant à voir avec ses expériences précoces » (Golse, 2006, p. 110), son histoire naissante. L'interaction prend en quelque sorte la forme d'un jeu où chacun essaie de modifier l'autre tout en acceptant de modifier l'autre en soi. De ce jeu dépend l'espace de liberté qui va se créer, ou non, au sein de ces rencontres et par le biais de leurs effets.

Le nourrisson va progressivement intérioriser des représentations d'interactions[10] qui portent la marque de son partenaire privilégié de jeu, la mère (par la dissymétrie et le besoin du nourrisson d'être en relation). De la qualité des accordages dépendra la construction identitaire. La mère, en sélectionnant et en mettant en valeur certains vécus du nourrisson, va permettre la constitution d'une enveloppe qui permet à l'enfant d'être en contact avec l'environnement externe (le collectif externe). Cette enveloppe dépend pour peu du jeu entre les deux partenaires (par la dissymétrie) et pour beaucoup de la transmission des normes collectives par la mère. Nous oserions dire que, du point de vue de l'organisation psychique, cette enveloppe : c'est la mère[11]. A cette enveloppe, Winnicott a donné le nom de faux *self*, Stern celui de soi social[12]. Jung parle de *persona* pour cette

[10] « La subjectivation apparaît dès lors comme une intériorisation des représentations intersubjectives, soit chez le bébé, comme une intériorisation progressive des représentations d'interaction (dans le domaine de l'attachement ou de l'accordage affectif), mais avec une injection graduelle dans le système de la dynamique parentale inconsciente, de toute l'histoire infantile des parents, de leur conflictualité œdipienne, de leur histoire psychosexuelle, de leur problématique inter- et transgénérationnelle et de tous les effets d'après-coup qui s'y attachent évidemment » (Golse, 2006, p. 202).

[11] Pour nous, l'identité se trouve du côté de l'organisation psychique. C'est principalement la mère qui porte l'identité à cette étape.

[12] Certains auteurs freudiens ont aussi parlé de cette enveloppe, nous pensons particulièrement à Hélène Deutsch avec ses personnalités « comme si » (2007, article de 1934).

enveloppe mais il ne le fait que pour l'adulte. Dans notre perspective, nous étendons la notion de *persona* à l'enfant. L'ego s'identifie de manière plus ou moins marquée à cette enveloppe. Celle-ci se trouve, par ailleurs, plus ou moins bien intégrée au reste de la personnalité[13]. La fonction la plus importante de cette enveloppe est de protéger l'intériorité qui porte la marque de l'authenticité et qui peut être le siège d'un autre projet (d'une autre identité) plus personnel. Stern parle des expériences de soi davantage déterminées par la « conception interne » (à laquelle sera attribuée la qualité d'être le *vrai soi*), Winnicott parle de vrai *self* et Jung de « réalisation de Soi, ou de soi-même ».

Ainsi, ce sont les expériences susceptibles d'accordage affectif qui déterminent principalement l'identité (celle qui est donnée à voir). L'enveloppe qui régule le lien à l'environnement externe (collectif humain) porte le sceau de la mère (et par elle des normes collectives) par une « soumission » pour Winnicott et une « compromission par rapport au monde intérieur » pour Jung (ce qui amène à un déséquilibre et conséquemment, à une régulation compensatoire de l'inconscient).

L'identité et les débuts du langage (18-24 mois)

Avec le langage apparaît une nouvelle façon « d'être-avec » entre la mère et l'enfant en recourant à des symboles verbaux pour un partage des significations. Le langage peut être au service de l'individuation tout autant qu'à celui de l'intégration à un collectif.

L'acquisition du langage impose une séparation entre l'expérience de soi interpersonnelle telle qu'elle est vécue et telle qu'elle est représentée verbalement. Pour Stern, le faux *self*, les « expériences de non-moi », l'étendue du désaveu et du clivage de l'expérience directe, et ces expériences qui sont simplement toujours gardées privées, seront tous marqués par l'apparition du langage. De plus, ils sont tous ultérieurement déterminés par la façon dont les séparations entre l'expérience vécue et l'expérience représentée par le langage sont créées et recréées. D'un côté l'apparition du langage laisse dans l'ombre toute une partie du vécu de l'enfant, et de l'autre, il devient disponible pour conférer un statut privilégié de représentation verbal au faux *self*. Le faux *self* s'établit, par la coopération entre le parent et l'enfant, en tant que construction sémantique faite de propositions linguistiques (à propos de qui est qui, qui fait quoi, etc.). L'enfant a de forts risques de se voir étiqueté (par exemple comme un « enfant sage », mais aussi de considérer ses expériences à partir de ce que la mère en dit, par exemple : « Est-ce que ce n'est pas excitant ! Nous passons un moment si merveilleux »).

---

[13] Les diverses organisations du faux « self » de Winnicott.

L'apparition du langage a deux conséquences majeures sur le processus de subjectivation. Du côté du groupe, il renforce la communauté psychique avec un parent puis avec d'autres membres de la culture de cette langue. L'enfant peut communiquer ses expériences subjectives, les partager. Du côté de l'individu, l'apprentissage du langage provoque un clivage dans l'expérience subjective. Car le langage spécifie la modalité sensorielle utilisée créant ainsi deux versions de l'expérience.

Mais le langage permettra, progressivement, à l'individu de se penser et de se raconter. L'activité de mise en récit sera, comme nous l'avons vu, d'autant facilitée que l'enfant aura vécu une relation qualifiée de *secure* (par les élèves de Bowlby). Elle permettra l'intériorisation de figures parentales stables et structurantes qui favoriseront la capacité de symbolisation de l'enfant (donc la mise en récit)[14].

Identité et tiercéité

La tiercéité[15] marque classiquement, chez Freud, le passage de la relation dyadique à la relation triadique. Le tiers dans l'approche freudienne, c'est avant tout le père porteur de fonctions séparatrices et d'interdits structurants. Tant Melanie Klein que Jung ont déplacé, la première en amont et le second en aval, l'apparition de la fonction paternelle (avec les caractéristiques décrites par Freud). Il nous semble possible de rendre compte de la place du tiers en considérant, comme Golse l'a fait, que « l'espace tiers est à vocation paternelle » (2006, p. 157). La fonction paternelle peut être vue comme un processus. Comment ce processus évolue-t-il, et quelle place lui est donnée par la dyade mère-enfant, et plus particulièrement par la mère, centre de gravité des processus en jeu ?

Au tout début, l'espace tiers est celui de l'écart et de la différence dans les styles d'attachement et dans les styles interactifs. Le tiers apparaît donc comme un écart à la norme (que sont les modèles internes opérants ou les RIG). Il y a donc une différenciation père/mère mais pas une démarcation du père en tant que père (dans sa fonction séparatrice). Le père exerce une fonction de contenance, de liaison et de contextualisation pour la dyade mère-enfant. Le père pourvoit au bien-être de la dyade tout en étant une figure d'attachement secondaire[16]. Cet espace tiers, comme l'a très bien montré Winnicott, est perçu en partie comme menaçant.

Ensuite lors du développement, apparaît l'objet tiers (par exemple dans la présentation de l'objet). Cet objet « non-moi non-mère » vient s'ingérer entre l'enfant et l'image maternelle (intériorisée). Il est perçu comme menaçant,

---

[14] Nous rappelons que les enveloppes prénarratives sont à la base des narrations autobiographiques car elles constituent les éléments constitutifs de la représentation des schémas d'être-avec (de la relation).

[15] Terme employé par Bernard Golse.

[16] Le Camus (2008, particulièrement p. 47-49).

mais aussi, en même temps, il « protège l'enfant de l'énigme maternelle et [...] le fait d'une double manière : d'une part, en adoucissant cette énigme grâce à son rôle d'approvisionnement nourricier de la dyade ("Maman doit être nourrie afin de pouvoir nourrir le bébé"), et d'autre part, en distanciant l'enfant de l'objet maternel total par le biais d'une aide à son clivage en objets partiels » (Golse, 2006, p. 166). On sent, dans cette citation, une certaine appréhension devant cette figure. Jung, avec sa terminologie, relèvera l'importance du père face à cette figure enveloppante et séductrice comme l'archétype la projette sur la mère réelle.

Une fois que le tiers a son plein statut d'objet, il devient à la fois un objet porteur des fonctions séparatrices et une figure d'identification. Le père devient un objet qui remplit des fonctions séparatrices (il oblige à un renoncement, à une séparation nécessaire d'avec la mère) et qui est investi de manière ambivalente (la coupure induit chez le petit garçon un rapport de rivalité et d'amour avec le père). Pour Jung, c'est vraiment à l'adolescence que le père exerce ses fonctions séparatrices.

Selon les étapes, le père joue ainsi des rôles différents dans le processus de subjectivation. Son rôle est très dépendant de la place que lui donne la mère. Pour la construction identitaire de l'enfant, le père prend ainsi progressivement de l'importance.

L'adolescence et l'importance de l'étayage

Nous adoptons, comme nous l'avons indiqué, un point de vue postfreudien sur l'adolescence. Nous pourrons ensuite observer en quoi il se distingue de la perspective jungienne. Dans la vaste littérature sur le sujet, nous avons choisi plus particulièrement un auteur, Philippe Jeammet, qui s'intéresse à l'articulation entre la réalité extérieure et la réalité intérieure à cette période. Il donne ainsi des informations importantes sur une construction identitaire entre un collectif externe et un collectif interne[17].

L'adolescence porte la marque des modifications corporelles de la puberté. L'adolescent entre en conflit avec son corps sexué. L'enveloppe corporelle « porte », comme nous l'avons déjà évoqué, les relations aux imagos parentales : « Cette relation d'étrangeté avec son corps, en relation avec ses conflits identificatoires, mettra en cause l'identité même de l'adolescent et conférera à cet âge une potentialité dépressive profonde. Rendu ainsi vulnérable, l'adolescent sera particulièrement tributaire de son étayage sur le monde environnant » (Jeammet, 1980, p. 488). L'environnement externe va jouer un rôle primordial d'étayage dans un espace psychique élargi (qui comprend l'espace psychique de l'adolescent et de l'entourage). De ce rôle d'étayage endossé par l'entourage, nous retiendrons deux fonctions importantes : la première est qu'il « porte », en

[17] Rappelons que le collectif intérieur, pour les jungiens ne se réduit pas à ce qui a été intériorisé.

partie, l'organisation psychique de l'adolescent ; la deuxième est qu'il est le support des projections. Arrêtons-nous un instant sur ces deux fonctions et sur leurs importances dans le processus de subjectivation.

L'objet externe « porte » l'organisation psychique

L'adolescent a besoin des objets externes pour s'étayer et pour leur faire jouer le rôle d'organisateurs de son monde interne. Il recherche activement l'implication du milieu environnant « tout à la fois comme tentative de maintenir une relation objectale menacée et comme moyen de soulager la pression de ses conflits, et de la tension interne qui en résulte, *en cédant à cet entourage une part des fonctions de l'appareil psychique* »[18] (Jeammet, 1980, p. 492). Ce rôle dévolu aux objets extérieurs est donc de « servir *de contenant sporadique à son appareil psychique*, lui évitant une tension interne trop grande, rappelant par là, toute proportion gardée, le rôle joué par la mère pour son enfant pendant les deux premières années de sa vie »[19] (Jeammet, 1980, p. 492). Les objets extérieurs « portent », tout comme la mère, l'organisation psychique de manière transitoire (transitionnelle), à la différence de la mère, ce n'est qu'une partie de l'appareil psychique qui est prise en charge et cela de façon sporadique[20]. Pour Philippe Jeammet, ce passage par les objets extérieurs s'avère différent de l'identification projective[21]. Pour lui, « cette extériorisation nous paraît plus globale et plus superficielle : elle permet à l'objet de jouer un rôle supplétif d'une des fonctions de l'appareil psychique. Elle reste en surface de l'objet et a essentiellement une valeur fonctionnelle, économique, qui laisse relativement ouvertes les possibilités d'évolution structurale ultérieure. » (1980, p. 493). On comprend par cette dernière citation le caractère de surface, moins structurel, moins massif que dans la petite enfance de cette fonction de l'objet extérieur. Le caractère supplétif et « en surface » facilite l'investissement et l'abandon (quand le rôle d'étayage n'est plus nécessaire) de cet objet (marquant en cela son caractère transférentiel) par l'adolescent. Comment le remaniement psychique se fait-t-il ? Il est possible, avant tout, par un travail subtil sur les projections de l'adolescent sur les objets externes. Nous proposons de passer en revue la deuxième fonction importante de l'environnement externe.

---

[18] Nous soulignons.

[19] Nous soulignons.

[20] Avec notre hypothèse que l'identité se trouve du côté de l'organisation psychique, les objets externes portent une partie et de façon transitoire l'identité de l'adolescent.

[21] « Terme introduit par Melanie Klein pour désigner un mécanisme qui se traduit par des fantasmes, où le sujet introduit sa propre personne (*his self*) en totalité ou en partie à l'intérieur de l'objet pour lui nuire, le posséder et le contrôler. » (Laplanche & Pontalis, 2002, p. 192 [entrée « Identification projective»]).

L'objet externe comme support des projections

Pour présenter la fonction de support des représentations des objets externes, il faut revenir sur la force des mouvements régressifs qui habitent l'adolescent. Les mouvements régressifs l'entraînent vers une condensation des imagos, vers une indifférenciation des représentations internes (les parents combinés ou la mère phallique). L'indifférenciation renvoie à une imago archaïque, effrayante et porteuse d'un danger d'engloutissement :

> Ce mouvement de condensation des imagos exerce un effet d'excitation dans la mesure où, de ce fait, le repli fantasmatique n'a plus valeur de compromis symptomatique, mais devient scène primitive. Le sujet se retrouve partie prenante de celle-ci et dans la confusion avec cette imago indifférenciée, perd sa place et son identité. Pour qu'il y ait compromis, il faut un conflit et donc une lutte entre des groupes de représentations opposées, telles que ceux que peuvent offrir les imagos parentales (Jeammet, 1980, p. 513).

Il est donc important que les imagos parentales soient différenciées pour permettre à l'adolescent de s'appuyer sur l'une des figures quand l'autre est menacée et d'offrir un choix identificatoire possible (ce que n'offre pas l'indifférencié). C'est là que les objets extérieurs, supports des projections, jouent un rôle déterminant. Ce rôle réside dans la possibilité qu'ils ont d'être des différenciateurs d'imagos. Les objets externes permettent un redéploiement (sur eux, par la projection) des imagos et facilitent ainsi leur discrimination. Ils rendent possible la différenciation par de petits écarts, de petites différences entre le support (qu'ils sont) et les imagos parentales (qui sont projetées par l'adolescent). L'écart ne doit être ni trop important (pour que l'adolescent se reconnaisse dans l'objet externe) ni trop petit, car l'objet perdrait sa valeur d'altérité dans une collusion entre réalité interne et externe. L'objet externe permet à l'adolescent d'être en relation positive avec une imago parentale pour analyser les conflits concernant l'autre dans un constant va-et-vient. Ainsi, l'évolution de l'adolescent se fait par le biais de petits écarts entre les imagos parentales et entre objet interne / objet externe. C'est aussi la résistance à la projection de l'objet externe qui permet à l'adolescent de se dégager de l'imago.

Finalement, « c'est l'appui sur les objets de la réalité externe, ainsi investis, qui autorise un réaménagement de la réalité interne moins conflictuel, et tolérant des investissements positifs. Dans un deuxième temps, c'est ce réaménagement qui conduit au deuil de l'objet de la réalité externe » (Jeammet, 1980, p. 519). Ainsi, une fois que le réaménagement psychique est fait, l'adolescent peut faire le deuil de l'objet externe. L'étayage de l'environnement extérieur est transitoire (transitionnalité du processus) et mène au deuil de l'objet externe (au sacrifice du héros chez Jung) quand le rôle structurant de cette figure n'a plus de raison d'être ou, en d'autres termes, quand l'appui sur des identifications extérieures pour élaborer des conflits internes n'est plus nécessaire.

L'objet externe pour remplir ces deux fonctions doit non seulement être fiable et authentique mais aussi, ne doit pas « disparaître »[22] durant cette période. Le manque d'étayage, ou la mauvaise adéquation des réponses des objets externes, enferme l'adolescent dans un état aux effets désorganisant sur ses identifications mal assurées et plus profondément sur son *self* lui-même, son sentiment de continuité et sa « personnation » (Racamier, 2007).

La place du corps dans l'approche jungienne et postfreudienne

Une pierre d'achoppement entre ces deux approches, c'est la place du corps dans la structuration du psychisme. Les deux approches donnent une place importante à celui-ci dans la première étape de la vie pour la structuration du psychisme (les deux reconnaissent que le moi est une instance psychique issue de l'enveloppe corporelle). Pour l'approche freudienne, l'instance psychique reste toujours en relation avec l'enveloppe corporelle. Partant de ce constat, il est évident que toute modification de l'enveloppe corporelle (qui altère l'image de soi) oblige l'appareil psychique à réaliser un nouvel ajustement identitaire. Pour l'approche jungienne, la nécessité qu'a l'appareil psychique de se réajuster provient plus de l'intérieur (inconscient collectif) que de l'extérieur (et de son intériorisation). Cette nécessité, et surtout à partir de la deuxième partie de la vie, est le fruit d'une conjonction entre une adaptation réalisée (dans l'environnement extérieur)[23] et une plus grande demande de l'intérieur (l'une permettant peut-être l'autre). C'est le corps investi, désirant, qui intéresse de prime abord l'approche freudienne (moteur dans l'activité pulsionnelle). C'est un besoin de réalisation, d'unité qui est au centre de l'approche jungienne (moteur dans l'archétype).

A l'adolescence : quel étayage ?

A l'adolescence, l'étayage de l'environnement extérieur peut être décrit par les deux fonctions évoquées par Jeammet : « porter une partie de l'appareil psychique » et « offrir un support des projections ». Nous ajouterons une fonction, sur laquelle l'approche jungienne insiste : « être des figures d'identification ». Passons en revue ces trois fonctions en comparant les deux points de vue.

La fonction qu'ont les objets externes de porter une partie de l'appareil psychique peut être observée, nous semble-t-il, dans les deux approches. Les deux voient la nécessité à cette période qu'une fonction de contenance soit trouvée à l'extérieur (les jungiens mettent en évidence l'aspect contenant du

[22] En d'autres termes, mourir.
[23] Demandant ainsi moins d'énergie.

récit). De même, il y a un aspect transitionnel qui est donné, par les deux, à cette fonction. L'objet externe peut être considéré, selon nous, dans cette première fonction comme un « moi auxiliaire ».

La deuxième fonction de l'objet externe est celle de permettre la différenciation des imagos en étant un support des projections. L'adolescent peut ainsi se confronter, par petites touches, aux imagos parentales projetées sur l'objet externe. Les deux approches reconnaissent cette fonction, mais le travail sur la bisexualité psychique est davantage mis en valeur chez les postfreudiens. Rappelons que pour les jungiens, ce ne sont pas uniquement les imagos parentales qui sont projetées mais aussi quelque chose de l'archétype. Pour les deux, l'objet agit comme un miroir et permet des remaniements psychiques. Nous rappelons finalement la différence de perspective par rapport au rôle et à la place de la régression[24]. Les jungiens proposent de régresser plus loin que l'indifférencié pour retrouver du psychiquement « *structurant* [25]» sous la forme d'archétypes.

La dernière fonction, valorisée par les jungiens, est celle, pour l'objet externe[26], d'être une figure d'identification. Cette figure d'identification doit pouvoir être investie fortement pour permettre la sortie de la psyché maternelle. Dans ce sens, un tel investissement est difficilement compatible avec ce qui a été dit sur la première fonction. Le fait que la figure d'identification, que peut représenter l'objet externe, peut être investie d'une telle façon qu'elle nécessite, pour l'abandonner[27], le sacrifice. Notons encore que la figure d'identification la plus importante à l'adolescence est celle du héros, car non seulement il attire l'adolescent hors de la psyché maternelle mais aussi il propose, en tout cas dans les contes, un chemin possible pour cette épreuve. De plus il permet, comme Winnicott l'a montré, que l'adolescent se sente réel.

Le manque d'étayage le force à se débattre physiquement contre le monde dans une recherche de limites pour pouvoir enfin se situer, prendre ses marques, savoir qui il est. Dans cette recherche de limites, « le degré de conscience qui préside au heurt avec le monde est ici indifférent, l'inconscient joue un rôle essentiel dans l'événement. Une nécessité intérieure y domine. » (Le Breton, 2002, p. 114).

---

[24] Cette place et ce rôle proviennent sans doute en partie du type de patients que voyaient Freud ou Jung. Tant Jung que Winnicott étaient confrontés à des patients psychotiques ou états limites. Ce n'était pas le cas de Freud.

[25] Nous soulignons.

[26] L'objet externe peut être une personne mais aussi un personnage de récit.

[27] Quand la transitionnalié n'a plus de raison d'être.

Nous ferons à nouveau dialoguer les deux mêmes approches concernant la crise du milieu de la vie[28]. Rappelons que c'est Jung qui, en premier, s'est intéressé à cette période de vie. Par contre, ce n'est que très récemment que les psychanalystes freudiens, à part quelques exceptions[29], se sont mis à évoquer les transformations psychiques propre à cette période.

Rappelons que le mitan de la vie, expression utilisée par les auteurs des deux approches, ne renvoie pas toujours à la même période. Cela est dû, comme nous l'avons mentionné précédemment, à la place du corps dans chacune des approches. Ainsi pour Jung, cette étape se situe peu avant les 40 ans et cela pour les deux sexes. Les auteurs postfreudiens lient, pour la femme, cette période à la survenue de la ménopause. Pour l'homme, il semble que l'apparition de la période du mitan de la vie soit plus tardive, quand les pertes physiques commencent à péjorer leur vie (vers 50 ans)[30], à demander des remaniements psychiques.

Qu'en est-il de cette crise du milieu de la vie qui se situe, pour Jung, vers les 35-38 ans et pour les postfreudiens au moment de la ménopause chez la femme et aux « tempes grisonnantes » chez l'homme (50 ans) ? Nous présentons rapidement le point de vue de chaque approche pour cette crise du mitan de la vie.

Dans une perspective freudienne, l'état dépressif (qui prévaut au début de la crise) provient de la problématique de la perte qui domine la vie mentale. La perte devient une réalité qui s'inscrit dans le corps et la psyché. Elle réactive le registre de la castration. Les « ressources antidépressives se trouvent du côté de la solidité des identifications » (Le Goues, 2005, p. 1049) tant du côté de l'imago maternelle que paternelle. Solidité veut dire, du côté de l'imago maternelle un accès modéré à des plaisirs régressifs et, du côté de l'imago paternelle, une affection protectrice qui apaise l'angoisse de castration. Cette perte lente force l'appareil psychique à travailler pour rétablir l'équilibre d'une bisexualité psychique déstabilisée par l'atteinte du corps érogène. La crise du mitan de la vie révèle que le moi fragile narcissiquement s'enracine sur un soi resté prisonnier d'une liaison primaire qui n'a pas pu se défaire[31].

Dans l'approche jungienne, cette étape du milieu de la vie est marquée, en tout cas à ses débuts, par un état dépressif. Cette attitude dépressive est le

---

[28] Il faut bien parler de crise au vu de l'état dépressif qu'elle génère.

[29] Parmi eux, je citerai en particulier Hélène Deutsch qui a parlé des remaniements psychiques à la ménopause (1967, [éd. originale 1944]).

[30] Notons la différence entre les hommes et les femmes ; différence qui rend difficile la délimitation de cette période chez les hommes. L'inscription dans le corps est moins nette, plus progressive.

[31] Le soi, entendu ici comme la « nature subjective de l'éprouvé du moi », est plus large que le moi, siège de la conscience. Il inclut l'éprouvé corporel, le lien sensible avec les relations précoces, les interactions originaires telles qu'elles se sont inscrites dans le corps sous la forme de traces.

fruit, d'une part de l'abandon d'une définition collective de l'identité et de la *persona* et, d'autre part, du fait d'assumer une image de soi qui émerge. Pour Jung, l'influence du Soi se manifeste avec plus de vigueur. Il détrône en cela le père et la *persona*. Les tâches de l'individu sont premièrement de se séparer de l'identification à la *persona* et, deuxièmement, de trouver un nouveau centre d'équilibre (donc une nouvelle identité) dégagé des stéréotypes de la culture collective en suivant les indications du Soi.

Il est intéressant de constater que, pour ces deux approches, la crise du milieu de la vie provoque un déséquilibre dans la bisexualité psychique[32]. Les objectifs de ce rééquilibrage et la manière de rétablir l'équilibre sont cependant très différents dans ces deux approches. Du côté freudien, l'objectif est la restauration du narcissisme[33], tandis que du côté jungien, c'est l'intégration qui est visée.

Deuxième constat, pour les deux approches cette crise révèle le possible emprisonnement du moi dans la liaison primaire, dans la psyché maternelle dont il s'agit de s'extraire. Elie Humbert donne une lecture jungienne qui inclut le narcissisme de cette période de la vie : « Le narcissisme, qui a servi à constituer le sujet, apparaît de plus en plus comme un cocon tissé de multiples renvois en miroir et on s'aperçoit que ce cocon tient lieu de mère. La structure narcissique a remplacé la relation avec la mère et joue le même rôle. Elle porte, nourrit et enferme le moi, jusqu'à la sclérose. » (Humbert, 1994, p. 143-144).

Avec notre proposition d'un modèle de construction identitaire, il nous est maintenant possible d'analyser la représentation de soi transmise par le sujet lors de l'entretien. Pour tenir compte non seulement de la représentation que le sujet donne de soi, mais aussi de la manière dont elle est transmise au chercheur nous avons créé une méthodologie qui englobe ces deux aspects (construction/transmission). Abordons donc maintenant le pan méthodologique de la recherche.

---

[32] D'un côté c'est le corps qui oblige par ses nouvelles limitations des modifications psychiques, de l'autre nous sentons plus une demande intégratrice de l'archétype du Soi (en vue de l'unité).

[33] Notons que Jung ne fait pas intervenir le narcissisme dans sa conception du soi.

Troisième partie

MÉTHODOLOGIE

Il est important, au début de la partie méthodologique, de revenir sur les acquis et les lacunes que nous avons observés tout au long de notre partie théorique sur le récit de soi (et de son utilisation dans la recherche).

Comme nous l'avons dit au début de notre travail, l'ethnosociologie a permis au récit de vie de retrouver une place dans la recherche académique[1]. Tout comme Daniel Bertaux, nous considérons que c'est par l'analyse des transcriptions que le récit dévoile ses richesses. Tout comme lui, nous relevons l'importance de reconstituer la structure diachronique du récit[2]. Par contre, la discursivité du sujet, bien qu'évoquée comme un ordre de réalité, n'est pas prise en compte dans le mode d'analyse proposé par Bertaux. Il s'agira de remédier à ce défaut.

Ensuite, des praticiens en histoires de vie (approche formation-recherche), nous retenons les formidables potentialités de l'outil « récit de soi ». Il permet un important travail de conscientisation, de construction de sens (à côté de la caractéristique principale mise en lumière par Ricœur, celle de créer une continuité dans les discontinuités). Les potentialités offertes par cet outil ont dépassé le cadre original, posant la question de l'identité du formateur-chercheur. Mais nous avons relevé l'« oubli » de ces praticiens, dans leur réflexion sur l'identité du formateur-chercheur, de toute l'approche clinique.

Chez les psychologues de la religion, le récit de soi trouve une grande place dans les recherches qui suivent la même lignée que celles de William James. Par contre dans les approches dites quantitatives, il est difficile de parler de récit de soi car la référence à l'histoire du sujet se fait par questionnaires interrogeant de manière sélective la biographie du sujet. Nous avons relevé qu'actuellement ce dernier type d'études était dominant dans la discipline (tout comme en psychologie).

L'apport de Paul Ricœur sur l'identité narrative est venu combler les lacunes dans les travaux présentés jusque-là. Ricœur montre comment un récit se déploie selon les règles de la mise en intrigue et comment par le récit, le sujet construit son identité (narrative) en même temps qu'il la transmet. Il rend sensible à la double temporalité que comporte le récit, l'une chronologique (suit la chronologie du temps de vie, de la naissance à la mort) et l'autre non chronologique (le récit vagabonde en fonction de la mise en intrigue).

Finalement, en présentant le processus de subjectivation dans certaines approches analytiques, nous avons observé avec Daniel Stern la place de l'affectivité dans la mise en intrigue (par l'enveloppe prénarrative) mais aussi le caractère profondément relationnel de celle-ci. De plus, ses travaux évoquent (en s'appuyant sur Ricœur) le rôle du récit comme propriété innée

[1] Particulièrement en sociologie.
[2] Remettre les événements tels que racontés dans le temps de vie, de la naissance à la mort.

de la pensée pour se représenter le monde. C'est sur cette propriété que se construisent les futures narrations autobiographiques[3].

Avec ce qui a été dit sur le récit, nous voyons toute l'importance de celui-ci pour avoir accès à ce qu'une personne vit à un niveau psychologique. Notre recherche tient à prendre en considération et au sérieux non seulement ce précieux matériel empirique, mais aussi le cadre relationnel dans lequel il est obtenu. Ainsi, tant pour la méthodologie de récolte des données (particulièrement la situation d'interlocution) que pour la méthodologie d'analyse, nous réfléchirons à l'importance pour elle-même, de l'expérience de faire récit en essayant de lui donner la place cruciale qu'elle occupe (dans la production des données). Nous le ferons avec l'aide des auteurs que nous avons évoqués dans la partie théorique (Paul Ricœur et Daniel Stern occupent une place privilégiée dans cette réflexion).

Abordons maintenant la méthodologie de récolte des données.

---

[3] L'expérience subjective est saisie au niveau de la pensée par une structure quasi narrative.

Chapitre 10

MÉTHODOLOGIE DE RECHERCHE

Nous aborderons deux aspects de la méthodologie de récolte des données : la population et la récolte des données. Le premier point évoque les caractéristiques du type de population de la recherche (des contemplatifs) et particulièrement la difficulté d'accès à celle-ci. La difficulté d'accès aura des conséquences sur l'échantillon qu'il nous a été possible d'interviewer. Le deuxième point présente la récolte des données. Nous serons plus particulièrement attentifs aux conditions de production du récit (avec Ricœur, Stern, et d'autres références au cadre clinique) ainsi qu'au canevas d'entretien que nous avons constitué. Finalement, nous donnerons quelques indications sur la création du corpus, notamment sur les règles de transcriptions qui nous ont permis de passer de l'enregistrement audio à une transcription écrite.

Passons au premier point de la méthodologie de recherche : la population.

Population

Pour comprendre le rôle et la place d'une dimension religieuse dans la construction identitaire nous aurions pu interroger tout un chacun. Pour avoir le maximum de chances que cette dimension religieuse ait joué un rôle important, nous avons choisi de nous tourner vers des personnes qui ont fait le choix de la vie religieuse. La population de la recherche se compose ainsi de contemplatives et de contemplatifs appartenant pour la plupart à des communautés qui suivent la règle de saint Benoît (bénédictins, cisterciens) en francophonie. L'accès à ce type de population est extrêmement difficile. Il n'a été rendu possible que grâce à des liens tissés préalablement par le professeur Pierre-Yves Brandt. Grâce à la qualité de ces liens, nous avons pu bénéficier d'un climat de confiance propice à un dévoilement de l'intimité. Les sujets étaient, nous semble t-il, rassurés quant au respect porté aux récits, notamment sur la place et le rôle de la dimension religieuse dans leur parcours.

Les demandes faites en dehors de ces liens ont toutes échoué. En effet, nous avons contacté plusieurs monastères en francophonie pour récolter un maximum de récits en vue de la recherche : toutes les réponses furent négatives. La principale raison évoquée était les « perturbations » que notre intervention étaient susceptibles de provoquer dans l'ordonnancement de la vie monastique. De ce fait, la population qu'il a été possible d'atteindre est restreinte ; mais, en contrepartie, le matériel récolté est de grande valeur.

Au niveau des caractéristiques de l'échantillon

Les caractéristiques de l'échantillon portent la marque de la difficulté d'accès à la population. Pratiquement, après un premier contact téléphonique avec l'abbé ou l'abbesse, nous leur avons envoyé une lettre qui donnait quelques indications très sommaires sur la recherche en cours. Deux informations importantes étaient transmises, premièrement, le sujet de la recherche, « les changements dans la vie » et, deuxièmement, que les entretiens seraient enregistrés. De plus, dans cette lettre, nous insistions sur la confidentialité des données, sur le respect de l'anonymat. Ensuite, l'abbé ou l'abbesse se chargeaient de trouver des volontaires. Un tel mode de recrutement ne permet pas d'avoir un échantillon représentatif de la diversité de la population résidant dans les monastères bénédictins et cisterciens en francophonie[1]. Ainsi, la seule variable qu'il a été possible de prendre en compte, c'est la représentativité du genre et donc de rencontrer autant d'hommes que de femmes. Nous avons pu récolter 16 récits, soit 8 récits de contemplatives et 8 récits de contemplatifs. Notons que l'âge moyen de l'échantillon est de 48.5 ans[2] (entre 34 ans et 66 ans) soit 52.8 ans pour les femmes et de 40 ans pour les hommes.

Après avoir donné les caractéristiques de la population, passons au deuxième point de la méthode de récolte des données.

Récolte des données

Nous ne reviendrons pas sur l'importance que nous donnons au récit dans la recherche en psychologie. Mais, partant de ce constat, nous avons choisi de rencontrer les sujets dans leur cadre de vie, le monastère. Nous aurions pu envisager, sans cela, de demander aux sujets de rédiger un récit de soi et de nous le faire parvenir. Nous montrerons ci-dessous pourquoi la dimension

[1] A partir de là, on peut effectivement réfléchir sur la motivation d'un sujet à faire récit. Un frère dira, à la fin de l'entretien, qu'il ne « s'épuise pas de venir à la source ».
[2] Au moment de l'entretien.

relationnelle est un paramètre qui influe de manière conséquente sur les données, donc sur la représentation de soi qui est produite/transmise[3].

Présentons tout d'abord le type d'entretien que nous avons choisi, puis observons la situation d'interlocution et, finalement, détaillons le canevas d'entretien préparé à cet effet.

Entretien semi-directif

La forme choisie est celle d'un entretien semi-directif. Cependant, pour laisser un maximum de place à la discursivité du sujet, il se rapproche d'un entretien clinique de type non directif (terme emprunté à Carl Rogers[4]). « Le but fondamental [d'un entretien clinique non directif] est de *laisser parler* le client, de lui permettre de parvenir à parler s'il a quelques difficultés à le faire, pour qu'il dise ce qu'il a à dire, ce qu'il veut dire, ce qu'il peut dire. » (Chiland, 2006, p. 17). Comme nous le verrons lorsque nous aborderons le canevas d'entretien, nous avons posé une question d'ouverture qui occupe le principal de l'entretien puis deux autres questions qui qualifient, caractérisent ce qui a été dit. Ainsi, l'entretien semi-directif découle principalement de la question d'ouverture.

Néanmoins, et bien que l'entretien clinique permette de penser le mode de récolte des données, nous nous plaçons clairement dans un contexte de recherche[5]. L'entretien semi-directif permet en outre :

– de donner « un accès privilégié à l'expérience humaine » (Savoie-Zajc, 1997, p. 269) ;

– de capter une lecture individuelle à propos d'un phénomène donné et ainsi d'enrichir la compréhension de cet objet d'étude ;

– par les questions abordées, d'enclencher « une réflexion et les questions peuvent devenir catalyseurs de prises de conscience et de transformations de la part des personnes engagées : le chercheur aussi bien que le répondant »[6] (Savoie-Zajc, 1997, p. 269).

Observons maintenant la situation d'interlocution.

[3] Nous accolons volontairement les deux termes car la construction et la transmission se font dans la même temporalité. Comme nous le verrons, le sujet construit et transmet en même temps une représentation de soi.

[4] Rogers (2005).

[5] Tout en n'étant pas naïf sur la portée de notre intervention.

[6] Comme nous l'avons vu dans les pratiques d'histoires de vie.

Situation d'interlocution

La situation d'interlocution est le lieu de la mise en intrigue, de la mise en récit (Paul Ricœur). Le récit de soi du sujet va se déployer dans l'affectivité générée non seulement par le rappel des événements passés vécus par le sujet[7], mais aussi de leur remise en jeu dans un contexte interactionnel. En nous référant à Daniel Stern, nous considérons l'entretien comme une enveloppe prénarrative, comme un événement unique qui combine les deux principales caractéristiques de l'enveloppe prénarrative : une trame temporelle d'éprouver et le développement d'un motif (mise en intrigue). Comme nous l'avons vu, l'enveloppe narrative est une enveloppe de temps et d'événements. Elle contient des temporalités différentes et des histoires qui, prises toutes ensemble, sont vécues comme un événement. Il sera intéressant de relever si ces « petites histoires » se construisent sur le même modèle.

De ce fait et comme évoqué précédemment, il y a l'émergence, lors de l'entretien, d'un récit de soi, d'une identité (narrative) en même temps qu'elle se construit. Quelles sont les conditions de cette émergence ?

Tout d'abord, il y a la part du sujet. Grâce à la mise en intrigue, le sujet construit son identité (narrative) en mettant en jeu ce qui peut l'être[8], dans le sens d'une identité plus intégrée. Rappelons que l'une des principales caractéristiques du récit est d'intégrer des discontinuités dans une continuité. Ce qui est remis en jeu peut être thématisé dans les termes de Daniel Stern comme les expériences désavouées, privées et niées (des expériences subjectives en manque de symbolisation, d'intégration). De plus, l'activité de mise en récit demeure une aventure incertaine, comme nous le dit un frère :

> « faire le récit de toute mon de tout ce qui a changé dans mon existence heu c'est une ouais c'est une grande entreprise de confiance que vous me demandez là comme ça heu heu il faut que je me fasse confiance à moi-même ».

Du côté de l'interviewer, la représentation de soi qui sera construite/transmise dépendra de sa capacité de contention. En effet, dans quelle mesure est-il capable de tenir le cadre, de contenir la transformation qui a lieu devant ses yeux (processus toujours incertain de par la mise en intrigue) ?[9] De plus, par sa posture lors de l'entretien, il fournit un cadre plus ou moins propice au dévoilement de l'intimité. A la capacité de contention s'ajoute une posture de bienveillance, « une identification active, une empathie, (qui) semble indispensable pour comprendre autrui et percevoir ses états psychiques, préconscients et inconscients » (Marbeau-Cleirens, 2006, p. 53-54).

---

[7] Affectivité propre à ces événements.

[8] Nous faisons référence ici à la capacité de jouer de Winnicott.

[9] Il y a toujours un risque de « débordement *traumatique* par l'intensité de l'émotion de s'être trop dévoilé » (Chiland, 2006, p. 20).

En accord avec Stern et comme nous venons de le voir, l'émergence de cette représentation dépend à la fois de l'affectivité, tant du côté du sujet que de l'interviewer, mais aussi de critères narratologiques. Le sujet peut se rendre compte qu'il a oublié un élément de son histoire, qu'il doit préciser un contexte, etc. pour que son vis-à-vis puisse comprendre son récit. De même, l'interviewer peut demander au sujet une précision quand il sent une incohérence ou un manque d'information qui ne lui permettent pas de suivre l'histoire que le sujet lui raconte.

Ensuite, il y a tout le jeu interactionnel, dialogique, entre le sujet et l'interviewer. Nous laisserons de côté la question du transfert (bien que nous ne minimisions pas son rôle[10]) pour évoquer les règles que nous nous sommes données pour intervenir lors de l'échange. La volonté de laisser, un maximum, libre recours à la discursivité du sujet a placé l'interviewer dans une posture d'écoute, d'attention flottante[11]. Cependant, nous nous sommes donné trois raisons pour intervenir lors de l'entretien :

– une demande de précision quand l'expérimentateur en ressent le besoin ;

– vérifier que la personne a pu raconter tout ce qu'elle voulait dire en réponse à la question de lancement (ou du moins tout ce qu'elle a envie d'évoquer) ;

– orienter la personne vers le deuxième ou troisième temps de l'entretien s'ils n'ont pas été évoqués et explorés spontanément.

Après avoir observé les conditions de l'entretien, détaillons le canevas d'entretien qui nous a permis de récolter les données.

Le canevas d'entretien

Le canevas d'entretien est composé de trois parties qui visent à un dévoilement progressif. Comme nous l'avons mentionné, c'est la première partie, avec la question d'ouverture, qui occupe la plus grande part de l'entretien. Les deux autres parties servent à caractériser les changements évoqués dans la première partie. Passons en revue les trois parties.

La première partie de l'entretien débute avec cette question d'ouverture :
« Avez-vous vécu des changements importants dans votre vie ? »

---

[10] En effet, le transfert joue un rôle important dans la relation qui se crée lors de l'entretien.

[11] « C'est cette règle qui, d'après Freud, permet à l'analyste de découvrir les connexions inconscientes dans le discours du patient. Grâce à elle, l'analyste peut conserver dans sa mémoire une multitude d'éléments en apparence insignifiants dont les corrélations ne ressortiront qu'ultérieurement. » (Laplanche & Pontalis, 2002 p. 39 [entrée « Attention (également) flottante»]).

Le premier but est de demander au sujet d'identifier des moments importants, potentiellement des discontinuités, dans son parcours et de les raconter. La tâche demandée rejoint la principale caractéristique du récit chez Paul Ricœur, celle d'intégrer des discontinuités dans une continuité. De plus, nous pensons que ce qui est considéré librement comme les changements importants dans la vie sont autant de moments de transformation identitaire. En formulant une première question aussi ouverte, nous laissons une grande liberté au sujet de choisir, non seulement quand il débute son récit (à quel âge ?), mais aussi quand il le termine (le moment de l'entretien ?).

La question d'ouverture a aussi pour but d'éloigner le sujet d'un récit type de conversion[12], d'un récit d'emblée très construit. Une référence à la dimension religieuse est volontairement absente dans la question d'ouverture, non seulement pour éviter de récolter un récit type de conversion, mais aussi pour donner la possibilité au sujet de se raconter sans faire référence à la dimension religieuse.

La première partie permet d'observer comment une personne pense des changements dans sa vie qui vont l'amener à faire le choix d'une vie religieuse. Finalement, nous avons choisi la catégorie « changement » car, contrairement à l'événement (McAdams), le changement peut faire référence à une période et non uniquement à un moment précis. Ainsi, le sujet a la possibilité d'évoquer des modifications identitaires sur une période, par exemple l'adolescence.

La première partie occupe environ 80 à 90 % de l'entretien[13]. C'est dans cette partie que le sujet se raconte. Les deux parties qui suivent servent uniquement à caractériser les changements mis en lumière dans la première partie. Notons aussi qu'en fin de première partie, nous demandons aux sujets de hiérarchiser les changements entre eux, en leur demandant s'il y a un, ou plusieurs changements qui sont plus importants.

Dans un deuxième temps, et si cela n'a pas été mis en lumière de façon spontanée par le sujet quand il répond à la première question, nous explorons la dimension spirituelle dans les changements. La question qui nous permet d'étudier cette dimension est la suivante :

« Est-ce que Dieu a une place dans ces changements ? »

La deuxième question doit permettre d'observer si et comment ces hommes et ces femmes, qui ont mis la dimension spirituelle et religieuse au centre de leur vie, associent la présence de Dieu ou une intervention divine à leurs choix de vie et comment ils font le lien entre des changements importants et le choix les menant à un certain moment à la vie religieuse. Cette partie ouvre sur des précisions et développements plus ou moins

---

[12] Dont nous rappelons les cinq caractéristiques : la rupture par rapport au passé, l'événement instantané, l'événement unique, l'événement inattendu et le rôle passif du converti.

[13] Calcul fait sur le nombre de lignes de la transcription des récits occupés par la première partie.

abondants et, parfois, sur l'évocation de changements importants qui n'avaient pas été évoqués dans la première partie. Ainsi, la deuxième question aborde la dimension proprement religieuse des changements. Le passage à la dernière partie de l'entretien intervient quand le sujet a fini de dire ce qu'il voulait en réponse à la question.

Dans une dernière partie, en fin d'entretien, nous investigons le lien entre les deux premières parties en les mettant en rapport avec des catégories prédéfinies (conversion, vocation) par le contexte culturel. La troisième partie (si ces catégories n'ont pas été utilisées spontanément auparavant) débute par le faisceau de questions suivant :

« Est-ce que vous appelleriez un changement : expérience spirituelle ? »
« Est-ce que vous appelleriez un changement : conversion ? »
« Est-ce que vous appelleriez un changement : vocation ? »

Chaque question de la troisième partie est posée successivement et l'on attend que la personne ait fini de répondre à l'une avant de passer à la suivante. Le but de ces questions est d'observer les représentations qu'ont les sujets de ces catégories prédéfinies et s'ils les mettent en rapport avec les changements importants de leurs vies. L'ordre de ces questions a été pensé pour que la caractérisation du changement débute par une catégorie pas trop inductrice avant que la question de la conversion soit posée. L'idée de proposer aussi le terme de vocation est liée au fait que des sujets se pensent différemment dans la durée.

Précisons encore quelques éléments par rapport à la conduite de l'entretien et la constitution du corpus.

Déroulement de l'entretien

Les entretiens ont donc eu lieu dans l'enceinte du monastère où nous sommes accueillis chaleureusement par un moine ou une sœur qui avertit l'abbesse ou l'abbé de notre présence. L'horaire de notre venue a été pensé avec ceux-ci de manière à ce que les entretiens perturbent le moins possible l'ordonnancement de la journée.

Une salle est mise à disposition. Un petit laps de temps nous permet d'installer le matériel audio. Puis, le frère ou la sœur arrive. Après nous être rapidement présentés et après avoir rappelé le cadre déontologique, nous posons la première question[14].

[14] Nous étions pour la plupart des entretiens deux chercheurs dont l'un avait la responsabilité de mener l'entretien. Souvent le dernier chercheur intervenait en toute fin d'entretien s'il avait des questions.

L'entretien dure entre une demi-heure et une heure. Nous avons ménagé un temps en fin d'entretien pour les éventuelles questions du sujet par rapport à notre recherche. Dans ce temps, nous posons aussi quelques questions brèves permettant de récolter des informations sur l'âge de la sœur ou du frère interrogé, la date de son entrée au monastère ainsi que sur sa propre famille (nombre de frères et sœurs, parents vivants ou décédés). En toute fin de rencontre nous exprimons notre gratitude pour le temps mis à notre disposition et pour la confiance accordée. Une fois l'enregistrement effectué, se pose la question de la transcription.

Constitution du corpus[15]

Pour les transcriptions, nous sommes restés le plus proche possible du récit oral. Ce travail est exigeant, il demande beaucoup de temps et d'attention. Des règles de transcription ont été choisies :

Pauses courtes :	/ (une barre = 1 seconde)
Pauses longues :	4sec (à partir de 4 secondes indication du nombre de secondes)
Chevauchement d'énoncés :	Exp : souligné le chevauchement S : chevauchement
Langage non verbal :	mis entre parenthèses (mime un cercle avec la main)
Segment inaudible :	XXX
Ebauche de mots :	ébau-

De plus, chaque ligne de l'entretien est numérotée pour permettre, lors de l'analyse des entretiens, un repérage plus aisé des différents changements. Une fois la transcription terminée, elle est relue par une autre personne qui contrôle sa teneur et le respect des conventions fournies. A titre d'illustration, voici un court extrait :

331	Exp :	parce que j'essaye de comprendre hein
332	S :	ouais
333	Exp :	dans ces bouleversements qu'est-ce que ces boulevers- l'Afrique qu'est-ce que ça
334		a bouleversé alors vous avez vous avez un peu dit que c'était en rapport avec une
335		personne

[15] Nous avons mis la création du corpus dans la méthodologie de recherche tout en sachant qu'avec la transcription nous sommes déjà dans l'interprétation.

336 S : oui

337 Exp : vous avez dit ça comme ça

338 S : que Dieu était quelqu'un enfin

339 Exp : mmh

340 S : le Christ était quelqu'un

341 Exp : oui

L'ensemble des récits transcrits forment le corpus de la recherche, soit 16 récits.

Chapitre 11

MÉTHODOLOGIE D'ANALYSE

La méthodologie d'analyse présentera dans un premier temps ce que nous avons appelé : « nos errances méthodologiques ». Il s'agit du long chemin que nous avons parcouru pour créer (trouver[1]) une méthodologie qui puisse rendre compte de manière optimale de la construction identitaire. Ce chemin permettra d'évoquer, brièvement, quelques approches rencontrées et qui, pour diverses raisons, n'ont pas été retenues. Dans un deuxième temps, nous montrerons comment notre réflexion nous ramène à Paul Ricœur et à la prise en considération de deux temporalités dans la représentation de soi qui nous est construite/transmise par le récit de soi. Nous montrerons finalement comment nous avons, pratiquement, sur le récit, pris en compte cette double temporalité.

Nos « errances méthodologiques »

Nous évoquerons ci-dessous trois étapes qui ont marqué notre réflexion quant à la méthodologie à adopter pour l'analyse de nos récits.

Le récit comme représentation de soi

La première étape propose une analyse qui porte sur la représentation donnée, sans tenir compte des conditions de production des récits de soi. Il s'agissait de montrer comment la représentation de soi transmise permet de comprendre une construction identitaire et le rôle de la dimension religieuse dans celle-ci. La construction identitaire était pensée à l'aide d'un modèle psychologique.

[1] Comme nous le verrons, la méthode d'analyse a été trouvée/créée (dans le sens de Winnicott).

Pratiquement, nous avons tout d'abord (et dans le but de montrer une construction identitaire) segmenté le récit en fonction des changements évoqués par le sujet. Pour cela, nous nous sommes appuyés sur les marqueurs temporels présents dans le récit (*à 20 ans*, *en 2002*, etc.) mais aussi le métadiscours du sujet présent dans le récit (*ça été une étape importante*, *un autre moment*)[2]. Puis, nous avons procédé à la reconstitution de la structure diachronique en remettant, si besoin, les changements dans l'ordre du temps de vie, de la naissance à la mort. Finalement, se présentait le problème de l'analyse de chaque changement. Nous avons alors passé en revue bon nombre de méthodes d'analyses de récit, soit l'analyse de contenu (Bertaux, 1997 ; Mucchielli, 1991), l'analyse structurale (Demazière & Dubar, 1997) et l'analyse de discours (Gardin, 1974 ; Gill, 2000). Nous nous sommes essayés à plusieurs d'entre elles, notamment l'analyse des propositions de Mucchielli qui segmente le récit en propositions (sens linguistique du terme). Encore restait-il à savoir comment se définit une proposition comme unité d'analyse dans une transcription d'un récit oral. Cette méthode, issue de la linguistique, a été abandonnée[3]. A l'opposé, l'analyse thématique, par sa souplesse, nous a séduits (dans un premier temps). Elle permet, à l'aide d'un modèle psychologique de la construction identitaire, de repérer à l'intérieur du récit les éléments qui se rapportent à ce modèle. Nous avons vu rapidement le risque qu'une telle méthode nous faisait courir. Le récit risquait de devenir une plus ou moins bonne exemplification, illustration d'un modèle théorique. De plus, l'analyse thématique nécessite que les catégories utilisées par le chercheur soient clairement établies.

Nous avons finalement décidé d'adopter une position beaucoup plus inductive face à notre matériel. Nous sommes partis du présupposé que chaque changement identifié par le sujet avait sa propre cohérence narrative, que chaque changement correspondait à une petite histoire (à une petite mise en intrigue)[4]. Ainsi, la modification identitaire de chaque changement pouvait porter sur bon nombre d'événements ou de situations possibles. Il s'agissait donc de comprendre en quoi l'événement ou la situation avaient joué un rôle dans la construction identitaire du sujet.

Les analyses proposées ci-dessus ne nous semblent pas donner satisfaction sur plusieurs points : premièrement, le chercheur ne voit pas comment le récit s'est construit[5] ; deuxièmement, le chercheur ne voit pas ce que l'expérience de faire récit travaille au niveau psychologique (chez le

---

[2] Nous reviendrons sur la segmentation quand nous présenterons la méthodologie d'analyse retenue. De plus, tout ce qui apparaît en italique dans la présentation de la méthodologie est tiré des récits du corpus.

[3] Elle a été abandonnée, non seulement à cause de la difficulté d'identifier l'unité d'analyse, mais aussi parce qu'elle se révélait être, sur des récits d'environ 8000 à 10 000 mots, impossible à mettre en œuvre.

[4] C'est une approche narrative du texte qui nous donne les outils pour analyser le récit, pour comprendre la façon dont l'humain se formule à lui-même son existence.

[5] Ne considérer que la représentation en soi sans montrer sa construction serait négliger tout le cadre de production des données, tout le travail de mise en intrigue « interpersonnelle ».

sujet) ; troisièmement, l'analyse court toujours le risque d'être non pas « ce qui fait travailler » le modèle théorique mais d'être une simple illustration de celui-ci.

Nous avons pensé (à la suite de cette première étape), pour remédier à la non-prise en compte de ce que cela induit chez le sujet de faire récit, à considérer le récit comme un message à double destination : soi-même et l'autre.

Deux lectures : une lecture « rigoureuse » et une lecture « flottante »

Afin de tenir compte du récit comme étant un message adressé à la fois à soi-même et à l'autre, nous avions projeté de procéder à deux lectures :

– *une lecture « rigoureuse »*[6] pour le récit et le lien social (le message adressé à l'autre, individu ou communauté),

– *une lecture « flottante »*[7] pour le récit et l'intimité du rapport à soi (le message adressé à soi-même).

Evoquons maintenant ces deux lectures.

La lecture rigoureuse

Elle permet d'investiguer le rapport aux autres, la manière dont le sujet se présente, le destinataire du récit étant l'autre, les autres, le groupe d'appartenance. Rappelons que dans les travaux sur la conversion, c'est cette lecture qui a été privilégiée. Le récit de conversion a principalement été étudié dans son rapport au groupe. La lecture rigoureuse a été appliquée à la transcription de l'entretien tel qu'il s'est déroulé pris dans son intégralité. Ainsi, nous avons tout d'abord effectué une segmentation des changements dans le récit, puis une reconstitution de la structure diachronique du récit et finalement une analyse inductive la plus fine possible de chaque étape du parcours de vie du sujet.

Le but de cette méthode est de montrer comment le récit s'inscrit dans le lien social (l'autre, la communauté). Nous avions émis une série de présupposés :

– le sujet se construit avec les représentations disponibles dans le milieu culturel dans lequel il est baigné et en se racontant face à un individu ou à une communauté ;

– son récit s'inscrit dans du déjà raconté, dans du déjà dit. Le sujet dispose de modèles narratifs pour se raconter. L'idée est d'observer comment

[6] Nous l'avions appelé « rigoureuse », non pas dans une opposition avec une lecture « flottante » qui ne le serait pas, mais en référence aux deux qualités essentielles du chercheur que donne Bertaux : la rigueur et la créativité.

[7] Le terme renvoie à l'expression « d'attention flottante » que nous avons définie ci-dessus, donc à une posture d'expérimentation pour le chercheur.

la personne puise dans les modèles à disposition (et non pas son adéquation à un type narratif) ;

– en partageant son récit, sa représentation de soi (du monde, des autres, de Dieu, etc.) le sujet construit du lien social ;

– le sujet, par le récit, affirme son identité à un autre qui lui renvoie une image en adéquation ou en inadéquation avec celle que le sujet se fait de lui-même (entre les représentations que le sujet se fait et la perception qu'en a le vis-à-vis), ce qui façonne non seulement les représentations de soi, mais aussi son sentiment d'identité ;

– quand le sujet échappe, pour une part, à la détermination du groupe ou qu'il s'écarte de celle-ci, naît un besoin de raconter les changements vécus. Par exemple, Peter Brown l'a très bien vu pour le contexte de rédaction des *Confessions* de saint Augustin. Augustin écrit cet ouvrage vers 397-400, à un moment où il devient plus difficile de prévoir les trajectoires individuelles. Augustin est entouré de personnes dont la filiation ne permettait plus de définir complètement un parcours de vie. Elles avaient donc besoin, dans cette rupture ou cet écart d'avec la tradition, d'expliquer et de justifier les changements radicaux survenus dans leurs vies[8].

A cette lecture « rigoureuse » s'ajoutait une lecture « flottante » qui permettait de rendre compte du lien entre le récit et l'intimité du rapport à soi.

La lecture « flottante »

Dans un premier temps, la lecture flottante nous a tentés car elle offre une possibilité de rendre compte du travail psychique à l'œuvre dans le récit de soi.

Elle permet d'investiguer le rapport à soi, le destinataire du récit étant soi-même. La lecture « flottante » nécessite, selon André Green, « que l'on ait fait l'expérience de la psychanalyse » (1992, p. 13). Elle permet, non plus de comprendre comment la personne construit son récit à l'aide de matériaux culturels, tant au niveau du contenu (langage, représentations) qu'au niveau structurel (trames narratives), mais d'investiguer le lien entre le récit et la personne comme productrice et réceptrice du récit.

La lecture « flottante » a été pensée à partir des travaux sur la déliaison[9] d'André Green, mais aussi à partir des travaux d'un anthropologue, Eric

---

[8] Brown (2001). L'explosion des biographies et autobiographies actuelles participent, nous semble-t-il, du même mouvement.

[9] Le travail inverse de la liaison défini ainsi par Laplanche et Pontalis : « Il nous semble que la problématique psychanalytique de la liaison pourrait être posée à partir de trois directions sémantiques que le terme évoque : l'idée de relation entre plusieurs termes reliés, par exemple, dans une chaîne associative [...], l'idée d'un ensemble où est maintenue une certaine cohésion, d'une forme définie par certaines limites ou frontières [...], l'idée enfin d'une fixation sur place

Chauvier (2006, 2008). Pour Green, la lecture flottante suit la trame narrative du texte tout en refusant le fil d'Ariane proposé au lecteur. Comment avons-nous procédé pour appliquer la lecture flottante au récit ? La tâche était divisée en deux temps : un temps d'« auto-analyse » et un temps de partage de l'analyse.

L'« auto-analyse »

Le récit, même quand il s'efforce de se parer des caractéristiques de la secondarité[10], laisse ça et là, du fait même qu'il est une forme de fiction, donc gouvernée par le désir, des traces des processus primaires sur lesquelles il est édifié. Les traces se trahissent toujours, derrière la construction nécessaire du récit, par leur caractère accessoire, contingent. L'œil les frôle sans s'y arrêter, mais l'inconscient du lecteur les perçoit et les enregistre. De ce fait, devant tout récit, il y a apparition d'une idée ou d'un affect. L'idée est celle d'une énigme, et l'affect celui de la fascination du récit en tant qu'il émeut. L'une ou l'autre posent question et poussent le chercheur à analyser la fascination. Ainsi, le chercheur réagit au récit comme à une production de l'inconscient. L'interprétation du texte devient une interprétation que le chercheur doit fournir sur le texte, mais, en fin de compte, c'est l'interprétation qu'il doit se donner à lui-même des effets du texte sur son inconscient. Le chercheur, à partir des traces qui demeurent offertes à son « regard-écoute », ne lit pas le texte, il le délie. Il brise la secondarité pour retrouver, en deçà des processus de liaison, la déliaison que la liaison a recouverte.

L'analyse partagée

Le chercheur met cette interprétation à l'épreuve en la communicant. C'est bien d'une épreuve qu'il s'agit, car il révèle au grand jour les failles de sa lecture et les limites de son auto-analyse. Le risque pris par le chercheur est certes de manquer le sens inconscient du texte, mais surtout de dévoiler les résistances qu'il rencontre au dévoilement de son propre inconscient. Pratiquement, cette communication se fait par un partage de l'interprétation entre un chercheur (qui a fait l'expérience de la psychanalyse) et un psychanalyste. Il est important de noter que l'interprétation du chercheur peut

---

d'une certaine quantité d'énergie qui ne peut plus s'écouler librement. » (2002, p. 224 [entrée « Liaison »]).

[10] Nous rappelons que l'approche freudienne classe la narrativité dans les processus secondaires, comme nous l'avons vu quand nous avons parlé de la critique du concept d'identité narrative par les psychanalystes.

toujours être vue comme un délire. Mais ce que suscite l'interprétation témoigne de sa fécondité ou de sa stérilité[11].

Plusieurs difficultés sont apparues lors des analyses menées au travers de cette double lecture. La première, et la plus importante, fut la difficulté de proposer un croisement de ces deux lectures. A l'usage, ces deux lectures s'additionnent, une lecture s'ajoute à l'autre. Il est de ce fait difficile de parler de croisement comme nous l'avons fait. C'est comme si le chercheur était finalement face à deux récits qu'il décrit chacun avec un langage différent. De plus, la méthode proposée aurait nécessité que chaque psychologue qui s'y intéresse ait fait l'expérience de la psychanalyse.

Nous avons finalement renoncé à la lecture « flottante » pour ne conserver que la lecture rigoureuse complétée d'une mise en perspective qui tient compte d'une double temporalité.

Une double temporalité

Un récit et deux temporalités

Notre insatisfaction nous a remis sur le chemin des acquis et des lacunes des différentes théories dont nous avions tenu compte jusque-là. Un point ressortait avec insistance, la non-prise au sérieux, lors de l'analyse, de l'expérience même de faire récit. Deux éléments importants (et liés) de l'expérience n'avaient pas été traités avec tout le soin voulu : l'activité discursive du sujet et le cadre de production des données. Pour un psychologue, il était, nous semble-t-il, important de considérer avec attention la situation d'interlocution. Le récit est le fruit de la relation tissée entre le chercheur et le sujet. Il donne à lire non seulement une représentation de soi, une construction identitaire, mais aussi la manière dont la mise en intrigue s'est faite, la manière dont le sujet se présente et se dévoile en cours d'entretien (temporalité et affectivité de la mise en intrigue).

Notons que nous avons écarté dans notre méthodologique d'analyse les références à la construction dialogique du soi et cela principalement pour trois raisons. La première (et la plus importante) est la posture du chercheur lors de l'entretien. En effet, et comme dit précédemment, le chercheur ne propose pas une nouvelle lecture, ne suggère jamais. Il intervient le moins possible, uniquement pour demander des précisions et pour permettre que le sujet réponde aux trois parties du canevas d'entretien. Dans ce sens, le chercheur participe à une transformation du soi principalement en mettant à disposition un espace pour se penser, pour se raconter. La deuxième raison

---

[11] Utilisé comme facteur de « validité ». De plus, si on parle de délire et de délire d'interprétation, Freud relevait déjà que celui-ci est construit autour d'un noyau de vérité.

vient du fait que le sujet s'est préparé, malgré le peu d'informations fournies, à l'entretien et qu'il a une très bonne idée de ce qu'il va dire. Ainsi, ce que nous appellerons ci-dessous le projet narratif du sujet occupe une place prépondérante dans le récit qu'il construit/transmet au chercheur. La troisième raison est la durée des entretiens. Avec une moyenne de 45 minutes, le temps à disposition est insuffisant pour montrer une construction dialogique du soi.

Détaillons maintenant la troisième étape[12] à laquelle nous sommes parvenus et qui a été conservée pour cette recherche.

Réflexions préliminaires

Récit, faux *self*, soi social et *persona*

Le sujet, quand il se raconte face au chercheur, mobilise en lui les structures psychiques que nous avons identifiées comme gérant le rapport à l'environnement externe. C'est donc avant tout le faux *self*, le soi social, ou la *persona* qui sont mobilisés. Il sera de ce fait intéressant d'observer ce que le sujet met d'emblée en avant, la manière dont il se raconte.

Récit et dévoilement

Selon nous, deux raisons président au dévoilement : premièrement, c'est la cohérence narrative. Pour qu'un récit soit une histoire qui « tienne debout » (avec les caractéristiques qu'a données Ricœur au récit), le sujet devra peut-être révéler des éléments qu'il n'avait, initialement, pas l'intention de dévoiler. Dans ce sens, nous faisons l'hypothèse que la personne, au début de l'entretien, a un « projet narratif » qui correspond à ce qu'elle avait prévu de dire avant de faire l'exercice de se mettre en intrigue. Par rapport au « projet narratif », voilà ce que dit un frère en toute fin d'entretien, quand il s'exprime sur l'activité de mise en récit qu'il vient de vivre : « *aussi heu vous m'avez permis de dire aussi des choses heu qui qui qui qui n'étaient pas programmées // mais mais c'est toujours heu une sorte d'enfantement on n'est jamais seul (rires)* ». De même, sœur Marie-Michèle arrive à un moment lors de l'entretien à la fin de son projet narratif : « *alors après des expériences de changement je j'ai pas trop conscience de ce que je vais vous raconter* ». Nous considérons aussi que le « projet narratif » aurait été proche de ce que nous aurions obtenu sans passer par la méthode des entretiens[13] : un

---

[12] Après l'étape du récit comme représentation de soi et l'étape de la double lecture (rigoureuse/flottante).

[13] En demandant, par exemple, que les sujets écrivent leurs récits et nous les fassent parvenir.

récit très construit. Faire récit oblige en quelque sorte à sortir du « projet narratif »[14]. Voilà un exemple de ce que nous considérons comme un dévoilement (qui intervient dans la deuxième partie de l'entretien) :

> « ah oui tiens ça c'était un grand changement pourquoi j'ai pas pensé à dire ça peut-êt- c- parce que c- vous me demandez la part de Dieu et je crois que ça ça fait partie de ces choses très très intimes qu'on raconte pas trop (rires) mais bon allons-y (rires) ».

La deuxième raison qui préside au dévoilement peut être une demande de précision de l'interviewer. Notons que les dévoilements peuvent apparaître dans les trois parties de l'entretien. Nous donnerons ci-dessous une définition opérationnelle du dévoilement (dans son rapport au décrochement).

Durant l'entretien, quand le sujet se met en intrigue, il peut être amené à se dévoiler, à donner des éléments plus intimes de sa vie.

Récit et intégration

Finalement, la mise en récit permet d'assimiler des expériences en manque d'intégration. Le sujet peut le faire en s'appuyant à la fois sur la caractéristique du récit d'intégrer une discontinuité dans une continuité et sur la relation au chercheur (qui peut favoriser la symbolisation).

Tant les structures psychiques mobilisées, que les dévoilements et les expériences en manque d'intégration disent quelque chose de l'identité du sujet qui se raconte. Cependant, pour notre questionnement sur la construction psychologique de l'identité, nous donnerons un statut particulier aux dévoilements car ils donnent des éléments de l'identité des sujets que nous considérons comme plus centraux. Dans l'analyse, les dévoilements occuperont une place (plus) importante[15].

Ainsi, le récit obtenu, la représentation donnée, est un « hybride », fruit de deux temporalités. Il est un « hybride » car il donne à voir non seulement le « projet narratif » mais encore d'autres éléments dévoilés lors de l'entretien[16]. Les deux temporalités présentes dans le récit sont premièrement celle de la mise en intrigue, reflétée par la discursivité du sujet (comment il raconte les changements importants dans la vie) et deuxièmement, celle du temps de vie (les changements importants dans l'ordre chronologique). Arrivé à ce stade de la réflexion, et après avoir effectué quelques analyses, nous sommes revenus à la double temporalité proposée par Paul Ricœur dans la mise en intrigue[17] : l'une chronologique et l'autre non chronologique. Il est donc possible de rendre compte de la mise en récit dans sa propre

---

[14] Ainsi, non seulement la question de lancement, mais aussi la méthode par entretien participent à éloigner le sujet d'un récit stéréotypé sur la place du religieux dans sa vie.

[15] Mais nous relèverons les changements qui portent explicitement la trace d'une demande d'intégration.

[16] Il se peut aussi que des récits ne portent pas trace de dévoilement.

[17] C'est dans ce sens que nous parlions de méthode d'analyse créée/trouvée.

temporalité, de voir comment la construction/transmission s'est faite et cela à partir du récit transcrit.

Présentons les quatre temps de l'analyse qui correspondent aux trois parties de l'entretien semi-directif et à un résumé du processus de subjectivation. Notons que l'analyse se fait sujet par sujet.

1re partie

La discursivité du sujet, les décrochements

Pratiquement le chercheur, quand il lit la transcription, effectue en même temps deux tâches : il segmente le récit pour isoler les changements importants et il repère de possibles dévoilements. Détaillons les deux tâches. Nous les illustrerons, pour l'exemple, principalement à partir d'un récit qui nous a posé des difficultés au niveau de la segmentation, celui de frère Barthélémy.

Ainsi, pour la segmentation du récit, nous repérons :

– l'ensemble ***des marqueurs temporels***. Il s'agit des références à l'âge (*à 18 ans*), à une date (*en 2001*), à une période (*à l'adolescence, pendant deux ans*), mais aussi à des épisodes « normatifs »[18] (*le service militaire*, *en 6e année primaire*), et à des renvois à des épisodes déjà identifiés dans le récit (*quand j'étais parti en Angleterre*). Voici, pour exemple, l'ensemble des marqueurs temporels identifiés dans le récit de frère Barthélémy (le récit en comporte très peu) :

> « alors j'avais en fait j'avais heu 20 / 92 / octobre 91 décembre 8- j'avais 21 ans (29) ;
>
> j'ai fait mon service militaire (103) ;
>
> pendant mon service militaire (205) ;
>
> j'ai fait 2 ans de philo (121) ;
>
> j'ai mis 3 ans à comprendre que c'était en en monastère (125-126) ;
>
> un Noël (128) ;
>
> quand je fais mémoire des dates / je / quand je prends une je prends l'autre d'autant plus que la deuxième n'a n'a p- j'ai pas la date / c'était entre Noël et le 1er janvier (rires) [Exp : et y avait combien de temps entre les deux] 3 ans [Exp : ah ouais] // non / 2 ans 2 ans 2 ans (129-135) ;
>
> et pendant cette retraite (144) ;
>
> il m'a suivi ensuite pendant 2 ans (213) ;
>
> je je l'ai suivi pendant 2 ans (214-215) ;

[18] Nous pensons aux événements qui sont vécus habituellement au même âge : la scolarité, le service militaire, etc. Ces épisodes donnent une fourchette de temps probable durant laquelle l'individu a vécu cet épisode.

j'y vais en septembre heu rejoins moi (219) ;

je courais après une fille depuis 2 ans (253-254) ;

[Exp : et cet événement était après ce choix d'aller à ce pèlerinage] oui oui oui oui (273-274) ;

là mon choix le plus important c'est la réponse à ça [Exp : mmh] c'est [nom du monastère] [Exp : avec au fond un décalage dans le temps] 3 ans (319-324) ».

L'ensemble des marqueurs temporels permet un premier découpage. Ce premier découpage se voit confirmé par le métadiscours du sujet.

– ***le métadiscours*** du sujet, les commentaires méta sur ce qui a été ou sur ce qui va être dit.

Nous sommes d'abord particulièrement attentifs à ce qui a trait au vocabulaire propre au changement (changement, étape, moment, etc.). Nous utilisons pour cette tâche un programme d'analyse textuelle : SPAD[19].

Dans un premier temps, nous avons constitué un tableau de contingence (Talex). Le tableau de contingence répertorie l'ensemble des formes distinctes (les mots) de l'ensemble du corpus avec leurs fréquences pour chaque récit[20]. Il donne une foule d'informations sur le vocabulaire utilisé par les sujets (le vocabulaire spécifique, les formes qui ont le plus d'occurrences, la répartition d'une forme entre les sujets, etc.[21]).

Dans un deuxième temps, le programme informatique permet de repérer l'ensemble des occurrences d'une unité textuelle dans son contexte (Corda). Ainsi, dans cette deuxième étape de la segmentation, nous avons cherché dans l'ensemble du corpus les occurrences du mot *changement/s* dans leurs contextes[22]. Le mot a de multiples occurrences dans certains récits (48 pour frère Anselme, 31 pour frère Cyprien) et peu dans d'autres (2 pour sœur Gertrude, 2 pour frère Barthélémy). Le programme permet ainsi d'objectiver ce que le frère ou la sœur dit dans son métadiscours. Sœur Gertrude, en évoquant son parcours, parle *d'un déroulement / heu quasi logique* qui rend difficile l'identification de changements importants. Cela se confirme en observant le nombre d'occurrences du mot *changement* dans son récit. Ainsi, nous observons et nous objectivons le vocabulaire du changement propre à chaque sujet. Par exemple, sœur Anne caractérise un changement, après l'avoir raconté, comme une étape importante : *ça ça a été une étape importante*. Elle caractérisera le changement suivant comme étant *un moment important aussi*, donnant ainsi le même statut au moment important et à l'étape importante. Le programme d'analyse textuelle permet de repérer les

---

[19] SPAD : logiciel d'analyse des données (pour plus d'informations http://www.spadsoft.com, consulté le 6.08.2008).

[20] Annexes : tableau de contingence. Nous avons conservé les mots jusqu'à une fréquence de 32 occurrences. De plus, seuls les substantifs, les pronoms personnels et série de mots qui pouvaient nous intéresser (premier adjectif, certains verbes, etc.) ont été retenus.

[21] Par exemple, la forme qui a le plus d'occurrences est *je*, le premier substantif est *vie*, il y a plus d'occurrences du mot *vocation* que du mot *conversion*, etc.

[22] Annexes : contextes du mot *changement/s*.

occurrences des mots *étape* et *moment*. Nous avons aussi été attentifs au métadiscours qui permet de situer des changements dans le parcours de vie. Par exemple frère Barthélémy, après avoir évoqué deux événements, les situe par rapport à une expérience charnière : « *ça c'est pour le passé* ». De même, d'autres expressions permettent d'identifier des changements et nous aident à la segmentation. Par exemple, sœur Anne dira lors de l'entretien : *à nouveau je suis tombée malade c'est ce qui jalonne ma vie*. Ce jalon donné par le sujet, sera utilisé comme un séparateur dans la segmentation. Voici, par exemple, l'ensemble du métadiscours, utile à la segmentation, que nous avons identifié chez frère Barthélémy :

> « j'ai j'ai eu une expérience je je j'ai le le la sensation d'avoir vécu une expérience un moment une heure une date qui a avec un avant et un après (14-16) ;
>
> donc ça c'est pour le le passé (57-58) ;
>
> Exp : heu / et puis pour le après alors (62) ;
>
> Je me dis bon c'est plus l'armée c'est clair/ j'ai plus besoin d'aller chercher / cette fille c'est clair / je veux me donner à Lui c'est clair / comment j'en sais rien du tout (67-68) ;
>
> vous voyez cette préparation-là ça n'a rien à voir avec l'expérience elle-même (248-249) ;
>
> mais encore une fois qui ne qui ne / y a un y a eu un saut qualitatif / c'était autre chose / l'événement / je pouvais pas le préparer moi même l'événement (267-269) ».

La dernière étape de la segmentation qui vient confirmer les deux premières est la prise en compte du tout début de l'entretien, pour observer comment le sujet s'y prend pour répondre à la question de lancement.

– ***la proposition de structuration*** donnée par le sujet dans la toute première partie de l'entretien. En effet, les sujets peuvent évoquer les changements importants dans leur vie sans utiliser la catégorie fournie par l'interviewer pour penser leur parcours : la catégorie du changement. De plus, ils peuvent ne pas faire référence au vocabulaire propre au changement. Dans de telles conditions, il convient de s'intéresser au tout début de l'entretien pour voir comment le sujet répond à la tâche qui lui est demandée. Par exemple, nous avons vu que frère Barthélémy n'indique pas beaucoup de marqueurs temporels et qu'il utilise peu la catégorie du changement (2 occurrences[23]). Voilà comment frère Barthélémy répond à la question de lancement :

> « /// oui (rires) // oui j'ai eu une éducation catholique heu auquel j'ai été fidèle donc j'avais l'habitude de la prière enfin pas la prière j'avais l'habitude de la messe un petit peu la prière mais mais très / très extérieur et c'est j'ai j'ai eu une expérience je je j'ai le le la sensation d'avoir vécu une **expérience** un

[23] Annexes : récit de frère Barthélémy, contextes du mot *changement/s*.

moment une heure une date qui a avec un avant et un après / maintenant quand je réfléchis je vois que l'avant a a préparé au fur et à mesure et que et qu'en fait cette **expérience** je peux pas dire que je peux pas la fixer sur une date parce que j'en parce qu'elle se parce que c'est maintenant (rires) / elle a ouvert quelque chose qui ne se ferme plus mais y a vraiment eu un un moment que je / qui est fondateur vraiment fondateur // et que je pourrais décrire comme heu comme la comme la prière / la première prière // et / où j'étais plus seul quoi / comme l'a- l'abolition de la solitude / voilà ».

Frère Barthélémy donne à l'expérience qu'il évoque au tout début de l'entretien un rôle de pivot dans sa vie (et dans la narration). Vu que le résumé de ce qu'il considère comme des changements importants s'organise (au niveau du récit) autour d'une expérience, nous avons cherché, à l'aide du programme d'analyse textuelle, les contextes du mot *expérience/s* dans l'ensemble du récit[24], et cela pour confirmer la segmentation proposée par les deux premières étapes. Il s'est avéré que le sujet évoque une expérience, par changement que nous avons identifié à l'aide des deux premières étapes[25]. Frère Barthélémy prend, d'autre part, un grand soin à distinguer les expériences évoquées à la suite de l'expérience qu'il a mise en avant (donc en valeur) au début de l'entretien. Il donnera à la première expérience qui apparaît dans le récit le statut d'expérience fondatrice. Notons aussi que le repérage des contextes du mot *prières* vient confirmer le mouvement d'intériorisation raconté au tout début de l'entretien[26]. Ainsi, avec l'aide du programme d'analyse textuelle, nous repérons les occurrences du mot ou des mots qui sont proposés par le sujet pour penser son parcours. Les occurrences ont ainsi toutes les chances de représenter un changement.

Nous avons appliqué les trois étapes, de manière successive, pour chaque récit. Ainsi, la segmentation à l'aide des marqueurs temporels peut dans certains cas ne poser aucun problème, les deux autres étapes venant, l'une après l'autre, valider la première étape. Dans d'autres cas, la segmentation permise par les marqueurs temporels ne permet pas d'identifier toutes les étapes relatées dans le récit. Pour lever les doutes quant à la segmentation proposée par la première étape, il devient, dans ce cas, nécessaire de prendre en compte le métadiscours du sujet, lui-même validé par la dernière étape. Dans le cas où des difficultés ou des doutes subsistent après la deuxième étape, l'attention portée au tout début de l'entretien avec la prise en compte de la proposition de structuration du sujet lève, si besoin est, les derniers doutes, et valide la segmentation. Ainsi, la méthode en trois étapes proposée permet une validation de la segmentation des récits. Passons maintenant au repérage des dévoilements.

[24] Annexes : récit de frère Barthélémy, contextes du mot *expérience/s.*
[25] Sauf pour un changement où frère Barthélémy n'utilise pas explicitement le mot *expérience.*
[26] Annexes : récit de frère Barthélémy, contextes du mot *prière/s.*

La deuxième tâche pour le chercheur est donc d'identifier les dévoilements en les différenciant de simples décrochements dans la discursivité.

Une première distinction importante doit être posée, et cela en fonction de la partie dans laquelle apparaît un décrochement-dévoilement. Est considéré comme dévoilement tout nouveau changement qui apparaît dans la deuxième et la troisième partie de l'entretien. En effet, ces deux parties servent uniquement à caractériser les changements identifiés dans la première partie, celle qui expose le projet narratif du sujet. Ainsi, les changements qui apparaissent en dehors de la première partie ne sont pas intégrés au projet narratif initial, à la représentation de soi prévue par le sujet.

Dans la première partie, le chercheur observe des décrochements dans la narration, des ruptures dans la discursivité : soit le sujet voyage de sa propre initiative dans le temps de vie, soit le sujet rompt le cours de l'entretien, etc. Les ruptures dans la discursivité peuvent être à l'initiative du sujet ou de l'interviewer.

Le décrochement sera considéré comme un dévoilement dans ces différentes situations :

– le dévoilement peut être l'évocation d'un changement, d'un élément biographique mentionné mais non développé. Dans ce sens qu'une intimité partagée peut pousser à un dévoilement mais aussi que le dévoilement est rendu nécessaire par cohérence narrative (quelque chose manque au projet narratif pour que l'interviewer puisse suivre le récit, pour qu'il puisse comprendre comment les changements concourent à la fin),

– le dévoilement peut être l'évocation d'un changement qui aurait dû être raconté par le sujet car il se situe temporellement dans un laps de temps dans lequel le sujet a raconté des changements (par exemple un sujet peut raconter sa vie avant d'entrer dans la vie monastique puis raconter des épisodes dans celle-ci, omettant de parler de l'entrée, sur laquelle le sujet revient plus tard).

Notons que le dévoilement présente un effet de rupture du projet narratif et nécessite de ce fait de plus ou moins grands aménagements de celui-ci.

Le décrochement sera considéré comme un simple décrochement dans cette situation :

– le décrochement est une simple mise en contexte pour comprendre le changement que le sujet évoque. Le décrochement s'intègre bien au projet narratif. Il donne l'impression de faire partie intégrante de celui-ci.

Dévoilement et décrochement n'ont pas le même statut et seront donc traités différemment par la suite[27].

A la fin de cette première étape, nous avons isolé une série de changements dans l'ordre de la discursivité, de la mise en intrigue. De plus, les changements ont des statuts différents (cette étape correspond à la première colonne de la vue d'ensemble proposée ci-après).

[27] Ils seront identifiés dans la vue d'ensemble que nous proposons pour les quatre premiers entretiens avec des couleurs différentes.

La construction identitaire sans les dévoilements : le « projet narratif » du sujet

La deuxième étape de la première partie comporte deux tâches : la reconstitution de la structure diachronique et l'analyse changement par changement du « projet narratif » du sujet.

Après avoir isolé dans la première étape les changements importants, décrochements compris, nous les replaçons dans l'ordre chronologique (de la naissance au moment de l'entretien). Nous voyons ainsi les changements importants dans l'ordre dans lequel ils ont été vécus (cette étape correspond à la deuxième colonne de la vue d'ensemble proposée ci-après). Rappelons que la reconstitution de la structure diachronique du récit est indispensable pour comprendre une *construction* identitaire.

Une fois que la structure diachronique est reconstituée, nous pouvons passer à l'analyse, étape par étape, du « projet narratif » du sujet. Nous considérons que le « projet narratif » du sujet correspond à l'ensemble des changements identifiés sans les dévoilements[28] qui ont pu apparaître. Ainsi, nous excluons dans un premier temps, de possibles dévoilements pour rendre compte d'une représentation de soi la plus fidèle possible au « projet narratif ». Notons que cet objet « projet narratif » a quelque chose d'hypothétique car, non seulement le sujet n'a pas forcément une idée claire de ce qu'il veut raconter mais aussi, l'exercice même de faire récit va « automatiquement » l'amener à raconter différemment, même ce qu'il avait prévu de dire. Néanmoins, le projet narratif, tel que nous l'avons défini, demeure l'abstraction la plus proche que nous puissions fournir.

Ensuite, nous analysons chaque changement tel qu'il apparaît dans la structure diachronique, en fonction du modèle de la construction identitaire que nous avons proposé. Nous serons attentifs, pour chaque changement, à la situation ou l'événement qui génère une modification identitaire. Nous observerons en quoi notre modèle explique ou n'explique pas la modification identitaire. Nous montrons ainsi une construction identitaire telle que représentée dans un récit. Précisons bien que nous analysons des rapports identificatoires, des comportements d'attachement, etc. *tels que mis en scène dans un récit*[29]. Comme nous l'avons vu avec Paul Ricœur, il y a bien un lien entre le récit de fiction et le récit historique mais nous ne saurons jamais ce que la personne a réellement vécu. Nous travaillons au niveau de la représentation.

[28] Mais avec les décrochements qui sont dus à la cohérence narrative.

[29] Nous soulignons.

Le projet narratif avec les dévoilements

Après avoir analysé cette représentation fidèle au « projet narratif », nous nous intéresserons à la façon dont d'éventuels dévoilements transforment la représentation donnée. En quoi le dévoilement précise, aide ou peut-être fausse, la représentation que nous avons pu donner du processus de subjectivation à l'œuvre dans le récit.

2e partie : la place de Dieu dans les changements

La deuxième partie, tout comme la troisième, servent à caractériser les changements identifiés dans la première partie. La deuxième partie permet d'observer quels changements sont identifiés comme ayant une dimension religieuse et ainsi d'observer le rôle de celle-ci dans la construction identitaire (cette étape correspond à la troisième colonne de la vue d'ensemble proposée ci-après). Il se peut que de nouveaux dévoilements apparaissent. A chaque nouveau dévoilement, nous regarderons comment la représentation de soi change avec ce nouveau dévoilement.

3e partie : expérience spirituelle, conversion, vocation

Lors de l'analyse de la dernière étape, nous observerons si des changements sont caractérisés comme étant une expérience spirituelle, une conversion ou une vocation (cette étape correspond à la quatrième colonne de la vue d'ensemble proposée ci-après). La troisième partie permet de voir si tous les changements identifiés comme ayant une dimension religieuse sont rangés dans ces trois catégories proposées. De même, elle permet de voir les liens que fait le sujet entre les trois catégories. Par exemple, est-ce que l'expérience spirituelle englobe les deux autres catégories ? Est-ce que la conversion est égale à la vocation ? etc. Nous serons particulièrement attentifs à la catégorie conversion, à ce que le sujet en dit. Tout comme pour la deuxième partie, nous observerons si de nouveaux dévoilements apparaissent et en quoi ils modifient la représentation que l'on pouvait donner jusqu'à ce moment de l'entretien.

Un processus de subjectivation

Nous proposons en fin d'analyse, un récapitulatif comprenant l'ensemble des changements et des dévoilements. Cette partie présente ce que nous comprenons à l'aide de notre modèle de construction identitaire du parcours de subjectivation d'un individu et de la place de la dimension religieuse dans celui-ci.

Statut de la figure religieuse

Nous avons trouvé intéressant, suite à plusieurs analyses, de montrer si, et comment, le statut de la figure religieuse changeait. En effet, plusieurs récits présentent le passage de la figure religieuse de l'extériorité (figure présente dans le contexte culturel du sujet) à l'intériorité (la figure religieuse devient une personne). Cette articulation fondamentale semble déterminer comment une figure religieuse peut être mobilisée. La figure religieuse est pour nous tout personnage présent dans la tradition culturelle du sujet. Par exemple, pour la religion catholique[30] : Dieu, le Christ, la Vierge Marie, l'ensemble des saints.

En conclusion, la distinction entre deux temporalités oblige le chercheur à penser la construction identitaire à « plusieurs niveaux » de dévoilement dans le récit. Le sujet, au début de sa narration, a un « projet narratif » qui peut se modifier soit par l'exercice même de se raconter, soit par les interventions de l'expérimentateur, soit par le cadre de l'entretien qui pousse à l'intimité, soit à cause de tout cela en même temps. Ainsi, il se peut que le sujet se dévoile progressivement (ou pas) lors de l'entretien. A chaque nouveau dévoilement, la représentation que le sujet proposait dans son « projet narratif » se voit modifiée. Il s'agit donc pour le chercheur de donner premièrement une représentation fidèle au « projet narratif » du sujet puis de modifier celle-ci en fonction des dévoilements possibles dans les trois parties de l'entretien.

Le chercheur est donc devant une représentation de soi qui se modifie à mesure de son analyse, et il est pris dans une temporalité propre à l'analyse.

Pour faciliter la compréhension des différentes étapes de l'analyse, nous avons, pour quatre récits, créé une vue d'ensemble.

---

[30] Tous les sujets appartiennent à la tradition catholique.

Chapitre 12

LES ÉTAPES DE L'ANALYSE

Nous proposons pour chaque récit une vue d'ensemble de l'entretien. Elle reprend les trois parties du canevas d'entretien[1].

D'une manière générale, chaque changement identifié est représenté à l'aide d'un rectangle dont la taille est proportionnelle au nombre de lignes qu'il occupe dans la première partie de l'entretien[2], cela dans le but d'observer l'espace (et le temps) respectif occupé par chaque changement. Les rectangles de la deuxième et la troisième parties qui correspondent à des changements identifiés dans la première partie gardent la taille donnée dans la première partie. Seuls les dévoilements qui apparaissent dans la deuxième et la troisième partie sont de taille proportionnelle au nombre de lignes de la première parties. Les changements sont numérotés et délimités par une indication de lignes qui permettent de repérer quand un changement commence et quand il se termine[3]. Les âges correspondant aux changements sont indiqués.

De plus, les décrochements seront repérés à l'aide de couleurs. Les décrochements dus à une cohérence narrative apparaîtront en gris clair et les dévoilements en gris foncé. Passons en revue les trois étapes telles que nous les avons représentées dans la vue d'ensemble.

Première partie

Dans un premier temps, nous rendons compte de la discursivité propre à l'entretien. La vue d'ensemble permet d'observer combien de changements le sujet repère, s'il s'arrête longuement sur l'un ou l'autre de ses changements,

---

[1] Cf. Annexes : vues d'ensemble.

[2] Les rectangles des parties 2 et 3 qui correspondent à des changements identifiés dans la partie 1 gardent la taille donnée dans la partie 1. Seuls les dévoilements apparaissant dans la 2e et la 3e parties sont de taille proportionnelle au nombre de lignes.

[3] Les lignes renvoient à la numérotation de lignes de l'entretien transcrit.

la manière dont il se raconte (inclusion de changements dans d'autres, etc.) etc.

Dans un deuxième temps, nous replaçons les changements dans une diachronie reconstituée y compris, évidemment, les décrochements dus à la cohérence narrative[4] mais aussi de possibles dévoilements[5]. Il est ainsi possible d'observer l'étalement des changements dans le temps de vie (de quel âge à quel âge le sujet se raconte-t-il ?). Le sujet raconte-t-il des changements dans l'enfance, des changements uniquement liés à la vie monastique, etc. ?

Deuxième partie

L'analyse de la deuxième partie s'appuie sur la diachronie reconstituée de la première partie. Les changements identifiés comme « religieux » ont été placés sur la même ligne (à la même hauteur) que ces mêmes changements tels qu'ils apparaissent dans la diachronie reconstituée. Cela permet d'observer plus facilement quels changements sont repérés comme religieux, quand ils apparaissent, combien sont-ils, etc. ?

Troisième partie

Dans la troisième partie, qui s'appuie tout comme la deuxième sur la diachronie reconstituée, nous indiquons si un changement est repéré comme une expérience spirituelle, comme une vocation ou comme une conversion ? Nous indiquons à côté de chaque changement apparaissant dans cette troisième partie l'une des trois possibilités. La dernière partie permet d'observer si pour certains changements, le sujet donne des étiquettes prédéfinies culturellement. Il est aussi intéressant d'observer si les changements repérés comme étant de l'ordre de l'expérience spirituelle, de la vocation ou de la conversion sont préalablement repérés comme des changements religieux.

---

4 Les rectangles apparaissent en gris clair pour les décrochements dus à la cohérence narrative.
5 Pour les dévoilements, les rectangles apparaissent en gris foncé.

Chapitre 13

UNE ANALYSE EN DEUX TEMPS

Une analyse approfondie sur quatre récits

L'analyse a tout d'abord porté sur quatre récits afin de mettre en œuvre la méthode d'analyse. Ainsi, l'analyse a porté successivement sur le récit de frère Anselme, puis sur celui de frère Barthélémy puis sur le récit de sœur Anne et finalement sur le récit de sœur Marie-Michèle. Il nous a paru important que l'analyse approfondie porte sur des récits d'hommes et de femmes. Nous avons donc choisi deux récits de moniales et deux récits de moines.

Le premier récit, celui de frère Anselme, a été choisi car, subjectivement, il semblait avoir répondu à la tâche de manière à faciliter le travail du chercheur en identifiant clairement un ensemble de changements. Le travail de segmentation et de reconstitution diachronique du récit avait des chances d'en être plus aisé. De plus, il fit grand usage de la catégorie proposée par l'interviewer pour penser son parcours de vie, celle du changement. Son récit présente le plus grand nombre d'occurrences du mot changement/s : 48 occurrences contre 2 à frère Barthélémy, 7 à sœur Anne et 5 à sœur Marie-Michèle[1].

Le deuxième récit provenant d'un homme qui a été choisi pour l'analyse approfondie l'a été car il apparaissait comme très différent de celui de frère Anselme, c'est le récit de frère Barthélémy. En effet, frère Barthélémy fait peu usage de la catégorie du changement et l'interviewer est obligé de relancer à plusieurs reprises l'entretien. Le sujet pense avoir répondu à la tâche après juste quelques minutes d'entretien. La manière de répondre à la tâche complique le travail d'analyse du chercheur.

Le troisième récit, celui de sœur Anne a été choisi car, non seulement elle pense son parcours de vie non en changement mais *par tranches*, mais elle raconte aussi une série de *tranches* après la première partie.

---

[1] Le contexte des mots changement/s pour l'ensemble des récits est disponible dans les annexes.

Le dernier récit de l'analyse approfondie est celui de sœur Marie-Michèle. Il a été choisi en raison des difficultés qu'il pouvait présenter pour la segmentation : en effet, un tiers de l'entretien est occupé par un seul changement.

Ainsi, le premier récit a été choisi pour son apparente facilité par rapport à la méthodologie d'analyse proposée et les trois autres ont été choisis chacun pour les difficultés propres qu'ils semblaient présenter pour mettre en œuvre cette analyse.

En résumé, l'ordre de l'analyse fut celui-ci :

– frère Anselme,
– frère Barthélémy,
– sœur Anne,
– sœur Marie-Michèle.

Une analyse sur l'ensemble du corpus

L'analyse approfondie des quatre récits nous a permis de mettre en place une méthode d'analyse des récits.

Sur cette base, nous avons cherché à construire une méthode simplifiée qui permet d'une part de repérer si des dévoilements apparaissent dans les autres récits du corpus et, d'autre part, d'entrer plus rapidement dans les récits et de cibler plus facilement les éléments importants pour une construction identitaire.

Par ailleurs, cette analyse doit nous permettre de mener aussi plusieurs autres investigations. Tout d'abord à partir de l'ensemble des définitions données par les sujets de la conversion, nous proposerons de voir la conversion comme un processus en deux étapes. De plus, et vu l'importance que nous avons donnée à la dimension relationnelle dans la construction de l'identité, nous relèverons si la conversion est vue par nos sujets comme la rencontre du Christ. Nous serons particulièrement intéressés, dans l'analyse de l'ensemble des récits, à ce qui permet la rencontre du sujet avec une figure religieuse (sans médiation ou avec de possible médiation) et en quoi cette rencontre permet d'élaborer une problématique psychique de base (expérience négative dans l'enfance).

Nous nous intéresserons ensuite à deux périodes charnières dans la construction identitaire (que nous avons relevées dans notre modèle de construction identitaire) : l'adolescence et le mitan de la vie. Nous verrons ce qu'il est possible d'en dire sur l'ensemble du corpus.

Finalement, nous observerons si des dévoilements apparaissent dans l'ensemble du corpus et s'ils sont comparables à ceux identifiés dans les quatre récits de l'analyse approfondie. Nous étudierons avec attention les liens possibles entre dévoilement, intimité et construction centrale ou périphérique de l'identité.

L'ensemble des analyses nous permettra, dans la discussion conclusive, de préciser le modèle de la construction identitaire proposé précédemment, en termes de construction centrale et périphérique de l'identité, et de déterminer la place de l'« autre » (religieux ou non) dans la construction identitaire. Nous pourrons ainsi proposer un moyen qui permet de définir, à chaque étape d'un récit, ce que l'autre (religieux ou non) prend en charge au niveau identitaire.

Quatrième partie

ANALYSE APPROFONDIE DE QUATRE RÉCITS

Nous proposons ici une analyse détaillée de quatre récits. Pour faciliter la lecture, on se reportera à la vue d'ensemble correspondante placée à la fin de chaque analyse.

Chapitre 14

ANALYSE DE FRÈRE ANSELME

Frère Anselme est un homme de 38 ans, entré au monastère à l'âge de 25 ans. Nous allons parcourir ici l'entretien qu'il nous a accordé et en proposer une analyse en trois parties.

Première partie

La discursivité du sujet les décrochements

Identification des étapes dans le récit

Frère Anselme, dans sa manière de répondre à la tâche, facilite le travail du chercheur dans le repérage des différentes étapes. En effet, il identifie, nomme, date et décrit ces étapes. Ainsi, il identifie 10 petites histoires construites sur un même modèle. Il faut noter que pour le premier changement identifié, il n'utilise pas la catégorie proposée par l'expérimentateur, celle du changement, mais préfère celle de « choc »[1].

Les étapes dans l'ordre discursif[2]

Nous reprenons, en plus de la numérotation, les nominations des changements qu'a données le sujet sauf pour le dernier[3]. Voici, ci-après, les

---

[1] « je ne suis pas très à l'aise avec le mot changement pour ça je dirai peut-être heu le premier choc ».
[2] Voir la vue d'ensemble en fin de chapitre.
[3] Le titre est moins bien défini (il ne prend pas la forme : le changement c'est...) car ce changement est difficile à formuler pour le sujet. Les contours flous et le contenu en élaboration ne permettent pas au sujet de donner un nom.

11 histoires (10 histoires clairement identifiées + le « changement » n°6 dont le statut doit être discuté) dans l'ordre de leur apparition lors de l'entretien. Deux incises entre crochets sont présentes, la première étant clairement identifiée par le sujet comme un changement (changement n°4), l'autre pas (« changement » n°6). De plus, l'âge du sujet ainsi que les lignes correspondantes de la transcription sont mises entre parenthèses :

Changement n°1 :	L'expérience du changement de culture (7-8 ans ; 6-36).
Changement n°2 :	Rencontre avec la communauté dans laquelle je vis (9-11 ans ; 36-71).
Changement n°3 :	J'ai dit : je ne ferai pas les études qui sont programmées pour moi (15-16 ans ; 72-89 ; 98-120)
Changement n°4 :	[Le jour où mes parents m'ont offert mon premier appareil de photo (7 ans ; 89-98)].
Changement n°5 :	Dès que j'ai pu quitter le domicile familial je l'ai quitté (20 ans ; 121-156)
« Changement » n°6 :	[Une expérience au monastère (20 ans ; 159-190)].
Changement n°7 :	La vie monastique se représentait à moi (24 ans ; 190-213).
Changement n°8 :	Le choix d'entrer dans la vie monastique (24-25 ans ; 213-243).
Changement n°9 :	Le martyre des frères de Tibhirine (28 ans ; 244-262).
Changement n°10 :	Devenir maître des novices (32 ans ; 262-303).
Changement n°11 :	Une fracture (35 ans ; 303-340).

Deux difficultés sont apparues dans ce repérage. La première est le statut à donner à l'expérience au monastère (« changement » n°6) que le sujet fait à 20 ans et qui constitue un zoom, à la demande de l'expérimentateur, sur une période dont il avait déjà fait le récit. La deuxième difficulté est apparue dans le choix, à 24-25 ans, d'entrer au monastère (changement n°8). En effet, frère Anselme raconte une série de changements qui découlent de ce choix. Il qualifie ce choix de *grand changement*. Ce *grand changement (…) va en générer du moins un certain nombre*[4]. De ce fait, ces changements ont été considérés par le sujet comme faisant partie du grand changement, nous suivons en cela le sujet. La première difficulté n'a, à ce stade, pas encore trouvé de solution.

[4] Comme pour l'ensemble de l'analyse, les passages en italique dans le texte sont extraits du corpus.

Les décrochements

La narration du sujet dans cette première partie suit le temps de vie, sauf à deux moments. Le premier moment consiste en une incise dans le changement de l'adolescence (changement n°3 : *J'ai dit : je ne ferai pas les études qui sont programmées pour moi (15-16 ans)*). Pour pouvoir expliquer celui-ci, le sujet est obligé de nous raconter un événement de l'enfance (changement n°4 : *Le jour où mes parents m'ont offert mon premier appareil de photo (7 ans)*) qu'il qualifie de *premier changement*. Cette incise est rendue nécessaire pour la cohérence narrative du récit. Il s'agit, dans les termes de Daniel Bertaux, d'une *background construction*.

Le deuxième décrochement du temps de vie se trouve dans la période de transition entre le monde des études et le monde professionnel. Frère Anselme explique qu'il a fini ses études et qu'il a intégré une des trois plus grandes agences de presse du monde. Pendant cette période, *la vocation monastique est toujours présente*. L'expérimentateur demande *comment ça se présente*. Le sujet fait un zoom (« changement » n°6), revient sur cette période de transition pour dire qu'*avant de travailler je fais une expérience au monastère*. Cette expérience tourne à la *bérésina*. Selon lui, *une rencontre fondatrice au Christ n'est pas faite*. Le sujet ne présente pas cet événement comme un changement, il n'en prend d'ailleurs pas la structure (identifier, nommer, dater, décrire). La description de cette expérience n'était pas dans son projet narratif. Il s'agit donc d'un dévoilement non prévu dans l'image que la personne voulait donner. Nous nommons ce dévoilement *une expérience au monastère*.

Ainsi, ces deux décrochements ont des statuts différents, ce qui nécessite deux temps d'analyse.

Dans un premier temps, l'analyse de la construction identitaire portera sur le projet narratif du sujet. Nous replacerons simplement le premier décrochement (changement n°4) dans la temporalité de vie car il est de l'ordre de la cohérence narrative, mais nous ne tiendrons pas compte dans l'analyse du dévoilement n°6 car il ne fait pas partie du projet narratif du sujet.

Dans un deuxième temps, le deuxième décrochement (dévoilement n°6) sera pris en compte pour voir en quoi il modifie la représentation que le sujet donne dans cette première partie. Il est intéressant de relever que ce deuxième décrochement a fait débat[5] pour savoir s'il fallait considérer cet épisode comme un changement. Faut-il, du point de vue du chercheur, le considérer comme un changement ? Etant entendu que le sujet ne la présente pas ainsi. Le dévoilement de ce fait (car n'étant pas dans le projet narratif du sujet) a un statut qui porte à discussion. Les points de désaccords entre chercheurs (pour cette question de la segmentation) nous rendent sensibles à

[5] Entre les chercheurs lors de la mise en place de la méthode d'analyse dont la première étape est la segmentation du texte.

la présence possible d'un dévoilement non prévu par le sujet. Ainsi, nous n'appellerons pas cette expérience « changement » mais « dévoilement ».

La construction identitaire sans les dévoilements : le projet narratif du sujet

Reconstitution de la structure diachronique du récit[6]

Pour montrer une construction identitaire, il faut reconstituer la structure diachronique du récit en remettant les étapes identifiées dans la chronologie du temps de vie.

Chaque changement représente une étape dans cette construction. Voici donc la structure diachronique du récit telle que reconstituée pour cette première partie (avec le premier décrochement et sans le dévoilement) :

Changement n°4 :	(7 ans) Le jour où mes parents m'ont offert mon premier appareil de photo.
Changement n°1 :	(7-8 ans) L'expérience du changement de culture.
Changement n°2 :	(9-11 ans) Rencontre avec la communauté dans laquelle je vis.
Changement n°3 :	(15-16 ans) J'ai dit : je ne ferai pas les études qui sont programmées pour moi.
Changement n°5 :	(20 ans) Dès que j'ai pu quitter le domicile familial je l'ai quitté.
Changement n°7 :	(24 ans) La vie monastique se représentait à moi.
Changement n°8 :	(24-25 ans) Le choix d'entrer dans la vie monastique.
Changement n°9 :	(28 ans) Le martyre des frères de Tibhirine.
Changement n°10 :	(32 ans) Devenir maître des novices.
Changement n°11 :	(35 ans) Une fracture.

Analyse des étapes identifiées

Après avoir reconstitué cette structure diachronique du récit, l'attention se porte sur chaque petite histoire. L'histoire se construit autour d'événement(s) et de situation(s) relationnels. A travers ceux-ci, le sujet raconte sa construction identitaire. Il s'agit donc de prendre en compte ces événement(s) et situation(s) relationnels pour construire une représentation de soi. Ces événements et situations seront analysés à l'aide de notre modèle de construction identitaire.

[6] Voir la vue d'ensemble en fin de chapitre.

(7 ans) Changement n°4 : Le jour où mes parents m'ont offert mon premier appareil de photo

Le premier événement qui a marqué frère Anselme c'est de recevoir un appareil photo. Les parents font le bon cadeau au bon moment, preuve en est que ce cadeau est vécu comme une révélation (bonne présentation de l'objet dans les termes de Winnicott). L'appareil photo exerce une double fascination, l'une technique (comment ça marche ?), l'autre par les possibilités d'expression qu'il rend possibles. L'appareil photo est un moyen de projection : frère Anselme exprime son monde par l'intermédiaire de son appareil. Dans des termes jungiens, le complexe de la *persona* est activé. Il y a une prise de conscience d'exister dans la manière dont frère Anselme se présente. L'appareil photo permet l'expression de son identité bien que celle-ci soit de l'ordre de la *persona*, du faux *self* ou du soi social. C'est bien l'expression de son regard, mais ce qui s'exprime par ce regard est de l'ordre d'une construction marquée par le collectif et en particulier par la mère (dont nous apprendrons plus tard qu'elle est artiste et enseigne la sculpture).

Les parents occupent une place prépondérante. Ce sont les seules figures (non encore différenciées) présentes dans le récit de ce changement. Ils ont un rôle de facilitateur à ce niveau dans le processus de subjectivation.

Cette première étape ne fait référence à aucune dimension religieuse.

(7-8 ans) Changement n°1 : L'expérience du changement de culture

Ce changement de culture est marqué dans le discours par l'opposition entre le monde du sujet, son système, et ce nouveau monde. Il est confronté, dans un déracinement, à quelque chose d'autre. En cela, ce terrain est propice à l'émergence de l'autre avec un petit a et un grand A. Dans ce nouvel environnement, il rencontre un père blanc, une figure d'identification marquée dans le discours[7]. C'est une figure d'identification en dehors des parents. Frère Anselme ne tient pas à analyser ce rapport identificatoire et les effets de celui-ci[8]. Il est intéressant de noter que le rapport identificatoire fonctionne même si le sujet ne semble pas avoir été en contact direct avec ce père blanc. Comme frère Anselme nous décrit ce changement, il semble plutôt n'être qu'un simple témoin oculaire. Dans les termes de Ricœur, le mouvement de la *mimesis* s'est terminé dans le monde du spectateur (ou du lecteur) permettant une transformation de ce monde. Jung parle d'une rencontre avec une personnalité *mana* qui met en présence de l'altérité.

---

[7] Frère Anselme : « bon petit européen blanc bourgeois confortablemnent installé à Paris, se retrouver catapulté (…) dans un village de cases » ; père blanc : « cet homme a a vécu ou vit un tel déracinement c'était un européen ».

[8] « je vais pas analyser ce qui s'est passé dans ma tête avec ce père blanc parce que (rires) j'en sais je je me suis jamais trop posé la question ».

Ainsi, le rapport identificatoire induit une croyance forte chez frère Anselme :

> « si ce- cet homme a a vécu heu ou vit un tel déracinement c'était un européen heu / et s'il est venu porter quelque chose heu au milieu de de de ces peuplades qui me paraissaient heu franchement très retirées et heu assez primitives heu / c'est bien qu'il doit y avoir un autre avec un grand A ».

On voit bien dans cette situation comment un rapport identificatoire rend possible une modification dans le système de croyances. Frère Anselme ne peut plus ignorer la présence de petits a et d'un grand A. Peut-être est-ce le fruit de nos associations, mais nous ne pouvons ignorer le grand A de Jacques Lacan placé, tout comme pour frère Anselme, à la place du tout autre. De plus, frère Anselme ne rattache pas explicitement ce grand A à une figure religieuse[9].

Ce premier changement est vécu comme un choc. Le monde de frère Anselme est bousculé (intrusé ?) par cette altérité de l'environnement. Parler de choc et d'onde de choc, montre que quelque chose s'est originé là. Quelque chose prend racine dans ce choc.

(9-11 ans) Changement n°2 : Rencontre avec la communauté dans laquelle je vis

Dans la description de ce changement, frère Anselme rencontre la communauté dans laquelle il vit par l'intermédiaire de deux frères (ce qui va induire un certain nombre de rencontres, de séjours). Le lien tissé est, de notre point de vue, un lien d'attachement, d'abord aux deux frères puis au collectif (la communauté) et finalement à Dieu. Ainsi, c'est un collectif qui médiatise sa rencontre avec Dieu. Frère Anselme n'analyse pas ce lien d'attachement[10] qui favorise une certaine différenciation d'avec les figures parentales. Pour frère Anselme, cette différenciation se joue principalement autour d'intégrer la « donnée » Dieu dans la vie, de passer d'une vie qui ne tient pas compte de Dieu à une vie où Dieu est présent. Nous ne pouvons qu'y voir une conséquence du choc relaté dans le changement précédent.

Frère Anselme fait coïncider la rencontre de Dieu avec celle de la communauté. Le grand A est présenté comme une prémisse de la rencontre avec Dieu. Le récit propose un mouvement de formalisation de ce grand A. D'une forme peu définie et peu connotée religieusement (du point de vue du sujet), le grand A devient Dieu, figure religieuse présente dans la culture. C'est une figure disponible pour prendre en compte le grand A (et pour être en lien avec). La prise en compte de Dieu va *donner une coloration* à la vie de frère Anselme qui va se modifier en fonction *d'un cheminement humain et*

---

[9] Même s'il est difficile d'entendre le grand A d'une autre manière.

[10] « qu'est qui se passe dans la dans la tête d'un d'un gamin de cet âge-là / je sais pas trop ».

spirituel. La place, les liens tissés avec cette figure vont ainsi se transformer à partir de ce moment initial de « formalisation ».

(15-16 ans) Changement n°3 : J'ai dit : je ne ferai pas les études qui sont programmées pour moi

Le changement décrit par frère Anselme a lieu pendant l'adolescence et se focalise autour du choix professionnel qui met en jeu les identifications parentales. Ainsi, le choix professionnel est marqué par une prise de distance par rapport à l'orientation paternelle[11] en s'appuyant sur l'identification maternelle. Frère Anselme rend ce rapport d'identification explicite : *il était clair que j'avais plus de gènes maternels que de gènes paternels.* Frère Anselme raconte comment le conflit aux imagos parentales se fait. Il s'appuie sur une modalité relationnelle positive avec une imago parentale, ici maternelle, pour analyser les conflits concernant l'autre. La figure paternelle, bien que portée vers l'adaptation au monde, propose une répétition du même, comme un prolongement de lui-même. La prise d'autonomie, face à ce danger d'engloutissement, se fait par rapport au père. De ce fait, le danger d'engloutissement (donc de confusion et de perte identitaire) est du côté du père et non pas de la mère ce qui est classiquement vu dans une théorie jungienne de l'inceste. Encore faut-il voir que cette opposition[12] est possible par une identification à la figure maternelle (au risque d'engloutissement dans celle-ci) explicite dans le récit. Il est, dans ce sens, impossible de ne pas voir dans la vocation à la photographie quelque chose qui s'inscrit dans cette identification maternelle mais qui ne s'inscrit pas exactement dans le même, plutôt dans l'écart (sculpture/photographie).

De plus, relevons la présence de deux vocations dans ce changement : la vocation à la photographie et la vocation monastique. A cette dernière, frère Anselme donne un rôle de facilitateur dans l'acceptation du changement d'orientation[13]. En effet, un attachement, quelque chose perdure dans ce moment de changement et de différenciation d'avec la figure paternelle (et de ses attentes). Les deux vocations sont vécues en parallèle, la vocation monastique étant, pour frère Anselme *le fil rouge de [son] existence.*

---

[11] « j'ai été programmé un peu sur des rails pour ce qui était heu études c'est-à-dire que y avait une voie qui était heu toute tracée par heu par mon père ». Le père était président du directoire d'une grande entreprise.

[12] Relevons que cette opposition s'affirme dans le dire : « j'ai dit que je ne ferai pas ».

[13] « peut-être que l'élément monastique a fait que / le changement d'orientation heu d'études a été heu si ce n'est accepté du moins toléré ».

(20 ans) Changement n°5 : Dès que j'ai pu quitter le domicile familial je l'ai quitté (sans le premier dévoilement)

Quitter le domicile familial équivaut pour frère Anselme à une prise *d'autonomie* : *je marquais un peu mon existence et surtout c'est pas pour ça que j'ai choisi ça mais j'étais sûr qu'il n'y aurait aucune influence paternelle.* Cette prise d'autonomie se fait par l'intégration au monde du travail, en dehors de toute influence paternelle. Frère Anselme veut *se démarquer de manière assez définitive de l'orientation paternelle qui était donnée sur ma vie* et ainsi marquer son existence[14]. « Démarquer » et « marquer un peu » montre bien un mouvement de différenciation par rapport à la figure paternelle (qui est toujours menaçante) et un début d'affirmation identitaire (lié au collectif). Le risque d'emprise réapparaît dans cette période (de possible flou identitaire) entre la fin de formation et un engagement dans le monde du travail.

Dans la description de l'intégration au monde du travail, il semble possible de voir une continuité, dans l'attitude, d'avec la figure paternelle dans la manière d'agir : *par culot parce que c'était vraiment du culot j'ai intégré une des trois plus grandes agences de presse du monde.* Ainsi, il n'est pas uniquement dans l'opposition à cette figure d'identification, mais elle peut aussi servir d'appui dans des tâches adaptatives au monde extérieur. Il n'est pas surprenant de retrouver des traits de l'identification paternelle chez frère Anselme, car bien que présenté de manière antinomique, le conflit des identifications mène à un tissage dans la personnalité du sujet qui penche plus ou moins vers l'une des figures.

(24 ans) Changement n°7 : La vie monastique se représentait à moi

Frère Anselme, dans cet épisode, met en scène deux figures qui incarnent deux voies possibles, deux projets de vie (à qui donner sa vie ?) donc deux identités (moine-père abbé / mari-père ?) : d'un côté le Christ et la vie monacale ; de l'autre la demoiselle et la vie familiale. L'épisode est marquant pour le sujet, le souvenir de celui-ci est encodé de manière particulière dans la mémoire (même si l'affect n'est pas présent dans la description de la scène, nous pouvons penser que cette scène avait une grande teneur émotionnelle). Un soir où il se trouve attablé avec son amie dans un restaurant, et qu'ils projettent de façon très concrète le mariage, le Christ « entre » dans le restaurant pour demander à frère Anselme s'il n'avait pas pensé Lui donner sa vie. La scène est vécue comme extérieure au sujet, frère

[14] « je marquais un peu mon existence ».

Anselme est, en quelque sorte, spectateur[15]. *L'entrée fracassante du Christ* arrive à un moment de choix. Frère Anselme projette (c'est le cas de le dire) le choix exclu et cela, au moment où le couple *a projeté de manière très concrète le mariage.* Il est difficile de dire quel est le moteur de la projection du sujet. Quel qu'il soit, la fonction peut être de nature défensive (dans la peur) qui oblige à un sacrifice de ce qui n'a pas été essayé. Mais aussi, on peut y voir une fonction constructive dans une invitation à l'identification qui permet de s'extraire de la psyché maternelle (comme un substitut du père) à un moment où la perspective du mariage fait réapparaître le spectre d'un possible engloutissement. A nouveau, la manière de se projeter concrètement, rappelle une attitude en lien avec l'identification paternelle.

Il faut relever que la description de ce changement atténue l'importance de la *demoiselle*, qui est évoquée dans un style détaché et très peu émotionnel, au profit de ce qui va demeurer, perdurer, la vie monastique, une identité de moine.

(24-25 ans) Changement n°8 : Le choix d'entrer dans la vie monastique

Le choix d'entrer dans la vie monastique, auquel participe un événement professionnel (mais qui est juste évoqué par frère Anselme, on n'en connaît pas la teneur), implique un certain nombre de changements. Le régime matrimonial est abandonné, le sujet démissionne de son travail[16], il prend de la distance avec ses proches et l'accompagnement spirituel devient plus présent. Il y a une reconfiguration des modes de vie et des relations. Les centres de gravité changent dans les investissements de frère Anselme. L'investissement sur les proches diminue au profit de celui sur l'accompagnateur spirituel.

Cette modification de l'équilibre a une grande influence sur l'identité de frère Anselme. Car dans ce mouvement, il perd, en grande partie, les définitions collectives de son identité (*persona*, faux *self*, soi social). La mise à nu et le dépouillement l'amènent au constat qu'il ne se *connaissai[t] pas ou peu*. Qui suis-je sans les définitions collectives ? Du flou identitaire de frère Anselme naît une crainte : *je connaissais bien le la vie trappiste et en même temps je ne me connaissais pas ou peu et je ne savais exactement ce qu'allait être ma réaction chimique entre entre ma personne et ce que et ce que j'allais vivre*. L'un des composants « chimiques » n'est pas bien identifié. ce qui rend la réaction plus aléatoire. Frère Anselme prend conscience du manque de connaissance de soi-même (préalable à un début de processus d'individuation).

---

[15] « si ça pouvait être mis en mis en scène pour heu pour un film heu il y aurait une entrée fracassante dans le restaurant heu qui serait heu l'entrée du Christ ». Quelque chose de l'ordre d'une projection (ou quelque chose de transcendant).

[16] La démission est considérée comme *le changement définitif.* La démission est présentée comme le point de bascule d'une vie à l'autre (quelque chose de l'ordre du rituel).

Il faut relever que frère Anselme emploie l'expression *les rails de la vie monastique* qui n'ont pas été, de son propre aveu, un long fleuve tranquille. Ces rails font référence à d'autres rails précédemment cités, ceux de la programmation professionnelle. Par cette référence, frère Anselme marque la différence entre la facilité et la sécurité (aussi au niveau identitaire) offertes par la voie tracée par le père, et la difficulté de vivre une autre voie non tracée, à construire et découvrir (tout comme l'identité).

(28 ans) Changement n°9 : Le martyre des frères de Tibhirine

L'épisode de la mort des frères de Tibhirine[17] tombe à un moment particulier de la vie monastique de frère Anselme, soit au moment des premiers vœux. La mort et l'engagement se trouvent contextuellement liés. Tout comme pour le père blanc, un rapport identificatoire se fait, ici par le récit, à des frères décédés suite à leurs engagements (ils incarnent la formule des vœux ; projection sur ces frères de sa propre situation). Frère Anselme touche une limite par identification. Il y a une *prise de conscience* que l'engagement va jusque-là ; donner sa vie prend un tout autre sens. Toucher cette limite va non seulement changer en profondeur la perspective d'engagement mais aussi, elle va modifier le rapport à soi dans le sens *d'une certaine acceptation (…) de moi-même.* La mort, telle qu'approchée par identification, oblige à une redéfinition qui nie la toute-puissance du sujet (partie infantile). N'être plus tout-puissant, c'est reconnaître et accepter d'être, dans une certaine mesure « conduit » mais aussi défini. D'un point de vue jungien, c'est la prise de conscience que le moi n'est pas toute la psyché.

(32 ans) Changement n°10 : Devenir maître des novices

Frère Anselme qualifie cet épisode comme allant dans le même sens que le précédent, dans une *acceptation de [moi]-même.* C'est la période qui précède la prise de fonction qui est intéressante du point de vue de la construction identitaire. Frère Anselme a été *gravement malade* et a *approché la mort de très près.* Vivre la maladie et toucher la limite de la mort, non seulement par identification comme dans l'épisode précédent mais réellement, mettent *en lumière (…) tout un tas d'impuissances* par une *prise de conscience des limites (je ne suis pas tout-puissant).*

Dans cette période de maladie, le rapport identificatoire au Christ (appelé *configuration au Christ*) est relevé par frère Anselme : *il y avait vraiment une configuration au Christ qui était pour moi évidente et puis elle ne l'a pas été que pour moi.* Ce rapport identificatoire s'appuie sur un modèle préférentiel

---

[17] Dans la nuit du 26 au 27 mars 1996, sept moines cisterciens ont été enlevés à Tibhirine, en Algérie, détenus pendant 56 jours et finalement mis à mort le 21 mai.

proposé par le collectif et validé par celui-ci. L'identification au Christ est donc validée par le collectif et utilisée, par frère Anselme, comme ressource pour passer une épreuve.

Notons que frère Anselme, avant de prendre la charge de maître des novices, et pendant la période où il était malade, occupait le poste de *responsable de toute l'activité commerciale du monastère*. L'expérimentateur et le sujet comprennent bien *l'humour de la providence* qui oblige frère Anselme à vivre le choix du père, l'identité exclue à l'intérieur du monastère. Dans cette expérience, il est difficile de dire s'il y a une transposition de l'imago maternelle sur le cadre du monastère, mais cela ne peut être totalement exclu. Frère Anselme se découvre de *vraies compétences dans ce domaine-là* (valorisation possible uniquement dans le cadre du monastère).

L'abandon de cette responsabilité est accueilli avec joie mais aussi avec appréhension, car c'est passer d'une *situation maîtrisée* à une *situation absolument pas maîtrisable*, des rails paternels aux rails de la vie monastique. En écho du couple maîtrise/pas de maîtrise vient celui de la toute-puissance/impuissance (le rapport identificatoire permet l'expérience d'être conduit, de ne pas maîtriser et pour autant de ne pas mourir).

De plus, frère Anselme dira plus tard (lors de la hiérarchisation des changements) que d'accepter cette charge de maître des novices fut *une période de de refondation intérieure / dans le choix de vie qui était le mien dans le dans l'ordre monastique dans lequel j'étais rentré dans la communauté dans laquelle j'étais rentré dans la règle de vie qui était la mienne*. Il se disait lui-même comme étant *un jeune moine* quand la charge lui fut donnée. Cette charge a, de ce fait, ancré l'identité de moine (dans cette insertion communautaire, dans ce collectif).

(35 ans) Changement n°11 : Une fracture

Le dernier épisode a un statut différent de tous les autres épisodes évoqués. En effet, le sujet explicite sa difficulté à le formuler de par les répercussions encore actuelles au moment de l'entretien (ce changement est en manque d'intégration). Frère Anselme dit que *c'est le changement le plus récent qui s'est opéré en moi et dans lequel je je suis*. C'est aussi la première fois que le sujet localise le changement dans son intériorité. Frère Anselme se trouve au cœur du jeu de la vie communautaire lors d'une élection abbatiale[18] où il n'est pas élu. La non-élection touche chez frère Anselme la question du désir et le fait de ressentir que l'on n'est pas désirable. Pour lui, il y a comme une fracture qui s'est faite.

---

[18] La communauté élit l'abbé selon certaines règles qui tiennent compte de l'ancienneté (un critère avancé par frère Anselme comme raison de sa non-élection).

L'articulation de l'individu au collectif est très importante dans cet épisode. Le collectif ne répond pas[19], ne reconnaît pas le désir (l'aspiration) de frère Anselme. Cette une non-reconnaissance du désir qui peut être vécue comme une non-reconnaissance de son identité (qui ne peut être dans ce cas uniquement donnée par le groupe). Le collectif refuse de donner à frère Anselme une identité à laquelle il aspire. Il est difficile de donner des raisons à cette non-reconnaissance au-delà des jeux institutionnels. Remarquons tout de même que si l'opposition à la figure du père a perduré à l'intérieur du monastère (ce qui semble bien le cas), il ne se trouve pas être le meilleur candidat pour incarner la fonction d'abbé, de père. De plus, il y a une demande identitaire adressée au collectif au détriment d'une définition plus intérieure de l'identité. Par la suite, l'analyse du désir faite avec l'accompagnateur spirituel aboutira, après trois ans, à la conclusion que frère Anselme ne souhaitait pas du tout la charge.

Le sujet devient « patient »[20] et peine à mettre en mots cet épisode de non-désir et entame une période sur tous les plans difficiles (y compris celui de l'identité).

Comment la représentation donnée par frère Anselme, celle de son projet narratif, se voit-elle modifiée par le dévoilement présent dans la première partie ?

La construction identitaire et les dévoilements : prise en compte du dévoilement n°6 de la 1re partie : Une expérience au monastère

Le dévoilement n°6 est provoqué par une question de l'expérimentateur quand le sujet parle de la présence du fil rouge, de la vocation monastique même pendant ces années de vie professionnelle (donc après la période de transition entre les études et la vie professionnelle). Frère Anselme est amené à parler d'une expérience d'échec, d'une entrée au postulat qui se termine rapidement en *bérésina*. Cet épisode, que le sujet n'avait pas prévu de dévoiler, jette une autre lumière sur la construction identitaire. Le projet, à la fin des études, était d'entrer dans la vie monastique. Ainsi, cette expérience entre non seulement en contradiction avec le projet narratif du sujet[21], mais aussi avec la trajectoire prévue, le fil rouge : *j'avais quand même plus ou moins envisagé que voilà que mon avenir que mon proche avenir à 20 ans était la vie monastique*. L'échec de l'entrée au postulat modifie les projets de frère Anselme qui parle de *providentielle déconvenue* et de *providentielle embauche*. Sans le récit de cette *providentielle déconvenue*, nous ne nous

[19] Notons que frère Anselme a la majorité des voix mais vu sa jeunesse, il faudrait plus des 2/3 des voix.
[20] Il n'est plus agent, il subit la fracture.
[21] Ce qui sort du fil rouge est, narrativement, peu valorisé. C'est l'atténuation des possibles sur lesquels frère Anselme ne s'est pas engagé. Le contraste révèle qu'il y a donc un accident biographique dans la trajectoire.

serions pas douté du projet initial de frère Anselme à la fin de ses études, celui d'entrer au monastère.

La déconvenue est attribuée à une absence de rencontre fondatrice du Christ sans laquelle, selon frère Anselme, la vie monastique n'est pas possible. Pourtant dans cette première partie nous ne trouvons nulle trace d'une telle expérience, ce qui n'empêche pas frère Anselme d'entrer au monastère.

Deuxième partie

La place de Dieu dans les changements. Un nouveau dévoilement n°12 : l'expérience fondatrice du Christ

Dans la deuxième partie, qui propose de qualifier les changements évoqués, frère Anselme se rend compte qu'il a oublié de nous parler de quelque chose : *(14 secs) et peut-être tiens du coup je me rends compte que j'en ai pas parlé mais (rire) enfin après vous allez dire que je suis d'humeur très changeante bien sûr que j'ai vécu beaucoup de changements*[22]. Ce quelque chose se révèle être *l'expérience fondatrice de la rencontre de Jésus.* L'expression *expérience fondatrice du Christ* était présente dans le premier dévoilement de la première partie sur le mode de l'absence. Comme le dit frère Anselme, *vous voyez donc ça évolue dans le discours.* Le déroulement de l'entretien l'a fait sortir de son projet narratif, ce qui l'a conduit à raconter autre chose que ce qu'il avait prévu. Ancrée dans le premier dévoilement, cette *expérience fondatrice* était susceptible de dévoilement soit spontanément par le sujet (ce qui est ici le cas) soit par une demande de précision de l'expérimentateur.

De plus, frère Anselme qualifie ce changement comme étant le plus grand : *sur trente-huit ans heu c'est le plus grand changement si dans ma vie d'homme et dans ma vie de croyant y avait un changement important ce serait certainement celui-là.* Ainsi, ce qui est oublié est le plus important mais aussi le plus intime (fondateur). La vie et la narration (donc l'identité) de frère Anselme s'organisent autour de cette rencontre fondatrice.

Comment frère Anselme décrit-il cette rencontre ? Premièrement, il se dit *saisi.* Cette caractéristique renvoie, dans une perspective jungienne, à l'aspect numineux de l'archétype (qui saisit). Deuxièmement, le *Christ est devenu une personne, là ça s'est ça a pris chair ça a pris corps ça s'est incarné.* Cette description nous amène à faire trois commentaires :

La rencontre du Christ intervient, tout comme l'épisode du restaurant, dans une période de choix, pendant le noviciat *où on se demande si on n'est*

---

[22] La description de ce dévoilement est précédée par une très longue pause dans le récit du sujet.

pas complètement à côté de la plaque et si on serait pas plus utile à à aller je sais pas trop quoi faire et je sais pas trop où.

Ensuite, on ne peut être que surpris par la différence marquée dans la narration entre la rencontre charnelle du Christ et la rencontre de la demoiselle (racontée dans le cadre du changement n°7). Il y a comme une opposition entre ces deux figures dans le récit. Comme dit précédemment, il y a une accentuation de ce qui suit le fil rouge et une atténuation des possibles qui n'ont pas été exploités, vécus.

De plus, tout comme le dernier changement qui est en manque d'intégration (changement n°11), cet épisode de la rencontre du Christ, qualifié de changement le plus important par le sujet, est difficile à mettre en mots[23]. Il semble, au vu de ce que frère Anselme raconte, que non seulement les expériences en manque d'intégration sont difficiles à mettre en mots mais sont aussi les expériences les plus intimes. Ce fait est en accord avec ce que Winnicott dit quand il parle de la communication du vrai *self*, du noyau silencieux le plus intime, le plus sacré qui cherche à être trouvé mais qui ne doit l'être à aucun prix.

Troisième partie

Changement et expérience spirituelle

Frère Anselme caractérise comme vocation un événement et un processus qui font tous deux parties du même changement : le changement n°8 : *(24-25 ans) Le choix d'entrer dans la vie monastique.*

L'événement en question est un événement de la vie professionnelle qui avait été à peine évoqué (et cela en lien à la décision d'entrer au monastère)[24]. Frère Anselme revient sur cet événement qu'il situe par rapport (donc met en lien) à l'épisode du restaurant :

> « y a un moment de ma vie professionnelle dont j'ai parlé tout à l'heure d'une manière très très évasive qui qui était dans la suite de de du restaurant le retour triomphant du Christ sur son grand cheval blanc portant son regard sur moi en me disant heu tu ne m'aurais pas oublié quelque part »[25].

C'est le Christ, dans cet événement de la vie professionnelle, qui lui montre *de manière très concrète* que sa vie n'est pas là, qu'*il y avait comme une un regard très mal choisi comme une négligence de profondeur*[26].

On peut se demander si cette manière très concrète qu'a le Christ de montrer dans quelle vie frère Anselme doit s'engager fait écho à la manière

---

[23] « difficile de mettre euh des mots ».

[24] « mon entrée heu dans la vie monastique /// avec un autre événement qui est lié à mon à mon métier heu et qui serait un peu long à expliquer ».

[25] On peut relever que la mise en scène du restaurant s'enrichit ou se dévoile.

[26] Il n'en dit pas plus de cet événement de la vie professionnelle.

très concrète d'envisager le mariage. Ce questionnement est d'autant plus légitime que frère Anselme fait référence à l'épisode du restaurant pour situer cet événement. Au restaurant, lui et la demoiselle projettent de manière très concrète le mariage puis, dans l'épisode suivant, c'est le Christ qui de manière très concrète montre que la vie de frère Anselme n'est pas dans la voie professionnelle envisagée. Dans le mariage, d'une certaine manière, c'est le sujet qui conduisait (qui choisit, « maîtrise » son changement identitaire) ; ici, dans cet événement qualifié d'expérience spirituelle, c'est le Christ qui conduit (qui choisit et qui le définit identitairement).

Il est important de mentionner que l'évocation évasive de l'événement dans la première partie prend ici beaucoup d'importance : *je crois que y aurait pas eu cette expérience-là je serais peut-être pas rentré dans la vie monastique*. C'est donc bien de cet événement de la vie professionnelle que découle la décision d'entrer au monastère et moins une suite logique de l'épisode du restaurant[27]. Frère Anselme est poussé au monastère sans avoir fait l'expérience fondatrice.

A cette expérience spirituelle s'en ajoute une autre[28], celle d'avoir été conduit pendant cette même période qui va du choix de la vie monastique à l'entrée au monastère. Pour lui *c'est pas tout à fait pareil que quand on sort de je sais pas quand on sort de l'internat ou qu'on sort de je ne sais pas de papa maman on est encore on est un peu dans une certaine forme d'insouciance*. Ce moment de transition (quitter quelque chose pour entrer dans autre chose) est comparé à celui de quitter la maison (entre les études et la vie professionnelle). Pour frère Anselme, ce passage n'a pas le même poids (car il mène au dépouillement et ne se fait pas dans la même insouciance ; il s'agit plutôt d'un retournement, un passage à l'intériorité en contraste avec la superficialité du monde de la presse, tout dans l'extériorité).

Quel statut donner à cette partie de récit qui ne présente pas en soi un nouveau changement mais revient sur l'un d'eux pour lui donner un autre poids, une importance dans son parcours ? Au vu de l'importance de ce moment qui nous est dévoilé et des informations données en plus sur celui-ci, nous considérons cette partie comme un nouveau dévoilement.

En quoi ce dévoilement n°12 modifie-t-il la représentation de soi de frère Anselme ? Le pivot, le point de basculement était présenté comme une suite « logique » de l'épisode du restaurant. En effet, le point de bascule se trouve maintenant clairement au moment de l'événement de la vie professionnelle. C'est à ce moment que, et la voie professionnelle et le régime matrimonial, sont abandonnés.

---

[27] Frère Anselme revient sur cet événement non pas pour le décrire mais pour marquer l'importance qu'il a eue dans la décision d'entrer au monastère.

[28] « là aussi il y a eu une expérience spirituelle évidente parce que j'ai été conduit ».

Changement et conversion

Frère Anselme qualifie de conversion (lorsqu'on lui pose la question) deux épisodes déjà décrits :

> « le choix formulé de ne pas rentrer dans le dans les rails tout tracés des études mais heu de de pouvoir mener à bien heu un appel heu personnel et, la rencontre du Christ où où là heu // quelque part c'est c'est un peu de l'ordre de du chemin de Damas ».

Pour le premier épisode, frère Anselme dit que c'est plus une conversion des autres. En effet, par l'affirmation de sa démarcation des attentes familiales (en particulier paternelles), il oblige l'entourage à tenir compte de son individualité. L'entourage, en la prenant en compte, modifie, par un effet en miroir, la propre façon de se voir du sujet. Il n'y a pas de dimension religieuse dans cette conversion (du changement de regard porté par les autres et par lui-même).

Le deuxième épisode est proche de la description stéréotypée de la conversion[29]. La référence à la conversion de Paul est explicite. Tout comme cette dernière, bien des traits de la description commune peuvent être remis en question.

Changement et vocation

Pour la vocation, le sujet demande à l'expérimentateur de définir ce qu'il entend par vocation. Cette demande peut paraître étonnante car le sujet a lui-même utilisé ce terme à plusieurs reprises dans la première partie[30]. L'expérimentateur fait référence à l'appel. Frère Anselme identifie alors deux changements, premièrement le martyre des frères de Tibhirine (changement n°9) où frère Anselme parle *d'un appel dans l'appel* (reconnu et validé par la communauté), deuxièmement la charge de maître des novices (changement n°10), *un appel à accompagner la naissance à la vie d'autres et en même temps moi*.

D'autres occurrences du mot appel apparaissent dans la première partie. Il est présent dans la qualification comme conversion de l'épisode du *choix formulé de ne pas rentrer dans le dans les rails tout tracés des études mais de pouvoir mener à bien heu un appel heu personnel* (changement n°3). Dans la première partie, il parle en ces mots : *je porte un autre projet qui vient heu d'au-delà de moi*. Mais, il ne fait pas mention de cet autre appel dans la caractérisation des changements en terme de vocation à la fin de l'entretien.

[29] Pour rappel, les cinq traits sont : la rupture par rapport au passé, l'événement instantané, l'événement unique, l'événement inattendu et le rôle passif du converti.

[30] « la première vocation que j'ai eue avant la vocation monastique [...] ça été une vocation à l'image et plus particulièrement à la photographie », l'expression « vocation monastique » revient à plusieurs reprises.

Conclusion

Un processus de subjectivation

Nous avons proposé de penser l'identité comme un processus de subjectivation (ou d'individuation) où l'individu se définit en regard du collectif (externe/interne). Dans ce processus, nous avons porté une attention particulière à tous les personnages apparaissant dans le récit et à leur rôle dans la construction identitaire du sujet. Le processus de subjectivation tel que proposé ci-dessous prend l'ensemble des changements et des dévoilements.

Frère Anselme donne un fil rouge pour penser son parcours, celui de la vocation monastique. En suivant ce fil rouge, nous observons à l'adolescence un mouvement de différenciation des figures parentales en particulier une opposition à la figure du père par un appui sur l'identification maternelle. La figure du père propose au sujet (comme voie), une répétition du même, un prolongement de lui-même. Face à ce danger de confusion identitaire (danger d'engloutissement), le sujet s'appuie sur la mère. Cette opposition perdure et l'indépendance par rapport à la voie du père doit être réaffirmée en plusieurs occasions. Il y a un basculement qui se fait, avec l'événement de la vie professionnelle de la superficialité vers l'intériorité. Un dépouillement des définitions collectives s'en suit. Ce dépouillement de la *persona*, faux *self* ou soi social, rend l'identité de l'individu floue et incertaine. Dans la période du noviciat, la rencontre du Christ (une rencontre archétypique dans une perspective jungienne) fonde l'identité. C'est l'« être-avec » qui définit. La rencontre est suivie de deux expériences de confrontation de la limite de la mort, la première par identification (au[x] récit[s] du martyre des frères de Tibhirine) et la seconde en touchant, lors d'une maladie, cette limite (accompagné en cela par l'identification au Christ reconnue par la communauté). La charge de maître des novices intervient suite à la maladie et pendant que frère Anselme vivait l'identité exclue, celle de se conformer au père en étant responsable de toute l'activité commerciale du monastère. La charge de maître des novices est vécue comme une refondation intérieure, elle ancre l'identité de moine dans cette insertion communautaire, dans ce collectif. Relevons que, d'un point de vue jungien, l'expérience de l'archétype du Soi précède deux expériences des limites (ce qui évite une inflation du moi, quand le moi s'identifie au Soi). Dans le dernier épisode, celui de la fracture, le collectif ne reconnaît pas son désir. L'analyse du désir permet de se dégager d'un désir qui n'était pas le sien (dans ce sens, c'est ce qui n'est pas moi qui n'a pas été désiré).

Un dévoilement

De plus nous donnons un statut différent aux dévoilements dans un approfondissement de l'intimité, donc de ce qui est plus central dans celle-ci (central dans le sens d'organisateur). Nous avons pu observer comment la représentation de soi se modifie à chaque dévoilement ; tant l'échec, que l'expérience fondatrice ou l'importance d'un événement de la vie professionnelle, modifient les équilibres, les trajectoires. Il est évident que l'expérience fondatrice annoncée par l'expérience d'échec (mais non racontée dans la première partie) est le centre organisateur de la narration et de l'identité. C'est la rencontre du Christ qui définit et assure l'identité de frère Anselme (une identité intime avec une *persona* bien intégrée ; un faux *self* aspect du vrai *self*).

Le statut de la figure religieuse

Cette expérience, de laquelle dépend une possible vie monastique, donne un statut particulier à la figure religieuse, le statut de personne. Comment ce statut a-t-il évolué durant le récit ?

La première étape est l'existence de l'altérité : *il doit y avoir un autre avec un grand A* (conséquence du rapport identificatoire avec le père blanc, changement n°1).

Dans la deuxième étape, grand A « devient » Dieu : *à travers la rencontre de la communauté s'est faite une rencontre de Dieu* (conséquence d'un lien d'attachement, changement n°2).

Troisième étape, le Christ apparaît sous le mode de l'absence : *une rencontre fondatrice du Christ qui n'est pas faite* (nécessité de la rencontre, dévoilement n°6).

Quatrième étape, lors de l'épisode du restaurant, le Christ apparaît comme extérieur (projection) : *si ça pouvait être mis en mis en scène pour un film il y aurait une entrée fracassante dans le restaurant qui serait l'entrée du Christ* (changement n°7). Cinquième étape, c'est la rencontre du Christ : *le Christ est devenu une personne.* Il s'agit d'une expérience fondatrice pour frère Anselme. Elle sera qualifiée de conversion (dévoilement n°12).

Dans la sixième étape, celle de la maladie, le Christ est une ressource mobilisable par identification (validé par la communauté) : *il y avait vraiment une configuration au Christ qui était pour moi évidente et puis elle ne l'a pas été que pour moi* (changement n°10).

Il y a donc des étapes dans la perception du statut de la figure religieuse. Tout d'abord elle doit exister dans l'environnement culturel du sujet, puis elle doit être rencontrée (par un type d'expérience ou un autre ; ici par l'incarnation, c'est une rencontre de personne à personne),

elle doit prendre un statut de réalité, d'humanité.

Entretien de frère Anselme

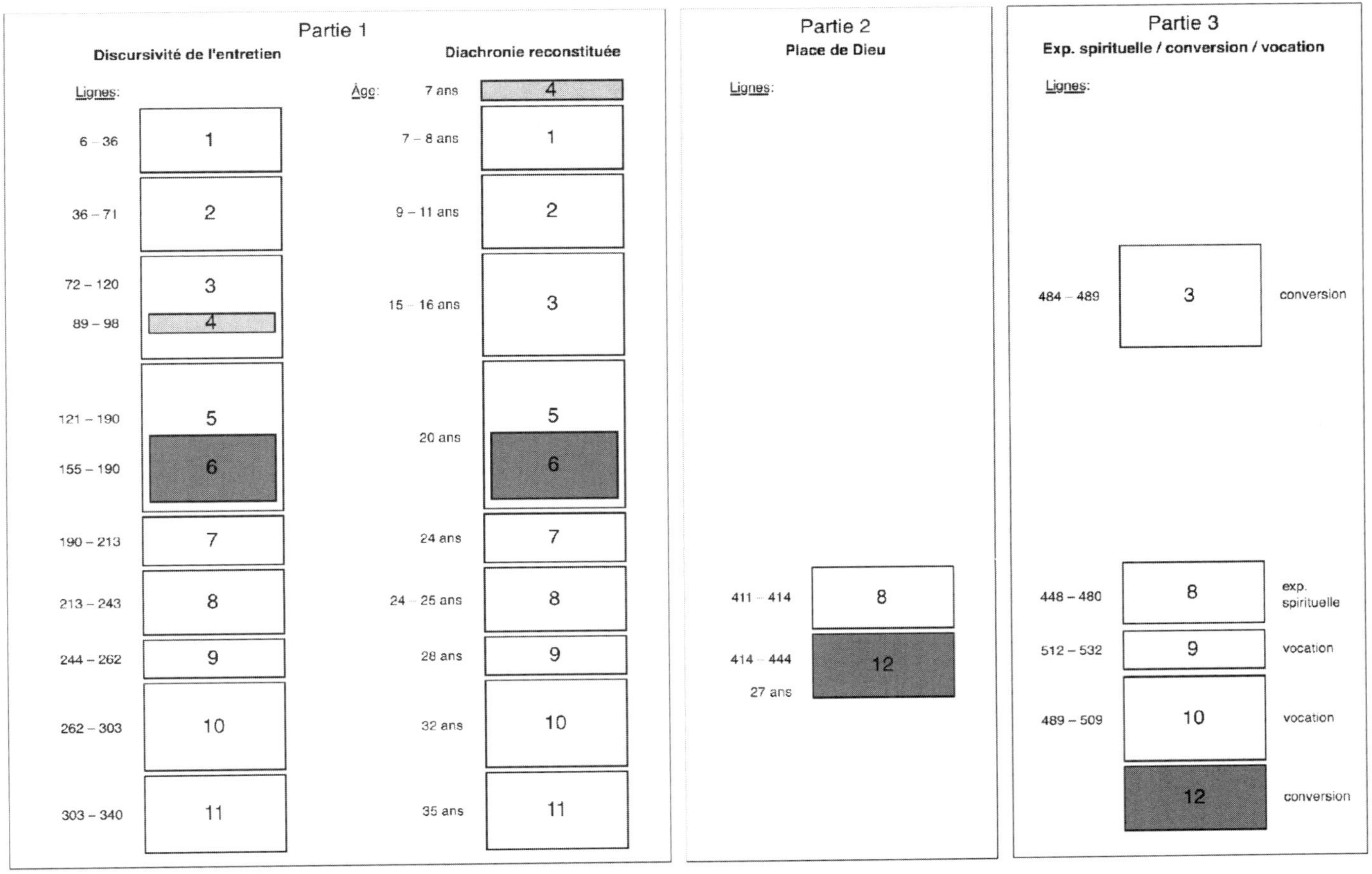

Chapitre 15

ANALYSE DE FRÈRE BARTHÉLÉMY

Frère Barthélémy est un homme de 34 ans, entré au monastère à l'âge de 24 ans. Nous allons parcourir ici l'entretien qu'il nous a accordé et en proposer une analyse en trois parties.

Première partie

La discursivité du sujet, les décrochements

Identification des étapes dans le récit

Frère Barthélémy répond en 15 lignes à la consigne. Dans ce début d'entretien, il propose un résumé qui couvre temporellement l'ensemble de sa vie (sur un axe qui est la prière). Une expérience spirituelle est mise en avant comme étant non seulement le changement le plus important mais aussi comme un point de bascule, le point à partir duquel s'organise sa vie et sa narration. Suite à ce résumé, le sujet demande comment il doit continuer. Après avoir situé temporellement l'expérience, frère Barthélémy raconte la période qui précède cette expérience[1]. Dans ce qui précède, deux expériences d'échec sont mentionnées, l'une dans la voie militaire et l'autre sur le plan affectif. Cette partition en trois changements (les deux expériences d'échecs et l'expérience spirituelle mise en avant) se trouve validée par le sujet peu après : *c'est plus l'armée c'est clair/ j'ai plus besoin d'aller chercher / cette fille c'est clair / j'veux me donner à Lui c'est clair*. Malgré cette volonté de tout abandonner, frère Barthélémy va passer et réussir le concours (d'entrée

[1] Il dira, après avoir raconté cette période, « donc ça c'est pour le le passé ».

dans des écoles militaires) grâce au conseil appuyé d'un prêtre[2]. La réussite au concours est considérée comme un changement car, tout en se démarquant des échecs dans la voie, elle ponctue la voie militaire. Une période de recherche de la forme[3] commence, elle est entrecoupée par le service militaire obligatoire vécue par frère Barthélémy comme *une expérience de solitude* (que nous considérons comme un changement). Dans la période de la recherche de la forme le sujet fait *une expérience très forte* (qu'il ne peut pas *dissocier de la première*) dans un monastère trappiste. C'est ainsi qu'il découvre la forme de vie qui sera la sienne. L'ensemble de cette période sera considérée comme un changement.

La question de l'interviewer qui demande comment il est arrivé dans sa communauté provoque un dévoilement, la prise en compte d'un élément que le sujet ne voulait, initialement, pas raconter : l'importance d'une paternité spirituelle dans la recherche de la forme (cette paternité va le mener dans sa communauté actuelle)[4]. Le mot paternité était ancré dans la narration[5] avant que cette thématique soit développée, ici, grâce à la demande de précision. Ainsi, frère Barthélémy reprend le récit depuis la rencontre de cette paternité au service militaire[6] jusqu'à l'arrivée dans sa communauté.

L'interviewer revient, en fin de cette première partie, sur ce qui a précédé la première expérience. Le sujet reprend, comme il l'a fait au début de l'entretien, les deux changements dans la voie militaire et sur le plan affectif.

En résumé, frère Barthélémy met en avant une expérience qui structure l'ensemble de son récit. Dans l'avant et l'après, il identifie des expériences de changement qui coïncident avec des périodes (ou se trouvent incluses dans celles-ci). Nous avons considéré l'ensemble de ces expériences comme des changements[7].

Les étapes dans l'ordre discursif[8]

Nous pouvons identifier, dans cette première partie, 7 changements dont certains apparaissent, au cours de l'entretien, plusieurs fois. Deux

---

[2] « je voulais plus rien rien préparer mais on m'obligeait à le faire / bon obligé à faire c'est pas qu'on m'a obligé de faire on m'a conseillé fortement ça fait quatre ans que tu prépares ça / fais-le ».

[3] « j'veux me donner à Lui c'est clair / comment j'en sais rien du tout », « j'ai cherché la forme après ».

[4] Pour expliquer comment il est arrivé là, il est obligé de parler de la place de cette paternité.

[5] « ça j'm'en rends compte après c'est à dire que je cherchais aussi une paternité / pour m'aider pour m'aider à c- à ça / heu / ouais (5 secs) ». Il racontera ensuite son parcours sans parler de cette paternité qui nous est révélée plus tard.

[6] « pendant mon service militaire j'ai rencontré un prêtre / qui a eu / une paternité importante sur moi ».

[7] Bien que le sujet donne un statut différent à l'expérience mise en avant par rapport aux autres.

[8] Voir la vue d'ensemble en fin de chapitre.

dévoilements sont présents. Ils concernent deux changements identifiés, c'est pourquoi ils portent le même numéro que le changement correspondant.

Frère Barthélémy ne nomme pas les changements, nous ne trouvons à aucun moment une expression du type : « le changement c'est... ». De ce fait, nous avons choisi de nommer les changements à l'aide du vocabulaire du sujet soit en désignant la période, soit en désignant l'expérience particulière de celle-ci (comme nous l'avons vu, il n'y a pas toujours coïncidence entre période et expérience).

Une incise entre crochet est présente car l'*expérience de solitude* correspond à la période du service militaire elle-même incluse dans la période de la recherche de la forme. De plus, l'âge du sujet (quand il a été possible de l'identifier) ainsi que les lignes correspondantes de la transcription sont mises entre parenthèses :

Changement n°1 :	La voie militaire (12-14).
Changement n°2 :	L'expérience (21 ans ; 14-29).
Changement n°1 :	La voie militaire (30-51).
Changement n°3 :	Expérience d'échec avec une fille (51-57).
Changement n°4 :	J'ai eu le concours (69-96).
Changement n°5 :	Recherche de la forme (23 ans ; 96-103).
[Changement n°6 :	Expérience de solitude (103-114)].
Changement n°5 :	Recherche de la forme (23 ans ; 114-183).
Changement n°2 :	L'expérience (21 ans ; 183-203).
Dévoilement n°6 :	Expérience de solitude (205-213).
Dévoilement n°5 :	Recherche de la forme (23 ans ; 213-218).
Dévoilement n°7 :	Au monastère (24 ans ; 218-226).
Changement n°7 :	Au monastère (24 ans ; 226-233).
Changement n°1 :	La voie militaire (238-252).
Changement n°3 :	Expérience d'échec avec une fille (253-277).
Changement n°2 :	L'expérience (21 ans ; 299-317).

Les décrochements

Comme nous le constatons, la discursivité propre à l'entretien décroche à de multiples reprises du temps de vie. Les décrochements ne sont pas dus, excepté le dévoilement qui s'étend sur trois changements (n°5, n°6, n°7), à des contextualisations nécessaires à la cohérence narrative. Ils sont le fruit de la dynamique de l'entretien. La présence de ce dévoilement (qui s'étend sur trois changements) nécessite une analyse de la première partie en deux temps, le premier temps ne tiendra pas compte de ce dévoilement pour restituer le projet narratif du sujet. Puis, dans un deuxième temps nous tiendrons compte de ce dévoilement pour voir en quoi il modifie la représentation de soi proposée par frère Barthélémy.

La construction identitaire sans les dévoilements : le projet narratif du sujet

Reconstitution de la structure diachronique du récit[9]

Pour montrer une construction identitaire, il faut reconstituer la structure diachronique du récit en remettant les étapes identifiées dans la chronologie du temps de vie.

Chaque changement représente une étape dans cette construction. Voici donc la structure diachronique du récit telle que reconstituée pour cette première partie (sans le dévoilement) :

Changement n°1 :	La voie militaire
Changement n°1 :	La voie militaire
Changement n°1 :	La voie militaire
Changement n°3 :	Expérience d'échec avec une fille
Changement n°3 :	Expérience d'échec avec une fille
Changement n°2 :	(21 ans) L'expérience
Changement n°2 :	(21 ans) L'expérience
Changement n°2 :	(21 ans) L'expérience
Changement n°4 :	J'ai eu le concours
Changement n°5 :	(23 ans) Recherche de la forme
[Changement n°6 :	Expérience de solitude]
Changement n°5 :	(23 ans) Recherche de la forme
Changement n°7 :	(24 ans) Au monastère

Analyse des étapes identifiées

Après avoir reconstitué cette structure diachronique du récit, l'attention se porte sur chaque petite histoire. L'histoire se construit autour d'événement(s) et de situation(s) relationnels. A travers ceux-ci, le sujet raconte sa construction identitaire. Il s'agit donc de prendre en compte ces événement(s) et situation(s) relationnels pour construire une représentation de soi. Ces événements et situations seront analysés à l'aide de notre modèle de construction identitaire.

---

[9] Voir la vue d'ensemble en fin de chapitre.

Changement n°1 : La voie militaire

L'enfance de frère Barthélémy est marquée par l'influence de la famille paternelle (la famille maternelle n'est pratiquement pas connue car elle est à l'étranger). La famille paternelle ne propose qu'un seul chemin, qu'un modèle, pour la construction identitaire (des garçons) : *tous les hommes dans ma famille sont militaires*. La famille est considérée comme un *moule* et frère Barthélémy reconnaît avoir *pris le pli comme il faut.* L'environnement (un collectif d'hommes) impose, car il n'y a pas d'alternative[10], un moule dont l'individu doit épouser la forme. Il est évident que cette référence au moule (pour parler de la famille) indique une reproduction à l'identique. Deux caractéristiques sont données à ce moule : c'est un moule militaire et catholique. Frère Barthélémy a une religiosité principalement axée sur une pratique religieuse[11] (personnelle et institutionnelle) qu'il qualifie de *très extérieure*. Le moule c'est aussi la *persona*, le faux *self*, le soi social.

Frère Barthélémy vit l'expérience de l'échec dans cette voie proposée par le collectif (qui définit l'identité), il échoue à reproduire le moule, à en prendre la forme (donc l'identité). Cette difficulté à entrer dans le moule provoque une grave crise identitaire qui va jusqu'à *la remise en cause de ma vie mais / remise en cause c'est-à-dire si j'arrive pas qu'est-ce qui se passe*. La crise est d'autant plus compréhensible qu'il est difficile d'envisager ce qui se passe quand la seule voie proposée pour devenir un homme est impossible (bouchée, impraticable). Que fait-on dans ce cas de la singularité, de l'individualité (et cela surtout à la période de l'adolescence) ?

Frère Barthélémy trouve dans *des amitiés qui étaient qui restaient dans le moule hein dans l'armée*[12] des ressources dans ses difficultés et des modèles identificatoires. Par exemple, quand frère Barthélémy a des échecs, un ami lui donne un chapelet et lui dit : *si t'as plus que ça c'est que t'as encore quelque chose*. En cas de « perte du moule », il reste quelque chose et il y a une possibilité d'être en lien avec celui-ci. Ce quelque chose est potentiellement porteur d'identité. Quant à la fonction de modèle identificatoire des amitiés dans le moule, elle ne peut jouer que sur l'aspect religieux car, eux-mêmes pris dans le moule, ils ne peuvent pas proposer d'autres voies pour accéder à une identité d'homme. Par contre, ils montrent à frère Barthélémy que la dimension religieuse peut s'intégrer (cohérence) à la personnalité (le côté rationnel et « irrationnel » peuvent être tenus ensemble) à un moment où frère Barthélémy a de la peine à tenir des choses ensembles. Ils aident ainsi à une meilleure intégration de la personnalité.

---

[10] Dans la manière de décrire l'enfance, frère Barthélémy montre l'impossibilité de se construire autrement : « tous les hommes », la famille maternelle qui n'est pas là pour proposer un autre modèle, etc.

[11] « la messe un petit peu la prière mais très extérieur ».

[12] La prégnance de l'aspect militaire fait que le moule familial (« le bon moule de la famille ») est identifié au moule militaire (« des amitiés qui étaient qui restaient dans le moule hein des des dans l'armée »).

Rappelons que dans ses échecs, frère Barthélémy a fortement conscience d'avoir besoin d'une aide (qui n'est pas bien définie). Il y a comme une impossibilité à s'en sortir soi-même dans un environnement peu facilitateur. Frère Barthélémy est ainsi embarqué dans un processus de reproduction du même qui ne fonctionne pas dans son cas. Le collectif, seul à même de donner l'identité, ne propose qu'un seul modèle et, comme toute institution normative, il peine à savoir quoi faire avec les singularités qui ne se fondent pas dans le moule, la norme. Dans ce système en déséquilibre (sans choix), la fonction maternelle du moule est portée par les hommes. Tout comme dans les rites de passage[13] des sociétés traditionnelles, les hommes donnent naissance, par l'initiation, à des hommes. Il serait intéressant de savoir ce qui se passe, dans ce type de société, quand l'initiation ne permet pas ce passage et quel statut le collectif donne alors à ces garçons. Dans cet environnement, la singularité de frère Barthélémy n'arrive pas à entrer dans le moule, n'est pas reconnue (donc son identité non plus, l'identité du vrai *self*, du Soi).

Changement n°3 : Expérience d'échec avec une fille

Dans cette même période, frère Barthélémy rencontre une fille. Elle se trouve dans l'impossibilité de combler un vide (affectif)[14] chez frère Barthélémy (sans doute en lien avec la relation primaire) et cela comparativement à l'expérience qu'il va vivre (qu'il qualifie ici d'événement). Cette impossibilité est vécue comme une *expérience [d']échec.*

Le récit met en opposition cette figure féminine au *besoin de ces amitiés beaucoup plus libres et qui étaient des gens qui priaient.* Le besoin d'être dans un collectif (masculin) prime sur l'individualité féminine. Le moule est ressenti comme plus important, et peut-être comme plus contenant, face à la relation à cette fille (qui ne peut répondre à la demande affective, elle n'est pas la mère[15]).

Frère Barthélémy a fait *un choix très clair*[16] entre deux voies possibles. La voie qui se dessine dans cette rencontre avec cette fille est repérée comme un chemin possible mais rejeté : *j'aurais pu rester / enfin non / je dis que j'aurais pu mais // y a eu un choix je pense de ma part.* Frère Barthélémy n'atténue pas, dans la manière de raconter l'importance de la rencontre (*je croyais que j'avais été amoureux mais non non c'est vrai / j'ai été amoureux*[17]). Par contre, elle est atténuée dans un regard *a posteriori* en

[13] Qui permettent la transition entre l'enfant et l'adulte, le changement d'identité.

[14] La problématique du vide renvoie au manque mais aussi au contenant.

[15] Elle ne semble pas pouvoir être un objet externe susceptible d'évaluer l'imago interne, l'écart est peut-être trop important. Il n'y a pas de retrait de la projection.

[16] Même s'il dira, quelques lignes plus tard, « y a eu un choix je pense de ma part ». L'affirmation catégorique se trouve relativisée.

[17] Dire quelque chose sur le changement de forme verbale, « j'avais été » à « j'ai été ».

comparaison à d'autres expériences (dont l'événement). Dans ce regard rétrospectif, il trouve que dans la relation à cette fille, *[il] cherchai[t] [son] petit plaisir* (donc quelque chose qui n'est pas dans la relation, quelque chose de l'ordre de l'objet [pas au sens psychanalytique], qui nie le statut d'altérité et d'humanité de la personne).

Ainsi, frère Barthélémy choisit la voie du moule (qui lui procure contenance et ressources), du collectif face à l'individualité féminine (sans doute qu'il y a aussi des répercussions de la relation primaire dans ce choix de par ce qui est projeté par frère Barthélémy sur la fille et qui se traduit, notamment par cette demande de remplir le vide). Intervient peut-être aussi dans ce choix, mais le récit ne nous le dit pas clairement, une opposition entre des gens qui prient et une fille « qui ne prie pas »[18]. Si cela s'avère le cas, le fait de favoriser une médiation au divin en dehors du moule de la famille aurait pu peser sur le choix du collectif.

(21 ans) Changement n°2 : L'expérience

Frère Barthélémy vit une expérience très intime de nature différente des expériences qui précèdent. Il parle de *coupure*, de *saut qualitatif* et de *moment fondateur*. Cette expérience est sans images, sans représentation. Le manque d'images de l'expérience[19] est contrasté avec le souvenir de *toutes les images qui ont suivi.* Ce type d'expérience ressemble à ce que Michel Hulin[20] a décrit en parlant de « mystique sauvage » : une expérience susceptible d'être reprise par un système symbolique religieux ou non. Il n'est de ce fait pas surprenant qu'à la suite de cette expérience, frère Barthélémy nous parle d'une recherche de la forme. Frère Barthélémy indique que l'expérience arrive en réponse à une question posée dans le vide, à un espace de liberté disponible : *moi je me sens assez libre / je peux encore faire n'importe quoi / j'avais dit ça comme ça / mais sans sans aller tellement plus loin.* Notons aussi la nature fortement émotionnelle de l'expérience dont la prégnance du souvenir porte la trace[21].

Dans une lecture *a posteriori*[22], frère Barthélémy qualifie le moment fondateur comme *la prière / la première prière // et / où j'étais plus seul quoi / comme l'abolition de la solitude.* Frère Barthélémy définit le moment fondateur comme la « première prière ». Il faut entendre cette définition, nous semble-t-il, de deux manières. La première est d'entendre « première prière » dans l'opposition à *la prière très très extérieure* de l'enfance (héritée du

---

[18] Il semble pourtant que cela soit bien le cas. En effet, il parle de « *pèlerinage* » et il ne parle que de « balade avec des amis » quand il s'adresse à elle.

[19] « y avait pas du tout d'image ».

[20] Hulin (1993).

[21] « j'ai le le la sensation d'avoir vécu une expérience un moment une heure une date qui a avec un avant et un après ».

[22] « je n'ai compris ça qu'y a y a 5 ou 6 ans ».

moule) et marquant de ce fait un passage de l'extériorité à l'intériorité. La deuxième manière d'entendre « première prière » est dans l'aspect relationnel de l'activité. C'est *la première prière où j'étais plus seul quoi / comme l'abolition de la solitude*. Ainsi, on peut parler de « première prière » parce qu'elle met en lien frère Barthélémy au Christ[23] pour la première fois.

Quelles sont les conséquences de cette expérience ? Ecoutons frère Barthélémy :

> « j'ai la force / (rires) grâce à ça j'ai la force maintenant de savoir ce celui qui a été touché (rires) / à ce moment-là (rires) j'ai la force d'aller voir tout ce qu'y avait / si l'amour m'avait été donné comment dire / heu / il a été aimé celui-là (rires) et maintenant je peux /je peux le connaître parce qu'il est parce qu'il est aimé (rires) »[24].

L'expérience permet le regard rétrospectif et la prise en compte du tout, de toute l'histoire y compris les événements (ou non-événements) qui ne pouvaient être portés affectivement (pris en charge) par frère Barthélémy (celui qui a été touché). Elle permet aussi la rencontre de frère Barthélémy avec des parties clivées de sa personnalité (qui apparaissent, dans le récit, comme personnifiées : *celui*). Nous relevons le pouvoir intégrateur de l'expérience qui aide à unifier la personnalité. Dans une terminologie jungienne, on peut y voir l'œuvre de l'archétype du Soi (deux expériences d'échecs précèdent l'expérience archétypique).

Toute la description de cette expérience, et particulièrement des conséquences sur le sujet, tend à renvoyer celle-ci du côté du maternel, de la relation primaire libidinalisée, particulièrement dans sa fonction de contenance. Frère Barthélémy fait une expérience d'être contenu par le « divin »[25] dans sa fonction maternelle, parental (non sexué). Elle rend(ra) possible une intériorisation d'une figure parentale stable et structurante, ce qui la met du côté de l'attachement. L'abolition de la solitude penche aussi dans la direction d'une expérience qui renvoie à la petite enfance. Cela en accord avec la « capacité d'être seul de Donald Winnicott » dont Madeleine Davis et David Wallbridge résument l'idée :

> Cette capacité subtile d'être seul peut seulement être acquise lorsque le support donné par la présence active de la mère au début de la vie rend l'état de non-intégration possible. [...] Par la suite, ajoutait Winnicott, l'individu devient capable de renoncer à la présence *effective* d'une mère ou d'un substitut maternel (2005, p. 44).

N'étant plus seul (surtout dans ces zones), un dialogue devient possible, quelque chose s'ouvre. Une relation avec lui-même est rendue possible par la médiation, le support de cette relation. Par cette expérience d'être aimé

---

[23] Ce qu'il qualifiera *a posteriori* comme le Christ.

[24] La plus grande occurrence de rires, dans cette partie d'entretien, montre l'intimité de ce qui est donné (importance dans l'économie psychique du rire).

[25] « le Christ vivant qui est là », « le premier moment c'était son désir c'était d'être avec moi ».

« entièrement », il est reconnu dans toute son histoire, dans sa singularité, dans son identité (une sorte de deuxième naissance).

Changement n°4 : J'ai eu le concours

L'expérience débouche sur des évidences : *c'est là que je me dis bon c'est plus l'armée c'est clair/ j'ai plus besoin d'aller chercher / cette fille c'est clair / je veux me donner à Lui c'est clair / comment j'en sais rien du tout.* Sûr de ses évidences, frère Barthélémy veut tout larguer, laisser tomber la préparation au concours pour l'entrée dans les écoles militaires. Un prêtre le conseille fortement, voir l'oblige[26], de passer le concours, d'aller au bout. Frère Barthélémy s'y oppose pendant un mois mais réussit le concours. Grâce à ce prêtre, frère Barthélémy est *beaucoup plus libre / de pouvoir dire non.* Il est, par cette réussite au concours, devant un vrai choix. En effet, la voie militaire, celle proposée par la famille, peut être suivie : *maintenant je peux être officier.* Le prêtre a ainsi « imposé », et frère Barthélémy l'a suivi (malgré son opposition) pour « mieux abandonner ». Frère Barthélémy est reconnaissant envers ce prêtre : *j'en remercie / je l'ai remercié beaucoup ce prêtre*[27].

Maintenant, *l'expérience devait devenir tout de [sa] vie.* Il se lance ainsi dans la recherche de la forme. Au début de cette période, frère Barthélémy doit faire son service militaire obligatoire. Nous présenterons tout d'abord ce changement tout en rappelant qu'il s'inscrit dans cette période de recherche de la forme.

Changement n°6 : Expérience de solitude

Le service militaire est une période extrêmement difficile pour frère Barthélémy[28], c'est une période pendant laquelle il est difficile de vivre. Trois raisons fondent (sont à la base de) cette difficulté. La première est l'obligation de vivre le choix exclu (l'identité exclue : *j'étais officier*). La deuxième raison réside dans le fait qu'il vit une *première expérience de vie* ; le passage du monde des études (avec le statut d'étudiant) à un monde où il doit assumer des petites responsabilités. Troisièmement, il se trouve peu soutenu dans sa fonction d'officier et parle d'*expérience de solitude*[29].

Pendant cette période, frère Barthélémy *[a] dû retrouver la prière non plus comme un comme [son] petit plaisir / mais comme / (rires) / comme le*

---

[26] « on m'obligeait à le faire / bon obligé à faire c'est pas qu'on m'a obligé de faire on m'a conseillé fortement ça fait quatre ans que tu prépares ça / fais le ».

[27] Les remerciements semblent encore valables le jour de l'entretien « j'en remercie… ».

[28] « c'était très difficile (…) c'est difficile de vivre / c'est difficile de vivre ».

[29] « j'avais des gens dessous et et j'étais pas forcément appuyé sur les côtés donc je me sentais seul ».

besoin / comme un besoin oui. La référence au couple besoin/plaisir renvoie, dans des termes psychanalytiques[30], aux pulsions d'autoconservation/pulsions sexuelles. La prière se trouve rangée, dans cette analogie, du côté de l'autoconservation, de la survie de l'individu. Elle est mobilisée comme une ressource dans cette difficulté de vivre (elle permet d'être en lien dans un moment de solitude et de grande difficulté). Il est intéressant de noter que l'expression *petit plaisir* se retrouve une seule fois dans le texte (comme nous l'avons vu) quand frère Barthélémy parle de sa relation à cette fille : *je cherchais mon petit plaisir*[31].

Ainsi, frère Barthélémy quitte son statut d'étudiant, fait une première expérience d'adulte en endossant l'identité exclue. Il faut relever que dans cette expérience que frère Barthélémy vit seul, il ne se réfère pas au manque de soutien de la hiérarchie (ce qui aurait semblé naturel) mais des pairs : *j'étais pas forcément appuyé sur les côtés*. Cette référence aux pairs met l'accent plutôt sur la solitude dans ce passage du monde des études au monde des « adultes »[32] et sur le manque de collectif du moule (il se trouve isolé dans un collectif). L'expérience de solitude, de difficulté de vivre (d'être pour Winnicott) est supportée grâce à la prière. Dans cette situation, « être-avec », être en lien, permet la survie[33].

(23 ans) Changement n°5 : Recherche de la forme

La recherche de la forme correspond à une recherche identitaire : quelle forme permettra à ce que *l'expérience [devienne] tout de la vie (...)[pour] être tout le temps avec lui*[34]. Frère Barthélémy remarque, après-coup, que cette recherche de la forme allait de pair avec une recherche de paternité (ce dont il ne nous parle pas). La recherche va durer trois ans.

L'expérience appelle, pour frère Barthélémy, la consécration. Il a cru *à un moment que c'était prêtre* mais il se rend compte qu'il ne met son nez que dans des congrégations religieuses. Frère Barthélémy résume très bien ses besoins (quant à la recherche de la forme) : *j'ai besoin de rentrer dans une famille / qui m'enseigne*. La forme (donc l'identité) se trouve au croisement de deux besoins : entrer dans une famille et que ce collectif soit capable de l'aider dans ce que l'expérience a ouvert. Pour parler de la nécessité d'entrer dans un collectif, frère Barthélémy fait à nouveau référence au moule : *de renter dans un / enfin c'est peut-être le côté familial le moule familial qui revenait*. Mais ce moule doit, contrairement au moule familial, enseigner à

---

[30] Dans la 1re théorie des pulsions.

[31] Peut-on parler, dans ce cas-là d'une sorte d'érotisation de la prière ?

[32] Très loin de l'initiation en groupe dans les sociétés traditionnelles. De plus, il semble que le cadre ne soit pas très contenant pour une transformation identitaire.

[33] Etre en lien avec l'expérience, avec le Christ, avec la mère, avec soi-même ?

[34] « c'est pas qu'il fallait c'est que c'était (rires) c'était bon / ça ». Cette volonté d'« être-avec » n'est pas du côté de la nécessité mais du côté du plaisir.

l'intériorité de la prière[35] (pour que frère Barthélémy puisse continuer le dialogue). Il se rend compte qu'il *avait besoin d'apprendre tout / tout / [il avait] l'impression d'ouvrir une porte sur quelque chose qu'[il] connaissait rien*.

Dans ces trois années de recherche, il y a aura des *moments particuliers de maturation*[36]. Frère Barthélémy nous parle d'une *expérience très forte* qu'il fait dans une abbaye. C'est une expérience dans la même ligne que la première mais elle n'a *pas la même fondation que la première* (on comprend par là que ce sont des expériences du même type, mais la primauté est donnée à la première). Cette deuxième expérience l'*a confirmé dans la vie*. D'une certaine manière, l'expérience initiale a pu être transposée, vécue, dans un cadre religieux (qui la prépare et qui l'espère), un cadre à même d'enseigner comment être en lien, comment poursuivre le dialogue. Frère Barthélémy trouve donc un cadre, une forme qui englobe ses deux besoins. Il a pensé entrer dans cette communauté *mais elle allait pas bien*. La forme est trouvée, il reste à trouver la communauté, la famille qui tienne (et contienne). C'est à ce moment de l'entretien que l'expérimentateur, par sa demande[37], provoque un dévoilement sur lequel nous reviendrons.

(24 ans) Changement n°7 : *Au monastère*

Tout oppose le monastère actuel de frère Barthélémy de l'abbaye du changement précédent dans le récit qu'il en fait. Pour lui, *tout [l'] attirait à cette abbaye (...) et ici / rien*. Dans le tout, frère Barthélémy met : *les expériences faites* et *la beauté du cadre*. Il est *sentimentalement* attaché à ce cadre. Qu'est-ce qui lui fait choisir *froidement* et *sans sentiment* cette communauté ? *Une sorte de de confiance en les personnes / enfin pas une sorte / j'avais /* a priori *je voyais que la communauté était / tenait*.

Ainsi, frère Barthélémy, dans le choix de la communauté, met l'accent sur la solidité de la famille (du moule, du cadre). Même s'il est totalement attiré par l'abbaye, il choisit, de par la solidité de la communauté, le monastère actuel. Dans ce sens, le besoin d'un collectif solide de pairs reste important (tout comme les amitiés du moule dans les expériences d'échecs dans la voie militaire).

---

[35] « la discontinuité était beaucoup plus sur le côté formel de la de la prière / et c'est là où c'est là où mon parcours j'ai dû y a eu confrontation avec ma famille sur ce côté-là justement / heu heu je je / je me suis retrouvé contre eux / pas du tout sur ce que j'avais reçu formellement / mais sur la prière / là je je leur ai rentré dedans (rires) [...] donc concrètement j'avais pas eu j'avais pas été éduqué à la prière j'avais reçu beaucoup de catéchisme mais pas j'avais pas été éduqué à l'intériorité aux mystères de de de ça ».

[36] Le processus de maturation renvoie à un processus naturel.

[37] Exp : « et après alors heu comment on arrive à X [sa communauté actuelle] ».

Passons maintenant au dévoilement apparu dans la première partie, en nous demandant comment il change la représentation de soi de frère Barthélémy.

La construction identitaire et les dévoilements : prise en compte du dévoilement qui se fait sur trois changements : Dévoilement n°5, n°6 et n°7

Comme nous l'avons vu dans la partie qui traite de l'identification des étapes dans le récit, c'est la question de l'interviewer, qui demande comment il est arrivé dans sa communauté (demande de précision), qui provoque un dévoilement, la prise en compte d'un élément que le sujet ne voulait, initialement, pas raconter : l'importance d'une paternité dans la recherche de la forme (paternité qui va le mener dans sa communauté actuelle)[38]. De plus, nous rappelions que le mot paternité était ancré dans la narration[39] et que cette thématique est maintenant développée. Ainsi, frère Barthélémy reprend le récit depuis la rencontre de cette paternité au service militaire[40], jusqu'à l'arrivée dans sa communauté actuelle. Le dévoilement couvre trois changements.

Dévoilement n°6 : Expérience de solitude (205-213)

Frère Barthélémy raconte avoir rencontré à son service militaire *une paternité importante sur moi*[41]. Le prêtre est, de notre point de vue, tout d'abord une figure d'identification : *il avait lui-même un parcours militaire* ; *il était frère de [nom de la communauté] / et les frères de [nom de la communauté] m'intéressaient beaucoup* ; *il était jeune il avait la pêche.* De plus, il reconnaît dans ce prêtre *un côté heu / ben le moule alors là c'était y en avait un y avait un bon moule.* La figure d'identification, de par l'âge, le parcours, le côté moule, est plutôt à mettre du côté du pair que de celui du père. Mais, cette figure d'identification a de surcroît, un côté paternel : *c'était le côté paternel m'a attiré à lui.* De ce fait, cette paternité est, nous semble-t-il, un pair père.

Cette paternité a comme première conséquence de modérer l'enthousiasme de frère Barthélémy sur un type de communauté qui l'attirait, les frères de [nom de la communauté].

---

[38] Pour expliquer comment il est arrivé là, il est obligé de parler de la place de cette paternité.

[39] « ça j'm'en rends compte après c'est à dire que je cherchais aussi une paternité / pour m'aider pour m'aider à c- à ça / heu / ouais (5 secs) ». Il racontera ensuite son parcours sans parler de cette paternité qui nous est révélée plus tard.

[40] « pendant mon service militaire j'ai rencontré un prêtre / qui a eu / une paternité importante sur moi ».

[41] Le Surmoi freudien ne peut s'entendre qu'ainsi.

Dévoilement n°5 : Recherche de la forme (23 ans ; 213-218)

Dans la période de la recherche de la forme, le récit que donne frère Barthélémy ne dit pas qui a suivi qui : *il m'a suivi ensuite pendant 2 ans / à Paris* ; *je l'ai suivi pendant 2 ans à Paris*. L'interprétation de cette contradiction peut être vue comme allant dans le sens du dévoilement qui révèle l'importance de la paternité : *il m'a suivi* se transforme en *je l'ai suivi* (reconnaissant ainsi la place de la paternité dans son parcours)[42]. Ce prêtre joue un rôle non négligeable dans cette période. Il conseille[43] frère Barthélémy lors de cette recherche en le mettant en garde sur la solidité de la communauté de cette abbaye (confirmant ainsi des bruits de l'intérieur). Frère Barthélémy suit son père spirituel à Paris, et écoute ses conseils dans la recherche de la forme (signes que la paternité s'exerce).

Dévoilement n°7 : Au monastère (24 ans ; 218-226)

Le prêtre, père spirituel de frère Barthélémy, joue un rôle crucial dans le choix de la communauté. Voilà ce qu'il dit à frère Barthélémy : *je connais un autre endroit / du même style / tu peux tu peux aller voir j'y vais en septembre rejoins moi et puis voilà / c'est comme ça que je suis arrivé ici.* Avec le choix de cette communauté vient une reconnaissance sociale à un changement identitaire intime (consécutif à l'expérience fondatrice).

Construction identitaire et dévoilement : Des pairs et un père

Avec ce dévoilement, c'est l'importance de la paternité qui est mise en avant ; ce n'est pas uniquement le collectif de pairs, mais aussi le père qui se révèlent importants dans la construction identitaire (plus central, plus intime). Le pair père est rencontré dans le difficile moment du passage de la vie d'étudiant à celle d'adulte ; (il prend les traits de la figure du héros qui, chez Jung, permet de s'extraire de la psyché féminine). Il aide à la reconnaissance sociale du changement identitaire intime, donne accès à une identité. Comme tout père, il est le seul à même de donner l'identité.

[42] Une autre interprétation possible, mais moins convaincante à nos yeux, est que la contradiction est le fruit de l'identification. Pris dans l'identification, il ne sait plus qui a suivi qui.

[43] Le père spirituel mentionné à la suite de l'expérience de l'abbaye est maintenant identifié, il s'agit de ce prêtre. Rappelons comment frère Barthélémy parle de ce prêtre avant le dévoilement : « première réaction que j'ai eue [suite à l'expérience de l'abbaye] quand j'allais parler avec mon père spirituel / il m'a dit mais vous avez une idée de forme / de vie religieuse aucune idée vraiment / heu en tout cas pas un cloître ».

Deuxième partie

La place de Dieu dans les changements

Frère Barthélémy identifie trois moments où Dieu est intervenu dans sa vie. Deux moments font références à des changements déjà racontés : l'expérience fondatrice et l'expérience de l'abbaye. Le troisième moment n'a pas été raconté dans la première partie. Il est de ce fait considéré comme un dévoilement. Il s'agit d'une expérience du même type que l'expérience fondatrice. Ce dévoilement montre que l'expérience peut être vécue dans la communauté actuelle (elle a pu être transférée dans ce cadre). De plus, ce troisième moment donne des indications supplémentaires sur le vécu et la compréhension de tels moments.

Dans toutes les expériences, frère Barthélémy voit l'initiative de Dieu, c'est Lui qui a l'initiative (don, son désir[44]) tout comme dans un contact avec un archétype qui, de par son autonomie, « prend » l'initiative. En parlant du troisième moment, il évoque la difficulté de rendre compte de l'expérience, de la différence entre un vécu et sa saisie par le langage : *c'est nul hein à décrire / à décrire y a rien mais simplement comprendre que Il désire que nous soyons que nous nous aimions (rires)*[45]. Il est intéressant que cette description renvoie aux problématiques d'être et d'aimer. En effet, le sujet a fait à quelques reprises part de sa difficulté de vivre et, de ce fait cette expérience rejoint quelque chose de son histoire personnelle ce qui nous est confirmé par frère Barthélémy : *ce qui change le plus je crois c'est une relation vis à vis de moi-même qui se transforme je crois.* Ainsi l'expérience, par une mise en lien, permet de changer le rapport à soi[46]. Dieu, dans cette expérience est, nous semble-t-il, une figure d'attachement.

Troisième partie

Changement et expérience spirituelle

Les différents moments où frère Barthélémy a vu une intervention de Dieu sont caractérisés comme étant des expériences spirituelles : *si je peux le caractériser ces moments je peux les caractériser comme un changement spirituel / oui.*

---

[44] « tous les moments sont des moments où je où je où je comprends son son désir ».

[45] Il y a une gêne, car les vécus importants semblent insignifiants pour eux(difficile à signifier).

[46] Frère Barthélémy dit ne pas savoir si l'expérience change son rapport à Dieu : « Exp : et donc ça modifie votre relation à Dieu ; S : oui heu / je sais pas »

Ces moments sont aussi des moments où il reçoit les ordres : *c'est constamment je reçois les ordres enfin c'est constamment non c'est malheureusement pas constamment.*

Changement et conversion

Frère Barthélémy identifie très clairement l'expérience fondatrice comme étant *ma conversion* : *le moment /ce moment fondateur c'est je vraiment je l'ai toujours considéré comme une conversion.*

Changement et vocation

Pour frère Barthélémy, le moment de conversion, l'expérience fondatrice correspond aussi au moment de la vocation : *c'est la même chose conversion ou vocation je peux pas dissocier.*

Le début du dialogue correspond à un appel (la vocation est pensée ici comme un appel) : *cette présence du Christ est / ce début de dialogue j'appelle ça vraiment une vocation je veux dire / Il appelle / y m'appelle oui oui.*

Notons que dans cette toute fin d'entretien, frère Barthélémy ne fait plus référence à la vocation qu'il a pourtant évoquée, la vocation militaire. La vocation est clairement, dans cette partie, associée à un appel de Dieu à l'intérieur de l'expérience initiale.

Conclusion

Un processus de subjectivation

Nous avons proposé de penser l'identité comme un processus de subjectivation (ou d'individuation) où l'individu se définit en regard de collectif (externe/interne). Dans ce processus nous avons porté une attention particulière à tous les personnages (figures religieuses comprises) apparaissant dans le récit et à leur rôle dans la construction identitaire du sujet (personnage du récit). Nous tenons compte ci-dessous de tous les dévoilements.

Dans la construction de l'ego que frère Barthélémy raconte, il fait peu mention de l'enfance, exceptée l'envie depuis petit de faire militaire, l'absence de la famille maternelle et, conséquemment, la prégnance de la famille paternelle. Le récit commence réellement à la deuxième naissance (l'adolescence). Ce sont les hommes qui donnent naissance à des hommes, en cela, ils sont porteurs de la fonction maternelle. Un seul chemin est proposé pour devenir un homme : la voie militaire. Frère Barthélémy parle de moule (étiqueté comme militaire et catholique), donc de reproduction à l'identique. La singularité de frère Barthélémy a de la peine à se fondre dans le moule, ce qui le plonge dans une grave crise (*la remise en cause de ma vie*). Les amitiés du moule qui prient sont une ressource dans ces moments d'échecs. Le fait que ces amitiés soient dans le moule permet des rapports d'identifications mais, en contrepartie, ne constituent pas d'autres voies possibles de subjectivation (d'individuation). Elles aident, par les rapports identificatoires, à l'intégration de la personnalité en montrant qu'il est possible de tenir ensemble des choses opposées (une formation scientifique [en vue de préparer le concours militaire] et des croyances religieuses).

A cette même époque, frère Barthélémy rencontre une fille (dont il est amoureux) mais qui ne peut combler son vide affectif. Cette demande de frère Barthélémy dit quelque chose sur la relation primaire (une difficulté d'être et un manque d'amour). La fille ne peut répondre à cette demande (qui est une demande adressée à la mère). Il y a, de notre point de vue, un écart trop important entre l'objet extérieur (la fille) et l'imago. Ainsi, frère Barthélémy choisit la voie du moule, du collectif (qui lui procure contenance, ressources et une médiation au divin), face à l'individualité féminine (sans doute trop dangereuse). Dans ses préparations aux concours d'entrée des écoles militaires, frère Barthélémy vit une expérience fondatrice, un changement identitaire intime. Il est en présence de ce que, psychologiquement, nous appellerions une figure d'attachement libidinalisée ou, en termes jungiens, un archétype dans sa polarité positive. Cette présence aimante a des répercussions très importantes sur l'identité. L'expérience permet à frère Barthélémy de *voir tout*, de voir *celui qui a été touché* à ce moment-là. L'expérience a ainsi une grande fonction intégrative car, de par la présence aimante, le regard rétrospectif est possible sur ce qui n'a pas pu être porté affectivement par le sujet, sur l'enfant (non reconnu[47]) qu'il était. La présence aimante est *a posteriori* identifiée comme étant celle du Christ. L'expérience ouvre quelque chose, entame un dialogue, particulièrement de soi à soi. Frère Barthélémy veut tout abandonner pour que l'expérience devienne tout de sa vie. Un prêtre l'« oblige » à passer le concours pour lui permettre de faire un vrai choix. Cette « dépendance » au prêtre permet d'être libre de dire non à l'accès à cette seule identité proposée par le moule (ce n'est pas que je ne peux pas, c'est que ce n'est plus mon choix).

S'en suit une période de recherche de la forme, une recherche identitaire, qui débute par le service militaire obligatoire. Là paradoxalement, frère Barthélémy se trouve isolé, dans un collectif (dans le moule). Il vit le passage du monde des études au monde adulte avec l'identité exclue. Cette période fait émerger une difficulté de vivre (seul dans le moule, seul pour faire le passage). La prière est mobilisée comme un besoin, pour assurer la survie

[47] L'adolescence semble répéter quelque chose de cet ordre.

(psychique) du sujet. Le service militaire est le lieu d'une rencontre importante, celui d'un jeune prêtre frère de [nom de la communauté] avec un parcours militaire. En plus du rapport identificatoire, c'est le côté paternel qui l'attire à lui. Il deviendra son père spirituel (un pair père). C'est ce père qui jouera un rôle important dans la recherche identitaire de frère Barthélémy. Sa recherche suit deux besoins : entrer dans une famille, qui m'enseigne[48]. Durant cette période, frère Barthélémy vit un moment de maturation particulier : il fait une expérience du même type que la première dans le cadre d'une abbaye. Ainsi, l'expérience a pu être transposée dans un cadre religieux. Il découvre ainsi la forme, mais le moule n'est pas assez solide, la communauté ne va pas très bien. Son père spirituel l'encourage à le suivre dans une communauté qu'il connaît et qui deviendra la communauté actuelle de frère Barthélémy. Là, frère Barthélémy doit prendre une décision à froid entre l'abbaye où tout l'attire et le monastère (actuel) où rien ne l'attire, sauf que la communauté tient. A l'intérieur de celui-ci, frère Barthélémy nous raconte un autre moment important du même type que les deux expériences précédentes, ce qui montre une transposition possible de l'expérience dans ce monastère (conserver ainsi un lien fondamental, identitairement parlant, pour poursuivre le dialogue avec soi-même en priorité).

A la fin de ce parcours, frère Barthélémy a pu, de par l'expérience initiale d'avoir été aimé « entièrement », entamer un dialogue fondamental avec lui-même. Il peut, par ce biais, être en contact avec lui-même, dans un collectif.

Un dévoilement

Dans son projet narratif, frère Barthélémy évoque l'importance de la paternité, mais ne la développe pas. C'est pour expliquer comment il arrive dans sa communauté actuelle que frère Barthélémy doit expliquer cette rencontre, le rapport identificatoire et l'importance de ce pair père qui permet une reconnaissance sociale du changement identitaire intime.

L'identité est donnée par le père à un collectif, on peut voir dans le choix de la vie religieuse une transposition du cadre militaire (un groupe d'homme avec un abbé).

Finalement, ce sont toujours les hommes qui donnent l'identité.

Le statut de la figure religieuse

C'est la thématique de la prière qui traverse l'ensemble du récit et qui articule l'opposition avant l'expérience/après l'expérience. La prière, avant l'expérience fondatrice, est considérée par frère Barthélémy comme *très très*

[48] Et cela contrairement à sa famille qui, pour lui, ne l'a pas éduqué à la prière : « concrètement j'avais pas eu j'avais pas été éduqué à la prière ».

extérieur. Pour lui, l'expérience fondatrice est *la première prière // et / où j'étais plus seul quoi / comme l'abolition de la solitude*. Frère Barthélémy, par cette articulation, raconte un passage de l'extériorité à l'intériorité. Toutes les pratiques religieuses provenant de son éducation catholique (la messe un petit peu, la prière très très extérieur et la pratique du chapelet), ne le mettent pas en lien. L'expérience fait une coupure dans cette pratique. Pour la première fois, frère Barthélémy n'est plus tout seul. Dans une lecture *a posteriori*, le Christ vivant est là. Ensuite les autres expériences *sont quand même assez heu dans la ligne*. Cette première prière entame bien un dialogue : il y a bien deux partenaires pour la communication, et un mode de communication. De ce fait, une fois que l'expérience de présence aimante, ou dans d'autres termes, la présence du Christ vivant, est faite, frère Barthélémy tente de comprendre le désir de Dieu et reçoit les ordres.

L'éducation catholique (avec les figures religieuses) est très présente dans l'environnement extérieur de frère Barthélémy. Quelque chose appartenant à ce monde culturel externe (ici le Christ) devient avec l'expérience une réalité vivante. Il semble que cette expérience, sans représentation, a été signifiée *a posteriori,* à l'aide d'un système symbolique religieux (ici la religion catholique).

Entretien de frère Bartélémy

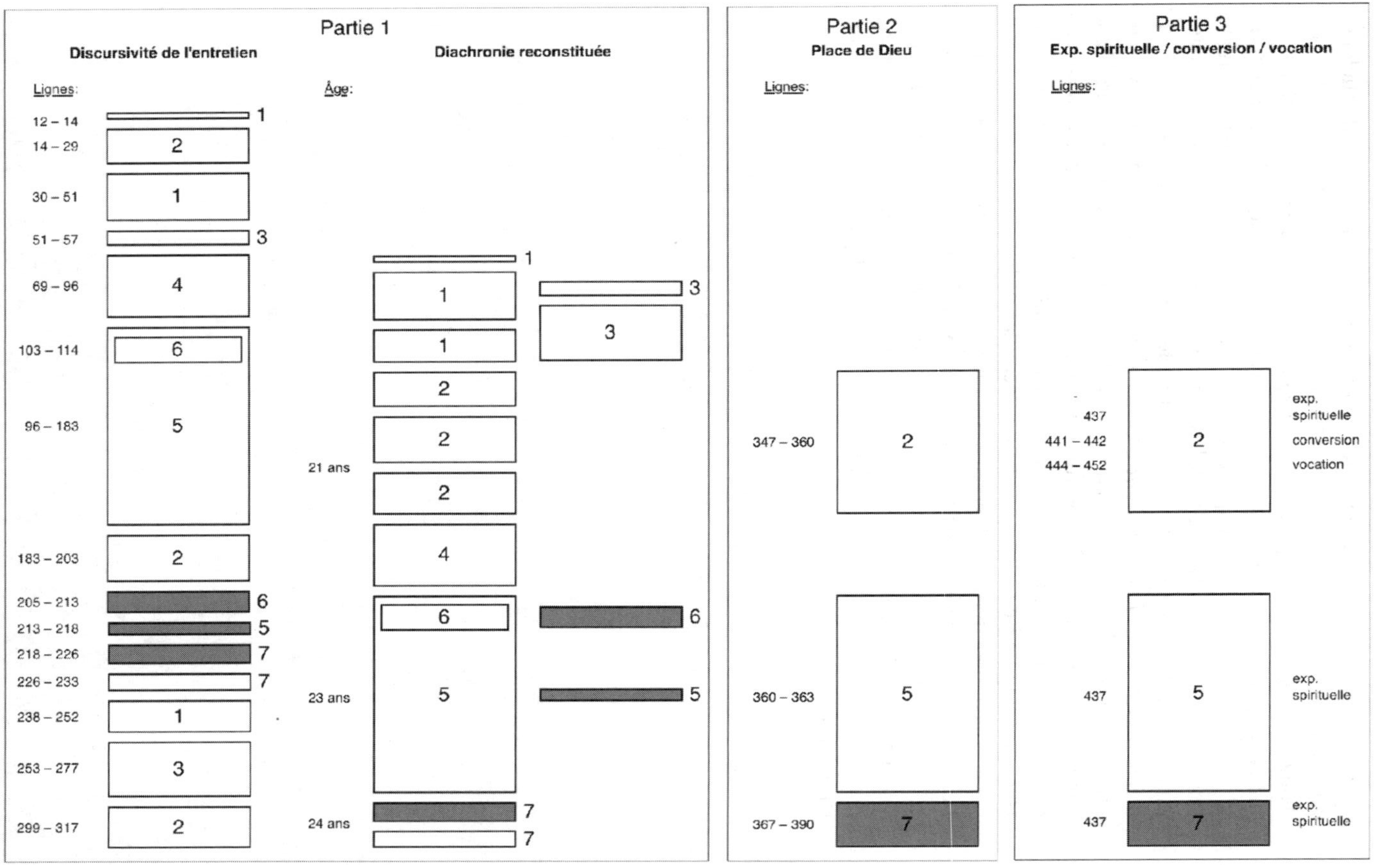

Chapitre 16

ANALYSE DE SŒUR ANNE

Sœur Anne est un femme de 58 ans, entrée au monastère à l'âge de 29 ans. Nous allons parcourir ici l'entretien qu'elle nous a accordé et en proposer une analyse en trois parties.

Première partie

La discursivité du sujet les décrochements

Identification des étapes dans le récit

Sœur Anne repère des *tranches* dans son parcours de vie. Elle parcourt ainsi différentes tranches en commençant à 6 ans avec une étape importante, une expérience traumatisante (vécue comme un abandon) d'éloignement familial dû à sa maladie. A dix ans, lors de la première communion (*un moment important*), elle vit *la plus grande frustration de [sa] vie.* L'adolescence est marquée par des tensions avec sa mère sur la question de la pratique religieuse (aller à la messe). Avec un groupe de jeunes, lors d'échanges, elle approfondit sa foi. La prochaine tranche, de 23/24 à 26 ans, est africaine. En Afrique, deux déclencheurs provoquent un *déclic (...) où Jésus était devenu quelqu'un*. Une maladie oblige sœur Anne à rentrer. Pour elle, la maladie, *c'est ce qui jalonne [sa] vie*. Le retour est difficile, elle est dans le noir quant à son avenir. C'est dans cette période qu'elle a le premier contact avec sa communauté actuelle. A nouveau, elle est malade et passe quelques jours au monastère à l'invitation des sœurs. Un questionnement insistant (*ça revenait tout le temps*) l'habite sur cette possibilité de devenir *bonne sœur cloîtrée*. Ce questionnement l'*a trafiquée* trois ans soit de 26 à 29 ans. Pour sœur Anne, et en guise de conclusion des tranches qui concernent la vie avant le monastère, *c'est les choses dont je me souviens qui m'ont vraiment marquée le plus.* Elle évoque, ensuite (et sans nous parler de l'entrée au monastère[1]) deux tranches dans sa vie monastique. La première concerne les vœux temporaires à 33 ans et la deuxième les vœux définitifs à 37 ans. Sœur Anne évoque ensuite sa situation de maintenant et son cheminement. Cette partie ne sera pas prise en compte comme un changement car elle ne révèle aucun moment marquant[2]. Par contre, quand, en toute fin de première partie l'interviewer demande de hiérarchiser les changements, sœur Anne mentionne une période de changements vers 45 ans, une modification dans son rapport au savoir et l'abandon d'une attente de signes du Christ. Cette période sera considérée comme une tranche qui se met à la suite des vœux définitifs à 37 ans dans le cours du temps de vie. Revenant sur la période de l'Afrique, l'interviewer provoque un dévoilement. Sœur Anne revient sur la période qui précède l'entrée : *au fond si je veux être très très juste très claire je suis venue ici au monastère pour avoir la paix avec ma conscience ça je l'ai pas dit avant parce que ça me revenait.* L'expression *ça me revenait* était ancrée plus avant dans la description et le processus (et ses conséquences) est ici développé. Ainsi, ce dévoilement sera rapporté au changement correspondant. Elle revient aussi sur l'entrée dont elle n'avait pas parlé avant et qu'elle considère comme un *bouleversement.* L'entrée sera considérée comme un dévoilement, car sa description ne faisait pas partie du projet narratif du sujet.

Les étapes dans l'ordre discursif[3]

Nous pouvons identifier, dans cette première partie, 9 changements et 2 dévoilements, l'un se reportant à un changement déjà évoqué (*ça revenait tout le temps*), l'autre à un nouveau changement, l'entrée au monastère.

Nous avons choisi de nommer les changements à l'aide du vocabulaire du sujet :

Changement n°1 :	Un effondrement (6 ans ; 11-23).
Changement n°2 :	La plus grande frustration de ma vie (10 ans ; 23-34).
Changement n°3 :	Aller à l'église (18-19 ans ; 34-52).
Changement n°4 :	L'Afrique (23-24 ans ; 52-107).
Changement n°5 :	Qu'est-ce que je vais faire de ma vie ?

[1] Sœur Anne passe de la période d'avant l'entrée au noviciat sans parler du passage, de l'entrée : « c'est les choses qui dont je me souviens qui m'ont vraiment marquée le plus / alors mon noviciat a été heu / ardu ».

[2] Elle remarque que ses réponses prennent une forme elliptique (dans le sens géométrique du terme). Elle le mime et dit : « moi j'ai été un peu comme ça (mime) si v- [Exp : non non] je suis prête à répondre aux questions [Exp : non vous avez pas été comme ça vous avez comme ça (rires) / en ligne (rires)] ah je croyais en boucle [ExpS : (rires)] ».

[3] Voir la vue d'ensemble en fin de chapitre.

	(26 ans ; 108-134).
Changement n°6 :	Ca revenait tout le temps (26-29 ans ; 134-160).
Changement n°7 :	Les vœux temporaires (33 ans ; 162-170).
Changement n°8 :	C'est là que tu dois (37 ans ; 171-189).
Changement n°9 :	L'humilité (40-45 ans ; 248-277).
Dévoilement n°6 :	Ca revenait tout le temps(26-29 ans ; 282-88 ; 296-303).
Dévoilement n°10 :	L'entrée (29 ans ; 288-289 ; 292-289 ; 304-310).

Les décrochements

La discursivité du sujet dans cette première partie suit le temps de vie sauf pour le dévoilement en fin de première partie qui revient sur la période juste avant l'entrée (dévoilement n°6) et où sœur Anne raconte le bouleversement de cette entrée (dévoilement n°10) préalablement uniquement évoqué comme repère temporel (*je suis rentrée à 29 ans*).

Le changement n°9 n'est pas évoqué directement à la suite des autres changements, mais lorsque l'interviewer demande à sœur Anne de hiérarchiser les changements. Il a été considéré comme un changement car il s'inscrit temporellement à la suite des autres changements.

Dans un premier temps, l'analyse de la construction identitaire portera sur le projet narratif du sujet sans tenir compte des deux dévoilements présents en fin de première partie. Dans un deuxième temps, les deux dévoilements seront pris en compte pour voir en quoi ils modifient la représentation que le sujet donne dans cette première partie.

La construction identitaire sans les dévoilements : le projet narratif du sujet

Reconstitution de la structure diachronique du récit[4]

Pour montrer une construction identitaire, il faut reconstituer la structure diachronique du récit en remettant les étapes identifiées dans la chronologie du temps de vie.

Chaque changement représente une étape dans cette construction. Voici donc la structure diachronique du récit telle que reconstituée pour cette première partie (sans les deux dévoilements) :

Changement n°1 :	(6 ans) Un effondrement
Changement n°2 :	(10 ans) La plus grande frustration de ma vie
Changement n°3 :	(18-19 ans) Aller à l'église
Changement n°4 :	(23-24 ans) L'Afrique

[4] Voir la vue d'ensemble en fin de chapitre.

Changement n°5 :	(26 ans) Qu'est-ce que je vais faire de ma vie ?
Changement n°6 :	(26-29 ans) Ca revenait tout le temps
Changement n°7 :	(33 ans) Les vœux temporaires
Changement n°8 :	(37 ans) C'est là que tu dois
Changement n°9 :	(40-45 ans) L'humilité

Analyse des étapes identifiées

Après avoir reconstitué cette structure diachronique du récit, l'attention se porte sur chaque petite histoire. L'histoire se construit autour d'événement(s) et de situation(s) relationnels. A travers ceux-ci, le sujet raconte sa construction identitaire. Il s'agit donc de prendre en compte ces événement(s) et situation(s) relationnels pour construire une représentation de soi. Ces événements et situations seront analysés à l'aide de notre modèle de construction identitaire.

(6 ans) Changement n°1 : Un effondrement

En tout début d'entretien, sœur Anne évoque la maladie qui l'éloigne de la famille (et en particulier de la mère). Sœur Anne présente le contexte de cet éloignement pour expliquer pourquoi les parents ne peuvent pas lui rendre visite pendant ce séjour. Ce contexte est marqué par l'émigration[5] et la pauvreté. Les deux sont en partie liées au fait que son *père (…) a été un petit peu utilisé* (*pas dans son canton d'origine*). L'autre cause de pauvreté est la taille de la famille qui compte *cinq enfants*. Le manque de moyens empêche les visites hebdomadaires des parents. Sœur Anne reste six mois éloignée.

L'éloignement est vécu comme un *effondrement*[6], comme un *abandon*[7]. Donald Winnicott a parlé de la crainte de l'effondrement qui est une crainte de quelque chose qui a déjà eu lieu dans la relation primaire : « le moi organise des défenses contre l'effondrement de l'organisation du moi, et c'est l'organisation du moi qui est menacée. Mais le moi ne peut s'organiser contre l'échec de l'environnement dans la mesure où la dépendance fait partie de la vie. » (2000, p. 207). L'expérience d'effondrement dans la relation primaire n'a pas pu être vécue par manque d'intégration du moi (d'une certaine manière, il n'y avait personne pour la vivre mais elle a eu lieu). Plus les capacités de symbolisation de l'enfant (puis de l'adulte) augmentent, plus une reprise de cette expérience est possible.

[5] Dans la Confédération helvétique, le canton est souvent considéré, par ses habitants, comme son pays. C'est une confédération d'états.
[6] « ça fait partie d'un de mes effondrements ».
[7] « j'ai effroyablement pensé qu'on m'avait abandonnée ».

L'effondrement à six ans peut être lu de deux manières (non exclusives). La première est en lien avec la durée de l'éloignement. A partir d'une certaine durée, l'absence devient intolérable pour l'enfant car elle dépasse ses capacités de contention (ou de représentation). La fonction maternelle intériorisée n'arrive pas à contenir l'angoisse générée par cette situation. Cela provoque le sentiment effroyable d'abandon. La deuxième manière de lire l'effondrement, c'est le manque de contention de l'environnement extérieur (peut-être additionné à une absence de figure d'attachement secondaire).

Le moyen symbolique pour réduire la séparation (d'avec la figure d'attachement principale), c'est l'usage de la prière. Mais ce moyen symbolique ne peut empêcher l'effondrement. C'est donc la mère absente qui provoque du religieux[8].

(10 ans) Changement n°2 : La plus grande frustration de ma vie

Sœur Anne vit *la plus grande frustration de [sa] vie* lors de la première communion. Cette frustration provient d'une trop grande différence entre une attente (liée au désir) qui est celle d'une mise en lien avec *quelque chose de concret, de palpable* et la réalité où rien de tel ne se passe. C'est le registre de l'imaginaire (*moi je m'étais imaginé qui avait qui avait quelque chose qui allait se passer après la communion*) qui se heurte à la réalité (*ben j'attends toujours*).

Dieu demeure une figure lointaine, non palpable (au niveau du vécu c'est une figure absente). Tout comme dans le changement précédent, la pratique religieuse ne met pas en lien.

(18-19 ans) Changement n°3 : Aller à l'église

La période de l'adolescence est marquée par *une tension, surtout avec [sa] mère*. La tension se cristallise sur le fait d'aller à la messe, entre un désir de sœur Anne de ne plus y aller et une obligation formulée : *les bons catholiques ça va à l'église*[9]. Il semble, de par la description de sœur Anne, que ce soit la mère qui occupe le registre de la loi[10].

Durant cette période, sœur Anne fait un séjour en Suisse alémanique, où elle met Dieu et la pratique religieuse *en vacances*[11]. Sans l'obligation, sœur Anne abandonne la pratique religieuse (et non la croyance). Relevons qu'avec ce séjour, Dieu est en vacances (avec sœur Anne) et sa mère est

[8] Nicole Jeammet m'a très gentiment fait remarquer que ce qui provoque le religieux n'est peut-être pas tant l'absence de la mère mais la détresse d'une perte par manque d'étayage sur un tiers.

[9] Sentence d'autant plus importante de par le contexte d'émigration : une famille catholique en terres protestantes.

[10] Accentué par l'absence du père dans la description.

[11] « je peux pas dire que je ne croyais plus en Dieu mais je l'ai mis en vacances et moi avec ».

absente. Le retour marque une reprise, *par lâcheté*, de la pratique religieuse (aller à la messe). La lâcheté provient d'une difficulté de sœur Anne d'être en conflit avec sa mère et cela en contraste avec sa sœur qui marquait (sur ce même sujet de la pratique religieuse) son opposition (qui était admirée pour cette raison[12]). La soumission, la compromission avec soi-même, renvoient à la *persona*, au faux *self*, au soi social, à la manière dont on se présente. Cette soumission, au niveau religieux, porte la marque du collectif, de la famille. La pratique est une façade (identitaire) que la famille donne à voir : on est des bons catholiques. Les conséquences de la soumission sont une moins bonne intégration de la *persona*, du faux *self* ou du soi social à la personnalité. Il y a une inadéquation entre l'image donnée (et réfléchie) et quelque chose de l'ordre du Soi, du vrai *self*. Sœur Anne porte une admiration à sa sœur qui s'oppose à la mère, qui n'est pas dans la soumission, qui est dans quelque chose de plus personnel, dans son désir. Elle peut s'opposer, semble-t-il, sans risque au niveau de sa continuité d'être, sans crainte d'un effondrement[13]. Sœur Anne ne trouve pas de figure d'identification suffisamment « forte » pour permettre le conflit, la sortie de la psyché maternelle. On relèvera ici l'absence du père ou de figure du héros pour aider à ce travail psychique.

Dans cette période de l'adolescence, un groupe de pairs est évoqué. Son rôle de différenciation est patent *au niveau de la foi*. Le collectif de pairs médiatise différemment que la famille le rapport au divin (par la réflexion, la discussion[14]), permettant un approfondissement de la foi. La mère absente permet qu'un autre rapport au divin soit possible.

(23-24 ans) Changement n°4 : L'Afrique

La maladie, la pauvreté et l'émigration sont à nouveau présentes au début de cet épisode. La maladie empêche sœur Anne de terminer un apprentissage, ce qui la place dans la même situation que son père (ouvrier non diplômé). Cet état de fait mobilise (met en lien avec) l'identification paternelle, et la place dans le risque de la reproduction d'une trajectoire familiale. Pour se défendre de cette identification et éviter la reproduction du même, sœur Anne retourne la situation en émigrant pour lutter contre la pauvreté et l'exploitation. C'est une défense contre l'identification paternelle, et en même temps, une forme de réparation de ce que la famille a subi (niveau collectif) et des répercussions, causes de l'effondrement psychique de sœur Anne[15]. Ce « retournement de situation » est vécu comme un appel : *j'ai eu*

---

[12] « j'admirais beaucoup ma sœur qui elle heu osait s'affirmer disant non j'y vais pas ».

[13] Elle semble avoir intériorisé des imagos plus stables et plus structurants qui permettent le conflit.

[14] Propre à l'adolescence.

[15] D'une certaine manière, lutter contre la pauvreté c'est éviter l'abandon, assurer un environnement soutenant et donc éviter l'effondrement psychique.

un appel je ne sais trop comment. L'appel montre l'attraction, quelque chose, ailleurs, attire. Sœur Anne est poussée à partir. Nous pouvons lire dans cet appel la nécessité pour sœur Anne de se différencier, au moment où il y a un risque de reproduction du même[16]. Sœur Anne part comme *laïque* en Afrique, dans une communauté de sœurs catholiques. Elle montre ainsi, au début de l'épisode, une opposition entre son identité de départ, et le collectif qui l'entoure.

Sœur Anne va vivre en Afrique *le plus grand changement.* Elle nous parle de deux *déclenchements.* Le premier vient de la fascination qu'exerce une vieille femme sur elle. Cette vieille femme organise l'ensemble de sa semaine (donc de sa vie) autour de l'activité de venir à la messe (elle habite à trois jours de marche de l'église). Sœur Anne est témoin d'une personne qui organise sa vie autour d'un point de tension à l'adolescence (dans le rapport à la mère). La vieille femme, sur laquelle se projette l'imago maternelle, permet une différenciation d'avec l'imago maternelle. Cette différenciation est permise par l'écart entre l'objet externe (la vieille femme) et l'objet interne (l'imago maternelle). L'écart entre la mère porteuse de l'obligation (de l'identification collective) et la vieille femme comme figure d'exemplarité, de par son vécu de la foi, est important. L'écart ne rompt pas l'identification à la vieille femme, mais la favorise, poussant à la rencontre et à l'apprentissage de la langue. Pour qu'aller à la messe ne soit plus rattaché à l'identification maternelle, à la mère en soi (dans la soumission, la *persona*, le faux *self*, le soi social), il faut cette différenciation.

Le deuxième déclenchement, qui produira *un déclic*, se trouve dans une scène dont sœur Anne est témoin. C'est une scène en deux temps. Dans un premier temps, elle est témoin d'une discussion assez violente entre un homme, un très grand type, un athlète et une petite sœur de la communauté. Dans un deuxième temps, le lendemain de la dispute, sœur Anne entend le grand type frapper à la porte de la petite sœur pour savoir si elle vient à la messe. La petite sœur lui demande pourquoi il pose cette question et l'homme lui répond :

> « tu comprends ma sœur si tu ne me donnes pas le pardon moi je ne peux pas aller à la messe et je ne pourrais pas communier / alors un déclic si tu vas et que tu te présentes [Exp : mmh] et que tu te souviens que ton frère a quelque chose contre toi va dépose ton offrande moi je me suis dit alors si c'est ça je me suis tirée péniblement de mon lit et je suis allée à la messe ça a été vraiment le premier / [Exp : mmh]/ où où Jésus était devenu quelqu'un et pas un concept ou quelque chose d'abstrait »

Sœur Anne établit des rapports identificatoires avec les deux temps de la scène. En effet, ce deuxième déclencheur regroupe deux éléments importants du rapport à la mère, à l'adolescence : le conflit et la messe. Le conflit[17] du

---

[16] Sans doute additionné à une forme de soumission à la mère.

[17] Le conflit est extrêmement fort : « ces deux qui se sont insultés copieusement des deux côtés ». Le côté comique de la scène, dû à la différence de taille entre les protagonistes, atténue chez sœur Anne la violence du conflit (permet qu'il soit supportable à voir).

premier temps fait place au pardon, à la réparation du deuxième temps. Donald Winnicott a montré l'utilité de la réparation chez l'enfant, qui détermine la capacité d'être responsable, la naissance d'un sentiment de culpabilité.

Sœur Anne est ainsi témoin d'une scène où l'un des protagonistes, le grand type, incarne la parole de l'Evangile. La parole est incarnée, vécue (elle n'est pas quelque chose d'abstrait) dans un contexte culturel qui met en valeur cette représentation d'un Dieu très vivant et très présent. Le déclic vient du lien, fait par sœur Anne, entre la parole de l'Evangile (un récit) et la scène dont elle est témoin (et à laquelle elle s'identifie[18]). La parole s'incarne, Jésus est devenu quelqu'un (le Verbe s'est fait chair). Aller à la messe prend, à la fin de cet épisode, une toute autre dimension. Différenciée de l'imago maternelle, c'est elle, sœur Anne, qui va à la messe pour rencontrer quelqu'un, le Christ. Elle relève aussi l'importance, suite à cet événement, des prières vécues très simplement avec des gens (aspect collectif).

A la suite de cet épisode, sœur Anne a le désir de vivre *toute [sa] vie là-bas en Afrique*. Pour cela elle a *un peu l'idée [d'] entrer dans une congrégation religieuse pour repartir en Afrique*. Cette idée semble être plus au service du désir de vivre là-bas, que le fruit d'un appel à entrer dans une communauté religieuse.

(26 ans) Changement n°5 : Qu'est-ce que je vais faire de ma vie ?

Sœur Anne est à nouveau malade, ce qui l'oblige à rentrer au bout de deux ans. De retour, elle est face à une incompréhension, *là j'ai plus compris c'est comme si Jésus était resté en Afrique*, face à une difficulté à transposer un vécu d'un contexte culturel à un autre. Aller à l'église ici ne la met plus en lien avec Jésus.

Dans la description du retour, c'est comme si, par une deuxième naissance, sœur Anne était africaine : elle dit venir de la brousse et d'un petit village ; les sauvages sont ici pas en Afrique (*je suis tombée chez les sauvages*[19]) ; elle affirme une identité de tiers-mondiste (*j'étais devenue tiers-mondiste*), une sensibilité particulière au tiers monde, à la pauvreté[20]. Elle trouve un travail en lien avec ce contexte du tiers monde mais reste dans le noir quant à son avenir : *là alors c'était totalement le noir dans le sens de qu'est-ce que je vais faire de ma vie*.

Ses expériences peu enthousiasmantes[21] à la cathédrale de la ville poussent sœur Anne à demander à une voisine si elle ne connaîtrait pas *une*

---

[18] En ce sens, ce n'est pas tant, en terme ricœuriens, que la *mimesis* a été à son terme modifiant le monde du spectateur et cela uniquement par une identification à la scène, mais davantage par la mise en lien entre le récit et la scène.

[19] On relève ce magnifique renversement.

[20] C'est aussi être sensible à ce qui lui est arrivé par le contexte familial.

[21] « c'était mais ça vous allez dire ça fait rien d'un mortel ennui ».

église plus petite dans le coin elle me dit oui oui y a une délicieuse chapelle au monastère X. C'est ainsi que sœur Anne noue son premier contact avec le monastère de sa communauté actuelle.

Dans ce changement d'échelle (cathédrale, église un peu plus petite) nous pouvons lire le début d'une recherche de transposition du vécu africain (par la recherche d'un cadre plus propice).

(26-29 ans) Changement n°6 : Ca revenait tout le temps

La maladie joue à nouveau un rôle important dans cette période. Sœur Anne est invitée à passer quelques jours au monastère pour se reposer. Un lien d'attachement se tisse avec la communauté grâce à la mère supérieure[22]. Elle remarque que cela lui fait du bien de *[s'] arrêter deux trois jours dans cette communauté qui priait.* Elle retrouve dans ce cadre quelque chose de l'Afrique, du collectif qui prie simplement. Ainsi, la communauté offre à sœur Anne, quand elle est malade, un environnement contenant. La communauté joue une fonction maternelle importante[23]. La fréquentation de ce collectif fait naître un possible pour l'avenir, devenir *bonne sœur cloîtrée.* Cette représentation de soi, vécue comme un questionnement, n'est pas assumable par le moi : *ça revenait tout le temps pis je me disais non non.* Le questionnement va durer trois ans. Pendant cette période elle cherche des preuves que ce n'est pas ça, trouve des raisons pour retarder son entrée au monastère. Par exemple, elle espère qu'un garçon se déclare (comme preuve) mais il ne dit rien, n'exprime aucun sentiment. Au travail, elle ne veut pas lâcher son poste pour toutes sortes de bonnes raisons. Son responsable direct l'aide alors à mettre un terme à cette période : *il y a déjà un an que tu Le fais attendre tu t'en vas.*

Sœur Anne, dans son récit, ne raconte pas l'entrée au monastère, ni les raisons qui l'ont poussée à dire oui, à assumer cette représentation.

(33 ans) Changement n°7 : Les vœux temporaires

La période du noviciat a été ardue pour sœur Anne. Elle se trouve tiraillée entre *plein de choses qui n'allaient pas quoi* (siffler dans les corridors, etc.) et toujours *une parole ou quelque chose d'un psaume ou d'une parole de Dieu qui m'a retenue.* Presque toutes les semaines, sœur Anne voulait faire sa valise pour s'en aller. Elle s'engage finalement par les vœux temporaires et se lie ainsi à cette communauté, à cette règle de vie.

[22] Et cela en accord avec Bowlby qui pense l'attachement à un groupe par la médiation d'une personne qui occupe un statut particulier dans le groupe.

[23] Sœur Anne ne fera plus référence à la maladie par la suite, ce qui laisse penser que le lien d'attachement permis par le collectif la préservera de la maladie.

(37 ans) Changement n°8 : C'est là que tu dois

Au moment des vœux définitifs, sœur Anne est à nouveau prise entre la possibilité de faire des vœux année après année, et s'engager définitivement. Elle craint de s'engager par les vœux définitifs, car elle ne *connai[t] pas l'avenir donc [elle] maîtrise pas tout*[24]. Dans cette période de questionnement, de tiraillement, elle vit une expérience singulière et personnelle un matin au réveil : *j'ai eu comme quelqu'un qui parlait (...) c'est là que tu dois.* Quand elle entend cette voix, elle se retourne et *évidemment y avait personne.*

Jung a donné beaucoup d'exemples[25] de cas où, dans un moment critique, surgit une voix intérieure avec la force de conviction d'une illumination. Sœur Anne ne parvient pas à localiser le phénomène, à déterminer son caractère transcendant ou immanent : *je sais pas si c'est moi-même le fond de moi-même qui se posait cette question.* Avec une hypothèse immanente, le fond de soi-même représente bien, de la façon dont elle le décrit, l'inconscient. Quelque chose parle du fond, du centre.

L'expérience a comme conséquences la disparition de la tension : *j'ai plus eu de problèmes pour lui dire oui.* Sœur Anne s'engage par les vœux définitifs, confirmant son choix identitaire. Relevons que les paroles de Dieu qui permettaient de la retenir dans le cadre du monastère lors du changement précédent sont remplacées ici par quelqu'un qui parle, donc quelque chose qui ne provient pas de l'environnement du monastère mais de quelque chose de plus transcendant ou immanent suivant le lecture que l'on fait (nous favorisons une lecture immanente).

(40-45 ans) Changement n°9 : L'humilité

Le dernier changement du projet narratif du sujet évoque une période où des changements de type religieux sont intervenus. Le premier touche son rapport au récit. Au début de la vie monastique, sœur Anne *prenai[t] un texte et alors le texte [lui] disait quelque chose.* Vers le cap des 45 ans, elle se demande *qu'est-ce que tu veux me dire [?].* L'emploi du « tu » montre le passage à un dialogue entre une personne qui parle par le récit et une personne qui écoute ce que le premier veut lui dire. Ce rapport au texte n'est possible que grâce à son expérience en Afrique. La forme interrogative met, à l'intérieur du dialogue, dans une posture d'humilité, restitue la place (et donc l'identité) à chaque protagoniste.

Le deuxième changement touche la question des signes de la présence du Christ : *j'ai longtemps attendu des signes.* Au cap des 45 ans, sœur Anne

---

[24] Elle évoque l'exemple du *bureau* sans développer.

[25] Par exemple, Jung (2005, [éd. originale 1933]).

affirme que *ce temps n'est plus*. L'abandon des attentes de signes est rendu possible par *les évidences [qui] venaient mais aussi de la part des autres*.

Comment les autres participent à ces évidences ? De par leur imprévisibilité, les autres ne se comportent pas de façon mécanique, il y a une part d'inconnu toujours susceptible de surprendre. Sœur Anne voit dans cette imprévisibilité une évidence, une trace de Dieu. L'imprévisibilité est voisine de la spontanéité qui prend sa source, pour Winnicott, dans le vrai *self*.

Comment la représentation donnée par sœur Anne, celle de son projet narratif, se voit modifiée par le dévoilement présent dans la première partie ?

La construction identitaire et les dévoilements : prise en compte du dévoilement n°6 et n°10

Comme nous l'avons vu dans la partie qui traite de l'identification des étapes dans le récit, c'est une question sur l'expérience africaine qui provoque deux dévoilements qui se suivent temporellement car ils concernent la même période : celle entourant l'entrée au monastère. Le premier dévoilement (dévoilement n°6) revient sur la période de questionnement précédant l'entrée et le deuxième présente l'entrée au monastère qui jusqu'à maintenant n'avait été évoqué qu'à titre de repère temporel (*je suis rentrée à 29 ans*). Passons en revue ces deux dévoilements et observons comment ils modifient la représentation du sujet proposée par son projet narratif.

Sœur Anne est très consciente de ne pas avoir raconté ce qui suit quand elle a évoqué précédemment la période de questionnement (changement n°6 : *Ca revenait tout le temps*) : *ça je l'ai pas dit avant*. Avec beaucoup de franchise, elle donne, dans ce dévoilement, la raison qui l'a poussée à rentrer au monastère : *au fond si je veux être très très juste très claire je suis venue ici au monastère pour avoir la paix avec ma conscience*. A chaque séjour dans le monastère, le questionnement la réhabite, et pourquoi pas toi ? Sœur Anne y oppose une grande résistance (*non jamais jamais jamais non jamais*). Pour elle, c'est *tout sauf bonne sœur contemplative*. A cette période, elle envisage même une formation dans le social. Ainsi, pour ne pas se *promener toute ma vie avec cette interrogation,* pour y répondre (et pas à moitié), sœur Anne rentre au monastère.

Quelque chose la pousse contre sa volonté vers une forme de vie, une identité qui est rejetée. La conscience se trouve assaillie d'un désir qui n'est pas le sien et auquel elle résiste avec force (un processus de subjectivation, d'individuation va dans une direction non voulue par le sujet). La rentrée permet de tester ce désir (non encore fait sien).

Dans le deuxième dévoilement, sœur Anne raconte son entrée au monastère considérée comme un *bouleversement* (seule occurrence du terme, ce qui révèle l'importance du changement). Elle s'est séparée de tous ses souvenirs d'Afrique et entre au monastère avec *un petit carton quelques livres*. L'un des livres frappe les autres sœurs de la communauté, il s'intitulait *Tenir malgé tout* (il présentait la vie d'une handicapée qui racontait comment tenir malgé tout). Nous pouvons nous demander si « tenir malgé tout » est le programme de la rentrée au monastère ou le programme d'une vie (ou les deux tout à la fois). Sœur Anne rentre dépouillée de tout souvenir, bien décidée à répondre à ce qui est presque vécu comme une nécessité intérieure. Elle se confronte à ce désir.

Deuxième partie

Dans sa réponse à la question de lancement de la deuxième partie, sœur Anne trouve que Dieu *est toujours plus là / il prend plus de place*. La réponse ne discrimine pas beaucoup les changements et donne l'idée d'un processus. Pour tenter de discriminer un peu plus les changements de types religieux des autres, l'interviewer invite à se référer à la place de la parole en rebondissant sur ce que le sujet avait dit du rôle de la parole à l'intérieur du monastère. Nous avons choisi d'identifier les changements dans lesquels la parole de Dieu était présente.

Dieu dans les changements : la place de la parole

Le premier changement est l'expérience en Afrique où Jésus est devenu quelqu'un. Ensuite tous les changements à l'intérieur du monastère font référence à la parole de Dieu qui maintient sœur Anne à l'intérieur du monastère. C'est toujours une parole au bon moment qui rend la vie monastique possible. Nous avons donc considéré l'ensemble des changements de la vie monastique, comme des changements où Dieu avait une place.

Troisième partie

Changement et expérience spirituelle

Sœur Anne caractérise comme expérience spirituelle le changement vers 40-45 ans (changement n°9 : *L'humilité*). Nous avons fait une subdivision dans le récit pour tenir compte d'un dévoilement durant cette même période. En effet, sœur Anne vit des changements sur le plan humain qu'elle n'a pas racontés précédemment et qui sont liés à sa fonction dans le monastère, la gestion de l'économat.

Quand sœur Anne revient sur cette période pour la caractériser en termes de changements spirituels, elle ajoute, nous semble-t-il, un élément au changement de mode de relation à Dieu[26]. Sœur Anne n'attend plus les signes du Christ, elle s'est mise dans une posture d'humilité par rapport au savoir (dans un dialogue) et maintenant elle vit une simplification dans la prière, elle prend une posture *plus contemplative.*

Dans cette même période, sœur Anne vit des changements *sur le plan humain aussi.* Son *travail c'est l'économat.* Elle occupe ce poste dans un contexte qui devient de plus en plus difficile de par le manque de relève. En effet, la communauté vieillit, ce qui génère pour sœur Anne dans sa fonction des soucis (le monastère étant devenu de fait une maison de personnes âgées). Sœur Anne dresse un constat sans concession du point de vue humain : *si je veux être très humaine ça marche pas notre truc.* De plus, elle est reconnaissante de n'avoir pas connu ces soucis par rapport à la gestion d'une communauté vieillissante au début de sa vie monastique (où la situation était très différente), car peut-être qu'elle ne se serait pas engagée[27]. Cette situation a eu affolé sœur Anne (*comment on va faire*). Le changement vient du fait que ça ne l'affole plus grâce à une identification au Christ et aux changements intervenus dans le vécu de sa fonction à l'économat. Quand elle revient sur l'historique de sa fonction, elle avoue sans ambages qu'elle ne serait pas entrée au monastère si elle avait su qu'elle occuperait cette fonction[28]. Pour sœur Anne, ça fait partie de *l'humour de Dieu* qu'elle se profile pour ce poste. Avant sa nomination, sœur Anne prie Dieu : *si tu veux me garder permets que je n'aie pas que je ne me fasse pas du souci à cause de l'argent.* Ce qui est demandé à sœur Anne à l'intérieur du monastère entretient des liens étroits avec sa trajectoire familiale. En effet, le peu de moyen, donc les soucis d'argent ont été la cause de l'effondrement de l'enfance. Prendre la responsabilité de l'argent, c'est préserver le bien-être (physique et psychique) de la communauté[29]. L'humour de Dieu est de lui proposer de vivre quelque chose de difficile (de détesté) dans un cadre sécurisant (et dans un « partenariat » avec Dieu). Dans son poste, elle a *appris que dans la mesure où [elle] fai[t] confiance [elle est] heu exaucée.* Cet apprentissage a ainsi permis que sœur Anne ne s'affole plus devant les demandes, l'avenir, etc.

Identitairement, accepter l'humour de Dieu et se confronter, prendre en charge ce qui a fait défaut est un pas important et difficile pour sœur Anne. Elle est, en quelque sorte, de par sa fonction, celle qui porte les soucis et veille au bien-être de la communauté. Elle s'occupe aussi de gérer les liens

---

[26] L'idée de mettre ces changements ensemble s'appuie sur le fait qu'ils sont du même ordre (la dimension religieuse est très présente) et aussi sur le fait qu'ils se rapportent à la même période. Comme le dit sœur Anne, « je pense que vers vers 40 45 ans y a eu pas mal de de changements ».

[27] « je suis reconnaissante de ne pas avoir connu cela au début peut-être que je me serais pas engagée ».

[28] « si on m'avait dit ça avant d'entrer j'aurais dit à coup sûr non ».

[29] Elle occupe de ce fait une fonction parentale (dont elle connaît l'importance). C'est à elle, maintenant, de s'occuper du collectif, de la communauté.

avec l'extérieur et fait office d'enveloppe contenante et protectrice (même si les soucis sont portés par le groupe, c'est elle qui en a la responsabilité).

Changement et conversion

Aucun changement n'est identifié comme étant une conversion. Sœur Anne se dit être *toujours en cas de conversion*. Elle l'a défini ainsi :

> « pour moi la conversion c'est me remettre en question est-ce que mon schéma ou ma façon de voir c'est ça qui doit passer ou alors et tout le monde a tort ou est-ce que j'accepte que d'autres d'abord aient une autre opinion et puis de prier porter la chose dans la prière ».

Le processus de remise en question nécessite la présence des autres en miroirs. Sœur Anne évoque ailleurs le rôle des autres dans son cheminement : *le confrontement au fond les autres miroirs quoi et ça a été décapant mais très enrichissant.*

La conversion est identifiée à l'activité de remise en question, processus qui commence après le noviciat[30] mais qui n'est jamais fini[31]. Penser la conversion comme un processus jamais fini ne nous a pas permis de le représenter dans la vue d'ensemble.

Changement et vocation

La dernière question de l'entretien permet un dévoilement (dévoilement n°11). Sœur Anne évoque un changement important qu'elle a vécu à 50 ans dans le cadre de son travail à l'économat. Avec sa fonction d'économe était associé l'accueil des personnes qui viennent sonner au monastère pour demander des choses. Après dix ans de cet accueil (du quart et du tiers monde), sœur Anne prend conscience *que quelque part [elle] réparai[t] les injustices qu'avait vécues [sa] famille*. Deux lectures sont possibles de l'abandon de cette tâche d'accueil. La première, celle que va faire sœur Anne, est de voir dans cet abandon l'inadéquation entre la réparation et l'idéal pour lequel elle est entrée au monastère (sur lequel nous reviendrons). La deuxième lecture, selon une perspective jungienne, est de voir cet abandon comme une conséquence de la prise de conscience. En effet, la prise de conscience permet le retrait de la projection, la différenciation. En étant consciente que les personnes du tiers et du quart monde sont porteuses de projection, donc pas différenciées de sa propre famille (dans une confusion identitaire), la continuation de la tâche peut se révéler comme n'étant

[30] « la conversion c'est plutôt après le noviciat ».

[31] Arrivé à son terme, le processus équivaudrait à avoir tout compris ce qui n'est pas pensable pour le sujet.

psychiquement plus nécessaire (car la réparation peut se faire maintenant dans un dialogue de soi à soi).

Notons que le renoncement à la tâche d'accueil n'est pas facile. Sœur Anne relate le sentiment de trahison qui l'habite en voyant son successeur renvoyer les gens qui frappaient à la porte. Le sentiment de trahison est lié à l'abandon (dont on connaît les répercussions dans son histoire). En quelque sorte, elle se sent abandonner ces gens pauvres[32]. Un jour, elle peut lâcher car elle se dit qu'elle n'est pas venue pour cela. Pour sœur Anne *la vocation contemplative est peut-être réellement née à ce moment-là.*

Sœur Anne reconnaît qu'elle n'était pas faite pour cet idéal de contemplation, d'une vie de prière. L'idéal qu'avait sœur Anne à l'entrée était celui des Actes des apôtres : *mettre tout en commun et puis prier voilà quoi / partager ensemble des choses.* Ainsi, la vie contemplative ne répondait pas à cet idéal[33], ce qui a rendu le début de la vie monastique si difficile[34]. Cette information change la représentation que nous pouvions nous faire du vécu au noviciat. Dans les *choses qui n'allaient pas*, l'idéal prend une grande place.

Pour conclure, citons la définition que donne sœur Anne de la vocation :

> « ce que j'appellerais vocation c'est c'est à dire quand on me pose la question tu fais quoi je ne fais rien voilà je je fais rien qui se / qui qui [Exp : mmh] qui se touche qui se palpe qui se / je perds mon temps avec quelqu'un que je ne vois pas ».

La définition donnée est intéressante à plus d'un titre car d'une part l'expression *je fais rien qui se / qui qui [Exp : mmh] qui se touche qui se palpe* renvoie à la plus grande frustration de la vie et, d'autre part, l'expression *quelqu'un que je ne vois pas* renvoie à une présence/absence (qui elle-même renvoie à l'épisode d'abandon et à la mère absente). Dans la première tranche, prier était un moyen symbolique (insuffisant) pour se mettre en contact avec la mère absente. Moyen qui échoue, et qui ne peut empêcher l'effondrement. Dans ce dernier épisode, sœur Anne passe son temps à ne rien faire de concret avec quelqu'un qu'elle ne voit pas (mais rendu présent par l'expérience de l'Afrique). Nous voyons dans cette posture contemplative, une reprise symbolique d'une expérience traumatique et fondamentale (pour la subjectivation).

[32] « ce monde pauvre qui était le quart monde là / et le tiers monde quand il s'agissait de réfugiés ».
[33] « elles [les sœurs] ne répondaient pas à ce que j'attendais ».
[34] « c'est pour ça que j'avais si souvent envie de m'en aller ».

Conclusion

Un processus de subjectivation

Nous avons proposé de penser l'identité comme un processus de subjectivation (ou d'individuation) où l'individu se définit en regard de collectif (externe/interne). Dans ce processus, nous avons porté une attention particulière à tous les personnages apparaissant dans le récit et à leur rôle dans la construction identitaire du sujet. Le processus de subjectivation tel que proposé ci-dessous prend l'ensemble des changements et des dévoilements.

Sœur Anne vit un effondrement de l'ego lors d'un éloignement des parents, pour cause de maladie à six ans. L'absence prolongée de la mère, due au manque de moyens financiers de la famille, dépasse les capacités psychologiques de l'enfant (en terme de fonction maternelle intériorisée) à gérer l'angoisse de la situation. De plus, l'environnement extérieur ne propose pas une contention suffisante (faillite de l'environnement). La prière devient un moyen symbolique pour combler la séparation (d'avec la figure d'attachement principale). Ce moyen s'avère insuffisant. Identitairement, cet épisode de désorganisation est extrêmement marquant. A la première communion, le registre de l'imaginaire (du désir) se heurte à la réalité. Une attente de rencontre est frustrée. Dieu reste une figure lointaine, absente. A nouveau la pratique religieuse ne met pas en lien[35]. L'adolescence est marquée par la soumission à la mère (impossibilité d'être en conflit) et la compromission avec elle-même sur le terrain de la pratique religieuse (aller à la messe). L'identité est celle de la *persona*, du faux *self*, du soi social (les bons catholiques). L'enveloppe externe est peu intégrée au reste de la personnalité. La sœur est admirée car elle est dans le conflit avec la mère et ainsi dans une moins grande compromission avec elle-même. Ni cette sœur, ni une autre figure d'identification ne permettent à sœur Anne de s'extraire de la psyché maternelle, de remettre en cause l'imago maternelle. La maladie l'empêche de terminer une formation, mobilisant ainsi l'identification paternelle avec le risque de reproduction de la trajectoire familiale. Sœur Anne retourne la situation en émigrant pour lutter contre les injustices. Partie comme laïque dans une communauté de sœurs, elle rencontre le Christ vivant grâce à deux déclencheurs. Premièrement une vieille femme (organisant l'ensemble de sa vie autour de la messe) permet, dans la relation, une différenciation d'avec l'imago maternelle, permettant à sœur Anne d'être plus en lien avec une définition plus personnelle d'elle-même (non pas sa mère, ni le collectif par exemple quand elle ira à la messe). Deuxièmement, elle est témoin d'une scène où l'un des protagonistes incarne la parole de l'Evangile (suite à un conflit). La mise en lien de la parole de l'Evangile (un

---

[35] Avant l'adolescence, une impression de solitude prédomine.

récit) à la scène dont elle est témoin (et à laquelle elle s'identifie) provoque un déclic, l'incarnation : Jésus devient quelqu'un. La messe met alors en contact deux personnes (sœur Anne différenciée et Jésus quelqu'un)[36]. L'expérience est tellement marquante qu'elle a l'idée d'entrer dans une communauté religieuse pour revenir en Afrique. La maladie l'oblige à rentrer, laissant ce qui est identitairement marquant là-bas : le Christ. La deuxième naissance qu'elle a vécue dans le contexte africain marque son identité (effaçant presque la première naissance) : tiers-mondiste, ce sont la brousse et le village qui la définissent, *les sauvages sont ici*. Elle commence alors un travail de transposition d'un vécu d'un contexte culturel à un autre (faire venir Jésus d'Afrique) en cherchant un cadre plus intimiste que la cathédrale (la chapelle du monastère). A son retour c'est aussi le trou noir par rapport à sa vie professionnelle. Elle tombe à nouveau malade, fait des séjours dans la communauté actuelle. Un lien d'attachement se tisse avec la communauté par l'intermédiaire de la mère supérieure. Le collectif dans sa fonction contenante procure du bien-être à sœur Anne (elle ne sera plus malade par le suite[37]) et un questionnement identitaire naît et devient insistant (*pourquoi pas toi*). Cette représentation de soi n'est pas assumable par le moi au début, elle est rejetée. Mais, pour être en paix avec sa conscience, elle entre au monastère. Dans cette période, il y a vraiment quelque chose qui intérieurement pousse à l'individuation (archétype, dessein interne), un désir qui n'est pas le sien (non encore approprié).

Le noviciat est rythmé par les crises, les envies de partir (identité en crise). Les sœurs ne répondent pas à la demande identitaire (fixée par l'idéal) de sœur Anne. Seule la parole de Dieu[38] permet qu'elle reste et qu'elle s'engage par les vœux temporaires dans cette forme de vie, se lie à cette communauté dont elle devient un membre. Une expérience singulière, quelqu'un qu'elle ne voit pas, lui parle (lien fort à l'intimité, le fond de soi-même) permet de confirmer le choix identitaire (par les vœux définitifs). A 40 ans, elle accepte d'être l'économe de la communauté, prenant ainsi une bonne partie la responsabilité du bien-être du collectif (environnement contenant qui ne permet pas l'empiètement et assure le lien avec l'extérieur pour sa survie). Elle est, identitairement parlant, à la place d'une fonction parentale (avec tout ce que cela implique par rapport aux imagos parentales).

L'accueil des demandes de personnes en difficulté (tâche rattachée à l'économe) est abandonné suite à une prise de conscience (et donc du retrait des projections) de la fonction réparatrice de cette tâche (réparer les injustices vécues par la famille). Elle soigne sa famille en soignant les autres dans une confusion identitaire (étant dans la projection). C'est à ce moment, en

---

[36] La dimension collective et culturelle jouent aussi leurs rôles.

[37] Quand sœur Anne dit que la maladie a jalonné sa vie, cela est valable pour la période avant la vie monastique.

[38] Pour sœur Anne, il y a toujours eu, au bon moment, une parole.

quittant la réparation, que naît l'identité de sœur contemplative[39]. La posture contemplative permet une reprise symbolique de l'expérience traumatique d'effondrement des 6 ans.

Importance des dévoilements dans la construction identitaire

Les dévoilements (dévoilements n°6 et n°10) de la première partie reviennent sur la période de l'entrée au monastère. Ce qu'ils révèlent de plus intime (*au fond si je veux être très très juste très claire*), c'est la place du questionnement intérieur dans la décision d'opter pour cette vie, cette identité. En entrant, elle suit un désir qui n'est pas le sien avec des personnes qui ne répondent pas à un idéal qu'elle porte. Nous comprenons de ce fait le bouleversement que fut l'entrée et la force de ce désir (qui se révèle aussi par la force des résistances générées).

Les dévoilements de la troisième partie s'articulent autour de son poste (de son identité) d'économe (et du travail d'accueil qui fait partie de cette fonction). En prenant cette charge, elle assure, par rapport à la communauté, des fonctions parentales. D'une certaine manière, elle devient parent et se découvre des compétences pour proposer un environnement contenant au collectif.

Quand sœur Anne abandonne la réparation en renonçant à l'accueil, elle quitte aussi sa famille (en arrêtant de s'en occuper dans la projection, dans le déplacement). Elle adopte de ce fait une posture plus contemplative, elle quitte ainsi l'idéal, réduisant l'écart entre l'identité qui est donnée à voir et l'identité plus proche du Soi, du vrai *self*. Cette posture contemplative lui permet une reprise symbolique de l'expérience des 6 ans.

Le statut de la figure religieuse

Avant l'expérience de l'Afrique, la religion est synonyme d'appartenance au groupe minoritaire, à la famille. Sœur Anne parle de *convention* pour qualifier la religion avant cette expérience. La figure religieuse (Dieu) est un concept abstrait, lointain, absent. De plus, les moyens de médiation proposés par cette tradition ne permettent pas à sœur Anne de créer un lien avec cette figure.

L'expérience de l'Afrique est un tournant, la parole s'incarne et Jésus devient quelqu'un.

C'est la parole de Dieu qui jouera un rôle important dans le fait que sœur Anne soit restée au monastère. Quelque chose de plus « incarné » ancrera l'identité de sœur contemplative.

---

[39] Nicole Jeammet m'a très justement suggéré que c'est grâce à la réparation agie que va pouvoir naître cette identité.

Sœur Anne a réussi à transposer d'un contexte culturel à un autre un vécu en lien avec une figure religieuse. Dans le premier contexte culturel elle est une figure disponible et c'est dans le deuxième qu'elle prend un statut de réalité (figure qui peut être rencontrée comme une personne). Sœur Anne va ensuite rapatrier ce vécu dans le premier contexte culturel.

Entretien de soeur Anne

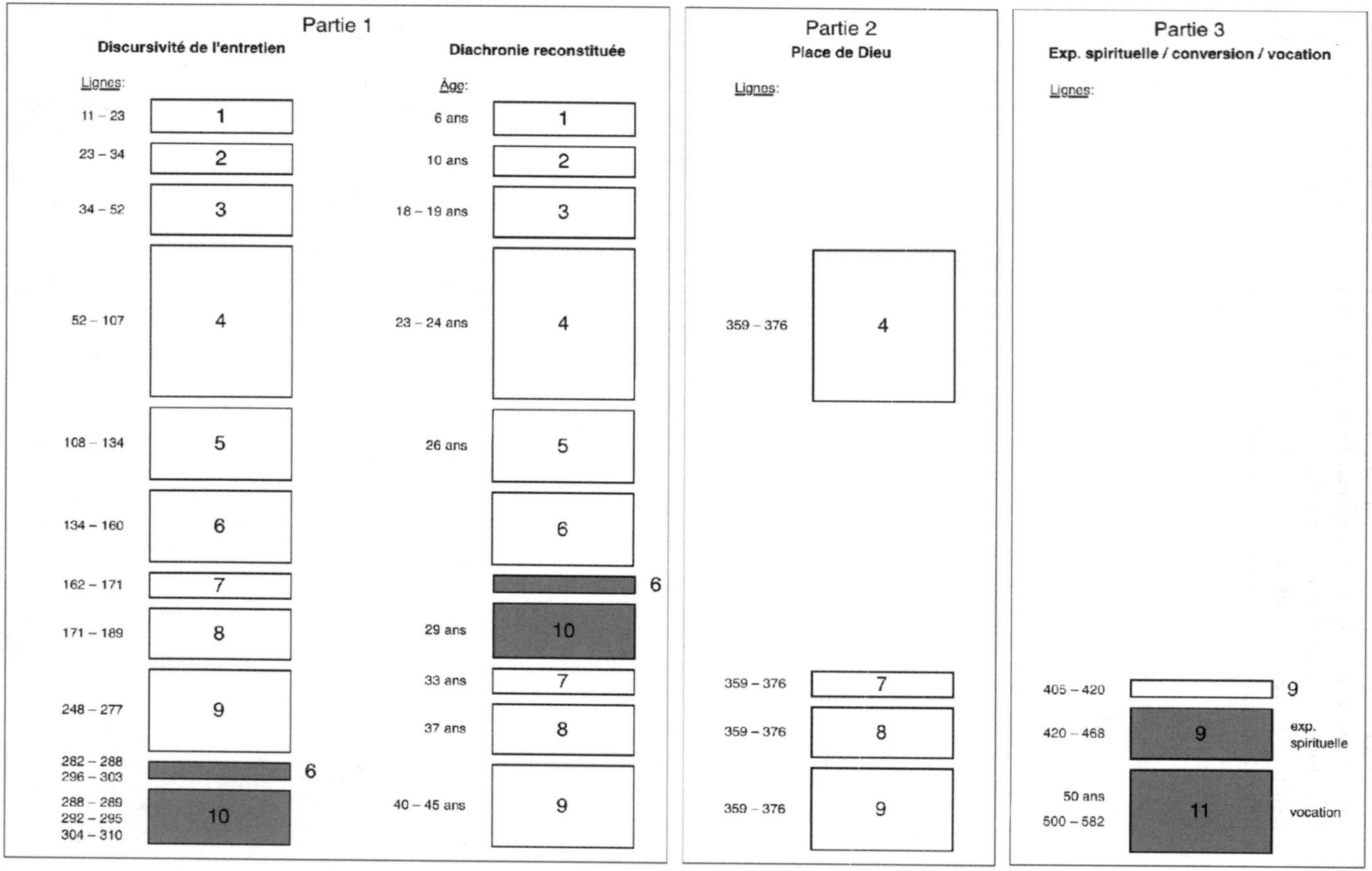

Chapitre 17

ANALYSE DE SŒUR MARIE-MICHÈLE

Sœur Marie-Michèle est une femme de 50 ans, entrée au monastère à l'âge de 33 ans. Nous allons parcourir ici l'entretien qu'elle nous a accordé et en proposer une analyse en trois parties.

Première partie

La discursivité du sujet les décrochements

Identification des étapes dans le récit

Sœur Marie-Michèle repère d'emblée un *premier grand changement dans [sa] vie*. Elle a été asthmatique pendant vingt ans, de 2 ans à 23 ans. A cette date, elle vit une conversion qui entraîne sa guérison physique. La combinaison de ces deux éléments provoque un *énorme bouleversement dans sa vie*. Ce premier changement s'est fait *en plusieurs étapes*. La première étape, à 18 ans, correspond à un (premier) séjour en Angleterre d'une année (sans asthme) où elle vit une expérience de dépassement (au niveau physique). A 20 ans, elle fait un deuxième séjour en Angleterre. Là, une femme de 65 ans que sœur Marie-Michèle admire lui prête un livre : « Les chroniques de Narnia ». Grâce à ce conte de fées, elle fait *la première expérience palpable de Dieu en tant que quelqu'un*. La troisième et dernière étape de ce premier grand changement se situe au retour du deuxième séjour alors qu'elle peine à transmettre, dans sa profession d'enseignante, quelque chose d'essentiel de sa vie à travers l'anglais. Elle fait une expérience forte, à 23 ans, de rencontre du Seigneur Jésus pendant le sacrement de réconciliation. A ce moment, la vie de sœur Marie-Michèle bascule (elle Lui donne sa vie) et même l'asthme a du sens.

Suite à ce premier grand changement elle raconte une série d'étapes jusqu'au deuxième changement intervenu pendant le noviciat (la notion de changement est liée à la maladie). Nous avons identifié dans cette période entre 23 ans et 34 ans quatre étapes. La première étape est un changement professionnel. Elle devient bibliothécaire pour enfants (avec l'aide de son père spirituel, le prêtre qui lui a donné le sacrement de réconciliation). La deuxième étape correspond à un changement de statut à la bibliothèque, quand le responsable communal lui demande de prendre la charge de l'ensemble de la bibliothèque. Elle accepte, mais les tensions inhérentes à cette tâche et la soif de donner sa vie au Seigneur vont la conduire à quitter ce travail et à rechercher une communauté religieuse. Sœur Marie-Michèle vit, dans la recherche d'une communauté (troisième étape), une expérience qui la guide vers sa communauté actuelle. La quatrième étape évoque l'entrée de sœur Marie-Michèle au monastère. C'est dans la période du noviciat que sœur Marie-Michèle situe le deuxième changement : *coincée dans une obéissance impossible*, l'obligation de se mettre dans une situation qui ne peut que déclencher de l'asthme (dépierrer un champ), elle fait alliance avec la Vierge Marie et arrive à dépierrer sans crise.

Ensuite, sœur Marie-Michèle marque un arrêt dans son récit. Elle ne sait pas trop ce qu'elle va raconter[1] du fait qu'elle vit une *expérience de changement* en ce moment, un gros problème à la colonne vertébrale. Avant de développer cette expérience des 50 ans, elle repère deux autres expériences de changements, l'une à 40 ans quand elle est mise en quarantaine au monastère pour cause de varicelle, et l'autre liée à une opération chirurgicale. Sœur Marie-Michèle reprend le changement actuel pour le développer dans tous ses aspects (mise en contexte, difficultés, ressources). Ce dernier changement est complètement déployé et occupe une grande place dans l'entretien (1/3 de celui-ci).

Ainsi, pour sœur Marie-Michèle, les expériences de changements sont tout à la fois des périodes de maladie et des *périodes éblouissantes*[2]. Nous avons considéré les étapes dans le premier grand changement comme des changements.

Une série d'étapes dans la période entre le premier changement (la conversion) et le deuxième changement (l'expérience de poussière au noviciat) ne sont pas de ce type, mais sont clairement identifiables (nous les appellerons aussi changements).

Nous avons choisi de traiter le dernier changement en un seul bloc et de ne pas fragmenter les différents aspects de celui-ci. Il s'agit en fait, ici, de la forme déployée d'une expérience de changement. A l'opposé, l'expérience

---

[1] « alors après des expériences de changement j'ai pas trop conscience de ce que je vais vous raconter parce que là j'en vis en ce moment une très forte donc c'est maintenant celle-là tant pis ».

[2] Tout comme le premier changement où la guérison est consécutive de la conversion, les autres expériences de changements combinent à la fois un problème physique et une période intense pour la foi.

de changement liée à une opération chirurgicale prend la forme la moins déployée.

Les étapes dans l'ordre discursif[3]

Nous pouvons identifier, dans cette première partie, 11 changements. Nous avons choisi de nommer les changements à l'aide du vocabulaire du sujet :

Changement n°1 :	Une année sans asthme (18 ans ; 20-54).
Changement n°2 :	Première expérience palpable de Dieu (20 ans ; 54-82).
Changement n°3 :	Rencontre du Seigneur Jésus (23 ans ; 82-109).
Changement n°4 :	Devenir bibliothécaire (109-157).
Changement n°5 :	Etre responsable de la bibliothèque (157-211).
Changement n°6 :	Le Seigneur m'attend là (211-254).
Changement n°7 :	L'entrée (33 ans ; 256-297).
Changement n°8 :	Crises d'asthme au noviciat (33 ½-34 ans ; 297-337).
Changement n°9 :	La colonne vertébrale (50 ans ; 338-339).
Changement n°10 :	Varicelle (40 ans, 339-369).
Changement n°11 :	Opération chirurgicale (369-372).
Changement n°9 :	La colonne vertébrale (50 ans ; 372-662).

Les décrochements

Il n'y a pas de décrochement de la discursivité du sujet dans cette première partie. Elle suit le temps de vie à une toute petite exception quand, arrivée à la fin du deuxième changement et qu'elle ne sait pas trop ce qu'elle va raconter, elle évoque très rapidement le changement actuel (colonne vertébrale) pour ensuite développer deux changements antérieurs (varicelle et opération chirurgicale). Ce décrochement n'a pas de statut particulier et sera simplement replacé dans la diachronie reconstituée. Le dernier changement raconté (changement n°9) a, par contre, un statut différent des autres changements. Son actualité et son déploiement dans le récit montre qu'il est en manque d'intégration et que le récit participe à cet effort d'intégrer cette expérience à l'histoire de vie du sujet (d'ailleurs, il a la même structure que les autres changements liés à la maladie).

---

[3] Voir la vue d'ensemble en fin de chapitre.

La construction identitaire sans les dévoilements : le projet narratif du sujet

Reconstitution de la structure diachronique du récit[4]

Pour montrer une construction identitaire, il faut reconstituer la structure diachronique du récit en remettant les étapes identifiées dans la chronologie du temps de vie.

Chaque changement représente une étape dans cette construction. Voici donc la structure diachronique du récit telle que reconstituée pour cette première partie :

Changement n°1 :	(18 ans) Une année sans asthme
Changement n°2 :	(20 ans) Première expérience palpable de Dieu
Changement n°3 :	(23 ans) Rencontre du Seigneur Jésus
Changement n°4 :	Devenir bibliothécaire
Changement n°5 :	Etre responsable de la bibliothèque
Changement n°6 :	Le Seigneur m'attend là
Changement n°7 :	(33 ans) L'entrée
Changement n°8 :	(33 ½-34 ans) Crises d'asthme au noviciat
Changement n°10 :	(40 ans) Varicelle
Changement n°11 :	Opération chirurgicale
Changement n°9 :	(50 ans) La colonne vertébrale

Analyse des étapes identifiées

Après avoir reconstitué la structure diachronique du récit, l'attention se porte sur chaque petite histoire. L'histoire se construit autour d'événement(s) et de situation(s) relationnels. A travers ceux-ci, le sujet raconte sa construction identitaire. Il s'agit donc de prendre en compte ces événement(s) et situation(s) relationnels pour construire une représentation de soi. Ces événements et situations seront analysés à l'aide de notre modèle de construction identitaire.

(18 ans) Changement n°1 : Une année sans asthme

Le récit de sœur Marie-Michèle commence à 18 ans. Peu d'informations sur l'enfance sont données par le sujet, mise à part une compréhension, pendant la période de noviciat, que l'asthme était dû, en partie, à une emprise

[4] Voir la vue d'ensemble en fin de chapitre.

maternelle très forte. La deuxième information concerne les parents de sœur Marie-Michèle. Elle les évoque dans les questions de compréhension en toute fin d'entretien : *mon père était boulanger-pâtissier un papa gâteau très et maman était est d'une bonté absolument submergeante et j'ai donc un parent nourricier très costaud je n'arrive pas à m'en défaire*. La représentation que donne sœur Marie-Michèle de ses parents renvoie à l'excès[5] (papa gâteau, bonté submergeante, la trop grande présence), à l'indifférenciation des parents dans la fonction nourricière (un parent nourricier très costaud). Sœur Marie-Michèle exprime une difficulté à se défaire de ses imagos indifférenciées[6].

A 18 ans, sœur Marie-Michèle fait un séjour en Angleterre, c'est la première fois qu'elle part toute seule et c'est la première expérience d'une année sans être asthmatique. Sœur Marie-Michèle associe *a posteriori espace de liberté guérison avec la langue anglaise* (association qu'elle trouve curieuse). L'éloignement de la mère crée un espace de liberté physique, psychique, identitaire. Cet espace de liberté permet qu'elle existe, qu'elle dépasse les limites données par la mère[7] et ceci par *excès de joie de découverte d'enthousiasme*. L'excès vient non plus de l'extérieur, des parents, mais jaillit de l'intérieur d'elle-même (dans la joie d'être, de vivre). Dans le dépassement de limites physiques elle se découvre autre, loin de la représentation renvoyée en miroir par la mère[8] et intériorisée. La découverte d'elle-même (qui passe dans cette étape par le corps) est facilitée par la rencontre de ce qu'elle appelle *un témoin* (témoin d'une renaissance) et ce que nous appellerons une figure d'identification. C'est un homme, professeur de travaux manuels, qui l'invite à faire du martelage du cuivre et du canoë-kayak en toutes saisons (deux activités impossibles avant ce séjour au vu de son asthme). Le professeur joue le rôle d'un environnement facilitateur, il permet (avec sécurité) l'éclosion de la personnalité.

Sœur Marie-Michèle donne une place primordiale à la langue anglaise. Cette place n'est pas surprenante vu le rapport particulier qu'entretient l'excès (nourricier ici) avec l'oralité (et l'oralité avec le langage). Les mots de la langue anglaise ne sont pas les mots de la mère (dont elle a été « gavée »), sa langue maternelle (donc toujours rattachée à la mère). La langue anglaise est donc un espace de liberté. De plus, les mots anglais ont été utilisés pour signifier la transformation identitaire (ils font du bien).

Cette étape, de par l'absence de la mère, est le lieu d'une profonde modification identitaire qui passe par un dépassement physique des limites

[5] Comme nous l'avons vu dans l'introduction sur la construction identitaire, les traumatismes par excès ont été travaillés à l'aide d'une psychanalyse « orificielle » et non pas « cutanée » donc plutôt en terme de contenu que de contenant.
[6] Différenciation nécessaire à l'adolescence pour les remettre en question.
[7] « maman n'était pas là pour me dire ah tu vas attraper une bronchite et tout ça ».
[8] « ça a été pff pour moi des énormes pas des choses que j'aurais jamais eu idée de faire depuis toute petite ».

qui permettra l'intériorisation d'une représentation plus personnelle de soi. Notons que le récit débute à 18 ans au même moment que sa naissance psychique (qui correspond à la sortie de la psyché maternelle[9]), quand elle commence à être elle-même, un sujet.

(20 ans) Changement n°2 : Première expérience palpable de Dieu

Dans le deuxième séjour en Angleterre, apparaît ce que sœur Marie-Michèle appelle *un déclencheur très très important pour [sa] vie*. Le déclencheur est un récit (un conte de fées) qui permet une première expérience palpable de Dieu en tant que quelqu'un. C'est un autre témoin, une femme professeur de 65 ans, qui la met en contact avec ce récit (« Les chroniques de Narnia »). L'accès à ce récit n'est possible que par le rapport identificatoire entre elles[10]. En effet, ce fut un *choc* de voir, lors d'une visite de sœur Marie-Michèle à cette femme souffrante[11], qu'elle lisait *un petit livre pour enfants illustré*. Qu'une personne de 65 ans, et de plus *universitaire calée*, lise un livre pour enfants lui fait un choc. La femme lui prête ce livre en lui disant qu'elle le lit chaque année et que c'est très important pour elle. Ce qui est important pour cette femme deviendra important pour sœur Marie-Michèle car, *grâce à ce conte de fées j'ai fait la première expérience palpable de Dieu en tant que quelqu'un (...) d'un seul coup j'ai palpé avec tout mon être que Dieu est créateur et que je suis créature*. Le conte provoque une expérience religieuse intense dont le souvenir porte la marque[12]. D'un point de vue jungien elle est au contact d'un archétype, l'archétype de l'esprit. Cette expérience est source d'une profonde transformation identitaire. La transformation est explicitée par sœur Marie-Michèle qui compare l'avant de l'expérience à l'après. La représentation de soi qui ressort de la période précédant l'expérience est caractérisée par les traces de l'emprise maternelle, de la soumission (donc de la *persona*, du faux *self*, du soi social) et de l'extériorité. Elle se dit, d'un point de vue religieux : catholique, pratiquante *pour faire plaisir à maman* avec une foi non assimilée personnellement. L'identité est marquée par le collectif, l'individu est évoqué pour montrer son absence. D'un point de vue non religieux, sœur Marie-Michèle donne une représentation *d'enfant sage* qui n'aurait *pas imaginé transgresser quelque chose*. « L'enfant sage » est une représentation verbale du faux *self*. L'enfant sage ne transgresse pas (reste ainsi dans la soumission) donc ne grandit pas. La transgression est nécessaire pour grandir

[9] Il serait plus juste de dire qu'elle vit une expérience hors de la psyché maternelle.
[10] « une femme professeur qui m'impressionnait que j'aimais beaucoup j'aimais beaucoup sa culture ».
[11] « elle était très souffrante elle avait des crises d'arthrite ».
[12] « je me rappelle très bien le passage ».

psychiquement (pour sortir de la dépendance)[13]. Mais il y a l'expérience faite par sœur Marie-Michèle à la lecture d'un conte de fées.

Relevons tout d'abord que le récit est un espace de liberté (et de jeu). Le récit joue le rôle de tiers dans un dialogue de soi à soi (la mère est absente, le lecteur peut investir à sa guise le récit). Par l'identification aux personnages du récit, le lecteur vit une transformation qui peut, si la *mimesis* va à son terme, modifier le monde du lecteur, induire une transformation identitaire. Le récit joue aussi le rôle de contenant et permet la modification identitaire. De plus, ce type particulier de récit que sont les contes de fées met en exergue le côté positif, voir la nécessité de la transgression. Ils jouent énormément sur le basculement dans d'autres réalités. Les jungiens[14], qui travaillent beaucoup avec les contes, y voient une symbolisation des réalités de l'âme (de la psyché), un écho de la vie psychique profonde, le langage de l'inconscient collectif. Notons finalement, et cela est important, que le récit est anglais. Cette langue représente aussi un espace de liberté pour sœur Marie-Michèle, contrairement à la langue maternelle.

La représentation de soi qui suit l'expérience est caractérisée par l'appropriation personnelle d'un donné collectif. Cette appropriation est rendue possible par une expérience perceptive (palpable, palper ; que l'on peut toucher avec les mains), Dieu devient quelqu'un, le créateur, le lien créateur-créature, qui perçu par sœur Marie-Michèle dans l'expérience, est un lien d'engendrement donc porteur d'identité. Sœur Marie-Michèle peut, maintenant qu'il a été vécu, se définir par ce lien personnel (qui ouvre quelque chose).

La modification identitaire advient par le récit.

(23 ans) Changement n°3 : Rencontre du Seigneur Jésus

Le début de l'activité professionnelle dans l'enseignement de sœur Marie-Michèle (suite à son retour) est difficile. Elle vit une expérience d'échec. D'une part, elle se trouve incapable de tenir une classe[15] et, d'autre part, elle est *extrêmement déçue* du sort qui est réservé à sa branche d'enseignement, l'anglais[16]. En effet, sœur Marie-Michèle vit comme un échec le fait d'être incapable de *transmettre quelque chose d'essentiel de [sa] vie à travers l'anglais*. Notons que plusieurs auteurs (dont Bernard Golse) ont relevé le

[13] Le dépassement des limites du premier séjour en Angleterre s'apparente à une transgression (la mère absente, elle n'est plus dans la soumission et de ce fait « transgresse » les limites coconstruites avec la mère). Couple transgression/soumission.

[14] Par exemple, von Franz (1980).

[15] Le rapport à l'autorité porte sans doute la trace de l'emprise maternelle ce qui n'aide pas sœur Marie-Michèle dans son travail d'enseignante.

[16] « la langue anglaise (...) je voyais que c'était traité [par ses élèves] comme moins que rien ». Voir ce qui l'a sauvée traité de la sorte est une expérience insupportable.

lien entre transmission et fonction paternelle[17]. C'est le père qui transmet la capacité de transmettre. La situation d'échec plonge sœur Marie-Michèle dans des crises d'asthmes importantes (somatisations).

Elle vit, en même temps que cette situation d'échec, une expérience de rencontre avec le Seigneur Jésus. La rencontre est le fruit d'une double médiation : celle d'un prêtre, qui deviendra son père spirituel et celle d'un sacrement, le sacrement de réconciliation. Le père spirituel rend présent Dieu et le sacrement permet que sœur Marie-Michèle se sente rejointe par le Seigneur Jésus[18]. Pour sœur Marie-Michèle, cette expérience était quelque peu confusionnante (sans doute de par la médiation du père). D'un point de vue jungien, c'est une expérience archétypique, la rencontre de l'archétype du Soi (le rite de réconciliation remet le moi dans un juste rapport au Soi par un retour sur soi). Relevons l'importance du père et celui du rite dans cette expérience (donc dans la construction identitaire). Tout d'abord, le père se différencie des imagos indifférenciées en explicitant la totale liberté de venir (ou pas) recevoir le sacrement de réconciliation. Il laisse un espace de liberté qui pousse sœur Marie-Michèle à aller (bien qu'elle en aie peur). Par sa qualité de médiateur, il rend (tel que l'a vécu sœur Marie-Michèle) Dieu présent. Dans cette présence et à travers le rite, elle est rejointe par le Seigneur Jésus. Ainsi, cette présence est contenante, elle occupe une fonction maternelle[19]. Ensuite, le rite est l'espace de la mise en relation entre l'humain et le divin où les rôles (donc les identités) sont clairement définis. Le rite place (ou replace) sœur Marie-Michèle dans ce rapport créateur-créature. Il favorise un nouveau rapport de soi à soi par une prise de distance grâce à un regard rétrospectif. L'homme se trouve face à sa condition de créature (donc de toutes ses limitations, l'*ombre* pour les jungiens). Mais le rite assure à l'homme d'être reconnu, rejoint dans cette condition (pouvoir intégrateur du rite).

La conséquence de cette expérience est la certitude que le Seigneur Jésus est une personne qui l'aime ce qui entraîne, dans un mouvement d'adhésion, sœur Marie-Michèle à Lui donner sa vie. Pour sœur Marie-Michèle, *[sa] vie a basculé.*

Notons finalement que la description donnée par sœur Marie-Michèle de l'expérience place Dieu dans une fonction maternelle de contenance et tout en même temps dans un lien intime (rejoint). D'un point de vue psychologique, le Soi comme totalité et archétype peut expliquer en même temps la contenance et la rencontre (significative, qui donne du sens).

---

[17] « Un aspect fondamental de la fonction paternelle semble constitué par la transmission de la fonction elle-même de transmission » (Golse, 2006, p. 153).

[18] « j'ai eu une telle rencontre à travers lui de la présence de Dieu et à travers le sacrement d'être rejointe par le Seigneur Jésus vraiment Lui c'était pas sans confusion ».

[19] La médiation rend indécidable la question de qui contient : le père ou Dieu ?

Changement n°4 : Devenir bibliothécaire

En même temps que la situation d'échec au niveau professionnel perdure, sœur Marie-Michèle commence un chemin d'accompagnement avec le père de l'épisode précédent. Au vu de la situation, le père questionne[20] et fait émerger le désir de sœur Marie-Michèle : *je voudrais raconter des contes pour les enfants* (« je voudrais » porte la marque du désir). Le déclencheur de ce désir, c'est « Narnia ». Sœur Marie-Michèle devient bibliothécaire et travaille dans une bibliothèque tout à côté de l'abbaye dans laquelle elle s'est convertie[21]. A travers les contes, elle découvre qu'elle *savai[t] raconter [elle] savai[t] transmettre ce qu'[elle] avai[t] dans le cœur*. La découverte du père et le chemin d'accompagnement ont donné la capacité de transmettre à sœur Marie-Michèle (et cela en accord avec le rôle de la fonction paternelle). Pouvoir transmettre ce qu'elle a dans le cœur à travers les contes ou, en d'autres termes, dire quelque chose de l'intimité par l'intermédiaire du récit, la met et la maintient en lien avec elle-même (avec le Soi, le vrai *self*) favorisant ainsi la création (et le maitien) d'une identité positive[22], d'un bon rapport à soi. La description du vécu de sœur Marie-Michèle comme bibliothécaire porte la trace de ce bon rapport à soi, elle est empreinte d'affectivité, de spontanéité.

La proximité de son insertion professionnelle et de l'abbaye permet qu'elle participe aux offices[23]. Sœur Marie-Michèle apprécie beaucoup les offices[24] et voit de mois en mois augmenter, dans un déploiement, la *soif de donner [sa] vie à Dieu*[25] (d'autant qu'elle était déjà donnée). C'est son désir qui la freine : *je voulais qu'il y ait des sœurs qui correspondent aux frères de cette communauté mais y en avait pas donc j'attendais*[26]. Il y a peut-être quelque chose de l'idéal, de la transposition dans ce désir : « la même chose mais avec des femmes ». Deux faits, deux passions vivent côte à côte.

D'un point de vue identitaire, l'insertion professionnelle la place dans un « bon » rapport de soi à soi, dans une connivence presque parfaite entre ce qu'elle veut transmettre de son intimité et ce qui lui est demandé par son

---

[20] « qu'est-ce que tu aimerais faire d'autre ».

[21] Sœur Marie-Michèle y voit l'œuvre de la providence (cf. 135-148, où sœur Marie-Michèle parle de sa formation de bibliothécaire et de la manière dont elle a obtenu ce travail. Cette partie de changement correspond à une contextualisation dans le même changement, c'est pourquoi elle n'apparaît pas de façon différenciée dans la vue d'ensemble.

[22] « j'ai énormément aimé ; j'étais très bonne bibliothécaire ; je peux faire n'importe quoi ; j'ai beaucoup de dons ». Sœur Marie-Michèle va même jusqu'à changer l'image donnée dans le changement précédent de son identité d'enseignante (et cela en contradiction avec ce qu'elle avait dit) : « j'étais très bonne enseignante ».

[23] Elle aide aussi les moines dans beaucoup de choses pratiques, par exemple « taper des homélies ».

[24] « j'allais aux offices aussi j'aimais beaucoup beaucoup beaucoup ».

[25] Il est intéressant de voir apparaître une problématique de manque (la soif) tant l'enfance est marquée par l'excès.

[26] L'abbaye dans laquelle elle suit les offices est une abbaye d'hommes. Elle attend une fondation.

travail (présence d'un bon environnement extérieur qui laisse émerger le vrai *self*). Sœur Marie-Michèle n'explicite pas la dimension religieuse du rapport à soi qui est travaillée (d'autre part) au monastère[27].

Changement n°5 : Etre responsable de la bibliothèque

Le responsable communal, pour pallier à des démissions à la bibliothèque, propose à sœur Marie-Michèle de prendre en charge l'ensemble de la bibliothèque : *moi je vous veux je voudrais bien que vous acceptiez d'être responsable de toute la bibliothèque.*

Le désir du responsable communal (proche de l'emprise), va à l'encontre du désir de sœur Marie-Michèle qui n'en n'a *pas du tout envie.* C'est le père spirituel qui lui dit d'accepter[28] pour aider à mûrir dans un chemin vocationnel. Elle accepte le poste *sans trop de goût*, dans *l'obéissance* car elle a *confiance en son discernement.* Sœur Marie-Michèle accepte dans l'obéissance au père, le désir du responsable communal.

C'est un vécu de souffrance qu'évoque sœur Marie-Michèle quand elle fait référence à cette période. Elle souffre beaucoup à ce poste surtout de par la différence de statut. Sœur Marie-Michèle apprend *à ses dépens* à être responsable. Gérer les gens, elle *n'aime pas ça du tout.* Nous pouvons voir dans cette difficulté à gérer les rapports humains, et tout particulièrement les conflits, une conséquence de l'emprise maternelle (dans sa relation à l'autorité). L'enfant sage, s'il l'est resté, est mis dans une situation difficile car il se voit imposer une fonction d'autorité. Etre responsable l'éloigne d'un lien vital à elle-même.

A côté de ce vécu de souffrance au niveau professionnel, la voie monastique stagne. Les espoirs d'une fondation d'une communauté de sœurs sont déçus malgré un grand investissement de sa part auprès des frères. D'autres jeunes attendent et ne voient rien venir. Cette stagnation additionnée à la souffrance de son vécu au niveau professionnel fait que sœur Marie-Michèle se *rendai[t] compte qu'[elle] commençai[t] à perdre [sa] vie* (elle voulait la donner, elle la perd).

Dans ce contexte, elle choisit la date de son anniversaire (renaissance ?) pour dire à son père spirituel que *c'est plus ça*, qu'elle n'attend plus. Son père spirituel lui a dit *va.*

Le père spirituel occupe une place importante dans cet épisode comme tiers/père, il « oblige » sœur Marie-Michèle à vivre le désir d'un autre (peut-

[27] Il est évident que le conte, pour sœur Marie-Michèle, est de nature religieuse (changement n°9 où elle évoque que Lewis par son conte vulgarise une expérience spirituelle). Dans une perspective jungienne, le conte donne non seulement accès à soi-même (le Soi comme centre de la personnalité) mais aussi (en même temps) à Dieu. Dans ce sens, le rapport au Soi, à ce qui définit fondamentalement notre identité est un rapport religieux.

[28] « mon père spirituel qui m'a conseillé enfin qui m'a dit d'accepter ». On relèvera le passage du conseil au dire.

être dans une volonté de faire grandir l'enfant sage). L'identité de responsable est vécue avec beaucoup de souffrance. L'obéissance a malgré tout permis une série d'apprentissages (mais à ses dépens). Dans le même temps, l'identité de sœur ne se précise pas. Quand sœur Marie-Michèle sent qu'elle perd sa vie (le lien vital à elle-même), elle va voir le père spirituel, bien décidée[29], pour lui dire que c'est plus ça : ce n'est plus être responsable, ce n'est plus être dans le service des frères, ce n'est plus l'attente d'une promesse d'identité. Il y a un besoin de matérialiser ce qui a été donné, ce qui passe par trouver une forme de vie, une communauté[30].

Changement n°6 : Le Seigneur m'attend là

La recherche de cette identité liée à la forme de vie et à la communauté s'avère difficile. Sœur Marie-Michèle arrive au moment où les possibles sont épuisés, où elle n'a plus rien à essayer. Cette situation la plonge dans un grand désarroi : *je me rappelle d'un moment où j'avais tout épuisé et où j'étais dans le noir et pleurant et n'ayant plus envie de chercher.*

Dans ce contexte, elle fait une expérience qui donne l'identité : *d'une manière fulgurante j'ai eu j'ai su où le Seigneur m'attendait où j'allais pourquoi.* Sœur Marie-Michèle nous décrit ainsi l'expérience, *j'étais dans le milieu de je traversais pour aller à la chapelle ça sonnait l'office et puis au beau milieu d'un seul coup je me suis j'ai vu un regard je me suis souvenue d'une sœur de notre communauté*[31]. L'expérience de sœur Marie-Michèle vient en réponse à la situation de désarroi qu'elle vit. Perdue dans le noir, elle voit le regard d'une sœur de sa communauté actuelle. Une sœur qui l'avait plongée dans la présence de Dieu. Le regard, tout comme le récit (« Narnia »), donne accès à une autre réalité, à la présence de Dieu (au Soi). L'accès à une autre réalité n'est possible que dans un *vrai contact avec une vraie personne* (dans le « faux », sœur Marie-Michèle reste dans le *flou*)[32]. Il faut une personne en lien avec elle-même pour donner accès au vrai *self* (au Soi). Comme l'a montré Winnicott, l'authenticité des parents est importante pour permettre à l'enfant de se construire. Ce souci de l'authenticité chez sœur Marie-Michèle s'entend à la lumière de son parcours, comme un souci d'être en lien avec son vrai *self* (avec son Soi). Une telle personne (cette

[29] Sœur Marie-Michèle va voir le père avec une série d'arguments : elle a besoin de donner sa vie complètement, elle ne veut plus attendre indéfiniment une fondation qui ne se fait pas et à la bibliothèque ça ne se passe pas bien.

[30] En dehors de la forme de vie et de la communauté dans lequelles elle s'était investie.

[31] Une sœur qu'elle avait rencontrée dans une session de jésuites quelques années auparavant.

[32] « et alors c'est ce visage que j'ai vu très fort cette sœur qui m'avait plongée dans la présence de Dieu en fait c'est toujours cette expérience que je renouvelle régulièrement et c'est aussi cet espèce de basculement dans une autre réalité c'est aussi ce que j'écoute chez les autres quand j'accompagne tant que je n'ai pas une intuition qu'il y a eu expérience de d'un vrai contact avec une vraie personne et bien ça reste flou alors pour moi ».

sœur) renvoie une identité positive d'autant plus marquante que c'est la sœur de l'accueil (elle donne une image de la communauté).

A la désorientation consciente (Jung parle d'effondrement du conscient) de sœur Marie-Michèle « répond » une expérience de jallissement de l'inconscient. Elle peut être lue comme le retour, la prise en compte du choix oublié[33], mais elle peut être aussi lue comme une action compensatrice de l'inconscient par le truchement d'une expérience archétypique (ici celle du Soi qui propose l'image d'une personne qui permet le lien au Soi).

Suite à cette expérience, sœur Marie-Michèle va voir son père spirituel en étant *sûre et certaine* de son choix. Le père spirituel valide ce choix, cette appartenance.

(33 ans) Changement n°7 : L'entrée

L'épisode de l'entrée est entièrement consacré au changement de nom. Le début de la description évoque l'importance du père : *en fait avec père A j'ai surtout découvert le père [Exp : mmh mmh] la personne du père.* Ainsi, sœur Marie-Michèle a découvert ce qu'est un père avec père A, à l'âge de 23 ans (changement n°3). De par la place qu'il a occupée, le père spirituel a permis une différenciation des imagos parentales (initialement fusionnées). De plus, c'est lui qui donne accès (dans un lien vivant) à des figures religieuses telles que Marie[34]. L'une des fonctions importantes du père est de donner l'identité ; il est, de ce fait, intéressant d'observer que le début de la description de cet épisode soit occupé par la question du père.

C'est à l'arrivée au monastère, avant de rencontrer la maîtresse des novices, que sœur Marie-Michèle entend par hasard qu'une sœur de la communauté porte son nom. Elle ne s'attendait pas du tout à cela et décide de changer de nom. Les premières paroles échangées entre sœur Marie-Michèle et la maîtresse des novices sont sur cette question du nom. Très intimidée, elle exprime son désir dans un souffle : *j'aimerais bien m'appeler Marie-Michèle.* Relevons, sans le commenter, que c'est Michel qui est évoqué en premier dans le récit de sœur Marie-Michèle.

Sœur Marie-Michèle a donc trouvé une communauté (une identité collective) et un nom (une identité personnelle). Le père occupe à nouveau une place importante de par ses fonctions paternelles. Précédemment, dans le changement n°4, il donne la capacité de transmettre à sœur Marie-Michèle et, ici, il est largement évoqué dans le choix du nom.

---

[33] Cette communauté, malgré qu'elle était connue par sœur Marie-Michèle et son père spirituel, n'était pas dans les possibilités envisagées à l'aide du discernement par colonnes (qui permet dans la tradition ignatienne de faire son choix en fonction de critères décidés avec le père spirituel).

[34] « j'avais découvert déjà heu Marie comme quelqu'un de vivant ».

(33 ½-34 ans) Changement n°8 : Crises d'asthme au noviciat

Pendant la période de postulat au noviciat, sœur Marie-Michèle est *coincée dans une obéissance impossible*. On lui demande d'aller avec un groupe dépierrer un champ. Cette expérience forte de poussière la met en crise d'asthme, provoque de l'effroi et de la peur. Elle se retrouve plongée dans une situation d'enfance[35] quand elle n'avait plus eu de crises d'asthme depuis 10 ans (23 ans). L'apparition de crise d'asthme questionne la guérison, donc la conversion (car sœur Marie-Michèle les a liées de façon intime[36]) : *est-ce que je crois que le Seigneur m'a guérie et pourquoi est-ce que j'ai de l'asthme et est-ce que j'étais guérie oui ou non*. De plus, ce questionnement est d'autant plus déstabilisant qu'il intervient en période de noviciat.

La maîtresse des novices oblige sœur Marie-Michèle à recommencer. Sœur Marie-Michèle prie beaucoup la Vierge Marie et lui demande qu'elle l'accompagne. Les expériences de dépassements antérieurs (changement n°1) sont aussi évoquées. Elle recommence donc, réussit à faire une séance de dépierrement sans crise et ramène une pierre pour la déposer dans un sanctuaire dédié à la Vierge dans le jardin du monastère (*la pierre de la victoire*).

Ainsi, sœur Marie-Michèle dépasse quelque chose, fait un pas dans un contexte où elle est replongée dans des situations d'enfance. Le contexte comporte deux similarités du point de vue de l'expérience : une expérience d'une forte poussière et, du point de vue relationnel, une situation d'obéissance. Ce dépassement est possible d'une part par l'appui sur des expériences antérieures (dont celles de 18 ans) et, d'autre part par l'appui sur une figure religieuse, la Vierge Marie. Par la prière, sœur Marie-Michèle se met dans un lien sécurisant à une imago maternelle, à une figure d'attachement. En termes jungiens, elle se met dans un lien conscient à un archétype, ici l'*anima* qui est perçue comme une réalité psychique autonome[37]. Rappelons que c'est par le récit (changement n°2), puis avec le père spirituel (changement n°3) que les figures religieuses sont « devenues des personnes vivantes ». Le lien sécurisant à ces réalités vivantes permet d'aider à gérer la peur et l'effroi provoqués par l'expérience de poussière.

La dimension religieuse (telle que construite) associée à ce qui a déjà été intégré (expériences sportives) permet de dépasser la répétition[38] et pousse à la différenciation. Notons que sœur Marie-Michèle se soumet à la maîtresse

---

[35] « j'étais au maximum de la poussière la farine enfin j'étais allergique à tout ça depuis toute petite ». Rappelons que sœur Marie-Michèle est allergique à la farine et que son père est boulanger.

[36] « ça été un énorme bouleversement dans ma vie les deux ensembles combinés ».

[37] Notons que la Vierge Marie symbolise pour Jung, le troisième stade de développement de l'*anima* (le premier peut être symbolisé par Eve, le deuxième par l'Hélène de Faust et la quatrième par les figures de sagesse).

[38] Et ses chaînes associatives : poussière/farine/asthme ; obéissance/soumission/emprise.

des novices dans ce que nous appellerions une « obéissance bien comprise »[39] qui vise l'autonomie par rapport au lien à l'enfance.

Cette victoire, en période de noviciat, confirme, va dans le sens d'un renforcement de son identité de religieuse et, dans un rapport plus intime de soi à soi, cette victoire aide à la différenciation en sortant de la répétition.

(40 ans) Changement n°10 : Varicelle

Sœur Marie-Michèle attrape la varicelle à 40 ans au monastère et elle est mise en quarantaine. Elle vit une période de grande difficulté (*de quelque chose*[40]). La communauté ne reconnaît pas cette souffrance[41] et elle ne dispose ainsi pas de l'appui du collectif. La compréhension que donne sœur Marie-Michèle de la maladie est la suivante : *quand je suis très très très prise par un labeur intérieur qui me demande toute mon énergie et bien j'ai des maladies*.

D'un autre côté, sœur Marie-Michèle explique que ce qui l'entrave c'est l'activité, le trop d'activité (en contraste avec le rien faire de l'enfance) mais, et c'est ce que nous relevons, elle évoque la difficulté à dire non et à sentir les limites au niveau corporel[42]. Ainsi, quand elle est prise par un labeur intérieur et qu'elle est dans le trop d'activités[43], qu'elle n'arrive pas à dire non et qu'elle ne sent pas les limites de son corps (de par cette propre activité), elle tombe malade. C'est ainsi le corps qui fixe les limites (dans un procédé coûteux)[44]. Sœur Marie-Michèle parle de *maladie providentielle* car elle permet le recul, l'arrêt du labeur extérieur (le trop d'activités).

Pendant ce temps d'isolement, elle a droit à un livre[45], elle choisit les « Sermons pour l'année » de saint Bernard. De cette rencontre, car il faut bien parler de rencontre[46] (le récit la met en contact avec une réalité vivante, ici l'auteur), elle retire beaucoup de joies, elle est *dilatée maximum avec ça*. Il est intéressant qu'elle prenne une expression dédiée aux organes, donc au corps, pour expliciter son vécu d'ouverture, d'élargissement, d'être envahi par un sentiment très fort.

---

[39] Sœur Marie-Michèle se soumet pour faire le pas « je pensais que c'était un pas que je devais faire ».

[40] Sœur Marie-Michèle n'explicite pas sa difficulté.

[41] « tout le monde riait ».

[42] « ce qui m'entrave le plus c'est l'activité j'ai beaucoup d'activités j'ai beaucoup de dons on me demande beaucoup de choses et je je je refuse pas si je peux le faire et je je pense j'ai une grande capacité de de travail [Exp : mmh mmh] sans fatigue sans ».

[43] « j'ai beaucoup d'activités j'ai beaucoup de dons on me demande beaucoup de choses ».

[44] Par ce procédé, le corps est dangereusement sollicité. Cette mauvaise intégration du rapport au corps peut être lue en termes jungiens comme un aspect de l'ombre.

[45] Le livre est considéré comme une nourriture dont elle a beaucoup besoin « j'avais besoin de beaucoup de nourriture » (déplacement ?).

[46] Comme cela transparaît dans sa description « je j'en garde un souvenir éblouissant de cette retraite avec saint Bernard ».

Le lien à cette figure de saint Bernard par le récit est une ressource dans la maladie, une figure d'attachement quand elle n'a pas le soutien de l'environnement extérieur, sa communauté.

Changement n°11 : *Opération chirurgicale*

Sœur Marie-Michèle évoque brièvement un autre moment où elle a été en grande difficulté[47], où le corps a posé des limites et imposé du repos. Elle a subi une opération chirurgicale et elle a vécu *ce temps de recul et de repos comme quelque chose de très très très bénéfique.* Cet exemple sert à illustrer le lien entre maladie et période bénéfique, lien qu'elle suppose (peut-être à juste titre[48]) difficile à comprendre pour l'interviewer.

(50 ans) Changement n°9 : La colonne vertébrale

Le dernier changement évoqué dans cette première partie se déploie sur 279 lignes de transcription (soit environ 35 % de l'entretien). C'est le changement le plus actuel, celui avec lequel elle est aux prises. Il reprend la structure des autres changements (ceux associés à la maladie), soit une maladie associée à une période que sœur Marie-Michèle qualifiera, pour cet épisode, d'*éblouissante.* Sœur Marie-Michèle ne fera plus mention explicitement de ce problème de dos dans la description du changement mais d'un ensemble de difficultés (crise dans le noviciat) et de ressources (appui sur le récit, psychothérapie)[49]. Nous proposons une segmentation interne au changement pour que le lecteur puisse se repérer :

(383-479) L'anglais et la découverte de « Le Seigneur des Anneaux ».

(480-529) Crise relationnelle et dans le noviciat.

(543-567) Appui sur « Le Seigneur des Anneaux ».

(567-662) Psychothérapie, décantation et départ.

A 50 ans, sœur Marie-Michèle a un gros problème de santé à la colonne vertébrale. Elle est interloquée quand son médecin dit que c'est très grave et qu'elle peut rester paralysée :

> « ça me laisse comme une sorte d'inquiétude et d'épée de Damoclès au-dessus de moi mais en même temps c'est difficile à dire mais je suis dans une période éblouissante de alors je vais essayer de dire ça ».

[47] Cette courte évocation est peut-être liée à l'intimité de la maladie.
[48] Non intellectuellement mais par rapport au coût pour la santé.
[49] Nous avons conservé le nom du changement bien qu'il ne soit pas représentatif de ce que sœur Marie-Michèle choisit de raconter.

Sœur Marie-Michèle, dans la description de ce changement, va essayer de dire comment une maladie peut être vécue comme une période éblouissante (qui fait presque oublier la dangerosité de la situation[50]).

(383-479) L'anglais et la découverte de « Le Seigneur des Anneaux »

Sœur Marie-Michèle explicite dans cette partie de changement plusieurs éléments que nous allons passer en revue.

Premièrement, et c'est cela qui sera *déclencheur de vie*, c'est la découverte d'un livre écrit par une mère abbesse et dans lequel elle prend, pour expliquer des itinéraires spirituels, de nombreux exemples dans la littérature. Cela libère énormément sœur Marie-Michèle :

> « je me suis dit à moi-même on a le droit d'avoir des grâces spirituelles avec des contes de fées [...] jusqu'à maintenant jusqu'à ce moment-là d'avoir lu son livre je n'osais pas me le dire à moi-même mon chemin me paraissait très bizarre ».

Cet usage de la littérature permet que sœur Marie-Michèle se dise dans un premier temps à elle-même puis, progressivement, aux autres qu'elle s'est convertie par la lecture d'un conte de fées. Elle sort de ce fait de ce qui était vécu comme une bizarrerie, une anormalité. Dans les références citées, elle donne comme déclencheur (pour elle-même) un autre ouvrage : « Le Seigneur des Anneaux » (de Tolkien). Sœur Marie-Michèle le commande en version française[51] et le lit d'une traite. Elle est très déçue : *déception complète pas du tout ce que j'attendais rien quoi.* Elle rencontre peu après dans une session un spécialiste, à côté de thématiques religieuses (pour lesquelles il a été demandé), du « Seigneur des Anneaux ». Sœur Marie-Michèle lui dit qu'elle s'est convertie avec « Les chroniques de Narnia » mais qu'elle n'entre pas dans « Le Seigneur des Anneaux ». Le spécialiste lui apprend que c'est Tolkien qui a converti Lewis (ce qui impressionne beaucoup la sœur) et il propose à sœur Marie-Michèle qu'elle lise « Le Seigneur des Anneaux » en langue originale, en anglais. Elle le commande[52] par l'intermédiaire d'une sœur amie (angliciste comme elle. A sa lecture, sœur Marie-Michèle a *basculé dans un bonheur (...) qui est indescriptible.* Elle est *sûre que Lewis a voulu qu'[elle] rencontre Tolkien comme ami.* Le

[50] Le fait que sœur Marie-Michèle soit interloquée montre la difficulté, peut-être pour elle-même, de penser cette contradiction. Le récit peut, dans ce sens, aider à l'élaboration et la compréhension de cette contradiction.

[51] La mère abbesse, quand elle a le livre dans les mains, convoque sœur Marie-Michèle pour lui demander le bien fondé de cette commande. Sœur Marie-Michèle légitime cette commande auprès de la mère abbesse du fait que c'est un livre « conseillé » par la mère cistercienne dans son livre *Itinéraire spirituel* et mais aussi sur le fait que *Le Seigneur des Anneaux* est un grand classique, un très bon livre.

[52] Sœur Marie-Michèle s'appuie sur la présence du spécialiste pour justifier la commande envers la mère abbesse « j'avais demandé à mère abesse si comme [le spécialiste] me l'avait dit c'était facile il était en train de prêcher la retraite ».

passage par l'anglais est donc nécessaire pour symboliser. Cela s'explique par l'importance qu'a prise la langue anglaise par rapport à la langue maternelle en tant qu'espace de liberté (qui lui fait tant de bien)[53]. La lecture en anglais donne à nouveau accès aux personnes (comme des réalités vivantes, *rencontrer comme un ami*). De plus, la lecture de cet ouvrage pendant la période pascale, lui fait voir des aspects du Christ au travers du « Seigneur des Anneaux ».

Cette partie de changement montre comment la symbolisation est plus efficiente en anglais que dans la langue maternelle. De même, elle témoigne de la volonté de sœur Marie-Michèle de chercher comment les contes de fées peuvent faire partie du cadre du monastère, et faire reconnaître et accepter au niveau institutionnel leur légitimité dans ce cadre. Il y a, nous semble-t-il, une visée intégrative à cette démarche qui légitime l'usage de récits ne faisant pas partie de la tradition religieuse dans un itinéraire spirituel (car pour elle, ces récits ont clairement une dimension religieuse). Quand elle était bibliothécaire pour enfants, elle vivait la dimension religieuse à l'abbaye (de manière explicite). Maintenant, elle a l'occasion (et la volonté) d'amener les contes dans le monastère (l'inverse aurait été impossible, soit d'amener la dimension religieuse dans une bibliothèque communale).

(480-543) Crise relationnelle et dans le noviciat.

Sœur Marie-Michèle évoque dans cette partie des difficultés relationnelles et une très grave crise dans le noviciat. Cette source de difficulté est en lien avec sa fonction de maîtresse des novices. Prise dans une relation triangulaire avec la mère abbesse[54], elle est très affectée par le départ d'une jeune : *je l'avais vraiment prise affectivement comme maman avec une belle erreur d'emprise de enfin tout ça*. La mère abbesse demande à ce que sœur Marie-Michèle rencontre une psychothérapeute pour *pour voir clair dans [son] histoire par rapport à [sa] maman*. De plus, elle suit des sessions d'évangélisation des profondeurs de Simone Pacot (2007). Elle comprend des choses par rapport à son histoire familiale et fait le lien entre l'emprise et la violence qu'elle génère.

Suite à ce départ, sœur Marie-Michèle se trouve, comme elle le dit, *en situation d'impuissance de part la transmission de la vie monastique*. Nous pouvons nous demander si, en tant que maîtresse des novices, elle aimerait peut-être bien prôner une certaine liberté (par rapport à l'usage de la littérature) mais en même temps, elle est garante du cadre. Elle est à l'extérieur de celui-ci dans son rapport au récit, à ce type de récit. De là peut-

[53] « il faut que je raconte encore autre chose à propos de l'anglais de de cette langue qui me donne qui me rend libre et qui me fait tant de bien ».

[54] La mère abbesse était maîtresse des novices avant de prendre la charge d'abbesse. Elle a continué à suivre, à son changement de fonction, deux jeunes du noviciat. C'est le départ de l'une d'entre elles qui est évoqué.

être une souffrance dans sa relation aux novices[55]. Tout cela ravivant le rapport à la mère, la question de l'emprise, de la violence qui en découle mais aussi la question de la liberté.

(543-567) Appui sur « Le Seigneur des Anneaux »

Face à toutes ces difficultés, sœur Marie-Michèle puise ses ressources dans le récit du « Seigneur des Anneaux ». C'est ce récit qui la tient *profondément dans la paix au milieu d'une tourmente*. Sœur Marie-Michèle trouve dans ce récit des figures d'identifications, particulièrement Bilbo le Hobbit et Gandalf.

Elle le décrit comme un anti-héros qui n'a pas envie de partir à l'aventure *comme moi j'ai pas du tout envie d'être maîtresse des novices*. Quand Gandalf (sage, figure religieuse) demande qui veut partir à l'aventure, Bilbo dit qu'il ne se sent pas aventurier et qu'il préfère son petit confort à l'aventure. Le rire de Gandalf (rire identifié avec un rire déjà rencontré, celui des pères cisterciens, *le rire de joie de Dieu inexplicable devant dans certaines situations*) change tout.

Le récit propose à sœur Marie-Michèle par cette identification à Bilbo, un dépassement, une sortie du même (quelque chose pousse à partir à l'aventure). Si comme les jungiens le pensent, le récit, et en particulier le conte, met en contact avec des réalités intérieures autonomes et collectives, il aiderait sœur Marie-Michèle à mettre en scène ce qu'elle vit et servirait d'appui à un processus d'individuation.

(567-662) Psychothérapie, décantation et départ

La mère abbesse, voyant les difficultés de sœur Marie-Michèle lui demande de reconsulter la psychothérapeute. Cette dernière explique que 50 ans est une charnière et qu'il faut :

> « décanter toutes les situations de vie concrète ou bien de relation ou bien tout ça et puis quand tout s'écroule qu'est-ce qui reste donc y a la personne que je suis qui reste et puis toute le reste les appuis s'écroulent les choses tombent y a pas de prise nulle part dans la vie et elle dit faut décanter et puis enlever du passé tout ce qui encombre et continuer la marche plus légère ».

La psychothérapeute touche la question de l'identité : sans béquilles, sans fonctions ni rôles, qui suis-je ? Elle remet le vrai *self*, le Soi, au centre des préoccupations (de sœur Marie-Michèle) en proposant une technique de décantation qui fait tomber les enveloppes (*persona*, faux *self*, soi social), qui

[55] Elle doit, de par sa fonction, transmettre quelque chose de la tradition mais, à un niveau personnel, elle s'est construite dans un rapport au religieux hors des sentiers de la tradition (comme nous l'avons montré, la transmission est bien plus aisée à la bibliothèque par la totale liberté qui lui est laissée).

différencie les fonctions de la personne. De plus, la décantation permet de modifier le rapport à l'idéal (du moi). Prenons deux exemples donnés par sœur Marie-Michèle.

Le premier concerne sa fonction d'aide bibliothécaire où son idéal de perfection[56] empêche des réalisations. Décanter dans cette situation, c'est faire la différence entre ce que la fonction demande et ce que l'idéal du moi demande. Elle réalise des choses (ranger les livres), en remettant à plus tard d'autres (l'indexation). Une conséquence est la reconnaissance du collectif car, moins entravée par son idéal, elle remplit sa fonction. Cette reconnaissance lui renvoie une identité positive : *je me sens très très très bien meilleure*. De plus, elle alterne entre remplir sa fonction et s'occuper d'elle-même car elle se rend compte qu'autrement, elle passe toujours après : *j'alterne entre les fonctions puis moi-même parce que c'est moi-même qui passe toujours après sinon je m'en occupe pas [Exp : mmh mmh] or c'est important que je le fasse aussi pendant ce temps-là.*

La fonction de maîtresse des novices est le deuxième exemple. Sœur Marie-Michèle vide l'ensemble de ses affaires personnelles du bureau de la maîtresse des novices, ce qui lui procure un détachement par rapport à la fonction. Elle explique la décantation ainsi : *j'enlève tout ce qui est personnel et je vois clair*. Le travail de différenciation entre sa fonction de maîtresse des novices et sa personne permet de répondre à un appel personnel[57] (à partir à l'aventure). Ce départ à l'aventure est aussi favorisé par la prise de conscience, à l'aide du récit et en particulier du personnage de Bilbo, que la mise en ordre comme moyen de décantation peut amener à l'immobilisme.

L'intervention unique de la psychothérapeute (elle ne l'a vue qu'une fois) est judicieuse et bénéfique. Elle propose un recentrage sur la personne qui a pu être traduit de manière pratique et active dans la vie de sœur Marie-Michèle, modifiant ainsi son rapport à l'idéal, son estime de soi (identité positive) et favorisant une différenciation entre les fonctions (*persona*, faux *self*, soi social) et la personne (le vrai *self*, le Soi). La psychothérapeute, par son intervention, aide aussi à ce que la personne et les fonctions cohabitent, pour que la part réservée aux deux soit reconnue, pour que sœur Marie-Michèle s'occupe aussi d'elle-même. Cela, mais le récit ne nous le dit pas, doit permettre à ce que sœur Marie-Michèle puisse prendre soin d'elle-même en dehors de périodes de maladie (la fonction de la maladie n'aurait plus raison d'être).

---

[56] « je veux faire les choses très bien ; le fichier doit être parfait ; je faisais des tous petits bouts pour que tout soit parfait ».

[57] « bien mère abbesse faisait un appel au chapître pour que quelqu'un parte à Z et j'étais sûre que c'était moi puis je suis allée dans son bureau et je lui ai dit je crois que c'est moi qui dois partir et elle m'a dit non tu es maîtresse des novices on peut pas faire partir la maîtresse des novices je dis y a personne en noviciat c'est peut-être juste le moment pour moi d'aller faire je dis je crois que c'est <u>quitte ton pays pars</u> [Exp : <u>mmh mmh</u>] et je crois que le Seigneur me dit de le faire en ce moment et c'était clair clair et je suis partie six mois ».

Finalement la différenciation entre fonction et personne (en plus d'un appui sur le récit) lui permet de répondre à un appel personnel à partir à l'aventure.

Nous pouvons passer directement à la deuxième partie car il n'est pas apparu de dévoilement dans cette première partie.

Deuxième partie

La place de Dieu dans les changements est vue, par sœur Marie-Michèle, comme des choses qui viennent à elle et qui prennent sens par l'action du Saint-Esprit (qui agit comme un aimant). Elle ne cherche rien, ça vient à elle. D'un point de vue psychologique, les besoins internes se constellent à la réalité extérieure. L'interviewer demande si c'est le cas pour tous les changements. Elle répond ceci : *je dirais ça pour chaque fois que j'ai basculé.* Le basculement est présent dans le changement n°2 (« Narnia »), dans le changement n°3 (rencontre du Christ), dans le changement n°6 (j'ai vu ce regard d'une sœur de notre communauté) et finalement dans le changement n°9 (« Le Seigneur des Anneaux »).

Pour sœur Marie-Michèle, ce n'est pas uniquement le Seigneur qui intervient mais aussi l'ami du Seigneur. Elle évoque ici la possibilité, par la communion des saints, que des paroles de son père spirituel puissent l'aider dans le moment présent (comme quelque chose qu'elle reçoit). D'un point de vue psychologique, ce lien de nature spirituelle par-delà la mort peut être vu comme un lien à l'objet interne (dans une perspective freudienne). Le processus de deuil passe par une phase d'incorporation de l'objet (la personne décédée) pour éviter la perte. L'objet peut ainsi « être vivant » à l'intérieur ce qui permet d'être en relation avec lui.

Troisième partie

Changement et expérience spirituelle : dévoilement n°12 (la mort du père spirituel)

Pour sœur Marie-Michèle, l'expérience spirituelle ne se limite pas à ses expériences de basculement ; pour elle, la catégorie « expérience spirituelle » est plus large : *je veux pas réduire expérience spirituelle ça c'est beaucoup plus large.* L'expérience spirituelle englobe aussi des expériences plus longues et aussi négatives[58], elle en donne un exemple que nous considérons

[58] « mais l'expérience spirituelle ça peut être aussi des mois arides à prier le chapelet sans rien sentir ».

comme un dévoilement, c'est la mort du père spirituel (qui ne nous a pas été racontée auparavant).

(36 ans) Dévoilement n°12 : La mort du père spirituel (717-730)

Sœur Marie-Michèle dit avoir *été dans le noir complet complet complet* à la suite de la mort de son père spirituel. La perte est très importante (*n'ayant plus rien*) et la laisse désemparée (*je prenais mon chapelet et je passais mes temps d'oraison à dire des je vous salue Marie uniquement comme ça*). Elle passe des *mois arides à prier le chapelet sans rien sentir.*

Cette mort est intervenue alors qu'elle était dans sa première année de vœux temporaires, la privant de sa présence pour sa profession solennelle (le père n'est pas là pour ce changement identitaire). Ainsi, à 36 ans, sœur Marie-Michèle perd une personne clef de son histoire. On comprend dès lors, l'impossibilité de le perdre qui ressort de ce qui a été dit ci-dessus. Le lien par-delà la mort est nécessaire à sœur Marie-Michèle pour conserver vivante cette personne à ses côtés.

Changement et conversion

Notons que sœur Marie-Michèle parle dès le début de l'entretien de sa conversion. Elle parle à plusieurs endroits dans la première partie de sa conversion d'une façon qui a prêté à confusion. En effet, elle dit s'être *convertie à l'abbaye* (changement n°3), avoir été *convertie par des contes de fées* (changement n°2). A cette confusion s'ajoute l'inconnue de la localisation temporelle de l'expérience palpable de Dieu. A-t-elle eu lieu en Angleterre à 20 ans, au retour et à l'abbaye à 22-23 ans ? Quand il lui est demandé de caractériser un changement comme étant de l'ordre de la conversion, elle répond : *c'est le c'est plus le moment initial [Exp : qui est à 23 ans] oui.* L'expression « c'est plus » montre qu'il est difficile de choisir, nous semble-t-il, entre le premier moment de basculement (changement n°2) et le deuxième moment (changement n°3) qui entraîne la guérison physique. C'est donc le premier moment qui est caractérisé comme une conversion et qui est défini comme *un chamboulement complet de perspective après au sein de la conversion c'est des pas mais ça change plus la réalité [Exp : d'accord] elle est simplement approfondie approfondie approfondie.* Les pas que donne sœur Marie-Michèle lèvent le doute sur l'identification du moment de conversion et donnent de précieuses indications sur les figures religieuses clefs de son parcours (de sa construction identiaire) :

> « j'ai progressivement découvert d'abord d'abord d'abord le Père Créateur mais un peu flou hein je me suis dit Dieu Créateur admettons et puis ensuite la personne de Jésus ensuite le Père avec père A et ensuite la Vierge Marie comme une personne concrète aussi heu j'ai été en présence palpable de la

> Vierge Marie pendant plusieurs mois après avoir fait alliance avec Elle d'une manière d'une consécration ».

Notons que ces découvertes sont considérées comme des expériences spirituelles. Sœur Marie-Michèle n'a pas raconté la rencontre avec la Vierge Marie. De ce fait, elle n'apparait pas dans la vue d'ensemble.

Changement et vocation

La recherche de la forme est clairement identifiée comme étant le moment de vocation :

> « ce que j'appelle vocation c'est à partir du moment où on est sûr qu'on est appelé par le Seigneur c'est ce travail sur soi pour trouver ou décider ou choisir ou ou voir clair avec quelqu'un [...] pour moi la vocation c'est plus dans le contexte recherche de son identité religieuse ».

La vocation est associée à la recherche de la forme de vie, à ce type d'identité collective.

Conclusion

Un processus de subjectivation

Nous avons proposé de penser l'identité comme un processus de subjectivation (ou d'individuation) où l'individu se définit en regard du collectif (externe/interne). Dans ce processus, nous avons porté une attention particulière à tous les personnages apparaissant dans le récit et à leur rôle dans la construction identitaire du sujet. Le processus de subjectivation tel que proposé ci-dessous prend l'ensemble des changements et des dévoilements.

L'enfance de sœur Marie-Michèle est marquée par la maladie, elle est asthmatique de 2 ans à 23 ans (c'est principalement la maladie qui la définit). La maladie est due, en partie, à une forte emprise maternelle (une trop forte présence qui empêche d'être, tout comme dans la trop grande absence). Le père n'est pas différencié au niveau des imagos parentales, sœur Marie-Michèle parle d'un parent nourricier très costaud. La représentation de soi qui ressort de l'enfance porte les traces de l'emprise maternelle, de la soumission (donc de la *persona*, du faux *self*, du soi social) donc de l'extériorité. Sœur Marie-Michèle se définit comme un enfant sage qui ne transgresse pas (qui reste dans la soumission) donc qui ne grandit pas. Sa naissance psychique ainsi qu'une première année sans crise d'asthme interviennent lorsqu'elle s'éloigne des parents pour un séjour en Angleterre à 18 ans (le récit débute alors, quand elle devient un sujet). L'absence de la mère permet de dépasser des limites physiques, modifiant de manière importante le rapport à soi, la représentation de soi donnée en miroir par la mère et intériorisée (*persona*). Une figure d'identification (de frère) favorise l'éclosion en proposant un environnement contenant (dans la confiance) et stimulant. L'espace de liberté, la guérison et la langue anglaise sont associés. La langue (qui nourrit, signifie sans gaver) est investie comme un espace de liberté en contraste à la langue maternelle. A 20 ans, lors d'un deuxième séjour en Angleterre, une modification identitaire par le récit est rendue possible par un lien identificatoire (de mère) à une femme (qui favorise aussi la différenciation d'avec les imagos parentales indifférenciées). Le récit, un conte de fées, permet une première expérience perceptive de Dieu. Au travers du conte, Dieu est devenu quelqu'un, induisant de ce fait une appropriation personnelle d'un donné collectif (mouvement de différenciation et d'intériorisation). Le lien créateur-créature, perçu par sœur Marie-Michèle dans l'expérience, est un lien d'engendrement porteur d'identité. Sœur Marie-Michèle peut, maintenant qu'il a été vécu, se définir par ce lien personnel. Son retour et les débuts de la vie professionnelle sont vécus comme un échec de par la difficulté de transmission d'une part intime d'elle-même, l'anglais (qui est traité comme moins que rien). Durant cette période, elle vit à 23 ans une expérience de rencontre du Christ lors du sacrement de réconciliation ; c'est un père (qui se différencie des imagos indifférenciées en donnant un espace de liberté), par sa qualité de médiateur, qui rend présent Dieu. Grâce à cette présence, et à travers le rite, elle est rejointe par le Seigneur Jésus. Ainsi, cette présence est contenante, elle occupe une fonction maternelle. Le rite favorise un nouveau rapport de soi à soi par une prise de distance dans un regard rétrospectif. L'homme se trouve face à sa condition de créature (donc de toutes ses limitations, l'*ombre* pour les jungiens). Mais le rite assure à l'homme d'être reconnu, rejoint dans cette condition (pouvoir intégrateur du rite). D'un point de vue jungien, c'est une expérience archétypique, la rencontre de l'archétype du Soi dans sa double dimension de totalité contenante et de centre de la personnalité.

Le père rencontré lors de ce sacrement devient son père spirituel. Il est à l'écoute du désir de sœur Marie-Michèle, favorise le changement professionnel et donne la capacité de transmettre (fonction paternelle). Sœur Marie-Michèle devient bibliothécaire et elle transmet aux enfants, par les contes, quelque chose de sa propre intimité. Cette insertion professionnelle la met et la maintient en lien avec elle-même (avec le Soi, le vrai *self*) favorisant ainsi la création (et le maintien) d'une identité positive, d'un bon rapport à soi[59], dans une connivence presque parfaite entre ce qu'elle veut transmettre de son intimité et ce qui lui est demandé par son travail (présence d'un bon environnement extérieur qui laisse émerger le vrai *self*). Sœur Marie-Michèle n'explicite pas la dimension religieuse du rapport à soi qui est travaillée (d'autre part) au monastère. Elle devient responsable de toute la bibliothèque, selon le désir du responsable communal, par obéissance (sans

---

[59] Ce bon rapport à soi teinte la description de ce changement.

goût) au père spirituel. Etre responsable l'éloigne d'un lien vital à elle-même, l'oblige à gérer des gens (donc des conflits). Quand sœur Marie-Michèle sent qu'elle perd sa vie (le lien vital à elle-même), tant elle souffre dans cette fonction (non différenciée d'elle-même), elle va voir le père spirituel[60] pour dire son intention de ne plus attendre (pour donner sa vie à Dieu). Elle quitte son travail avec l'accord du père spirituel, et se lance dans une recherche de la forme. Cette recherche est très difficile et elle aboutit, grâce à une expérience qui donne l'identité. Dans un état de profonde tristesse et de désorientation (perdue dans le noir) elle voit le regard d'une sœur de sa communauté future. Une sœur qui l'avait plongée dans la présence de Dieu. Le regard (d'une personne en lien avec elle-même), tout comme le récit (« Narnia »), donnent accès à une autre réalité, à la présence de Dieu (au Soi). Cette expérience (archétypique) compense la désorientation consciente et donne l'identité communautaire qui sera validée par le père. L'entrée au monastère et le changement de nom nécessaire sont identitairement très en lien avec le père spirituel (et sa fonction paternelle de nommer). Le nom choisi est composé de deux personnes, deux réalités vivantes. La figure d'homme est choisie (d'abord[61]) comme saint patron.

Pendant la période de noviciat, à 33 ½- 34 ans, une exposition à une forte poussière provoque le retour des crises d'asthme ce qui la plonge dans le doute. Dans la confiance et l'obéissance (en vue d'une autonomie par rapport à un lien à l'enfance et de l'enfance), sœur Marie-Michèle fait un dépassement[62]. Ce dépassement est possible d'une part par l'appui sur des expériences antérieures (dont celles de 18 ans) et, d'autre part par l'appui sur une figure religieuse, la Vierge Marie. Par la prière, sœur Marie-Michèle se met dans un lien sécurisant à une imago maternelle, à une figure d'attachement. En termes jungiens, elle se met dans un lien conscient à un archétype, ici l'*anima* (perçu comme une réalité psychique autonome). Son père spirituel meurt quand elle a 36 ans et qu'elle est professe temporaire depuis une année. Face à cette perte immense, le lien est préservé par incorporation de l'objet (lien reconnu culturellement par la communion des saints). A 40 ans, dans un moment où le collectif ne reconnaît pas sa souffrance, elle se lie à (et mobilise) une figure religieuse par l'intermédiaire de l'un des récits de cette figure. Saint Bernard, en tant que réalité vivante, devient une figure d'attachement pour vivre cette période de maladie. C'est le corps qui fixe les limites chez sœur Marie-Michèle, qui peine à s'occuper d'elle-même, prise dans un activisme valorisant (et valorisé). La maladie correspond à des périodes éblouissantes car elle permet de prendre du recul, d'être en lien avec elle-même. Le rôle donné au corps dénote d'un manque

[60] Le fait de choisir le jour d'anniversaire renvoie au jour de la naissance ce qui est intéressant d'un point de vue identitaire.

[61] Le choix de Michel est présenté avant dans le récit. Elle lui donne aussi le rôle de saint patron.

[62] Faire des choses impossibles sans crise d'asthme, dépasser une situation d'enfance.

d'intégration d'un rapport au corps[63]. L'épisode de l'opération chirurgicale correspond aussi à une période éblouissante. Dans le dernier changement, à 50 ans, sœur Marie-Michèle se trouve en grande difficulté. En tant que maîtresse des novices, il lui semble vivre une situation d'échec dans la transmission de la vie monastique. Echec que l'on peut attribuer premièrement à une indifférenciation entre la fonction et la personne. La fonction l'oblige à faire entrer les novices dans les cadres de la tradition quand, elle-même, s'est construite en dehors de ces cadres. Deuxièmement, cette privation de liberté inhérente à la fonction ravive un lien à la mère et favorise une moins bonne distance affective. Sœur Marie-Michèle trouve des appuis dans l'identification aux personnages de contes (Bilbo) écrits en anglais. La symbolisation dans la langue anglaise est plus efficiente. Le conte permet d'être en lien avec des réalités psychiques autonomes (archétypes) et pousse (par l'identification) à sortir du même. En plus de l'usage du récit, l'intervention d'une psychothérapeute aide à la construction identitaire. Elle propose un recentrage sur la personne qui a pu être traduit de manière pratique (et active) dans la vie de sœur Marie-Michèle, modifiant ainsi son rapport à l'idéal, son estime de soi (identité positive), et favorisant une différenciation entre les fonctions (*persona*, faux *self*, soi social) et la personne (le vrai *self*, le Soi). La psychothérapeute, par son intervention, aide aussi à ce que la personne et les fonctions cohabitent, pour que la part réservée aux deux soit reconnue, pour que sœur Marie-Michèle s'occupe aussi d'elle-même (ce qui ne donnerait plus de raison d'être à la fonction de la maladie). La différenciation fonction/personne et l'appui sur le récit font qu'elle part à l'aventure.

Importance du dévoilement dans la construction identitaire

Le dévoilement, qui intervient dans la troisième partie de l'entretien, confirme l'importance du père spirituel dans le parcours de sœur Marie-Michèle et relève l'impossibilité pour elle de perdre cette figure. Un lien par-delà la mort est nécessaire. Un moyen propre à la tradition permet de conserver le lien: la communion des saints.

Le statut des figures religieuses

Avant le changement n°2 (« Narnia », 18 ans), la religion est vécue par sœur Marie-Michèle dans le collectif et l'extériorité : *jusqu'à maintenant j'étais catholique avec une foi reçue mais pas assimilée personnellement et*

[63] Et peut-être d'une soumission (non bénéfique) au collectif dans une incapacité à fixer des limites. De plus, ce lien entre maladie et période éblouissante sert de structure à la description en tout cas depuis cette quarantaine des 40 ans. Ce que confirment et l'opération chirurgicale et le changement actuel, celui des 50 ans, qui associe grave pépin de santé à période bénéfique.

j'étais pratiquante pour faire plaisir à maman qui l'était extrêmement. Il n'y a pas un contact personnel et intériorisé avec des figures religieuses proposées par sa tradition.

Le changement n°2 évoque une mise en relation personnelle, par l'intermédiaire d'un conte, d'une figure identifiée comme religieuse : *l'expérience d'un seul coup j'ai palpé avec tout mon être que Dieu est créateur et que je suis créature et j'avais jamais perçu ce de manière personnelle ça.* L'expérience permet un passage à l'intériorité, à une assimilation personnelle d'un donné collectif (culturel).

Le changement n°3 voit une personne et un rite mettre sœur Marie-Michèle en contact avec une figure religieuse : *j'ai eu une telle rencontre à travers lui de la présence de Dieu et à travers le sacrement d'être rejointe par le Seigneur Jésus vraiment Lui.* La médiation par l'humain et le rite sont deux nouveaux moyens de mise en contact avec des figures religieuses. Le passage par l'humain, et en particulier du père spirituel, se trouve nécessaire pour rencontrer la figure religieuse dans l'une de ses fonctions, celle de père (Dieu le Père). Une fois le lien établi à ces figures religieuses (en tant que réalités vivantes), elles deviennent mobilisables (changement n°8, changement n°10), et elles peuvent se manifester par ces canaux (récit, personne, rite) de manière autonome.

Entretien de soeur Marie-Michèle

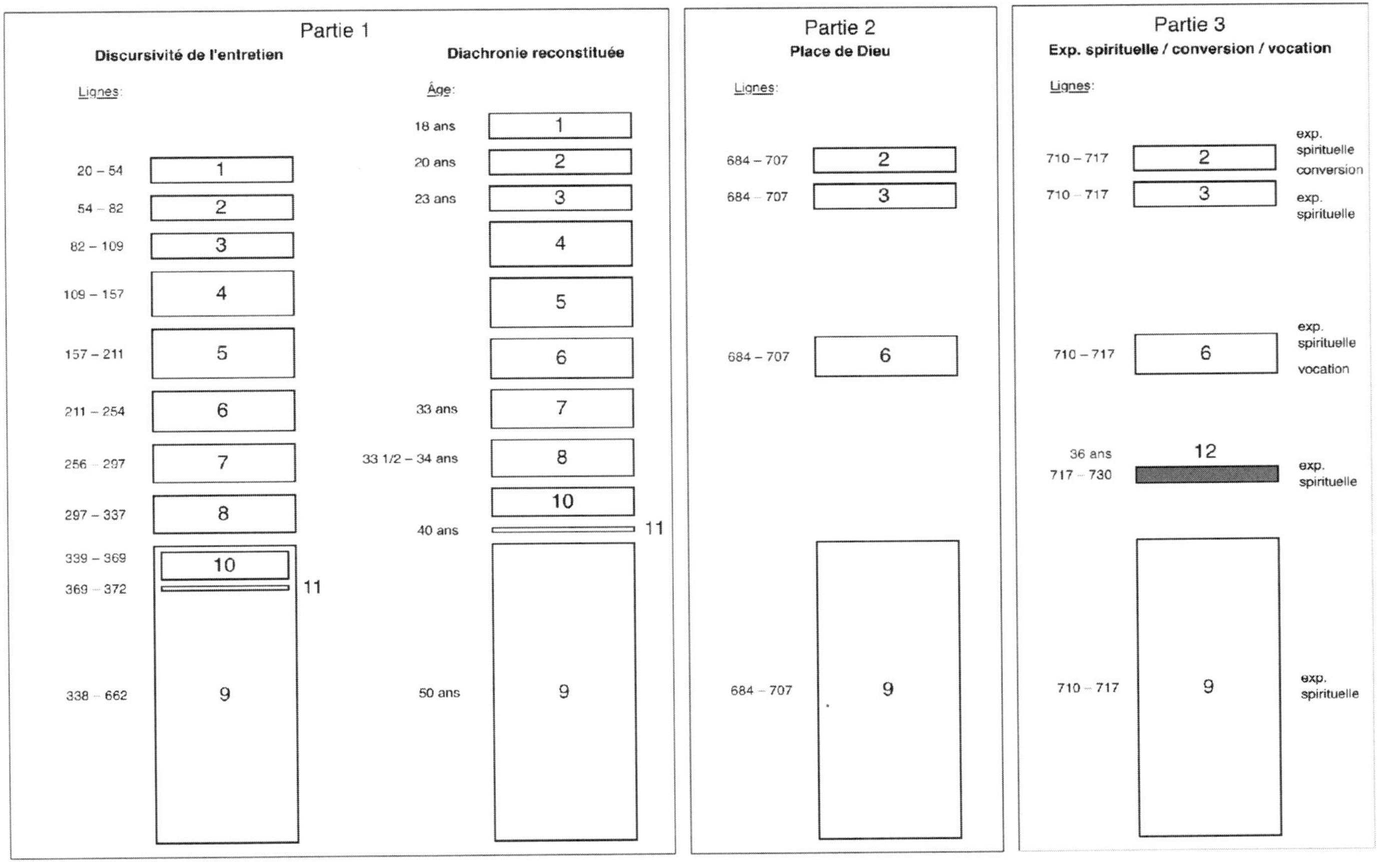

Cinquième partie

ANALYSE DE L'ENSEMBLE DU CORPUS

L'ensemble des 16 récits du corpus ont été segmentés avec la méthode proposée et élaborée à l'aide des quatre récits qui ont été l'objet d'une analyse approfondie. Les résultats de l'analyse des 16 récits du corpus sont présentés en trois parties. La première partie traite plus spécifiquement de la question de la conversion et de la nécessité, au vu des récits, de la considérer comme un processus. Nous nous arrêterons aussi sur la place importante, dans une conception « relationnelle » de la construction identitaire, d'une rencontre du Christ dans ce parcours. La deuxième partie concerne les trois étapes majeures dans un processus de subjectivation que nous avons mis en lumière dans l'élaboration de notre modèle de construction identitaire : la relation primaire, l'adolescence et le mitan de la vie. Le rôle et la place de la dimension religieuse seront pris en compte pour chaque étape décrite dans les récits. Nous terminerons, dans la troisième partie par la question du dévoilement (apport original qui ressort de notre réflexion méthodologique). Nous examinerons tout spécialement le rapport du dévoilement à l'intimité et à une construction centrale/périphérique de l'identité.

Chapitre 18

CONVERSION, EXPÉRIENCE RELIGIEUSE

Des définitions de la conversion à l'idée d'un processus

La troisième partie de l'entretien pose explicitement la question de la conversion et de la possible qualification en ces termes des changements importants que les sujets ont identifiés précédemment. Quatorze sujets ont donné une définition. Nous n'avons pas 16 définitions car deux récits, celui de sœur Clotilde et celui de sœur Gertrude, sont des récits « exploratoires » récoltés en 2002 au tout début de la recherche et ils ne contiennent pas de réponse à la troisième partie du canevas d'entretien (de plus sœur Clotilde et sœur Gertrude n'ont pas fait référence spontanément à la conversion). Nous allons tout d'abord présenter l'ensemble des 14 définitions. Puis, nous essayerons de montrer, à l'aide d'un exemple, celui de sœur Fabienne, que la conversion peut être vue, pour notre population, comme un processus en deux étapes : réappropriation personnelle et état.

L'ensemble des sujets sont nés dans un milieu catholique. Nous pouvons classer l'ensemble des sujets dans le type *intensification* de Lewis Rambo. Tous les sujets se réapproprient la religion qui leur a été transmise (avec plus ou moins de ferveur). Dans ce sens, et comme le dit frère Hyppolite, il est difficile de parler de conversion quand on reste dans la même tradition. La conversion peut alors être lue comme une appropriation personnelle, quelque chose dont on fait l'expérience de manière plus personnelle :

> « c'est vrai qu'à proprement parler on ne peut pas parler de conversion parce que justement c'est le cas de beaucoup de de personnes aujourd'hui par exemple qui veulent devenir moine pour qui il s'agit vraiment d'une conversion dans le sens heu heu qu'ils n'ont souvent aucune référence chrétiennes ou la seule référence chrétienne c'est un baptême vécu il y a X années et puis qu'ils ont complètement oublié mais c'est pas mon cas et dans le même temps on peut parler de conversion si on veut de de d'une sorte de retournement hein dans le sens que une chose c'est de connaître encore une fois Dieu par ce que on m'a parlé de lui hein et une chose c'est de faire l'expérience de de de quelque chose de quelque chose de son mystère alors

dans ce sens c'est vrai c'est on peut parler de conversion c'est un retournement la conversion ».

Dès lors que les sujets se rangent en totalité dans le type intensification, nous ne sommes pas étonnés que les occurrences du mot vocation soient plus nombreuses que celles du mot conversion (87 *versus* 55)[1].

Sur les 14 récits, 5 sujets utilisent le terme de retournement pour parler de la conversion, soit frère Denis, sœur Evelyne, frère Félicien, frère Hyppolite et sœur Hélène :

> frère Denis : « Cet événement de quinze ans oui ça peut être conversion et expérience spirituelle conversion qui suit une expérience spirituelle [Exp : mhmh] puisque mon mode d'être était visible des autres mais pas de moi-même donc c'était pas un effort de conversion c'était un **retournement** hein conversion ça veut dire ça ».

> Sœur Evelyne : « C'était une religion que j'avais reçue mais que j'avais pas fait mienne quelque part et que j'avais été dans l'incapacité de faire mienne à cause de mon de mon enfermement euh psychologique donc euh au moment où où la route s'est ouverte devant moi euh ça a été à la fois aussi une conversion parce que j'ai vraiment j'ai vraiment fait un **retournement** euh et et pris en charge cette cette foi euh qui m'avait été euh transmise ».

> Frère Félicien : « Il y en deux au moins il y a l'entrée au monastère / hein qui est euh dans le sens euh changer de chemin retourner **se retourner** donc c'est euh voilà je change de route même si en fait ou alors peut être oui même si euh même si euh je marchais vers ça mais un aspect de voilà à partir de maintenant eh bien euh voilà j- je change mon orientation et je polarise tout vers vers Dieu vers le Christ et puis alors peut-être la plus forte conversion c'est là encore Simone Pacot c'est-à-dire une euh une conversion de ma représentation de Dieu et de ma représentation de moi-même enfin euh du rapport donc là il a eu vraiment un / un / voilà encore je sais pas j'avais déjà ça un peu finalement mais il y a vraiment eu quelque chose de changé de changement très fort dans euh // un **retournement** intérieur ».

> Frère Hyppolite : « On peut parler de conversion si on veut de de d'**une sorte de retournement** hein dans le sens que une chose c'est de connaître encore une fois Dieu par ce que on m'a parlé de lui hein et une chose c'est de faire l'expérience de de de quelque chose de quelque chose de son mystère alors dans ce sens c'est vrai c'est on peut parler de conversion c'est un **retournement** la conversion ».

> Sœur Hélène : « Je vois un un **retournement** mais /// s'il y a de l'ordre de la conversion dans l'événement où je me suis perdue heu / il y a eu des éléments je pense qui sont de l'ordre de la conversion parce que c'est vrai qu'à un certain moment j'ai pris conscience que j'avais voulu arriver au bout et trouver le moyen de de rentrer seule par mes propres moyens à coup de volontarisme et à partir du moment où j'ai lâché ma volonté en accueillant qu'effectivement tu t'es perdue et puis maintenant tu lâches prise ».

Notons que 4 sujets identifient un seul moment de retournement alors qu'un sujet, frère Félicien identifie deux moments de retournement.

---

[1] Voir le talex dans les annexes.

Cinq sujets parlent de la conversion en termes de processus long, de posture (d'attitude constante) : sœur Anne, frère Cyprien, sœur Fabienne, frère Eric et frère Gratien :

> sœur Anne : « Je suis toujours en cas de conversion (...) pour moi la conversion c'est **me remettre en question** est-ce que mon schéma ou ma façon de voir c'est ça qui doit passer ou alors et tout le monde a tord ou est-ce que j'accepte que d'autres d'abord aient une autre opinion ».
>
> Frère Cyprien : « Alors très souvent je vois là maintenant y a deux choses tu as la parole du Christ où tu as où tu as une voie qui qui mène à la mort / et je vois beaucoup mieux les les deux horizons toujours de ma vie dans chaque choix je me dis ben là y a deux horizons y a l'horizon qui est qui est mortel et un horizon qui / qui demande la foi mais qui [Exp : mmh] qui qu'est porteur de / d'une espérance même si elle est / si c'est une espérance parfois tremblante ou fragile mais et alors la conversion je l'avais juste sur ce point de choisir la [Exp : mmh] et et donc je suis plus conscient que la conversion est une / doit être une heu comme **une attitude constante** ».
>
> Sœur Fabienne : « Maintenant je suis beaucoup plus sensible à ce que je disais en commençant que ça devient **un état** ».
>
> Frère Eric : « Je crois que quand j'accepte d'entreprendre heu je crois que quand je choisis d'avancer c'est-à-dire de ne pas accepter d'être bloqué arrêté par quelque chose heu quand le Seigneur me montre un aspect de moi qui est plus ou moins mort et que **j'accepte de travailler dessus** je crois que c'est une conversion ».
>
> Frère Gratien : « Dans la dans le fait d'entrer au monastère y'a aussi des y'a y'a les y'a y'a un tas d'aspect humain qui intervient tu vois bon je veux dire y'a le fait d'être pris en charge heu d'avoir un univers qui qui se tient bon une sécurité tu vois je veux dire tu vois heu donc je veux dire heu heu ça ça peut ça va pas forcément dans la sens de la conversion tu vois c'est ça que je veux dire heu mais on apprend aussi dans le temps à vivre ces choses humaines dans le sens d'une d'un accueil de la volonté de Dieu au quotidien quoi tu vois mais heu c'est donc heu mais donc la conversion el- el- elle est quand même pas je veux dire heu **elle est toujours à vivre heu tu vois au quotidien** ».

Sur ces 5 sujets, 4 n'identifient pas un moment de conversion. Seul frère Eric caractérise les trois changements importants dans sa vie comme trois moments de conversion. De plus, l'ensemble des sujets peuvent déterminer avec plus ou moins de précision quand ce processus long, cette attitude constante a débuté.

Par ailleurs pour sœur Danièle, la conversion c'est intégrer un choix, le choix de la vie monastique :

> « J'ai toujours eu me semble-t-il j'ai eu la chance d'avoir deux prêtres euh exceptionnels qui étaient très différents mais qui m'ont beaucoup aidée aujourd'hui il n'y a plus personne et donc c'est une conversion dans le sens où j'allais dire ce que j'ai choisi au moment de ma vie monastique j'ai à l'intégrer aujourd'hui c'est-à-dire Dieu seul / et dans la confiance et tu m'as menée ici j'ai eu des aides pour m'aider pour trouver mon chemin aujourd'hui il n'y a plus personne et Tu es là ».

Finalement, 3 sujets définissent la conversion comme une rencontre avec une figure religieuse : frère Anselme, frère Barthélémy, sœur Marie-Michèle :

> frère Anselme : « La conversion assez évidente c'est le c'est le c'est le changement **c'est la rencontre du Christ** où où là heu // quelque part c'est c'est un peu de l'ordre de du chemin de Damas ».
>
> Frère Barthélémy : « Un moment que je / qui est fondateur vraiment fondateur // et que je pourrais décrire comme heu comme la comme la prière / la première prière // et / où j'étais plus seul quoi / comme l'a- l'abolition de la solitude », frère Barthélémy identifie le moment fondateur comme étant celui de la conversion (« oui oui oui /oui je m- sur le moment je l'appelle ma conversion / le moment /ce moment fondateur c'est je vraiment je l'ai toujours considéré comme une conversion »). Ce moment est identitfié par frère Barthélémy comme celui de la présence du Christ : « **C'est le Christ vivant qui qui qui est là** et qui et qui a une volonté (...) le premier moment c'était son désir c'était être avec moi ».
>
> Sœur Marie-Michèle : « Une expérience autre de / de **rencontre avec le Seigneur Jésus** avec heu en rencontrant un père spiri- un père qui est devenu mon père spirituel pendant le sacrement de réconciliation que j'avais pas reçu depuis des années et il avait dit heu vous pouvez venir heu c'est pas obligatoire donc j'étais venue que parce que c'était pas obligatoire parce que j'avais une trouille terrible de ce sacrement que je pratiquais pas du tout puis je savais pas à quoi ça correspondait j'ai eu une une telle rencontre du à travers lui de la présence de Dieu et à travers le sacrement de de d'être rejointe par le Seigneur Jésus vraiment Lui pas c'était pas sans confusion j'ai j'ai avec une telle force je je là aussi je me souviens précisément de de des mots du de l'heure du jour de tout et ce jour-là c'est j'ai été heu tellement sûre que c'est une personne qui m'aime que j'ai donné ma vie tout de suite au Seigneur Jésus et alors à partir de ce de cette heure-là j'étais toute autre ma vie avait complètement basculé je ça avait du sens ».

Les trois sujets qui caractérisent la rencontre du Christ comme étant le moment de conversion identifient une ou plusieurs rencontres : frère Anselme identifie une rencontre, frère Barthélémy trois moments et sœur Marie-Michèle 4 expériences de basculement.

Comme nous le verrons quand nous traiterons les expériences de rencontre du Christ, bien plus de sujets évoquent de telles expériences mais ils ne qualifient pas automatiquement la rencontre avec un moment de conversion.

Ainsi, les sujets n'identifient pas toujours, loin s'en faut, un moment de conversion mais bien souvent des moments de conversion ou le début d'une attitude constante. Il semble pourtant possible de dégager un processus de l'ensemble de ces 14 définitions. Il y a pour l'ensemble des sujets un moment de réappropriation personnelle qui peut être qualifiée de retournement et qui peut advenir grâce à une expérience religieuse marquante (par exemple la rencontre du Christ). D'un point de vue psychologique, l'appropriation personnelle correspond à un mouvement d'intériorisation d'éléments d'un système religieux transmis par l'éducation. Une fois intériorisés, les éléments peuvent participer, d'une manière personnalisée, à une attitude constante. Observons les deux étapes du processus à l'aide du récit de sœur Fabienne sur la question de la conversion :

> « On peut être on peut être chrétien catho depuis depuis le baptême parce qu'on est tombé dedans quand on était tout petit et que et que voilà ça a toujours à la limite ça allait de soi mais y a un moment où il faut qu'on il faut qu'on la choisisse cette foi qu'on a reçue au berceau et que et que c'est de l'ordre de la conversion alors moi je le vivais de fait comme comme une je disais conversion parce que parce que je savais qu'il avait eu des quelques mois très très durs très très très très pénibles ou de fait j- j'av- j'avais eu le sentiment d'un pour reprendre le où je m'étais engouffrée dans des fausses dans des fausses pistes (...) et que c'est pour ça que c'est une conversion parce que du coup il fallait se il fallait se retourner quoi voilà c'est pour ça que c'était une conversion et puis lorsque parce que je pense qu'une que quelqu'un un converti y a une une enfin XX j'en avais vu ça s'accompagne d'une d'une grâce de joie y a une grande joie et cette joie je l- je la goûtais et je et oui tu vois c'est pas tari cette affaire-là la joie v- voilà donc ça c'était pour ça maintenant je le dis plus parce oh qu'en même temps y a un y a un petit côté aussi euh je sais pas quoi sentimental ou voilà c- je je l'exprime différemment et puis parce que le temps a passé aussi et que maintenant je suis beaucoup plus sensible à ce que je disais en commençant que ça devient un état ».

Sœur Fabienne n'identifie plus le moment de réappropriation personnelle[2], qualifiée comme un retournement, comme étant celui de la conversion. Pour elle, il faut choisir la foi qui a été transmise, se retourner, puis, peu à peu, la conversion devient un état. Il est ainsi possible, et selon nous intéressant vu l'homogénéité de notre population, de conserver l'idée d'un tel processus. Les sujets peuvent identifier le moment de conversion comme étant soit la période de réappropriation ou soit l'état qui succède. Les deux étapes peuvent s'accompagner d'expériences religieuses. Par exemple, pour frère Denis, l'appropriation qu'il caractérise comme un retournement va de pair avec une sensation de présence du Christ :

> « Je me souviens qu'on a fait tout un parcours de l'Evangile en l'appliquant à notre vie disons / et ça m'a vraiment retourné c'est-à-dire que j'ai senti la présence du Christ qui me tenait la main pendant ces trois jours / tout ce que j'entendais comme parole de l'écriture je le connaissais par cœur alors que j'étais un élève médiocre / et j'ai vécu ces trois jours dans un bonheur profond j- j'ai rien vu rien entendu mais présence très forte et cette présence a continué pendant au moins un an ».

Dans notre perspective de penser la construction identitaire dans le lien, la rencontre du Christ occupe une place importante. Relevons l'ensemble des récits qui évoquent une rencontre du Christ.

---

[2] Notons que la réappropriation personnelle s'accompagne d'une expérience de rencontre du Christ.

La conversion : une rencontre du Christ ?

Sur les 14 récits, 8 sujets évoquent des expériences religieuses marquantes de présence ou de rencontre du Christ[3].

Frère Anselme évoque une expérience unique, fondatrice, de rencontre du Christ. *Ça c'est incarné.* Cette rencontre est identifiée comme le moment de conversion :

> « Y a eu euh une expérience fondatrice de euh de la rencontre de Jésus euh de l'humanité et de la divinité euh avant j'étais peut-être un peu euh un peu trop déiste [Exp : mmh] et là ça s'est euh ça a pris chair ça a pris corps ça s'est incarné euh je c'est peut-être euh dans ma vie spirituelle c'est sur euh trente euh trente-huit ans heu c'est le plus grand changement (5 secs) euh le Christ est devenu une personne / et pas euh et pas seulement une idée théologique ou un concept théologique euh (8 secs) et y a eu euh une une expérience euh spirituelle euh fondatrice ».

Frère Barthélémy parle de trois expériences du même type, mais la première (à 27 ans) a le statut d'expérience fondatrice. Elle correspond au premier moment où il n'était plus seul et elle est identifiée comme le moment de conversion :

> « J'ai le le la sensation d'avoir vécu une expérience un moment une heure une date qui a avec un avant et un après (...) y a vraiment eu un un moment que je / qui est fondateur vraiment fondateur // et que je pourrais décrire comme heu comme la comme la prière / la première prière // et / où j'étais plus seul quoi / comme l'a- l'abolition de la solitude ».

> « C'est le Christ vivant qui qui qui est là et qui et qui a une volonté (...) le premier moment c'était son désir c'était être avec moi ».

Sœur Anne vit une expérience marquante (à 21 ans) suite à une scène dont elle est témoin. C'est la première fois où Jésus devient quelqu'un, une personne. Il y a une incarnation de la parole. Ce moment n'est pas identifié par elle comme un moment de conversion :

> « Un déclic si tu vas et que tu te présentes [Exp : mmh] et que tu te souviens que ton frère a quelque chose contre toi va dépose ton offrande moi je me suis dit alors si c'est ça je me suis tirée péniblement de mon lit et je suis allée à la messe ça ça a été vraiment le premier / mmh / où où Jésus était devenu quelqu'un et pas un concept ou quelque chose d'abstrait ».

Sœur Marie-Michèle évoque plusieurs expériences religieuses marquantes. Les deux premières (à 23 ans) ont un statut particulier même si toutes les expériences sont du même type[4]. La première expérience fait suite à la lecture d'un conte de fées (où il y a une réappropriation personnelle de la foi transmise) et la deuxième est la rencontre du Christ pendant le sacrement

---

[3] Ces expériences seront qualifiées sur le moment ou dans l'après-coup comme religieuses par les sujets.

[4] Sœur Marie-Michèle qualifie ces expériences, d'expériences de basculement.

de réconciliation. C'est la première expérience qui est qualifiée de conversion :

> « L'expérience d'un seul coup j'ai j'ai palpé avec tout mon être que Dieu est créateur et que je suis créature et j'avais jamais perçu ça de manière personnelle » ;
>
> « J'ai eu une une telle rencontre du à travers lui [père spirituel] de la présence de Dieu et à travers le sacrement de de d'être rejointe par le Seigneur Jésus vraiment Lui pas c'était pas sans confusion ».

Frère Denis évoque une expérience (à 15 ½ ans) de présence du Christ. Cette expérience est identifiée comme le moment de conversion :

> « Alors à l'âge de quinze ans seize quinze quinze ans et demi enfin dans l'année scolaire de la troisième j'ai vécu une retraite c'était trois jours de prière avec l'école et pour la première fois parce que tous les ans y avait une retraite trois jours de prière mais pour la première fois à l'extérieur de l'école / et pendant ces trois jours / il s'est passé euh je quelque chose de que je peux pas expliquer mais disons que c'était sans doute une retraite prêchée sur le modèle des exercices de saint Ignace mais en trois jours pour des des presque des enfants je me souviens qu'on a fait tout un parcours de l'Evangile en l'appliquant à notre vie disons / et ça m'a vraiment retourné c'est-à-dire que j'ai senti la présence du Christ qui me tenait la main pendant ces trois jours / tout ce que j'entendais comme parole de l'écriture je le connaissais par cœur alors que j'étais un élève médiocre / et j'ai vécu ces trois jours dans un bonheur profond j- j'ai rien vu rien entendu mais présence très forte et cette présence a continué pendant au moins un an ».

Sœur Fabienne identifie une expérience spirituelle fondatrice lors d'un pèlerinage (à 24-25 ans). Elle fait une rencontre « sensible » du Christ. Comme nous l'avons vu, elle a longtemps identifié ce moment comme étant celui de la conversion :

> « [Exp : et pourquoi c'est une expérience spirituelle] // parce que je pense que le le Christ est libre d'intervenir même en tant que personne que ça peut se traduire de façon heu / sensible pour moi c'est une expérience fondatrice et que je dont je ne peux pas douter ».

Frère Eric vit une expérience religieuse à la suite de la lecture de la règle de saint Benoît (à 20 ans). Le Seigneur dans l'expérience est « sensiblement » présent à ses côtés. Cette expérience est identifiée comme l'un des moments de conversion :

> « J'ai eu la curiosité pour me changer les idées de lire la vie et la règle de saint Benoît qui est mon saint patron [Exp : mmh] et c'est cette médiation que le Seigneur a choisi pour heu pour venir à ma rencontre c'est-à-dire qu'il s'est fait oui enfin il m'a fait goûter à quel point il m'aimait / ce que je n'avais jamais perçu à ce point jusque-là et à travers la règle de saint Benoît qui suivait la vie j'ai découvert heu dans la même expérience en fait heu et bien une invitation si je le voulais à / à vivre et à oui cet amour à travers ce chemin qui était la vie monastique / alors autant dire que ça a complètement heu voilà chamboulé tout ce que j'avais vécu jusqu'alors (...) cette expérience que en tous cas peu après disons ça a duré à peu près un mois durant un mois suite à

cette lecture bon je sais pas trop dans quel état j'étais disons mais // disons le le Seigneur a été presque sensiblement heu présent à mes côtés et c'est une expérience durant ce mois-ci j'ai eu quelques songes enfin où j'ai revu en fait le où tout mon passé s'est éclairé à la lumière de ce que je vivais maintenant ».

Finalement frère Hyppolite évoque une expérience qu'il vit (à 19 ans) en voyant une petite communauté de trois frères qui essayaient de vivre l'Evangile. A travers la communauté, il fait une rencontre du Christ plus personnelle. Comme nous l'avons vu, cette expérience peut être relue comme un moment de conversion :

> « Cette rencontre avec cette communauté monastique à l'âge de 19 ans je crois à travers cette communauté je eh heu il y a une une rencontre avec le Christ plus plus personnelle plus profonde alors ce qui a changé en moi c'est je crois c'est ma relation avec le Seigneur euh donc ce Jésus euh n'était plus simplement quelqu'un en qui je croyais parce que évidemment mes parents m'ont transmis cette foi-là mais quelqu'un de personnel heu avec lequel j'ai pu quand même faire ce choix qui n'est pas de tous les jours he qui m'a permis quand même par exemple de de de quitter une première fois ma famille heu à l'âge de 19 ans et puis encore plus tard de de faire ce pas de venir dans un pays qui n'est pas le mien hein et puis de de oui je crois que peut-être qu'à ce moment-là ce qui a ce qui a changé en moi c'est que peut-être je suis devenu amoureux hein un peu si on peut dire hein avant je connaissais hein c'était une amitié ».

Ainsi, 8 récits évoquent une expérience de rencontre du Christ. Cinq sujets qualifient la rencontre comme étant une conversion. Pour l'ensemble des sujets, le Christ devient une personne, la rencontre participe au mouvement d'intériorisation. La rencontre intervient dans les récits qu'en font les sujets de diverses manières.

La rencontre du Christ et les possibles médiations

Il est particulièrement intéressant de relever pour notre propos, celui de la construction identitaire, que la rencontre du Christ se fait, soit à l'aide de médiations, soit sans médiation.

Tout d'abord, deux sujets évoquent une présence du Christ sans médiation. D'une manière spontanée, pour frère Barthélémy dans un endroit incongru, les sujets ressentent une présence sensible du Christ. Notons que l'expérience est, pour frère Barthélémy, sans représentation (changement n°2).

Ensuite, les médiations sont de quatre ordres : par un récit, par un rite, par une personne ou un collectif.

Quatre sujets font référence à une rencontre du Christ par la médiation d'un récit. Il s'agit autant de récits « canoniques » que d'autres types de récit. Dans les récits qui proviennent de la tradition chrétienne, nous avons, pour frère Denis et frère Anselme, l'Evangile. Pour frère Eric, la médiation se fait par le livre qui présente la règle de saint Benoît. Sœur Marie-Michèle a des expériences spirituelles avec des récits provenant de la littérature, par exemple « Les chroniques de Narnia » (changement n°2) ou « Le Seigneur des Anneaux » (changement n°9). Le récit donne ainsi accès à la présence du Christ (ou de Dieu). Il y a clairement un rapport identificatoire aux personnages des récits. Par exemple, le rapport identificatoire est rendu explicite par sœur Marie-Michèle quand elle parle de Bilbo le Hobbit (changement n°9). Nous pouvons dire avec Paul Ricœur, que la *mimésis* va à son terme en reconfigurant le monde du lecteur. Par contre, et comme nous l'avons relevé quand nous avons parlé de Ricœur, la dimension affective du rapport identificatoire n'est pas traitée. Dans ce sens, l'identification ne porte pas sur n'importe quel personnage.

Un sujet, sœur Marie-Michèle, évoque une médiation par un rite, par le sacrement de réconciliation. Lors de ce sacrement, sœur Marie-Michèle se sent rejointe par le Christ. Ainsi, les rites se trouvent être (c'est d'ailleurs leur fonction) des lieux de rencontre avec la(les) divinité(s).

Sœur Marie-Michèle raconte par ailleurs des médiations possibles dans la rencontre avec d'autres personnes. Les personnes la font basculer dans la présence du Christ. C'est le cas notamment de son père spirituel (changement n°3) mais aussi celui de la sœur d'accueil (changement n°6). L'autre peut devenir médiateur et ainsi mettre le sujet en présence du Christ.

De même, un groupe peut jouer le rôle de médiation. C'est, pour sœur Anne, une dispute et ses conséquences dont elle est témoin (changement n°4) qui permettent l'incarnation de la parole. Pour frère Hyppolite, c'est de voir un collectif de trois frères qui va l'amener à une rencontre plus personnelle du Christ.

La médiation par une personne ou par un collectif est rendue possible par un rapport identificatoire du sujet à la personne (frère Anselme et le père blanc dans le changement n°1), au collectif, par *leurs histoires*[5] : le déracinement pour le père blanc auquel frère Anselme peut s'identifier ; la question de pouvoir aller à la messe pour recevoir l'eucharistie pour sœur Anne ; les trois frères de la communauté pour frère Hyppolite. Notons, et cela est important, qu'un rapport identificatoire ne nécessite pas forcément la rencontre avec la personne ou le collectif. Il n'y a, dans ce sens et comme nous l'avons vu dans la partie théorique, pas besoin d'un lien d'attachement préalable entre le sujet et une personne ou un groupe. Par contre, l'expérience peut amener le sujet a créer un tel lien. Par exemple, frère Hyppolite s'attache à cette communauté. Il quitte sa famille à 19 ans pour rejoindre les trois frères. Le prêtre que sœur Marie-Michèle rencontre dans le sacrement de la réconciliation devient son père spirituel. Le rapport identificatoire provoque un « tilt » (frère Hyppolite), un « déclic » (sœur Anne) voir un « choc » (frère Anselme)[6].

---

[5] Nous soulignons.

[6] Dans la rencontre du père blanc, changement n°1 de l'analyse approfondie de ce récit.

De plus, les changements, tels que racontés, sont d'autant plus marquants que le rapport identificatoire a lieu dans la rencontre ou sans cette rencontre.

L'ensemble de cette réflexion, sur la façon dont la présence du Christ advient dans les récits de nos sujets, donne des indications précieuses sur la manière dont se construit, d'un point de vue psychologique, une identité. Nous avons vu que la dimension religieuse peut ainsi intervenir de différentes manières dans la construction identitaire en passant, ou non, par des médiations qui s'appuient sur des rapports identificatoires.

Notons encore que dans les expériences religieuses marquantes, des frères et des sœurs lient une expérience à un lieu. Par exemple frère Félicien a un coup de foudre qui donne une certitude (de faire sa vie là) associée à un lieu. Elle provoque l'attachement à ce lieu : *c'était là (...) je suis rentré très vite après*. Nous retrouvons un cas semblable dans le récit de sœur Clotilde :

> « Le jour où je suis rentrée ici à [nom du monastère] où j'ai mis le pied à l'intérieur je me souviens toujours je me souviens de la clarté c'était un jour d'automne je me souviens de la clarté de la couleur du ciel de l'odeur et de la clarté de la journée et j'ai eu un sentiment d'une telle paix que j'ai senti que ma place était ici [Exp : mmh] et depuis ce jour-là j'ai plus jamais remis en question ma ma place à [nom du monastère] ».

De même pour sœur Gertrude :

> « [Exp : y a quelque chose de fort qui s'est passé cette semaine-là ou bien heu ou bien un sentiment d'être chez soi ou heu] ouais ça c'est très très fort c'est quand je suis revenue après où j'avais l'impression que je revenais à la maison effectivement ».

Il semble que les lieux induisent des liens d'attachement. A un niveau identitaire, le lien à un lieu porte la marque de l'appartenance : ma place est là, c'est là (ce monastère, cette communauté). Notons finalement que l'appui sur des figures religieuses n'est possible uniquement après (ou en même temps) un mouvement d'intériorisation, après une appropriation personnelle d'un système religieux transmis (dans le cadre de notre population).

Passons à la deuxième partie de l'analyse de l'ensemble du corpus en abordant les différentes étapes qui ont été mises en valeur dans l'élaboration de notre modèle de la construction identitaire.

Chapitre 19

Les étapes de vie et la construction identitaire

Dimension religieuse et relation primaire

Nous pouvons nous poser la question, avec Pehr Granqvist et son hypothèse de compensation, de savoir si les expériences que nous avons observées dans les récits viennent en compensation d'un manque, ou d'un trop, dans la relation primaire (petite enfance et enfance). A première vue, une expérience de compensation peut être observée dans 6 récits sur 16, soit chez frère Barthélémy, sœur Anne, sœur Marie-Michèle, sœur Evelyne, frère Cyprien et frère Eric. Abordons maintenant le lien entre dimension religieuse et expériences précoces.

Sur l'ensemble des récits, 6 récits font référence à des expériences précoces négatives[1]. Trois récits évoquent une emprise maternelle :

– sœur Marie-Michèle : *une emprise maternelle très forte* ;

– sœur Evelyne : *je sentais un une emprise, j'ai retrouvé le même étouffement du fait de la de la supérieure qui avait à peu près la même façon de fonctionner que ma mère* ;

– frère Eric : *j'ai été vampirisé si on peut dire par ma mère de telle manière qu'en fait avec bon du chantage affectif et des crises d'hystérie très très fortes.*

Il est intéressant de relever que les trois sujets entretiennent un rapport particulier à la langue, au récit. Comme nous l'avons vu dans l'analyse approfondie de sœur Marie-Michèle, la langue anglaise propose chez elle un espace de liberté (par rapport à la langue maternelle). L'anglais est plus à même de symboliser, de provoquer des expériences de basculement (« Les chroniques de Narnia », « Le Seigneur des Anneaux »).

Sœur Evelyne *est bloquée au niveau du langage complètement bloquée quand je suis rentrée au monastère je disais très peu de choses en fait je disais merci au revoir enfin des mots très courants comme ça c'est tout je ne parlais pas.* A ce moment, c'est la récitation des psaumes qui lui sauve la vie :

> « Mon seul moyen de dire des mots c'était d'aller réciter des psaumes avec telle ou telle communauté (...) cette récitation des psaumes m'a vraiment sauvé la vie en ce sens que ça m'a permis de d'exprimer des choses qui étaient en moi devant Dieu avec les mots qui m'étaient donnés par Dieu et pour moi ça avait une importance capitale ».

[1] On ne tiendra pas compte de frère Denis car l'expérience a eu lieu à 12 ans et ne peut pas être considérée comme une expérience précoce.

Relevons que sœur Evelyne se trouve face à Dieu avec les mots de Dieu comme elle fut aussi, dans l'enfance, face à la mère avec les mots de la mère. Dans ce sens, l'expérience de dire les mots de l'autre face à lui n'est pas vécue dans l'emprise, mais sauve la vie. C'est la psychothérapie, vécue comme une renaissance, qui permet à sœur Evelyne de prendre sa vie en main[2].

A 20 ans, frère Eric est dans une période difficile[3] et lit la règle de saint Benoît. Suite à cette lecture, frère Eric sent la présence du Christ à ses côtés pendant un mois. Dans ce même mois, il fait des songes qui lui rappellent des souvenirs de son passé qu'il avait complètement oubliés. La présence du Christ lui permet de relire sa vie d'une manière cohérente[4]. C'est donc un lien d'attachement qui permet la relecture, la prise en charge de sa propre histoire.

Tant pour sœur Marie-Michèle que pour sœur Evelyne ou frère Eric, il y a la nécessité de passer par les mots ou la langue d'un autre. Les mots ou la langue ne doivent pas être ceux de la mère. Notons que seuls ces trois sujets, qui ont souffert d'emprise maternelle, font mention dans leurs récits d'une psychothérapie qui est vécue, pour frère Eric et sœur Evelyne, comme un moment de conversion.

Trois autres récits évoquent des expériences précoces :

– un récit, celui de sœur Anne, présente une expérience d'abandon qui provoque un effondrement : *j'ai cru qu'ils m'avaient abandonnée donc ça fait partie d'un de mes effondrements (...) j'ai effroyablement pensé qu'on m'avait abandonnée* ;

---

[2] « cette entrée dans ce chemin de lumière et tout a été pour moi comme une naissance comme une comme // j'ai //// comme une une naissance consciente qui m'a / qui m'a permis de de prendre réellement ma vie en main alors que les deux les deux fois où j'avais voulu le faire je j'ai voulu survivre donc je le faisais mais il y avait quelque chose qui manquait tandis que là euh j'avais vraiment la dimension euh suffisamment suffisante quoi pour pour prendre ma vie en main et à la fois euh l'abandonner à Dieu j'étais capable de faire les deux choses en même temps parce que ce que j'avais pas été capable de faire avant ça a été un un tremplin pour le reste de mon existence ».

[3] « j'étais contre le mur ».

[4] « j'ai eu la curiosité pour me changer les idées de lire la vie et la règle de saint Benoît (...) [Exp : mmh] et c'est cette médiation que le Seigneur a choisie pour heu pour venir à ma rencontre c'est-à-dire qu'il s'est fait oui enfin il m'a fait goûter à quel point il m'aimait / ce que je n'avais jamais perçu à ce point jusque-là (...) le changement aussi que cela a opéré parce que c'est que dans cette expérience que en tous cas peu après disons ça a duré à peu près un mois durant un mois suite à cette lecture bon je sais pas trop dans quel état j'étais disons mais // disons le le Seigneur a été presque sensiblement heu présent à mes côtés et c'est une expérience durant ce mois-ci j'ai eu quelques songes enfin où j'ai revu en fait le où tout mon passé s'est éclairé à la lumière de ce que je vivais maintenant c'est-à-dire que j'ai pris conscience à ce moment-là à travers des souvenirs très précis qui qui que j'avais oubliés que le Seigneur en fait à chaque instant de ma vie même dans les moments les plus noirs et en fait y a eu beaucoup de moments très noirs heu Il était là et que quelque part et bien tout ce que j'avais vécu heu m'avait conduit à vivre heu ce que j'étais en train de vivre en ce moment voilà alors j'ai trouvé ça fabuleux parce que j'étais incapable moi de faire un de de de relire ma vie voilà d'une manière cohérente cohérente quoi je je je me disais ça n'a pas de sens enfin ».

– frère Barthélémy évoque de manière allusive des manques dans la relation primaire quand il évoque son expérience fondatrice : *il a été aimé celui-là (rires) et maintenant je peux le connaître parce qu'il est aimé* ;

– frère Cyprien : *des choses qui m'étaient très très personnelles qui m'avaient pesées beaucoup pendant pas mal d'années et (...) j'avais été seul toujours hein pendant pendant vingt-cinq ans*[5].

Nous avons déjà vu dans l'analyse approfondie de sœur Anne, comment la posture contemplative permet une reprise de l'expérience d'effondrement de l'enfance. De même, dans l'analyse de frère Barthélémy, nous avons montré comment cette expérience d'attachement lui permet de connaître l'enfant qui a été touché. Il est par contre impossible de commenter l'expérience de frère Cyprien car trop peu est dit à ce propos. Notons néanmoins que pour frère Cyprien, ce fut l'ouverture au père spirituel et le fait d'être deux là où il avait été seul pendant vingt-cinq ans qui est vu comme primordiale dans son parcours. De plus, l'ouverture est indissociable de l'entrée au monastère. Les deux changements sont liés pour frère Cyprien.

Sur l'ensemble des 6 récits qui parlent d'expériences précoces, 5 sujets évoquent des expériences à l'âge adulte qui peuvent être considérées comme de nouvelles expériences d'attachement et de symbolisation réussies (frère Barthélémy, sœur Marie-Michèle, sœur Evelyne, frère Eric et sœur Anne[6]).

Quitter sa famille et entrer au monastère

L'adolescence est considérée ici comme la période de plus en plus longue (dans nos sociétés) entre la fin des études et le début de la vie professionnelle. Observons si les récits de nos sujets font mention d'une telle période et quelle place est donnée à la dimension religieuse durant cette période.

La période de transition entre quitter la famille et entrer au monastère est plus ou moins longue. Nous avons pris en compte trois cas de figure : quand il n'y a presque pas de transition et que le sujet quitte sa famille pour entrer dans une communauté, quand le récit évoque une période de transition plus ou moins longue et quand le récit présente un engagement dans la vie professionnelle avant d'entrer au monastère.

Dans certains récits, le frère ou la sœur quitte la famille pour entrer au monastère, c'est le cas par exemple pour frère Félicien qui doit finir ses études avant d'entrer[7] ; de frère Hyppolite qui après avoir rencontré une

---

[5] Vingt-cinq ans correspond à l'âge auquel il a pu partager ses expériences (il est seul depuis toujours, depuis la naissance). Cette indication nous laisse penser que les expériences ont été vécues pendant la petite enfance.

[6] Notons que pour sœur Anne, l'attachement se fait par l'intermédiaire de la parole.

[7] « donc je suis rentré très vite après [une expérience religieuse dans la chapelle du monastère] [Exp : très vite ça veut dire] ça veut dire neuf mois après [Exp : mh mh] j'ai fini mon année de

petite communauté quitte sa famille en l'espace de quelques mois[8] ; de sœur Evelyne qui quitte, par survie, sa mère pour entrer dans une communauté[9] ; de frère Denis qui quitte sa famille pour entrer au séminaire[10], puis dans une chartreuse ; de sœur Danièle qui ressent un appel très tôt, à 11 ans, et qui part de la maison pour entrer dans une congrégation religieuse[11].

Tous ces sujets quittent leurs familles en sachant où ils vont entrer. De plus, le départ peut faire suite à une expérience religieuse. Pour frère Félicien, c'est une expérience dans la chapelle du monastère qui lui donne la certitude que c'est là qu'il doit faire sa vie. Quant à frère Hyppolite, il a un « tilt » quand il voit vivre les trois frères d'une petite communauté.

Il est intéressant de relever qu'un sujet, frère Anselme, à la fin de ses études, entre au monastère pour en ressortir dix jours après et commencer une vie professionnelle[12]. Il entrera à nouveau dans ce même monastère cinq ans plus tard.

Dans d'autres récits, la période de transition est plus longue, et la période qui précède l'entrée au monastère peut être une période difficile. Deux récits ne font pas mention d'une période difficile, celui de sœur Clotilde et de frère Barthélémy. Sœur Clotilde a une période de battement entre la fin de la scolarité obligatoire et le début d'un apprentissage[13]. A ce moment, elle est témoin d'une expérience (non religieuse) qui va la mettre sur la piste de la

---

médecine parce que le maître des novices m'a demandé d'avoir mon concours donc j'ai travaillé pour avoir le concours qui me permettait d'entrer (rires) [Exp : (rires)] mais je suis entré j'étais jeune j'avais à peine 18 ans ».

8 « j'ai connu cette heu je disais cette communauté au mois de mai qu'au mois d'août j'ai quitté ma famille pour aller vivre dans cette communauté ».

9 « à l'âge de 18 ans a été pour moi un changement parce que heu / j'avais un problème avec ma mère qui qui m'étouffait et donc le fait de de partir donc pas toujours dans des bonnes conditions mais enfin je suis je suis quand même partie (...) // mais bon j'ai pas fait le bon choix c'est-à-dire que je suis allée dans une communauté ».

10 « à la fin de de ces études j'ai été timidement voir un prêtre en qui j'avais confiance me sentant bien misérable en disant je voudrais me consacrer à Dieu je pensais qu'il allait dire c'est pas possible / je sais pas pourquoi j'ai pensé ça j'étais encore un peu en déval- en dévalorisation quand même intérieure mais si à l'extérieur tout allait beaucoup mieux avec mes parents et tout il m'a dit mais non au contraire moi je te vois très bien prêtre bien entendu y avait que des prêtres alors je suis rentré au séminaire au bout de deux jours j'étais tellement heureux enfermé dans ce séminaire ».

11 « vers 20 ans j'ai donc dis à mes parents que je pensais euh à la vie religieuse alors ça a été un grand drame et bon j'ai assumé ça euh b- donc mon père m'a dit euh je ne peux pas t'empêcher mais tu ne partiras pas avant 21 ans puisqu'à ce moment-là le on était adulte à 21 ans donc pendant un an ça a été une situation très difficile / à la maison maman crise de nerf tout ça bon bref mon père qui était quelqu'un de beaucoup plus calme ne manifestait rien mais visiblement souffrait beaucoup et quand je suis partie euh j'ai dis au revoir à mes parents dans le couloir et je ne me suis pas retournée parce que je me suis dit si je me retourne je suis fichue ».

12 « la vie professionnelle forcément correspond à un changement puisque heu // j'avais quand même plus ou moins envisagé que voilà que que mon avenir que mon proche avenir heu à 20 ans était la vie monastique ».

13 « j'avais terminé l'école secondaire je voulais être bibliothécaire et puis on m'avait dit euh y faut avoir 19 ans pour cont- commencer l'apprentissage alors c'est pour ça que je je parle de ces deux ces [Exp : mmh ah oui c'était un moment comme ça] j'ai eu un moment un petit peu de battement ».

vie religieuse comme un choix possible[14]. Elle décide de clarifier son choix en entrant dans une communauté proche de son lieu de domicile[15]. Frère Barthélémy sait, après son expérience fondatrice (qu'il fait à la fin de ses études), qu'il veut se donner à Lui. Commence alors une période de recherche de la forme. Lors d'une deuxième expérience, il découvre la forme, mais il peine à assumer cette identité[16].

Cinq autres récits parlent d'une période de transition avec des moments difficiles.

Pour sœur Anne, le retour au pays est ardu, elle ne sait pas ce qu'elle va faire de sa vie[17]. Elle fait plusieurs séjours de quelques jours dans une communauté religieuse. C'est là que cette voie devient une possibilité à laquelle elle est, au début, très opposée[18]. Frère Cyprien vit une période de creux avant l'entrée au monastère[19]. Il doit faire un choix, entre deux formes d'engagement définitif[20]. Le choix de la vie monastique se précise avec l'aide d'un prêtre qui lui conseille de passer un temps dans une communauté que ce prêtre connaît. Sœur Fabienne vit une période de détresse, de perte de repères[21]. Durant cette période, la question de la vocation lui revient, mais elle n'est pas sûre d'en avoir très envie[22]. Une expérience de présence du

[14] « je me disais mais toi tu commences ta vie il faudrait vraiment que tu fasses quelque chose que tu ne puisses pas perdre que tu mettes tes énergies pour quelque chose que tu que tu ne puisses pas perdre quelque chose que personne puisse te t'enlever pis tout d'un coup j'ai dit mais la vie religieuse cette idée m'est un peu tombée dessus et je sais pas où j'ai été la chercher ».

[15] « alors là j'ai réfléchi un petit peu et puis j'ai comme j- suis une personne assez qui aime bien clarifier les choses rapidement j'ai dit je me suis dit mais j'veux j'veux passer un temps chez ces sœurs-là j'veux pas aller chercher midi à 14 heures puisque j'habite à [nom de la ville] et qu'il y a un couvent qui m' que je trouve sympathique alors là j'ai demandé à passer un temps avec elles ».

[16] « première réaction que j'ai eue quand j'allais parler avec mon père spirituel / il m'a dit mais vous avez une idée de forme / de vie religieuse aucune idée vraiment /heu en tout cas pas un cloître ».

[17] « là alors c'était totalement le noir dans le sens de qu'est-ce que je vais faire de ma vie ».

[18] « je m'étais rendu compte que ça me faisait beaucoup de bien de m'arrêter 2-3 jours dans cette communauté qui priait / mais alors d'imaginer que je serais bonne sœur cloîtrée ça jamais / au grand jamais ».

[19] « justement là c'est les six mois qui ont été assez pénibles parce que je savais plus du tout heu ce que je voulais faire (...) et donc là j'ai eu plusieurs mois où heu je traversais une période un peu de dépression heu pas vraiment forte mais qui était que j'ai vécue de façon assez seul donc qui était aussi peut-être plus pénible à vivre et puis heu / et c'est en fait dans ce contexte aussi que je me suis retrouvé un peu au fond de du trou ».

[20] « j'attendais bien un changement de passer dans la vie professionnelle ou un engagement définitif ».

[21] « j'étais passée par une par un doute assez terrible et assez assez radical et ça a été euh ben oui même 20 oui entre 20-22 ans mes frères et sœurs elle yoyotte c'était ma période de yoyotage qu'ils disaient enfin je pense que c'était carrément pas une déprime parce que ce n'était peut-être pas tout-à-fait ça mais disons que ça pouvait euh avoir des des ressemblances avec ça vraiment l'impression de de d'une espèce de grande de de de grande détresse et de perte de repère complet ».

[22] « j'avais eu parce que j'avais pas eu un appel mais ce que je répétais petite et qui peut-être pouvait avoir du sens mais du coup j'étais pas très très sûre d'en avoir très très envie c'est ça le problème parce que / bon ben voilà y avait le la possibilité d'amour humain enfin etc. ».

Christ lors d'un pèlerinage débloquera la situation. Frère Eric vit une période difficile entre la naissance de la vocation à 20 ans et l'entrée au monastère à 24 ans. Pendant cette période, une autre voie s'ouvre devant lui, mais il reste fidèle à l'appel qu'il a ressenti[23]. Dans le cas de frère Gratien, il fuit une première fois sa famille et son collège en entrant dans un petit séminaire[24]. Puis, il vivra une longue période d'exil entre 20 et 35 ans, âge de son entrée au monastère[25].

Finalement, quatre récits présentent les trajets de sujets qui avaient une situation professionnelle avant d'entrer au monastère. Nous avons évoqué précédemment le récit de frère Gratien qui fait une courte expérience au monastère avant d'entrer dans la vie professionnelle. C'est une expérience professionnelle qui le pousse à entrer. Sœur Gertrude évoque pendant une certaine période la coexistence de plusieurs voies. Petit à petit, il devient évident pour elle que la voie professionnelle sera abandonnée[26]. Comme nous l'avons vu dans l'analyse approfondie du récit de sœur Marie-Michèle, les deux voies, professionnelle et de la vocation religieuse, cohabitent pendant une assez longue période (9 ans). Le récit montre comme le centre de gravité se déplace pour que, finalement, sœur Marie-Michèle abandonne la voie professionnelle et entame une recherche de la forme qui la mènera au monastère. Sœur Hélène quitte, elle aussi, son métier. Elle donne peu

[23] « et c'est vrai que pendant les quatre ans les quatre ans qui ont séparés la vocation et l'entrée au monastère ont été quatre ans difficiles quatre années difficiles où justement j'ai mesuré que bon tu vas pas te marier tu fonderas pas de famille et c'est quand même aussi un désir que je portais en moi (...) durant ces quatre ans j'aurais pu choisir un tout autre chemin j'ai eu l'occasion enfin l'occasion oui s'est présentée j'aurais pu me marier en tous cas /// oui vivre tout autre chose [Exp : mmh mmh] d'ailleurs ça été je pense que ça été bon hein et c'est pour ça que je me suis dit à ben mince alors maintenant que je décide de répondre voilà y a tout autre chose qui se présente bon mais je suis resté je suis resté fidèle à ce à la première proposition du Seigneur au fond parce que je me suis dit je crois que c'est quand même là où je serai le plus heureux [Exp : mmh mmh] enfin je pense que j'aurais pu être très heureux ailleurs et en vivant tout autre chose mais heu bon / si j'avais fait un autre choix je crois que je serais passé à côté à côté de ma vie sans doute ».

[24] « c'est une première fuite ça une première fuite mais qui est pas vraiment une c'est c'est l'ambiguïté d'un choix et d'une fuite c'est-à-dire que je me plaisais ni dans mon collège ni ni dans ma famille bon bon je je pousse un peu bon c'est y fallait peut-être y faut grandir ».

[25] « j'ai j'ai vécu mon exil quand même hein je veux dire c'est c'est je pense que c'est ça aussi l'initiation aussi à la vie bon c'est c'est c'est d'arriver heu comment dire c'est assumer une forme d'exil quoi dans notre vie pour heu pour heu rentrer dans une liberté quoi bon ça ça ça peut aussi être on peut dire aussi que c'est une fuite hein mais je veux dire bon heu on s'exile on quitte son on quitte sa patrie heu on quitte son milieu c'est c'est c'est c'est l'ambiguïté à la fois d'une fuite parce que enfin bon je veux dire c'est c'est c'est pas facile à vivre et en même temps heu c'est quand même une recherche de liberté ».

[26] « j'étais à à un croisement dans dans ma vie c'est-à-dire que heu heu je pouvais plus continuer en ayant heu le travail comme j'avais à plein temps et heu et l'activité que j'avais en paroisse et puis ce cet attrait pour la prière qui était c'est y avait trois pôles là qui étaient incompatibles quelque part et pour moi ça m'apparaissait très vite que heu la voie professionnelle qui était la mienne à ce moment-là elle allait qu'elle allait tomber qu'elle allait qu'y avait pas quelque chose de / heu qu'elle était elle était devenue heu subalterne dans dans dans ma vie en fait mais heu je savais pas autrement ».

d'information sur son vécu pendant que les deux voies coexistent. Cependant, elle fait référence au début de sa vie monastique à la difficulté d'exister, pour quelqu'un qui a une formation, en dehors de ce qu'elle fait[27].

Comme nous l'avons dit, nous avons distingué pour cette période de l'adolescence, comprise comme ce moment de transition entre les études et l'entrée dans la vie professionnelle, trois groupes de sujets. Les sujets qui quittent une famille pour entrer dans une communauté, ceux qui passent par une période de transition plus ou moins longue et ceux qui s'engagent dans une vie professionnelle en faisant coexister, pour un temps, les deux voies. C'est la deuxième catégorie de sujets qui évoquent les plus grandes difficultés dans la transition. Il semble, sans atténuer la singularité de chaque parcours, que la difficulté principale est de faire un choix en abandonnant des possibles sans avoir eu l'occasion de les vivre. Nous relevons que, par rapport à la question de la conversion à l'adolescence, les sujets qui ont une période de transition font un choix, recherchent une forme. On peut supposer qu'ils trouvent une communauté qui leur ressemble. Il nous a été difficile, sauf pour frère Anselme (comme nous l'avons vu dans l'analyse approfondie), de montrer, à la période de l'adolescence, la remise en question des imagos parentales.

Quelle crise du milieu de la vie pour des moniales et des moines ?

Comme nous l'avons vu dans notre proposition de modèle de la construction identitaire, la crise du milieu de la vie est marquée par des remaniements psychiques. Pour les jungiens, ils sont dus à un retournement de l'énergie psychique vers l'intériorité après une phase d'expansion (phase que Jung situe vers les 35-40 ans). Le centre de gravité de la personnalité migre en direction du Soi. Pour les freudiens, la cause des remaniements psychiques est à rechercher dans le déséquilibre de la bisexualité psychique dû aux pertes venant inévitablement avec l'avancée en âge (la ménopause chez les femmes peut être vu comme un repère biologique).

Notre population est, dans un certain sens, très particulière par rapport à cette question de la crise du milieu de la vie. En effet, rares sont les personnes qui ont eu une carrière professionnelle (sauf frère Anselme, sœur Marie-Michèle et sœur Gertrude). De plus, aucun sujet n'avait fondé une famille avant d'entrer au monastère. L'espace du monastère les confronte d'emblée à l'intériorité. L'état dépressif qui marque l'entrée dans cette phase

---

[27] « il y a eu des grandes étapes au tout début heu pour moi ça été un un décapage du faire j'avais l'impression qu'on m'avait coupé les bras alors heu / parce que j'ai du réapprendre à à exister autrement que par ce que je faisais ce que je représentais pour les autres ça ça été une phase importante ».

pour les jungiens peut être repéré plus tôt, pendant la période du noviciat[28]. Reste à savoir si cette crise peut encore s'appeler « crise du milieu de la vie ». La diversité de vécu dans la vie monastique rend difficile le repérage d'un moment qui marquerait, pour tous, une étape dans leur construction identitaire. L'appel qu'entend frère Eric à l'âge de 38 ans, appel à devenir qui il est[29], peut être entendu par d'autres frères à bien d'autres moments.

Nous pouvons tout de même relever chez sœur Clotilde une nécessité de « rechoisir » sa vocation à 40 ans en faisant référence à ce qu'elle a laissé de côté en choisissant la voie monastique :

> « Vers la quarantaine y'a des moments où je me suis dit tu dois rechoisir ta vocation parce qu'on sent ah mais t'aurais pu faire autre chose t'aurais pu euh t'aurais pu avoir beaucoup de choses t'aurais pu faire une carrière hein alors je me dis y a eu des moments où il a fallu rechoisir ».

Abordons maintenant la question des dévoilements et de leurs liens avec une construction centrale/périphérique de l'identité.

---

[28] Sœur Anne : « Mon noviciat a été heu / ardu heu / je pense qu'à peu près toutes les semaines je voulais faire ma valise pour m'en aller / parce que moi je connaissais le jeans et le le chemisier et puis je sifflais dans les corridors enfin plein de choses qui n'allaient pas quoi ».
Frère Anselme : « Une période assez classique de noviciat où on se demande si on n'est pas complètement à côté de la plaque et si on serait pas plus utile à à aller je sais pas trop quoi faire et je sais pas trop où ».

[29] « je crois qu'en fait le Seigneur en fait m'appelle à agir à devenir heu qui à devenir qui je suis enfin selon son projet ».

Chapitre 20

DÉVOILEMENTS, INTIMITÉ ET CONSTRUCTION IDENTITAIRE

Les quatre récits qui ont fait l'objet d'une analyse approfondie ont servi de base pour mettre en place une méthodologie d'analyse qui permet de repérer des dévoilements dans le récit et qui donne au dévoilement un statut particulier : celui de pouvoir accéder à une organisation plus profonde de l'identité que celle exposée dans le projet narratif. Sur cette base, nous présenterons maintenant premièrement une comparaison entre les dévoilements qui apparaissent dans les quatre premiers récits puis, deuxièmement, nous observerons les dévoilements qui apparaissent dans les récits de l'ensemble du corpus.

Pour chaque récit, nous relèverons les dévoilements, leurs nombres et la partie du récit dans laquelle ils apparaissent (la première partie étant celle qui expose le projet narratif). Nous observerons aussi si l'apparition de chaque dévoilement est à l'initiative du sujet ou de la personne qui mène l'entretien. Nous dirons quelques mots sur le lien entre dévoilement, intimité et expression d'une pensée moins défensive liée à l'autre, et nous terminerons en établissant le caractère central ou périphérique du dévoilement dans la construction identitaire du sujet, et cela d'un double point de vue : celui du sujet et celui du chercheur. L'ensemble des données recueillies se trouve dans un tableau en annexe[1].

Dévoilements, intimité et centralité des quatre récits de l'analyse approfondie

Rappelons, pour commencer, quels sont les dévoilements qui sont apparus dans les quatre récits analysés de manière approfondie.

[1] Annexes : dévoilements dans l'ensemble du corpus.

Chez frère Anselme, nous avons relevé deux dévoilements, l'un dans la première partie de son récit, l'autre dans la deuxième. Le premier dévoilement porte sur la période de transition entre le monde des études et le monde professionnel. Une demande de précision de la personne qui mène l'entretien oblige frère Anselme à raconter une expérience qu'il ne voulait manifestement pas raconter. De ce fait la personne qui mène l'entretien perturbe le projet narratif du sujet. Le dévoilement va dans le sens d'une représentation de soi moins « lisse », marquée par une plus grande conflictualité. Quelque chose n'a pas fonctionné ; le dévoilement révèle un accident biographique. Frère Anselme parle de cet accident comme d'une *rencontre fondatrice du Christ* qui n'a pas été faite (dans une relecture *a posteriori*). Etonnamment, frère Anselme n'avait pas raconté dans la première partie de son récit la rencontre du Christ qu'il a pourtant annoncée comme expérience manquante pour fonder son choix de vie actuel, la vie monastique. Frère Anselme, surpris de son oubli, raconte cette rencontre dans la deuxième partie. Le deuxième dévoilement s'avère être le changement le plus important dans la vie de frère Anselme, ce qui est central dans son identité et qui organise la narration. Le premier dévoilement, dans la rupture qu'il provoque dans le projet narratif, « appelle », pour la cohérence d'ensemble du récit, le deuxième dévoilement. Dans le cas de frère Anselme, c'est lui-même qui revient sur l'expérience la plus importante de sa vie[2]. Le deuxième dévoilement va dans le sens d'une intimité partagée, vers quelque chose de plus personnel.

Ainsi, dans le cas de frère Anselme, la personne qui mène l'entretien provoque une rupture dans le projet narratif qui permet l'expression d'une pensée moins défensive liée à l'autre. Le deuxième dévoilement apparaît à l'initiative du sujet pour donner une cohérence suite à l'annonce de quelque chose qui n'a pas eu lieu et qui fonde son identité, son choix de vie. Le deuxième dévoilement est l'expression d'une pensée plus intime, dans un partage avec l'autre. Il est considéré comme central par le sujet (il l'est aussi pour nous).

Notons que le deuxième dévoilement est caractérisé par frère Anselme comme étant le moment de conversion. Le plus intime se confond ici avec la dimension religieuse.

Le deuxième récit, celui de frère Barthélémy, présente un dévoilement dans la première partie. Le dévoilement porte sur l'importance du rôle joué par une personne dans son parcours. Tout comme pour le premier dévoilement de frère Anselme, c'est la personne qui mène l'entretien, par une demande de précision qui provoque le dévoilement. La personne qui mène l'entretien ne comprend pas comment, après l'énoncé des différents changements que le sujet a vécus, il arrive dans sa communauté actuelle. La demande perturbe le projet narratif du sujet qui se voit obligé d'introduire

[2] On peut penser que si le sujet n'était pas revenu spontanément, l'interviewer l'aurait fait.

dans son récit quelque chose dont il avait n'avait pas l'intention de parler (bien qu'il l'avait annoncé sans développer) : le rôle crucial d'une paternité dans son choix de vie. Frère Barthélémy doit ainsi inclure dans son récit ce personnage depuis la rencontre avec celui-ci jusqu'au choix de la communauté actuelle. Le projet narratif est donc revisité (trois changements) pour permettre de comprendre comment frère Anselme est arrivé dans le monastère actuel, pour rendre cohérent le parcours. Le dévoilement touche quelque chose de périphérique pour le sujet au détriment de l'expérience racontée au tout début de l'entretien et qui organise la narration de frère Barthélémy. Le dévoilement s'intègre mal au projet narratif et, bien qu'allant dans le sens de l'intimité et d'une pensée moins défensive, il entre en conflit avec la représentation de soi que frère Barthélémy veut transmettre. Ainsi, ce qui apparaît comme périphérique pour lui dans sa construction identitaire, peut apparaître, à nos yeux, comme central (comme fondateur au niveau de l'identité : le lien à la figure paternelle).

Sœur Anne raconte quatre dévoilements. Les deux premiers apparaissent dans la première partie et concernent plus spécifiquement le choix de la vie monastique. Le deux autres dévoilements, présents dans la troisième partie, sont liés à la fonction qu'occupe sœur Anne dans le monastère : la responsabilité de l'économat. Le premier dévoilement intervient quand le sujet rompt le cours de l'entretien en ne répondant pas à une question de la personne qui mène l'entretien, pour revenir sur la période qui a précédé l'entrée au monastère. C'est donc sœur Anne qui a l'initiative du dévoilement. Elle développe dans le dévoilement, tout comme frère Barthélémy et frère Anselme, une expression ancrée plus avant dans le récit, pour elle : *ça revenait tout le temps*. Le dévoilement des raisons profondes de son choix de vie et le dévoilement des conditions de son entrée vont dans le sens d'une intimité partagée, de quelque chose de plus personnel. Le dévoilement n'organise pas la narration, il est considéré comme périphérique par le sujet au détriment de ce qu'elle vit en Afrique. Nous sommes sur ce point en accord avec elle car, au vu de la conflictualité présente dans le récit, les deux premiers dévoilements du récit n'entrent, de notre point de vue, pas en conflit avec la représentation de soi que sœur Anne veut transmettre. Dans la troisième partie, sœur Anne raconte des changements *sur le plan humain aussi*. Elle raconte, de sa propre initiative, des changements non abordés dans la première partie. Les deux dévoilements qu'elle évoque touchent sa fonction d'économe pour la communauté. La fonction que lui a donnée la communauté permet dans un premier temps de prendre une posture parentale par rapport au groupe, et, dans l'abandon de la réparation, elle adopte une posture plus contemplative qui lui permet une reprise symbolique de l'expérience d'abandon des 6 ans.

Ainsi, l'ensemble des dévoilements apparaît à l'initiative du sujet. Ils vont tous dans le sens d'une plus grande intimité partagée. Sœur Anne exploite l'espace mis à sa disposition pour se penser et pour se raconter dans le sens d'un partage de quelque chose de plus personnel, de plus profond permettant de ce fait une meilleure compréhension de soi. Il nous semble que les dévoilements ne portent pas la trace d'une pensée moins défensive au vu de la conflictualité évoquée dans le choix de la vie monastique et dans le vécu de ce choix de vie. De plus, sœur Anne considère les dévoilements comme périphériques dans sa construction identitaire. Nous abondons dans ce sens au vu de ce qui a été dit ci-dessus.

Le quatrième et dernier récit de l'analyse approfondie, celui de sœur Marie-Michèle, présente un dévoilement dans la troisième partie. Il est intéressant de relever qu'après les huit premiers changements évoqués dans la première partie, sœur Marie-Michèle dit n'avoir pas conscience de ce qu'elle va dire à partir de ce moment de l'entretien : *alors après des expériences de changement je j'ai pas trop conscience de ce que je vais vous raconter*. De ce fait, nous aurions pu considérer que tous les changements qui apparaissent après le huitième changement soient des dévoilements. Nous n'avons pas pris cette option car les trois changements qui apparaissent encore dans la première partie ne perturbent pas le projet narratif du sujet. Ils suivent la chronologie de vie et adoptent la même structure que les changements évoqués précédemment : la maladie associée à une période fructueuse. Par contre, dans la troisième partie, sœur Marie-Michèle raconte la mort de son père spirituel, événement qu'elle n'avait pas identifié comme un changement important dans la première partie. Le dévoilement de cet événement et de ses conséquences n'est pas inclus dans le récit des changements importants. Il est, de ce fait, considéré comme périphérique par le sujet. Le chercheur peut comprendre cette non-inclusion de deux manières : soit le changement est de peu d'importance, soit le changement est difficile à intégrer au récit de soi et il est en demande d'intégration. Nous sommes tout de même en accord avec sœur Marie-Michèle pour considérer le dévoilement comme périphérique par rapport à sa construction identitaire. Le dévoilement interfère peu avec la représentation de soi que le sujet transmet.

Quatre récits et huit dévoilements

Les quatre récits présentent huit dévoilements. Ils se différencient selon les modalités exprimées dans l'introduction de la partie sur l'analyse des dévoilements. Ils peuvent ainsi apparaître soit à l'initiative du sujet (frère Anselme, sœur Anne et sœur Marie-Michèle), soit à l'initiative de la personne qui mène l'entretien (frère Anselme, frère Barthélémy). Les dévoilements apparaissent dans les trois parties de l'entretien (1re partie : frère Anselme, frère Barthélémy et sœur Anne ; 2e partie : frère Anselme ; 3e partie : sœur Anne et sœur Marie-Michèle). L'ensemble des dévoilements va dans le sens d'une intimité partagée. L'expression d'une pensée moins défensive est avant tout visible dans le premier dévoilement de frère Anselme et dans le dévoilement de frère Barthélémy. Ces deux dévoilements nécessitent des réaménagements du projet narratif. Deux dévoilements sont considérés comme centraux du point de vue du chercheur (frère Anselme et frère Barthélémy) dont l'un en contradiction avec le point de vue du sujet (frère Barthélémy).

Dévoilements dans l'ensemble du corpus

Que peut-on dire des dévoilements qui apparaissent dans l'ensemble du corpus (soit 16 récits) ? Tout d'abord, rappelons que le travail de segmentation, de reconstitution de la structure diachronique et le repérage des dévoilements a été fait sur la totalité des récits du corpus. Pour chaque récit, une vue d'ensemble a été constituée[3].

Sur les 16 récits, 13 contiennent des dévoilements. Il semble ainsi que la méthodologie que nous avons utilisée pour la récolte des données, à savoir les entretiens semi-directifs, permet d'accéder à une organisation plus profonde que celle exposée dans le « projet narratif » du sujet. Dans trois récits de frères, soit frère Gratien, frère Denis et frère Félicien, nous n'avons pas identifié de dévoilement. Frère Denis et frère Félicien répondent à la consigne en énumérant une série de changements qui ne laissent pas apparaître de décrochement. De plus, ils n'identifient pas de nouveaux changements dans la deuxième et la troisième partie de l'entretien. Quant à frère Gratien, son récit fait longuement état d'un *exil* et d'une *dispersion* qui se retrouve dans le récit, rendant non seulement le repérage des étapes du parcours de vie difficile mais aussi le repérage de décrochements, tant le sujet nous fait voyager. Nous pouvons supposer que les récits qui ne présentent pas de dévoilement correspondent aux projets narratifs des sujets ou, comme dans le cas de frère Gratien, sont le fruit d'une volonté plus ou moins consciente de perdre en chemin la personne qui mène l'entretien. Dans les trois cas, la mise en intrigue suit, nous semble t-il, une logique défensive. Nous écartons l'option, pour les récits sans dévoilements qu'ils soient le reflet d'identités (donc de narration) « complètement » intégrées, du fait du travail incessant de constitution narrative de l'identité (comme travail toujours à reprendre).

Observons maintenant les dévoilements qui apparaissent dans les 9 récits restants (13 récits avec dévoilements moins les 4 récits de l'analyse approfondie qui présentaient chacun des dévoilements) : sœur Fabienne, sœur Evelyne, sœur Danièle, sœur Gertrude, frère Hyppolite, frère Cyprien, frère Eric, sœur Clotilde et sœur Hélène.

---

[3] Seules les vues d'ensemble des quatre récits qui ont été l'objet de l'analyse approfondie sont consultables dans ce document.

Nous avons tenté d'apparier les dévoilements apparaissant dans les 9 récits à ceux observés dans les 4 récits de l'analyse approfondie. Nous dirons pour chaque récit les critères des appariements.

Le récit de sœur Fabienne présente deux dévoilements qui apparaissent dans la deuxième partie de l'entretien :

> « Et puis je sais pas autour de ah oui tient ça c'était un grand changement pourquoi j'ai pas pensé à dire ça peut-êt- c- parce que c- vous me demandez la part de Dieu et je crois que **ça ça fait partie de ces choses très très intimes qu'on raconte pas trop** (rires) mais bon allons-y (rires) ».

Le premier dévoilement évoque une période *de grande détresse et de perte de repère complet* à l'âge de 20 ans pendant ses années d'études. Le deuxième dévoilement suit, dans le récit, le premier. Il relate un événement qui ponctue la période de grande détresse, un *appel du Christ.* Sœur Fabienne qualifiera le deuxième dévoilement d'expérience spirituelle dans la troisième partie :

> « [Exp : / et pourquoi c'est une expérience spirituelle] // parce que je pense que le le Christ est libre d'intervenir même en tant que personne que ça peut se traduire de façon heu / sensible pour moi c'est une **expérience fondatrice** et que je dont je ne peux pas douter ».

Les deux dévoilements qui apparaissent dans le récit de sœur Fabienne peuvent être rapprochés du deuxième dévoilement de frère Anselme. En effet, le sujet a l'initiative du dévoilement, ils apparaissent dans la deuxième partie de l'entretien. Dans le récit de sœur Fabienne, les dévoilements ont explicitement un lien étroit avec un partage de l'intimité. Le chercheur a accès à une organisation plus profonde de l'identité que celle donnée par le projet narratif. L'expérience relatée par le deuxième dévoilement est qualifiée, tout comme pour frère Anselme, d'expérience fondatrice qui marque, du point de vue du sujet, la centralité de l'expérience dans leur construction identitaire. Ce qui se révèle être du plus intime est indissociable, tant chez frère Anselme que chez sœur Fabienne, d'une rencontre du Christ. Observons, dans le récit de sœur Fabienne, le dévoilement progressif qu'elle opère : la première partie ne fait pas mention de l'expérience fondatrice, la deuxième en parle en termes d'appel du Christ pour finalement être qualifiée comme l'intervention d'une personne sensible. Le lien entre centralité et intimité renvoie au *noyau sacré* de Winnicott ou à l'archétype du Soi chez Jung.

Le récit de sœur Evelyne présente trois dévoilements. Le premier apparaît en toute fin de première partie, les deux autres dans la troisième partie. L'ensemble des dévoilements se révèlent à l'initiative du sujet. Le premier dévoilement évoque l'entrée au monastère, changement qui n'avait pas encore été raconté et que le sujet met en lien avec un apprentissage de l'expression orale qui a lieu lors d'une psychothérapie deux ans après son entrée :

> « **Ah oui il faut que je vous dise aussi** que j'ai été bloquée au niveau du langage complètement bloquée quand je suis rentrée au monastère je disais très peu de choses en fait je disais merci au revoir heu enfin des des mots très courants comme ça c'est tout je ne parlais pas et donc pour moi ça a été tout un apprentissage du de **l'expression orale** qui m'a vraiment libérée et qui m'a permis aussi de d'appuyer ma vie spirituelle sur heu sur quelque chose d'un peu plus personnel (24 secs) ».

L'importance de l'expression orale et de la relation a été évoquée dans le deuxième changement sans qu'il soit possible pour le chercheur, à ce moment-là de l'entretien, de comprendre l'importance de celles-ci dans le parcours de sœur Evelyne : *une possibilité de relation qui qui pour moi était capitale d'expression verbale aussi qui pour moi était capitale*. Les deux autres dévoilements, qui apparaissent quand la question de la vocation est posée dans la troisième partie, évoquent deux événements, l'un à 7 ans, l'autre à 12 ans. A 7 ans, sœur Evelyne raconte l'importance d'une statuette de saint Benoît qui lui a été offerte. L'attachement à la statue est vu, dans une lecture *a posteriori*, comme un témoin de la vocation naissante. A 12 ans, en voyant des garçons de son âge à la messe, elle s'imagine une vie familiale. La précocité de la vocation (et donc sa radicalité) se voit contrebalancée immédiatement dans le récit par une autre trajectoire possible, présente dans son imaginaire d'enfant.

Le premier dévoilement qui apparaît dans le récit de sœur Evelyne peut être apparié à celui de frère Barthélémy. En effet, un élément central de la construction identitaire est mentionné, sans être développé (l'expression orale[4] pour sœur Evelyne, la paternité pour frère Barthélémy). Tout comme pour le récit de frère Barthélémy, quelque chose manque au projet narratif pour en assurer la cohérence (comment frère Barthélémy arrive-t-il dans sa communauté ? pourquoi est-ce un énorme changement de pouvoir dire des choses lors de la psychothérapie ?). Pourtant une différence importante existe entre les deux récits. En effet, sœur Evelyne revient spontanément sur le projet narratif pour y inclure une donnée permettant de comprendre l'importance du dernier changement qu'elle avait évoqué. En ayant l'initiative, le dévoilement est l'expression d'une intimité partagée, d'une pensée moins défensive liée à l'autre. Pourtant, contrairement au récit de frère Barthélémy, la représentation de soi que révèle le dévoilement n'entre, nous semble-t-il, pas en conflit avec la représentation de soi que sœur Evelyne veut nous transmettre. Le projet narratif a, de ce point de vue, un aspect moins défensif. Elle ne tenait pas à cacher les conditions d'entrée au monastère mais les ajoute au projet narratif pour que la personne à qui elle s'adresse puisse comprendre le récit. Par contre tout comme pour frère

[4] Comme nous le verrons quand nous parlerons de la relation primaire, derrière les difficultés dans l'expression orale se trouve la relation à la mère.

Barthélémy, le dévoilement porte, de leur point de vue, sur un aspect périphérique de l'identité. Sœur Evelyne considère la sortie de l'*enfermement psychologique* lors de la psychothérapie comme le changement le plus important, le moment de conversion qualifié de renaissance. De notre point de vue, le premier dévoilement du récit de sœur Evelyne et le dévoilement qui apparaît dans le récit de frère Barthélémy sont centraux pour comprendre leur construction identitaire.

Les deux dévoilements qui apparaissent dans la troisième partie vont dans le sens d'une intimité partagée. Ils s'intègrent bien au projet narratif et évoquent des événements antérieurs au départ de la maison à 18 ans (qui inaugure le récit). Ils participent du point de vue du sujet et de notre point de vue de manière périphérique à la construction identitaire.

Le récit de sœur Danièle présente un dévoilement. Il apparaît dans la troisième partie quand on lui demande d'identifier et de caractériser les changements en termes d'expérience spirituelle. Sœur Danièle développe un événement mentionné au tout début de l'entretien, identifié comme un changement, mais pas développé : *aux alentours de onze ans en fait j'ai senti l'appel de Dieu.* L'appel de Dieu fait référence à un moment particulier de l'enfance, la profession de foi :

> « A 11 ans quand j'ai dit je m'attache à Dieu pour toujours c'était la formule du temps pour moi c'était pour toujours à 11 ans ça je me souviens très bien et j'avais dans mon souvenir que euh dans la chapelle puisque j'étais dans une une institution religieuse y avait plein de gens donc des gens de ma famille qui étaient là qui n'étaient pas croyants qui venaient pour pour la cérémonie pas croyants je me souviens avoir dit au Seigneur je ne veux pas vivre ça je veux être à toi pour toujours et je me souviens d- mais très consciemment et cette expérience-là a habité toute la journée de ma profession solennelle enfin X profession de foi comme on dit maintenant et dans ma famille y avait un prêtre qui était euh avec nous au repas un cousin par alliance et j'ai souhaité pouvoir lui dire ça parce que j'ai eu conscience que pour un enfant enfin après coup euh **donner sa vie à Dieu pour toujours quand on a 11 ans euh c'est quand même énorme** enfin et j'aurais voulu lui dire et on n'a pas eu un moment pour pour se dire ».

Ainsi, sœur Danièle se rend compte, après coup de l'« énormité » de l'engagement pour un enfant de cet âge.

Le dévoilement qui apparaît dans le récit de sœur Danièle peut être rapproché, au niveau du contenu, de celui de sœur Anne. En effet, le dévoilement porte sur les raisons intimes du choix de la vie religieuse. Tout comme sœur Anne, il y a, dans l'engagement de sœur Danièle, quelque chose qui peut être potentiellement non compris ou pire, non respecté. Etre en paix avec sa conscience ou se donner à Dieu pour toujours, à 11 ans, mènent au monastère. Dans ce sens, le dévoilement porte la marque d'une intimité partagée et il est l'expression d'une pensée moins défensive. Dans son mode d'apparition, le dévoilement présent dans le récit de sœur Danièle, bien qu'apparaissant dans la troisième partie comme par exemple deux dévoilements de sœur Evelyne, ne peut être rapproché de ceux-ci. En effet, contrairement au deux dévoilements du récit de sœur Evelyne[5], le dévoilement de sœur Danièle est ancré, annoncé au début de l'entretien. Au vu de cet ancrage, il est difficile de donner un statut central ou périphérique à ce dévoilement. Le changement considéré par le sujet comme étant le plus important est la « révélation » aux parents à 20 ans du choix de la vie monastique qui n'avait pas pu être dit à 11 ans. C'est, tout compte fait, la reconnaissance sociale d'un choix enraciné dans l'enfance qui est vu comme le plus important et qui se traduit par un drame et un départ de la maison familiale. Nous serions ainsi enclins à donner au dévoilement un rôle central dans la construction identiaire.

Le récit de sœur Gertrude présente deux dévoilements. L'un dans la deuxième partie et l'autre en toute fin d'entretien. Les deux dévoilements apparaissent à l'initiative du sujet. Le dévoilement présent dans la deuxième partie évoque des opportunités qui se présentaient à côté du chemin vocationnel. Sœur Gertrude explicite le fait qu'elle ne nous a pas encore raconté ce dont il va être question dans le dévoilement : *et c'est très marrant parce que parallèlement à à tout ce que je vous ai dit y'a eu des opportunités heu qui étaient plus que des opportunités.* Les opportunités évoquées portent tant sur le plan professionnel que sur le plan affectif. Ainsi, le dévoilement porte sur les possibles choix en concurrence avec celui qui a été retenu (la vie monastique) et mis en valeur dans le projet narratif. Il n'est donc pas surprenant que les opportunités soient évoquées dans la deuxième partie, là où elles ne perturbent pas le projet narratif. Notons que le projet narratif restitué dans la première partie est conçu comme *un déroulement / heu quasi logique quoi au fait qui se / qui se qui se déroule même s'il y a eu des petits heu des petites interventions qui ont fait qui m'ont fait prendre certaines certaines options.* De ce fait, et comme le montre l'analyse des contextes de mots, seules deux occurrences du mot changement/s apparaissent dans le récit de sœur Gertrude et cela en tout début d'entretien, quand elle remet en question la catégorie proposée par la personne qui l'interroge[6]. Le dévoilement avec l'évocation d'autres possibilités aident à valoriser, dans le récit, la grande liberté dont disposait sœur Gertrude quant à ses choix de vie :

> « C'est quand même extraordinaire d'avoir en un si court laps de temps autant d'opportunités de pouvoir diriger sa vie totalement autrement et puis heu et puis voilà ça ça aurait peut-être pas été un mauvais choix non plus dans une autre dans un autre dans un autre choix j'entends j'aurais pu heu mener ma être heureuse aussi probablement dans un autre choix je sais pas pour moi je sais que heu heu / aujourd'hui je suis persuadée d'avoir fait le bon choix mais

[5] Ceux qui apparaissent dans la troisième partie.

[6] Annexes : contextes du mot changement/s.

je veux pas dire que les autres étaient mauvais mais heu je peut-être celui-là était meilleur ».

Le deuxième dévoilement évoque, en toute fin d'entretien, le décès accidentel de sa sœur dont elle n'avait pas fait mention antérieurement : *alors peut-être y'a aussi quelque chose enfin je sais pas si ça peut vous aider c'est que heu ma ma petite sœur est décédée dans cet intervalle de temps là aussi*[7]. Sœur Gertrude pense que cet événement a joué un rôle dans son cheminement : *je pense que ça l'a accentué pro- probablement très très fortement.* Ainsi, le deuxième dévoilement n'est plus, comme dans le cas du premier dévoilement, les possibles à côté de la voix choisie mais plutôt un renforcement (une *intervention* ?) de la voie choisie.

Les deux dévoilements vont dans le sens d'une intimité partagée et l'expression d'une pensée moins défensive liée à l'autre. En effet, une fois que le projet narratif est posé, les dévoilements qui apparaissent dans la deuxième partie et en toute fin d'entretien permettent de donner une place à ce qui n'a pas été retenu dans le projet narratif (et qui a joué un rôle sur les options prises, sur la voie valorisée dans le projet narratif). Les deux dévoilements sont considérés, par le sujet, comme périphériques dans sa construction identitaire. Nous sommes en accord avec lui sur ce point.

Le premier dévoilement est difficile à apparier avec d'autres dévoilements bien qu'il apparaisse tout comme le deuxième dévoilement de frère Anselme et les deux dévoilements de sœur Fabienne dans la deuxième partie de l'entretien. Par contre, le deuxième dévoilement peut être rapproché du dévoilement présent dans le récit de sœur Marie-Michèle. En effet, dans les deux cas, le dévoilement apparaît en fin d'entretien, il n'a pas été mentionné plus tôt dans l'entretien, et il porte sur la disparition d'un personnage marquant de leur histoire.

Le récit de frère Hyppolite présente deux dévoilements. Ils apparaissent en toute fin d'entretien à l'initiative de la personne qui mène l'entretien. Le premier dévoilement évoque une maladie dans l'enfance :

> « Je sais je sais pas si ça c'est un choc mais j'étais heu un peu entre la vie et la mort c'est-à-dire que on m'avait découvert à l'âge de 6 ans hem heu une tumeur et puis donc heu on m'avait donné combien six mois de vie et puis heu on a fait ce qu'il fallait les des des chimiothérapies et ça s'est bien ça s'est résolu voilà la la la seule chose ».

Le deuxième dévoilement suit, dans le récit l'évocation du premier et raconte le décès de sa sœur aînée :

> « Ah ben il y a quand même eu heu mais ça c'est avant que je rentre à [nom du monastère] donc le décès de ma sœur heu donc heu ma sœur aînée qui s'était mariée en 74 et puis en 7 /6 oui en 76 elle att- attendait son premier enfant elle a eu heu elle aussi heu une tumeur et donc on a perdu et la mère et

[7] L'intervalle de temps est celui qui précède l'entrée au monastère, au moment où toutes les opportunités se présentent.

l'enfant et pis mon beau-frère lui heu au même moment il a pris une sclérose en plaques et il est mort quelques temps après alors heu c'est vrai que les parents ça a été difficile ça hm alors j'étais pas encore à [nom du monastère] heu je suis rentré heu donc deux ans après heu mais ça je sais pas si ça c'est c'est ».

Les deux dévoilements ne participent, du point de vue du sujet, que de manière périphérique à la construction identitaire. Il est difficile pour le chercheur d'estimer l'impact de tels événements dans la vie du sujet. Nous nous trouvons devant des dévoilements qui soit sont difficilement intégrables au récit de soi (et en demande d'intégration), soit ne participent pas de manière prépondérante à la construction identitaire. Ils vont par contre clairement dans le sens d'une intimité partagée.

Les deux dévoilements qui apparaissent dans le récit de frère Hyppolite peuvent être appariés au deuxième dévoilement de sœur Gertrude et au dévoilement de sœur Marie-Michèle. Tous les quatre évoquent la question de la mort, tous les quatre ne sont pas mentionnés plus avant dans le récit et tous les quatre sont présents en toute fin d'entretien. De plus, ils sont étrangers et ne s'intègrent pas au projet narratif des sujets.

Le récit de frère Cyprien présente quatre dévoilements. Un dévoilement apparaît dans la première partie suite à une demande de précision. Les trois autres sont évoqués suite à une question de la personne qui mène l'entretien dans la deuxième partie : *mmh mmh ou si je disais l'expérience religieuse la plus marquante de ma vie*. Le premier dévoilement évoque une période de creux, avant l'entrée au monastère, due à un poids porté depuis longtemps. Le creux participe au choix de la vie monastique :

« J'avais vraiment eu un poids pendant pas mal d'années / qui m'avait même mis / dans les mois avant de rentrer au monastère / dans une heu un creux vraiment très très pénible heu / qui était pas complètement étranger non plus d'ailleurs à ma / à mon choix de / à ma prise de décision c'est **je peux pas discerner ce qui était de la part de la / heu du passage à vide et ce qui était vraiment la part de l'appel** et / mais de je sais que ça a eu un poids important et même que ça m'avait un petit peu / gêné de devoir choisir heu / disons que c'était une chose qui me retenait presque de choisir en me disant il faudrait / pour faire un choix pareil être heu / dans un état psychologique parfait / où vraiment déjà y avait une certaine stabilité que je voyais que j'avais pas ».

Le creux est explicitement lié à des *choses qui j'ai qui m'étaient très heu très personnelles qui m'avaient pesées beaucoup pendant pas mal d'années*. La coïncidence entre une instabilité psychologique et un choix de vie si important a gêné frère Cyprien.

Les trois autres dévoilements portent sur des expériences spirituelles marquantes. Frère Cyprien relève le caractère très personnel du dévoilement :

« heu / heu c'est assez c'est très personnel en fait et y'en a eu plusieurs mais une quand j'avais 14 ans / qui oui qui est très // heu une seconde qui a été que je peux que j'ai pas pu oublier [Exp : mmh] mais que je peux difficilement quand même m'étendre trop ».

Puis frère Cyprien évoque, à 16 ou 17 ans, une retraite de trois jours dans un monastère et une troisième expérience marquante à 21 ans : *donc à 21 ans là j'ai vraiment eu heu / un désir très fort heu pour la vie monastique heu du moins surtout pour la vie de pour une vie de prière et de [Exp : mmh] d'union à Dieu heu // oui donc là c'était aussi un autre moment.* Frère Cyprien reste discret sur le contenu des expériences religieuses marquantes qu'il a vécues. Seule la première expérience est un peu plus explicitée. La seconde vécue à 14 ans, lors de cette expérience, est caractérisée maintenant comme une expérience spirituelle : *peut-être quand vous parliez de la relation à Dieu là j'p- maintenant je peux dire que là y'a eu heu un changement réel mais j'aurais pas pu le dire heu / à l'époque.*

L'ensemble des dévoilements vont dans le sens d'une intimité partagée. Frère Cyprien explicite quand les changements sont plus intimes ; il les mentionne mais ne les développe que très peu. Il partage quelque chose de plus personnel tout en conservant explicitement une partie de son intimité (*les choses très personnelles, je ne peux pas tellement dire plus, etc.*). De ce fait, il n'est pas surprenant que les dévoilements apparaissent quand la personne qui mène l'entretien pose des questions. Malgré que frère Cyprien gère la sphère intime dans son récit, des dévoilements apparaissent. Ils ne mettent pas particulièrement en lumière un aspect défensif au récit, mais plutôt une intimité préservée. Les dévoilements n'entrent pas en conflit avec la représentation de soi que frère Cyprien transmet.

Le premier dévoilement, intimement lié à l'entrée, est considéré comme central par l'individu :

> « Là j'ai du mal à départager entre l'entrée au monastère et le / et le / et l'ouverture au <u>père spirituel</u> [Exp : <u>c'est ça</u>] parce que les deux se se se fondent d'une certaine manière [Exp : oui] parce que si y'avait pas eu cette ouverture mon entrée au monastère n'aurait pas tenu donc je serais déjà dehors depuis longtemps et heu et si j'étais pas rentré au monastère y'aurait pas eu ».

Nous sommes en accord avec le sujet qui donne aux conditions d'entrée un poids important sur son choix de vie, sur son identité. Le fait d'être à deux là où il était seul est rendu possible grâce à l'entrée et le choix de vie n'est tenable que par l'ouverture au père spirituel. Les trois autre dévoilements sont considérés comme plus périphériques par le sujet. Le travail de relecture est très explicite pour le premier dévoilement, ce qui ne donne pas à celui-ci une importance primordiale dans le parcours de vie du sujet. Dans ce sens, nous considérons tout comme le sujet, les trois derniers dévoilements comme participant de manière périphérique à la construction identiaire.

Des appariements peuvent être réalisés entre le premier dévoilement de frère Cyprien et le premier dévoilement de sœur Evelyne. En effet, ils interviennent les deux dans la première partie, évoquent les conditions d'entrée, et sont considérés par le chercheur comme centraux. De plus, les deux récits évoquent une rencontre majeure, dans le sens d'une renaissance, d'une personne à l'intérieur du monastère. Les trois autres dévoilements de frère Cyprien peuvent être rapprochés des dévoilements présents dans les autres récits qui portent sur des expériences spirituelles qui n'ont pas un rôle prépondérant dans la construction identitaire. Nous pensons, par exemple, au deuxième dévoilement de sœur Evelyne quand elle évoque l'importance d'une statuette de saint Benoît à 7 ans.

Le récit de frère Eric présente un dévoilement. Il apparaît à l'initiative du sujet dans la troisième partie. Il évoque une période juste avant l'entrée au monastère qui avait été mentionnée par frère Eric :

> « Je suis rentré quatre ans après j'avais j'avais 24 ans parce que entre-temps j'ai fait aussi mon service militaire [Exp : mmh mmh] et / dans la musique et // oui je sais pas si on arrive à quatre ans et pourtant c'est heu voilà y a eu quatre ans entre 20 ans et 24 ans et donc je suis rentré ici en janvier 89 quittant toute ma famille voilà ».

La période de quatre ans est développée, elle est caractérisée comme difficile :

> « Et c'est vrai que pendant les quatre ans les quatre ans qui ont séparés la vocation et l'entrée au monastère ont été quatre ans difficiles quatre années difficiles ou justement j'ai mesuré que bon tu vas pas te marier tu fonderas pas de famille et c'est quand même aussi un désir que je portais en moi [Exp : mmh mmh] puisque comment j'avais le modèle de mes parents qui qui formaient un beau couple hein heu bon / voilà mais non vraiment vocation j'ai j'ai dû choisir librement ce chemin-là d'autant que durant ces quatre ans j'aurais pu choisir un tout autre chemin j'ai eu l'occasion enfin l'occasion oui s'est présentée j'aurais pu me marier en tous cas /// oui vivre tout autre chose [Exp : mmh mmh] d'ailleurs ça été je pense que ça été bon hein et c'est pour ça que je me suis dit à ben mince alors maintenant que je décide de répondre voilà y a tout autre chose qui se présente bon mais je suis resté je suis resté fidèle à ce à la première proposition du Seigneur au fond parce que je me suis dit je crois que c'est quand même là où je serai le plus heureux ».

Le dévoilement présent dans le récit de frère Eric va dans le sens d'une intimité partagée. Il revient sur la période précédant l'entrée et évoque d'autres choix possibles qui n'ont pas été intégrés dans le projet narratif du sujet. Tel que formulé par le sujet, le dévoilement semble, de notre point de vue, ne pas entrer en conflit avec la représentaion de soi transmise par frère Eric. L'ensemble du récit donne l'impression que frère Eric fait un bon tri entre des facteurs psychologiques et des facteurs spirituels dans sa vie. Par exemple quand il évoque son entrée dans la première partie de l'entretien, il relève la fonction de protection par rapport à la mère qu'avait l'entrée au monastère :

> « C'était un moyen aussi pour moi aussi <u>de me protéger</u> [Exp : <u>mmh mmh</u>] <u>de survivre</u> [Exp : <u>mmh mmh</u>] bon de ce point de vue-là quand je relis ma vocation et mon entrée ici je crois que là aussi on pourrait reli- relire ça

indépendamment de la vocation comme un moyen de me protéger [de l'emprise maternelle] [Exp : mmh mmh] et de pouvoir ensuite avancer ».

Le dévoilement est considéré comme périphérique par le sujet au détriment des conséquences d'une rencontre d'une psychothérapeute : *ça a changé radicalement ma vie dans la mesure où / où maintenant je la comprends du moins je comprends ce qui est en jeu.* Nous somme en accord avec le sujet sur l'aspect périphérique du dévoilement.

Le dévoilement qui apparaît dans le récit de frère Eric peut être apparié à trois récits dont les dévoilements évoquent la période précédant l'entrée au monastère : le troisième dévoilement de sœur Evelyne, le premier dévoilement de sœur Gertrude et le premier dévoilement de frère Cyprien. Le dévoilement de sœur Gertrude évoque, tout comme celui de frère Eric, d'autres possibles qui se présentent avant l'entrée. Dans les deux cas, nous avons considéré le dévoilement comme périphérique. Les dévoilements de frère Cyprien et de sœur Evelyne mettent en lumière le caractère difficile de la période précédant l'entrée. Contrairement au dévoilement de frère Eric, nous avons considéré les deux dévoilements apparaissant dans les récits de frère Cyprien et de sœur Evelyne comme centraux dans la construction identitaire. Ils ont été ainsi considérés car ils touchent un élément central de la construction identitaire : *des choses très personnelles qui pèsent depuis longtemps* pour frère Cyprien et les difficultés d'expression orale liées à l'emprise maternelle pour sœur Evelyne.

Le récit de sœur Clotilde présente deux dévoilements. Ils apparaissent à l'initiative du sujet dans la deuxième partie de l'entretien. Le premier dévoilement évoque ce que sœur Clotilde appelle un *moment relais dans [sa] vocation* : *j'ai eu un petit ennui de santé j'ai du al- aller à l'hôpital et pis comme j'ai une excellente santé ça m'avait beaucoup perturbée cette affaire-là.* Le deuxième dévoilement porte sur un autre moment, à 40 ans, où sœur Clotilde a dû rechoisir sa vocation :

> « Peut-être ce serait aussi intéressant parce que que je vous dise que au fond euh y'a quand même je me dis vers la quarantaine y'a des moments où je me suis **dit tu dois rechoisir ta vocation** parce qu'on sent ah mais t'aurais pu faire autre chose t'aurais pu euh t'aurais pu avoir beaucoup de choses t'aurais pu faire une carrière hein alors je me dis y a eu des moments où il a fallu rechoisir ».

Les deux dévoilements qui apparaissent dans le récit de sœur Clotilde vont dans le sens d'une intimité partagée et de l'expression d'une pensée moins défensive liée à l'autre. En effet, les deux dévoilements évoquent des moments difficiles, de remise en question mentionnés au début de l'entretien et non développés :

> « Depuis le jour où je suis rentrée ici à [nom du monsatère] où j'ai mis le pied à l'intérieur je me souviens toujours je me souviens de la clarté c'était un jour d'automne je me souviens de la clarté de la couleur du ciel de l'odeur et de la clarté de la journée et j'ai eu un sentiment d'une telle paix que j'ai senti que

ma place était ici [Exp : mmh] et **depuis ce jour-là j'ai plus jamais remis en question ma ma place à [nom du monsatère]** ce qui veut pas dire qu'il n'y a pas eu des tempêtes des moments difficiles mais il y a toujours eu cette conviction profonde que ma place est ici quoi qu'il arrive ».

Les dévoilements portent sur des remises en question de la certitude que sa place est au monastère. Ils sont considérés comme périphériques par le sujet. Le projet narratif du sujet met l'accent sur une expérience vécue à l'âge de 18 ans que sœur Clotilde considère comme un *moment fondateur* :

> « J'ai eu un moment ce que j'appelle je mets ça c'est un moment fondateur dans ma vie euh les circonstances m'ont mis euh en contact avec une personne et qui était malade qui avait la sclérose en plaques et qui était visiblement dans les dernières années de sa vie elle était encore jeune elle n'avait pas 50 ans et j' j'ai beaucoup parlé avec cette personne j'ai beaucoup échangé avec elle et tout d'un coup je me suis dit mais cette femme elle a tout eu elle était belle elle a eu une formation professionnelle intéressante elle avait un milieu social vraiment très bon elle a eu un mari elle a eu des enfants et puis j'ai constaté qu'elle a tout perdu (...) et puis en même temps je me disais mais toi tu commences ta vie il faudrait vraiment que tu fasses quelque chose que tu ne puisses pas perdre que tu mettes tes énergies pour quelque chose que tu que tu ne puisses pas perdre quelque chose que personne puisse te t'enlever ».

Nous sommes en accord avec sœur Clotilde pour considérer les dévoilements comme périphériques dans la construction identitaire. Les crises de la vocation que révèlent les dévoilements ne se retrouvent dans aucun autre dévoilement présent dans l'ensemble du corpus. Par contre, comme pour beaucoup d'autres dévoilements, les dévoilements développent une expression mentionnée mais non développée plus avant dans le récit. Les dévoilements rendent la représentation de soi transmise par sœur Clotilde comme plus teintée de conflictualité.

Le récit de sœur Hélène présente un dévoilement. Il apparaît à l'initiative de la personne qui mène l'entretien dans la troisième partie. Sœur Hélène relève qu'elle n'a effectivement pas encore parlé de cet événement, prononcer les vœux :

> « (rires) c'est marrant c'est vrai j'en ai pas parlé donc heu / moi je crois que j'ai l'impression que ça ça // si les vœux y a eu une phase / heu je dirais mais c'est c'est pour moi c'est un peu toute la phase de formation heu où y a eu cette cette bataille heu /// par rapport au fait de / dans ma tête je voulais avoir une certitude ».

Le dévoilement ajoute un changement au projet narratif qui est à la suite du dernier changement évoqué dans la première partie. Le dévoilement n'entre pas en conflit avec la représentation de soi transmise par sœur Hélène. Il est difficile de parler d'intimité ou d'expression d'une pensée moins défensive liée à l'autre pour ce dévoilement. Il se révèle être très périphérique pour le sujet mais aussi pour nous.

Conclusion

Sur les 16 récits, nous avons identifié 26 dévoilements. Seuls 5 récits ne comptent qu'un seul dévoilement (frère Barthélémy, sœur Marie-Michèle, sœur Danièle, frère Eric et sœur Hélène), deux récits en présentent quatre (sœur Anne, frère Cyprien). Le nombre important de dévoilements laisse à penser que les entretiens ont permis d'accéder à une organisation plus profonde de l'identité que celle exposée dans le projet narratif. Cinq dévoilements apparaissent à l'initiative de l'interviewer et les 21 autres à l'initiative du sujet. Notons que les deux dévoilements qui, nous semble-t-il, avaient un caractère clairement défensif apparaissent à l'initiative de la personne qui mène l'entretien (premier dévoilement de frère Anselme et le dévoilement de frère Barthélémy). Ils sont difficilement intégrables au projet narratif qui doit, de ce fait, être réaménagé. Le premier dévoilement dans le récit de frère Anselme « appelle » le dévoilement dans la deuxième partie tandis que le dévoilement dans le récit de frère Barthélémy nécessite une relecture partielle du projet narratif. La personne qui mène l'entretien a ainsi plus de chance, par ses interventions, de perturber le projet narratif. Par contre, les dévoilements à l'initiative du sujet semblent s'intégrer plus facilement au projet narratif. De plus, le dévoilement peut être plus ou moins en conflit avec la représentation de soi transmise, avec le projet narratif du sujet.

Les dévoilements se répartissent dans les différentes parties de l'entretien : 6 dans la 1re partie (frère Anselme$_1$, frère Barthélémy$_1$, sœur Anne$_{1,2}$, sœur Evelyne$_1$, frère Cyprien$_1$[8]), 9 dans la 2e partie et 11 dans la 3e partie. Il n'est pas surprenant que la majorité des dévoilements apparaissent dans la 2e et la 3e partie, parties qui, rappelons-le, permettent de caractériser les changements identifiés dans la première partie. En effet, comme la première partie transmet le projet narratif, les dévoilements présents dans les deux autres parties sont moins soumis à la demande de cohérence exigée par le récit, contrairement à la première partie (pour que le récit soit un récit[9]).

Le lien que nous avons fait entre dévoilement et intimité se vérifie sauf pour un dévoilement, celui de sœur Hélène qui semble n'être qu'un simple ajout qui n'apporte pas grand-chose en terme d'intimité ou d'expression d'une pensée moins défensive liée à l'autre. L'intimité est, de ce fait, une caractéristique du dévoilement. Il est intéressant de relever que pour 9 dévoilements (frère Anselme$_2$, frère Barthélémy$_1$, sœur Anne$_{1,2}$, sœur Danièle$_1$, frère Eric$_1$, sœur Evelyne$_1$ et sœur Clotilde$_{1,2}$), nous observons un phénomène d'ancrage : une expression est mentionnée et elle sera, plus tard dans le récit, développée. L'ancrage rend possible le dévoilement, dans le

[8] Les indices renvoient au numéro du changement. Par exemple, sœur Anne$_1$ renvoie au premier dévoilement du récit de sœur Anne.

[9] Tout comme l'événement chez Ricœur, le dévoilement doit être facteur de concordance et cela par le fait qu'il participe à faire progresser l'histoire. Le récit doit donner une impression de converger vers un but, de sorte que chaque événement concourt à la fin prévue.

sens d'une intimité partagée et il est, nous semble t-il, l'une des caractéristiques du dévoilement. A l'opposé, d'autres dévoilements semblent complètement étrangers au projet narratif, particulièrement le premier dévoilement du récit de sœur Marie-Michèle et les deux dévoilements du récit de frère Hyppolite. Comme nous l'avons dit ailleurs, deux interprétations sont possibles : soit les dévoilements sont difficilement intégrables (en demande d'intégration), soit ils n'ont pas une importance prédominante dans la construction identitaire du sujet (très périphériques). D'autres dévoilements complètent le projet narratif sans poser de problème d'intégration. Par exemple, le deuxième et le troisième dévoilements du récit de sœur Evelyne évoquent deux événements antérieurs au changement qui débute (dans une diachronie reconstituée) le projet narratif. Il est aussi intéressant de relever que certains dévoilements évoquent d'autres choix de vie possibles, des choix qui ont soit été atténués dans le projet narratif, soit qui n'y étaient pas du tout mentionnés. Par exemple, le premier dévoilement de sœur Gertrude est explicite sur ce point : *et c'est très marrant parce que* ***parallèlement à à tout ce que je vous ai dit*** *y'a eu des opportunités heu qui étaient plus que des opportunités.* De même, le dévoilement de frère Eric développe une période où le choix a dû se faire : *les quatre ans qui ont séparé la vocation et l'entrée au monastère ont été quatre ans difficiles quatre années difficiles ou justement j'ai mesuré que bon tu vas pas te marier tu fonderas pas de famille et c'est quand même aussi un désir que je portais en moi.* Ainsi, le dévoilement permet d'accéder dans certains récits à d'autres possibles, à une représentation de soi « moins lisse » (moins conforme au projet narratif) laissant plus transparaître non seulement une dimension conflictuelle dans la construction identiaire, mais aussi le travail de mise en intrigue qui opère une sélection d'événements qui concourt à une fin. L'accès à d'autres possibles, voire une atténuation des certitudes évoquées dans le projet narratif (sœur $\text{Clotilde}_{1,2}$), est une autre caractéristique propre au dévoilement.

De plus, le dévoilement peut être clairement identifié par le sujet comme tel. Par exemple sœur Fabienne qualifie ce que le chercheur identifie comme un dévoilement de *choses très très intimes qu'on raconte pas trop* :

> « Ah oui tient ça c'était un grand changement pourquoi j'ai pas pensé à dire ça peut-êt- c- parce que c- vous me demandez la part de Dieu et je crois que ça ça fait partie de ces choses très très intimes qu'on raconte pas trop (rires) ».

Notons que pour sœur Fabienne, demander la part de Dieu dans les changements va dans le sens de plus d'intimité. Cela conforte la méthode de récolte des données qui visait à un dévoilement progressif de l'identité. Frère Cyprien identifie à plusieurs reprises le caractère intime de certains changements importants : *c'est très personnel, je peux difficilement m'étendre.*

Quels sont les liens entre dévoilement et construction centrale/périphérique de l'identité ? Nous avons distingué dans notre analyse, le point de vue du sujet et le point de vue du chercheur. Nous avons considéré le dévoilement comme central pour le sujet quand celui-ci l'identifiait comme le changement le plus important[10]. C'est aussi le dévoilement qui organise la narration. L'analyse de l'ensemble des récits du corpus relève, du point de vue du sujet, 4 dévoilements qui sont centraux pour la construction identitaire (frère Anselme$_2$, sœur Fabienne$_{1,2}$, et frère Cyprien$_1$[11]). Du point de vue du chercheur, nous relevons 7 dévoilements que nous considérons comme centraux : les 4 identifiés par les sujets et le dévoilement de frère Barthélémy, le premier dévoilement de sœur Evelyne et le dévoilement de sœur Danièle. L'analyse approfondie du récit de frère Barthélémy a montré, de manière convaincante nous semble-t-il que le dévoilement donnait accès à une organisation plus profonde de l'identité en lien avec la figure du père. De même, le dévoilement présent dans le récit de sœur Evelyne relève une organisation de l'identité liée, à travers des difficultés avec la langue maternelle, à la figure maternelle. Le troisième dévoilement, celui qui apparaît dans le récit de sœur Danièle donne le point de départ de la voie, l'origine du changement intime. Sœur Danièle considère comme central non pas le changement intime mais la reconnaissance sociale de celui-ci (dire son choix de vie à ses parents). Ainsi, intimité ne veut pas toujours dire centralité mais elle permet toujours d'accéder à une représentation de soi « moins lisse » que celle exposée dans le projet narratif et d'observer comment l'identité se tisse parmi de multiples possibles.

Notons finalement que seuls deux dévoilements sont identifiés comme des moments de conversions : le deuxième dévoilement de frère Anselme et le deuxième dévoilement de sœur Fabienne.

Arrivés au terme des analyses que nous souhaitions mener, faisons le point. Nous avons analysé quatre parcours de subjectivation de manière approfondie. En nous appuyant sur la méthodologie d'analyse mise en place et sur l'analyse approfondie de ces quatre récits, nous avons segmenté les récits et reconstitué la structure diachronique. Nous avons aussi repéré d'éventuels dévoilements. L'analyse de l'ensemble du corpus s'est faite en trois parties.

La première partie a présenté les définitions de la conversion données par les sujets pour montrer à quel point ce changement identitaire peut être considéré comme un processus dont différents moments sont identifiés par les sujets comme étant des moments de conversion. La conversion est liée, dans certains cas, à des expériences de présence/rencontre du Christ. Nous

[10] Notons que même si le dévoilement apparaît après la question de la hiérarchisation des changements, donc dans la 2e et la 3e partie, le sujet a pu revenir sur cette hiérarchisation. Le deuxième dévoilement de frère Anselme qui apparaît dans la deuxième partie est un exemple.

[11] Frère Anselme identifie clairement le dévoilement comme le changement le plus important de sa vie (rencontre fondatrice du Christ), sœur Fabienne identifie le deuxième dévoilement comme étant l'expérience fondatrice et frère Cyprien ne peut distinguer l'entrée (le premier dévoilement) de l'ouverture au père spirituel (considéré comme le changement le plus important).

avons tenté de montrer la manière dont la figure du Christ participait à la construction identitaire (avec ou sans médiation). La présence du Christ et ses possibles médiations a relevé l'importance, non seulement des personnes dans la construction identitaire, mais aussi des récits, des rites et des collectifs. Ces éléments sont d'une grande importance dans notre compréhension d'une construction identitaire.

Dans la deuxième partie, nous avons observé si le modèle théorique de la construction identitaire que nous avons élaboré peut rendre compte de trois étapes de la vie : la relation primaire, l'adolescence et le mitan de la vie. Ainsi, nous avons essayé de montrer comment des expériences religieuses permettent une reprise d'expériences précoces négatives en permettant de faire vivre aux sujets de nouvelles expériences d'attachement et/ou de symbolisation réussies. Ensuite, nous avons vu les difficultés qui naissent dans la période de transition entre le monde des études (et de la famille) et l'entrée au monastère. Puis, nous avons dit quelques mots sur la difficulté que pose la crise du milieu de la vie (dans les deux approches) avec notre population.

Dans la troisième partie, nous avons exploité l'« outil » dévoilement pour accéder de manière plus rapide à une organisation plus profonde que celle exposée par le projet narratif. Comme nous l'avons vu, le repérage des dévoilements ne permet pas forcément d'accéder à une telle organisation mais il met le doigt sur des changements peu ou moins bien intégrés au projet narratif, à des possibles qui n'ont pas été retenus par le projet narratif, donc, finalement, à d'autres identités plus ou moins en conflit avec le choix de la vie monastique.

Sixième partie

DISCUSSION

Une construction centrale et périphérique de l'identité

Au terme de ce travail, nous souhaitons prendre le temps de nous recentrer sur notre question de départ, à savoir la place de la dimension religieuse dans la construction identitaire. Les théories et analyses menées jusque-là nous encouragent à préciser notre proposition de modèle.

Dans un premier temps, nous allons donc reprendre notre conception de l'identité en partant d'une version revisitée du modèle de Jung[1] tel qu'il avait été présenté par Warren Colman. Le modèle aidera à comprendre ce que nous entendons par une construction centrale et périphérique de l'identité. Nous relèverons l'importance de la place de l'« autre » dans une construction identitaire (l'autre pouvant être une figure religieuse). Nous proposons de concevoir le rôle et la place de l'autre dans cette construction à l'aide de deux figures : une figure d'attachement et/ou d'identification. Dans ces deux rôles, c'est particulièrement la fonction de porter (tout ou partie) de l'organisation psychique que nous mettrons en évidence. En effet, selon nous, une bonne part de la place occupée par l'autre dans l'identité du sujet peut se dévoiler par la question de savoir qui porte l'organisation psychique. Nous regarderons ensuite comment, dans nos analyses, les figures religieuses deviennent des figures d'attachement et/ou d'identification. De même, la rencontre de figures religieuses peut permettre une appropriation personnelle de ce qui a été transmis par l'éducation. La rencontre permet donc à l'individu une meilleure intégration de son identité qui jusque-là peut lui sembler fragmentée. Commençons par préciser le modèle :

Environnement externe/collectif externe

↓ ↑

persona/faux *self* /soi social

↓ ↑

Individu/Moi
(refoulement/désaveu/clivage)

↓ ↑

anima

↓ ↑

Environnement interne/collectif interne

[1] Qui fonde notre conception de l'identité à savoir qu'un individu construit son identité entre deux collectifs (externe et interne).

Voyons tout d'abord comment l'individu se définit en regard d'un environnement collectif externe avec lequel il est en relation. Comme nous l'avons vu, le lien avec l'environnement externe est pris en charge, chez les différents auteurs, par des structures psychiques (*persona*, faux *self*, soi social). La *persona*, le faux *self* et le soi social peuvent être vus comme des enveloppes qui permettent les échanges avec l'environnement externe. Elles ont une fonction défensive, de protection. Bien qu'ayant leurs sièges dans l'individu, ces structures psychiques portent, de manière plus ou moins forte, la marque de l'autre (et en premier lieu celle de la mère). La relation primaire[2] va définir le degré d'intégration de ces structures psychiques au reste de la personnalité. A une extrémité, ces structures peuvent devenir autonomes quand, en termes jungiens, le moi s'identifie à la *persona* ou, pour utiliser une autre terminologie, quand le faux *self* se confond, pour des observateurs extérieurs, à la personne réelle. Pour Didier Houzel, ces structures peuvent être « sans contact avec la vie pulsionnelle et émotionnelle » (2000, p. 66). A l'autre extrémité, ces structures psychiques s'intègrent bien à la personnalité et représentent, selon les termes de Winnicott, une certaine qualité du vrai *self*. En cherchant où se trouve l'organisation de telles structures, nous avions dit, concernant le faux *self* : le faux *self*, c'est la mère. Nous reviendrons ci-dessous sur la question de qui porte l'organisation psychique. L'identité à cette « strate » de l'appareil psychique est avant tout constituée par l'ensemble des rôles, des fonctions de l'individu[3]. D'un point de vue identitaire, nous sommes face à la manière dont l'individu se présente, ce qui ne nous donne pas accès à toute son authenticité.

L'enveloppe protège ce que Winnicott a appelé le vrai *self*. Comme nous l'avons relevé, cette conception de Winnicott concernant l'existence d'un noyau sacré comme centre de la personnalité est très proche de ce que Jung a appelé le Soi (comme centre). Ce centre est potentiellement porteur d'une autre identité, d'un autre « projet ». Tant Stern quand il parle de « dessein interne » que Winnicott quand il parle « d'un potentiel inné qui comporte une tendance à la croissance et au développement » ont l'idée, nous semble-t-il, que quelque chose « pousse de l'intérieur » à la réalisation de soi. Ils le ramènent, dans les deux cas, à la vie pulsionnelle. Jung est le seul à avoir proposé, sur le modèle de la *persona*, une enveloppe qui prend en charge le lien avec un environnement intérieur : l'âme (*anima*/*animus*). Il y a une différence de nature entre la *persona* et l'âme car l'âme est un archétype, donc un organisateur psychique de l'inconscient collectif. Cet organisateur est autonome. Il s'agit, pour l'individu, d'être en lien avec celui-ci de manière harmonieuse, c'est-à-dire avec une bonne distance. Tout comme pour la *persona*, il est dangereux que le moi s'identifie à l'âme. Ainsi, et contrairement à Winnicott et Stern, Jung propose l'idée d'organisateurs

[2] En tenant compte à la fois de la part active des deux protagonistes et des modes de relations.

[3] Notons que ces identifications valorisent et protègent.

psychiques inconscients et collectifs qui déterminent l'identité de l'individu. L'organisateur principal de l'identité (personnelle) est l'archétype du Soi qui vise une intégration des différentes composantes de la personnalité. Il y a ainsi un organisateur psychique qui pousse à la réalisation de soi. Si l'on accepte l'hypothèse que le Christ est une personnification du Soi, le témoignage de frère Eric éclaire bien cette idée : *je crois qu'en fait le Seigneur en fait m'appelle à agir à devenir heu qui à devenir qui je suis enfin selon son projet*[4].

Notons que pour Stern, Winnicott et Jung, c'est finalement le moi qui se positionne face à ces deux environnements, interne et externe. Stern et Winnicott ont mis en évidence les mécanismes de refoulement et de clivage du moi (des fonctions de défense) tandis que Jung a mis en évidence la nécessité d'être en lien avec ces deux environnements et de se positionner face à eux par une attitude critique. Mais il a vu l'aspect bénéfique du potentiel structurant des archétypes. Nous insistons sur l'aspect dynamique du modèle soumis aux sollicitations constantes provenant des deux environnements (externe/interne) qui nécessitent en permanence des remaniements psychiques plus ou moins grands. De plus, le centre de gravité de la personnalité change au fur et à mesure du développement.

L'identité qui découle du vrai *self*, du Soi, est donc plus centrale, plus « personnelle » car, grâce à l'enveloppe qui les protège, préserve un noyau, centre de la personnalité. L'analyse de l'ensemble du corpus a montré comment le sujet, par le projet narratif, peut transmettre une représentation de soi plus ou moins « lisse » (dans un lien avec la *persona*, le faux *self*) ; mais l'analyse a montré aussi comment le dévoilement permet d'avoir accès soit à une organisation de l'identité plus profonde que celle exposée par le projet narratif, soit à une identité moins bien intégrée, plus conflictuelle. Dévoilement, dans ce sens, ne veut pas toujours dire centralité. En effet, même s'il porte sur un aspect périphérique de la construction identitaire, le dévoilement met le doigt sur un aspect de l'identité peu, pas ou moins bien intégré (conflictuel).

L'analyse approfondie des quatre récits ainsi que l'analyse des récits de l'ensemble du corpus ont mis en évidence la place de l'autre avec un *petit a* et un *grand A*[5]. Il nous semble qu'à partir des analyses (faites avec notre proposition de modèle de la construction identitaire), la dynamique du modèle est rendue visible principalement par la place de l'autre. Il peut être, de notre point de vue, une figure d'attachement et/ou d'identification doté de deux fonctions psychiques non exclusives. Présentons les deux figures puis les deux fonctions avant de les illustrer avec des exemples tirés de nos analyses.

---

[4] Frère Eric.

[5] Selon les termes de frère Anselme

Les deux figures :

– *L'autre est une figure d'attachement.* Comme nous l'avons évoquée, la présence d'une figure d'attachement (avec qui l'individu a un lien *secure*) est cruciale pour permettre l'intériorisation d'imagos parentales stables et structurantes qui permettront la symbolisation. Ainsi, c'est par les figures d'attachement que passe la capacité de symbolisation et parmi elle la narration. La figure d'attachement favorise le récit de soi, une relecture de sa vie.

– *L'autre est une figure d'identification.* L'autre peut être investi comme une figure d'identification. Ce n'est plus l'autre qui est comme moi (l'autre comme support des projections), mais moi qui suis comme l'autre. Nous avons vu l'importance de cette figure dans le développement de l'enfant. Elle peut être soit structurante soit déstructurante. Dans le meilleur des cas, elle permet d'aider à franchir les étapes du développement par exemple à l'adolescence.

Les deux fonctions :

– *L'autre porte l'organisation psychique.* Nous avons largement évoqué cette fonction quand nous avons parlé du processus d'intégration du moi chez Winnicott, de l'émergence du sens d'un soi noyau chez Stern ou du rôle du Soi de la mère chez Erich Neumann. Nous sommes d'avis que, dans la relation primaire, la mère porte l'organisation psychique, qui va peu à peu migrer de la mère à l'enfant au fur et à mesure des acquisitions de l'enfant. Nous avons parlé de fonction maternelle, car porter l'organisation psychique nécessite une fonction de contenance. Cette fonction de porter l'organisation psychique, qui est dévolue à la mère dans la petite enfance, peut, par la suite, être prise en charge par d'autres personnes. Par exemple, nous avons vu qu'à l'adolescence, des personnes dans l'entourage pouvaient servir de moi-auxiliaires pour l'adolescent en se voyant confier une partie de l'organisation psychique. Comme nous l'avons vu, il semble que les moi-auxiliaires portent des éléments plus périphériques, de surfaces de cette organisation. C'est, selon Philippe Jeammet, l'une des raisons de leur rapide désinvestissement par l'adolescent. Finalement, dans une perspective jungienne, c'est aussi l'archétype qui peut être porteur de l'organisation psychique.

Il nous semble donc tout particulièrement intéressant de se poser la question de savoir qui porte l'organisation psychique ? Que prend cette personne en charge ? La place et le rôle de l'autre dans la construction identitaire dépendent en partie des réponses apportées à ces questions.

– *L'autre est le support des projections.* La fonction de miroir est très importante dans la construction identitaire. Nous avons vu la place qu'elle occupe chez l'enfant avec l'image spéculaire du visage de la mère. L'enfant se construit au travers du regard de la mère. Cette fonction occupe une place particulière à l'adolescence. La personne investie comme support des projections peut permettre, par petites touches, une différenciation d'avec les imagos parentales. Nous rappelons que dans une perspective jungienne, ce ne sont pas uniquement les imagos qui sont projetées mais aussi les archétypes. D'un point de vue identitaire, dans la projection, l'autre c'est moi. De là toute l'importance d'être un support des projections afin de permettre le retrait de celles-ci, rendre leur altérité aux autres et permettre à la personne d'accéder à une nouvelle identité.

Ainsi, il est, de notre point de vue, très aidant de considérer ce double investissement possible (attachement/identification) avec les deux fonctions psychiques pour comprendre la place et le rôle de l'autre dans la construction identitaire. Ce même raisonnement peut être appliqué aux figures religieuses (telles le Christ, la Vierge Marie, etc.).

Rappelons tout d'abord que huit récits évoquent explicitement une rencontre sensible du Christ. Souvent, ces récits présentent une étape intermédiaire avant la rencontre, étape qui donne le sentiment que Dieu existe[6]. Il faut, d'une certaine manière que cette figure existe pour le sujet, qu'elle ne soit pas uniquement présente dans la culture, pour que le sujet puisse la rencontrer. Avant cette rencontre, la dimension religieuse est souvent de l'ordre de la *persona*, du faux *self*, ou du soi social.

Les récits des rencontres avec le Christ nous ont beaucoup appris sur la manière dont une figure religieuse peut participer à la construction identitaire d'un individu. Ainsi, la rencontre peut se faire sans médiation ou à l'aide de médiations qui s'appuient, comme nous l'avons vu, sur des rapports identificatoires (qui ne nécessitent pas un lien d'attachement). Les médiations sont de quatre ordres : les récits (canoniques ou littéraires), les rites, une personne et un environnement collectif (groupe, communauté, etc.).

Comme nous l'avons vu dans plusieurs récits, la rencontre du Christ constitue une nouvelle expérience d'attachement et de symbolisation réussie. L'expérience faite par frère Eric est un bon exemple :

> « Dans cette expérience que en tous cas peu après disons ça a duré à peu près un mois durant un mois suite à cette lecture bon je sais pas trop dans quel état j'étais disons mais // disons le le Seigneur a été presque sensiblement heu présent à mes côtés et c'est une expérience durant ce mois-ci j'ai eu quelques songes enfin où j'ai revu en fait le où tout mon passé s'est éclairé à la lumière de ce que je vivais maintenant c'est-à-dire que j'ai pris conscience à ce moment-là à travers des souvenirs très précis qui qui que j'avais oubliés que le Seigneur en fait à chaque instant de ma vie même dans les moments les plus noirs et en fait y a eu beaucoup de moments très noirs heu Il était là et que quelque part et bien tout ce que j'avais vécu heu m'avait conduit à vivre heu ce que j'étais en train de vivre en ce moment voilà alors j'ai trouvé ça fabuleux parce que j'étais incapable moi de faire un de de de relire ma vie voilà d'une manière cohérente quoi je je je me disais ça n'a pas de sens enfin ».

Notons que d'autres expériences d'attachement, en dehors de la figure du Christ, ont pu jouer un rôle décisif (dans le cadre du monastère). Par exemple, l'ouverture au père spirituel permet au frère Cyprien de sortir de la solitude dans laquelle il vivait depuis 25 ans :

---

[6] Sœur Fabienne : « le sentiment de de découvrir un lieu pfff un lieu fabuleux et et du coup un sentiment que que Dieu existe quoi ».

> « La relation avec le heu mon père spirituel / heu où en fait après quelque temps que j'étais ici je lui ai vraiment heu partagé heu / un peu ma vie et notamment des choses qui j'ai qui m'étaient très heu très personnelles qui m'avaient pesées beaucoup pendant pas mal d'années et heu / et avec lui à partir de là on a on a pu travailler aussi là-dessus / et je vois ça vraiment comme un heu comme un changement très important dans ma vie / parce que c'était comme une un regard extérieur qui venait heu rentrer là où y'avait eu que où j'avais été seul toujours hein pendant pendant 25 ans / et heu et je pense finalement ça a été un tournant aussi assez assez décisif ».

La rencontre permet, dans d'autres récits, une expérience de symbolisation réussie, par exemple pour sœur Marie-Michèle :

> « J'ai eu une une telle rencontre du à travers lui [le père spirituel] de la présence de Dieu et à travers le sacrement de de d'être rejointe par le Seigneur Jésus vraiment Lui pas c'était pas sans confusion j'ai j'ai avec une telle force je je là aussi je me souviens précisément de de des mots du de l'heure du jour de tout et ce jour-là c'est j'ai été heu tellement sûre que c'est une personne qui m'aime que j'ai donné ma vie tout de suite au Seigneur Jésus et alors à partir de ce de cette heure-là j'étais toute autre ma vie avait complètement basculé je ça avait du sens même l'asthme avait du sens ».

Nous observons ainsi des expériences plus ou moins longues où les figures religieuses sont des figures d'attachement et/ou d'identification et portent une partie de l'organisation psychique du sujet, donc une partie de l'identité. Dans les récits qui évoquent des expériences précoces difficiles, les nouvelles expériences d'attachement et/ou de symbolisation réussies grâce aux figures religieuses permettent une meilleure intégration de la personnalité par l'intégration d'un événement, par une relecture du passé, etc. La rencontre a souvent le statut d'expérience fondatrice. La rencontre inaugure une relation qui peut occuper une position centrale dans la construction identitaire. Le changement qui présente cette rencontre peut être le pivot de la narration comme pour frère Barthélémy, ou sœur Anne ou se révéler dans un dévoilement comme pour frère Anselme ou sœur Fabienne. La narration s'organise autour de ce que le sujet conçoit comme central : la rencontre de la petite communauté pour frère Hyppolite, le lien entre maladie et expérience spirituelle pour sœur Marie-Michèle, etc.

Notons que pour la plus grande majorité des récits, tant que la religion transmise n'est pas appropriée personnellement par les sujets, la dimension religieuse participe à la *persona*, au faux *self*, au soi social. La rencontre, dans ce sens, permet ce mouvement de réappropriation, mais elle n'est pas le seul moyen qu'aient les sujets pour se réapproprier quelque chose de l'ordre du collectif et de l'intégrer de façon personnalisée. Ainsi, la relation au Christ (à une personnification du Soi pour les jungiens) permet au sujet de se construire dans le sens d'une identité plus intégrée.

En guise de conclusion, nous proposons quelques perspectives que cette recherche ouvre.

En tant que psychologue de la religion, nous avons le sentiment que désormais, plusieurs perspectives peuvent être enrichies :

– L'usage du récit de vie s'est révélé être un outil exceptionnel pour accéder au vécu des sujets. Grâce au caractère incertain et créatif de la mise en récit, les sujets furent surpris par l'exercice. Plusieurs moniales et moines nous ont remerciés pour la possibilité qui leur a été donnée de se raconter. De plus, quelques personnes sont revenues, après coup, donner des informations sur le récit qu'elles avaient produit auparavant. Preuve que l'exercice mobilise psychiquement et affectivement le sujet et qu'il peut inaugurer une relecture renouvellé de son parcours de vie. Après cette recherche, et malgré la complexité de travailler avec ce type de données, nous encourageons de futures recherches en psychologie à l'aide de cet outil.

– La recherche que nous avons menée peut intéresser les psychothérapeutes notamment sur la question de la fonction intégratrice. En effet, la santé psychique peut être vue comme la capacité d'intégrer (des événements, etc.). Freud pense que le moi est capable de le faire mais, face à l'expérience religieuse (ou, en termes jungiens, de l'expérience archétypique), il est obligé de la nier (quand le moi se sent dépassé). Les analyses de notre recherche montrent comment les sujets, face à l'expérience religieuse, sont au contact de ce qui les dépasse. Elles montrent comment les sujets ne succombent pas à une attitude passive, au risque de s'identifier à l'archétype pour les jungiens. Dans une dialectique entre le moi et l'inconscient, pour reprendre un titre de livre de Jung, c'est le moi qui se confronte à ce qu'il ne peut pas intégrer et qui décide finalement (et cela même si le moteur est interne, vient de l'archétype du Soi dans le processus d'individuation). Nos analyses essaient de montrer comment le moi se pense dans le rapport à ce qui le dépasse (et donc à ce qui le détermine, lui donne son identité). Dans une perspective jungienne, la structure intégrative n'est pas le moi (qui est plus « superficiel » que le Soi jungien) mais se trouve au niveau du Soi.

De plus, notre modèle propose de penser l'identité avec un modèle noyau-périphérie. Comme nous l'avons vu, l'enveloppe de la *persona*, du faux *self* ou du soi social est du point de vue de l'organisation psychique, portée par la mère. La *persona*, du faux *self* ou du soi social seraient ainsi du côté du contenu (par rapport à la structure). Plus cette enveloppe est éloignée du vrai *self* ou du Soi, moins l'individu se trouve proche de la santé psychique. Il y a ainsi beaucoup à dire sur une pratique psychothérapeutique à partir des analyses et du modèle proposé. La réflexion ne peut que continuer :

– La recherche peut contribuer à une réflexion chez les maîtresses et maîtres de novice dans leur pratique d'accompagnement. En effet, les analyses montrent comment la dimension religieuse s'articule à la dimension psychologique. Elles relèvent les possibilités qu'offre la dimension religieuse d'élaborer des problématiques psychologiques de base, de comprendre ce que prend en charge la dimension religieuse. De plus l'analyse des différents parcours aide à comprendre ce à quoi un sujet va devoir se confronter, ce qui pourrait être de futures étapes dans sa construction identitaire. De ce fait, tant l'accompagnateur que l'accompagné peuvent préparer le terrain de futurs changements.

– En psychologie de la religion, notre travail peut contribuer à redonner au récit de vie une place dans la recherche. Elle propose de repenser la conversion comme une sorte de changement identitaire, mais aussi, notre recherche propose un modèle de la construction identitaire qui prend en compte la dimension religieuse.

Finalement et de manière générale, les trajectoires identitaires des moniales et des moines rencontrés nous paraissent une source d'inspiration pour comprendre ce qui peut « manquer » dans notre société actuelle, au niveau de la construction identitaire, et redessiner ainsi peut-être quelques repères.

BIBLIOGRAPHIE

Manuels et logiciel

AMERICAN PSYCHIATRIC ASSOCIATION (2003). *DSM-IV-TR : Manuel diagnostique et statistique des troubles mentaux*. Paris : Masson.

ARGYLE, M. & BEIT-HALLAHMI, B. (1997). *The psychology of religious behaviour, belief and experience*. London & New York : Routledge.

LAPLANCHE, J. & PONTALIS, J.-E. (2002). *Vocabulaire de la psychanalyse*. Paris : PUF.

LOEWENTHAL, K. (2004). *The psychology of religion : a short introduction*. Oxford : Oneworld.

WULFF, D. (1997). *Psychology of Religion : classic and contemporary*. New York : John Wiley & Sons.

SPAD : logiciel d'analyse des données (pour plus d'informations http//spadsoft.com, consulté le 6.08.2008).

Articles et livres

AINSWORTH, M. D., BLEHAR, M. C., WATERS, E. & WALL, S. (1978). *Patterns of attachment : a psychological study of the strange situation*. Hillsdale : Lawrence Erlbaum Associates.

ALLPORT, G. W. (1950). *The individual and his religion*. New York : Macmillan.

BAKAN, D. (1966). *The duality of human existence : Isolation and communion in western man*. Boston : Beacon Press.

BALTES, P. B. & BALTES M. (1990). « Psychological perspectives on successful aging : The model of selective optimisation with compensation ». In P. BALTES & M. BALTES (Eds.), *Successful aging : perspectives from the behavioural sciences* (pp. 1-36). Hillsdade, NJ : Lawrence Erlbaum.

BALTES, P. B., LINDENBERGER, U. & STAUDINGER, U. M. (1998). « Life-span theory in developmental psychology ». In W. DAMON & R. M. LERNER (Eds.), *Handbook of child psychology* (pp. 1029-1143). New York : Wiley.

BEIT-HALLAHMI, B. (1974). « Psychology of Religion 1880-1930 : the rise and the fall of psychological movement », *Journal of the history of the behavioral Sciences, 1*, 10, 84-90.

BERGERET, J. (1999). *La personnalité normale et pathologique*. Paris : Dunod.

BERTALANFFY VON, L. (1973). *Théorie générale des systèmes*. Paris : Dunod.

BERTAUX, D. (1976). *Histoires de vies – ou récits de pratiques ? Méthodologie de l'approche biographique en sociologie*. Rapport au Cordes.

BERTAUX, D. (1997). *Les récits de vie*. Paris : Nathan.

BERTRAND, M. (1998). « Valeurs et limites du narratif en psychanalyse », *Revue française de psychanalyse, 3*, 713-720.

BOBIN, C. (1992). *Isabelle Bruges*. Cognac : Le temps qu'il fait.

BOURETZ, P. (1996). « Entre bien vivre et la vie bien conduite », *L'information psychiatrique, 3*, 207-210.

BOURGEOIS, M. L. (1998). « Identité et développement du moi selon Erik H. Erikson », *Confrontations psychiatriques, 39*, 57-71.

BOWLBY, J. (1978). *Attachement et perte, Volume 1. L'attachement*. Paris : PUF.

BOWLBY, J. (1978). *Attachement et perte, Volume 2. La séparation : angoisse et colère*. Paris : PUF.

BRANDT, P.-Y. (1997). « Identité subjective, identité objective : l'importance du nom », *Archives de psychologie, 65*, 187-209.

BRANDT, P.-Y. (2005). « La conversion : un processus créatif », *Archives de psychologie, 71*, 131-154.

BRANDT, P.-Y. & FOURNIER, C.-A. (2006). « Groupes sectaires : dépendances structurantes ou aliénantes ? », *Psychoscope, 27*, 6, 24-25.

BRANDT, P.-Y. & FOURNIER, C.-A. (Eds.) (2007). *Fonctions psychologiques du religieux : Cent ans après* Varieties *de William James*. Genève : Labor et Fides.

BROWN, P. (2001). *La vie de saint Augustin*. Paris : Seuil.

BRUNER, J. (1990). *Acts of meaning*. Cambridge : Harvard University Press.

CARPENTER, W. B. (1874). *Principles of mental physiology*. Londres : H.S. King & Co.

CHAMPION, F. (2003). « La religion n'est plus ce qu'elle était », *Revue du Mauss, 22*, 171-180.

CHAMPION, F. (2004). « Logique des bricolages : retours sur la nébuleuse mystique-ésotérique et au-delà », *Recherches Sociologiques, 1*, 35, 59-77.

CHAPMAN, H. (1988). *Jung's three theories of religious experience*. Lewiston & New York : Edwin Mellen.

CHAUVIER, E. (2006). *Anthropologie*. Paris : Allia.

CHAUVIER, E. (2008). *Si l'enfant ne réagit pas*. Paris : Allia.

CHILAND, C. (2006). « Qu'est-ce qu'un entretien clinique ? ». In C. CHILAND (Ed.), *L'entretien clinique* (pp. 9-27). Paris : PUF.

CLAPAREDE, E. (1911). « William James », *Archives de psychologie, X*, 96-105.

COLMAN, W. (2006). « The self ». In R. Papadopoulos (Ed.), *The handbook of Jungian psychology* (pp. 153-174). London & New York : Routledge.

CORVELEYN, J. & LUYTEN, P. (2007). « Attachment and religion : the need to leave our secure base. A comment on the discussion between

Granqvist, Rizzuto, and Wulff », *The international journal for the psychology of religion, 17*, 2, 81-97.
COSNIER, J. (1990). « Les vicissitudes de l'identité ». In A.-M. ALLEON, O. MORVAN & S. LEBOVICI, *Devenir « adulte » ?* (pp. 95-111). Paris : PUF.
CYRULNIK, B. (1999). *Un merveilleux malheur*. Paris : Odile Jacob.
DANON-BOILEAU, L. (1998). « La qualité narrative de la parole en analyse », *Revue française de psychanalyse, 3*, 721-729.
DANON-BOILEAU, L. (2007). *La Parole est un jeu d'enfant fragile*. Paris : Odile Jacob.
DAVIS, M. & WALLBRIDGE, D. (2005). *Winnicott : introduction à son œuvre*. Paris : PUF.
DELFOSSE, M. S. (1998). « Psychanalyse, histoire de vie : père ou frère quel compagnon ? ». In G. PINEAU (Ed.), *Accompagnements et histoire de vie* (pp. 141-15). Paris & Montréal : l'Harmattan.
DEMAZIERE, D. & DUBAR, C. (1997). *Analyser les entretiens biographiques : l'exemple de récits d'insertion*. Paris : Nathan.
DESSAIN, B. (2007). *Winnicott : illusion ou vérité. Des conditions de possibilité de l'avènement du sujet*. Bruxelles : De Boeck.
DEUTSCH, H. (1944/1967). *La psychologie des femmes : Etudes psychanalytiques* (Vol II). Paris : PUF.
DEUTSCH, H. (2007). *Les « comme si » et autres textes (1933-1970)*. Paris : Seuil.
DOMINICE, P. (1994). *Histoire de vie comme processus de formation*. Paris & Montréal : L'Harmattan.
DORE, J. (1985), « Holophrases revisited, dialogically ». In M. BARETT (Ed.), *Children's single word speech*. London : Wiley.
ELDER, G. H., KIRKPATRICK, J. & CROSNOE, R. (2003). « The emergence and development of life course theory ». In J. T. MORTIMER & M. J. SHANAHAN (Eds.), *Handbook of the life course* (pp. 3-19). New York : Kluwer Academic.
EKMAN, P. (1982). *Emotion in the human face*. Cambridge : Cambridge University Press.
EKMAN, P. (Ed.) (2003). *Emotion inside out : 130 years after Darwin's « The expression of the emotions in man and animals »*. New York : The New York Academy of Sciences.
ELLENBERGER, H. F. (1994). *Histoire de la découverte de l'inconscient*. Paris : Fayard.
ERIKSON, E. H. (1972). *Identity, youth and crisis*. New York : W. W. Norton & Company.
ERIKSON, E. H. (1972). *Adolescence et crise : la quête de l'identité*. Paris : Flammarion.
FERRAROTI, F. (1983). *Histoires et histoires de vie : la méthode bio dans les sciences sociales*. Paris : Librairie des Méridiens.
FLOURNOY, T. (1903). « Les principes de la psychologie religieuse », *Archives de psychologie, II*, 33-57.

FLOURNOY, T. (1906). « Miss Frank Miller : quelques faits d'imagination créatrice subconsciente », *Archives de psychologie, V*, 36-51.

FOGNINI, M. & CHIANTARETTO, J.-F. (2008). « Editorial (Figures de l'autre en soi) », *Le Coq-Héron, 192*, 7-8.

FONAGY, P., GERGELY, G., JURIST, E. L. & TARGET M. (2004). *Affect, regulation, mentalization and the development of the self.* New York : Other Press.

FORDHAM, M. (1969). *Children as individuals.* London : Hodder & Stoughton.

FRANZ VON, M.-L. (1964). « Le processus d'individuation ». In C. G. Jung, *L'homme et ses symboles* (pp. 158-229). Paris : Robert Laffont.

FREUD, S. (1984). *Résultats, idées, problèmes*, I. Paris : PUF.

FREUD, S. (1905/2001). *Trois essais sur la théorie sexuelle.* Paris : Gallimard.

FREUD, S. (1929/2002). *Le malaise dans la culture*. Paris : PUF.

GARDIN, J.-C. (1974). *Les analyses de discours*. Neuchâtel : Delachaux et Niestlé.

GILBERT, M. (2001). *L'identité narrative : Une reprise à partir de Freud de la pensée de Paul Ricœur*. Genève : Labor et Fides.

GILBERT, M. (2007). « L'homme souffrant en quête de sens : du récit de soi à l'identité narrative. Une réflexion à partir de Ricœur », *Anthropologie clinique et sciences humaines, 5*, 72-76.

GILL, R. (2000). « Discourse analysis ». In M. BAUER & G. GASKELL (Eds.), *Qualitative researching with text, image and sound : a practical handbook* (pp. 172-190). London : Sage Publications.

GODIN, A. (1986) *Psychologie des expériences religieuses.* Paris : Le Centurion.

GOGUEL D'ALLONDAS, T. (2002). *Rites de passage, rites d'initiation : lecture d'Arnold van Gennep*. Québec : Les Presses de l'Université Laval.

GOLSE, B. (2006). *L'être-bébé*. Paris : PUF.

GOLSE, B. (2007). « Entre psychanalyse et attachement, le concept de pulsion d'attachement comme moyen de penser la symbolisation en absence et en présence de l'objet », *Dialogue, 175*, 15-29.

GRANQVIST, P. (2006). « On the relation between secular and divine relationships : an emerging attachement perspective and a critique of the "depth" approches », *The international journal for the psychology of religion, 16*, 1, 1-18.

GRANQVIST, P. & KIRKPATRICK, L. A. (2004). « Religious conversion and perceived childhood attachement : a meta-analysis », *The international journal for the psychology of religion, 14*, 4, 223-250.

GREEN, A. (1992). *La déliaison : psychanalyse, anthropologie et littérature.* Paris : Société d'Editions des Belles Lettres.

GREEN, A. (2005). *Jouer avec Winnicott.* Paris : PUF.

GRIVET-SHILLITO, M.-L. (1993). « Le soi primaire : contribution de Michael Fordham à l'étude du psychosoma », *Cahiers jungiens de psychanalyse, 76*, 34-42.

GROSSMAN, E. (2004). *La défiguration : Artaud, Beckett, Michaux*. Paris : Les Editions de Minuit.

GUEDENEY, A. & GUEDENEY, N. (2002). *L'attachement : concepts et applications*. Paris : Masson.

HALASZ, A. (2007). « Hermann et la conception actuelle concernant les nourrissons », *Le Coq-Héron, 188*, 43-48.

HARLOW, H. & CLINTON, N. (Eds.) (1965). *Biological and biochemical bases of behavior*. Madison : The University of Wisconsin Press.

HAY, D. (1999). « Psychologists interpreting conversion : two American forerunners of the hermeneutics of suspicion », *History of the human siences, 12*, 55-72.

HENDERSON, J. (1964). « Les mythes primitifs et l'homme moderne ». In C. G. JUNG, *L'homme et ses symboles* (pp. 104-157). Paris : Robert Laffont.

HERVIEU-LÉGER, D. (2003). *Le pèlerin et le converti : la religion en mouvement*. Paris : Flammarion.

HERVIEU-LÉGER, D. (2003). « La religion mode de croire », *Revue du Mauss, 22*, 144-158.

HILLMAN, J. (1977). *Revisionning Psychology*. New York : Colophon.

HOUZEL, D. (2000). « L'enveloppe psychique : Concept et propriétés ». In D. ANZIEU (Ed.) *Les enveloppes psychiques*. Paris : Dunod.

HOUSSIER, F. (2006). « De Stanley G. Hall à Sigmund Freud : enjeux latents d'une relation particulière », *Cliniques méditerranéennes, 74*, 291-306.

HULIN, M. (1993). *La mystique sauvage*. Paris : PUF.

HUMBERT, E. G. (1994). *L'homme aux prises avec l'inconscient : réflexions sur l'approche jungienne*. Paris : Albin Michel.

HUMBERT, E. G. (2004). *Jung*. Paris : Hachette Littératures.

JACKSON, D., BEAVIN J. H. & WATZLAWICK P. (1972). *Une logique de la communication*. Paris : Seuil.

JAMES, W. (1902) *The varieties of religious experience*. New York, London [etc.] : Longman, Green & Co.

JAMES, W. (1906). *L'expérience religieuse : essai de psychologie descriptive*. Paris : Alcan, Genève : Kündig.

JEAMMET, P. (1980). « Réalité externe et réalité interne : importance et spécificité de leur articulation à l'adolescence », *Revue française de psychanalyse, 44*, 3-4, 481-521.

JOHN, O. & SRIVASTAVA, S. (1999). « The big five trait taxonomy : history, measurement and theoretical perspectives ». In L. PERVIN & O. JOHN (Eds.), *Handbook of personality : theory and research* (pp. 102-138). New York : Guilford Press.

JONES, E. (1969). *La vie et l'œuvre de Sigmund Freud*, II. Paris : PUF.

JOSSO, M.-C. (2000). « Entre histoires héritées et histoires imaginées, les récits de vie comme exploration de la formation au singulier pluriel ». In M.-C. JOSSO (Ed.), *La formation au cœur des récits de vie : expériences et savoirs universitaires* (pp. 231-274). Paris, Montréal : L'Harmattan.

JUNG, C. G. (1902). *Zur Psychologie und Pathologie sogenannter occulter Phenomäne : eine Psychiatrische Studie.* Leipzig : Oswald Mutze.

JUNG, C. G. (1911-1912/1967). *Métamorphoses de l'âme et ses symboles.* Paris : Buchet Chastel.

JUNG, C. G. (1916). « La structure de l'inconscient », *Archives de psychologie, XVI*, 152-179.

JUNG, C. G. (1921/1950). *Les types psychologiques.* Genève : Georg.

JUNG, C. G. (1933/2005). *Dialectique du moi et de l'inconscient.* Paris : Gallimard.

JUNG, C. G. (1933/1987). *L'homme à la découverte de son âme.* Paris : Albin Michel.

JUNG, C. G. (1937/1996). *Psychologie et religion.* Paris : Buchet Chastel.

JUNG, C. G. (1953). *La guérison psychologique.* Genève : Georg.

JUNG, C. G. (1949/1983). *Aïon : études sur la phénoménologie du soi.* Paris : Albin Michel.

JUNG, C. G. (1998). *Ma vie : souvenirs, rêves et pensées.* Paris : Gallimard.

KAUFMANN, J.-C. (2004). *L'invention de soi : une théorie de l'identité.* Paris : Hachette Littératures.

KILBOURNE, B. & RICHARDSON, J. T. (1984). « Psychotherapy and new religions in a pluralistic society », *American Psychologist, 39*, 3, 237-251.

LAPLANCHE, J. (1998). « La psychanalyse : mythes et théorie », *Revue française de psychanalyse, 3*, 871-888.

LAURENS, S. (2002). *Les conversions du moi : essai de psychologie sociale.* Paris : Desclée de Brouwer.

LE BRETON, D. (2002). *Conduites à risque : des jeux de mort au jeu de vivre.* Paris : PUF.

LE CAMUS, J. (2008). « Le rôle du père dans la socialisation du jeune enfant ». In J.-L. LE RUN & B. GOLSE (Eds.), *Les premiers pas vers l'autre : ou comment l'altérité vient aux bébés* (pp. 45-56), Ramonville Saint-Agne : Erès.

LE CLAIR, R. C. (Ed.) (1966). *The letters of William James and Théodore Flournoy.* Milwaukee & London : The University of Wisconsin Press.

LE GOUES, G. (2005). « Le stade des rides », *Revue française de psychanalyse, 69,* 1043-1060.

LEGRAND, M. (1993). *L'approche biographique : théorie, clinique.* Marseille : Hommes et perspectives.

LEJEUNE, P. (1975). *Le Pacte autobiographique.* Paris : Seuil.

LEUBA, J. H. (1896). « A Study in the psychology of religious phenomena », *American journal of psychology, 3*, 7, 322-385.

LEUBA, J. H (1902). « Les tendances fondamentales des mystiques chrétiens », *Revue philosophique, 54*, 441-487.

LEUBA, J. H. (1925). *The psychology of religious mysticism.* London : Kegan Paul, Trubner & Trench.

MARBEAU-CLEIRENS, B. (2006). « Ce qui est mobilisé chez les deux interlocuteurs dans l'entretien clinique ». In C. CHILAND (Ed.), *L'entretien clinique* (pp. 40-73). Paris : PUF.

MASLOW, A. H. (1972). *Vers une psychologie de l'Etre.* Paris : Fayard.

MCADAMS, D. (1994). « Can personality change ? Levels of stability and growth in personality across the lifespan ». In T. HEATHERTON & J. WEINBERGER (Eds.), *Can personality change ?* (pp. 299-313). Washington : American Psychological Association.

MCADAMS, D. (1996). « Personality, modernity, and storied self : a contemporary framework for studying persons », *Psychological inquiry, 7*, 4, 295-321.

MCCRAE, R. R. (1992). « The five-factor Model : issues and applications », *Journal of personality, 60*, 2 (Special issue).

MCCRAE, R. R. & COSTA, P. T. (2003) *Personality in adulthood : a five-factor theory perspective.* New York : Guilford Press, 2003.

MISSONNIER, S. (2005). « Rosemary's baby : de "l'identité narrative" à "l'enveloppe prénarrative" ». In B. GOLSE & S. MISSONNIER (Eds.), *Récit, attachement et psychanalyse : pour une clinique de la narrativité* (pp. 47-66). Paris : Erès.

MUCCHIELLI, R. (199). *L'analyse de contenu des documents et des communications.* Issy-les-Moulineaux : ESF.

M'UZAN DE, M. (2005). *Aux confins de l'identité.* Paris : Gallimard.

NELSON, K. (1978). « How young children represent knowledge of their world in and out of language ». In R. S. SIEGLER (Ed.), *Children's thinking : what develops ?.* New York : Lawrence Erlbaum Associates.

NEUMANN, E. (1955). *The Great Mother : analysis of an archetype.* London : Routledge.

NEUMANN, E. (1973). *The Child : structure and dynamics of the nascent personality.* London : Hodder & Stoughton.

NOSCHIS, K. (2002). « La psychologie analytique de Jung ». In N. DURUZ & M. GENNART (Eds.), *Traité de psychothérapie comparée* (pp. 41-65), Genève : Médecine et Hygiène.

PALOUTZIAN, R., RICHARDSON, J. & RAMBO, L. (1999). « Religious conversion and personality change », *Journal of personality, 67*, 6, 1047-1079.

PAPADOPOULOS, R. (Ed.) (2006), *The handbook of Jungian psychology.* London & New York : Routledge.

PARGAMENT, K. (1997). *The psychology of religion and coping: theory, research, practice.* New York: Guilford Press.

PESESCHKIAN, N. (1999). *Der Kaufman und der Papagei : Orientalische Geschichten in des Positiven Psychotherapie.* Frankfurt am Main : Fischer.

PIAGET, J. (1936). *La naissance de l'intelligence chez l'enfant*. Paris : Delachaux et Niestlé.

PIERREHUMBERT, B. (2003). *Le premier lien : théorie de l'attachement*. Paris : Odile Jacob.

PIERREHUMBERT, B., MILJKOVITCH, R. & BORGHINI, A. (2005). « Compétence autoreflexive et désorganisation de la narration ». In B. GOLSE & S. MISSONNIER (Eds.), *Récit, attachement et psychanalyse : pour une clinique de la narrativité* (pp. 87-102). Paris : Erès.

PINEAU, G. (Ed.) (1998). *Accompagnements et histoire de vie*. Paris, Montréal : L'Harmattan.

PINEAU, G. (1998). « L'accompagnement comme art de mouvements solidaires ». In G. PINEAU (Ed.), *Accompagnements et histoire de vie*. Paris, Montréal : L'Harmattan.

PINEAU, G. & LE GRAND J.-L. (2002). *Les histoires de vie*. Paris : PUF.

POPP-BAIER, U. (2001). « Narrating embodied aims : self-transformation in conversion narratives. A psychological analysis », *Forum qualitative social research, 3*, 2, Art.16, http://nbn-resolving.de/urn:nbn:de:0114-fqs0103165.

RACAMIER, P.-C. (1965/2007). « Le moi, le soi, la personne et la psychose : essai sur la personnation », *L'Evolution psychiatrique, 72*, 4, 659-679.

RAMBO, L. R. (1993). *Understanding religious conversion*. New Haven & London : Yale University Press.

RAMUZ, C. F. (2005). *Derborence*, Romans II. Paris : Gallimard.

RAMUZ, C. F. (2005). *Adam et Eve* , Romans II. Paris : Gallimard.

RICHARDSON, J. T. (1985). « The active *vs* passive convert : paradigm, conflict in conversion/recruitment research », *Journal for the scientific study of religion, 24*, 2, 163-179.

RICHARDSON, J. T. (1995). « Clinical and personnality assessment of participants in new religions », *The international journal for the psychology of religion, 5*, 3, 145-170.

RICŒUR, P. (1983). *Temps et récit*, I, II, III. Paris : Seuil.

RICŒUR, P. (1990). *Soi-même comme un autre*. Paris : Seuil.

RICŒUR, P. (1996). « Les paradoxes de l'identité », *L'information psychiatrique, 3*, 201-206.

RICŒUR, P. (2008). *Autour de la psychanalyse. Ecrits et conférences 1*. Paris : Seuil.

RIZZUTO, A.-M. (2006). « Discussion of Granqvist's article "On the relation between secular and divine relationships : a emerging attachement perspective and a critique of the 'depth' approches" », *The international journal for the psychology of religion, 16*, 1, 19-28.

RIZZUTO, A.-M. (2007). « Réflexions psychanalytiques sur les expériences religieuses : description et interprétation dynamiques ». In P.-Y. BRANDT & C.-A. FOURNIER (Eds.). *Fonctions psychologiques du religieux :*

cent ans après Varieties *de William James* (pp. 67-85). Genève : Labor et Fides.

ROBERTS, B. W., WALTON, K. E. & VIECHTBAUER, W. (2006). « Patterns of mean-level change in personality traits across the life course : a meta-analysis of longitudinal studies », *Psychological bulletin, 132*, 1, 1-25.

ROGERS, C. (2005). *La relation d'aide et la psychothérapie.* Issy-les-Moulineaux : ESF.

ROLLAND, R. (1967). « Lettre à Sigmund Freud ». In *Cahiers R. Rolland : un beau visage à tous sens n°17* (pp. 264-266). Paris : Albin Michel.

ROUSSILLON, R. (2007). *Logiques et archéologiques du cadre psychanalytique.* Paris : PUF.

SAPIN, M., SPINI, D. & WIDMER, E. (Eds.) (2007). *Les parcours de vie : de l'adolescence au grand âge.* Lausanne : Presses polytechniques et universitaires romandes.

SAVOIE-ZAJC, L. (1997). « L'entrevue semi-dirigée ». In B. GAUTHIER (Ed.), *Recherche sociale : de la problématique à la collecte des données* (pp. 263-285). Québec : Presses de l'Université du Québec.

SCHAFER, R. (1976). *A new language for psychoanalysis*, New Haven & London : Yale University Press.

SIQUELAND, E. & DELUCIA, C. (1969). « Visual reinforcement of non-nutritive sucking in human infants », *Science, 165*, 1144-1146.

SPENCE, D. (1998). « Vérité narrative et vérité théorique », *Revue française de psychanalyse, 3*, 849-870.

STARBUCK, E. D. (1897). « A study of conversion », *American journal of psychology, 8*, 268–308.

STARBUCK, E. D. (1899). *Psychology of Religion.* London : Walter Scott.

STEIN, M. (2006). « Individuation ». In R. PAPADOPOULOS (Ed.), *The handbook of Jungian psychology* (pp. 196-214). London & New York : Routledge.

STEINER, G. (1965). « Erinnerungen an Carl Gustave Jung », *Basler Stadtbuch (1965)*, 117-163.

STERN, D. (1985/2006). *Le monde interpersonnel du nourrisson.* Paris : PUF.

STERN, D. (1990/1992). *Journal d'un bébé.* Paris : Calmann-Lévy.

STERN, D. (1995/1997). *La constellation maternelle.* Paris : Calmann-Lévy.

STERN, D. (2005). « L'enveloppe prénarrative : vers une unité fondamentale d'expérience permettant d'explorer la réalité psychique du bébé ». In B. GOLSE & S. MISSONNIER (Eds.), *Récit, attachement et psychanalyse : pour une clinique de la narrativité* (pp. 29-46). Paris : Erès.

STEVENS, A. (2006). « The archetypes ». In R. PAPADOPOULOS (Ed.), *The handbook of Jungian psychology* (pp. 74-93). London & New York : Routledge.

STROMBERG, P. G. (1990). « Ideological language in the transformation of identity », *American anthropologist, 1*, 92, 42-56.

STROMBERG, P. G (1993). *Language and self-transformation.* Cambridge : Cambridge University Press.

TISSERON, S. (1998). *Y a-t-il un pilote dans l'image ?.* Paris : Aubier.

TISSERON, S. (2007). *La résilience.* Paris : PUF.

ULLMAN, C. (1989). *The transformed self : the psychology of religious conversion.* New York : Plenum Press.

WINNICOTT, D. W. (1971, article de 1960). « La théorie de la relation parent-nourrisson ». In D. WINNICOTT, *De la pédiatrie à la psychanalyse* (pp. 237-2569. Paris : Payot.

WINNICOTT, D. W. (1987, article de 1960). « Distorsion du moi en fonction du vrai et du faux *self* ». In D. WINNICOTT, *Processus de maturation chez l'enfant : Développement affectif et environnement* (pp. 116-129). Paris : Payot.

WINNICOTT, D. W. (1980, article de 1962). « Vues personnelles sur l'apport de Melanie Klein ». In D. WINNICOTT, *Processus de maturation chez l'enfant : Développement affectif et environnement* (pp. 139-149). Paris : Payot.

WINNICOTT, D. W. (1987, article de 1962). « Intégration du moi au cours du développement de l'enfant ». In D. WINNICOTT, *Processus de maturation chez l'enfant : Développement affectif et environnement* (pp. 9-18). Paris : Payot.

WINNICOTT, D. W. (1971, article de 1962). « L'adolescence ». In D. WINNICOTT, *De la pédiatrie à la psychanalyse* (pp. 257-266). Paris : Payot.

WINNICOTT, D. W. (1980, article de 1963). « De la communication et de la non-communication ». In D. WINNICOTT, *Processus de maturation chez l'enfant : Développement affectif et environnement* (pp. 151-168). Paris : Payot.

WINNICOTT, D. W. (1987, article de 1963). « Le passage de la dépendance à l'indépendance dans le développement de l'individu ». In D. WINNICOTT, *Processus de maturation chez l'enfant : Développement affectif et environnement* (pp. 43-54). Paris : Payot.

WINNICOTT, D. W. (2000, article de 1970). « L'individuation ». In D. WINNICOTT, *La crainte de l'effondrement et autres situations cliniques* (pp. 327-334). Paris : Gallimard.

WINNICOTT, D. W. (1995). *Jeu et réalité : l'espace potentiel.* Paris : Gallimard.

WULFF, D. M. (2006). « How attached should we be to attachment theory ? », *The international journal for the psychology of religion, 16*, 1, 29-36.

YOUNG-EISENDRATH, P. (1997). *Gender and desire : uncursing pandora.* College Station : Texas University Press.

ZINKIN, L. (2008). « Your Self: did you find it or did you make it ? », *Journal of analytical psychology, 3*, 14, 407-420.

ANNEXES

Tableau de contingence

	1.Frère Anselme	2.Soeur Anne	3.Frère Barthélémy	4.Soeur Marie-Michèle	5.Frère Cyprien	6.Soeur Clotilde	7.Frère Denis	8.Soeur Danièle	9.Frère Eric	10.Soeur Evelyne	11.Frère Félicien	12.Soeur Fabienne	13.Frère Gratien	14.Soeur Gertrude	15.Frère Hyppolite	16.Soeur Hélène	
je	142	300	199	394	236	140	147	244	290	87	153	140	326	198	105	70	3171
j	86	155	184	371	189	153	110	164	145	78	149	68	179	163	37	64	2295
il	60	45	30	82	42	27	45	62	36	25	85	27	62	26	41	15	710
vie	51	17	16	30	37	48	18	33	55	21	36	10	32	17	23	12	456
ma	36	31	18	42	21	25	29	41	42	29	18	8	31	28	33	12	444
moi	23	45	11	50	16	35	27	48	12	24	28	8	34	46	16	19	442
oui	27	25	77	16	39	44	12	15	22	11	14	25	20	42	43	9	441
mon	30	25	18	35	16	8	19	21	13	14	22	6	39	9	20	9	304
rires	5	17	57	12	13	9	13	8	9	5	6	6	26	25	15	19	245
Dieu	9	15	2	8	25	11	24	12	13	19	32	9	15	8	15	5	222
moment	8	15	14	26	21	12	5	13	16	5	18	2	3	24	5	10	197
tu	5	24	5	19	6	29	4	15	10	12	15	7	22	5	5	6	189
changement	43	5	2	4	27	3	8	10	4	5	23	12	18	1	2	4	171
vous	13	4	10	24	7	12	18	16	4	1	23	11	12	6	5	3	169
toujours	1	23	7	5	10	13	6	18	19	5	13	6	12	7	12	5	162
temps	20	18	6	19	8	9	5	11	7	7	6	5	16	13	4	4	158
lui	0	12	8	18	11	4	10	38	1	3	15	0	14	9	5	2	150
mes	10	17	4	15	7	5	5	18	10	3	12	6	4	8	7	5	136
petit	5	13	9	10	8	11	2	5	11	1	9	10	10	27	3	2	136
maintenant	3	7	13	7	21	4	4	2	13	0	8	6	16	9	6	2	121
communauté	13	5	1	8	5	1	3	21	3	4	10	7	5	5	27	0	118
monastère	5	1	1	9	22	6	8	16	4	9	13	1	20	0	1	1	117
père	4	2	2	20	10	0	27	13	1	0	4	1	10	0	6	0	100
nous	4	4	3	5	1	3	9	15	7	2	7	3	21	7	6	1	98

son	3	3	7	16	3	3	3	5	3	0	22	0	21	2	2	1	94
tous	1	4	3	4	2	1	19	2	19	8	9	5	7	4	6	0	94
ici	1	12	7	1	19	11	0	3	2	0	4	3	3	21	3	2	92
vocation	6	5	6	4	11	7	5	6	11	5	3	1	6	2	6	3	87
autres	6	8	8	6	5	1	12	9	2	4	2	1	9	4	3	5	85
sens	5	5	3	6	2	1	6	6	12	7	13	3	7	0	6	1	83
expérience	7	1	13	16	7	0	7	4	8	0	7	6	3	1	2	0	82
choix	6	0	4	0	20	5	0	9	3	1	2	0	17	4	5	4	80
ils	1	4	4	4	4	3	2	3	6	5	1	5	4	5	23	1	75
Christ	9	6	2	1	2	2	10	2	1	0	31	2	1	3	1	0	73
personne	2	3	1	13	3	13	6	6	8	2	6	1	0	2	3	1	70
sœur	2	10	0	20	0	7	0	3	1	2	8	0	1	3	11	2	70
Seigneur	1	0	0	25	0	1	1	6	16	0	9	0	0	2	6	2	69
important	3	2	1	7	2	3	3	3	5	1	20	2	1	8	3	5	69
vrai	0	3	4	2	2	0	4	1	4	0	0	5	17	6	16	5	69
famille	1	3	9	0	9	8	6	3	2	4	3	4	3	1	12	0	68
frère	0	6	13	2	5	3	6	0	5	4	11	0	3	0	9	0	67
prière	0	5	18	4	8	3	10	1	0	0	5	0	3	5	3	0	65
jour	3	6	0	6	5	6	1	10	4	0	10	0	5	3	4	1	64
appel	7	2	0	2	3	0	4	7	1	4	16	8	6	0	3	0	63
coup	4	8	4	9	3	4	0	5	6	1	2	7	3	2	2	2	62
quelqu	2	9	2	11	5	4	4	4	6	0	7	2	2	0	3	1	62
question	1	8	6	0	4	1	0	2	2	0	5	3	18	9	0	3	62
parents	4	2	2	3	3	9	2	15	5	1	0	2	2	2	8	0	60
premier	8	3	1	8	1	0	2	9	4	1	4	2	7	1	3	2	56
conversion	5	2	4	3	2	0	4	1	6	1	2	4	10	0	7	4	55
mère	1	8	0	16	0	0	9	5	5	6	0	0	2	0	3	0	55
années	2	9	1	7	11	4	3	0	5	1	2	2	1	1	3	0	52
manière	9	3	0	11	9	0	0	0	8	1	0	0	5	5	0	1	52
foi	5	4	0	3	5	2	0	5	6	3	0	4	4	3	2	3	49
chemin	1	2	0	16	1	3	4	1	4	4	2	0	4	4	0	2	48
moment-là	3	1	1	6	1	1	2	1	7	2	8	0	8	4	0	2	47
prêtre	1	0	5	0	5	0	4	8	3	3	10	0	0	3	4	1	47
rencontre	11	5	0	4	1	0	6	1	3	0	6	2	1	1	6	0	47
difficile	2	2	5	2	9	1	3	7	3	0	0	0	1	7	3	0	45
jours	1	7	0	3	5	0	9	6	2	1	2	0	4	2	2	0	44
passé	2	4	4	2	4	1	3	3	4	1	2	2	4	4	2	2	44

relation	4	1	1	3	7	1	0	10	2	2	7	0	0	0	1	5	44
impression	0	5	4	0	6	2	2	1	4	0	2	2	0	6	0	9	43
gens	1	6	5	2	0	3	0	7	4	0	4	1	4	0	1	0	38
études	7	0	0	5	3	0	4	0	3	0	8	0	0	7	0	1	38
novices	5	1	0	14	3	2	3	0	2	1	6	0	0	0	0	0	37
seul	1	2	2	5	6	0	3	5	3	2	3	1	3	0	1	0	37
besoin	0	2	11	6	1	1	3	5	2	0	2	0	2	1	0	0	36
idée	1	1	4	2	8	7	0	0	2	0	3	0	6	2	0	0	36
travail	4	1	0	4	1	0	2	0	4	5	7	1	1	5	1	0	36
événement	1	2	4	0	2	0	13	1	1	0	1	7	0	0	0	4	36
changements	5	2	0	1	4	0	1	2	5	1	4	0	8	1	0	1	35
exemple	0	2	3	1	1	7	0	0	1	2	1	0	3	11	3	0	35
frères	12	0	2	4	3	0	1	0	0	3	2	2	2	0	4	0	35
monde	5	5	1	3	2	1	5	0	2	0	2	0	3	4	1	0	34
désir	1	1	3	1	17	0	2	0	1	1	0	0	0	0	6	0	33
enfants	0	2	0	11	0	4	2	4	0	0	1	2	1	3	3	0	33
aime	1	5	1	7	2	4	1	2	1	0	4	0	0	1	3	0	32
cas	1	2	2	0	0	0	0	0	14	1	4	1	1	3	2	1	32
entrée	5	1	0	3	5	1	1	3	4	1	2	3	2	1	0	0	32
partie	2	7	1	6	2	0	0	6	0	1	1	4	0	0	0	2	32
rentrée	0	7	0	4	0	2	0	9	0	2	1	3	0	2	0	2	32

Contextes du mot changement/s

avec l accord du Père Abbé et alors là ça a été un grand	**changement**	dans ma vie parce que c est peut-être la première fois où	Frère Eric	
enfin rires heu sans réfléchir dans cette aventure le	**changement**	aussi que cela a opéré parce que c est que dans cette	Frère Eric	
sortir ça a pu heu alors heu je dirais qu actuellement le	**changement**	c est que je suis je suis en voie de reconstruction si on	Frère Eric	
voilà quoi et c est peut-être là où y a eu une un autre	**changement**	à faire c est qu il faudrait que je sois peut-être plus	Frère Eric	
oui ah sans doute beaucoup heu disons les	**changements**	importants hein en laissant résonner la question ces	Frère Eric	
à m accomplir alors voilà ce sont oui je crois les grands	**changements**	de ma vie et alors maintenant bien les choses avancent	Frère Eric	
l âge de vingt ans quoi alors en ce sens heu un des grands	**changements**	c est c est d avoir été nommé maître des novices et	Frère Eric	
à l origine ou en tous cas à la à la source de de tous les	**changements**	qui se sont produits en moi enfin je crois que vraiment	Frère Eric	
appelé à la vie monastique enfin depuis justement les	**changements**	ultérieurs m ont toujours permis de re-choisir cette vie	Frère Eric	9
même par celui de de l entrée au monastère qui qui fut un	**changement**	important dans euh dans le sens que c était la réalisation	Frère Félicien	
qui était qui était grand et il y a quand même eu un petit	**changement**	antérieur maintenant que j y pense à au monastère Y où j	Frère Félicien	
cette cette euh cette découverte qui a été euh bien sûr un	**changement**	dans dans dans la vie quotidienne mais c est peut être pas	Frère Félicien	
dans dans la vie quotidienne mais c est peut être pas le	**changement**	le plus important voilà d entrer au monastère voilà au	Frère Félicien	
par jour donc c était voilà un peu peut-être le le premier	**changement**	après j en vois un autre important en	Frère Félicien	
j ai pas chan- senti de changements dans le sens euh un	**changement**	important c était en 1994 donc il y a	Frère Félicien	
la fois la confiance de la communauté alors ça ça a été un	**changement**	très grand parce que j étais quelqu un qu avais pas	Frère Félicien	
la lourdeur de de ces charges donc ça ça a été vraiment un	**changement**	après je me souviens parfaitement de la date de tous les	Frère Félicien	
est marqué c est très profondément ancré voilà ça c est un	**changement**	important de là j avais 23 ans après un autre	Frère Félicien	
important de là j avais vingt-trois ans après un autre	**changement**	important ça a été le sacerdoce dans son cas c est	Frère Félicien	
pas le Christ va XX et donc euh ça a été certainement un	**changement**	important de comme j allais dire la vie monastique une	Frère Félicien	
je me souviens aussi très bien de de ce	**changement**	où ben il y avait vraiment un aspect aussi de voilà	Frère Félicien	
27 ans tout de suite après il y a eu un autre	**changement**	mais qui est peut-être très lié à celui-là en tout cas	Frère Félicien	
parti deux mois après alors là ça a été tout à fait un	**changement**	aussi très important parce que j étais rentré très jeune	Frère Félicien	
tous mes repères la structure du monastère alors le	**changement**	il y en a eu plusieurs mais à ce moment là ça a été un	Frère Félicien	
la fondation sur le Christ et sur la prière voilà un	**changement**	important c est aussi j ai pu travailler	Frère Félicien	
peu toute ma mesure dans ce domaine-là il y a eu aussi un	**changement**	important c est que j ai été amené à travailler avec le	Frère Félicien	
avec Simone Pacot elle était vraiment euh encore un grand	**changement**	hein alors pourquoi un changement parce que euh voilà	Frère Félicien	
euh encore un grand changement hein alors pourquoi un	**changement**	parce que euh voilà j ai découvert c- j ai pu nommer je	Frère Félicien	
peu lourd et à ce moment-là il y a eu peut être un dernier	**changement**	qui est dans la ligne de Simone Pacot qui est une	Frère Félicien	
senti d ailleurs comme un don de Dieu et euh ce premier	**changement**	de de monastère C ben c est quelque chose que j ai reçu j	Frère Félicien	
mais il y a vraiment eu quelque chose de changé de	**changement**	très fort dans euh un retournement intérieur et voilà à	Frère Félicien	
je sais pas comment dire je peut être finalement c est ce	**changement**	là qui est le plus radical de tous mais qui a supposé tous	Frère Félicien	
je vois pas pas mes mes engagements comme des	**changements**	pour moi la profession elle était faite le jour où je	Frère Félicien	
ça à été un accomplissement mais j ai pas chan- senti de	**changements**	dans le sens euh un changement important c était en	Frère Félicien	
par les études que j ai faites après mais ça c est les	**changements**	suivants donc j avais 27 ans tout de suite après	Frère Félicien	
en même temps ben chaque fois je pense que chacun de ces	**changements**	là c était pas des chang- Dieu était la le centre hein c	Frère Félicien	27

mondiale donc heu je suis né en 1941 donc heu mon	**changement**	c est que est-ce que je l ai senti heu je peux pas vous	Frère Gratien	
heu donc heu alors j ai j ai ça c est peut-être le premier	**changement**	que j ai senti un peu dans ma vie pourquoi heu donc	Frère Gratien	
chanter et de respirer dans la prière heu c est c est un	**changement**	un peu permanent de l existence je veux dire on est	Frère Gratien	
quoi qui se met en place donc heu je dis que mon premier	**changement**	ça a été heu justement heu au collège à 11 ans j ai	Frère Gratien	
au travers de cet instrument quoi et puis heu voilà le	**changement**	c est que l idée m a m a été heu communiquée heu de de	Frère Gratien	
donc là je moi je vis un une espère d évolution et de	**changement**	comme ça assez heu que heu mais qui dont dont je vois	Frère Gratien	
11 ans 13 ans heu heu bon alors autre chan- autre	**changement**	alors si je veux dire bon heu le changement heu c est heu	Frère Gratien	
chan- autre changement alors si je veux dire bon heu le	**changement**	heu c est heu à l âge de 20 ans heu justement heu rires	Frère Gratien	
d ailleurs je dois dire heu donc qui était un peu de non	**changement**	précisément heu j ai j ai pas voulu me disperser dans	Frère Gratien	
une question de toutes les époques oui il est toujours en	**changement**	parce que je pense que les parce que la qualité des	Frère Gratien	
questions de choix de vie qu on a fait alors heu le grand	**changement**	c est quand même de faire un choix définitif par rapport	Frère Gratien	
même enfin d un choix fondamental qui est quand même	**changement**	dans la vie quoi ça c est donc si tu me poses la question	Frère Gratien	
quoi ça c est donc si tu me poses la question de mon grand	**changement**	heu c est quand même mon entrée au monastère à 35	Frère Gratien	
bon je veux dire heu en quoi ben c est du c est c est le	**changement**	d une liberté heu qui doit heu s enraciner dans heu sous	Frère Gratien	
c est y a la question heu ben c est qu est-ce qui amène le	**changement**	définitif heu enfin bon entre guillemets enfin définitif c	Frère Gratien	
une heure tu me disais que que que tu que je parlais que du	**changement**	par petites touches de fait parce que on a pas toujours	Frère Gratien	
courage des grands changements tu vois je veux dire heu le	**changement**	heu il vient comme un appel à vivre quoi et et l appel à	Frère Gratien	
ça que je veux dire donc la question pour moi peut-être du	**changement**	à venir c est c est que c est vrai que heu les relations	Frère Gratien	
monastère donc en entrant au monastère ah bon ah oui des	**changements**	importants oh là là parce que moi je je dois faire mon	Frère Gratien	
autobiographie quoi je veux dire on heu on parce que des	**changements**	et des périodes y en a eu je ne sais pas comment enfin je	Frère Gratien	
heu enfin le conflit heu des nations et introduit des des	**changements**	enfin des des bouleversements à la vie qu on le veuille	Frère Gratien	
au monastère C en 1975 quoi entre 1960 et 1975 alors les	**changements**	d époque heu qui qui sont intervenus heu heu ben	Frère Gratien	
donc une école de vie heu ben elle fait vivre des	**changements**	c est-à-dire que heu je savais à ce niveau-là que c était	Frère Gratien	
fidélité et je veux dire heu et alors y a de fait y a des	**changements**	y a des modes de changements de la fidélité lors de la	Frère Gratien	
et alors y a de fait y a des changements y a des modes de	**changements**	de la fidélité lors de la vie enfin ça heu je veux dire	Frère Gratien	
pas dire que j ai eu heu le courage le courage des grands	**changements**	tu vois je veux dire heu le changement heu il vient	Frère Gratien	26
que je dirai à l intérieur de beaucoup d autres un	**changement**	de vie radical c est que j ai rencontré dans ce père	Frère Denis	
un m- un quelqu un qui vous engendre est a fait un	**changement**	radical dans ma vie j n avais jamais eu un père spirituel	Frère Denis	
ermite sans soutien c est pas possible voilà mais cette ce	**changement**	c est vraiment d avoir eu un père spirituel j ai quitté la	Frère Denis	
va nous engendrer encore quelque part on est protégé et un	**changement**	c était que on m a fait comprendre j ai compris que c	Frère Denis	
mais à moi à me donner à porter les fruits ça c est un	**changement**	dans ma vie un bouleversement parce qu on passe sa vie	Frère Denis	
j ai fini par sortir mais c est pas ça qui a fait le	**changement**	le plus radical le changement le plus radical c est	Frère Denis	
c est pas ça qui a fait le changement le plus radical le	**changement**	le plus radical c est vraiment pour moi ce d avoir pu	Frère Denis	
bon y a l espérance charismatique j- ça ne m a pas fait un	**changement**	radical dans ma vie sinon de libérer la louange mais la	Frère Denis	
une chartreuse et puis euh y a eu beaucoup de déboires des	**changements**	mais qui ne sont pas fondamental pour moi c est-à-dire	Frère Denis	9

m y attendre oh mais donc heu ça c est ma vie après est un	**changement**	par rapport à ça maintenant là faut bien à partir de de là	Frère Barthélémy	
caractériser ces moments je peux les caractériser comme un	**changement**	spirituel oui oui oui oui oui je m- sur le moment je l	Frère Barthélémy	2
oui j ai vécu heu au moins un	**changement**	important heu dans ma vie et cela c est passé à l âge de	Frère Hyppolite	
originaire de la région qui situe proche le X et ce	**changement**	s est produit justement à l âge de 19 ans quand	Frère Hyppolite	2
j étais en internat donc sur le plan extérieur c était un	**changement**	assez assez radical heu et qui m a ouais qui m a	Frère Cyprien	
et une maîtrise en géographie où là heu c était aussi un	**changement**	parce que je me suis installé en appartement avec heu un	Frère Cyprien	
que j ai pensé heu commencé à réfléchir sérieusement à un	**changement**	plus radical qui était la la vie monastique qui m a qui me	Frère Cyprien	
j ai voilà j ai décidé de rentrer ici et heu ça c était le	**changement**	alors sûrement le plus radical de ma vie et donc c était	Frère Cyprien	
là-dessus et je vois ça vraiment comme un heu comme un	**changement**	très important dans ma vie parce que c était comme une	Frère Cyprien	
était pas visible parce qu il n y a rien eu de aucun autre	**changement**	à première vue c est surtout ça que je vois oui oui oui	Frère Cyprien	
la vie de famille à une vie heu de collectivité à oui le	**changement**	il est dans toutes toutes les activités différentes dans	Frère Cyprien	
heu en revan- pour le passage au monastère là c est un	**changement**	beaucoup plus radical parce que c est c était toute une	Frère Cyprien	
heu qui changeait donc la oui là c est où situer le le	**changement**	surtout je dirais peut-être oui pour le rentr- la vie	Frère Cyprien	
père de famille et puis et alors là après ce choix ben un	**changement**	de je sais pas si on peut dire d idéal mais de une vision	Frère Cyprien	
de moi-même dans l avenir et peut-être pour le dernier	**changement**	donc plus de en rapport avec la le l ouverture du cœur là	Frère Cyprien	
rapport avec la le l ouverture du cœur là je dirais que le	**changement**	il était sur un autre niveau il était heu justement d être	Frère Cyprien	
d être deux là où j étais seul avant donc c était un	**changement**	aussi qui était très qui était évident même après dès que	Frère Cyprien	
que je suis sorti de chez mon père spirituel c était le	**changement**	il était évident plus après que que avant où avant j me	Frère Cyprien	
mais après j ai j ai aussi respiré donc heu c était un	**changement**	qui était qui est palpable oui mais c est heu en	Frère Cyprien	
certaine impatience heu rentrer au monastère c est pas le	**changement**	que j attendais comme tel mais heu j attendais bien un	Frère Cyprien	
que j attendais comme tel mais heu j attendais bien un	**changement**	de passer dans la vie professionnelle ou un engagement	Frère Cyprien	
ou un engagement définitif ou donc ça c était aussi un	**changement**	que j attendais pour le dernier heu j étais plus surpris	Frère Cyprien	
plus surpris peut-être parce que je le voyais pas comme un	**changement**	je le vois maintenant comme un changement mais avant	Frère Cyprien	
pas comme un changement je le vois maintenant comme un	**changement**	mais avant heu là y a eu une surprise une bonne surprise	Frère Cyprien	
avant de vous en parler j aurais pas pensé pas dans le	**changement**	mettre un changement ici mais c est vrai que	Frère Cyprien	
parler j aurais pas pensé pas dans le changement mettre un	**changement**	ici mais c est vrai que spontanément finalement ça ça	Frère Cyprien	
m avait changé après en relisant j ai pu voir qu y a eu un	**changement**	réel oui là y a eu un peut-être quand vous parliez de la	Frère Cyprien	
Dieu là j p- maintenant je peux dire que là y a eu heu un	**changement**	réel mais j aurais pas pu le dire heu à l époque et	Frère Cyprien	
crois que s est lié oui à 14 ans je pense pas que c est un	**changement**	spirituel parce que je pense qu c est une expérience de l	Frère Cyprien	
ans peut-être qu on pourra mettre ça sous la rubrique	**changement**	spirituel quand même mais je pourrais difficilement le	Frère Cyprien	
et qui me travaille beaucoup heu parce que là y a eu un	**changement**	aussi dans ma façon de considérer heu la vocation je	Frère Cyprien	
en 1995 donc il y a bientôt 9 ans et alors depuis les	**changements**	sont sont assez modestes heu sur le plan extérieur y en a	Frère Cyprien	
la même presque tous les jours heu mais je vois les	**changements**	importants sur un autre plan en fait le fait justement qu	Frère Cyprien	
un autre plan en fait le fait justement qu il y ait peu de	**changements**	extérieurs m a rendu beaucoup plus sensible heu aux	Frère Cyprien	
extérieurs m a rendu beaucoup plus sensible heu aux	**changements**	de dans la vie intérieure et là y a aussi de des étapes	Frère Cyprien	31

alors le premier	**changement**	qui peut me revenir en tête c est heu dans l enfance à l	Frère Anselme
être 7 ou 8 ans où heu heu c est l expérience du	**changement**	de culture à travers un un séjour avec heu avec ma famille	Frère Anselme
des crocodiles on était en pirogue enfin heu ça été un	**changement**	ça été alors comme ça c est anecdotique mais ça été un	Frère Anselme
ça été alors comme ça c est anecdotique mais ça été un	**changement**	ass- assez considérable parce que je pense que c est un	Frère Anselme
grand A c est peut-être heu oui c est peut-être le premier	**changement**	je je ne suis pas très à l aise avec le mot changement	Frère Anselme
changement je je ne suis pas très à l aise avec le mot	**changement**	pour ça je dirai peut-être heu le premier choc mais heu l	Frère Anselme
oui c était c était c était des vacances heu le ben le le	**changement**	enfin le changement suivant heu ça été la la rencontre	Frère Anselme
c était des vacances heu le ben le le changement enfin le	**changement**	suivant heu ça été la la rencontre avec heu la communauté	Frère Anselme
et du comment heu et là heu ça été le le heu peut-être le	**changement**	qui qui va heu donner sens à à ma vie chré- enfin ma vie	Frère Anselme
sais pas trop heu mais il y a eu y a eu y a eu un un réel	**changement**	heu parce que on peut dire c était passer de de d une vie	Frère Anselme
-fin -fin c est peut-être complètement décousu un autre	**changement**	vous reprendrez après vous vous débrouillerez heu heu je	Frère Anselme
après vous vous débrouillerez heu heu je suc-X autre	**changement**	heu ça doit être heu heu dans l a- dans l adolescence vers	Frère Anselme
très bien de de du jour c était peut-être le premier	**changement**	que j aurais dû dire mais du jour où j ai où mes parents m	Frère Anselme
et où ça été heu comme une révélation pour moi et alors le	**changement**	j en viens au changement de de l adolescence c est que	Frère Anselme
révélation pour moi et alors le changement j en viens au	**changement**	de de l adolescence c est que alors ça vraiment été un	Frère Anselme
de de l adolescence c est que alors ça vraiment été un	**changement**	assez considérable pas forcément pour moi mais pour mon	Frère Anselme
que peut-être que l élément monastique a fait que le	**changement**	d orientation heu d études a été heu si ce n est accepté	Frère Anselme
je vais pas trop savoir expliquer pourquoi ça été un grand	**changement**	mais s en a été un heu c est dès que j ai pu quitter heu	Frère Anselme
heu alors la vie professionnelle forcément correspond à un	**changement**	puisque heu j avais quand même plus ou moins envisagé	Frère Anselme
heu à envisager de nous marier et alors le le grand	**changement**	à ce moment enfin à cette époque là heu c est que heu un	Frère Anselme
service de Dieu dans la vie monastique alors heu un grand	**changement**	qui va en en générer du moins un certain nombre en peu de	Frère Anselme
générer du moins un certain nombre en peu de temps heu le	**changement**	oui enfin le changement de le choix d entrer dans la vie	Frère Anselme
nombre en peu de temps heu le changement oui enfin le	**changement**	de le choix d entrer dans la vie monastique le choix d	Frère Anselme
entrer dans la vie monastique le choix d entrer ici heu le	**changement**	de régime de vie qui est que je vivais plus en régime	Frère Anselme
je vivais plus en régime matrimonial si je puis dire heu	**changement**	dans l accompagnement spirituel où heu qui est devenu heu	Frère Anselme
beaucoup plus beaucoup plus présent jusque heu jusqu au	**changement**	heu définitif qui a été de de démissionner de mon travail	Frère Anselme
il y a je vais dire trois changements rires heu le premier	**changement**	heu c est 1996 heu c est le martyre des frères de	Frère Anselme
et heu et peut-être heu enfin ce que je qualifie comme	**changement**	c est heu au fond la prise de conscience que heu être à la	Frère Anselme
perspective d engagement heu comment je vais expliquer le	**changement**	de perspective d engagement peut-être que que j ai à ce	Frère Anselme
d abandon qui devenait de plus en plus évidente deuxième	**changement**	heu ça été le jour où mon abbé m a demandé heu de devenir	Frère Anselme
si j acceptais qu il me donne cette charge et c est un	**changement**	qui est comme le précédent qui va dans une phase de de qui	Frère Anselme
va dans une phase de de qui est heu comment dire c est un	**changement**	parce qu il conduit à une certaine acceptation de je	Frère Anselme
que pour moi évidente heu et alors maître des novices le	**changement**	c est heu heu en lien avec une acceptation de soi-même c	Frère Anselme
que je n avais jamais fait heu après il y a encore un	**changement**	mais je suis en train de me demander comment ce je que je	Frère Anselme
je n atteins pas heu et là heu il y a heu y a un y a un	**changement**	qui c est qui s est opéré heu profondément en moi heu par	Frère Anselme
pour moi c est annexe quoi cette fracture-là est le est le	**changement**	le plus récent qui s est opéré en moi et dans lequel je je	Frère Anselme
il y a vraiment eu heu il y a vraiment eu un	**changement**	et puis en même temps une une espèce de de l attirance	Frère Anselme
mon propre sens de de la relation transcendantale l autre	**changement**	c est certainement heu la charge de maître de novice c est	Frère Anselme

liberté oui aujourd hui oui dans le dans le moment de	**changement**	je sais pas bon ben je pense évidemment que le changement	Frère Anselme	
changement je sais pas bon ben je pense évidemment que le	**changement**	de de passer d un projet de vie marital à un projet de vie	Frère Anselme	
sur euh trente euh 38 ans heu c est le plus grand	**changement**	euh le Christ est devenu une personne et pas euh et pas	Frère Anselme	
dans ma vie d homme et dans ma vie de croyant y avait un	**changement**	important ce serait certainement celui-là oui oui alors y	Frère Anselme	
la conversion assez évidente c est le c est le c est le	**changement**	c est la rencontre du Christ où où là heu quelque part c	Frère Anselme	
choc mais heu l onde de choc a probablement provoqué des	**changements**	après heu oui oui c était c était c était des vacances	Frère Anselme	
moins toléré alors ensuite y a eu heu y a eu deux grands	**changements**	enfin deux oui deux deux grands changements heu il y en a	Frère Anselme	
eu deux grands changements enfin deux oui deux grands	**changements**	heu il y en a un je vais pas trop savoir expliquer	Frère Anselme	
un long fleuve tranquille heu il y a je vais dire trois	**changements**	rires heu le premier changement heu c est 1996 heu c est	Frère Anselme	
humeur très changeante bien sûr que j ai vécu beaucoup de	**changements**	mais euh euh bon je suis pas très euh je suis pas très	Frère Anselme	48
euh le	**changement**	important que j peux dire que qu est-ce que vous voulez	Sœur Clotilde	
tout à fait farfelu voilà alors pour moi c est plutôt le	**changement**	d une vie et je dois dire que depuis le jour où je suis	Sœur Clotilde	
quoi qu il arrive alors j sais pas si on peut parler de	**changement**	important rires oui oui alors moi j ai eu un moment ce que	Sœur Clotilde	3
heu oui rires bon dans le	**changement**	important c est quand même au niveau du choix de vie	Sœur Hélène	
elle a voulu me quitter donc là ça a été aussi pour moi un	**changement**	euh important dans dans mon parcours avec un aussi un	Sœur Hélène	
avec cette soeur je parlerais peut-être plus d un	**changement**	humain relationnel mais finalement heu ça a touché aussi	Sœur Hélène	
j avais plus c était déjà à l adolescence qu y a qu y a le	**changement**	ouais mmh le pourquoi pas toi ouais non le vingt-et-un ans	Sœur Hélène	
heu chrétienne en chemin et en devenir toujours bon les	**changements**	je dirais au niveau de donc de l aspect heu relationnel	Sœur Hélène	5
il faut dire un change- il faut dire un	**changement**	matériel concret ou c est moi qui décide ok y en a y en a	Sœur Fabienne	
pas quoi voilà ça je crois que ça c est le le très grand	**changement**	bon et puis un changement plus cette fois-ci plus plus	Sœur Fabienne	
que ça c est le le très grand changement bon et puis un	**changement**	plus cette fois-ci plus plus vérifiable que les autres	Sœur Fabienne	
et ça c est quand même une ça c est quand même un	**changement**	de passer d une communauté à une autre d autant que la	Sœur Fabienne	
n y attache pas une importance formidable mais comme si	**changement**	insensible qu on a dans la vie bon ben voilà y a des des	Sœur Fabienne	
tels qu ils sont en les acceptant ça aussi c est un	**changement**	ça aussi c est un changement le regard qu on a sur ses	Sœur Fabienne	
acceptant ça aussi c est un changement ça aussi c est un	**changement**	le regard qu on a sur ses parents qui qui change on a on	Sœur Fabienne	
est quand même pas très heu c- là là pour le coup c est un	**changement**	c est un changement euh brutal et avec quand même qui	Sœur Fabienne	
heu c- là là pour le coup c est un changement c est un	**changement**	euh brutal et avec quand même qui charrie pas mal pas mal	Sœur Fabienne	
tous ces tous tous ces heurts mais j crois que c est le	**changement**	que que j évoquais bon ce ce passage à une certaine	Sœur Fabienne	
je sais pas autour de ah oui tient ça c était un grand	**changement**	pourquoi j ai pas pensé à dire ça peut-êt- c- parce que c-	Sœur Fabienne	
un un là pour le coup un très très gros un très très gros	**changement**	et je pense que ces de là après que va que va découler	Sœur Fabienne	12

par exemple à l âge de 18 ans a été pour moi un	**changement**	parce que heu j avais un problème avec ma mère qui qui m	Sœur Evelyne	
euh quitter quitter au bout de quatre ans donc deuxième	**changement**	je me suis retrouvée à Paris seule où où j ai dû reprendre	Sœur Evelyne	
au monastère ce qui pour moi a pas été un tellement grand	**changement**	parce que bon je me retrouvais dans certains éléments que	Sœur Evelyne	
que je connaissais déjà mais là où j ai vécu un grand	**changement**	heu dans la vie monastique alors c est euh c est le fait	Sœur Evelyne	
mon mon parcours religieux et pour moi ça a été un énorme	**changement**	puisque j ai j ai j ai pu dire les choses dire les cho-	Sœur Evelyne	
ensemble j ai eu une vie plutôt calme rires pas de pas de	**changements**	tellement manifestes sauf peut-être sur heu un certain	Sœur Evelyne	6
heu ce que je vois comme premier grand	**changement**	dans ma vie c est que j ai été asthmatique pendant 20	Sœur Marie-Michèle	
donc heu c est très évident pour moi que le premier grand	**changement**	ça a été alors heu heu et bien heu y a y a et ça a été en	Sœur Marie-Michèle	
de très fort premier premier grand bouleversement premier	**changement**	heu mais à ce moment-là je ne l ai pas lié je n ai pas	Sœur Marie-Michèle	
chose que donc ça ça alors après des expériences de	**changement**	je j ai pas trop conscience de ce que je vais vous	Sœur Marie-Michèle	
drôle vraiment alors le la deuxième donc ça c est des	**changements**	de de vie de au niveau de l asthme j ai eu à nouveau des	Sœur Marie-Michèle	5
quoi c était une année qui était pfff rires ah c est un	**changement**	mais y a que des choses très très logiques qui se sont	Sœur Gertrude	
pis je regarde maintenant effectivement il y a des grands	**changements**	mais si je reprends les les petits faits les uns après	Sœur Gertrude	2
c est que je suis fille unique et donc euh le premier	**changement**	dans ma vie ça a été évidemment ma vocation et quand j ai	Sœur Danièle	
dire au revoir et donc ça a été pour moi quand même un	**changement**	radical puisque dans ma famille bon j étais fille unique j	Sœur Danièle	
dans une vie collective et donc ça ça a été le premier	**changement**	ensuite j avais connu j avais connu la communauté dans	Sœur Danièle	
ça donc ok euh je me suis trompée et donc le deuxième	**changement**	de ma vie c était euh le prêtre qui était avec moi	Sœur Danièle	
qui se trouve dans la X et donc elles ont fait le	**changement**	pour des histoires de bail c est un peu compliqué et le	Sœur Danièle	
et moi je suis entrée en 1977 alors l autre	**changement**	euh l autre changement ça a été pour moi euh la mort de	Sœur Danièle	
en 1977 alors l autre changement euh l autre	**changement**	ça a été pour moi euh la mort de mon père qui a été	Sœur Danièle	
bon ça s est ça s est arrangé mais disons que ça a été un	**changement**	très important dans ma vie aussi parce qu en plus je me	Sœur Danièle	
je peux encore vous dire alors y a alors euh mh y a eu un	**changement**	important aussi dans le sens où en étant au monastère on	Sœur Danièle	
train de vivre alors c est ça va être c est déjà un grand	**changement**	m enfin ça va l être plus c est que je suis donc	Sœur Danièle	
fil conducteur de ma vie ou ce qui a mo- euh justifié les	**changements**	dans ma vie et ce qui les a coloré aussi c est que je	Sœur Danièle	
restaient donc voilà donc ça c est ce sont les deux grands	**changements**	j avais 28 ans euh j avais tre- je suis rentrée j	Sœur Danièle	12
parents ont été contraints de m envoyer à X pour un	**changement**	d air qui a duré un peu plus de six mois et comme ils n	Sœur Anne	
en Afrique que je dirais au niveau de la foi le plus grand	**changement**	s est passé je me suis rendue compte là-bas que Dieu c	Sœur Anne	
mais qu est-ce que tu veux me dire donc heu peut-être ce	**changement**	là un un je je sais pas si le mot humilité est juste mais	Sœur Anne	
de la vie religieuse et sa réalité il y avait un grand	**changement**	je je pense que et c était bien pour moi que je ne vois	Sœur Anne	
que je me serais pas engagée mais je pense que y y a ce	**changement**	qui est fait en disant mais qu importe le le Jésus non	Sœur Anne	
moi je pense que vers vers 40 45 ans y a eu pas mal de de	**changements**	dans dans le mode de relation avec Dieu dans cette heu	Sœur Anne	
même quelque chose qui enfin qui m attirait heu oui un des	**changements**	quand même si je reviens un peu au début ça a été Vatican	Sœur Anne	7

Contextes du mot: conversion

quand je dis ça c est que je ne n ai pas entrevu quelque	**conversion**	envisageable rires mais heu mais je me suis dis voilà une	Frère Anselme	
appel heu personnel ah c était peut-être pas tellement une	**conversion**	pour moi mais c était une conversion pour les autres mais	Frère Anselme	
pas tellement une conversion pour moi mais c était une	**conversion**	pour les autres mais je pense que j ai aidé les autres à	Frère Anselme	
et du coup forcément je l ai converti sur moi aussi heu la	**conversion**	assez évidente c est le c est le c est le changement c est	Frère Anselme	
en 1995 là je crois que c est vraiment de l ordre de la	**conversion**	parfois je je quand j ai envie de provoquer un peu les	Frère Anselme	5
confiance je suis heu exaucée je suis toujours en cas de	**conversion**	pas tous les jours mais mais non au au début de mon	Sœur Anne	
j aurais pas pu rester au début et puis heu pour moi la	**conversion**	c est me remettre en question est-ce que mon schéma ou ma	Sœur Anne	2
oui oui oui oui oui je m- sur le moment je l appelle ma	**conversion**	le moment ce moment fondateur c est je vraiment je l ai	Frère Barthélémy	
c est je vraiment je l ai toujours considéré comme une	**conversion**	même chose je c est ma vocation et ma conversion mais c	Frère Barthélémy	
comme une conversion même chose je c est ma vocation et ma	**conversion**	mais c est heu pour ça d ailleurs que que on me posait	Frère Barthélémy	
religieux donc je j allais considérer c est la même chose	**conversion**	ou vocation je peux pas dissocier non non pas du tout ah	Frère Barthélémy	4
20 ans donc heu ça a couvert une et alors heu heu la	**conversion**	que j ai vécue à cet âge heu qui a entraîné ma guérison	Sœur Marie-Michèle	
c était déjà heu c était déjà heu ce que j appelle	**conversion**	c est c est le c est plus le moment initial oui parce que	Sœur Marie-Michèle	
chamboulement complet de perspective après au sein de la	**conversion**	c est des pas mais ça change plus la réalité elle est	Sœur Marie-Michèle	3
espérance parfois tremblante ou fragile mais et alors la	**conversion**	je l avais juste sur ce point de choisir la et et donc je	Frère Pierre-Yves	
de choisir la et et donc je suis plus conscient que la	**conversion**	est une doit être une heu comme une attitude constante et	Frère Pierre-Yves	2
deux choses cet événement de quinze ans oui ça peut être	**conversion**	et expérience spirituelle conversion qui suit une	Frère Denis	
ans oui ça peut être conversion et expérience spirituelle	**conversion**	qui suit une expérience spirituelle puisque mon mode d	Frère Denis	
autres mais pas de moi-même donc c était pas un effort de	**conversion**	c était un retournement hein conversion ça veut dire ça	Frère Denis	
pas un effort de conversion c était un retournement hein	**conversion**	ça veut dire ça dont j étais le premier surpris que d- que	Frère Denis	4
aidée aujourd hui il n y a plus personne et donc c est une	**conversion**	dans le sens où j allais dire ce que j ai choisi au moment	Sœur Danièle	1
que j accepte de travailler dessus je crois que c est une	**conversion**	mais consentir à chaque fois que je consents à ma vie quoi	Frère Eric	
fois que je consents à ma vie quoi je crois que c est une	**conversion**	ce qui est pas toujours facile heu je vois bien des gens	Frère Eric	
heu ça je je sais pas est-ce qu on peut appeler ça une	**conversion**	moi je crois que c est comme ça que je comprendrais la	Frère Eric	
moi je crois que c est comme ça que je comprendrais la	**conversion**	ben à 20 ans au fond heu c est c est pareil enfin je je	Frère Eric	
négativement quoi enfin et vocation voilà c est tout pas	**conversion**	la conversion elle s est faite avant enfin quelque part	Frère Eric	
quoi enfin et vocation voilà c est tout pas conversion la	**conversion**	elle s est faite avant enfin quelque part voilà elle a été	Frère Eric	6
s est ouverte devant moi euh ça a été à la fois aussi une	**conversion**	parce que j ai vraiment j ai vraiment fait un retournement	Sœur Evelyne	1
Dieu vers le Christ et puis alors peut-être la plus forte	**conversion**	c est là encore Simone Pacot c est-à-dire une euh une	Frère Félicien	
c est là encore Simone Pacot c est-à-dire une euh une	**conversion**	de ma représentation de Dieu et de ma représentation de	Frère Félicien	2
on a reçue au berceau et que et que c est de l ordre de la	**conversion**	alors moi je le vivais de fait comme comme une je disais	Sœur Fabienne	
alors moi je le vivais de fait comme comme une je disais	**conversion**	parce que parce que je savais qu il avait eu des quelques	Sœur Fabienne	
comme une transgression et que c est pour ça que c est une	**conversion**	parce que du coup il fallait se il fallait se retourner	Sœur Fabienne	
se retourner quoi voilà c est pour ça que c était une	**conversion**	et puis lorsque parce que je pense qu une que quelqu un un	Sœur Fabienne	4
fait heu le choix de vie le choix de vie quoi relève d une	**conversion**	heu relève d une conversion heu avec toutes ses ambiguïtés	Frère Gratien	
choix de vie quoi relève d une conversion heu relève d une	**conversion**	heu avec toutes ses ambiguïtés quoi parce que je veux dire	Frère Gratien	
à son appel nous répondons et donc ça correspond à une	**conversion**	mais heu je veux dire heu heu c est pas complètement	Frère Gratien	
heu heu ça ça peut ça va pas forcément dans la sens de la	**conversion**	tu vois c est ça que je veux dire heu mais on apprend	Frère Gratien	
quoi tu vois mais heu c est donc heu mais donc la	**conversion**	el- el- elle est quand même pas je veux dire heu elle est	Frère Gratien	
fruit maintenant heu et que c est et que c est et que ma	**conversion**	personnelle elle doit se faire avec cet acquis que j ai	Frère Gratien	
et social et culturel et heu et que ça et que ça c est ma	**conversion**	de fond à à laisser heu comment dire bon mûrir quoi et et	Frère Gratien	

et c est vrai que on sait pas toujours si le fruit de la	**conversion**	comme ça y va y va se se matérialiser avec heu	Frère Gratien	
dans ma vie auparavant donc je veux dire heu alors ma ma	**conversion**	qui peut-être est plus comment dire trouve ses repères heu	Frère Gratien	
suis amené à la comment dire à la relier à ce qui était ma	**conversion**	moins repérable dans le parcours que j ai vécu avant ben	Frère Gratien	10
donc ça été pas un bouleversement au niveau de la	**conversion**	mais c est vrai que je ne connaissais pas du tout la vie	Frère Hyppolite	
c est vrai qu à proprement parler on ne peut pas parler de	**conversion**	parce que justement c est le cas de beaucoup de de	Frère Hyppolite	
veulent devenir moines pour qui il s agit vraiment d une	**conversion**	dans le sens heu heu qu ils n ont souvent aucune référence	Frère Hyppolite	
c est pas mon cas et dans le même temps on peut parler de	**conversion**	si on veut de de d une sorte de retournement hein dans le	Frère Hyppolite	
alors dans ce sens c est vrai c est on peut parler de	**conversion**	c est un retournement la conversion et c est vrai que pour	Frère Hyppolite	
est on peut parler de conversion c est un retournement la	**conversion**	et c est vrai que pour moi le fait heu peut-être heu heu	Frère Hyppolite	
peut-être heu heu le trait caractéristique de de de de ma	**conversion**	c est cet accent que justement cette primauté de Dieu Dieu	Frère Hyppolite	7
peut-être que je mets pas les bonnes choses sous le mot	**conversion**	rires je sais pas trop je vois un un retournement mais si	Sœur Hélène	
je vois un un retournement mais si il y a de l ordre de la	**conversion**	dans l événement où je me suis perdue heu il y a eu des	Sœur Hélène	
il y a eu des éléments je pense qui sont de l ordre de la	**conversion**	parce que c est vrai qu à un certain moment j ai pris	Sœur Hélène	
alors là oui là je sens quelque chose de l ordre de de la	**conversion**	de ma volonté oui mmh bon on parle de vocation à la vie	Sœur Hélène	4
leurs regards sur moi heu et du coup forcément je l ai	**converti**	sur moi aussi heu la conversion assez évidente c est le c	Frère Anselme	
que Tol- que Tolkien par le Seigneur des Anneaux il a	**converti**	Lewis et que donc Lewis en lisant le Seigneur des Anneaux	Sœur Marie-Michèle	
puis lorsque parce que je pense qu'une que quelqu'un un	**converti**	y a une une enfin XX j'en avais vu ça s'accompagne	Sœur Fabienne	
Thérèse d Avila alors ça m a consolée de voir qu elle s est	**convertie**	à 47 ans je crois je sais pas j ai un peu de retard mais	Sœur Anne	
vie a fait que c était tout à côté de l abbaye où j ai été	**convertie**	et donc j allais aux offices aussi j aimais beaucoup	Sœur Marie-Michèle	
je voudrais comprendre quelque chose parce que moi j ai été	**convertie**	par un conte de fées et je n entre pas dans le Seigneur	Sœur Marie-Michèle	
pour les autres mais je pense que j ai aidé les autres à	**convertir**	leurs regards sur moi heu et du coup forcément je l ai	Frère Anselme	
heu enfin adhérer à Dieu c est adhérer me semble-t-il me	**convertir**	au réel accepter la situation tel que je suis si Dieu m	Frère Eric	
guillemets révolutionnaires de 1968 et que heu et que je me	**convertis**	pas sans sans sans sans ce mouvement d âme heu que que	Frère Gratien	
			Total conversion	55

Contextes du mot: vocation

quelques années après parce que je crois que la première	**vocation**	que j ai eue avant avant la vocation monastique que je	Frère Anselme	
crois que la première vocation que j ai eue avant avant la	**vocation**	monastique que je situe heu forcément heu avec ma au moment	Frère Anselme	
de la Trappe donc vers 9 10 11 ans heu ça été une	**vocation**	à l image et plus particulièrement à la photographie heu j	Frère Anselme	
je je pouvais m ouvrir heu par heu par bribes heu sur ma	**vocation**	monastique heu parce que ça quand même été le le fil rouge	Frère Anselme	
ans j avais vingt ans alors en ligne de fond heu le la	**vocation**	monastique est toujours présente même durant ces années de	Frère Anselme	
que vous entendez qu est ce que vous mettez derrière le mot	**vocation**	là j en vois heu j en vois un évident qui est heu qui est	Frère Anselme	6
me disant mais je ne suis pas venue pour cela donc la v- la	**vocation**	contemplative est peut-être réellement née à ce moment-là	Sœur Anne	
donc ça a mis du temps hein mais ce que j appellerais	**vocation**	c est c est à dire quand on me pose la question tu fais	Sœur Anne	
perds mon temps avec quelqu un que je ne vois pas et l- la	**vocation**	ce que j appellerais la vocation de contemplative pour moi	Sœur Anne	
je ne vois pas et l- la vocation ce que j appellerais la	**vocation**	de contemplative pour moi c est soupirer parfois ou ou ou	Sœur Anne	
ce que j avais cherché oui mais c était quand même une	**vocation**	rires mais heu la XXX je pense que je suis toujours en	Sœur Anne	5
qui et qui a une volonté parce que c est bien ça avant ma	**vocation**	heu je parlais de vocation militaire avant heu attention	Frère Barthélémy	
parce que c est bien ça avant ma vocation heu je parlais de	**vocation**	militaire avant heu attention hein rires donc heu j avais	Frère Barthélémy	
considéré comme une conversion même chose je c est ma	**vocation**	et ma conversion mais c est heu pour ça d ailleurs que que	Frère Barthélémy	
tu veux être enfin heu avec ceux avec qui je parlais de la	**vocation**	pourquoi t es sûr que tu veux être religieux heu c est ta c	Frère Barthélémy	
je j allais considérer c est la même chose conversion ou	**vocation**	je peux pas dissocier non non pas du tout ah oui oui tout à	Frère Barthélémy	6
et ce ce début de dialogue je c- j appelle ça vraiment une	**vocation**	je veux dire je il heu Il appelle y m appelle oui oui rires	Frère Barthélémy	
c est comme ça que je le dis non ce que j appelle	**vocation**	c est heu c est à partir du moment où on est sûr qu on est	Sœur Marie-Michèle	
qu est-ce que je fais pour moi c est ça enfin pour moi la	**vocation**	c est plus dans le contexte rech- recherche de de son	Sœur Marie-Michèle	
enfin je sais tout ça mais là disons que j ai cherché ma	**vocation**	heu heu par petites touches je voulais heu que ce soit	Sœur Marie-Michèle	
fait comme ça par tâtonnements jusqu à ce que je trouve ma	**vocation**	monastique une sorte de XX par rapport à un appel qui se	Sœur Marie-Michèle	4
on disait voila ce c est il y a une façon de présenter la	**vocation**	humaine et qu était pour un adolescent était exaltante une	Frère Cyprien	
humaine et qu était pour un adolescent était exaltante une	**vocation**	chrétienne et et ce qui m a permis aussi de de ne pas heu à	Frère Cyprien	
a eu un changement aussi dans ma façon de considérer heu la	**vocation**	je veux dire que je pense que j avais avant de rentrer au	Frère Cyprien	
rentrer au monastère une idée un peu trop extérieure de la	**vocation**	heu et heu une partie de ce qui faisait quand même heu un	Frère Cyprien	
non plus seulement ça mais globalement je voyais plutôt la	**vocation**	de cet aspect extérieur heu qui vient un petit peu d en	Frère Cyprien	
un langage heu qui est souvent justement on parle de la	**vocation**	justement je trouve de manière un peu trop extérieure heu	Frère Cyprien	
autres ou chez soi-même l arrière-fond qui a pu motiver la	**vocation**	on se dit bon c est peut-être un peu rapide de dire Dieu m	Frère Cyprien	
a eu ce vide dans une dimension dialogale alors c est cette	**vocation**	elle se heu elle est de chaque instant donc elle est à	Frère Cyprien	
le fond j imagine on entendait récemment l évangile de la	**vocation**	de Samuel évangile que j aime beaucoup heu lecture pas l	Frère Cyprien	
plus égalitaire entre nous mais c est une question de la	**vocation**	que je que je travaille beaucoup et récemment heu mon plus	Frère Cyprien	
plus X que ce que je vous dis maintenant plus à voir la	**vocation**	comme un dialogue mais on heu pas l impression que ça va	Frère Cyprien	11
que qu est-ce que vous voulez expliquer moi je suis une	**vocation**	entre guillemets précoce je suis entrée au monastère j	Sœur Clotilde	
je peux pour moi ça a plutôt été le choix d une vie euh ma	**vocation**	et quand je repense à ma vocation je pense souvent à un	Sœur Clotilde	
le choix d une vie euh ma vocation et quand je repense à ma	**vocation**	je pense souvent à un passage du Deutéronome où on dit qu	Sœur Clotilde	
qui m a fait un petit peu interrogé sur le pourquoi de ma	**vocation**	et tout ça et puis qui m a dit qu y voyait rien d anormal	Sœur Clotilde	
j appelle je me dis ça c est un moment relai dans dans ma	**vocation**	y a y a une quinzaine d années j ai eu un petit ennui de	Sœur Clotilde	
y a des moments où j me suis dit tu dois rechoisir ta	**vocation**	parce qu on sent ah mais t aurais pu faire autre chose t	Sœur Clotilde	
pour prendre quand même au sérieux ce que c était euh une	**vocation**	pour quand même me rendre compte un petit peu euh disons j	Sœur Clotilde	7
lui c est pas juste voilà non c est ça que j appelle une	**vocation**	voyez et si vous voulez euh bon je fais l analogie avec le	Frère Denis	
une cellule une Eglise XXX pour nous c est pareil la	**vocation**	c est l appel de Dieu mais pour pour tous on est envoyé	Frère Denis	

envoyé même si c est pas visible bon je comprends bien la	**vocation**	d un chartreux d un ermite s il est pas éminemment en	Frère Denis	
pas éminemment en communion il est tout à fait hors de sa	**vocation**	dans le sens là je me sens une vocation mais longtemps ça a	Frère Denis	
à fait hors de sa vocation dans le sens là je me sens une	**vocation**	mais longtemps ça a été euh les amoureux sont seuls au	Frère Denis	5
le premier changement dans ma vie ça a été évidemment ma	**vocation**	et quand j ai parlé de ça à mes parents ça a été euh le	Sœur Danièle	
l absence de descendance de petits-enfants pas tellement ma	**vocation**	en tant que telle mais c était le fait que pour eux une	Sœur Danièle	
tout et puis que j me suis dit mais je peux pas mettre sa	**vocation**	en en jeu à cause de moi donc euh je lui dis mais si tu	Sœur Danièle	
comme ça je pense que le premier appel pour moi c est une	**vocation**	à onze ans oh oui oui parce que ça ça a orienté toute ma	Sœur Danièle	
ce que je ferais si je choisirais euh je rechoisirais ma	**vocation**	ou si le choisirais je sais pas mais j ai pas trouvé de	Sœur Danièle	
euh oui je crois que ce moment là était un temps fort ma	**vocation**	date de là alors je vais avoir soixante-six ans au mois de	Sœur Danièle	6
moment vraiment important c est c est le moment de ma	**vocation**	à l âge de vingt ans ensuite il y a certainement mon entrée	Frère Eric	
oui oui alors le le premier moment donc heu c est la	**vocation**	jusqu à l âge de vingt ans j avais une foi qui n était pas	Frère Eric	
donc à partir du moment où j ai accepté de répondre à cette	**vocation**	je mes parents sont pratiquants hein et on heu j ai	Frère Eric	
c est pour discerner disons je sentais que j avais une	**vocation**	particulière à vivre dans l église mais j étais ouvert à	Frère Eric	
heu toute mon enfance en fait et jusqu à ce que je je je la	**vocation**	naisse j ai été vampirisé si on peut dire par ma mère de	Frère Eric	
de survivre bon de ce point de vue-là quand je relis ma	**vocation**	et mon entrée ici je crois que là aussi on pourrait reli-	Frère Eric	
là aussi on pourrait reli- relire ça indépendamment de la	**vocation**	comme un moyen de me protéger et de pouvoir ensuite avancer	Frère Eric	
ai envie d aller de l avant parce que c est vrai qu avec la	**vocation**	enfin je je reviens à cet événement initial ce qui a donné	Frère Eric	
supporter de vivre dans dans heu négativement quoi enfin et	**vocation**	voilà c est tout pas conversion la conversion elle s est	Frère Eric	
pendant les 4 ans les 4 ans qui ont séparés la	**vocation**	et l entrée au monastère ont été quatre ans difficiles	Frère Eric	
un beau couple hein heu bon voilà mais non vraiment	**vocation**	j ai j ai dû choisir librement ce chemin-là d autant que	Frère Eric	11
ces deux années-là j ai j ai quand même repensé à ma	**vocation**	au début j ai j ai tout largué et puis je me suis dis mais	Sœur Evelyne	
dis mais tu peux pas vivre sans Dieu donc tu repenses à ta	**vocation**	rires et la personne qui m avait trouvé l hébergement à	Sœur Evelyne	
allée lui parler et il m a demandé qu est-c- quel genre de	**vocation**	j avais etcetera qu- qu est ce que je souhaitais donc je	Sœur Evelyne	
peu près la période de la profession de foi je crois que la	**vocation**	je la portais depuis depuis longtemps en fait y a beaucoup	Sœur Evelyne	
répondre à cet appel à à et donc de de rentrer dans cette	**vocation**	puisque c est la c est le même mot quelque part et y a il y	Sœur Evelyne	5
donc ce qui était présent depuis longtemps c était donc une	**vocation**	une réponse à l appel du Seigneur et ce qui était plus	Frère Félicien	
vienne prendre vienne voilà oui un peu un appel aussi une	**vocation**	à chaque fois mais qui s enracine toujours dans la vocation	Frère Félicien	
vocation à chaque fois mais qui s enracine toujours dans la	**vocation**	initiale qui est celle du baptême dont j ai pas le souvenir	Frère Félicien	3
et et du coup la la question de la la question de pas de la	**vocation**	la quest- parce que je savais pas encore très bien c était	Sœur Fabienne	1
heu communiquée heu de de savoir si j avais pas une heu une	**vocation**	religieuse donc ça c était à 13 ans à 13 14	Frère Gratien	
quelque chose dans ma dans ma décision enfin ah bon dans ma	**vocation**	monastique entre autre parce que heu donc heu le fait de d	Frère Gratien	
un an heu le discernement s est fait c était c était pas ma	**vocation**	voilà donc voilà mais c était une époque difficile parce	Frère Gratien	
et donc heu je veux dire par touches d architecture ma	**vocation**	certainement rires ah ben C c est ma dernière étape c	Frère Gratien	
bien vivre des fidélités pour que je veux dire pour que la	**vocation**	puisse s éveiller heu je veux dire quelque part on vit des	Frère Gratien	
je veux dire heu moi je pense que pour qu il y aie	**vocation**	il faut qu on soit interpellé quelque part et qu on accepte	Frère Gratien	6
ouais alors euh quand vous dites ça c est par rapport à ma	**vocation**	ou par rapport à parce que c est c est toujours marrant c	Sœur Gertrude	
d a- d accompagner un un camp voc par exemple un camp	**vocation**	c était avec le avec le CRV et puis heu heu ben c est vrai	Sœur Gertrude	2
recherche de Dieu mais c est Dieu et peut-être que dans ma	**vocation**	c est vrai que heu peut-être est-ce que c est ça	Frère Hyppolite	
que c est un peu là que je devrais un peu caractériser ma	**vocation**	c est ça hein bien que ça soit marqué dans la Bible hein	Frère Hyppolite	
que ça vaut la peine rires hein c est c est oui heu ben	**vocation**	ça veut dire appel et je crois qu en relisant justement	Frère Hyppolite	
et c est vrai que dans les moments plus difficiles de ma	**vocation**	ça m a toujours aidé de penser mais là heu voilà c est	Frère Hyppolite	
dire simplement que ça a été des voilà si cette a- si ma	**vocation**	avait été motivée peut-être par une personne heu je sais	Frère Hyppolite	
ils avaient peur justement de ça ils étaient pas contre la	**vocation**	en elle-même mais ils se disaient mais non à dix-neuf ans	Frère Hyppolite	6
de de la conversion de ma volonté oui mmh bon on parle de	**vocation**	à la vie contemplative mais j ai l impression que ça s	Sœur Hélène	

j étais malade heu j crois qu il y a déjà une espèce de de	**vocation**	un un autre regard sur la vie quelque part ces valeurs donc	Sœur Hélène	
est où je pense qu il y a un peu de l ordre d une forme de	**vocation**	à ce moment-là elle était pas j en avais pas conscience en	Sœur Hélène	3
enthousiasme dans la vie monastique heu quelque part cette	**vocation-là**	a donné du sens à ma vie et je crois qu une vie quand	Frère Eric	
religieuse quoi enfin quand on est appelé bon y a des	**vocations**	de différentes dans l église heu enfin je sais tout ça	Sœur Marie-Michèle	
pas grand-chose à au contenu de la foi chrétienne et ni aux	**vocations**	possibles dans l église c est vrai que la vie monastique	Frère Eric	
qui était exclusive heu ça veut pas dire que dans d autres	**vocations**	elle est pas exclusive mais heu mais mais qu elle était	Sœur Gertrude	
			Total vocation	81

Récit de frère Barthélémy

Contextes du mot: change			Changmt dans lequel apparaît l'occurrence
où / où il me le donne quoi oui heu / je sais pas ce qui	**change**	le plus je crois c est une relation vis à vis de moi-même	2ème partie relation à Dieu
à vis de moi-même qui se transforme je crois XXX ça	**change**	pas l image que ça change pas l image que vous aviez	2ème partie relation à Dieu
se transforme je crois XXX ça change pas l image que ça	**change**	pas l image que vous aviez y a pas un moment où vous	2ème partie relation à Dieu

Contextes du mot: changeait			
à travers l eau c était à L // j ai vraiment le monde	**changeait**	tout changeait quoi ouais / faire de la chimie c est pas	l'Expérience
eau c était à L // j ai vraiment le monde changeait tout	**changeait**	quoi ouais / faire de la chimie c est pas du tout heu c	l'Expérience

Contextes du mot: changement			
/ oh mais donc heu / ça c est // ma vie après est un	**changement**	par rapport à ça // maintenant là faut bien / à partir de	l'Expérience
ces moments je peux les caractériser comme un	**changement**	spirituel / oui oui oui oui /oui je m- sur le moment je l	3ème partie reprise de la consigne

Contextes du mot: changé			
je sais pas après comment vous voulez ce que tout	**changé**	alors j avais en fait j avais heu vingt / 92 / octobre 91	l'Expérience
où vous vous dites tiens l image que j ai de Dieu elle a	**changé**	si on pourrait dire ça je je dois dire je l ai plus lu ça /	2ème partie relation à Dieu

Récit de frère Barthélémy

Contextes du mot: expérience			Changmt dans lequel apparaît l'occurrence
mais mais très / très extérieur et c est j ai j ai eu une	**expérience**	je je j ai le le la sensation d avoir vécu une expérience	l'Expérience
expérience je je j ai le le la sensation d avoir vécu une	**expérience**	un moment une heure une date qui a avec un avant et un	l'Expérience
a a préparé au fur et à mesure et que et qu en fait cette	**expérience**	je peux pas dire que je peux pas la fixer sur une date	l'Expérience
que je peux regarder toute toute ma vie à partir de cette	**expérience**	là et que je regarde tout ce qu il y a comme j ai dit tout	l'Expérience
mais j y arrivais pas / donc j ai vraiment eu l exp- l	**expérience**	de l échec / et de la remise en cause de ma vie mais	La voie militaire
ce moment là avant je cherchais mon petit plaisir / donc l	**expérience**	de l échec que une fille même dont j étais amoureux me	Epérience d'échec avec une fille
ça // j avais plus qu à qu à qu une recherche de de / l	**expérience**	devait devenir tout de ma vie / il fallait que je cherche	l'Expérience
(rires) / en partie parce que c était une première	**expérience**	heu comment on peut dire de vie j étais étudiant avant et	Expérience de solitude
tellement / ça me permettait donc de de / d ancrer / une	**expérience**	de solitude / dans le sens où / oui le le le fait d avoir	Expérience de solitude
autres moments particuliers de / de maturation y a eu une	**expérience**	très forte / un Noël / que je ne peux pas dissocier de la	Recherche de la forme
parce que je connaissais / et pendant cette retraite cette	**expérience**	là m a fait comprendre que j avais besoin de de / cette	Recherche de la forme
j ai pas eu le courage /// c est sûr que après la première	**expérience**	toutes les autres n ont sont quand même assez dans la	Recherche de la forme
qui m enseigne pas dans un truc qui me // pour cette cette	**expérience**	de prière elle a été // pas s- heu // j ai l impression d	l'Expérience
ans à P / et quand je lui ai dit que j avais fait une	**expérience**	forte à cette trappe / il a confirmé tous les échos que j	Recherche de la forme
vous voyez cette **préparation-là** ça n a rien à voir avec l	**expérience**	elle-même y a vraiment y a eu y a la coupure qui / je je	Echec voie
a- je le demande je l attends je je je / alors que cette	**expérience**	là non / je pouvais pas la la **préparer** je pouvais pas m y	Epérience d'échec avec une fille

Contextes du mot: expériences			
/ j ai été amoureux / mais quand je (rires) / à partir d	**expériences**	nouvelles / non j ai compris ce que c était que l amour	Epérience d'échec avec une fille
je préparais ces concours quand j ai quand j ai avec ces	**expériences**	là je voulais plus rien rien préparer mais on m obligeait	J'ai eu le concours
là / arrivé ici alors par contre heu / toutes toutes les	**expériences**	fortes heu / à bannir (rires) / tout l inverse / là il a	Au monastère
// tout m attirait à cette trappe / sentimentalement / les	**expériences**	que j avais faites le la beauté du cadre heu le / le /	Au monastère

Récit de frère Barthélémy

Contextes du mot: prière			Changmt dans lequel apparaît l'occurrence
heu auquel j ai été fidèle donc j avais l habitude de la	**prière**	enfin pas la prière j avais l habitude de la messe un petit	La voie militaire
été fidèle donc j avais l habitude de la prière enfin pas la	**prière**	j avais l habitude de la messe un petit peu la prière mais	La voie militaire
pas la prière j avais l habitude de la messe un petit peu la	**prière**	mais mais très / **très extérieur** et c est j ai j ai eu une	La voie militaire
je pourrais décrire comme heu comme la comme la	**prière**	/ la ***première prière*** // et / où j étais plus seul quoi /	l'Expérience
décrire comme la comme la prière / la première	**prière**	où ***j étais plus seul*** quoi / comme l a- ***l abolition de la solitude***	l'Expérience
que tu as encore quelque chose et j avais cette habitude de	**prière**	mais qui était qui était **pas intériorisée** / j avais	La voie militaire
devait devenir tout de ma vie / il fallait que je cherche la	**prière**	/ être ***être tout le temps avec lui*** / je / et c est pas qu il	l'Expérience
donc je me sentais seul / j ai dû faire j ai dû retrouver la	**prière**	non plus comme un comme mon petit mon petit plaisir / mais	Expérience de solitude
là m a fait comprendre que j avais besoin de de / cette	**prière**	oui une autre abbaye qu ici oui auquel j ai fortement pensé	Recherche de la forme
l idée de de d appartenir à une à une famille heu heu de	**prière**	et de j avais besoin d apprendre tout / tout / j avais l	Recherche de la forme
pas dans un truc qui me // pour cette cette expérience de	**prière**	elle a été // j ai l impression d avoir ***entamé un dialogue***	l'Expérience
on est on est sympa un côté très amical mais heu la	**prière**	elle même elle était fantastique enfin **pas fantastique** XXX	Epérience d'échec avec une fille
elle était fantastique enfin pas fantastique X y avait une	**prière**	mais qui n était **pas un événement** / et donc à peine avoir	Epérience d'échec avec une fille
je peux toujours / ma v- je prends toujours ma vie de	**prière**	c est c est // revenir à ce don qui m a été fait y a y à un	2ème partie
/ je je priais / donc j étais heu / une vraie heu une vraie	**prière**	(rires) j étais ici oui oui oui mais heu qu est-ce que j ai	Au monastère
était beaucoup plus sur le **côté formel** de la de la	**prière**	/ et c est là où c est là où mon parcours j ai dû y a eu	La voie militaire
du tout sur ce que j avais reçu **formellement** / mais sur la	**prière**	/ là je je leur ai rentré dedans (rires) ben que fallait le	La voie militaire
donc concrètement j avais **pas été éduqué** à la	**prière**	j avais reçu beaucoup de catéchisme mais pas j avais pas été	La voie militaire

Dévoilements dans l'ensemble du corpus

Sujets	Nombre de Dévoilements	Contenu du dévoilement	Dévoilement à l'initiative du		Partie dans laquelle apparaît le dévoilement			Dévoilement central ou périphérique de l'identité du point de vue du			
								sujet		chercheur	
			sujet	chercheur	1ère	2ème	3ème	central	périph.	central	périph.
Frère Anselme	1	Accident biographique		X	X				X		X
	2	Rencontre du Christ	X			X		X		X	
Frère Barthélémy	1	Rencontre d'une paternité		X	X				X	X	
Sœur Anne	1	Raisons intimes du choix	X		X				X		X
	2	Entrée	X		X				X		X
	3	« Etre parent »	X				X		X		X
	4	Reprise symbolique	X				X		X		X
Sœur Marie-Michèle	1	Mort du père spirituel	X				X		X		X
Sœur Fabienne	1	Période de crise	X			X		X		X	
	2	Rencontre du Christ	X			X		X		X	
Sœur Evelyne	1	Entrée	X		X				X	X	
	2	Importance d'une statue	X				X		X		X
	3	Autres voies possibles	X				X		X		X

Sœur Danièle	1	Raisons intimes du choix	X				X		X	X	
Sœur Gertrude	1	Autres voies possibles	X			X			X		X
	2	Mort de sa sœur	X				X		X		X
Frère Hyppolite	1	Maladie dans l'enfance		X			X		X		
	2	Mort de sa sœur		X			X		X		
Frère Cyprien	1	Entrée		X	X			X		X	
	2	Expérience spirituelle	X			X			X		X
	3	Expérience spirituelle	X			X			X		X
	4	Expérience spirituelle	X			X			X		X
Frère Eric	1	Entrée	X				X		X		X
Sœur Clotilde	1	Rechoisir sa vocation	X			X			X		X
	2	Rechoisir sa vocation	X			X			X		X
Sœur Hélène	1	Les voeux	X				X		X		X

PARUTIONS RÉCENTES CHEZ LABOR ET FIDES

Thérèse Glardon	*Ces crises qui nous font naître*
Thierry Mertenat et Magali Girardin	*La vie secrète du Diogène*
Michel Beretti	*Calvin Genève en flammes*
Donatella Bernardi (dir.)	*Post Tenebras Luxe*
Francine Carrillo	*Le Plus-que-vivant*
Hugo Slim	*Les civils dans la guerre*
Pierre Grosjean et Nicolas Righetti	*Calvin World*
Lévi Ngangura Manyanya	*La fraternité de Jacob et Esaü*
M. Schneuwly Purdie, M. Gianni, M. Jenny (éd.)	*Musulmans d'aujourd'hui*
Jean-Daniel Causse et Denis Müller (dir.)	*Introduction à l'éthique*
Michel Deneken et Francis Messner (dir.)	*La théologie à l'Université*
Pierre-Yves Brandt et Claude-Alexandre Fournier (éd.)	*La conversion religieuse*
Thomas Römer	*Dieu obscur*
Thomas Römer, Jean-Daniel Macchi, et Christophe Nihan (éd.)	*Introduction à l'Ancien Testament*
Thomas G. Long	*Pratiques de la prédication*
Zidane Meriboute	*Islamisme, soufisme, évangélisme*
Michel Grandjean et Sarah Scholl (éd.)	*L'Etat sans confession*
Guilhen Antier	*L'origine qui vient*
François Vouga et Jean-François Favre	*Pâques ou rien*
Dominique Bourg et Philippe Roch (éd.)	*Crise écologique, crise des valeurs ?*
Pierre Joxe	*Cas de conscience*
Michel Deneken et Elisabeth Parmentier	*Pourquoi prêcher*
Roland de Pury	*Lettres d'Europe*
Antoine Nouis	*Lettre à mon gendre agnostique pour lui expliquer la foi chrétienne*
Olivier Flournoy	*De l'amitié*
Rémy Bethmont	*L'anglicanisme*
Bernard Reymond	*Le protestantisme et le cinéma*
Nicolas Tavaglione	*Gare au Gorille*
Karel Bosko	*L'humanisme endurant*
Gladys Ambort	*Brisée*
Shafique Keshavjee	*Une théologie pour temps de crise*
Bernard Crettaz	*Cafés mortels*
Flemming Fleinert-Jensen	*La prière fondamentale*
Yannick Fer	*L'offensive évangélique*
William Ossipow (dir.)	*Mourir de soif auprès de la fontaine*
Kurt Aufdereggen (éd.)	*Paroisses vertes*
Claude-Alexandre Fournier	*S'engager dans la vie religieuse*
Christian Grappe	*Initiation au monde du Nouveau Testament*

CET OUVRAGE
A ÉTÉ ACHEVÉ D'IMPRIMER
PAR L'IMPRIMERIE FLOCH
À MAYENNE EN SEPTEMBRE 2010

N° d'impression : 77439.
Dépôt légal : septembre 2010.
(Imprimé en France)